Biologie für Gymnasien
Band 2

**8./9. Schuljahr
Nordrhein-Westfalen**

bearbeitet von

Roman Claus
Gert Haala
Günther Wichert

Ernst Klett Verlag
Stuttgart Düsseldorf Leipzig

2. Auflage
A 2 15 14 13 12 | 2009 2008 2007 2006

Alle Drucke dieser Auflage können im Unterricht nebeneinander benutzt werden, sie sind untereinander unverändert. Die letzte Zahl bezeichnet das Jahr dieses Druckes.
© Ernst Klett Verlag GmbH, Stuttgart 1994
Alle Rechte vorbehalten.

Internetadresse:
http://www.klett-verlag.de

Redaktion: Ulrike Fehrmann

Satz: SCHNITZER DRUCK GmbH
71404 Korb
Repro: Reprographia, Lahr
Druck: Appl, Wemding

ISBN 3-12-043600-3

Autoren
Roman Claus; Gymnasium Aspel Rees
Gert Haala; Konrad-Duden-Gymnasium, Wesel; Studienseminar Oberhausen
Günther Wichert; Theodor-Heuss-Gymnasium, Dinslaken

Unter Mitarbeit von
Dr. Hans-Jürgen Dobler, Tübingen
Roland Frank, Stuttgart
Volker Lauer, Backnang
Dr. Jürgen Schweizer, Stuttgart
Frithjof Stephan, Stuttgart
Helmut Strecker, São Paulo

Pädagogische Fachberatung
Prof. Dr. Friedrich Bay; Pädagogische Hochschule Schwäbisch Gmünd
Prof. Dr. Helmut Schneider; Pädagogische Hochschule Schwäbisch Gmünd

Medizinische Fachberatung
Dipl.-Biol. Erich Klemme; Gesundheitsamt Siegburg

Gestaltung des Bildteils
Prof. Jürgen Wirth; Fachhochschule Darmstadt (Fachbereich Gestaltung)
Mitarbeit: Matthias Balonier

Einbandgestaltung
Hitz und Mahn; Stuttgart, unter Verwendung eines Fotos von T. Angermayer

Bildnachweis
Siehe Seite 328

Regionale Fachberatung
Dr. Horst Bickel; Gymnasium Neuwerk, Mönchengladbach; Studienseminar Mönchengladbach
Rolf Brixius; Gymnasium der Benediktiner, Meschede
Dr. Maria Köhler-Degner, Gymnasium Horkesgath, Krefeld
Klaus Loth, Gymnasium Neunkirchen
Bernd Mura, Ville-Gymnasium, Erftstadt-Liblar
Dr. Ursula Wollring, Städt. Gymnasium Oer-Erkenschwick

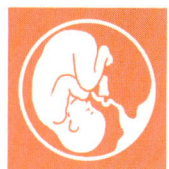
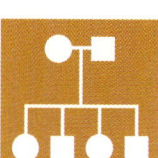

Was steht in diesem Buch?

Sicher hast du dein neues Biologiebuch schon einmal durchgeblättert, weil du gespannt darauf bist, was dich in den nächsten Jahren Neues in diesem Fach erwartet.

Nun, in den vergangenen Schuljahren hast du viele Tier- und Pflanzenarten in ihrem Bau und ihren Lebenserscheinungen kennen gelernt. Diese Kenntnisse werden jetzt erweitert und vertieft. Allerdings kommen neue, wichtige Aspekte hinzu. Bisher standen einzelne Arten im Vordergrund der Betrachtung. Jetzt werden zunehmend zwei weitere Ebenen angesprochen.

Zum einen ist das die Ebene der *Lebensgemeinschaft*. Hier soll deutlich werden, wie die Lebewesen in einem bestimmten Lebensraum voneinander abhängen. Die Wissenschaft, die sich damit beschäftigt, ist die *Ökologie*, die Lehre vom Haushalt der Natur.

Zum anderen geht es um die Verwandtschaftsbeziehungen der Lebewesen, die *Systematik*. Denn bei der Vielzahl der Organismen, die du kennen lernen wirst, ist es nötig, Ordnung zu schaffen, um den Überblick zu behalten.

Ein weiterer Schwerpunkt des Buches ist die *Humanbiologie*, d. h. die Biologie des Menschen. Bau, Funktion und Zusammenarbeit der Organe im menschlichen Organismus werden besprochen und du erhältst Hinweise, wie du bestimmten Krankheiten vorbeugen kannst.

Ganz neu und sicher auch interessant ist das letzte Kapitel des Buches. Hier werden am Beispiel des Menschen wichtige Ergebnisse der *Vererbungslehre* und der *Abstammungslehre* vorgestellt.

Nach diesen Bemerkungen zum Inhalt nun noch einige Hinweise zum Aufbau des Buches.

Normalerweise findest du auf einer Seite oder Doppelseite einen **Informationstext**, der alles Wesentliche zu einem Thema enthält. Zusätzlich sind **Aufgaben** vorhanden, die dazu anregen sollen, das Gelesene zu vertiefen und anzuwenden, bzw. weitere Beobachtungen oder Versuche zu machen.

Darüber hinaus gibt es einige Seiten, die durch ihre besondere Gestaltung auffallen. Auf einigen werden umfangreiche Vorschläge gemacht, wie du dich einmal praktisch mit einem bestimmten Thema beschäftigen kannst. Sie sind mit **Praktikum** überschrieben.

Als **Lexikon** sind solche Seiten bezeichnet, die über den normalen Unterrichtsstoff hinaus interessante Zusatzinformationen zu einem abgegrenzten Thema geben.

Außerdem sollen die durch eine blaue Überschrift gekennzeichneten **Projektseiten** Anregungen geben, wie du einmal längerfristig „in Sachen Biologie" tätig werden kannst, sei es zum Schutz von Lebewesen oder im Dienste der eigenen Gesundheit.

Die nebenstehenden farbigen **Symbole** schließlich kennzeichnen einen bestimmten Themenkreis. Du findest sie auf der ersten Seite des jeweiligen Kapitels. Diese Seiten sollen dich in das Thema einführen. Zusätzlich wird hier der Kapitelinhalt angegeben.

Inhaltsverzeichnis

Wege in die Ökologie

1. **Ein Stück Wiese im Schulumfeld** 10
   Unser Untersuchungsgebiet ist eine Grasfläche 10
   Praktikum: Es gibt viel zu tun im Untersuchungsgebiet 11
   Pflanzen und Tiere werden gesammelt und katalogisiert 12
   Lexikon: Steckbriefe entstehen 13
   Wir entdecken Strukturen — die Stockwerke der Wiese 14
   Ein Netz von Beziehungen entsteht 15
   Im Verlauf des Jahres ändert sich das Aussehen der Wiese 16
   Der Mensch stört Kreisläufe 17
   Jeder hat seinen Platz im Ökosystem 18
   Projekt: Aktion „Bunte Wiesenblumen" 19

Ökosystem Wald

1. **Pflanzen des Waldes** 22
   Bäume bestimmen das Bild des Waldes 22
   Lexikon: Pflanzen des Waldes 24
   Farne — blütenlose Kräuter des Waldes 26
   Moose — Pflanzen des Waldbodens 27
   Pilze sind lebensnotwendig für den Wald 28
   Flechten — eine Symbiose zwischen Pilzen und Algen 30
   Praktikum: Vegetationsaufnahme 31

2. **Der Wald als Lebensgemeinschaft** 32
   Aufbau des Waldes in Stockwerken 32
   Lexikon: Tiere des Waldes 34
   Der Wald — Lebensraum für viele Tiere 36
   Warum schützt der Förster die kleine Rote Waldameise? 38
   Pflanzen und Tiere des Waldes sind voneinander abhängig 40
   Tote Tiere und Pflanzen werden im Boden zersetzt 42
   Praktikum: Untersuchung der Laubstreu 43
   Der Kreislauf der Stoffe 44
   Projekt: Wald erleben 46
   Unsere Wälder sind gefährdet 48
   Warum ist der Wald so wichtig? 50
   Tropische Regenwälder sind gefährdete Großlebensräume 52

Gewässerökosysteme

1. **Pflanzen und Tiere im See** 56
   Die Pflanzengesellschaft des Ufers 56
   Praktikum: Kartierung und Untersuchung von Uferpflanzen 58
   Lexikon: Pflanzen am Seeufer 59
   Lexikon: Tiere im und am Teich 60
   Schweben im freien Wasser 62
   Lexikon: Algen 63
   Die Königslibelle 64
   Atmen im Wasser 65

2. **Das Ökosystem See** 66
   Ökologische Nischen von Wasservögeln 66
   Schichten im See 68
   Nahrungsbeziehungen und Stoffkreislauf im See 70
   Eutrophierung eines Sees 72
   Ein Moor entsteht 73

3. **Mensch und Wasser** 74
   Trinkwasser ist kostbar 74
   Bestimmung der Gewässergüte 76
   Lexikon: Zeigerlebewesen für die Gewässergüte 78
   Lebensräume entlang des Rheins 80
   Die Selbstreinigung in einem Fließgewässer 82
   Abwasserreinigung in einer Kläranlage 83
   Auch das Meer ist ein gefährdeter Lebensraum 84
   Gewässerschutz geht alle an 85

Natur- und Umweltschutz

1 Die Stadt und ihr Umland 88
Gefährdete Umwelt — Wie kam es dazu? 88
Das Leben zwischen Häusern 90
Lexikon: Frei lebende Tiere und Pflanzen in der Stadt 91
Verschmutzte Luft gefährdet die Gesundheit 92
Praktikum: Flechten als Bioindikatoren 93
Müll vermeiden — aber wie? 94
Lebensräume aus zweiter Hand 96

2 Natur- und Kulturlandschaft 98
Die Feldflur ist artenarm 98
Hecken bieten wichtige ökologische Nischen 100
Projekt: Anlegen einer Hecke 102
Projekt: Die Trockensteinmauer 104
Biotopschutz ist auch Artenschutz 106

Einzeller, Pflanzen, Pilze — Teile von Lebensgemeinschaften

1 Einzeller 111
Das Pantoffeltierchen — Leben im Wassertropfen 110
Praktikum: Arbeiten mit dem Mikroskop 111
Die Amöbe — ein Einzeller ohne feste Gestalt 112
Euglena — Tier oder Pflanze? 113
Einzeller und Zellkolonie 114
Die Kugelalge Volvox 115
Grünalgen und Kieselalgen 116
Lexikon: Algen sind vielgestaltig 117
Bakterien sind besondere Einzeller 118
Bakterien sind vielseitig 119

2 Pflanzen als Teil der Lebensgemeinschaft 120
Grüne Pflanzen stellen energiereiche Stoffe her 120
Auch grüne Pflanzen atmen 121
Moose sind Pionierpflanzen 122
Formenvielfalt der Farne 124
Lexikon: Sporenpflanzen 126
Vielfalt der Samenpflanzen 127
Lexikon: Ernährungsspezialisten bei Blütenpflanzen 128

3 Pilze als Teil der Lebensgemeinschaft 130
Pilze — nicht Tiere, nicht Pflanzen 130
Praktikum: Untersuchungen an Pilzen 131
Lexikon: Pilze 132
Schimmelpilze 134
Hefen — Nutzpilze seit alters her 135
Der Schwarzrost — ein Parasit 136
Mutterkorn bringt Höllenfeuer — und Heilung 137

4 Die fünf Reiche der Lebewesen 138
Reich der kernlosen Einzeller 138
Reich der Einzeller mit Zellkern 139
Reich der Pilze 139
Das Pflanzenreich 140
Das Tierreich 142

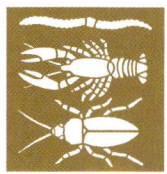

Tiere als Teil der Lebensgemeinschaften

1 Einfache Vielzeller, Schnecken und Würmer 146
Der Süßwasserpolyp 146
Lexikon: Einfache Vielzeller 147
Die Weinbergschnecke 148
Praktikum: Sammeln und Bestimmen von Schneckengehäusen 150
Regenwürmer sind Bodenbewohner 152
Regenwürmer verbessern den Boden 154
Lexikon: Wurm ist nicht gleich Wurm 155

2 Vielfalt der Insekten 156
Körperbau der Honigbiene — ein Leben im Panzer 156
Praktikum: Untersuchungen an der Honigbiene 157
Die Sinnesorgane 158
Der Flug der Insekten 159
Vergleich Insekt — Wirbeltier 160
Die vollständige Verwandlung der Schmetterlinge 162
Die unvollständige Verwandlung der Laubheuschrecke 163
Ein Grundbauplan wird abgewandelt 164
Lexikon: Schmetterlinge 166
Lexikon: Käfer 168
Der Bienenstaat ist perfekt organisiert 170
Die Aufgaben einer Arbeiterin 171
Die Tanzsprache — Verständigung im Bienenstaat 172
Das Bienenjahr 174
Lexikon: Verwandte der Honigbiene 175

3 Krebse und Spinnen 176
Der Flusskrebs 176
Lexikon: Krebstiere 177
Die Kreuzspinne 178
Weitere Spinnen — Jäger sind sie alle 180
Lexikon: Spinnentiere 181

Stoffwechsel des Menschen

1 Ernährung und Verdauung 184
Zusammensetzung der Nahrung 184
Die Bedeutung der Nährstoffe im Stoffwechsel 185
Vitamine und Mineralstoffe 186
Vollwerternährung — eine gesunde Alternative 188
Lexikon: Vorschläge zur Vollwerternährung 189
Praktikum: Verdauung 190
Verdauung in Mund und Magen 192
Verdauungsvorgänge im Dünndarm 194
Verdauungsvorgänge im Dickdarm 196
Die Muskulatur 198
Die Arbeitsweise der Muskeln 199

2 Transport und Ausscheidung 200
Das Blutgefäßsystem 200
Das Herz 201
Zusammensetzung und Aufgaben des Blutes 202
Stoffaustausch im Gewebe 203
Der Wundverschluss 204
Blutgruppen 205
Bau und Funktion der Lunge 206
Die Niere — Millionen kleinster Filter 208
Die Harnbildung 209

Gesundheit und Krankheit

1 Infektionskrankheiten 212
Kampf gegen winzige Feinde 212
Arzneimittel gegen Bakterien 213
Grippe — eine Infektionskrankheit 214
Viren 214
Der Körper wehrt sich 216
Aktive und passive Immunisierung 218
AIDS — eine neue Pandemie! 220
Lexikon: Infektionskrankheiten 222
Allergien 224
Lexikon: Parasiten des Menschen 226

2 Das Risiko von Zivilisationskrankheiten kann man verringern 228
Das eigene Handeln bestimmt die Gesundheit 228
Herzinfarkt — muss nicht sein! 230
Krebs 231

3 Suchtmittel — nichts für uns 232
Rauchen — nein danke! 232
Alkohol — eine erlaubte Droge 234
Medikamentenmissbrauch 236
Die Flucht in eine Traumwelt 236

Sinne, Nerven und Hormone

1 Sinnesorgane 240
Das Auge — unser wichtigstes Sinnesorgan 240
Bau und Funktion der Netzhaut 241
Scharfes Sehen nah und fern 242
Viele Sehfehler sind korrigierbar 243
Das Farbensehen 244
Sehen mit Auge und Gehirn 245
Praktikum: Sehen 246
Riechen und Schmecken 247
Das Ohr 248
Leistungen des Gehörs 249
Lage- und Drehsinn 250
Praktikum: Gehör-, Lage- und Drehsinn 251
Die Haut — unser größtes Organ 252
Lexikon: Schädigungen und Erkrankungen der Haut 253

2 Das Nervensystem 254
Arbeitsweise des Nervensystems 254
Die Nervenzelle — Bau und Funktion 255
Das Gehirn 256
Arbeitsteilung im Gehirn 257
Gedächtnis 258
Das Rückenmark 259
Teile des Nervensystems arbeiten selbstständig 260
Schlaf ist lebenswichtig 261

3 Hormone 262
Botenstoffe im Körper 262
Regulation des Grundumsatzes 263
Der Blutzucker muss stimmen! 264
Störungen bei der Blutzuckerregulation 265

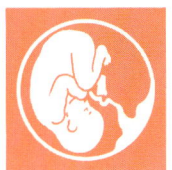

Sexualität, Fortpflanzung und Entwicklung des Menschen

1 **Biologische Grundlagen menschlicher Sexualität** 268
  Willst du mit mir gehen? 268
  Hormone bewirken die Pubertät 269
  Die Geschlechtsorgane des Mannes 270
  Bau und Bildung der Spermien 271
  Die Geschlechtsorgane der Frau 272
  Bau und Bildung der Eizellen 273
  Der weibliche Zyklus 274

2 **Zur Sexualität des Menschen** 276
  Sexualität in einer verantwortungsvollen Partnerschaft 276
  Lexikon: Methoden der Empfängnisverhütung 277
  Lexikon: Glossar zur Sexualität 278
  Projekt: AIDS und Sexualität 280

3 **Die Entwicklung des Menschen** 282
  Die Entwicklung von Embryo und Fetus 282
  Schwangerschaft und Geburt 284
  Die Lebensabschnitte 285

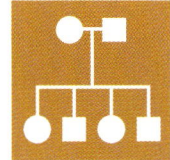

Vererbung und Abstammung

1 **Die mendelschen Regeln** 288
  Johann Gregor Mendel entdeckt die Vererbungsregeln 288
  Das Kreuzungsschema 290
  Die Rückkreuzung 291
  Mendels dritte Vererbungsregel 291

2 **Die Kernteilungen — Grundlage der Vererbung** 292
  Die Mitose 292
  Die Meiose 293
  Erbanlagen und Erbsubstanz (DNA) liegen in den Chromosomen 294
  Vom Gen zum Merkmal 295

3 **Vererbung beim Menschen** 296
  Methoden der Humangenetik 296
  Stammbäume lassen Erbgänge erkennen 297
  Vererbung der Blutgruppen 298
  Zwei Chromosomen bestimmen das Geschlecht 300
  Der Erbgang der Bluterkrankheit 301
  Trisomie 21 — eine folgenschwere Veränderung im Erbgut 302
  Vorsorge bei Erbkrankheiten 303
  Erbgut und Umwelt beeinflussen unser Leben 304
  Zwillingsforschung 305
  Lexikon: Manipulationen am menschlichen Erbgut 306

4 **Die Evolution des Menschen** 308
  Die Rassen des Menschen 308
  Die Verwandten des Menschen 310
  Die Vorfahren des Menschen 312
  Wie der Mensch zum Menschen wurde 314
  Die kulturelle Evolution 316

Register 318
Bildnachweis 328

In diesem Schuljahr hast du mit deiner Klasse die Möglichkeit, einen Lebensraum mit seinen Tieren und Pflanzen zu untersuchen. Nimm einmal einen Stadtplan zur Hand und schau dir die Umgebung deiner Schule an. Kreuze die Stellen an, bei denen du vermutest, dass sich eine Untersuchung lohnt, sei es eine Hecke, eine Trockensteinmauer, ein Wegrand oder ein Tümpel. Besprecht die Vorschläge miteinander und bereitet dann eine Exkursion zu dem ausgewählten Biotop vor.

Falls ihr euch für einen Bach, einen Teich oder eine Talsperre entscheidet, so findet ihr im Kapitel *Gewässerökosysteme* Hinweise zur Untersuchung und auch wichtige Ergebnisse. Da nicht jedes Gewässer gleich ist, werdet ihr sicher auch einige Unterschiede zu eurem speziellen Biotop feststellen.

Hecken, Parks, Gebüsche oder Feldgehölze weisen Ähnlichkeiten mit einem Wald auf. Ihr könnt deshalb im Kapitel *Ökosystem Wald* nachschlagen, wenn ihr einen solchen Lebensraum untersuchen wollt. Viele Untersuchungsmethoden und manche Tier- oder Pflanzenarten sind in diesem Kapitel beschrieben.

Wege in die Ökologie

Bei der Untersuchung eines Biotops und seiner Lebewesen ergeben sich häufig ähnliche Probleme. Beispielsweise müssen die Pflanzen, die Tiere und die Bedingungen der unbelebten Umwelt beschrieben werden. Strukturen müssen erkannt und Zusammenhänge aufgewiesen werden. Deshalb nennt dieses einleitende Kapitel wesentliche Gesichtspunkte, die für fast jeden Lebensraum in ähnlicher Weise gelten. Es kann dadurch auch eine Anregung für die Beschreibung des Biotops sein, das sich eure Klasse zur Untersuchung ausgewählt hat. Schmökert dieses Kapitel einfach einmal durch und entwickelt dann euer eigenes Programm!

Auf jeden Fall lassen sich im Kapitel *Natur- und Umweltschutz* Beispiele für Lebensräume finden, die vom Menschen beeinflusst und verändert worden sind. Auch die Probleme, die sich daraus ergeben, werden genannt.

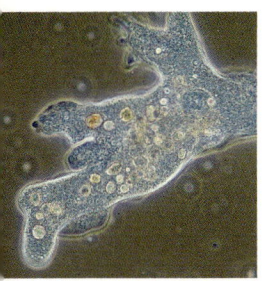

Einzeller, Pilze, Pflanzen und *Tiere als Teile der Lebensgemeinschaften* werden in zwei weiteren Kapiteln systematisiert, das heißt ihrer Verwandtschaft entsprechend behandelt. Denn es ist wichtig, alle Organismen eines Ökosystems auch in ihrem Körperbau zu kennen. In diesen Kapiteln wirst du besonders oft nachschlagen müssen.

Wir haben direkt neben unserer Schule eine Grasfläche gefunden, an der wir praktisch arbeiten wollen. Die folgenden Seiten zeigen am Beispiel unserer *Wiese*, wie wir vorgegangen sind, um zu sinnvollen Ergebnissen zu kommen. Die Arbeit im Freiland und die theoretischen Untersuchungen müssen sich dabei sinnvoll ergänzen.

1 Ein Stück Wiese im Schulumfeld 10
  Unser Untersuchungsgebiet ist eine Grasfläche 10
  Praktikum: Es gibt viel zu tun im Untersuchungsgebiet 11
  Pflanzen und Tiere werden gesammelt und katalogisiert 12
  Lexikon: Steckbriefe entstehen 13
  Wir entdecken Strukturen — die Stockwerke der Wiese 14
  Ein Netz von Beziehungen entsteht 15
  Im Verlauf des Jahres ändert sich das Aussehen der Wiese 16
  Der Mensch stört Kreisläufe 17
  Jeder hat seinen Platz im Ökosystem 18
  Projekt: Aktion „Bunte Wiesenblumen" 19

9

1 Ein Stück Wiese im Schulumfeld

1 So könnte das Untersuchungsgebiet aussehen

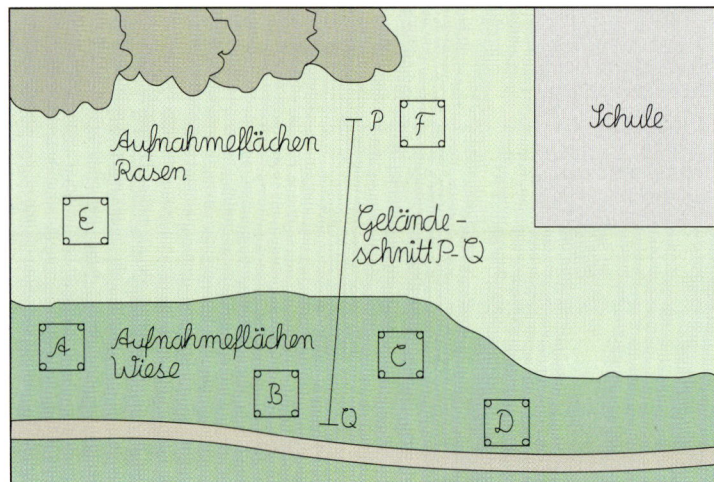

2 Skizze des Untersuchungsgebietes mit den Probeflächen

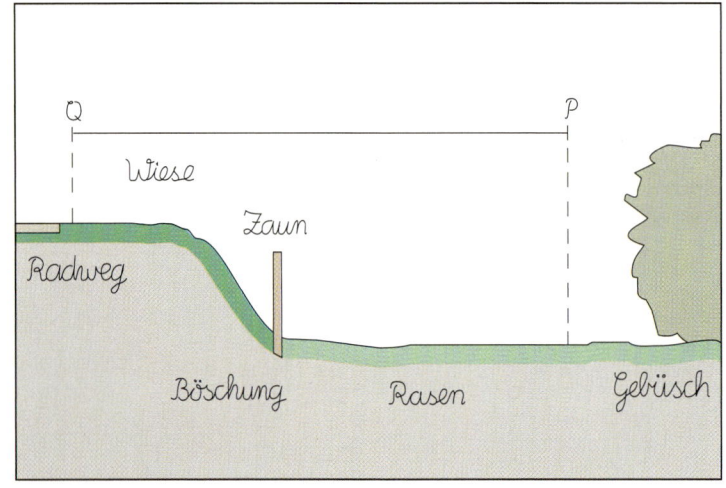

3 Schnitt durch das Untersuchungsgebiet

Unser Untersuchungsgebiet ist eine Grasfläche

Hinter unserer Schule befindet sich eine Rasenfläche, die regelmäßig gemäht wird. Zwischen diesem Rasen und dem Radweg liegt ein etwa 10 m breiter Streifen verwilderte Wiese an einer Böschung. Diese Grasfläche soll in diesem Schuljahr das Untersuchungsgebiet sein.

Für die Arbeit im Freiland musste einiges geplant werden. Eine Gruppe sollte sich mit dem *Pflanzenbestand* beschäftigen. Sie wollte an mehreren Stellen Probeflächen von 1 m^2 abstecken und möglichst viele Pflanzen bestimmten. Die Anzahl der einzelnen Arten je Aufnahmefläche sollte ermittelt werden. Um einen besseren Eindruck zu erhalten, konnten zum Vergleich entsprechende Flächen auf dem Rasen untersucht werden. Bestimmungsbücher und Lupen wurden aus der Schulsammlung bereitgelegt und die Gruppe überlegte, wie sie ihre Ergebnisse dokumentieren konnte. Einige Möglichkeiten werden noch vorgestellt.

Die zweite Gruppe hatte die Aufgabe, *Tiere* zu beobachten und zu bestimmen. Einige Schüler „bewaffneten" sich mit einem Fernglas, um Vögel zu beobachten. Andere suchten nach Möglichkeiten, Insekten zu fangen und zu bestimmen. Wir hatten uns darauf geeinigt, alle Tiere sofort nach der Untersuchung an Ort und Stelle wieder freizulassen. Zwei Schüler wollten zusätzlich den Boden spatentief auf tierische Organismen hin untersuchen.

Die letzte Gruppe schließlich sollte eine maßstabsgetreue Zeichnung des Geländes in Aufsicht sowie eine Querschnittsskizze anfertigen. Die einzelnen Probeflächen sollten darauf eingetragen werden. Außerdem sollte sie überlegen, welche Faktoren der unbelebten Umwelt — z. B. Temperatur oder Lichtverhältnisse — zu messen seien.

Nach der Freilandarbeit haben wir natürlich gemerkt, dass wir trotz vieler Vorüberlegungen einiges hätten besser machen können. Dennoch haben wir so viele Ergebnisse und vor allem Fragen, dass es in den nächsten Wochen erst einmal eine Menge aufzuarbeiten gibt, z. B. über die Insekten, Spinnen oder Moose, die wir bei unserer Arbeit gefunden haben.

Wege in die Ökologie

Es gibt viel zu tun im Untersuchungsgebiet

Die Beschreibung der Pflanzen steht meistens am Anfang bei der Untersuchung einer Lebensgemeinschaft.

① Nimm zur Vorbereitung ein Bestimmungsbuch zur Hand und informiere dich, nach welchen Gesichtspunkten es aufgebaut ist (nach Pflanzenfamilien, Farbe der Blüten, Standort). Übe den Umgang mit dem Buch an bereits bekannten Pflanzen. Präge dir Namen und Aussehen geschützter Pflanzen besonders gut ein. Diese dürfen auf keinen Fall gesammelt werden.

② Bereite vor, wie du die Pflanzen „sammeln" willst. Du kannst z. B. ein Herbar anlegen. Du kannst die Pflanzen aber auch fotografieren oder zeichnen. In jedem Fall werden außer dem Artnahmen auch Fundort, Datum und Pflanzenfamilie angegeben.

③ Zur Pflanzenaufnahme werden mehrere gleich große Flächen mit Schnur und Holzpflöcken abgesteckt. Nummeriere die Flächen und fertige eine Lageskizze an. Stelle fest, welche Pflanzen dort jeweils wachsen und fertige ein Protokoll an (siehe Abbildung).

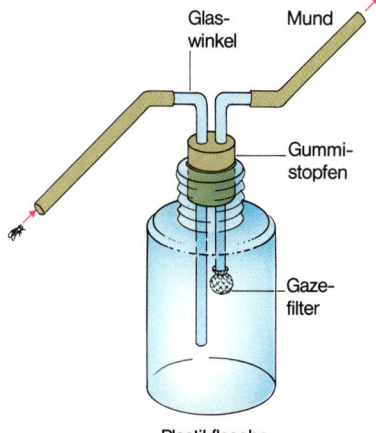

Zum Bestimmen von *Tieren* sind die gleichen Vorbereitungen nötig wie bei der Bestimmung von Pflanzen. Die Tiere sollten grundsätzlich nach dem Sammeln und Bestimmen in ihren Lebensraum zurückgesetzt werden!

④ Bastle aus Glasröhrchen, Schlauch und Stopfen ein Gefäß, wie es in der Abbildung angegeben ist. Es eignet sich besonders zum Absaugen kleiner Lebewesen.

⑤ Streiche mit einem Kescher mehrfach über Pflanzen des Untersuchungsgebietes. Entleere den Inhalt in ein Sammelröhrchen und bestimme die Lebewesen so weit wie möglich nach Ordnung, Familie, Gattung oder sogar bis zur Art.

⑥ Lege unter höhere Kräuter oder Sträucher ein helles Tuch oder einen Schirm. Schüttle an den Pflanzen und sammle die herabfallenden Tiere vorsichtig auf. Bestimme sie!

⑦ Untersuche kleine Tiere in der Schule mit der Stereolupe und, falls möglich, unter dem Mikroskop.

⑧ Fertige zu den gefundenen Tieren einen „Steckbrief" an, der wichtige Stichworte zur Lebensweise und Ernährung enthält.

Zur Untersuchung des *Lebensraumes* gehören diejenigen Faktoren, die Bestandteile der unbelebten Natur sind: Temperatur, Luftfeuchtigkeit, Lichtverhältnisse und Bodenbeschaffenheit.

⑨ Miss an mehreren Tagen und zu verschiedenen Tageszeiten mit einem Belichtungsmesser die Lichtstärke an verschiedenen Stellen des Untersuchungsgebietes.

⑩ Miss an den gleichen Punkten die Lufttemperatur, die relative Luftfeuchtigkeit und den Säuregrad (ph-Wert) des Bodens.

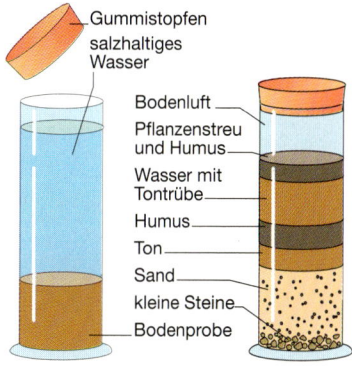

⑪ Zur Untersuchung der Zusammensetzung des Bodens eignet sich die *Schlämmanalyse*. Ein Standzylinder wird etwa bis zur Hälfte mit leicht angedrücktem Boden gefüllt, der Rest mit schwach salzhaltigem Wasser aufgefüllt. Durch die Salzzugabe lösen sich die einzelnen Bestandteile beim Schütteln leichter voneinander und setzen sich übereinander ab.

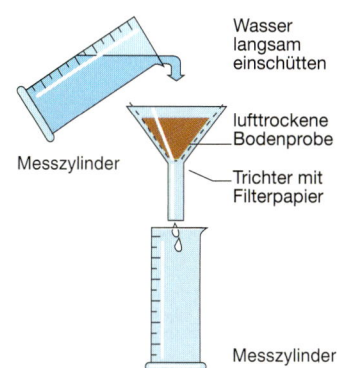

⑫ Zur Bestimmung der *Wasserhaltefähigkeit* des Bodens wird auf jeweils gleiche Mengen von lufttrockenem Boden gleich viel Wasser geschüttet. Ein Teil davon wird festgehalten. Der Rest fließt ab und wird gemessen. Die Differenz ist ein Maß für die Wasserhaltefähigkeit des Bodens.

Datum:		Ort:		
Pflanzen	\multicolumn{4}{l}{Gezählte Pflanzen in Fläche}
	A	B	C	D
Wiesensalbei				
Wiesenmargerite				
Weißklee				
Löwenzahn				
Gänseblümchen				
Gräser		geschlossener Bestand		
unbekannte Art 1				
unbekannte Art 2				
Anzahl der Arten pro Fläche				
mittlere Artenzahl				

Wege in die Ökologie

1 Gesammelte Pflanzen werden bestimmt und geordnet

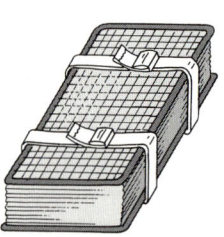

2 Ein fertiges Herbarblatt

Pflanzen und Tiere werden gesammelt und katalogisiert

Die Schülergruppe, die während der Exkursion Pflanzen sammelte, hat ihr Ergebnis in einer Ausstellung vorgestellt (▷ 1). Dabei wurden die Pflanzen nach Familien, also nach ihrer Verwandtschaft zusammengefasst. Das ist zum ersten Kennenlernen sehr sinnvoll. Auch die Blätter eines Herbariums ordnet man meistens nach Familien (▷ 2), also auch nach systematischen Gruppen.

Es gibt allerdings noch andere Gesichtspunkte, nach denen man sortieren kann. Für ökologische Untersuchungen kann es nämlich notwendig sein zu wissen, an welchem Standort die Pflanzen vorkommen und ob sie in der prallen Sonne oder im Schatten wachsen. Auch die Frage, wer die Blüten bestäubt oder wie die Samen und Früchte verbreitet werden, ist für die Untersuchung einer Lebensgemeinschaft wichtig. Ähnliche Fragen ergeben sich auch im Zusammenhang mit den Tieren. Deshalb haben wir mithilfe von Bestimmungsbüchern und Lexika Karteikarten bzw. Steckbriefe erstellt. Fotos oder Zeichnungen der Lebewesen wurden dazugeklebt. So haben wir im Laufe der Zeit sehr viele Einzelheiten über die Organismen unserer Untersuchungsfläche erfahren.

Art: Wiesensalbei (Salvia pratensis)
Familie: Lippenblütler
Merkmale: Staude, etwa 60 cm hoch; Blütenfarbe blau bis violett; Stängel vierkantig, leicht klebrig; Blätter eiförmig, runzelig.
Vorkommen: Halbtrockenrasen, Wegränder; auf nährstoffreichen, kalkhaltigen Böden; wärmeliebend, erträgt zeitweise Trockenheit; sehr häufig; Blütezeit: Mai bis August.
Sonstiges: Bestäubung durch langrüsselige Hummeln bzw. Bienen; „Schlagbaummechanismus".

Aufgabe

① Erstellt entsprechend der Karteikarte links oder wie bei der folgenden Lexikonseite Steckbriefe der Pflanzen und Tiere eures Untersuchungsgebietes.

Wege in die Ökologie

Lexikon

Steckbriefe entstehen

Wenn man eine Pflanze oder ein Tier bestimmt hat und einen *Steckbrief* erstellen möchte, dann muss man nach weiteren Informationen suchen. Bei Pflanzen ist es z. B. wichtig, etwas über Blühzeiten, Verbreitung der Samen oder Ansprüche an Boden und Feuchtigkeit zu erfahren. Bei Tieren muss man nachlesen, ob sich etwas zum Körperbau, zum Verhalten oder zu den Nahrungsansprüchen finden lässt. Auch die Frage, wo die Eier abgelegt werden und ob Brutpflege betrieben wird, kann wichtig sein. Lexika, Tierbücher, aber auch dein Biologiebuch können dabei helfen.

Auf dieser Seite findest du einige Beispiele, wie du es selbst auch machen könntest. Trage möglichst viele Informationen zusammen! Du weißt nie, wozu sie noch benötigt werden.

Zur Familie der *Süßgräser* gehört das **Honiggras**. Es wird 30 – 80 cm hoch und bildet dichte Horste. An den weich behaarten Blättern ist es leicht zu erkennen. Das Honiggras blüht von Juni bis August auf mageren und vernachlässigten Wiesen. Die Bestäubung erfolgt durch den Wind. Die Pflanze kann in ihren Wurzeln Wasser speichern.

Die **Feldmaus** ist ein *Nagetier*. Sie ist die häufigste *Wühlmausart* und bewohnt offenes Gelände. Sie ernährt sich von Wurzeln, Halmen und Früchten, besonders von Getreidekörnern. An den Laufgängen im Gras und an den Löchern, die in ein weit verzweigtes Gangsystem führen, ist ihr Vorkommen zu entdecken. Etwa sechsmal im Jahr werfen die Weibchen bis zu 12 Junge, die sich schon nach drei Wochen wieder fortpflanzen können. Aber auch die Zahl ihrer Feinde (Krähe, Fuchs, Taggreifvögel und Eulen) ist groß. Feldmäuse haben einen kürzeren Schwanz als Hausmäuse.

Der **Engerling** ist keine bestimmte Tierart. Man bezeichnet so die weichen, weißlichen Larven aller *Blatthornkäfer*, zu der auch *Maikäfer*, *Mistkäfer* und *Hirschkäfer* gehören. Die Larven haben sechs Beine und kräftige Mundwerkzeuge. Damit zerkleinern sie Pflanzenwurzeln und können in Jahren besonderer Massenvermehrung große Schäden in der Landwirtschaft anrichten. Die Larven leben oft mehrere Jahre bis zu ihrer Verpuppung im Boden, bevor sie als fertige Käfer das Erdreich verlassen. Früher war die Larve des Maikäfers der bekannteste Engerling. Durch intensive Bekämpfung mit Insektengiften sind die Tiere heute recht selten geworden.

Zu den Spinnentieren gehört die **Krabbenspinne**. Sie ist gut an ihren vier, stark seitlich gestellten Beinpaaren zu erkennen, wobei die beiden vorderen Beine wesentlich größer sind als die hinteren. Ihren Namen erhielt sie durch die Eigenschaft, dass sie wie eine Krabbe sehr schnell seitlich laufen kann. Die Krabbenspinne baut kein Netz, sondern lauert ihrer Beute vor allem auf Blüten oder Blättern auf. Ihre Färbung ist der Umgebung gut angepasst. Hat sie das Opfer durch einen giftigen Biss gelähmt, spritzt sie Verdauungssäfte hinein und saugt dann den verdauten Inhalt aus *(Außenverdauung)*.

Die **Ackerschnecke** gehört wie alle Schnecken zu den *Weichtieren*. Sie kann an den Gemüsepflanzen und Schmuckpflanzen in unseren Gärten großen Schaden anrichten. Die Ackerschnecke besiedelt feuchte Wiesen. Bei hoher Luftfeuchtigkeit oder nach einem Regen kann man sie aber auch auf Wegen finden. Da sie kein Gehäuse hat, zählt man sie zu den *Nacktschnecken*. Als letztes Überbleibsel einer Schale besitzt sie eine Kalkplatte in ihrem Mantel. Sie ernährt sich von Pflanzenteilen, die sie mit ihrer raspelartigen Zunge zerkleinert. Schnecken sind nachtaktiv, weil tagsüber die Gefahr des Austrocknens besteht.

Wege in die Ökologie

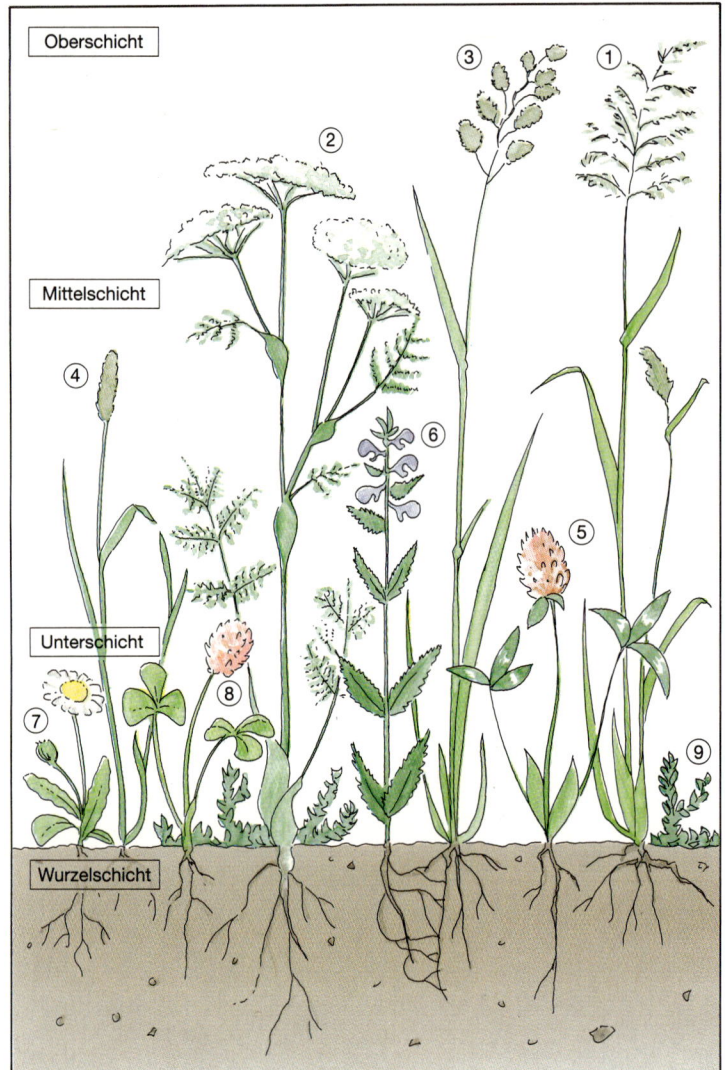

1 Stockwerke der Wiese

Wir entdecken Strukturen — die Stockwerke der Wiese

Als wir die Ergebnisse der einzelnen Gruppen verglichen, fiel uns auf, dass die verschiedenen Tiere auf den Wiesenpflanzen nicht gleichmäßig verteilt waren. So fanden sich beispielsweise im Keschernetz fast nur Blüten besuchende Insekten vor. Viele andere Arten fehlten. Woran lag das?

Durch die Größe und die Zusammensetzung der Pflanzenarten ist die Wiese in sich deutlich gegliedert (siehe Abb. 1). Schnellwüchsige Pflanzen wie Glatthafer (1), Wiesenkerbel (2) und Knäuelgras (3) bilden die *Oberschicht*. Es folgt eine *Mittelschicht*, die z. B. Ruchgras (4), Wiesenklee (5) und Großen Klappertopf (6) enthält, der als Halbschmarotzer auf den Wurzeln der Gräser sitzt. Schließlich folgt eine *Unterschicht*, die von kriechenden Pflanzenarten oder solchen mit Blattrosetten gebildet wird. Dazu gehören z. B. Gänseblümchen (7), Weißklee (8) und Sparriges Kranzmoos (9). Im Boden folgt die *Wurzelschicht* mit den unterschiedlich tief eindringenden Wurzeln. Die Gräser bilden in der Regel eine dicht vernetzte, flache Grasnarbe, während die Pfahlwurzel des Löwenzahns tief in den Boden eindringt.

Diese von den Pflanzen vorgegebene Struktur bietet vielfältige Lebensbedingungen für die Tiere. Sie können z. B. unterschiedliche Pflanzenteile als Nahrung oder Versteck nutzen. Deshalb sind manche Arten, die besonders spezialisiert sind, nur in einem bestimmten *Stockwerk der Wiese* anzutreffen.

Warum Systematik? — Warum Artenkenntnis?

Das erste, was man über ein Lebewesen erfährt, ist häufig der Name. Was nützt es aber, wenn man z. B. weiß, dass ein Tier *Veilchenperlmutterfalter* heißt?

Wer Systematik gelernt hat, also die wesentlichen Eigenschaften einer systematischen Gruppe kennt, kann so schon eine Menge über das Tier erschließen: Der Falter gehört als Schmetterling zu den Insekten. Er besitzt ein Außenskelett aus Chitin und atmet mit Tracheen. Seine Entwicklung verläuft vom Ei über eine Pflanzen fressende Raupe, die sich mehrfach häutet, und über das Ruhestadium der Puppe zum Nektar saugenden Vollinsekt. . . . und so weiter, wie es den allgemeinen Eigenschaften eines Schmetterlings entspricht.

Zu den Artmerkmalen gehören aber auch die Besonderheiten eines Lebewesens: Der Perlmutterfalter überwintert im Eistadium. Das Weibchen legt die Eier im Herbst in der Nähe von Veilchen ab, weil seine Raupen nur auf diesen Pflanzen leben . . . und so fort.

So müssen sich die allgemeine Systematik und das Wissen um die Besonderheiten einer Art ergänzen. Nur wer eine Art genau kennt, kann sie in verantwortungsvoller Weise schützen. Er ist in der Lage, ihren Stellenwert in der Natur zu verstehen. Das wird um so wichtiger, je mehr Arten durch den Einfluss des Menschen in ihrer Existenz bedroht sind. Wenn die Veilchen ausgerottet werden, verschwindet auch der Perlmutterfalter

Ein Netz von Beziehungen entsteht

Wir haben jetzt eine Menge *Einzelheiten* zusammengetragen und wissen, dass in unserem Wiesenstück viele Pflanzen und Tiere miteinander leben. Wie sieht dieses *„Zusammenleben"* aus? Am Beispiel der Nahrungsbeziehungen wollen wir untersuchen, wie die Lebewesen als *Lebensgemeinschaft* voneinander abhängen. Dabei können wir überprüfen, wie hilfreich die *Kurzbeschreibungen* der Tier- und Pflanzenarten bei der Beantwortung unserer Fragen sind.

Amsel: Sie nistet im wiesennahen Gebüsch, frisst Würmer und Schnecken.

Ackerschnecke: Sie ist ein zu den Nacktschnecken gehörender Pflanzenfresser.

Bläuling: Ein Tagschmetterling, der Nektar saugt, vor allem am Wiesenknopf.

Wegameise: Sie lebt von Samen, Raupen oder den Ausscheidungen von Blattläusen.

Blattläuse: Sie überwintern in Gehölzen und wandern im Frühjahr in die Wiesen. Sie saugen Pflanzensäfte. Ihre Fressfeinde sind Spinnen, Marienkäfer und deren Larven, Schwebfliegenlarven. Mit den Ameisen bilden sie eine Symbiose: Sie geben ihnen Honigtau ab und werden von den Ameisen geschützt.

Laubheuschrecke: Sie ist ein hauptsächlich räuberisch lebendes Insekt mit langen Fühlern. Nur die Männchen zirpen durch Reiben der Hinterschenkel am Vorderflügel.

Erdhummel: Sie baut ihre Nester tief im Boden und ist ein Bestäuber von Wiesenpflanzen.

Wespenspinne: Sie spinnt ein senkrechtes Netz, in dem sich Insekten verfangen.

Honigbiene: Sie ist der Bestäuber von vielen Wiesenpflanzen, saugt Nektar und sammelt Blütenstaub.

Schwebfliege: Sie saugt Nektar. Ihre Larven fressen Blattläuse.

Wespe: Sie verfüttert andere Insekten an ihre Larven.

Regenwurm: Er lebt im Boden und frisst verrottendes Material.

Feldmaus: Sie gräbt ausgedehnte Gänge und legt ihre Nester 40 – 60 cm tief an; frisst Wurzeln und Samen.

Igel: Er ist ursprünglich ein Waldbewohner, bevorzugt aber heute Hecken und Gärten. Er frisst Regenwürmer, Insekten, Schnecken, Mäuse, selten auch Schlangen.

Pflanzen der Wiese:
Scharfer Hahnenfuß (1), Wiesenstorchschnabel (2), Schafgarbe (3), Wassergreiskraut (4), Taubnessel (5), Glockenblume (6), Wiesenknopf (7), Steinklee (8), Wiesenfuchsschwanz (9), Knäuelgras (10), Wiesenrispengras (11).

Aufgaben

1. Stelle weitere Nahrungsbeziehungen zwischen den beschriebenen Tieren und Pflanzen auf.
   a) Welche Teile der Pflanzen dienen Tieren als Nahrung?
   b) Welche Tiere sind Räuber, Aasfresser, Abfallverwerter?
   c) Welche Tiere haben verschiedene Beutetiere, welche sind Spezialisten?
2. Pflanzen bilden stets die Nahrungsgrundlage. Warum?
3. Welche Tiere können das Wiesenstück verlassen und andere Biotope aufsuchen?
4. Durch Eingriffe des Menschen wie Bebauung, Umpflügen und Aufforsten verschwinden jährlich viele Wiesenflächen. Welche Tiere sind dadurch in ihrem Bestand bedroht?

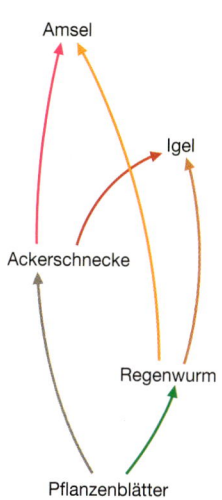

Wege in die Ökologie

Im Verlauf des Jahres ändert sich das Aussehen der Wiese

Als wir im Herbst die erste Bestandsaufnahme auf unserer Wiese machten, fanden wir viele Gräser und Fruchtstände von Doldengewächsen. Im folgenden Frühjahr dagegen war alles gelb von blühendem Löwenzahn. Wir wollten mehr über die Veränderungen auf einer Wiese erfahren. Da unsere Grasfläche wie eine landwirtschaftlich genutzte Heuwiese zweimal im Jahr gemäht wird, haben wir uns über den Jahreslauf auf einer solchen Wiese informiert.

Wiesen sind *Kulturlandschaften*. In unseren Breiten würden sie nach kurzer Zeit zuwachsen, weil Bäume und Sträucher sich ausbreiten könnten.

Im Winter sind die meisten oberirdischen Pflanzenteile abgestorben. Erst wenn es wärmer wird, setzt das Wachstum ein. Schlüsselblume und Wiesenschaumkraut blühen zuerst. Löwenzahn, Scharfer Hahnenfuß und vor allem Gräser prägen jetzt das Bild der Wiese. Nach der ersten Heuernte ähnelt die Wiese einer Rasenfläche. Beim nächsten Wachstumsschub bestimmen bis Ende August vor allem die Doldengewächse mit ihren weißen Blütenständen das Bild. Nach der zweiten Mahd kann es nochmals zu einem Hochstand kommen, bevor die Winterruhe einsetzt.

Nicht jede Pflanze verträgt das mehrmalige Mähen. Die Pflanzen einer Heuwiese sind daran angepasst. Der *Löwenzahn* blüht schon im April. Noch vor dem ersten Hochstand sind die Samen reif und die Früchte der „Pustelblume" können durch den Wind verbreitet werden. Nach dem ersten Schnitt bildet die Pflanze neue Blätter aus und speichert Reservestoffe in ihrer kräftigen Pfahlwurzel. So kann der Löwenzahn nach dem zweiten Schnitt noch einmal blühen.

Der *Bärenklau* wächst erst ab Juni zur vollen Größe aus. Bis dahin ist die Pflanze noch sehr klein. Die Grundblätter und viele Blütenknospen überstehen den ersten Schnitt unbeschadet. Dann entwickeln sich die Blütendolden innerhalb kurzer Zeit und noch vor dem zweiten Hochstand reifen seine vielen Früchte.

Süßgräser bilden in der Regel die Hauptmasse der Wiesenpflanzen. Bei ihnen ist es gleichgültig, ob sie zur Blüte gelangen oder nicht. Nach dem ersten Schnitt bilden sich nämlich an den unteren Stängelknoten Seitentriebe aus, das Gras „bestockt" sich. Außerdem besitzen viele Gräser Ausläufer, aus denen neue Halme emporwachsen.

Eine Sonderstellung hat die *Herbstzeitlose*. Diese Pflanze treibt erst Ende August ihre Blüten aus den Sprossknollen in der Erde. Der Fruchtknoten bleibt im Boden; Laubblätter sind nicht zu entdecken. Nach der Bestäubung welken die Blüten. Den Winter überdauert die Pflanze als Sprossknolle im Boden. Im Frühling entwickelt die Herbstzeitlose viele Blätter, der Fruchtknoten wird aus dem Boden gehoben und reift noch vor der ersten Mahd zu einer Kapsel heran. Die herausfallenden Haftsamen werden bei Feuchtigkeit durch Tiere verbreitet.

1 Jahreslauf einer Fettwiese

Wege in die Ökologie

Entzug durch abgestorbene und gefressene Pflanzen

Abbau von Mineralstoffen durch Kleinlebewesen des Bodens (Zersetzer)

Rückführung der Mineralstoffe

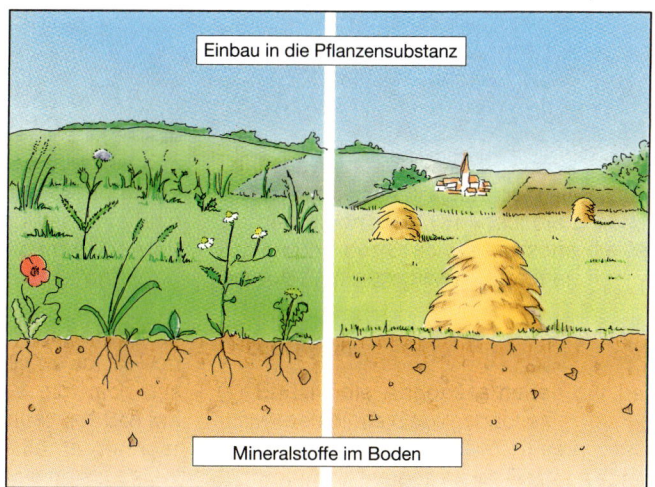
Einbau in die Pflanzensubstanz

Mineralstoffe im Boden

Entzug durch Mähen und Abtransport

Ersatz durch Gülle und industriellen Mineraldünger

1 Mineralstoffkreislauf auf der Brachfläche und auf der Wiese

Der Mensch stört Kreisläufe

Wiesen sind vom Menschen beeinflusste Lebensgemeinschaften. Es gibt sie nur deshalb in so großer Zahl, weil sie durch Mähen oder Beweidung erhalten werden. Der Eingriff des Menschen geht aber noch weiter. Auf einer Heuwiese werden die Pflanzen abgeerntet. Sie werden, so wie es auch beim Rasenmähen geschieht, von der Fläche entfernt. Das wiederum hat wichtige Konsequenzen für den Kreislauf der Stoffe. Pflanzen nehmen beim Wachstum aus der Erde Mineralstoffe auf. Diese werden also dem Boden entzogen. Wenn die Pflanzen später absterben, werden sie von Zersetzern mineralisiert. Dadurch stehen diese Stoffe anderen Pflanzen wieder zur Verfügung.

Werden die Pflanzen aber abgeerntet, so gehen dem Lebensraum Mineralsalze verloren. Sie müssen durch Düngung wieder ersetzt werden. Bei sachgemäßer *Düngung* werden dem Boden nur solche Stoffe zugesetzt, die er benötigt. Zur Steigerung der Erträge wird manchmal mehr gedüngt als nötig. Viele Pflanzen vertragen solche nährstoffreichen Böden nicht und verschwinden. Außerdem belasten die überschüssigen Mineralsalze das Grundwasser und können so zu Gesundheitsschäden beim Menschen führen. Sie gelangen andererseits in die Oberflächengewässer und verursachen dort Veränderungen, z. B. durch verstärktes Pflanzenwachstum.

Zeigerpflanzen geben Auskunft über den Boden

Pflanzenarten stellen unterschiedliche Ansprüche an Mineralsalz- und Kalkgehalt, an Boden- und Luftfeuchtigkeit, an Wärme und Licht ihres Standortes. Deshalb behaupten sich an bestimmten Standorten die Pflanzenarten, die für sich die bestmöglichen Bedingungen vorfinden. Wir nennen sie deshalb **Zeigerpflanzen**. Diese Wildpflanzen erlauben es, Aussagen über die Art und Qualität des Bodens zu machen. Der *Ackerrittersporn* weist zum Beispiel auf kalkhaltigen Boden hin, die *Brennnessel* kommt auf stickstoffreichem Boden vor und der *Kriechende Hahnenfuß* zeigt Staunässe an.

Um genaue Aussagen machen zu können, genügt es nicht, nur auf eine Pflanzenart zu achten. Meistens wachsen mehrere Arten mit gleichen Ansprüchen als **Pflanzengesellschaft** zusammen. So findet man die abgebildete *Hühnerhirse-Gruppe* auf leichtem Lehm- oder Sandboden, der gut mit Stickstoff versorgt ist. Die Pflanzengesellschaft bedingt zum Teil auch das Vorkommen bestimmter Tierarten.

Wege in die Ökologie

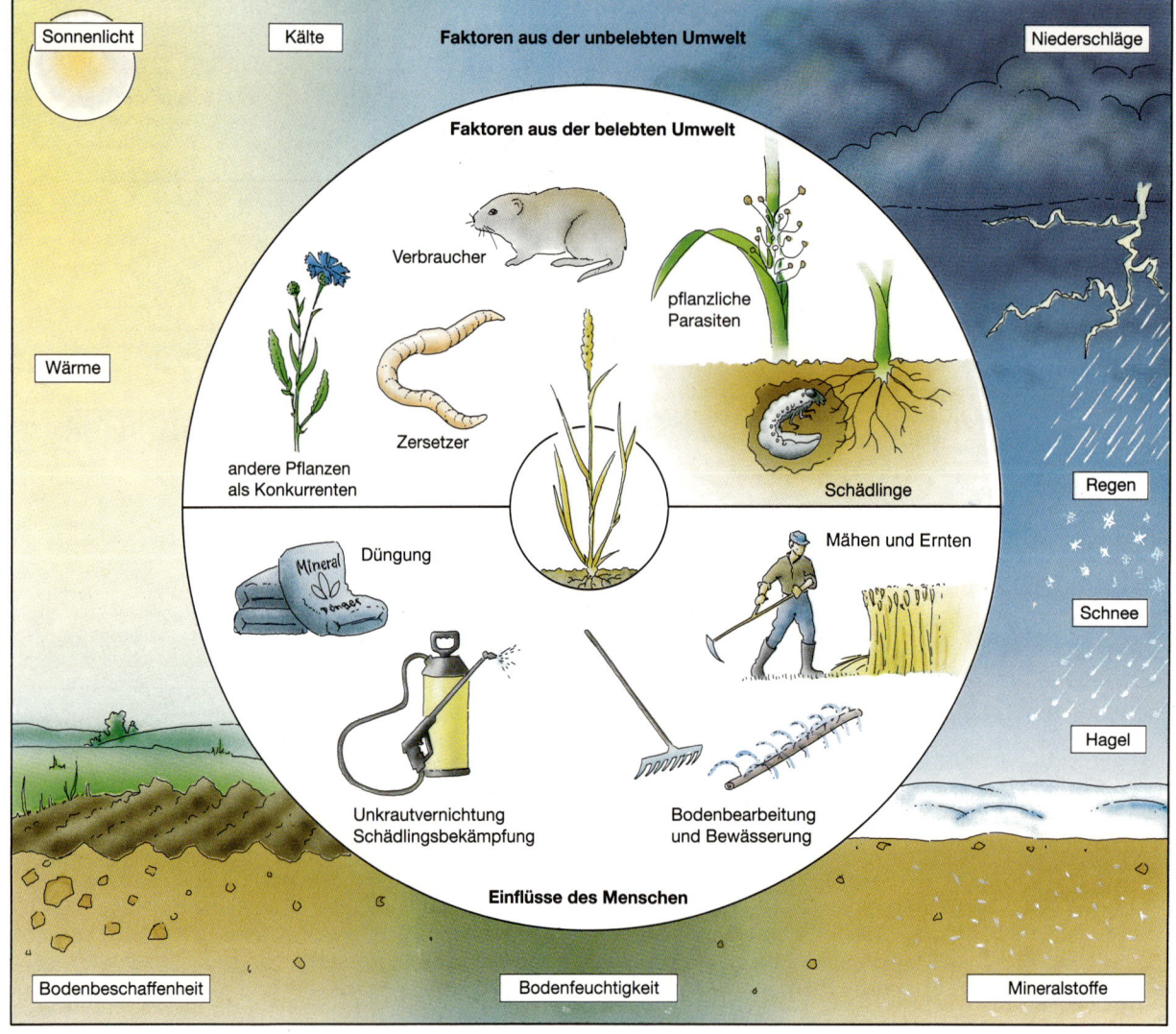

Jeder hat seinen Platz im Ökosystem

Am Ende unserer Untersuchungen haben wir unsere Ergebnisse in einem Poster zusammengefasst. Es zeigt, welche Faktoren auf ein Lebewesen einwirken. Im Mittelpunkt steht eine grüne Pflanze, weil sie als einzige durch Fotosynthese Nährstoffe herstellen kann und deshalb als Erzeuger die Grundlage für andere Lebewesen darstellt.

Es ist erstaunlich, wie vielen verschiedenen Bedingungen ein Lebewesen ausgesetzt ist, von denen seine Existenz abhängt — seien es Faktoren aus der unbelebten Umwelt oder aus dem Bereich der anderen Lebewesen, die als Konkurrenten, Parasiten oder Fressfeinde auftreten können. Vor allem aber ist der Einfluss des Menschen nicht zu unterschätzen.

Trotz mancher Veränderungen, die beispielsweise durch die Jahreszeiten bedingt sind, bleibt das gesamte System normalerweise relativ stabil. Ein solches Gefüge aus Faktoren der unbelebten und belebten Umwelt wird als **Ökosystem** bezeichnet.

In vielen Fällen greift der Mensch allerdings stark in die Lebensbedingungen ein. Die Folgen lassen sich wegen der vielfältigen Zusammenhänge kaum abschätzen. Pflanzen- und Tierarten können dadurch ausgerottet werden, Lebensräume verändern sich und veröden. Nicht zuletzt hat das wieder Auswirkungen auf den Menschen. Deshalb ist der Schutz von Lebensgemeinschaften eine Aufgabe, für die es sich lohnt, mitzuarbeiten.

Aktion „Bunte Blumenwiese"

Die Klasse 9 b berichtet:
Im vergangenen Schuljahr haben wir eine Grasfläche in der Nähe unserer Schuler untersucht. Wir waren stolz auf die vielen Pflanzenarten, die wir gefunden hatten. Bei einem Schulausflug sahen wir dann plötzlich eine Fülle farbenprächtiger Wiesenpflanzen, die es bei uns nicht mehr gab. Da hatten wir den Einfall, wenigstens einige Wildblumen wieder anzusiedeln.

Zunächst holte unser Lehrer den Rat des Naturschutzbeauftragten ein. Der machte uns zur Auflage, nur solche Wildpflanzen anzusiedeln, die es früher einmal in der Gegend gegeben hat. Sonst würden wir die Natur verfälschen und Pflanzen in eine Lebensgemeinschaft einbringen, in die sie überhaupt nicht gehören.

Durch Umfragen bei älteren Leuten konnten wir einige Informationen einholen. Vor allem hatten wir das Glück, dass wir in einem Heimatbuch einige gute Hinweise fanden. Ein alter Bauer gab uns den Rat, auf seinem Heuboden die feinen Heurückstände zusammenzukehren. Sie enthalten Samen von Gräsern und Wiesenblumen, von denen viele jahrelang keimfähig bleiben. Einige Samen konnten wir sogar in einer Gärtnerei kaufen.

Unsere Klasse beantragte außerdem bei der Stadtverwaltung die Patenschaft für unser Beobachtungsgebiet. Mit der Straßenmeisterei wurde vereinbart, von jetzt an das gemähte Gras abfahren zu lassen, damit die von den Pflanzen aus dem Boden entnommenen Mineralsalze nicht durch Zersetzung wieder in ihn zurückgelangen können. Wir hatten nämlich festgestellt, dass die Artenarmut unserer Wiese auch auf Überdüngung zurückzuführen ist. Viele seltene Wiesenpflanzen gedeihen aber nur auf nährstoffarmen Böden.

Es gab noch viel zu tun: Umgraben, altes Wurzelwerk auslesen, einsäen, ... Aber im nächsten Sommer zeigten sich dann die ersten Blüten. Das belohnte uns für alle Mühen.

Aufgabe

① Viele Straßenränder, Böschungen oder Bachufer sind arm an Wildpflanzen. Prüft, ob ihr das geschilderte Projekt auf ein solches Gebiet in der Umgebung eurer Schule übertragen könnt.

Umweltpreis für Wegrandaktion

W e s e l . – Die Freude der Schülerinnen und Schüler der Klasse 9 b war groß, als bekannt wurde, dass ihre Aktivitäten mit dem Umweltpreis ihrer Heimatstadt ausgezeichnet worden sind.

Die Idee für das Projekt war auf einem Klassenausflug in die Eifel entstanden. Hier fiel den Schülern der Pflanzenreichtum der Wegränder und mancher Wiesen auf. Die Wegränder und Grasflächen ihrer Heimatstadt konnten einem Vergleich in keiner Weise standhalten. Alle waren sich einig: Da musste etwas geschehen! Und sofort nach der Heimkehr ging es an die Arbeit.

Unter Anleitung des Lehrers gelang es den Schülern in mühevoller Kleinarbeit, viele längst verdrängte und vergessene Wildpflanzen wieder anzusiedeln. Seit sich in diesem Sommer eine Blütenpracht aus Kornblumen, Klatschmohn, Kamille und von anderen Wildkräutern entfaltet hat, ist klar, dass sich der Aufwand gelohnt hat.

Den mit dem Umweltpreis verbundenen Geldpreis will die Klasse für ein neues Umweltprojekt verwenden. Auch auf diese Aktion darf man gespannt sein.

Wege in die Ökologie

Ein Wald ist mehr als nur eine Ansammlung von Bäumen. Er ist ein Lebensraum, der sich seit der letzten Eiszeit vor etwa 10 000 Jahren langsam entwickelt hat und vielfach gegliedert ist. Diese Gliederung ist eine Grundlage für die Überlebensmöglichkeiten vieler Organismen, die voneinander abhängen und so eine Lebensgemeinschaft bilden.

Ökosystem Wald

 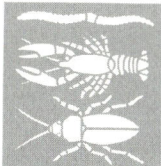

 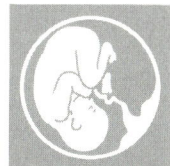
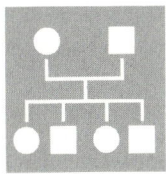

1 Pflanzen des Waldes 22
Bäume bestimmen das Bild des Waldes 22
Lexikon: Pflanzen des Waldes 24
Farne — blütenlose Kräuter des Waldes 26
Moose — Pflanzen des Waldbodens 27
Pilze sind lebensnotwendig für den Wald 28
Flechten — eine Symbiose zwischen Pilzen und Algen 30
Praktikum: Vegetationsaufnahme 31

2 Der Wald als Lebensgemeinschaft 32
Aufbau des Waldes in Stockwerken 32
Lexikon: Tiere des Waldes 34
Der Wald — Lebensraum für viele Tiere 36
Warum schützt der Förster die kleine Rote Waldameise? 38
Pflanzen und Tiere des Waldes sind voneinander abhängig 40
Tote Tiere und Pflanzen werden im Boden zersetzt 42
Praktikum: Untersuchung der Laubstreu 43
Der Kreislauf der Stoffe 44
Projekt: Wald erleben 46
Unsere Wälder sind gefährdet 48
Warum ist der Wald so wichtig? 50
Tropische Regenwälder sind gefährdete Großlebensräume 52

Heute sind die Beziehungen innerhalb der Lebensgemeinschaft des Waldes häufig gestört. Ursache sind Einwirkungen durch den Menschen, die schon vor vielen Jahrhunderten begonnen haben. Den meisten Menschen wurde dieses aber erst mit dem Auftreten des Waldsterbens in den letzten Jahren klar.

Der Wald ist für uns überlebenswichtig, da er den Boden schützt, den Wasserhaushalt reguliert und das Klima günstig beeinflusst. Gefahr droht den Wäldern nicht nur bei uns in Mitteleuropa, sondern auch in den Tropen. Die tropischen Wälder sind die größten zusammenhängenden Waldgebiete der Erde, deren Zerstörung weltweite Folgen haben kann.

1 Pflanzen des Waldes

Bäume bestimmen das Bild des Waldes

Wenn man vom Wald spricht, denken die meisten Menschen zunächst an die Bäume, obwohl Sträucher, Kräuter und andere Pflanzen natürlich ebenfalls dort wachsen und auch die dort lebenden Tiere dazugehören. Das ist wohl deshalb so, weil Bäume aufgrund ihrer Größe das Aussehen eines Waldes bestimmen. Zu diesen Bäumen gehören in unseren heimischen Wäldern zum Beispiel die *Rotbuche* und die *Kiefer*. Sie überragen meist alle anderen Pflanzen.

Die **Rotbuche** ist der häufigste *Laubbaum* unserer Wälder. Bis 40 Meter hoch und mehr als einen Meter dick kann ihr Stamm werden. Die Krone erreicht eine Breite bis zu 30 Metern. Um solche Ausmaße anzunehmen, brauchen Bäume natürlich eine lange Zeit. Die Rotbuche kann ein Lebensalter von 900 Jahren erreichen.

Der Stamm ist meist gerade gewachsen und mit einer glatten, silbergrauen *Borke* bedeckt. Seine Festigkeit verdankt er dem darunter liegenden, rötlichen *Holz*. Im oberen Drittel bildet sich durch Verzweigung des Stammes die Krone aus. Während der Vegetationsperiode von Anfang Mai bis Ende Oktober trägt sie die ganzrandigen *Laubblätter*.

Wegen ihrer Größe ist die Buche besonders starken Belastungen ausgesetzt. Der Wind fängt sich vor allem in der Krone, sodass der ganze Baum in Biegebewegungen versetzt wird. Diesen großen Kräften widersteht die Buche infolge der Elastizität des Holzes und der festen Verankerung im Boden durch die tief reichenden *Wurzeln*. Neben der Verankerung im Boden hat die Wurzel weitere Aufgaben: Sie speichert Reservestoffe, die im Frühjahr beim Blattaustrieb benötigt werden. Außerdem werden über die Wurzel Wasser und darin gelöste Mineralstoffe aus dem Boden aufgenommen, die über den Stamm in die Krone gelangen. Über die Blätter verdunstet der größte Teil des Wassers wieder und wird so als Wasserdampf in die Atmosphäre abgegeben.

Im Mai bildet die Rotbuche männliche und weibliche Blüten, die zusammen auf einem Baum sitzen: die Rotbuche ist *getrenntgeschlechtig-einhäusig*. Die männlichen Blütenstände bestehen aus mehreren kugeligen Kätzchen, die sich an einem langen Stiel befinden. Jede Einzelblüte weist nur Staubblätter auf, die von einer bis zu siebenzipfligen Hülle umgeben sind. Die weiblichen Blüten werden vom Wind bestäubt. Sie stehen immer zu zweit an einem langen Stiel und sind gemeinsam von einer vierteiligen Hülle umgeben. Diese wird zum Fruchtbecher, in dem sich während der Samenreife bis zum Herbst die *Bucheckern* entwickeln. Bucheckern sind *Nussfrüchte*. Im nächsten Frühjahr können sich daraus kleine Keimpflanzen im Boden entwickeln. Man kann sie gut an den beiden fleischigen *Keimblättern* erkennen.

1 Rotbuche

1 Waldkiefern

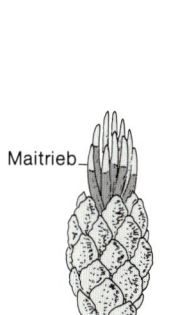

Maitrieb

Zapfenblüte ♂

Zapfenblüte ♀

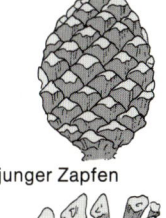

junger Zapfen

reifer Zapfen (2 Jahre alt)

Die **Waldkiefer** gehört neben Fichte, Tanne und Lärche zu den heimischen *Nadelbäumen*. Diese werfen, mit Ausnahme der Lärche und im Gegensatz zu den einheimischen Laubbäumen, im Herbst ihre nadelförmigen Blätter nicht ab.

Wie die Buche, ist die Kiefer einhäusig und ein Windbestäuber. Die Kiefer bildet männliche oder weibliche *Zapfenblüten* aus. Die männlichen Blütenstände mit ihren gelben Staubblüten findet man am Grund der Maitriebe. An der Spitze der jungen *Langtriebe* befinden sich die weiblichen Zapfenblüten. Diese sind in regelmäßigem Wechsel aus vielen *Fruchtschuppen* und *Deckschuppen* zusammengesetzt. Die auf der Oberseite der Fruchtschuppe befindliche Samenanlage ist nicht wie bei der Buche von einem Fruchtknoten umgeben, sondern liegt frei auf der Fruchtschuppe. Deshalb zählt man die Kiefer und die übrigen Nadelbäume zu den *Nacktsamern* im Gegensatz zu den *Bedecktsamern*, zu denen die Buche gehört.

Kurz nach der Bestäubung wachsen die Fruchtschuppen weiter und verkleben mit Harz. Die Pollen sind eingeschlossen, vereinigen sich aber erst im nächsten Frühjahr mit der Eizelle der Samenanlage. Die rötliche Blüte ist zu einem grünen, hängenden Zapfen geworden, in welchem erst im nächsten Jahr die Samen ausgereift sind.
Wenn dann die Zapfenschuppen aufspringen, sind auf jeder zwei frei liegende Samen zu erkennen. Mit einem flügelähnlichen Häutchen versehen, vertraut sich der Same ebenfalls dem Wind an. Der Wind sorgt so neben der Bestäubung auch für die Verbreitung der Kiefer.

Wie Bäume wachsen

Der aus dem Samen entstehende Keimling kann bis zu einem knapp 50 Meter hohen Baum heranwachsen und bis zu mehreren hundert Jahre alt werden. Das Alter von Bäumen kann man anhand der Zahl der *Jahresringe* ermitteln. Diese sind an der Schnittfläche einer gefällten Kiefer besonders gut erkennbar. Die Jahresringe sind Bestandteil des *Holzteiles,* welcher fast den ganzen Stammquerschnitt ausfüllt. Der Stamm wird nach außen durch die *Rinde* abgeschlossen. Diese besteht aus der außen liegenden *Borke* und dem nach innen folgenden *Bastteil.* Zwischen Rinde und Holzteil liegt das *Kambium*, eine dünne Zellschicht, aus der nach innen und außen neue Zellen entstehen.

Mit Beginn des Wachstums im Frühjahr werden nach innen neue Zellen für den Holzteil abgegeben. Diese bilden die *Leitungsbahnen* für den Transport des Wassers mit den darin gelösten Mineralstoffen. Nach außen gibt das Kambium neue Rindenzellen ab, die den Bastteil bilden. In ihm werden vom Baum selbst aufgebaute Nährstoffe, z. B. Traubenzucker, transportiert. Später bilden die äußeren Zellen des Bastteils die Borke, wenn sie im Laufe des Wachstums weiter nach außen gewandert sind. Dabei wird wasserundurchlässiger *Kork* in die Borke eingelagert.

Durch Neubildung von Holzzellen bis zum Herbst wächst der Baum in die Dicke. Dann werden die neu gebildeten Zellen immer kleiner, bis schließlich das Wachstum ganz eingestellt wird. Ein Jahresring entsteht nun dadurch, dass im nächsten Frühjahr wieder größere Holzzellen entstehen, die an die kleinen aus dem letzten Jahr grenzen. Nach außen werden weniger Bastzellen abgegeben, sodass die Rinde im Vergleich zum Holzteil viel dünner ist.

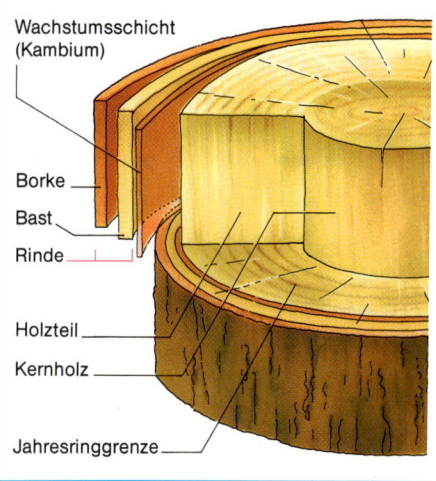

Ökosystem Wald

Lexikon

Pflanzen des Waldes

Die Kennzeichen der **Stieleiche** sind ihre Blätter und Früchte. Die wechselständigen Blätter sitzen am Ende der Triebe in Büscheln. Die relativ derben Blätter sind kurz gestielt und unregelmäßig gelappt. Die Früchte sitzen in Bechern und werden als *Eicheln* bezeichnet. Jeweils 1—3 Eicheln hängen an einem langen Stiel. Die Stieleiche kann zu einem Baum von 35 Meter Höhe mit einem Stammdurchmesser von 2 Metern heranwachsen.

Die **Hainbuche** oder **Weißbuche** gehört nicht, wie der Name vermuten lässt, zu den Buchengewächsen, sondern in die Verwandtschaft der Birken. An den Blättern und der Wuchsform kann man die Unterschiede zur Rotbuche erkennen. Die Blätter sind nicht ganzrandig, sondern doppelt gesägt. Die Hainbuche bleibt deutlich kleiner, kann allein stehend aber eine breit ausladende Krone entwickeln. Sie kommt mit wenig Licht aus und kann Bestandteil von Mischwäldern sein. So spricht man vom *Eichen-Hainbuchen-Mischwald*.

Die **Schwarzerle** ist häufig an feuchten Bach- und Flussufern zu finden. Fast alle übrigen Baumarten können in solchen Bereichen nicht überleben, da sie keine Staunässe vertragen. Die Schwarzerle hat ihren Namen daher, dass ihr Stamm besonders im Alter eine schwarzbraune Borke bekommt. Weitere Kennzeichen sind die länglich ovale Krone und die Form der Blätter. Diese sind doppelt gezähnt und an der Spitze leicht eingebuchtet.

Der **Faulbaum** bildet meist Sträucher und kommt fast überall in Wäldern vor. Man erkennt den Faulbaum an den breiten, elliptischen und ganzrandigen Blättern sowie ab Juli an den auffälligen Früchten, die zunächst grün, bald rot und später dann schwarz sind.

Die **Fichte** oder **Rottanne** ist unser häufigster Nadelbaum. Sie wurde großflächig angepflanzt, denn die Fichte wächst schnell und spielt daher für die Holzwirtschaft eine große Rolle. Die Fichte bildet eine spitze Krone und einen flachen Wurzelteller aus. An den Zweigen stehen die vierkantigen, spitzen Nadeln zur Seite und nach oben gerichtet. Für ein gutes Wachstum benötigt die Fichte feuchte Luft, andererseits kommt sie mit wenig Licht aus und kann niedrige Temperaturen ertragen.

Die **Lärche** ist in unserem Raum nicht unbekannt, weil Förster für ihre Verbreitung gesorgt haben. Ursprüngliche Lärchenwälder sind allerdings nur in den Alpen zu finden. Die Lärche hat viele Vorzüge: Ihre Anspruchslosigkeit an Boden und Witterung, ihr schnelles Wachstum in der Jugend und ihr wertvolles Holz. Ihre hellgrünen Nadeln sind äußerst dünn und zart. Im Herbst verfärben sich die Nadeln leuchtend gelb und orange und werden dann abgeworfen. Im Winter deuten nur noch die Zapfen darauf hin, dass der kahle Baum ein Nadelbaum ist.

Der **Gemeine Schneeball** ist ein *Strauch*, der 5 Meter hoch werden kann. Seine Blätter ähneln denen des Ahorns. Während der Fruchtreife fällt er durch seine roten Beeren auf. Der Gemeine Schneeball kommt auf nährstoffreichen, nicht sauren Böden vor.

Die **Waldrebe** ist ein *Klimmstrauch*, der an Bäumen und Sträuchern mehrere Meter emporklettern kann. Dabei geben ihr die sich fest rankenden Blattstiele Halt. Die lichtbedürftige Waldrebe wächst bevorzugt dort, wo der Boden nährstoffreich und nicht sauer ist.

Der **Sauerklee** ist eine extreme *Schattenpflanze*, die auch bei geringen Lichtstärken noch existieren kann. Weniger als ein Zehntel des normalen Tageslichtes reichen für diese Pflanzen aus, um maximal Fotosynthese betreiben zu können. Bei stärkerem Lichteinfall stellen sich die Blättchen senkrecht, sodass sie möglichst wenig vom einfallenden Licht getroffen werden. Dadurch wird gleichzeitig die Verdunstung herabgesetzt. Auch abends nehmen die Blätter diese Stellung ein. Der Sauerklee benötigt außer schwachem Licht humusreichen Boden und genügend Luftfeuchtigkeit. Der Sauerklee gedeiht deshalb gut im lichtarmen Bodenbereich der Wälder.

Der **Hohle Lerchensporn** braucht wenig Licht und bewohnt krautreiche Laubwälder. Er benötigt einen sehr nährstoffreichen Boden, der nicht sauer sein darf. Die in Trauben stehenden Blüten sind meist rotviolett, manchmal auch weiß. Sie erscheinen von März bis Mai. Die Samen werden von Ameisen verbreitet. Pflanzen dieser Art werden etwa 25 cm hoch und haben doppeltdreizählige Blätter. Die Wurzelknolle ist hohl. Sie ist aufgrund des Gehaltes an *Alkaloiden* giftig und wird seit altersher als Heilmittel verwendet.

Der **Waldmeister** ist ein häufiger Bewohner unserer Laub- und Mischwälder. In Nadelwäldern kommt er kaum vor. Er bevorzugt lockeren und nährstoffreichen Boden. Seine Ansprüche an das Licht sind nur gering. Man kann den Waldmeister leicht an seinen quirlständigen Blättern und dem vierkantigen Stängel erkennen. Die in Trugdolden stehenden, weißen Blüten erscheinen von Mai bis Juni. Der Waldmeister wird seit Jahrhunderten auch als Heilpflanze genutzt.

Das **Dreilappige Leberblümchen** zeichnet sich entsprechend dem Namen durch seine dreilappigen Blätter aus. Es blüht schon im zeitigen Frühjahr, was sein zweiter Name *Märzblümchen* zum Ausdruck bringt. Es benötigt für sein Gedeihen kalkhaltige Böden, die leicht feucht sind.

Das **Großblütige Springkraut** hat seinen Namen daher, dass die Samen durch Aufspringen der Früchte herausgeschleudert und so verbreitet werden. Die großen, goldgelben Blüten tragen einen langen, gekrümmten Sporn und sind innen rot punktiert. Das Springkraut benötigt sehr feuchte Standorte. Man findet es deshalb an schattigen Stellen von Rotbuchenwäldern, an Waldquellen und Bächen. Der Boden sollte außerdem nicht sauer sein.

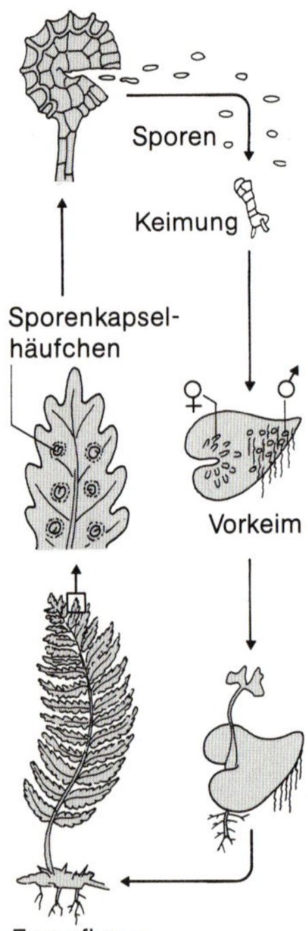

Farne — blütenlose Kräuter des Waldes

Neben Gräsern und krautigen Blütenpflanzen findet man im Wald unter den Bäumen häufig auch *Farne*. Während sich die blühenden Kräuter noch meist leicht unterscheiden lassen, muss man bei den blütenlosen Farnen schon genauer hinsehen. Die beiden häufigsten einheimischen Arten, Adlerfarn und Wurmfarn, kann man jedoch an ihrer Wuchsform gut erkennen.

Der **Adlerfarn** kann über zwei Meter lange, aus Blattstiel und Blatt bestehende *Wedel* bilden, die einzeln den Waldboden durchbrechen. Sie sind zwei- bis dreifach gefiedert und derb. Diese Art kommt vor allem an lichten Stellen des Waldes vor und überwuchert in Schonungen oft sogar die jungen Bäume. Der Name Adlerfarn stammt von der adlerähnlichen Figur, die man an der Schnittfläche eines abgeschnittenen Wedels erkennt.

Dort, wo es schattig und feucht ist, wächst der **Wurmfarn** oft in ausgedehnten Beständen. Seine Wedel können über einen Meter lang werden und stehen kreisförmig geordnet zusammen. Die zahlreichen *Fiederblättchen* sind zart und dünnhäutig. Der Wurmfarn ist fest mit einem *Erdspross*, von dem die Wurzeln und Triebe ausgehen, im Boden verankert. Dass er Teil des Sprosses ist, erkennt man an seitlich noch vorhandenen Resten abgestorbener Wedel. Auf der Unterseite des Erdsprosses entspringen die Wurzeln, welche das lebensnotwendige Wasser aus dem Boden aufnehmen und über gut ausgebildete Wasserleitungsbahnen den Blättern zuführen. Im Herbst stirbt der oberirdische Teil des Farns ab, während der unterirdische Teil als Speicherorgan überwintert. An der Spitze des Erdsprosses treiben im Frühjahr die neuen Blätter, die beim Durchbrechen des Bodens zunächst eingerollt und von braunen *Spreuschuppen* umhüllt sind.

Beim Wurm- und Adlerfarn ist der Bau der Blätter ähnlich, sie sind mehrfach gefiedert. Andere Farne zeigen eine deutlich abweichende Blattform, wie zum Beispiel die **Hirschzunge**, die recht selten vorkommt und deshalb unter Naturschutz steht. Ihre in einer Rosette stehenden Blätter sind ungeteilt, zungenförmig und höchstens 50 Zentimeter lang. An Felsen und sogar in Mauerfugen wächst, wenn die Beschattung durch Bäume nicht zu groß ist, die *Mauerraute*, deren Blätter zwei- bis vierfach gefiedert sind.

1 Adlerfarn

2 Wurmfarn

3 Hirschzunge

Entwicklung des Wurmfarns

Moose — Pflanzen des Waldbodens

Bei einem Waldspaziergang fallen oft grüne Polster auf, die den Waldboden bedecken. Es sind *Moose*. Für eine genauere Untersuchung eignet sich das bei uns häufig vorkommende **Frauenhaarmoos**.

Entnimmt man einem Moospolster vorsichtig ein Pflänzchen, findet man am unteren Ende feine Fäden, die dieses im Boden verankern. Richtige Wurzeln sind diese Fäden allerdings nicht, denn sie nehmen kaum Wasser auf. Somit kann auch nur wenig Wasser durch den Stängel geleitet werden. Er besitzt nur einfach gebaute Wasserleitungsstränge, die nicht sehr leistungsfähig sind.

1 Frauenhaarmoos

Für die Wasseraufnahme bleiben also nur die Blätter. Über diese können Moose innerhalb kurzer Zeit große Mengen Wasser aufsaugen. Auf der Oberseite der Blätter befinden sich außerdem *Lamellen,* zwischen denen Wassertropfen festgehalten werden können. Dieser Wasservorrat verhindert einige Zeit das Austrocknen. Die Verdunstung bei Trockenheit wird verlangsamt, indem sich die Moosblättchen einrollen und so die Wasser abgebende Oberfläche verkleinert wird. Während langer Trockenperioden, vor allem im Sommer, können Moose fast ganz austrocknen, ohne abzusterben. Beim nächsten Regen ergrünen sie wieder.

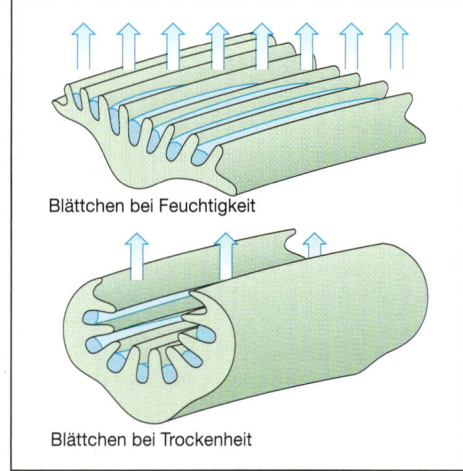

2 Wasserabgabe durch Moosblättchen

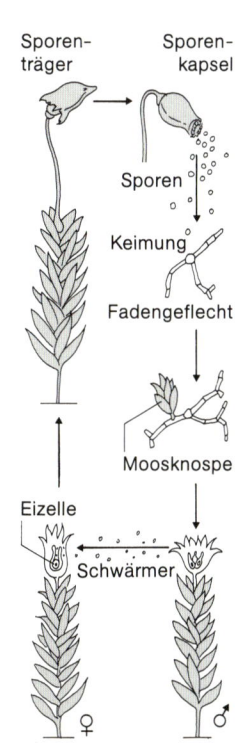

Moospflanzen
Entwicklung des Frauenhaarmooses

Moose haben im Wald eine wichtige Aufgabe: Sie können schnell große Wassermengen aufnehmen und dann langsam wieder an die Umgebung abgeben. So speichern sie Wasser und schützen den Waldboden, den sie bedecken, vor Austrocknung. Moose, die wie das Frauenhaarmoos in *Stängel* und *Laubblättchen* gegliedert sind, zählt man zu den *Laubmoosen*.

Einen ganz anderen Bauplan besitzt das **Brunnenlebermoos**. Es besteht aus einem flachen Pflanzenkörper, der dem Boden dicht anliegt. *Lebermoose* sind nicht in Stamm und Blättchen gegliedert. Das Brunnenlebermoos findet man an ständig feuchten Stellen, z. B. an schattigen Bachrändern.

Aufgabe

① Lasse ein Moospolster eintrocknen und wiege es. Lege das Moospolster anschließend einen Tag lang ins Wasser, lasse es abtropfen und wiege es erneut. Vergleiche die Ergebnisse und erkläre.

3 Brunnenlebermoos

Ökosystem Wald

1 Fliegenpilz

Pilze sind lebensnotwendig für den Wald

Vor allem im Spätsommer kann man sie finden — Pilze, die innerhalb von Stunden den Waldboden durchbrechen. Zu den bekanntesten gehört der giftige *Fliegenpilz*. Der größere Teil von ihm ist für uns unsichtbar und bildet ein unterirdisch wachsendes Geflecht aus feinen Pilzfäden, den *Hyphen*. Das durch die Hyphen gebildete Geflecht wird als *Myzel* bezeichnet. Der sichtbare Teil des Pilzes ist in Hut und Stiel gegliedert. An der Unterseite seines Hutes besitzt er Lamellen, weshalb man ihn zu den *Lamellen-* oder *Blätterpilzen* zählt. Zu ihnen gehören auch der essbare *Pfifferling* und *Champignon* sowie der ihm zum Verwechseln ähnliche, tödlich giftige *Knollenblätterpilz*. Neben den Lamellenpilzen gibt es die *Röhrlinge*, deren Hutunterseite aus röhrenartigen Strukturen besteht. Der *Steinpilz* ist ein Beispiel dafür.

Außer diesen in Stiel und Hut gegliederten Pilzen gibt es eine Vielzahl weiterer Arten, die äußerlich ganz anders aussehen. Sie alle erfüllen aufgrund ihrer besonderen Ernährungsweise wichtige Aufgaben innerhalb der Lebensgemeinschaft des Waldes.

Der Name mancher Pilze, z. B. *Birkenpilz* oder *Lärchenröhrling*, verrät, dass sie nur in der Nähe ganz bestimmter Bäume vorkommen. Untersucht man bei solchen Bäumen die Wurzelenden genauer, erkennt man ein dichtes Pilzgeflecht, das diese umspinnt. Der Pilz dringt mit seinen Hyphen in die Wurzel ein und kann so dem Baum Nährstoffe entziehen. Der Pilz versorgt seinerseits die Wurzel mit Wasser und Mineralstoffen aus dem Boden. Diese Gemeinschaft aus Wurzel und Pilz wird *Mykorrhiza* genannt. Bäume, deren Wurzeln mit Pilzen eine Mykorrhiza bilden, wachsen schlechter, wenn der Pilz fehlt. Bei einer Mykorrhiza handelt es sich um eine *Symbiose*, eine Gemeinschaft zu beiderseitigem Nutzen. Neben Birke und Lärche bilden viele andere Waldbäume mit Pilzen eine Symbiose, z. B. Eiche und Fichte mit den uns bekannten Speisepilzen Steinpilz und Maronenröhrling.

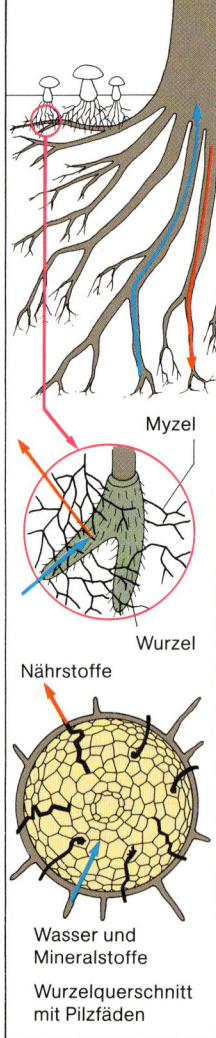

Myzel

Wurzel

Nährstoffe

Wasser und Mineralstoffe

Wurzelquerschnitt mit Pilzfäden

Nicht alle Pilze leben in Symbiose mit Baumwurzeln. Manche sind Fäulnisbewohner oder *Saprophyten*. Sie entziehen toten Tier- und Pflanzenteilen Nährstoffe, indem sie Substanzen nach außen absondern, die zersetzend wirken. Pilze sind also auch am Abbau toter Organismen beteiligt. Wieder andere Pilze leben auf Kosten ihres Wirtes. Solche *Parasiten* wachsen z. B. auf lebenden Bäumen. Ihre Hyphen dringen in den Baum ein, entziehen ihm Nährstoffe und Wasser, sodass der Baum geschwächt wird. Zu ihnen gehört auch der *Hallimasch*, ein beliebter Speisepilz.

Pilze sammeln — heute noch aktuell?

Das Sammeln von Pilzen ist seit einiger Zeit ins Gerede gekommen, da manche Arten, wie z. B. der Pfifferling, immer seltener zu finden sind. Als Ursachen dafür werden zu starkes und falsches Sammeln von Pilzen, aber auch die Versauerung des Bodens infolge säurehaltiger Niederschläge genannt.

Pilzsammler sollten sich deshalb fragen, ob sie nicht auf das Sammeln von Pilzen verzichten oder wenigstens das Sammeln auf die Arten beschränken können, die noch häufig vorkommen. Außerdem sollten sie wissen, dass Pilze besonders gut die für den Menschen schädlichen Schwermetalle in ihrem Fruchtkörper ansammeln, sodass häufige und reichliche Waldpilzgerichte gesundheitlich bedenklich sind. Wer aber dennoch Pilze sammeln möchte, sollte sich vorher gut über sie informieren und nur solche sammeln, die er sicher kennt! Nur so sind Vergiftungen — unter Umständen mit tödlichem Ausgang — zu vermeiden. Unbekannte Pilze sollte der Sammler stehen lassen und nicht beschädigen.

Aufgabe

① Fasse zusammen, welche wichtigen Aufgaben Pilze für Waldbäume haben.

a) Rostpilze Mehltaupilze (Parasiten)
b) Flechten auf der Baumrinde
c) Holz zerstörende Pilze (Saprophyten und Parasiten)
d) Rostpilze, Brandpilze (Parasiten)
e) saprophytische Pilze auf Laubstreu
f) Mykorrhizapilze
g) kotbewohnende Pilze
h) humusbewohnende Pilze des Bodens

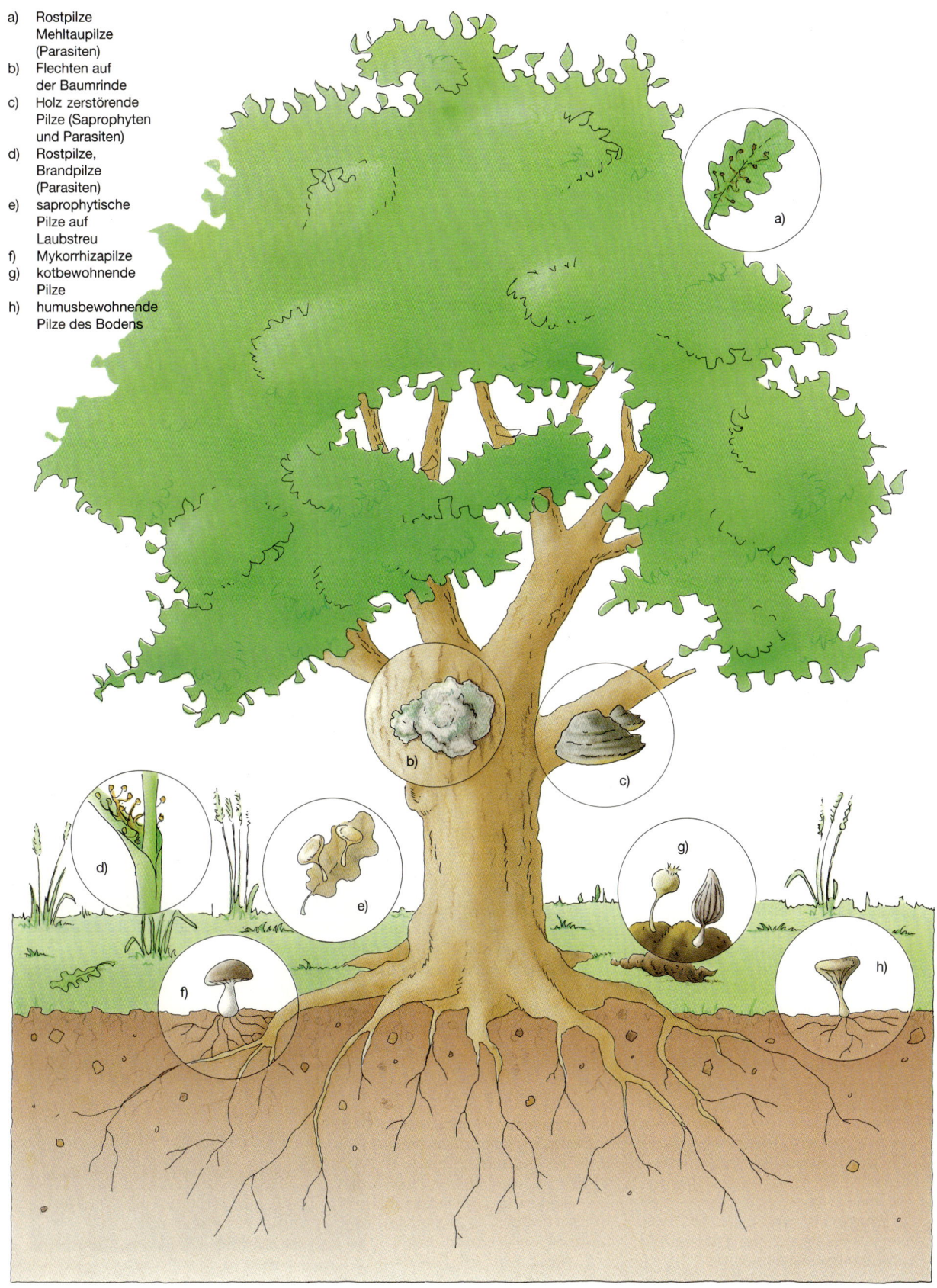

Ökosystem Wald

Flechten — eine Symbiose zwischen Pilzen und Algen

Geht man aufmerksam durch die Landschaft, wird man auf Steinen oder auf der Rinde von Bäumen oft krustenartige Gebilde finden. Es sind Flechten. Neben *Krustenflechten* gibt es auch *Blattflechten*, *Bartflechten* und *Strauchflechten*.

Das Äußere verrät nicht so ohne weiteres, wie man sie einordnen kann: Erst der Blick durch das Mikroskop zeigt den genauen Aufbau. Ein Geflecht aus *Pilzfäden* bildet das Gerüst der Flechte. Dieses Gerüst ist innen lockerer als außen, wo die Pilzfäden sich sehr dicht zusammenschließen können. Dadurch sind die Einzelfäden nur noch schwer oder gar nicht mehr zu unterscheiden. Im Inneren erkennt man kleine, grüne Zellen. Das sind einzellige *Algen*. Das Aussehen einer Flechte wird durch den Pilz bestimmt und ist erblich festgelegt. Die sehr dicht zusammenliegenden Pilzfäden schließen den Flechtenkörper nach außen ab und bestimmen auf diese Weise die Gestalt der Flechte.

1 Flechten auf einem Ast

Welche biologische Bedeutung hat das Zusammenleben von Pilz und Alge im Flechtenkörper? Einen Hinweis gibt die Lebensweise. Flechten wachsen auf Unterlagen, die kaum Nährstoffe zur Verfügung stellen. Pilze müssen diese jedoch aus der Umgebung aufnehmen, da sie keine Fotosynthese betreiben können. Das aber können die im Flechtenkörper eingeschlossenen Algen. Sie stellen mithilfe von Sonnenlicht aus Kohlenstoffdioxid und Wasser energiereiche Kohlenhydrate her, die nicht nur für den eigenen Stoffwechsel verbraucht, sondern auch dem Pilz zur Verfügung gestellt werden. Aber auch die Algen profitieren von diesem Zusammenleben. Sie erhalten über den Pilz Wasser und Mineralstoffe, die über die Oberfläche aufgenommen werden. Flechten sind also ein weiteres Beispiel für eine *Symbiose*. Die enge Wechselbeziehung wird auch im mikroskopischen Bild sichtbar: Die Pilzfäden befinden sich in einem sehr engen Kontakt mit den Algen, sodass der Stoffaustausch erleichtert wird.

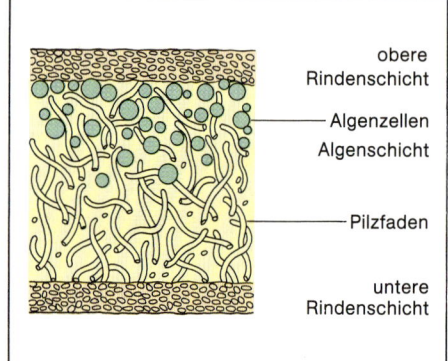

2 Aufbau einer Flechte

Flechten als Pionierpflanzen

Flechten wachsen vor allem dort, wo häufig Regenwasser herabläuft, sodass die Wasser- und Mineralstoffversorgung sichergestellt ist. Manche Flechtenarten können aber auch sehr lange ohne Wasser auskommen. Steine im Gebirge sind zum Beispiel ein Lebensraum mit extremen Bedingungen, an die Flechten angepasst sind: Häufige Wechsel zwischen Nässe und extremer Trockenheit und sehr starke Temperaturschwankungen. So kann während der Nacht die Temperatur unter dem Gefrierpunkt liegen, tagsüber bei starker Sonneneinstrahlung bei über 50 °C. Da es dann außerdem sehr trocken ist, muss die Flechte ihre Lebensfunktionen fast völlig einstellen, um überleben zu können, denn einen Verdunstungsschutz besitzen Flechten nicht. Mit einsetzenden Niederschlägen, aber auch schon bei hoher Luftfeuchtigkeit, nimmt die Flechte Wasser auf, sodass ihr Stoffwechsel wieder in Gang kommt. Diese manchmal sehr kurzen Phasen reichen aus, um mithilfe der Fotosynthese genügend Stoffe für das Wachstum aufzubauen. In der Negevwüste auf der Sinai-Halbinsel gibt es sogar Flechten, denen die geringe Feuchtigkeit, die sich nachts infolge der starken Abkühlung als Tau niederschlägt, zum Überleben reicht. Dieser wird von den Flechten aufgenommen, sodass sie in den frühen Morgenstunden aktiv werden und Fotosynthese betreiben können. Mit zunehmender Erwärmung trocknet der Flechtenkörper wieder aus, sodass schon am späten Vormittag der Zustand der Inaktivität wieder erreicht ist.

3 Bartflechte

Wegen des häufigen Wechsels zwischen Aktivität und Inaktivität wachsen Flechten allerdings nur sehr langsam. Der Durchmesser einer Flechte nimmt pro Jahr je nach Art und Lebensbedingungen nur um Bruchteile eines Millimeters bis höchstens um 4 mm zu. Andererseits können Flechten sehr alt werden. Da fast keine anderen Organismen Extrembedingungen dieser Art ertragen, gehören Flechten zu den Erstbesiedlern solcher Lebensräume. Man spricht deshalb auch von *Pionierpflanzen*. Wenn später der Untergrund durch das Wachstum der Flechten und durch klimatische Einflüsse genügend verwittert ist, können auch andere Pflanzen diesen Lebensraum besiedeln.

4 Strauchflechte

30 Ökosystem Wald

Praktikum

Vegetationsaufnahme

Wenn man Art und Anordnung der Pflanzen im Wald ermitteln will, muss man nach einem System vorgehen. Sonst kann es leicht passieren, dass man den Überblick verliert und zu falschen Ergebnissen kommt. Dazu ist es notwendig, auf abgegrenzten Probeflächen den Pflanzenbestand zu erfassen und zu protokollieren. Man nennt dieses eine *Vegetationsaufnahme*.

Die günstigste Jahreszeit dafür ist die Zeit von Ende April bis Anfang Juni, da dann fast alle Arten blühend gefunden werden können. Einzelne Gruppen deiner Klasse können jeweils an unterschiedlichen Stellen im Wald eine Probefläche untersuchen.

Durchführung einer Vegetationsaufnahme

1. Mithilfe des Lehrers wählt jede Gruppe eine geeignete Probefläche.
   Was bei der Auswahl der Probefläche zu beachten ist:
   — Die Probefläche muss hinreichend groß sein, möglichst 100 m² oder größer. Die Form ist von den Gegebenheiten abhängig. Sie wird z. B. in einem einheitlichen Waldabschnitt meist quadratisch, entlang eines Bachlaufes länglich und unregelmäßig sein.
   — Die Probefläche darf nicht durch Wege, Bäche usw. zerschnitten sein und nicht auf der Grenze zwischen verschiedenen Waldgebieten liegen. Auch Neigung und Lichtverteilung sollten innerhalb der Probefläche gleich sein.
   — Innerhalb der Probefläche sollten die Umweltbedingungen einheitlich und die Verteilung der Pflanzen gleichmäßig sein.
2. Die Namen der auf der Probefläche wachsenden Pflanzenarten werden mithilfe eines Bestimmungsbuches ermittelt und eine Artenliste erstellt.
3. Die gefundenen Pflanzenarten werden den einzelnen Stockwerken zugeordnet (B = Baumschicht, S = Strauchschicht, K = Krautschicht, M = Moosschicht).
4. Anzahl und Bedeckungsgrad des Bodens durch die Pflanzen werden zusammen nach folgendem Muster abgeschätzt:
   Bedeckung der Probefläche
   0 — 5 % = 1
   6 — 25 % = 2
   26 — 50 % = 3
   51 — 75 % = 4
   76 — 100 % = 5
5. Die ermittelten Daten werden in ein Protokollblatt übertragen.

Führt man Vegetationsaufnahmen an mehreren, zufällig ausgewählten Stellen durch, kann man die Zusammensetzung der Pflanzenarten in einem Wald einigermaßen genau erfassen. Will man außerdem die Abfolge der Pflanzen im Jahreslauf ermitteln, muss man Vegetationsaufnahmen zu unterschiedlichen Jahreszeiten durchführen.

Protokoll Vegetationsaufnahme

1. Waldart: Rotbuchenwald
2. Ort: Hiesfelder Wald, Rotbachtal
3. Datum: 15. 6. 91
4. Höhe (ü. NN): 30 m
5. Flächengröße: 100 m²

Schichtung		Höhe	Deckung
B	(Bäume)	25 m	80 % (5)
S	(Sträucher)	2,5 m	<5 % (1)
K	(Kräuter)	max 60 cm	75 % (4)
M	(Moose)	/	/

Liste der gefundenen Pflanzenarten	Deckungsgrad
B. Rotbuche	3
Bergahorn	1
S. Haselstrauch	1
Heckenkirsche	1
Weißdorn	1
K. Aronstab	1
Buschwindröschen	3
Sauerklee	1
Waldveilchen	1

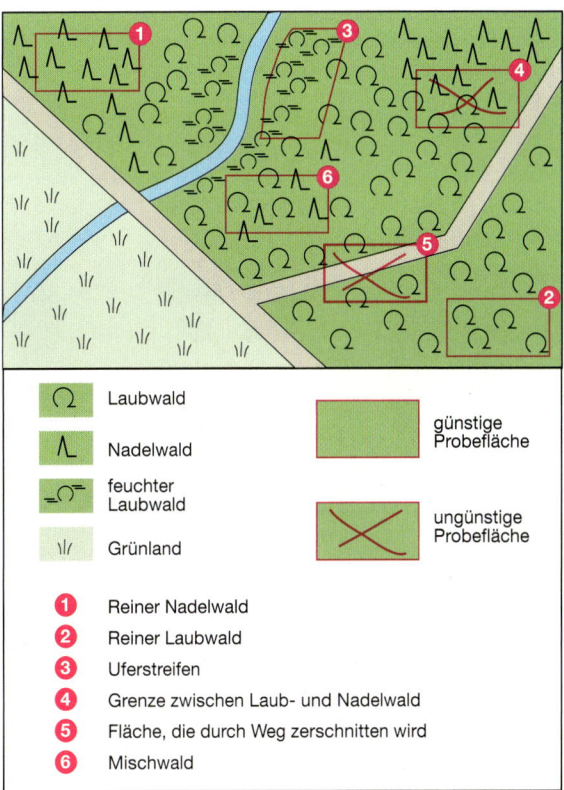

- ① Reiner Nadelwald
- ② Reiner Laubwald
- ③ Uferstreifen
- ④ Grenze zwischen Laub- und Nadelwald
- ⑤ Fläche, die durch Weg zerschnitten wird
- ⑥ Mischwald

Ökosystem Wald

2 Der Wald als Lebensgemeinschaft

Aufbau des Waldes in Stockwerken

Die Bäume prägen das Bild des Waldes, doch viele andere Pflanzen und Tiere kommen hinzu. Um die Beziehungen der Lebewesen untereinander verstehen zu können, vergleicht man die Schichtung des Waldes mit Stockwerken eines Hauses. Am deutlichsten ausgeprägt sind solche Stockwerke in einem *Mischwald*.

Das unterste Stockwerk bilden Pflanzen, die direkt dem Boden anliegen. Dazu gehören Moose, aber auch Flechten und Pilze. Man nennt diese Schicht *Moosschicht*. Die nach oben folgende Schicht ist die *Krautschicht*, die schon vielfältiger zusammengesetzt sein kann. Neben Farnen kann man hier verschiedene Blütenpflanzen, wie Leberblümchen, Lerchensporn, Springkraut und andere Kräuter, finden.

Sträucher und niedrige Bäume, wie der Schwarze Holunder, die Haselnuss, die Eberesche und der Faulbaum, bilden die nächsthöhere Etage, die *Strauchschicht*. Sie erreicht etwa drei Meter Höhe. Die darüber liegende Baumschicht schließlich kann bis zu 40 Meter Höhe emporreichen. Sie wird durch hoch wachsende Bäume, wie Eiche, Buche oder Kiefer, gebildet. Die Baumschicht ist in sich noch in *Stamm-* und *Kronenschicht* gegliedert.

Aber auch unter der Erde, in der *Bodenschicht,* lassen sich *Wurzelstockwerke* unterscheiden, da die Wurzeln der verschiedenen Pflanzenarten ganz unterschiedlich ausgebildet sein können. So bildet die Fichte nur ein flaches Wurzelwerk, sie ist ein *Flachwurzler*. Eichen können hingegen tief hinabreichende Pfahlwurzeln ausbilden, sie sind *Tiefwurzler*. Die Wurzelhaare von Moosen und die Wurzeln von Kräutern reichen nur von wenigen Millimetern bis zu einigen Zentimetern in den Boden.

Aufgaben

1. Überprüfe, an welchen Stellen im Wald man den im Text beschriebenen Stockwerkbau besonders gut erkennen kann.
2. Überlege, wie sich die Umweltbedingungen in den einzelnen Stockwerken unterscheiden. Begründe deine Ansicht.
3. Beschreibe Aussehen und Gliederung eines Waldes, der vom beschriebenen Aufbau deutlich abweicht. Suche Ursachen dafür.

Sonnenblatt

Schattenblatt

Ökosystem Wald

Licht und Temperatur

Durch den Stockwerkaufbau bedingt, sind in den einzelnen Etagen die *Lichtmengen* während der Vegetationsperiode sehr unterschiedlich. Der Kronenschicht stehen die größten Lichtmengen zur Verfügung, während Kraut- und Moosschicht nur sehr wenig Licht erhalten. Die Kronenschicht beschattet den Boden im Sommer so stark, dass ihn nur noch 2 % des einfallenden Sonnenlichts erreichen. Unter diesen Bedingungen können außer den Moosen nur einige *Schattenpflanzen* existieren. Pflanzen der Krautschicht sind an diese Bedingungen angepasst, indem sie meist sehr dünne und großflächige Blätter ausbilden. Lichtbedürftige Pflanzen haben im Schatten der Bäume keine Chance, ihre volle Größe zu erreichen. Nur wenn eine Lücke im Kronendach vorhanden ist, kann ein Baumkeimling emporwachsen und die Lücke schließen.

Manchmal kann man sogar an ein und derselben Pflanze Anpassungen an Licht und Schatten feststellen. So besitzt zum Beispiel die Rotbuche im äußeren Teil der Krone kleine, dicke *Sonnenblätter*, im inneren Teil große, dünne *Schattenblätter*.

Nicht nur innerhalb der einzelnen Stockwerke ist die Lichtmenge unterschiedlich. Im Misch- und Laubwald wechselt sie auch im Jahreslauf: Nach dem Laubfall im Herbst ist die Lichtmenge, die den Waldboden erreicht, sehr hoch. Mit zunehmender Belaubung im Frühjahr gelangt immer weniger Licht bis zur Krautschicht.

An diese Bedingungen sind bestimmte Pflanzen der Krautschicht, die *Frühblüher*, besonders angepasst. Dazu gehört das Buschwindröschen, das man ab Mitte März in unseren Wäldern finden kann. Die Zeit bis zum Laubaustrieb der Bäume muss reichen, um genügend Reservestoffe in den unterirdischen Erdsprossen für das nächste Jahr zu bilden. Denn nach der Belaubung des Waldes ist zu wenig Licht für das weitere Gedeihen des Buschwindröschens vorhanden. Durch die unterschiedlichen Lichtverhältnisse während des Jahres ergibt sich in der Regel eine ganz bestimmte Abfolge von Pflanzen innerhalb der Krautschicht.

Während des Winters sorgen die niedrigen Temperaturen dafür, dass Pflanzen nicht schon früher blühen. Der gefrorene Boden verhindert die Aufnahme von Wasser mit den darin gelösten Mineralstoffen. Die Laubbäume sind unter anderem dadurch an die niedrigen Temperaturen im Winter angepasst, dass sie zu dieser Zeit keine Blätter haben und deshalb weniger Wasser benötigen.

Wasserversorgung und Bodenbeschaffenheit

Wasser- und Mineralstoffaufnahme sind lebenswichtig für die Pflanze. Somit ist der *Wassergehalt* der Umgebung ebenfalls ein bedeutender Umweltfaktor. Da das Wasser in der Regel dem Boden entnommen wird, spielt dessen Beschaffenheit ebenfalls eine Rolle. Sandiger Boden kann Wasser nur schlecht zurückhalten, sodass er schnell austrocknet, wenn es nicht regnet. Tonboden hingegen ist sehr feinporig und kann Wasser wesentlich besser zurückhalten. Er ist andererseits sehr schlecht durchlüftet, sodass die Wurzeln nur wenig Sauerstoff erhalten. Sauerstoff ist aber ebenfalls lebenswichtig. Von der Tiefgründigkeit des Bodens hängt es ab, welche Art der Bewurzelung möglich ist. So kann die Kiefer nur dann eine Pfahlwurzel ausbilden, wenn die tieferen Bodenschichten locker genug sind, um das Vordringen der Wurzel zu ermöglichen.

Von den genannten Faktoren hängt es ab, welche Baumarten bevorzugt in einem bestimmten Gebiet vorkommen. So benötigt die Kiefer für gutes Gedeihen viel Licht, sie kommt aber mit einer geringen Bodenfeuchtigkeit aus. Die Fichte hingegen braucht nur wenig Licht, dagegen eine große Bodenfeuchte. Beiden Arten ist gemeinsam, dass sie sehr niedrige Temperaturen ertragen. Die Rotbuche gedeiht bei mittlerer Bodenfeuchte gut und kommt mit geringen Lichtmengen aus. Sie ist jedoch spätfrostempfindlich. Die Schwarzerle schließlich erträgt im Gegensatz zu der Mehrzahl der übrigen Baumarten Staunässe. Man findet sie deshalb regelmäßig im Uferbereich von Gewässern.

Aufgaben

① Versuche zu erklären, warum Sonnenblätter eines Baumes dicker und kleiner sind als Schattenblätter.

② Versuche mithilfe des Textes dieser Seite und des Lexikons auf Seite 25 eine Reihenfolge der Blühzeiten verschiedener Waldkräuter anzugeben. Gib eine Erklärung dafür.

③ Bäume derselben Art unterscheiden sich in ihrer Wuchsform, je nachdem, ob sie freistehend oder innerhalb eines geschlossenen Baumbestandes groß geworden sind. Erkläre

Ökosystem Wald

Lexikon

Tiere des Waldes

Der **Baummarder** gehört gehört innerhalb der Säugetiere zu den Raubtieren. Der ungefähr einen halben Meter lange und wendige Kletterer erbeutet im Kronenbereich der Bäume Eichhörnchen, die einen Hauptbestandteil seiner Nahrung bilden. Außerdem frisst er Mäuse, Vögel und größere Insekten sowie Beeren, Obst und Bucheckern.

In vielen größeren Waldgebieten, vorzugsweise in denen der Mittelgebirge, kommt der **Rothirsch** vor. Ihre rein pflanzliche Nahrung nehmen Rothirsche meist in der Dämmerung auf. Als Wiederkäuer können sie mit ihrem Pansen auch faserreiche Pflanzen nutzen. Als Nahrung bevorzugen sie Gräser und Kräuter, im Frühjahr fressen sie auch gern die frischen Knospen von Bäumen und Büschen. Im Winter schädigen sie Rinde von Bäumen und beißen Triebspitzen ab. Im Spätsommer und Herbst fressen Rothirsche zusätzlich nährstoffreiche Eicheln und Bucheckern. Natürliche Feinde, wie Wolf und Braunbär, gibt es bei uns nicht mehr. So ist es verständlich, dass es mancherorts zu viele Hirsche gibt, vor allem dort, wo sie im Winter zusätzlich gefüttert werden. Dann können die Verbissschäden an jungen Bäumen und Sträuchern durch Rothirsche so groß sein, dass natürlicherweise kein Baum mehr heranwachsen kann.

Der **Eichelhäher** zeichnet sich durch eine auffällige Flügelzeichnung aus. Bevor man ihn jedoch zu Gesicht bekommt, ist meist sein lauter Warnruf zu hören. Besondere Bedeutung kommt dem Eichelhäher bei der Waldverjüngung zu, denn er vergräbt Eicheln als Nahrungsvorrat für den Winter, die er jedoch längst nicht alle wiederfindet.

Der krähengroße **Schwarzspecht** benötigt für seine Höhlen ältere Bäume, vor allem Buchen, mit einem Stammdurchmesser von mindestens 40 Zentimetern. Das Zimmern der Bruthöhle, das Brüten und die Aufzucht der Jungen wird von den Altvögeln gemeinsam bewerkstelligt. Der Bestand der Vögel ist in den letzten Jahren stark zurückgegangen.

Im gleichen Zeitraum wie der Schwarzspecht wurde auch die **Hohltaube** seltener. Sie ist ein *Höhlenbrüter*, der seine Nisthöhle nicht selbst zimmern kann und deshalb auf vorhandene Baumhöhlen, wie sie der Schwarzspecht anlegt, angewiesen ist. Neben der Hohltaube profitieren weitere Tiere, wie etwa der Waldkauz, Fledermäuse, Wildbienen, Hornissen und Wespen, von nicht mehr genutzten Höhlen.

Die **Haubenmeise**, die in allen Waldtypen, vorzugsweise aber im Nadelwald, heimisch ist, benötigt natürliche Nisthöhlen. Das Weibchen baut und bebrütet das Nest allein, während der Brutzeit allerdings wird es vom Männchen gefüttert. Nach dem Schlüpfen kümmern sich beide Partner um die Aufzucht der Jungen. Die Nahrung, die aus Spinnen, Raupen, Blattläusen und anderen Insekten besteht, findet die Haubenmeise in den oberen Baumregionen. Während des Winters sind Samen von Waldbäumen, besonders der Kiefer, für das Überleben wichtig.

Der dämmerungs- und nachtaktive **Waldkauz** ist unsere häufigste Eule und ist ursprünglich ein Vogel des Waldes. Infolge seiner hohen Anpassungsfähigkeit besiedelt er heute auch Parks, Alleen und Gärten in großen Städten. Zum Brüten bevorzugt er zwar Baumhöhlen, nimmt aber auch Nester größerer Vögel, Dachböden, Felsnischen und passende Nistkästen als Brutplätze an. Die Speisekarte ist sehr abwechslungsreich. Auf ihr stehen Mäuse, Vögel, Lurche, Insekten und niedere Tiere. Infolge dieser Vielfalt findet der Waldkauz auch im Winter bei uns hinreichend Nahrung.

Unser kleinster Taggreif ist der **Sperber**. Er jagt Kleinvögel, wie z.B. Meisen. Die Männchen sind beim Sperber deutlich kleiner als die Weibchen. Die Weibchen können deswegen größere Vögel erbeuten, z.B. Amseln.

Die **Nonne** gehört zu den *Nachtfaltern*. Diese Schmetterlinge sind während des Hochsommers in den Abendstunden aktiv, tagsüber halten sie sich regungslos an Baumstämmen auf. Die im Spätsommer unter Borkenschuppen abgelegten Eier überwintern. Aus ihnen schlüpfen im April die *Raupen*, die vorzugsweise die Nadeln von Fichte und Kiefer fressen.

Während des Sommers kann man die auffallend gezeichneten **Riesenholzwespen** an sonnigen Stellen im Wald antreffen. Das Weibchen bohrt seine Legeröhre zur Eiablage tief in das Holz von Nadelbäumen ein. Die sich aus den Eiern entwickelnden Larven fressen Holz und legen so *Fraßgänge* an, bis sie sich schließlich verpuppen.

Die **Riesenschlupfwespe** ist ihrerseits auf die Larven von Holzwespen angewiesen. Hat ein Weibchen den Aufenthaltsort von Holzwespenlarven im Holzinneren ausgemacht, bohrt es seine Legeröhre durch das Holz bis zur Larve vor und legt ein Ei in diese ab. Die daraus schlüpfende Schlupfwespenlarve ernährt sich von der Holzwespenlarve.

Vom Holz kranker oder abgestorbener Bäume lebt der **Eichenwidderbock**, wie übrigens alle *Bockkäfer*. Seine Eier legt er im Mai und Juni vorzugsweise in Rindenritzen von Eichen, aber auch Buchen und anderen Laubhölzern ab. Die Larven fressen zunächst unter der Rinde lange Gänge, bevor sie das darunter liegende Holz befallen. Die herangewachsene Larve verpuppt sich schließlich im Holz, der Jungkäfer nagt sich mithilfe seiner kräftigen Mundwerkzeuge durch ein ovales Flugloch nach außen.

Räuberisch hingegen lebt der **Puppenräuber**, ein für den Wald sehr nützlicher Käfer. Tagsüber jagt er auf Sträuchern und Bäumen Raupen von Eichenwicklern, Kiefernspinnern und anderen, häufig schädlichen Organismen. Puppenräuber sind von Juni bis August aktiv und in dieser kurzen Zeit sehr gefräßig — sie verspeisen in dieser Zeit bis zu 400 Raupen —, bevor sie in eine neunmonatige Ruhepause im Erdboden übergehen. Ihre Lebensdauer beträgt 2—3 Jahre.

Die vorwiegend nachtaktiven **Totengräber** leben vom Aas kleiner Tiere, zum Beispiel von toten Mäusen. Sie sind damit für den Wald eine Art Gesundheitspolizei. Mit vereinten Kräften vergraben diese Käfer die Tierleiche in lockerem Boden bis zu 30 cm tief, bevor sie ihre Eier darauf ablegen. So sind die Larven der Totengräber mit ausreichend Nahrung für ihre Entwicklung versorgt.

Ökosystem Wald 35

Der Wald — Lebensraum für viele Tiere

Die Stockwerke des Waldes bieten vielen Tieren ganz unterschiedliche Lebensbedingungen. Der Wald gibt ihnen Nahrung, Nistmöglichkeiten und Schutz vor Feinden. Er ist ihr Lebensraum oder *Biotop*.

Spechte zimmern ihre Nisthöhlen in die Stämme größerer Bäume. Elstern, Krähen und Eichelhäher bauen ihre Nester in der Kronenschicht. Andere Vogelarten nutzen die Strauchschicht, um ihre Nester anzulegen. Aber nicht nur Vögel sind Bewohner der oberen Stockwerke, sondern auch verschiedene Säugetiere. Dazu gehören das Eichhörnchen und der Baummarder. Beide sind als hervorragende Kletterer an das Leben auf Bäumen gut angepasst. Die Nahrung des Eichhörnchens besteht vor allem aus pflanzlicher Kost. Baummarder sind Raubtiere, die ihre Beute sowohl in der Strauch- und Kronenschicht als auch am Boden jagen.

Andere Säugetiere, wie Reh und Fuchs, finden am Boden ihre Nahrung. Rehe fressen Kräuter und die jungen Triebspitzen vor allem von Laubbäumen, sodass diese bei zu großem Rehwildbestand verkrüppeln und nicht mehr zu großen Bäumen heranwachsen können. Der Fuchs macht vorzugsweise Jagd auf Mäuse, fängt aber hin und wieder auch ein Rehkitz.

Tiere gleicher Stockwerke nutzen ihren Lebensraum unterschiedlich

Buntspechte bearbeiten mit ihrem meißelartigen Schnabel die Borke von Bäumen, um an die unter ihr verborgenen Insekten oder deren Larven zu gelangen. Der Baumläufer hingegen sammelt mit seinem leicht gebogenen, pinzettenartigen Schnabel kleine Insekten von der Oberfläche oder aus Ritzen der Borke. Die leichten Blaumeisen suchen im äußeren Bereich der Zweige nach Insektenlarven, während die etwas schwereren Kohlmeisen mehr den inneren Bereich nutzen. Der Fichtenkreuzschnabel frisst die Samen der Zapfen. Der Trauerfliegenschnäpper benutzt die Baumspitzen als Warte, um dann im Flug Insekten erbeuten zu können.

Durch die unterschiedliche Nutzung des selben Lebensraumes können also mehrere Arten gemeinsam darin leben, ohne dass eine Art der anderen Konkurrenz macht. Man spricht deshalb vom Prinzip der *Konkurrenzvermeidung*. Das wird möglich durch die unterschiedlichen Ansprüche, die Lebewesen an ihre Umwelt stellen. Man bezeichnet die Gesamtheit aller Umweltbedingungen, die für das Überleben einer Art notwendig sind, als **ökologische Nische**.

So besetzen Buchfink und Rotkehlchen, die hauptsächlich auf dem Waldboden ihre Nahrung finden, unterschiedliche ökologische Nischen. Das Rotkehlchen mit seinem spitzen und dünnen Schnabel erbeutet als Weichtierfresser Würmer, Spinnen und andere kleine Gliedertiere aus der Laubstreu. Der Buchfink hingegen ist ein Körnerfresser, der mit seinem kurzen, spitz zulaufenden und robusten Schnabel Samen und Früchte auf dem Boden sammelt.

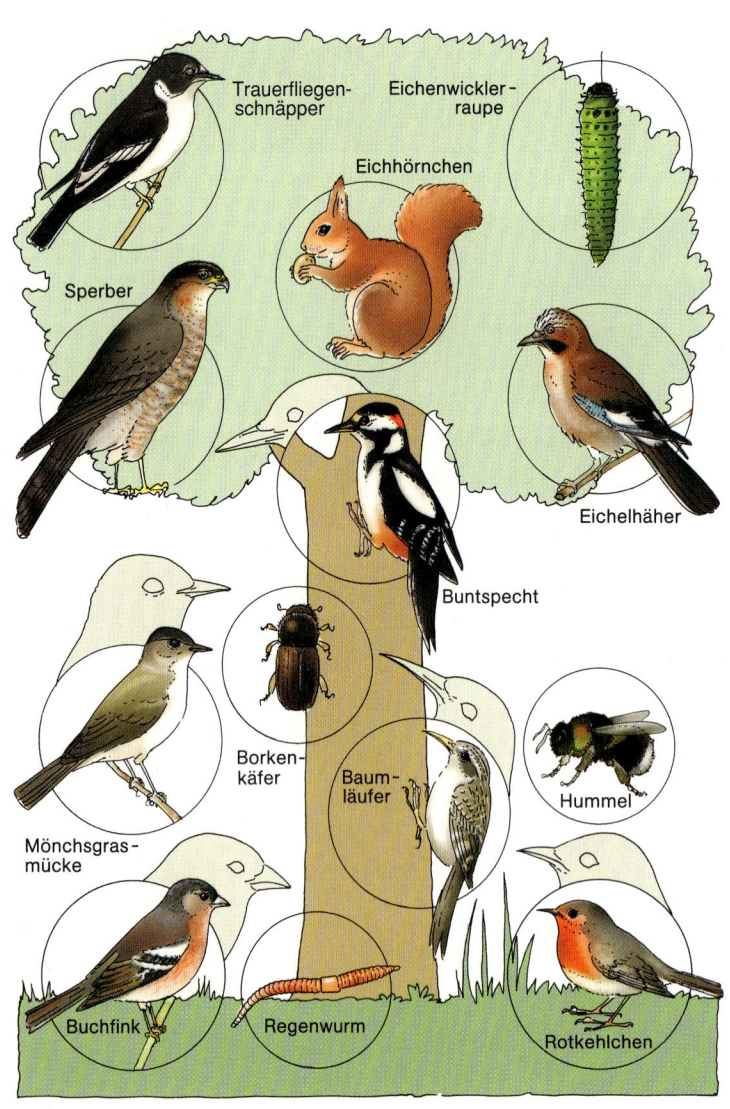

1 Ökologische Nischen im Lebensraum Wald

Ökosystem Wald

Entwicklung des Eichenwicklers

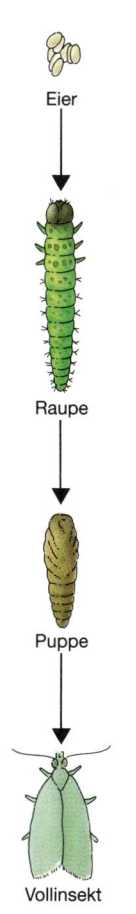

Eier

↓

Raupe

↓

Puppe

↓

Vollinsekt

mit ausgebreiteten Flügeln

Insekten im Wald

Die große Bedeutung des Waldes für Insekten kann man daran ermessen, dass allein auf einer großen Eiche über 1000 Insektenarten eine Existenzmöglichkeit haben.

Dazu gehört z. B. der *Eichenwickler.* Die Raupen dieses Nachtschmetterlings schlüpfen im Frühjahr aus den Eiern, die im vorangegangenen Herbst an Eichenzweigen abgelegt wurden. Die graugrünen Raupen ernähren sich von den Blättern. Von Raupen befallene Blätter erkennt man daran, dass sie mithilfe von Spinnfäden, die die Raupe selbst erzeugt, eingerollt sind. Nach der Verpuppung schlüpfen ab Juni/Juli die Falter des Eichenwicklers. Bei Massenbefall durch seine Larven kann die Krone einer Eiche kahl gefressen werden. Weitere Wicklerarten haben sich auf andere Baumarten spezialisiert und treten an diesen als Schädlinge auf, z. B. der *Kieferntriebwickler.*

Larven anderer Insektenarten leben in den Blättern und fressen die inneren Schichten. Dabei entstehen charakteristische Fraßgänge, deren Aussehen Rückschlüsse auf den Verursacher ermöglichen. Man bezeichnet solche Insekten allgemein als *Minierer.* Dazu gehört die Eichenminiermotte. Wieder andere Insektenarten veranlassen das Blattgewebe zur Ausbildung mehr oder weniger kugelförmiger Gebilde, den *Gallen.* Diese bestehen ausschließlich aus pflanzlichem Gewebe, in dessen Innerem die Larve des Verursachers, z. B. der *Eichengallwespe,* lebt.

Larven von Hirschkäfern, Bockkäfern und Holzwespen ernähren sich von der Rinde oder vom Holz der Baumstämme. Auch sie hinterlassen charakteristische Fraßbilder, anhand derer man die Verursacher bestimmen kann.

1 Imago und Puppe des Eichenwicklers

2 Fraßbild eines Blattminierers

3 Eichenblattgallen und schlüpfende Gallwespe

Aufgaben

① In der Abbildung 36.1 sind zwei nicht im Text erwähnte Vogelarten dargestellt. Erläutere an ihnen das Prinzip der Konkurrenzvermeidung.

② Im Text sind für verschiedene Vogelarten Schnabelformen und Ernährungsweisen genauer beschrieben. Auf welchen Zusammenhang zwischen Schnabelform und Ernährungsweise kann man schließen? Begründe!

③ Bei Schadinsekten kommen manchmal Massenvermehrungen vor. Welche Bedingungen könnten solche Massenvermehrungen begünstigen?

Ökosystem Wald

1 Nesthügel der kleinen Roten Waldameise

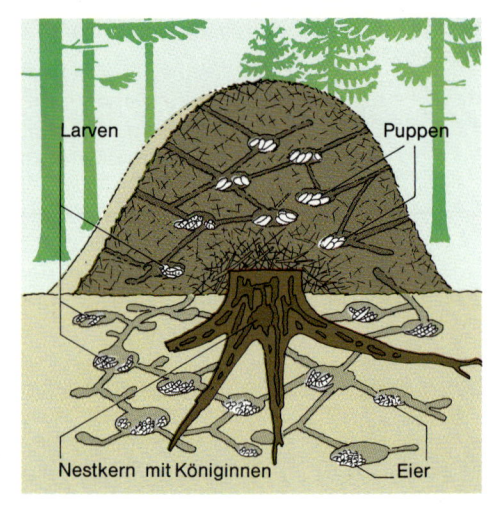

2 Ameisenhaufen (schematischer Längsschnitt)

Warum schützt der Förster die kleine Rote Waldameise?

Die Nesthügel der *kleinen Roten Waldameise* findet man oft an Lichtungen und Wegrändern. Der oberirdische Teil des Nestes besteht hauptsächlich aus Nadeln und Reisig und kann bis zu 1,5 m hoch sein. Der kegelförmige Bau besitzt zahlreiche Öffnungen, die mit dem weit verzweigten Gangsystem in Verbindung stehen. Dieses führt in den meist größeren unterirdischen Teil hinab.

Die Bedeutung der Ameisen für den Wald

Wer einmal das rege Treiben von Ameisen an ihrem Nesthügel längere Zeit beobachtet, wird Ameisen als Schwerstarbeiter kennen lernen. Da wird nicht nur Baumaterial, das größer als eine einzelne Ameise sein kann, unermüdlich herangeschafft, sondern auch Nahrung ganz unterschiedlicher Art. Sammlerinnen bewegen sich dabei auf „Ameisenstraßen", die mit ihrem Duft markiert sind. Auf solchen Duftstraßen kann man häufig auch Ameisen beobachten, die sich gegenseitig mit den Fühlern betasten. Sie können sich durch diese Fühlersprache verständigen.

Beim Beutefang und Transport arbeiten einzelne Ameisen zusammen, da Beutetiere häufig wesentlich größer sind als sie selbst. Zu den Beutetieren gehört eine Vielzahl von Insekten und deren Larven: Kiefernspinner, Forleule, Nonne, Eichenwickler, Rüsselkäfer, Borkenkäfer und Blattwespen. Man schätzt, dass an einem Sommertag bis zu 100 000 Insekten in ein großes Nest eingetragen werden können. In einem Jahr sollen es bis zu 10 Millionen Beuteinsekten sein. Ein großer Teil besteht aus Forstschädlingen. In Jahren mit starkem Schädlingsbefall können das über 90 % sein. Deswegen schützen Förster die Nester der kleinen Roten Waldameise vor Feinden durch Drahtverschläge und legen sogar neue Nester an. Dies ist ein Beispiel für **biologische Schädlingsbekämpfung**.

Ameisen sind auch am Abbau toter Organismen beteiligt. Außerdem tragen sie durch ihre rege Transporttätigkeit zur Samenverbreitung bei. Die Folge ist eine größere Artenvielfalt im Bereich der Krautschicht. Durch ihre Nestbautätigkeit leisten sie darüber hinaus einen Beitrag zur Bodenlockerung und -durchlüftung.

3 Nahrungsbeziehungen der Waldameise

Ökosystem Wald

Organisation des Ameisenstaates

Ein Staat der kleinen Roten Waldameise kann mehrere hunderttausend Individuen umfassen, manchmal sogar über eine Million. Jedes Volk hat einen bestimmten Nestgeruch, an dem sich die Mitglieder erkennen. Den größten Teil des Jahres besteht der *Ameisenstaat* aus mehreren hundert *Königinnen* und unfruchtbaren Weibchen, den sogenannten *Arbeiterinnen*.

Zwischen den Arbeiterinnen gibt es eine Aufgabenteilung. *Sammlerinnen* schaffen die Nahrung herbei. Außerdem gibt es *Wächterinnen,* die sich durch etwas größere Kiefer auszeichnen. Wieder andere Arbeiterinnen sorgen durch Anlegen neuer Öffnungen nach außen bzw. durch Schließen anderer Ausgänge dafür, dass die Temperatur im Inneren des Nestes relativ konstant gehalten werden kann. Eier, Larven und Puppen werden von Arbeiterinnen jeweils zu den Stellen im Nest transportiert, die für die Entwicklung optimal sind.

Den Winter überdauern die Ameisen im unterirdischen Teil des Nestes. Die Königinnen legen im Frühjahr *Eier,* aus denen sich *Geschlechtstiere* entwickeln: geflügelte Weibchen und Männchen, die das Nest verlassen. Nach der Begattung sterben die Männchen. Die begatteten Weibchen kehren in der Regel zum Nest zurück und werfen ihre Flügel ab. Auf diese Weise wird das Volk der kleinen Roten Waldameise immer wieder verjüngt, sodass ihre Nester über viele Jahre Bestand haben. Außerhalb der Fortpflanzungszeit entstehen ausschließlich Arbeiterinnen. Neue Völker können dadurch entstehen, dass *Tochterkolonien* gebildet werden. Ein Teil der Königinnen baut dann mit einem Teil des Volkes an einer anderen geeigneten Stelle ein neues Nest.

Aufgaben

1. Vergleiche die Organisation des Ameisenstaates mit dem der Honigbiene. Nenne Gemeinsamkeiten und Unterschiede (s. Seite 170/171).
2. Für die Neugründung von Nestern durch Koloniebildung sind bei der kleinen Roten Waldameise keine Männchen erforderlich. Erläutere die Gründe dafür.
3. Wie könnte man dem Argument begegnen, dass Ameisen gar nicht so nützlich seien, weil zu ihren Beutetieren auch Nutzinsekten gehören?
4. Fasse zusammen, welche Aufgaben Ameisen im Wald übernehmen.

Arbeiterin (ungeflügelt)

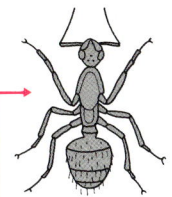

Königin (Flügel abgestreift)

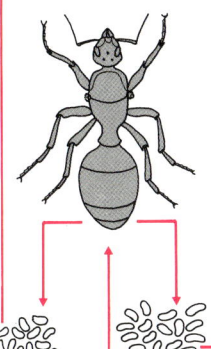

befruchtete Eier

unbefruchtete Eier

Weibchen (geflügelt)

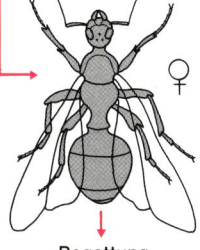

Begattung

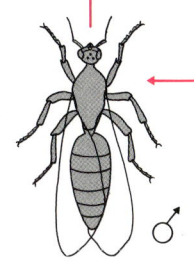

Männchen (stirbt nach der Begattung)

Entwicklung der Roten Waldameise

1 Brutkammer der Waldameise

Ameisen als Weideviehhalter

Unsere Abbildung zeigt Ameisen inmitten von Blattläusen, die nicht als Beute dienen. Vielmehr ist es so, dass sie von den Ameisen geschützt werden. Zu den Feinden der Blattläuse gehören z. B. Marienkäfer und deren Larven. Blattläuse sind Pflanzensauger, die aus den Leitungsbahnen der Wirtspflanzen kohlenhydrat- und eiweißreiche Säfte saugen. Ein großer Teil davon wird für den eigenen Stoffwechsel nicht benötigt und über spezielle Drüsen im Afterbereich als *Honigtau* wieder ausgeschieden. Durch Betasten des mit zwei fühlerähnlichen Fortsätzen versehenen Hinterleibes können Ameisen die Blattläuse dazu veranlassen, Honigtau abzugeben. Die Honigtauernte wird in das Nest eingetragen und ergänzt die Speisekarte der Ameisen. Einzelne Ameisenarten halten die Blattläuse sogar wie ein Haustier; sie schützen sie und nehmen sie über den Winter in ihr Nest.

Ökosystem Wald

Pflanzen und Tiere des Waldes sind voneinander abhängig

Nahrungsbeziehungen im Wald

Eine Eiche bietet die Lebensgrundlage für viele Organismen. So ernährt sich die Raupe des Eichenwicklers von den Blättern. Eichenwicklerraupen werden von Kohlmeisen erbeutet, die im Astwerk ihre Nahrung suchen. Kohlmeisen selbst können Beute des Sperbers, eines Greifvogels, werden. Eine solche Nahrungsbeziehung, in der mehrere Organismenarten miteinander in Verbindung stehen, nennt man eine **Nahrungskette**.

Allerdings ernähren sich von Eichenblättern auch andere Tiere, wie etwa die Larven von Gallwespen oder das Reh. Auch der nächste Platz in der Nahrungskette kann von verschiedenen Tieren eingenommen werden. Eichenwicklerraupen werden auch von Blaumeisen erbeutet. Und Kohlmeisen schließlich können nicht nur dem Sperber zum Opfer fallen, sondern auch dem Baummarder. Der Sperber erbeutet nicht nur Kohlmeisen, sondern auch Amseln. Diese ernähren sich u. a. von Würmern, Schnecken und Beeren.

Die Nahrungsbeziehungen zwischen den Organismen bestehen also aus vielen Nahrungsketten, die wie die Fäden eines Netzes miteinander verknüpft sind. Man spricht deshalb von einem **Nahrungsnetz**. Die Organismen des Waldes bilden eine Lebensgemeinschaft, die *Biozönose*. Biozönose und Lebensraum *(Biotop)* ihrerseits stehen wiederum in sehr enger Beziehung. Das ist das Kennzeichen eines **Ökosystems**, z. B. des Ökosystems Wald.

Am Anfang jeder Nahrungskette stehen Pflanzen, die durch die Fotosynthese den Pflanzenkörper aufbauen. Diese Pflanzen werden deshalb als *Erzeuger* oder **Produzenten** bezeichnet. Die nächsten Glieder einer Nahrungskette sind für ihr Wachstum auf die organischen Bestandteile des jeweils vor ihnen stehenden Glieds angewiesen. Sie heißen deshalb *Verbraucher* oder **Konsumenten**. Man unterscheidet zwischen *Erstverbrauchern,* den Pflanzenfressern, und *Zweitverbrauchern,* die von den Pflanzenfressern leben. Mehr als 4 oder 5 Glieder haben Nahrungsketten in der Regel nicht. Das letzte Glied ist der *Endverbraucher*.

Das biologische Gleichgewicht

Die verschiedenen Organismen einer Biozönose beeinflussen sich wechselseitig. An den Wechselbeziehungen zwischen Borkenkäfer und Specht kann man diese gegenseitige Beeinflussung verdeutlichen:

Borkenkäfer sind Baumrindenbewohner, deren Larven sich vom nährstoffreichen Bastteil ernähren. Der 2–3 mm große *Fichtenborkenkäfer*, der auch Buchdrucker genannt wird, ist an den charakteristischen Fraßgängen seiner Larven zu erkennen. An den Enden der Fraßgänge verpuppen sich die Larven, bevor sich die daraus entstehenden Käfer einen Weg durch die Borke hindurch nach außen bohren und davonfliegen. Borkenkäfer befallen bevorzugt geschwächte Bäume und können diese bei starkem Befall zum Absterben bringen.

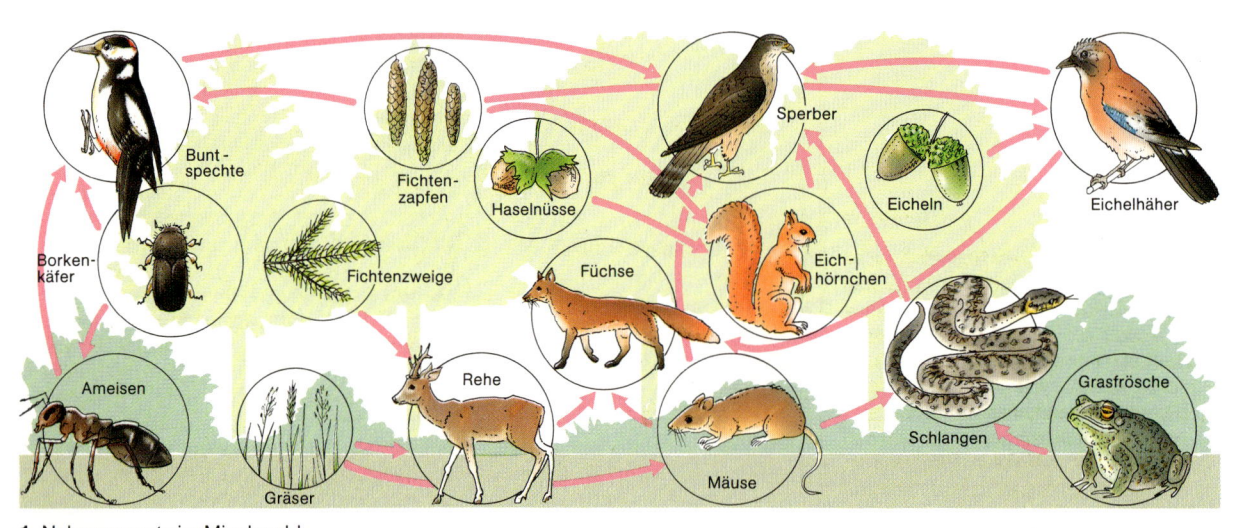

1 Nahrungsnetz im Mischwald

Ökosystem Wald

1 Borkenkäfer 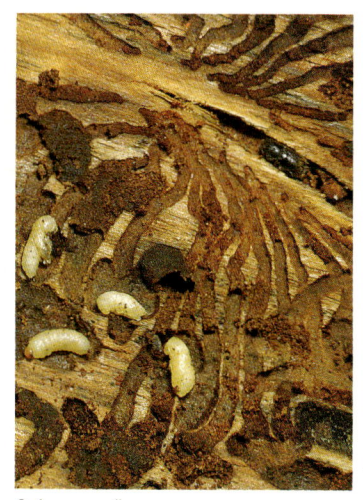   **2** Larvengänge

Der *Buntspecht* ernährt sich unter anderem von Borkenkäfern und deren Larven. So hält sich die Zahl der Borkenkäfer in Grenzen. Man kann also sagen: Je mehr Borkenkäfer, desto mehr Spechte, desto weniger Borkenkäfer. Borkenkäfer und Specht wirken also regulierend aufeinander ein. Solche Wechselbeziehungen kann man in einem einfachen *Schema* ausdrücken:

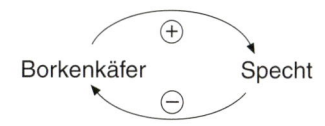

Borkenkäfer ⇄ Specht

Buntspechte können jedoch nur in einem naturnahen Mischwald spürbaren Einfluss auf die Zahl der Borkenkäfer nehmen. In einer Fichtenmonokultur hat der Borkenkäfer so gute Vermehrungsmöglichkeiten, dass die natürlichen Feinde wenig ausrichten. Die beste Möglichkeit, das Vorkommen des Fichtenborkenkäfers einzudämmen, wäre also der Verzicht auf Monokulturen.

Bei solchen Betrachtungen muss man außerdem immer berücksichtigen, dass einzelne Nahrungsketten Teile von Nahrungsnetzen sind. Für unseren Fall heißt das, dass von der Fichte noch andere Tiere leben, z. B. Blattläuse. Borkenkäfer werden nicht nur vom Specht erbeutet, sondern auch vom Kleiber und von vielen räuberisch lebenden Insekten. Der Specht schließlich ernährt sich nicht nur von Borkenkäfern, sondern auch von den Samen der Fichtenzapfen. Damit wird deutlich, dass unser einfaches Regelkreisschema gar nicht alle regulierenden Einflüsse erfassen kann. Trotzdem gilt, dass infolge der vielen, nur schwer zu überschauenden Wechselbeziehungen ein Gleichgewicht zwischen den einzelnen Arten entsteht. Man spricht vom *biologischen Gleichgewicht*.

In besonders trockenen Jahren und nach starkem Windbruch kommt es in Fichtenmonokulturen häufig zur *Massenvermehrung* von Borkenkäfern, sodass die Existenz des Waldes bedroht ist. Hier genügen die Regelmechanismen des biologischen Gleichgewichts nicht mehr. Deshalb werden heute *Borkenkäferfallen* aufgestellt, die den Sexuallockstoff von Borkenkäferweibchen enthalten. Die Fallen sind so gebaut, dass männliche Borkenkäfer ohne weiteres in diese eindringen können und dabei getötet werden. Solche Fallen werden regelmäßig kontrolliert, um eine entstehende Massenentwicklung frühzeitig erkennen zu können. Die Reduzierung der männlichen Käfer bedeutet, dass viele Weibchen nicht befruchtet werden und keine Nachkommen haben. Tritt dennoch Massenbefall auf, werden *Insektizide* (Insektengifte) eingesetzt.

Aufgaben

① Erläutere, weshalb jede Nahrungskette mit einem Produzenten beginnt.

② Schreibe anhand der Abb. 40.1 weitere, nicht im Text besprochene Nahrungsketten auf und ordne den einzelnen Gliedern die entsprechenden Begriffe zu.

③ Nenne mögliche Gründe dafür, dass Borkenkäfer sich besonders gut in trockenen Jahren und in Monokulturen vermehren können.

④ Der Einsatz von Borkenkäferfallen hat Vorteile gegenüber der Verwendung von Insektiziden. Erkläre.

3 Borkenkäferfalle

4 Nahrungsbeziehung Borkenkäfer – Buntspecht

Ökosystem Wald

1 Ein Buchenblatt wird abgebaut

Tote Tiere und Pflanzen werden im Boden zersetzt

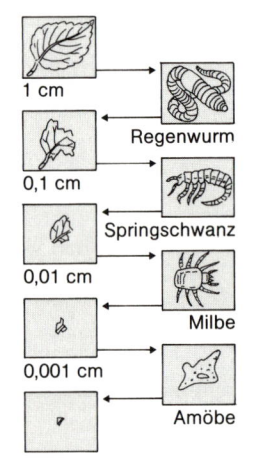

Nur ein kleiner Teil der Pflanzen im Wald wird von den Verbrauchern oder Konsumenten gefressen. Ein sehr viel größerer Teil, nämlich rund ein Drittel der produzierten organischen Substanz, fällt als totes organisches Material an. Dazu zählen Blätter und Äste, die den größten Teil der *Laubstreu* ausmachen sowie Ausscheidungen und Tierleichen. Gräbt man in einem Buchenwald den Waldboden auf, erkennt man, dass er geschichtet ist. Oben liegen unzerstörte Laubblätter, darunter sind die Blätter mit zunehmender Tiefe immer mehr zersetzt, bis schließlich zunächst dunkel gefärbte, dann heller werdende Erde folgt.

Am Abbau der Blätter sind viele Bodenorganismen beteiligt. Springschwänze und Hornmilben öffnen die Blattoberflächen, sodass Pilze und Bakterien besser eindringen können. Fliegenmaden und Asseln fressen größere Löcher in das Blatt, das schließlich in kleinere Stücke zerfällt. Regenwürmer und auch Tausendfüßer nutzen diese als Nahrung. Regenwürmer nehmen dabei auch Erde mit auf und entziehen ihr verwertbare Bestandteile. Hierbei entsteht eine lockere Bodenbedeckung.

Die Bedeutung der Regenwürmer ist dabei außerordentlich groß. Pro Hektar rechnet man mit bis zu 4 Tonnen Regenwürmern, die im Jahr bis zu 20 Tonnen Erde durch ihren Körper passieren lassen. Dadurch entsteht unter der lockeren Laubstreu der fruchtbare *Humus*. Der Wurmkot mit dem stark zerkleinerten Pflanzenmaterial wird dann von Bakterien und Pilzen zu Mineralstoffen abgebaut.

Die bei der Humusbildung und Mineralstofffreisetzung beteiligten Organismen nennt man in ihrer Gesamtheit *Zersetzer* oder **Destruenten**. Sie bilden die Abbaukette. Durch die Tätigkeit dieser Organismen werden die Durchlüftung, Wasserhaltefähigkeit und Fruchtbarkeit des Bodens verbessert.

Aufgaben

① Weshalb wird durch eine gute Durchlüftung die Bodenfruchtbarkeit erhöht?
② Welche Organismen nutzen die Mineralstoffe, die am Ende des Abbaus stehen?

2 Berleseapparat

Ökosystem Wald

Praktikum

Untersuchung der Laubstreu

Wie ist die Streuschicht aufgebaut?

Stecke auf dem Waldboden eine Fläche von der Größe eines DIN-A4 Blattes ab und hebe nun alle Bestandteile der Laubstreu schichtweise ab, bis du die obere, feste Bodenschicht erreicht hast. Sammle das Material in einer Plastiktüte.

① Beschreibe die Bestandteile der Streuschicht (Aussehen, Feuchtigkeitsgrad). Fasse deine Beobachtungen in einer Tabelle (obere, mittlere, untere Schicht, oberste Bodenschicht) zusammen.

② Suche unterschiedlich zersetzte Blätter. Ordne sie auf einem Blatt Papier nach Zersetzungsgrad und klebe sie auf.

Wer lebt in der Streuschicht?

I. Größere Bodenorganismen

① Breite jeweils nacheinander kleine Portionen deiner Laubstreuprobe auf einem weißen Blatt oder in einer weißen Schale aus.

② Untersuche die Probe auf Kleinlebewesen und ermittle anhand unserer Abbildung oder eines Bestimmungsbuches deren Artnamen. Benutze dabei auch die Lupe.

③ Beschreibe für die Lebewesen, die du nicht bestimmen kannst, Größe, Form und andere charakteristische Merkmale, wie z. B. Anzahl der Beine, Zahl der Körperabschnitte.

④ Erstelle für die gefundenen Lebewesen eine Tabelle. Ermittle durch eine Strichliste deren Häufigkeit.

II. Kleinere Bodenorganismen

① In einem weiteren Untersuchungsschritt kannst du die Laubstreu auf Organismen untersuchen, die beim einfachen Durchmustern mit dem bloßen Auge oder mit der Lupe nicht zu erkennen waren. Benutze dazu einen Berleseapparat (vgl. Abb. 42. 2). Die Lampe wird für etwa eine halbe Stunde eingeschaltet. Da Bodenorganismen das Licht meiden, kriechen sie nach unten und fallen in das Becherglas.

② Untersuche die gefangenen Tiere anschließend mit der Lupe oder dem Stereomikroskop. Ist kein Stereomikroskop vorhanden, kannst du auch mit der schwächsten Vergrößerung eines Durchlichtmikroskops die Untersuchung durchführen. Bestimme dann die Organismen wie bei I.

③ Informiere dich über die Lebens- und Ernährungsweise der gefundenen Organismen (Schulbuch, Bestimmungsbücher, Lexika) und ordne ihnen ihre Stellung innerhalb der Lebensgemeinschaft der Laubstreu zu. Konstruiere ein Nahrungsnetz.

Fadenwürmer. Drehrunde, fadenförmige Würmer, vorn und hinten spitz zulaufend. Häufig. Nahrung: Pflanzenteile, Kleinlebewesen

Enchyträen. Ringelwürmer. Weißlich gelb. Auch im Kompost, Massenauftreten, wichtige Humusbildner. Als „Blumentopfwurm" bekannt.

Laubschnecken. Gelbbraun bis rotbraun. An feuchten Stellen in Laub und Gebüsch. Nahrung: Algen, Pilze, Pflanzenteile.

Milben. Spinnentiere. Abgebildet ist die Moosmilbe: Pflanzliche Nahrung, Zwischenwirt von Bandwürmern.

Steinläufer. 15 Beinpaare. Gewandte Räuber, jagen Insekten, Asseln, Spinnen.

Saftkugler. Spiegelglatt, rollt sich ein, gibt Wehrsekret ab. Nahrung rein pflanzlich: Moderndes Laub, Humus.

Schnurfüßer. Drehrund, Körper schwarzbraun, Beine gelbweiß. 50 – 110 Beinpaare. Nahrung: Moderndes Laub. Bevorzugen feuchten Boden. Wehrsekret.

Springschwänze. Hinterende oft mit Sprunggabel. Wichtigste Blattstreuverarbeiter, massenhaft auftretend; meist augenlos.

Ohrwurm. Insekt. Gelblich bis dunkelbraun, 2 Zangen am Hinterende zur Verteidigung. Frisst pflanzliche Nahrung und Aas.

Mistkäfer. Schwarz oder metallisch blauschwarz. Kotfresser, trägt Kot in tiefere Erdschichten zur Eiablage.

Drahtwurm. Larve des Schnellkäfers. Rund, glänzend gelb, steif („Draht"). Frisst an lebenden Pflanzenwurzeln. Andere Arten räuberisch.

Larven der Wiesenschnaken. Dicht unter der Erdoberfläche. Mulm- und Wurzelfresser. Atemöffnung am Hinterleib wie „Teufelsfratze".

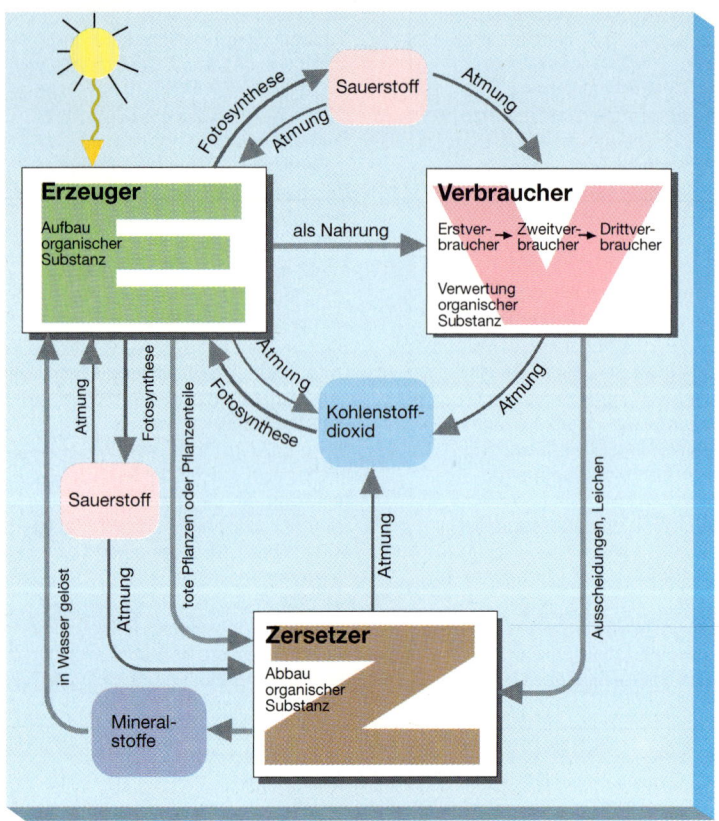

1 Schema des Stoffkreislaufs

Der Kreislauf der Stoffe

Der Weg des Kohlenstoffs

Grüne Pflanzen betreiben als Produzenten (*Erzeuger*) die Fotosynthese. Aus dem Kohlenstoffdioxid der Luft und Wasser wird mithilfe von Lichtenergie Traubenzucker gebildet, d. h. durch die Fotosynthese werden aus energiearmen, anorganischen Stoffen energiereiche, organische Substanzen aufgebaut. Gleichzeitig gibt die Pflanze als weiteres Produkt der Fotosynthese Sauerstoff ab. Dieser ist für die Atmung aller Lebewesen unentbehrlich.

Die heutige *Atmosphäre* enthält 21 % Sauerstoff und nur 0,035 % Kohlenstoffdioxid. Diese Lebensgrundlage wurde in der Vergangenheit geschaffen, als sich die ersten grünen Pflanzen, die Fotosynthese betreiben konnten, entwickelten. Der damals sauerstofffreien und kohlenstoffdioxidreichen Lufthülle der Erde wurde dadurch Kohlenstoffdioxid entzogen. Da gleichzeitig Sauerstoff gebildet wurde, wurde die Atmosphäre langsam mit Sauerstoff angereichert.

Der bei der Fotosynthese gebildete Traubenzucker ist der Ausgangsstoff für den Aufbau anderer lebenswichtiger organischer Substanzen, wie Stärke, Zellulose, Fett und Eiweiß. Ein Teil des Traubenzuckers kann nicht für den Aufbau von organischer Substanz verwendet werden, sondern wird als Energielieferant für die Zellatmung verbraucht. Grüne Pflanzen geben dabei Kohlenstoffdioxid wieder an die Atmosphäre ab. Gleichzeitig verbrauchen sie Sauerstoff. Insgesamt wird jedoch von allen grünen Pflanzen weitaus mehr Sauerstoff gebildet als verbraucht.

Die in der Nahrungskette folgenden Konsumenten (*Verbraucher*) benötigen die organischen Bestandteile des jeweils vorangegangenen Nahrungskettengliedes. Nur so können diese ihren Stoffwechsel einschließlich der Zellatmung aufrechterhalten. Dabei verbrauchen sie Sauerstoff und setzen Kohlenstoffdioxid frei. Konsumenten können also energiereiche, organische Substanz nicht selbst herstellen. Man sagt, sie sind *heterotroph*. Grüne Pflanzen sind dagegen *autotroph*, da sie die organische Substanz, die sie benötigen, selbst herstellen können.

Die Ausscheidungen von Pflanzen und Tieren sowie tote Lebewesen werden von den Organismen der Abbaukette im Boden (*Zersetzer* oder *Destruenten*) unter Sauerstoffverbrauch zu Mineralstoffen, Wasser und Kohlenstoffdioxid umgesetzt. Der Kohlenstoff befindet sich in einem ständigen Kreislauf zwischen Atmosphäre — als Kohlenstoffdioxid — und den Organismen, gebunden in der organischen Substanz. Der Kohlenstoff geht also den Organismen nicht verloren.

Die übrigen Elemente durchwandern ähnliche Kreisläufe. So gibt es einen *Stickstoff-, Phosphor-* und *Schwefelkreislauf*. Man kann also sagen, in der Natur gibt es keinen Abfall, sondern Wiederverwertung. Alle Stoffe sind Bestandteile von Kreisläufen.

Aufgabe

① Es gab in der Geschichte der Erde Phasen, in denen ein Teil des organischen Materials dem Stoffkreislauf entzogen wurde. Damals entstanden die Kohle- und Erdölvorkommen, die man heute zur Energiegewinnung wieder verbrennt.
   a) Wie muss sich damals der Kohlenstoffdioxidgehalt der Atmosphäre verändert haben?
   b) Welche Auswirkungen hat heute die Verbrennung von Kohle und Erdöl auf die Atmosphäre? Begründe.

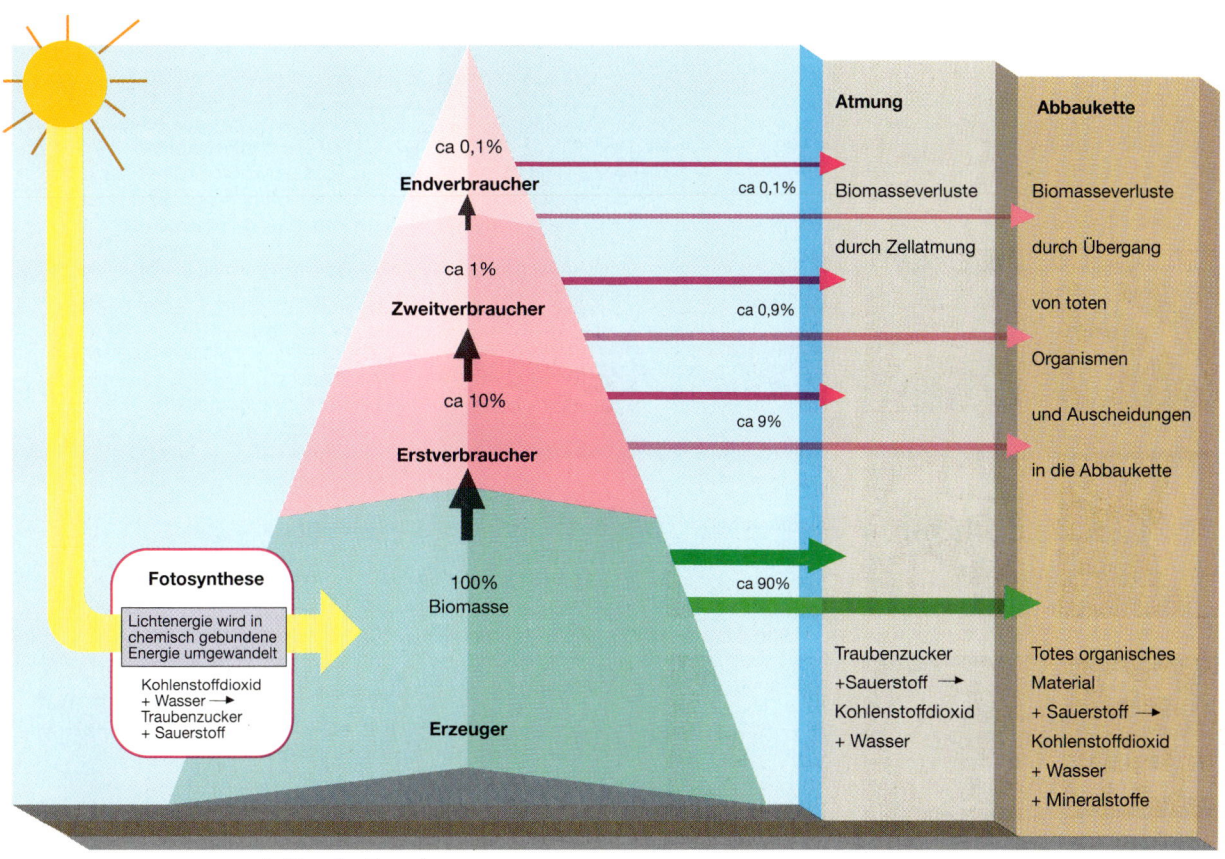

1 Weg der Energie

Der Weg der Energie

Vergleicht man im Ökosystem Wald die Gesamtmasse von Produzenten und Konsumenten miteinander, erkennt man zu den Endverbrauchern hin eine Abnahme. Diese lässt sich durch eine *Nahrungspyramide* darstellen. Sie besteht aus einzelnen *Nahrungsebenen,* die durch Produzenten und Konsumenten gebildet werden. Eine Nahrungspyramide erhält man erst dann, wenn man die *Biomasse* der einzelnen Nahrungsebenen in einem Ökosystem ermittelt. Unter Biomasse versteht man die Masse der Lebewesen einer Ebene. Die Biomasse der Erzeuger ist am größten, die der Erstverbraucher sehr viel kleiner. Die Biomasse der Zweitverbraucher wiederum ist deutlich geringer als die der Erstverbraucher usw.

Was sind die Ursachen für die Abnahme der Biomasse innerhalb der Nahrungspyramide? Die Pflanzen nutzen für die Fotosynthese einen kleinen Teil der Energie des einfallenden Sonnenlichts für den Aufbau organischer Substanz. Die *Energie des Sonnenlichts* wird in chemisch gebundene Energie überführt und steht damit den Verbrauchern zur Verfügung.

Ein Teil der chemisch gebundenen Energie wird von der Pflanze selbst für die Zellatmung benötigt. Außerdem kann von den Pflanzenfressern nur der verdauliche Teil der Pflanzen genutzt werden. Der unverdauliche Anteil wird ausgeschieden und von den Zersetzern in der Abbaukette verwertet. Nur 10–20 % der konsumierten Nahrung wird als neue Biomasse festgelegt.

Ähnliches gilt für die nächsten Nahrungsebenen. Immer wird nur ein Teil der mit der Nahrung aufgenommenen Energie genutzt. Der Rest wird wiederum durch Atmung und Abbauketten umgesetzt. Die in den Endkonsumenten gebundene Energie wird schließlich vollständig entweder durch Atmung oder durch die Tätigkeit der abbauenden Organismen freigesetzt und nicht mehr nutzbar *(Energieentwertung).* Der Weg der Energie ähnelt einer Einbahnstraße. Energie muss ständig nachgeliefert werden, sodass die Stoffkreisläufe aufrechterhalten werden können. Die Sonne ist also die Energiequelle des Lebens.

Aufgabe

① Erläutere anhand von Abb. 1, weshalb Nahrungsketten nicht beliebig lang sind.

Projekt: Wald erleben

Jeder, der häufiger im Wald unterwegs ist, etwa auf einem Waldspaziergang, ist vielen unterschiedlichen Eindrücken ausgesetzt. Am auffälligsten sind die unterschiedlichen Vegetations- und Blühzeiten der verschiedenen Pflanzen. Der Zusammenhang zu den Jahreszeiten mit ihren charakteristischen Temperaturverhältnissen ist für die meisten offensichtlich. Andere Veränderungen im Laufe eines Jahres werden meist nicht so deutlich wahrgenommen. Dazu gehört die Lichtstärke, der Niederschlag und der Wind, aber auch das unterschiedliche Vorhandensein vieler Organismen während der Jahreszeiten. Zum Beispiel überwintern viele Pflanzen unterirdisch. Bei den Tieren halten einige Winterschlaf oder Winterstarre. Andere ziehen fort. Aber auch während eines einzigen Tages unterliegt der Wald vielen Veränderungen: Manche Pflanzen verändern ihre Blattstellung in Abhängigkeit von der Lichtstärke. Tiere sind zu unterschiedlichen Tageszeiten aktiv.

Vorüberlegungen

Macht man sich die Vielzahl der Wahrnehmungsmöglichkeiten bewusst, stellt man fest, dass die meisten Eindrücke mit den Augen wahrgenommen werden. Dass wir mit unseren Augen aber nur einen Teil des Waldes wahrnehmen können, wird deutlich, wenn man Fragen stellt:
— Welche Geräusche sind zu hören?
— Wo und zu welcher Tageszeit sind bestimmte Geräusche zu hören?
— Welche Gerüche sind wahrzunehmen?
— Wie fühlen sich Dinge im Wald an?
— Was passiert und verändert sich im Wald im Verlauf eines Jahres?

Planung des Projekts

Bevor man aber ein Projekt beginnt, muss vorab eine gute Planung erfolgen, denn sonst sind Enttäuschungen nicht zu vermeiden. Im Folgenden sind deshalb einige wichtige Fragen als **Planungshilfen** zusammengestellt:
— Welches Thema im Zusammenhang mit dem Wald soll das Projekt haben?
— Wo kann das Projekt durchgeführt werden?
— Welche Geräte, Materialien, Bestimmungsbücher oder sonstige Hilfen werden benötigt? Stehen diese auch zur Verfügung?
— Wie groß ist voraussichtlich der Zeitbedarf für das Projekt?
— Welche Tätigkeiten sind in welcher Reihenfolge durchzuführen?
— Wie viele Mitschüler werden benötigt?
— Wer kann was am besten?
— Wer arbeitet miteinander zusammen, wenn in Gruppen gearbeitet wird?
— Wie sollen die Ergebnisse protokolliert werden?
— Wie sollen die Ergebnisse zusammengefasst und dargestellt werden?

Diese Fragen sollen zufriedenstellend beantwortet werden können, damit das Projekt auch gut gelingen kann. Im Folgenden werden anhand von Beispielen einige Anregungen gegeben.

Wichtige Protokollregeln

— Habe ich die vier W-Fragen berücksichtigt? (Wer? Was? Wann? Wo?)
— Immer so schreiben, dass die Notizen auch andere lesen können!
— Beobachtungen so beschreiben, dass es andere verstehen können.
— Beobachtungsmethode angeben (wurde geschätzt oder genau ausgemessen?).
— In den Kopf des Protokolls gehören: Datum, Zeit, Dauer der Beobachtung, Angaben zum Wetter, zur Jahreszeit, Name des Beobachters, Besonderheiten.
— Lageskizzen sind hilfreich und ersparen oft umfangreiche Texte.
— Notieren, ob Fotos gemacht wurden.

In Filmdosen lassen sich kleine Fundstücke sammeln und aufbewahren: z. B. Häutungen von Libellenlarven, Fledermauskot, leere Schneckengehäuse, Kleinsäugerschädel, kleine Knochen, ganze Gewölle.
Etiketten mit Fundort und Datum nicht vergessen.

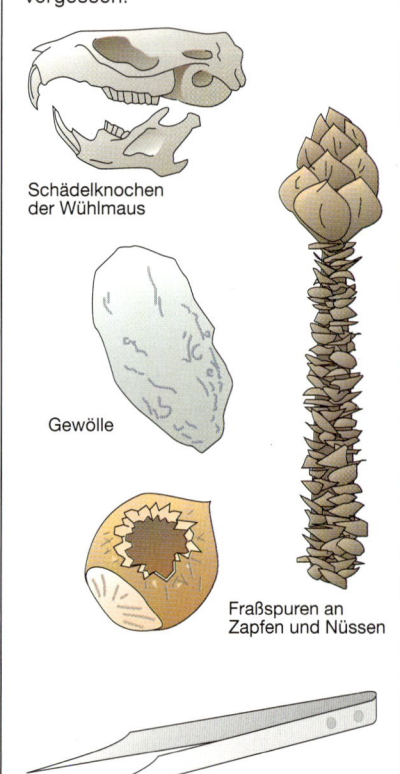

Schädelknochen der Wühlmaus

Gewölle

Fraßspuren an Zapfen und Nüssen

Federstahlpinzette

Mit der **Federstahlpinzette** können empfindliche Dinge aufgehoben und untersucht werden (z. B. winzige Schneckenhäuser, zarte Insekten).

Normalpinzette

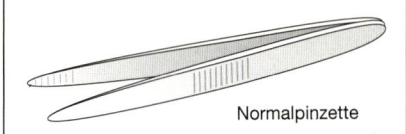

Mit der kräftigen **Normalpinzette** können z. B. Eulengewölle auseinander gezupft werden. Eulengewölle vor der Untersuchung sterilisieren (über Nacht Temperaturbehandlung im Trockenschrank bei 120°C.

Ökosystem Wald

Einschlaglupen gibt es mit verschiedenen Vergrößerungen (meist 6- bis 12-fach). Beim Erkennen von Bestimmungsmerkmalen bei Pflanzen, Insekten und Schnecken leisten sie wichtige Dienste, ebenso beim Untersuchen von Kleinsäugerschädeln.

Fotos als Beobachtungsdokumente

Nachdem man sich z. B. die Aufgabe gestellt hat, Veränderungen an einem gut überschaubaren Bereich des Waldes über ein Jahr zu untersuchen, wird zunächst festgelegt, welches Objekt über ein Jahr lang regelmäßig beobachtet und dokumentiert werden soll. Das kann ein einzelner Baum sein, aber auch ein Ausschnitt eines Waldrandes, usw.

In monatlichen Abständen werden zwölf Fotos aus derselben Perspektive und mit demselben Ausschnitt aufgenommen. Außerdem werden jeweils Aufnahmen von Einzelheiten angefertigt, z. B. von Zweigen mit Knospen im Winter oder von Blättern, Blüten, von der Rinde und anderen charakteristischen Merkmalen. Dazu können auch Fraßspuren von Tieren, z. B. an Blättern, gehören. Ergänzend sollten jeweils kurze Notizen über die auffälligsten Beobachtungen und die Beobachtungszeit angefertigt werden.

Wenn eine solche Dokumentation in kleinen Gruppen durchgeführt wird, die sich die Arbeit teilen, kommt man schneller zu Ergebnissen. So ist es auch leichter möglich, mehrere verschiedene Objekte zu untersuchen, um sie dann miteinander vergleichen zu können. Auf diese Weise kann man einen *Vegetationskalender* erstellen, aus dem die Blühzeiten, der Blattaustrieb, der Blattabwurf usw. der untersuchten Pflanzenobjekte hervorgehen.

Vor der Anfertigung von Fotos sollte man überlegen:
— Soll eine Übersicht (z. B. von einem Waldrand) oder eine Einzelheit (z. B. eine Knospe) dargestellt werden?
— Sind andere Möglichkeiten der Darstellung vielleicht besser geeignet (Bleistiftskizze, Videoaufnahme)?

In den Wald hineinhören

Dazu bietet sich besonders die Dokumentation von Vogelstimmen an. Zunächst ist ein *geeigneter Ort* zu erkunden. An einem vom Straßenverkehr etwas abseits gelegenen Waldrand kommt man relativ einfach zu brauchbaren Ergebnissen. Wichtig ist, dass möglichst wenig Störgeräusche auftreten. Ist kein geeignetes Waldstück in der Nähe, so bieten sich auch Friedhöfe als Untersuchungsorte an. Hier findet man viele Singvögel, die auch im Wald anzutreffen sind.

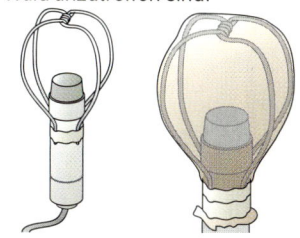

Mikrofon mit Windschutz

Ebenso wichtig ist der *richtige Zeitpunkt* für eine solche Untersuchung. Im Frühjahr bis zum Frühsommer wird man die größte Stimmenvielfalt erleben, vorausgesetzt, man wählt die richtige Tageszeit. Besonders in den frühen Morgenstunden und auch in den Abendstunden wird man den größten Erfolg haben. Für die Tonaufnahmen reicht ein tragbarer Kassettenrekorder und ein gutes Mikrofon. Dieses sollte gegen Windgeräusche geschützt werden. Man braucht ein Fernglas und ein Bestimmungsbuch zur Identifikation der untersuchten Vogelarten. Hilfreich sind auch Vogelstimmen auf Kassette oder Schallplatte. Wenn man sich schließlich etwas auskennt, wird man eine Reihenfolge angeben können, in der die einzelnen Vogelarten mit ihrem Gesang beginnen und wieder aufhören.

Auf Spurensuche

Häufig ist keine direkte Beobachtung von Tieren möglich, aber Spuren an Pflanzen oder auf dem Boden verraten ihre Gegenwart. Spuren sind nicht nur Fährten, an deren Aussehen man den Verursacher ermitteln kann, sondern auch alle anderen Hinweise auf dessen Gegenwart:
— *Fraßspuren* an Zapfen unserer Nadelbäume. Am Aussehen der Fraßspuren ist erkennbar, wer der Täter war: Eichhörnchen, Waldmaus ... Ähnliches gilt für Fraßspuren an Holz, in der Rinde, an oder in Blättern usw.
— *Bestandteile* oder *Reste* von Tieren. Federansammlungen auf dem Boden verraten die Stelle, an der z. B. ein Habicht seine Vogelbeute gerupft hat. Gewölle von Eulen, die man unter ihren Ruhebäumen finden kann, geben uns Auskunft über ihre Nahrung.

Messgeräte erweitern unsere Wahrnehmung

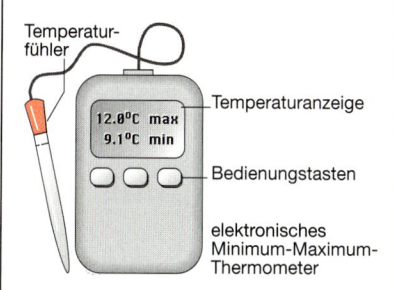

elektronisches Minimum-Maximum-Thermometer

Messung und Protokollieren von Lichtstärke, Temperatur, Luftfeuchtigkeit, Niederschlagsmenge usw. können andere Untersuchungen gut ergänzen.
— Messung der Lichtstärke am Waldboden (jeweils an derselben Stelle) zu verschiedenen Jahreszeiten.
— Bestimmung der täglichen Maximum- und Minimumtemperatur (Maximum-Minimum-Thermometer) über einen größeren Zeitraum. Ergänzt man solche Untersuchungen durch die Messung der täglichen Niederschlagsmenge, betreibt man schon eine einfache Wetterstation.

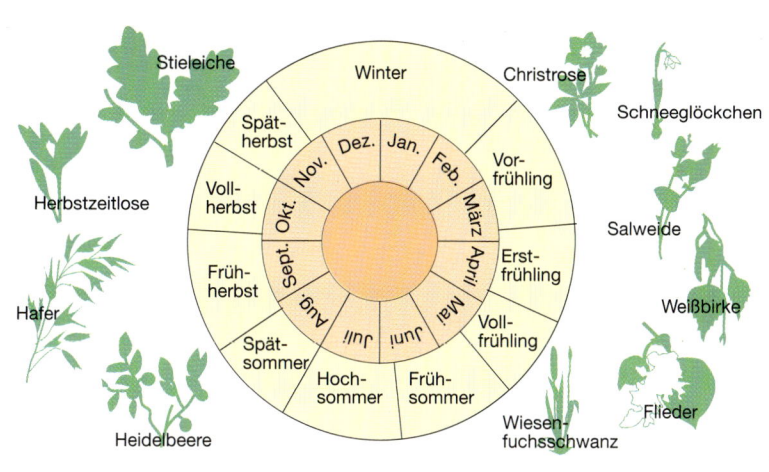

Ökosystem Wald **47**

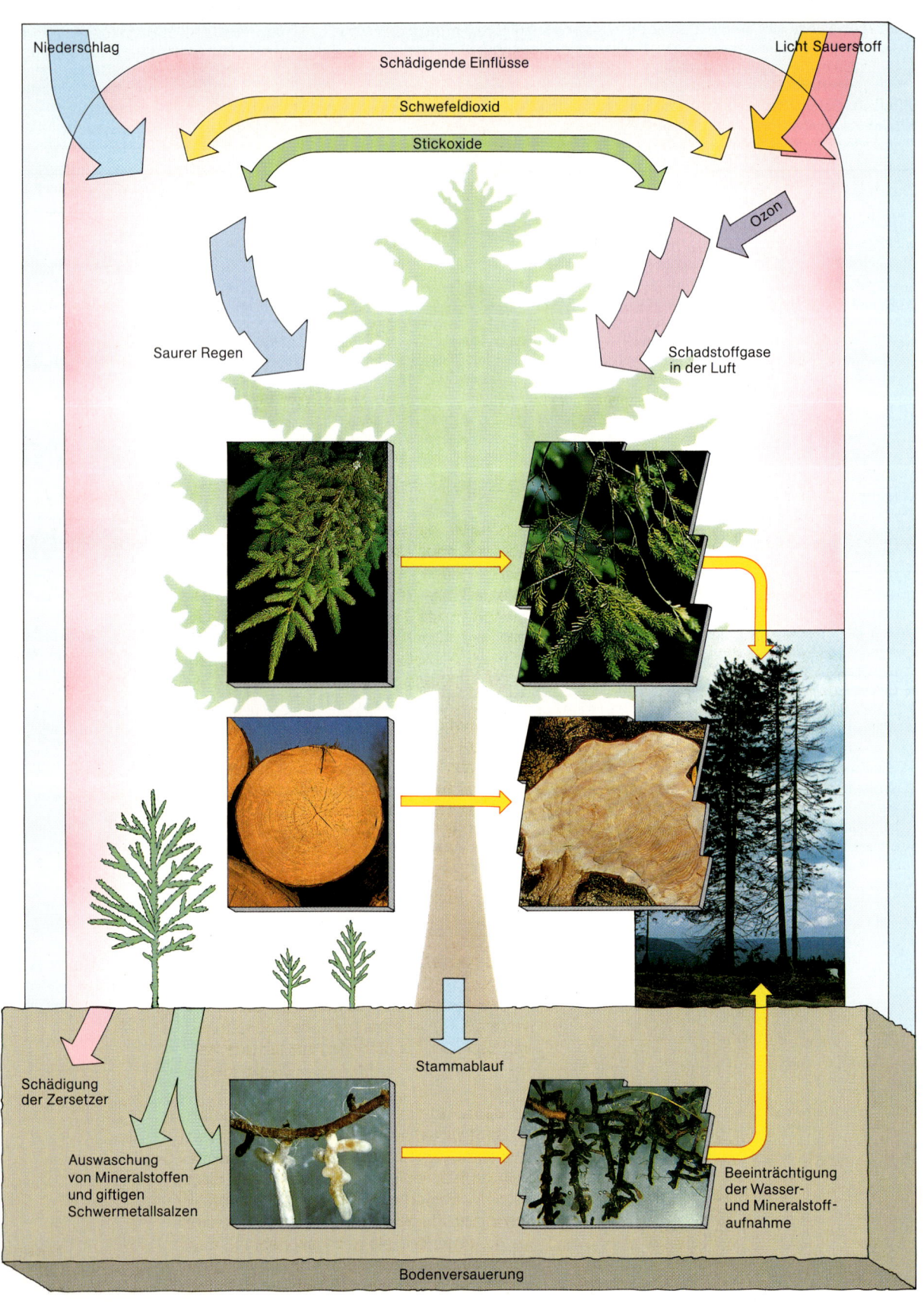

1 Ursachen des Waldsterbens und sichtbare Veränderungen an einzelnen Bäumen

48 *Ökosystem Wald*

Oh, Täler weit, oh, Höhen
oh, schöner, grüner Wald,
Du meiner Lust und Wehen
andächtger Aufenthalt!
Da draußen stets betrogen,
saust die geschäft'ge Welt,
schlag noch einmal die Bogen
um mich, du grünes Zelt!

(Joseph von Eichendorff, 1810)

Oh, Höhen kahl, oh, Täler
oh, kranker, toter Wald.
Du, dessen Leben schmäler
und dessen Tod schon bald.
Stets hast Du uns genützet;
macht man Dich heute krank,
wirst du nicht mal beschützet
– das ist des Menschen Dank.

(Helmut Strecker, 1986)

Schädigung der Wälder

In den westdeutschen Bundesländern
1983: 34 % geschädigt
1985: 52 % geschädigt

in der gesamten Bundesrepublik Deutschland
1990: 56 % geschädigt
1996: 57 % geschädigt

Unsere Wälder sind gefährdet

Schon seit den 70er Jahren spricht man bei uns vom *Waldsterben*. Seither hat sich der Zustand unserer Wälder immer mehr verschlechtert. Weit über die Hälfte der Bäume zeigt Krankheitsanzeichen. In den Mittelgebirgswäldern ist die Schädigung größer als im Flachland. In einigen Bereichen ist der Wald schon ganz abgestorben. Kranke Bäume erkennt man an der Vergilbung und dem zu frühen Abwurf von Blättern und Nadeln, der Auslichtung der Kronen, der Schädigung des Stammes und des Wurzelwerks.

Diese Schäden nennt man auch *Primärschäden*, da sie direkte Folgen von schädigenden Einflüssen sind. Sie haben zur Folge, dass der Holzzuwachs pro Jahr kleiner ist als bei gesunden Bäumen. Man kann dieses an den kleineren Abständen der Jahresringe erkennen. So vorgeschädigte Bäume sind außerdem anfälliger gegen Schädlinge wie den Borkenkäfer und Krankheiten wie die Kernfäule, eine Pilzerkrankung. Solche Folgeschäden nennt man *Sekundärschäden*.

Ursachen des Waldsterbens

Der Mensch ist der Verursacher der Waldschäden. Er hat Kraftwerke errichtet, die durch Verbrennung von Kohle und Heizöl Strom erzeugen. Da Kohle und Heizöl Schwefelverbindungen enthalten, werden nicht nur Kohlenstoffdioxid und Wasser als Verbrennungsprodukte aus den Schornsteinen in die Luft geblasen, sondern auch Schwefeldioxid, das mit Wasser und dem Sauerstoff aus der Luft Schwefelsäure bildet. Diese schädigt die Blätter und übersäuert den Boden. Heute werden zwar Filteranlagen installiert, welche den Ausstoß, die *Emission*, des Schwefeldioxids verringern, doch der Schwefeldioxidgehalt in der Atmosphäre wird nur langsam zurückgehen. Der Entschwefelungsgrad ist häufig noch unzureichend und längst noch nicht überall wird entschwefelt. So können Luftschadstoffe durch den Wald aus Nachbarländern importiert, aber auch in diese exportiert werden. Die Schadstoffbelastung ist somit ein weltweites Problem.

Neben Schwefeldioxid gibt es weitere Gase, die Stickstoffoxide und das Ozon, die unseren Wald schädigen. Die Hauptmasse der Stickstoffoxide wird durch den Autoverkehr produziert. Stickstoffoxide entstehen immer dann, wenn ein Verbrennungsprozess bei hohen Temperaturen mithilfe von Luft, die ja 78 % Stickstoff enthält, abläuft. Die Entstehung von Ozon, einer besonders reaktionsfähigen Form des Sauerstoffs, ist komplizierter. Es entsteht unter dem Einfluss von UV-Licht und Stickstoffoxiden aus normalem Sauerstoff. Da die UV-Einstrahlung in den höheren Lagen größer ist als im Flachland, sind besonders dort erhöhte Ozongehalte zu messen. Ozon wirkt in höheren Konzentrationen als Zellgift.

Wirkungen der Schadstoffanreicherung

Durch die Aufnahme der Schadstoffe können Pflanzen in verschiedener Weise geschädigt werden. Vor allem Schwefeldioxid und Ozon schädigen unseren Wald auf direktem Weg. Beide Gase gelangen über die Spaltöffnungen in das Blattinnere und können leicht in die Zellen eindringen. Dadurch wird der Zellstoffwechsel beeinträchtigt. Einzelne Zellen und schließlich ganze Blätter können absterben.

Genau so schädlich wie die direkten Einwirkungen sind die indirekten. Schwefeldioxid und Stickstoffoxide werden in der wasserdampfhaltigen Atmosphäre unter Mitwirkung des Sauerstoffs zu Schwefelsäure und Salpetersäure umgesetzt, die mit dem nächsten Regen auf die Erde gelangen. Deshalb spricht man vom *sauren Regen*, der dazu führt, dass der Boden immer saurer wird. Daneben wirkt der saure Regen auch direkt schädigend auf Blätter und Rinde.

Die Bodenversauerung wirkt sich negativ auf die Bodenorganismen und das Wurzelwerk der Bäume aus. Es werden vermehrt Mineralstoffe ausgewaschen, die dem Baum dann nicht mehr zur Verfügung stehen. Giftige Metallionen, die vorher fest an die Bodenteilchen gebunden waren, werden gelöst und über die Wurzeln aufgenommen. Die Symbiosepilze, die mit Baumwurzeln eine Mykorrhiza bilden, sterben bei Versauerung ab, sodass es keine positive Wechselwirkung mehr zwischen Pilz und Baum gibt.

Aufgaben

1. Warum sind vorgeschädigte Bäume anfälliger gegen Schädlinge und Krankheiten?
2. Begründe, weshalb die Lebensfähigkeit eines Baumes von gesunden Blättern in hinreichender Anzahl abhängt.
3. Nenne die Faktoren im Boden, die sich durch sauren Regen verändern und erläutere jeweils, welche Folgen sich für einen Baum ergeben.

Ökosystem Wald

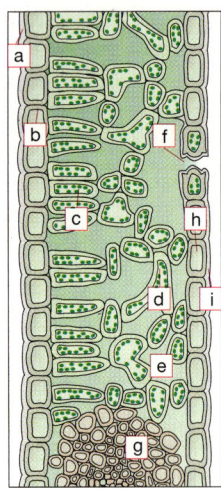

a	Kutikula
b	obere Epidermis
c	Palisadengewebe
d	Schwammgewebe
e	Interzellularen
f	Spaltöffnung
g	Blattader
h	untere Epidermis
i	Kutikula

Querschnitt eines Laubblattes

Warum ist der Wald so wichtig?

Die Leistung einer Buche

Um die Vorteile erfassen zu können, die der Wald dem Menschen bietet, soll die Leistung eines *einzelnen Baumes,* z. B. die einer rund 100-jährigen Rotbuche, betrachtet werden. Sie ist ungefähr 20 Meter hoch und hat einen Kronendurchmesser von über 10 Metern. Die Gesamtblattfläche beträgt über 1000 Quadratmeter. An einem Sommertag strömen 30 000—40 000 Kubikmeter Luft zwischen den Blättern hindurch.

Dieser Luft werden etwa 10 Kubikmeter Kohlenstoffdioxid für die Fotosynthese entzogen. Dabei entsteht das gleiche Volumen an Sauerstoff, der an die Umgebung abgegeben wird. Der Baum stellt für sich über 10 kg Zucker her, der in Form von Stärke gespeichert oder als Zellulose zum Aufbau der Zellen genutzt wird. Während eines warmen Sommertages werden außerdem mehrere hundert Liter Wasser in die Atmosphäre verdunstet, das zuvor dem Boden entzogen wurde.

Der Wald als Wasserspeicher

Wie wichtig der Wald für den natürlichen Wasserhaushalt ist, erkennt man oft erst, wenn der Wald durch Abholzung oder Waldsterben zerstört ist. Die Hochwässer einiger Flüsse wirken sich dann verheerend aus oder es kommt zu gewaltigen Erdrutschen wie 1987 im Veltlintal in den Südalpen. Aber wie kann der Wald solche Ergebnisse verhindern oder zumindest abschwächen?

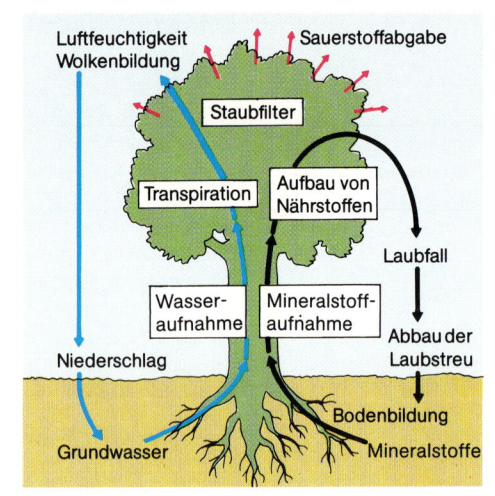

1 Der Baum als Umweltfaktor

Dort, wo Wald wächst, wird ein Teil des Regenwassers von den Kronen zurückgehalten. Der größte Teil tropft auf den Waldboden. Moose und die darunter liegende Humusschicht können sehr große Mengen Wasser aufnehmen und speichern. Ein Teil des Regenwassers sickert ins *Grundwasser.* Nur ein kleiner Teil fließt über die Bodenoberfläche direkt in Bäche und Flüsse ab. Das gespeicherte Wasser wird langsam wieder an den Boden abgegeben, sodass auch während niederschlagsfreier Zeiten genügend Wasser zur Verfügung steht. Das von den Pflanzen aufgenommene Wasser wird über die Blätter verdunstet. In die Atmosphäre abgegebener Wasserdampf kondensiert zu Wolken, sodass er schließlich als Regen wieder zur Erde zurückgelangt.

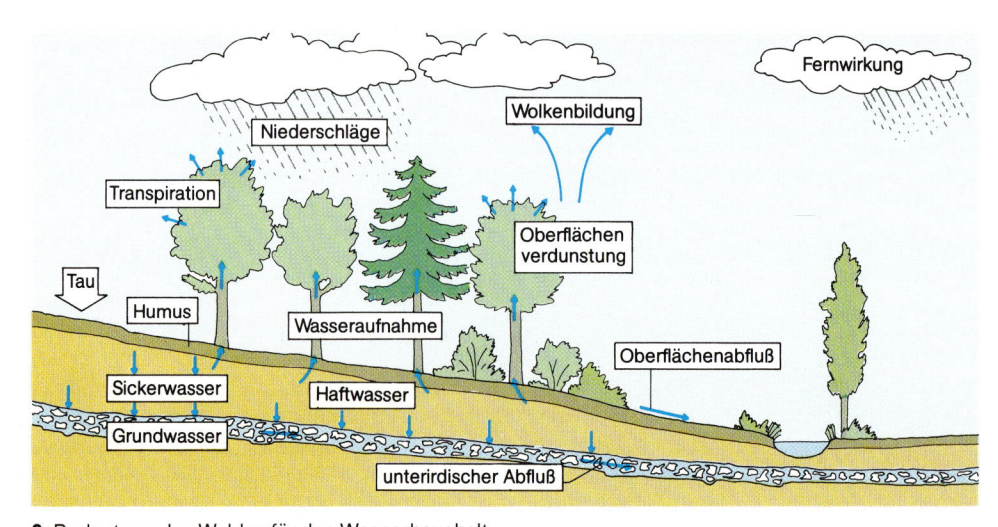

2 Bedeutung des Waldes für den Wasserhaushalt

Ökosystem Wald

Wo Wälder abgeholzt worden sind, können das Regenwasser und auch das Schmelzwasser im Frühjahr nicht mehr so gut zurückgehalten werden. Es fließt nicht langsam nach und nach, sondern auf einmal ab. Das abfließende Wasser schwemmt fruchtbaren Boden mit, bis im Extremfall das nackte Gestein offenliegt. Einen solchen Vorgang nennt man *Erosion*. Außerdem wird der Boden nicht mehr so gut zusammengehalten, da die Wurzeln fehlen. An steilen Hängen kann jetzt die Erde nach Niederschlägen ins Rutschen geraten.

Der Wald als Gesundheitsfaktor

In der Nähe von Großstädten sind Wälder als „grüne Lungen" besonders wichtig. Sie verbrauchen Kohlenstoffdioxid und produzieren viele Tonnen Sauerstoff. Wälder filtern aus der Luft feinste Staubpartikel, da diese auf den Blättern hängen bleiben, mit ihnen zu Boden fallen oder vom Regenwasser abgespült werden. Pro Hektar Wald können das im Jahr 200 bis 400 kg Staub sein.

Da der Baum Bestandteil des natürlichen Wasserkreislaufes ist, beeinflussen Wälder auch das Klima. Durch die Verdunstung wird die Umgebungstemperatur herabgesetzt. Das macht sich besonders an heißen Tagen bemerkbar. Im Inneren eines Laubwaldes ist es dann deutlich kühler als in der Umgebung. Nachts gibt der Wald die am Tage gespeicherte Wärme langsam ab. Auch an kalten Wintertagen ist es im Wald deshalb meist wärmer als in der Umgebung. Wald wirkt also ausgleichend.

Nicht zuletzt dient der Wald den Menschen als Erholungsraum. Sie finden im Wald Ruhe und Entspannung. Zu viele Erholungssuchende können dem Wald jedoch auch schaden. Pflanzen werden zertrampelt, neue Pfade durch den Wald getreten, das Wild gestört. Zudem benutzen viele Menschen das Auto, um in den Wald zu gelangen. Dadurch entstehen Abgase, die dem Wald schaden.

Maßnahmen zur Erhaltung des Waldes

Die Schadstoffeinwirkung auf Pflanzen *(Immission)* kann z. B. durch Katalysatoren verringert werden, die für eine geringere Schadstoffabgabe der Autos sorgen. Ein geregelter Katalysator kann über 90 % der vom Motor erzeugten Schadstoffe in unschädliche Stoffe umwandeln. Auf den Kohlenstoffdioxid- und Schwefeldioxidgehalt der Abgase hat der Katalysator allerdings keinen Einfluss. Besser ist es daher, wenn der Schadstoffausstoß *(Emission)* von vornherein vermindert wird. Das lässt sich einerseits durch Energiesparmaßnahmen und andererseits durch neue Techniken der Energiegewinnung verwirklichen. Dazu müssen mehr als bisher Sonne und Wind als Energiequellen genutzt werden.

1 Erosion nach Waldabholzung

2 Der Wald als Erholungsort

Wald verbessert die Luft

Der Wald liefert Sauerstoff:
1 ha Nadelwald
$\rightarrow$ 30 t/Jahr
1 ha Laubwald
$\rightarrow$ 15 t/Jahr
1 ha Garten- und Ackerland
$\rightarrow$ 2 – 10 t/Jahr

Die Luft im Wald ist sauber:
1 m³ Luft über Industriestädten enthält 500 000 Rußteilchen

1 m³ Luft im Wald enthält 500 Rußteilchen

Aufgaben

1. Fasse die Rolle des Waldes für den Wasserhaushalt zusammen und nenne mögliche Folgen der Waldzerstörung.
2. Nenne und erläutere weitere Maßnahmen, die die Gefährdung des Waldes wieder vermindern könnten.
3. Stelle eine Liste mit Verhaltensregeln für Waldbesucher auf.

Ökosystem Wald

1 Blühende Kletterpflanzen
2 Brennender Regenwald
3 Nach der Brandrodung
4 Weideviehhaltung
5 Brandrodung und Bodenzerstörung führen zur Erosion

Verdunstung 75% vom Niederschlag

Harpyie
obere Kronenregion
Tukan
Morphofalter
Boa
untere Kronenregion
Jaguar
Faultier
unteres Stockwerk
Blattschneiderameisen
Zwergbeutelratte
Gürteltier
Bodenschicht
Tapir

52 Ökosystem Wald

Tropische Regenwälder sind gefährdete Großlebensräume

Ein tropischer Regenwald ist nicht nur besonders urwüchsig und undurchdringlich, wie es die Bezeichnungen *Urwald* und *Dschungel* ausdrücken, er ist vielmehr ein Ökosystem, in dem fast alles anders ist als im einheimischen Mischwald. In den großen Regenwaldgebieten der Erde, z. B. dem Amazonasbecken in Südamerika, herrschen ganzjährig hohe Temperaturen, sodass es keine ausgeprägten Jahreszeiten gibt. Niederschlagsmengen von 2000 bis 12 000 mm pro Jahr sorgen für eine sehr hohe Feuchtigkeit. Zusammen mit der starken Sonneneinstrahlung waren in den Tropen damit die Bedingungen gegeben, dass sich im Laufe der Jahrmillionen, ungestört von Eiszeiten wie in Mitteleuropa, der artenreichste Lebensraum der Erde entwickeln konnte.

Ungefähr die Hälfte aller Tier- und Pflanzenarten der Erde, vielleicht sogar 75 %, sind Bewohner der Regenwälder. Während man in einem mitteleuropäischen Mischwald 10 bis 12 Baumarten findet, sind es allein auf einem Quadratkilometer Regenwald über 100. Sie bilden wesentlich komplizierter gegliederte Stockwerke, die bis 70 Meter hoch reichen. Diese sind eine Voraussetzung für die Artenvielfalt. Unsere Abbildung zeigt die vielen Etagen innerhalb der Stockwerke, die eine Vielzahl von Lebensmöglichkeiten bzw. ökologische Nischen bieten. Man fand z. B. heraus, dass auf einem einzigen Baum über 1500 Insektenarten leben können. 1000 davon waren verschiedene Käferarten.

Untersucht man den Boden, auf dem der üppig wachsende Regenwald steht, findet man nur eine höchstens 10 cm dicke Humusschicht. Unter ihr ist das Erdreich fast mineralstofffrei, also unfruchtbar. So wundert es nicht, dass die Wurzeln der Urwaldriesen nur etwa 30 Zentimeter tief in das Erdreich eindringen. Trotzdem wird mehr als doppelt so viel organische Substanz aufgebaut wie in einem mitteleuropäischen Mischwald.

Dieser scheinbare Widerspruch ergibt sich aus den dort sehr viel schneller ablaufenden Lebensvorgängen. Ein umgestürzter Baum wird im Regenwald von den Destruenten innerhalb eines Jahres abgebaut, während dieser Vorgang bei uns viele Jahre dauert. Die dabei entstehenden Mineralstoffe werden sofort und fast vollständig von den Pflanzen aufgenommen und für den Stoffaufbau wieder verwertet. So bleibt die Menge des abgelagerten toten, organischen Materials und des Humus gering.

Ursprünglich bedeckten Regenwälder ca. 11 % der Erdoberfläche, heute sind es nur noch ca. 5 %. Die Zerstörung durch Abbrennen und Abholzung geht mit rasantem Tempo weiter. Trotz nationaler und internationaler Bemühungen, diese Zerstörung zu reduzieren oder zu stoppen, verschwinden jährlich noch immer riesige Regenwaldflächen. Haben die Bemühungen mittelfristig keinen Erfolg, wird es in 30—50 Jahren keinen Regenwald mehr geben.

Infolge des hohen Bevölkerungswachstums in den betroffenen, meist unterentwickelten Ländern nimmt der Raumbedarf für die dort lebenden Menschen stark zu. Die Umwandlung von Urwald zu Acker- oder Weideland ist jedoch meist ein Misserfolg. Nach zwei bis drei Ernten ist der Boden verbraucht oder durch den Regen weggeschwemmt *(Erosion)*. Das Land wird zur Steppe oder sogar wüstenähnlich, da auf dem unfruchtbaren Boden fast nichts mehr wächst.

Andere wirtschaftliche Intressen beschleunigen die Zerstörung. Regenwald wird niedergebrannt oder abgeholzt, um Bodenschätze auszubeuten. Wertvolle Edelhölzer (z. B. Mahagoni) werden teilweise immer noch unkontrolliert abgeholzt, da der Verbrauch an tropischen Hölzern in den Industrieländern außerordentlich hoch ist. So importierte die Bundesrepublik Deutschland 1988 allein aus Afrika 530 000 Kubikmeter Holz.

Neben der Versteppung großer Gebiete und dem Verschwinden vieler Tier- und Pflanzenarten wird die vollständige Zerstörung der Regenwälder das Weltklima verändern. In den ehemaligen Regenwaldgebieten wird weniger Wasser verdunsten, sodass die Wüsten weiter in Richtung des Äquators vordringen werden. In Afrika ist das heute schon der Fall.

In welcher Weise die gemäßigte Zone, in der wir leben, betroffen sein wird, lässt sich noch nicht sicher vorhersagen. Der Kohlenstoffdioxidgehalt der Erdatmosphäre wird zunehmen, da Kohlenstoffdioxid nicht mehr im bisherigen Umfang der Atmosphäre für den Aufbau pflanzlicher Substanz entzogen werden kann. Da Kohlenstoffdioxid ein Gas ist, das den sog. *Treibhauseffekt* bewirkt, wird sich die bereits festzustellende Erhöhung der Durchschnittstemperatur der Erdatmosphäre beschleunigen. Heute lässt sich mit Computermodellen abschätzen, wie dadurch das Weltklima beeinflusst wird.

Ökosystem Wald

Gewässer findet man in ganz verschiedener Form. Das kleinste stehende Gewässer ist der *Tümpel*. Er kann einmal oder mehrmals im Jahr austrocknen. *Weiher* sind größer und erreichen eine Wassertiefe bis zu 2 m; das Sonnenlicht dringt bis zum Boden durch. *Teiche* sind meist künstlich angelegt und werden bei Bedarf abgelassen. *Seen* sind über 2 m tief und haben ein großes Wasservolumen.

54

Gewässerökosysteme

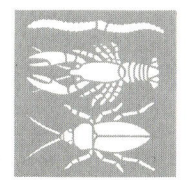

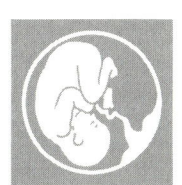

1 Pflanzen und Tiere im See   56
Die Pflanzengesellschaft des Ufers   56
Praktikum: Kartierung und Untersuchung von Uferpflanzen   58
Lexikon: Pflanzen am Seeufer   59
Lexikon: Tiere im und am Teich   60
Schweben im freien Wasser   62
Lexikon: Algen   63
Die Königslibelle   64
Atmen im Wasser   65

2 Das Ökosystem See   66
Ökologische Nischen von Wasservögeln   66
Schichten im See   68
Nahrungsbeziehungen und Stoffkreislauf im See   70
Eutrophierung eines Sees   72
Ein Moor entsteht   73

3 Mensch und Wasser   74
Trinkwasser ist kostbar   74
Bestimmung der Gewässergüte   76
Lexikon: Zeigerlebewesen für die Gewässergüte   78
Lebensräume entlang des Rheins   80
Die Selbstreinigung in einem Fließgewässer   82
Abwasserreinigung in einer Kläranlage   83
Auch das Meer ist ein gefährdeter Lebensraum   84
Gewässerschutz geht alle an   85

Entwickelt sich aus einer *Quelle* ein Fließgewässer, so spricht man bis zu einer Breite von etwa 5 m von einem *Bach,* dann von einem *Fluss.* Der Bach fließt im Oberlauf meist mit einer hohen Strömungsgeschwindigkeit. Die Bäche münden in Flüsse und diese in langsamer fließende, große *Ströme,* die unsere Binnengewässer mit dem offenen *Meer* verbinden.

Wasser verdunstet über Land und Meer und steigt dann als *Wasserdampf* auf. Kondensiert dieser zu Wolken, fällt Niederschlag auf das Land. Das Wasser versickert im Boden und es bildet sich *Grundwasser.* An Quellen tritt das Grundwasser aus dem Boden und wird den Gewässern wieder zugeführt. Das Wasser befindet sich also in einem ständigen Kreislauf.

Es macht Spaß, Tümpel und kleine Bäche zu untersuchen. Dazu erhältst du im folgenden Kapitel Anregungen. Außerdem erfährst du Interessantes über zahlreiche Anpassungen von Pflanzen und Tieren an das Leben im Wasser. Ebenso werden Aufbau und Funktion von naturnahen Gewässerökosystemen sowie die Veränderungen durch den Einfluss des Menschen beschrieben. Das soll dich ermutigen, selbst für den Schutz unserer Gewässer einzutreten.

1 Pflanzen und Tiere im See

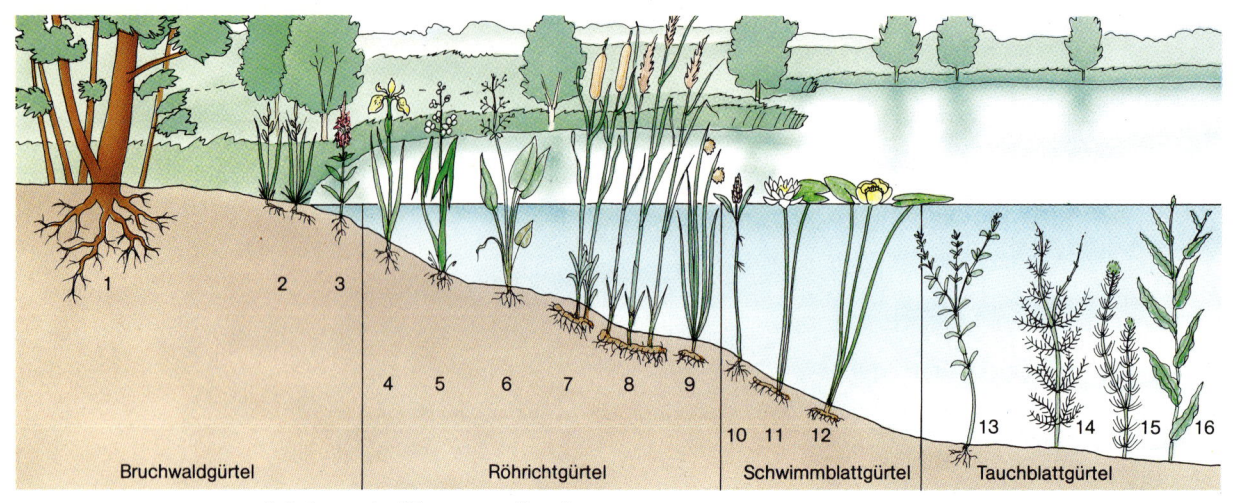

1 Schema der Pflanzen am Seeufer

Bruchwaldgürtel | Röhrichtgürtel | Schwimmblattgürtel | Tauchblattgürtel

1 Erlen und Weiden
2 Seggen
3 Blutweiderich
4 Wasserschwertlilie
5 Pfeilkraut
6 Froschlöffel
7 Rohrkolben
8 Schilfrohr
9 Binsen
10 Wasserknöterich
11 Seerose
12 Teichrose
13 Wasserpest
14 Tausendblatt
15 Hornblatt
16 Krauses Laichkraut

Die Pflanzengesellschaften des Ufers

Nähert man sich einem See, so wird an einem naturbelassenen Ufer der Blick auf das freie Wasser durch üppigen Pflanzenwuchs behindert. Von einem erhöhten Standpunkt aus erkennt man, dass bestimmte Pflanzenarten in Zonen vom Ufer bis zum freien Wasser aufeinander folgen.

Die verschiedenen Zonen (oder *Gürtel*) setzen sich aus bestimmten Pflanzenarten zusammen. Die einzelnen Pflanzengesellschaften sind jeweils an die Umweltbedingungen des Standortes (*Wassertiefe, Wellenschlag, Lichtverhältnisse*) angepasst. Es können in einem Uferabschnitt aber auch Zonen fehlen oder stärker ausgebildet sein. Unsere Abbildung zeigt eine idealtypische Abfolge der Pflanzengürtel.

Am Übergang vom Land zum Wasser stehen Weiden, Erlen und Seggen. Diese Pflanzen leben unter den besonderen Umweltbedingungen dieses Uferabschnittes. Hier steht das Grundwasser im Boden hoch an. Es herrscht Mangel an Sauerstoff und Mineralstoffen im Boden. Außerdem fehlen häufig Insekten zur Bestäubung der Blüten. Die Erle besitzt flache Wurzeln als Anpassung an den hohen Grundwasserstand. Bakterien in kleinen Knöllchen der Wurzel binden Luftstickstoff. Diese wandeln sie in Stickstoffverbindungen um, die von der Erle aufgenommen werden. So gleicht die Erle den Stickstoffmangel im Boden aus. Sie liefert ihrerseits Kohlenhydrate als energiereiche organische Verbindungen an die Bakterien. Solch eine Gemeinschaft zum gegenseitigen Nutzen nennt man *Symbiose*. Außerdem ist die Erle durch Windbestäubung den besonderen Bedingungen am Ufer angepasst, denn Insekten sind dort wegen der häufig wehenden Winde selten.

Diejenigen Pflanzen, die die Umweltbedingungen des Übergangs vom Land zum Wasser am Seeufer gut ertragen können, kommen häufig zusammen vor. Man fasst sie zur Pflanzengesellschaft des **Bruchwaldgürtels** zusammen.

Zum Wasser hin schließen sich dichte Bestände von Rohrkolben und Schilfrohr an. Im weichen Schlamm des **Röhrichtgürtels** verankert sich das *Schilfrohr* mit waagrecht verlaufenden und weit verzweigten Erdsprossen, die man als Wurzelstöcke bezeichnet. Diese geben der Pflanze eine große Standfestigkeit. Bis zu einer Wassertiefe von zwei Metern breiten sich jedes Jahr die Ausläufer der Wurzelstöcke horizontal aus und treiben an ihren Knoten neue Halme nach oben. Diese Art der ungeschlechtlichen Vermehrung führt zu den dichten Schilfbeständen.

Die Schilfstängel wachsen bis zu vier Metern Höhe heran. Bläst der Wind in das Röhricht, so geben die hohlen, biegsamen Halme zur Seite nach. Die Stabilität der Stängel ergibt sich aus ihrem röhrenförmigen Aufbau und den zusätzlichen Festigungsringen

Gewässerökosysteme

der in regelmäßigen Abständen aufeinander folgenden Knoten. Aus diesen Knoten wachsen die lanzettlich geformten, reißfesten Blätter heraus. Der Wind kann den Blättern nur wenig schaden. Sie drehen sich einfach in Richtung des Windes und bieten so einen geringen Widerstand. Der dichte Schilfbestand ist für das Ufer ein sehr wirksamer Schutz gegen Wind, Wellenschlag und Uferausspülungen. Im Spätsommer blüht das Schilf. Die Rispen werden durch den Wind bestäubt und bilden kleine Früchte mit Flughaaren, die kilometerweit weggetragen werden können.

Weiter zur Mitte des Sees hin wird das Wasser tiefer, die Durchleuchtung nimmt zum Seegrund immer mehr ab. Wind und Wellenschlag wirken stärker auf die Pflanzen ein. Hier findet man die Teich- und Seerosen des **Schwimmblattgürtels** mit ihren großen Blättern und Blüten. Luftgefüllte Hohlräume im Innern lassen die Blätter auf dem Wasser schwimmen.

Die *Teichrose* kann über eine große Blattoberfläche Sonnenlicht für die Fotosynthese aufnehmen. Die Spaltöffnungen für den Gasaustausch liegen dabei auf der Oberseite der Schwimmblätter. Eine Wachsschicht auf den Blättern lässt Wasser abperlen. Die Blattstiele sind lang und elastisch. So kann sich die Teichrose wechselnden Wasserständen bis zu einer Wassertiefe von 4 Metern anpassen. Über große Luftkanäle in den Stielen versorgt die Teichrose die im Faulschlamm liegenden Wurzelstöcke mit Sauerstoff. Die mehrere Zentimeter großen, gelben und intensiv duftenden Blüten locken bestäubende Insekten an. Die Früchte enthalten neben dem Samen zahlreiche Luftblasen. Durch Wellen und Wasserströmungen werden diese *Schwimmfrüchte* verbreitet. Erst wenn die Luft aus den Früchten entwichen ist, sinken die Samen auf den Grund und beginnen zu keimen.

Eine größere Wassertiefe als 4 Meter lässt den Schwimmpflanzen keine Überlebensmöglichkeit mehr. Völlig untergetaucht sind die Blätter des Ährigen Tausendblatts und der Wasserpest. Die Pflanzen gehören zum **Tauchblattgürtel**.

Die Blätter des Tausendblattes stehen in einem vierzähligen Quirl um den Stängel. Wie Kämme sind sie in feinste Fiedern aufgespalten. Das sieht so aus, als hätte die Pflanze tausend Blätter. Über die große Oberfläche der Blätter kann die Pflanze leichter Kohlenstoffdioxid und Mineralstoffe aus dem Wasser aufnehmen und das wenige Licht in tieferen Wasserschichten besser ausnutzen. Die Blättchen und der elastische Spross bieten Strömungen im Wasser nur geringen Widerstand. Durch den Stängel, der eine Länge von bis zu drei Meter erreichen kann, ziehen sich Luftkanäle zur Sauerstoffversorgung. Abgebrochene Sprossteile können sich zu einer Pflanze erneuern und ermöglichen damit eine ungeschlechtliche Vermehrung. Im Sommer ragt die Blütenähre aus dem Wasser. Die Bestäubung erfolgt durch den Wind. Die Früchte sind schwimmfähig und werden durch Wasser und Schwimmvögel verbreitet.

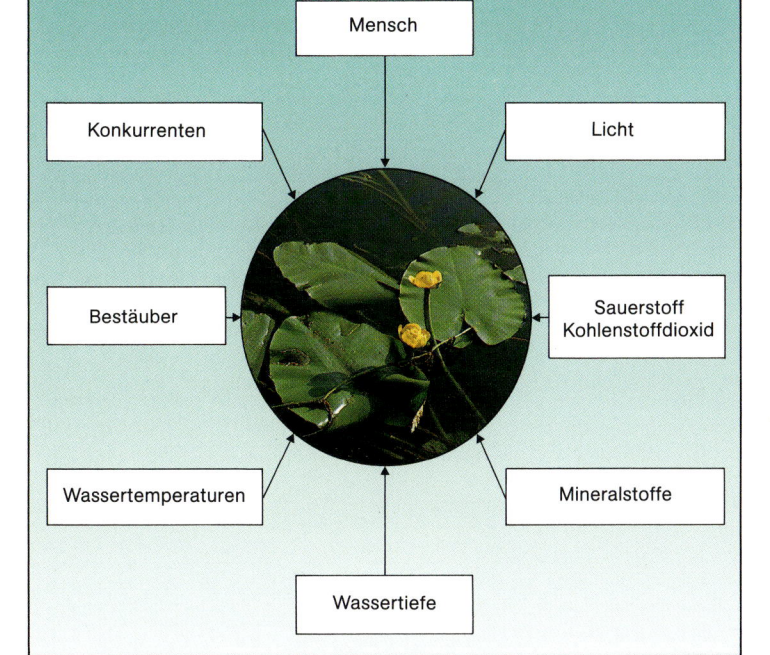

Aufgaben

1. Stelle in einer Tabelle die Umweltbedingungen des Ufers und die entsprechenden Anpassungen von Pflanzen zusammen.
2. Begründe, warum ein Festigungsgewebe im Blatt des Rohrkolbens nötig ist, im Stängel des Tausendblattes dagegen fehlen kann.
3. Überlege, wie Wassersportler Pflanzen des Ufers gefährden. Welche Konsequenzen ergeben sich daraus zum Schutz der Pflanzen?

1 Umweltfaktoren für eine Wasserpflanze (Teichrose)

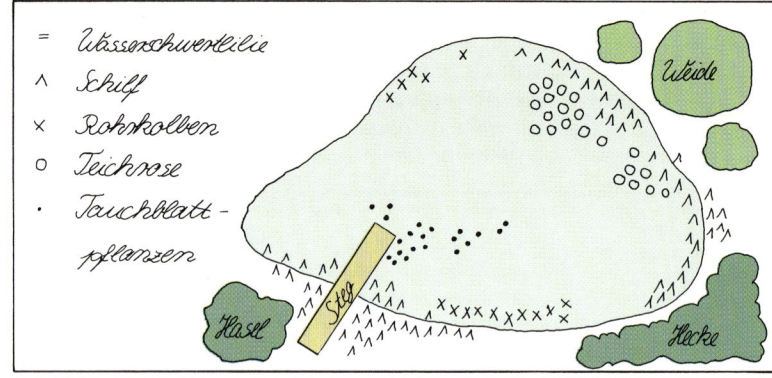

Kartierung und Untersuchung von Uferpflanzen

1. Bestimmung von Pflanzen

Bestimme an einem See, Weiher oder Schulteich mithilfe eines Bestimmungsbuches die vorkommenden Pflanzenarten. Nähere dich vorsichtig dem Ufer, trete möglichst nicht auf Pflanzen und Tiere. Reiße auch keine Pflanze oder Pflanzenteile aus, da viele wild lebende Pflanzen unter Naturschutz stehen. Pflanzen aus Gartenteichen sind nicht geschützt, da sie meist aus den Zuchten spezialisierter Gärtnereien stammen.

Aus dem Bundesnaturschutzgesetz:

Allgemeiner Schutz wild lebender Pflanzen und Tiere
(1) Es ist verboten
1. wild lebende Tiere mutwillig zu beunruhigen oder ohne vernünftigen Grund zu fangen, zu verletzen oder zu töten,
2. ohne vernünftigen Grund wild lebende Pflanzen von ihrem Standort zu entnehmen oder zu nutzen oder ihre Bestände niederzuschlagen oder auf sonstige Weise zu verwüsten,
3. ohne vernünftigen Grund Lebensstätten wild lebender Tier- und Pflanzenarten zu beeinträchtigen oder zu zerstören.

2. Kartierung der Uferpflanzen

Fertige von erhöhtem Standort aus eine *Übersichtsskizze* deines Untersuchungsgewässers an. Ordne die von dir bestimmten Pflanzenarten den einzelnen Pflanzengürteln des Ufers zu. Wähle für jeden Gürtel eine Farbe. Wähle für die Pflanzenarten Symbole, erkläre diese in einer Legende. Zeichne nun, ähnlich wie in unserem Beispiel, die Standorte der Pflanzen mit den gewählten Farben und Symbolen in die Skizze ein.

3. Untersuchung von Uferpflanzen

a) Binse und Schilf
— Schneide am Schul- oder Gartenteich einen Binsen- und einen Schilfhalm ab. Schneide beide quer durch. Betrachte den Querschnitt mit einer Lupe und beschreibe den Aufbau des Stängels.
— Versuche mit dem Halm der Binse und einem Schilfrohr in ein Glas mit Wasser zu blasen. Beschreibe und erkläre das Ergebnis.

b) Wasserpest und Seerose
Entnimm dem Schulteich einen Wasserpestspross sowie Stängel und Blatt einer Seerose.
— Befühle und beschreibe die beiden Pflanzen.
— Schneide den Wasserpestspross mit einer Rasierklinge quer durch. Gib den Spross mit dem angeschnittenen Ende nach oben in ein Glasgefäß mit Wasser und belichte es mit einer Lampe. Berichte über deine Beobachtungen und erkläre.
— Reinige die Anschnittstelle des Seerosenstängels. Puste durch den Stängel. Halte dabei das Blatt mit einem abgeschnittenen Rand in ein wassergefülltes Aquarienbecken. Berichte und erkläre die Beobachtung.

Beziehe dazu die nachfolgende Zeichnung des mikroskopischen Querschnittes durch einen Seerosenstängel in deine Überlegung mit ein.

Querschnitt eines Seerosenstengels

— Taucht man den Stängel einer Seerose in einen wassergefüllten Becher und belässt das Blatt in der Luft, so welkt dieses bald. Lässt man es dagegen auf der Wasseroberfläche schwimmen, so bleibt es frisch. Wie muss die Blattunterseite beschaffen sein? Erkläre das Ergebnis der beschriebenen Versuche. Verwende dazu die Zeichnung eines unter dem Mikroskop betrachteten Blattquerschnittes.

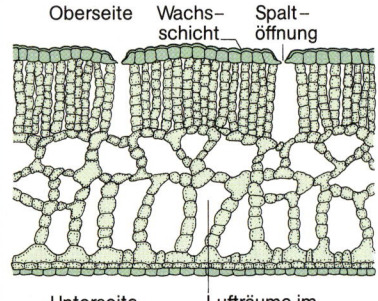

Lexikon

Pflanzen am Seeufer

Blutweiderich (G = Geschützte Art)
50—200 cm hohe Staude, Blütenstand in einer Scheinähre mit quirlförmig angeordneten, purpurroten Blütenblättern, 6 randförmig ausgebreitete Kronblätter, 12 Staubblätter. *Blütezeit:* Juni bis September. Die Laubblätter sind schmal und lanzettlich. Ein kräftiges Luftgewebe versorgt die untergetauchten Pflanzenteile mit Sauerstoff.

Sumpf- oder Wasserschwertlilie (G)
50—100 cm große Pflanze mit fleischigem Wurzelstock. Grundständig angeordnete, schwertförmige Blätter. Große Lufträume in den Blättern dienen der Sauerstoffversorgung. Hellgoldgelbe, lang gestielte Blüten in Kreisen, außen drei große, herabhängende, mit braunen Saftmalen versehene Kronblätter, die drei inneren kürzer und aufrecht stehend, drei Staubblätter. *Blütezeit:* Mai/Juni. Der Samen ist durch große luftgefüllte Hohlräume schwimmfähig.

Breitblättriger Rohrkolben
100—250 cm hohe Pflanze mit Ausläufern. Auffällig durch den schwarzbraunen, walzenförmigen Fruchtkolben. Männliche Blüten mit drei Staubgefäßen und einem Kranz abstehender Haare sitzen oben. Weibliche Blüten darunter mit Haarkränzen und langgriffeligen, gestielten Fruchtknoten. *Blütezeit:* Juni — August. Blätter 1 — 2 cm breit, linealisch. Zahlreiche Luftkanäle in Blatt und Stängel führen bis in den Wurzelstock.

Weiße Seerose (G)
Ausdauernde Pflanze mit einem starken Wurzelstock, aus dem die Wurzeln, Blatt- und Blütentriebe treiben. Schwimmblätter groß, herzförmig (bis zu 30 cm lang), Blüten im Durchmesser bis zu 12 cm, mit 4 grünen Kelchblättern, 15 — 25 spiralig angeordneten weißen Kronblättern, die in zahlreiche Staubblätter übergehen. *Blütezeit:* Juni bis September.

Gelbe Teichrose (G) (s. Abb. 57.1)
Die Blüten tragen 5 gelbe Kelchblätter und zahlreiche, kürzere, spatelförmige Kronblätter, Staubblätter zahlreich. *Blütezeit:* April bis September.

Gemeines Hornblatt oder **Hornkraut**
50 — 100 cm lange, untergetauchte Wasserpflanze. Fadenförmige, dunkelgrüne Blätter in 4 — 12 Quirlen. Kleine, unscheinbare Blüten in den Blattachseln, getrenntgeschlechtlich, erheben sich nicht über die Wasseroberfläche. Der Blütenstaub wird vom Wasser zu den Narben getragen. Die schwarzen, stacheligen, 5 mm langen Früchte werden im Gefieder von Wasservögeln verbreitet. Abgebrochene Sprossteile wachsen wieder zu selbstständigen Pflanzen heran.

Wasserpest
Untergetauchte Wasserpflanze mit 30 bis 60 cm langen, flutenden Stängeln. Die länglich langzettlichen Blättchen stehen meist in Dreierquirlen. Die Verankerung im Schlamm erfolgt mit wurzelähnlichen Stängeln. Weibliche Blüten mit drei weißen Kronblättern ragen einzeln aus dem Wasser. *Blütezeit:* Mai bis August.

Tiere im und am Teich

Viele Schulen haben heute im Schulgarten auch einen Teich angelegt. An diesem oder an einem anderen kleinen Gewässer kannst du mit einfachen Hilfsmitteln Tiere sammeln, bestimmen und beobachten.

Für die Untersuchung gilt:
— Gummistiefel anziehen.
— Bewege dich vorsichtig, schädige keine Pflanzen und Tiere.
— Stelle nach der Untersuchung den ursprünglichen Zustand wieder her.
— Gib die gefundenen Tiere möglichst bald wieder an den Herkunftsort zurück.

Versuche mit einem stabilen *Haushaltssieb*, dessen Griff man mit einem Holzstiel verlängern kann, kleine Tiere zu fangen. Dazu ziehst du das Sieb langsam durch Schlamm oder Sand des Bodens bzw. vorsichtig durch Wasserpflanzen. Fülle die Proben in eine große, helle Schale, die mit etwas Wasser gefüllt ist. Schwenke nun die Schale vorsichtig hin und her. Bald schwimmen Insekten und andere Kleintiere über dem Grund auf.

Hebe Steine aus dem Wasser und sammle Tiere, besonders von der Unterseite, mit einem *feinen Haarpinsel* oder einer *Federstahlpinzette* ab.

Gib einzelne Tiere zur Bestimmung und zur weiteren Beobachtung in kleine *Glasgefäße mit Deckel* (z. B. Marmeladengläser oder Schnappdeckelgläser).

Bestimme die gefangenen Tiere mithilfe einer Lupe und entsprechenden Bestimmungsbüchern. Beobachte die Tiere, wie sie sich fortbewegen, sich ernähren und welche Atmungsorgane erkennbar sind.

Protokolliere deine Beobachtungen unter Angabe des Namens und der Häufigkeit der Tiere, sowie der Fundstellen im Gewässer.

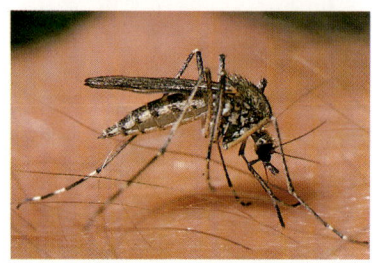

Larven und Puppen der **Stechmücke** hängen mit Atemrohren an der Wasseroberfläche. Die Larven strudeln mit den Borsten auf ihren Mundwerkzeugen Wasser mit Algen, Kleinsttieren und Zerreibsel als Nahrung herbei. Bei Störungen flüchten sie mit schlängelnden Bewegungen zum Gewässergrund und verhalten sich dort ruhig. Das Weibchen braucht nach der Begattung Blut von Vögeln oder Säugetieren. Dies ist zur Reifung der 200 bis 400 Eier erforderlich. Die Eier werden in einem Eischiffchen auf die Wasseroberfläche abgelegt.

Die Larve des **Gelbrandkäfers** ergreift mit ihren dolchartigen Oberkieferzangen Insektenlarven, Kaulquappen, Molche und kleine Fische. Sie spritzt Verdauungssäfte in das Beutetier ein, das dadurch von innen her aufgelöst wird. Den flüssigen Nahrungsbrei saugt sie auf. Die erwachsenen Gelbrandkäfer fangen ihre Beute mit den Vorderbeinen und zerkleinern sie mit den Mundwerkzeugen. Nach der Überwinterung legen die Weibchen die Eier mit ihrem messerartigen Legebohrer in die Blätter oder Stängel von Wasserpflanzen ab. Nach zwei Häutungen verlassen die Larven das Wasser und verpuppen sich in einer Erdhöhle. Dort verbringt die Puppe eine Puppenruhe von 2—4 Wochen, ehe der Käfer ausschlüpft.

Der **Wasserskorpion** wird 17—22 mm groß, sein Atemrohr ist noch einmal etwa 10 mm lang. Die Vorderbeine dieser Wasserwanze sind zu Fangbeinen umgestaltet.

Der **Wasserläufer** (8—17 mm groß) gleitet wie ein Schlittschuhläufer auf dem Oberflächenhäutchen des Wassers. Die Mittelbeine treiben das Tier voran, die Hinterbeine wirken wie Steuer.

Gewässerökosysteme

Der **Rückenschwimmer** (Länge bis zu 16 mm) durchstößt zum Luftholen die Wasseroberfläche mit seiner Hinterleibsspitze. Zwischen den haarähnlichen Borsten auf der Bauchseite bleibt eine Luftblase haften. Infolge des starken Auftriebs schwimmt diese Wasserwanze meist auf dem Rücken. Die Hinterbeine mit Schwimmborsten sind die Hauptruderorgane. Fallen Insekten auf die Wasseroberfläche, nimmt der Rückenschwimmer die Erschütterungen wahr. Er fängt die Beute und saugt sie aus. Sein Stich ist auch für uns schmerzhaft („Wasserbiene"). Stabwanze (→ S. 65), Rückenschwimmer, Wasserskorpion und Wasserläufer gehören zur Ordnung der Wanzen.

Kleinlibellenlarven (Größe bis 3 cm) erkennt man an den drei Kiemenblättchen am Hinterleibsende. Sie fangen mit ihrer vorschnellenden Fangmaske Würmer, Insektenlarven und Kleinkrebse. Die oft metallisch glänzenden, farbenprächtigen Vollinsekten findet man von Mai bis Oktober in Gewässernähe. Auch sie ernähren sich räuberisch.

Die **Teichmuschel (G)** (Länge bis zu 20 cm, Höhe bis 12 cm) besitzt eine dünnwandige Schale. Sie ist bräunlich grün gefärbt. Die Muschel strudelt mit dem Atemwasser kleine Planktonorganismen ein, die sie mit den Kiemenblättchen ausfiltert und dann zur Mundöffnung transportiert.

Die **Sumpfdeckelschnecke** (Höhe des Gehäuses bis 4 cm, Breite bis 3 cm) ist grünbraun gefärbt und weist drei rotbraune Bänder auf. Sie ernährt sich als Weidegänger von Algenaufwuchs oder strudelt Plankton herbei, frisst aber auch Zerreibsel. Die Sumpfdeckelschnecke ist getrenntgeschlechtlich und bringt lebende Junge zur Welt.

Das Gehäuse der **Flachen Tellerschnecke** (Höhe bis 4 mm, Breite 17 mm) ist rötlichbraun bis dunkelbraun gefärbt und auf unserer Abbildung mit Glockentierchen besetzt. Diese sehr häufige Schnecke ernährt sich vor allem von Algenaufwuchs und abgestorbenen Pflanzenteilen.

Teichmolche (G) leben vom Frühjahr bis Sommer im Wasser. Die restliche Zeit verbringen sie an Land. Im Wasser ernähren sie sich von Insektenlarven, Würmern, Kleinkrebsen. An Land fressen sie bevorzugt kleine Insekten, Spinnen, Asseln und kleine Würmer. Das Männchen des Teichmolches (Länge bis 11 cm) weist im Hochzeitskleid einen gezackten oder gewellten Rückenkamm auf, der in einen ebenso geformten Schwanzsaum übergeht. Die Oberseite ist bläulich, gelbbraun bis schwarzbraun mit einer dunklen, rundlichen Fleckenzeichnung. Die Unterseite ist weißlich gefärbt mit einer orangefarbenen Mittelzone. Die Eier werden einzeln an Wasserpflanzen geklebt.

Zeichnung und Farbe des **Wasserfrosches (G)** (Größe bis zu 12 cm) wechselt sehr stark. Die Schallblasen, die recht und links an den Mundwinkeln austreten, sind weißlich gefärbt. Bei schönem Wetter stimmen die Männchen ab Anfang Mai lang anhaltende Konzerte an. Der Laich wird in großen Klumpen von mehreren hundert Eiern ins Wasser abgegeben. Der Wasserfrosch verbringt den größten Teil seines Lebens im Wasser. Zur Nahrungssuche geht er auch auf das angrenzende feuchte Land und fängt Insekten und andere Kleintiere.

Gewässerökosysteme

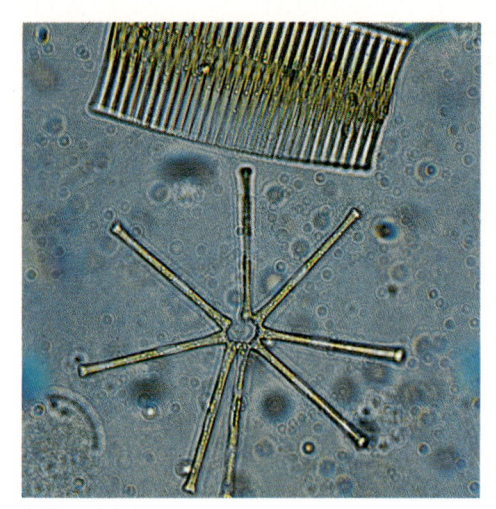

1 Kieselalgen

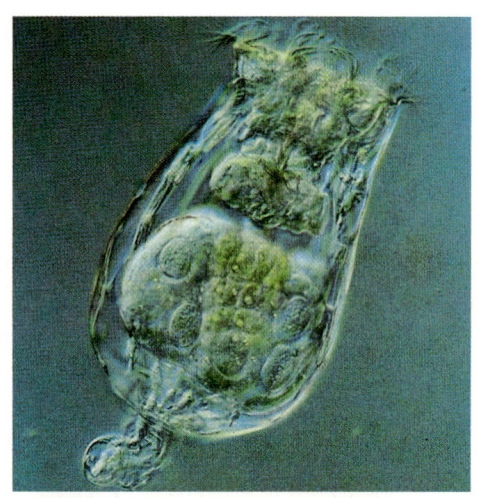

2 Rädertierchen

3 Hüpferling

Schweben im freien Wasser

An einem Fallschirm sinkt ein Sportspringer langsam zur Erde herab. Nach dem gleichen Prinzip halten sich winzig kleine Pflanzen und Tiere nahe der Wasseroberfläche.

Die Kieselalge *Schwebesternchen* besitzt eine sternförmige Gestalt. Die einzelnen Stäbchen wirken als Schwebefortsätze, die das Herabsinken zum Seeboden verlangsamen. Jede Wasserströmung und Wasserbewegung bewirkt einen Auftrieb, der die kleinen Pflanzen nach oben trägt. Solche Kleinstlebewesen, die im Wasser schweben und nicht aktiv schwimmen, bezeichnet man als *Plankton*. Man unterscheidet zwischen pflanzlichem (z. B. *Blau-, Grün-* und *Kieselalgen*) und tierischem Plankton (z. B. *Rädertiere, Kleinkrebse*). Auch Hüpferlinge und Wasserflöhe verlangsamen das Absinken mit ihren langen Antennen und können durch deren Schlag sogar wieder höher gelangen.

Die Planktonorganismen sind nur geringfügig schwerer als das Wasser. Dieses Mehrgewicht bestimmt ihre Sinkgeschwindigkeit. Durch Einlagerung von Gasblasen erreichen Blaualgen, dass sie annähernd auf der Wasserhöhe schweben. Rädertierchen haben im Körper Ölbläschen eingelagert. Sie erzielen damit den gleichen Effekt. Fische, wie Rotfeder und Stichling, erhalten durch ihre luftgefüllte Schwimmblase einen so starken Auftrieb, dass ganz geringe Flossenschläge genügen, um sie in der Schwebe zu halten.

Aufgaben

① Ziehe ein Planktonnetz an einem langen Stock mehrmals langsam durch das Wasser eines Teiches. Fülle die Probe in ein Glas. Übertrage mit einer Pipette einen Wassertropfen auf den Objektträger. Mikroskopiere ohne Deckglas.
   a) Suche nach Lebewesen mit Schwebefortsätzen. Berichte.
   b) Bestimme mit einem Bestimmungsbuch einige Planktonorganismen.

② Nimm zwei gleich große Plastilinmengen. Forme die eine zu einer kreisförmigen Scheibe, die zweite zu einer Kugel. Fülle zwei Standzylinder gleich hoch mit Wasser und lasse die Plastilinformen gleichzeitig auf die Wasseroberfläche fallen. Bestimme die Zeit, die sie benötigen, um den Boden des Standzylinders zu erreichen. Vergleiche das Versuchsergebnis mit dem Schwebeverhalten der Planktonorganismen.

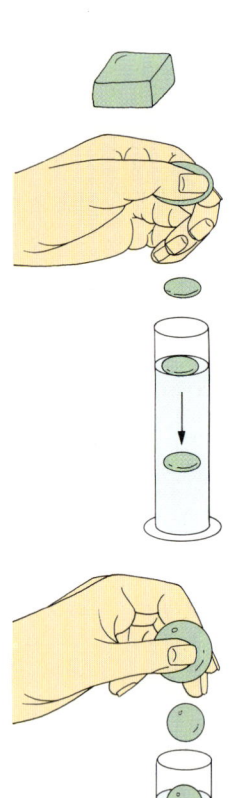

L e x i k o n
L e x i k o n
e **x** i k o n
x **i** k o n
i **k** o n
k **o** n
o n

Algen

Die **Netzblaualge** besteht aus tausenden von kugeligen Einzelzellen ohne einen echten Zellkern, die durch eine Gallerthülle zusammengehalten werden. Im Jugendstadium sind die Zellen blaugrün. Bei Mineralstoffmangel im Gewässer werden sie gelblich. Eingeschlossene Gasblasen erhöhen den Auftrieb. Eine massenhafte Vermehrung dieser Art kann zeitweilig zu einer grünen Färbung des Gewässers führen. Man spricht dann von einer **Algenblüte**.

Die **Geschwänzte Gürtelalge** gehört zu den *Grünalgen*. Diese Algenart besteht aus Kolonien von 4 – 12 Zellen. Die Mittelzellen sind ohne Fortsätze, während die beiden Endzellen nach außen aufwärts gebogene Stacheln bilden.

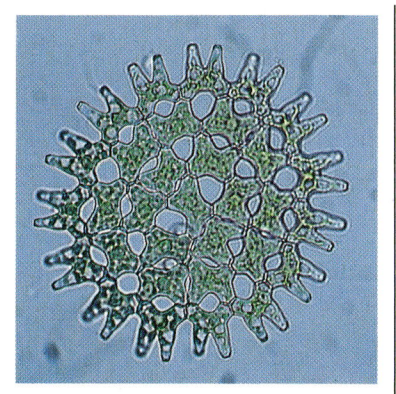

Das **Zackenrädchen**, eine andere *Grünalge*, bildet runde oder sternförmige Kolonien. Diese bestehen aus einer Zellschicht von 8 bis 32 Zellen bei einem Scheibendurchmesser von maximal 0,3 mm. Die Randzellen sind zu einem Dreieck umgeformt.

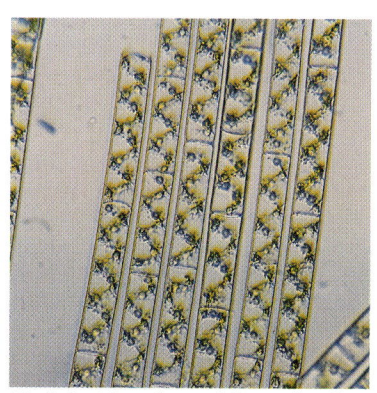

Die **Schraubenalge** gehört zu den *Fadenalgen*. Die langen Fäden bestehen aus vielen Zellen, in denen bandförmig gedrehte Chloroplasten liegen. Bemerkenswert ist bei dieser Alge die komplizierte geschlechtliche Fortpflanzung, bei der sich zwei Fäden aneinander legen und benachbarte Zellinhalte verschmelzen. „Grüne Watte" auf Gartenteichen deutet auf eine starke Vermehrung von Fadenalgen hin.

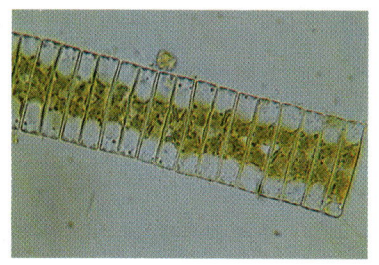

Die **Kraushaaralge**, eine andere *Fadenalge*, ist über Haftorgane an einer Unterlage festgewachsen und bildet regelrechte Büschel. Die einzelnen Zellen enthalten einen charakteristisch geformten Chloroplasten. Wurzeln oder Blätter wie bei den Blütenpflanzen liegen aber nicht vor.

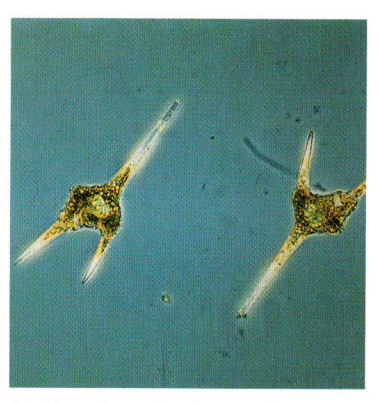

Die **Hornalge**, eine *Feueralge* im Plankton von Seen und Teichen, färbt bei Massenvermehrung das Wasser oft bräunlich. Mit den Chloroplasten kann die Hornalge Fotosynthese betreiben. Sie kann aber auch mit Plasmafäden kleine Lebewesen fangen.

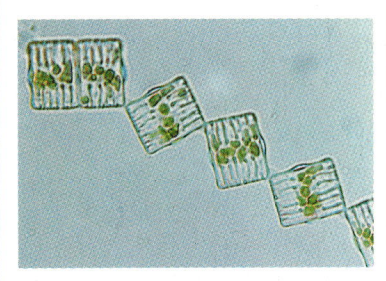

Die **Moorkieselalge** hat den typischen Aufbau einer *Kieselalge*. Diese einzelligen Algen bauen einen zweischaligen Panzer aus Kieselsäure auf, der hart und widerstandsfähig ist. Die Moorkieselalge bildet Kolonien, die zu Zickzackbändern verbunden sind. Im Sommer und Herbst vermehren sie sich manchmal massenhaft in nährstoffreichen Seen.

Gewässerökosysteme

Die Königslibelle

Mit etwas Glück kann man eine Libelle beim Schlüpfen beobachten. Die ausgewachsene Larve einer Königslibelle, die *Nymphe*, hat frühmorgens das Wasser verlassen und sich oberhalb des Wasserspiegels an einem Pflanzenstängel festgehakt. Wenig später platzt die Larvenhaut auf. Innerhalb der nächsten zwei Stunden verlässt das Vollinsekt die Larvenhaut. Die Königslibelle startet zu ihrem ersten Flug.

Immer wieder kehrt die Libelle an ein stehendes Gewässer zurück. Das Männchen besetzt ein Revier und verteidigt es gegen andere Männchen seiner Art. Libellen jagen Fliegen, Schmetterlinge und andere Insekten.

An warmen Sommertagen sieht man „Paarungsräder" von Königslibellen am See. Das Weibchen legt nach der Paarung die befruchteten Eier in schwimmende Pflanzenteile ab. Die geschlüpften Larven leben ein bis zwei Jahre im Wasser. Sie lauern zwischen den Wasserpflanzen auf Kleinkrebse oder Kaulquappen. Kommt ein Beutetier nahe genug vorbei, schnellt die eingeklappte Unterlippe blitzartig vor und ergreift die Beute. Diese *Fangmaske* klappt nun nach hinten und das Beutetier wird verzehrt.

Beobachtet man eine Larve der Königslibelle unter Wasser, so erkennt man, wie sich der Hinterleib rhythmisch zusammenzieht und erweitert. Die Larve saugt beim Erweitern Wasser in den Enddarm ein. An dessen Innenwand stehen Tracheenkiemen, die über unzählige kleine Blättchen, die von feinen Tracheenästen durchzogen sind, den gelösten Sauerstoff entnehmen und Kohlenstoffdioxid abgeben *(Tracheenkiemenatmung)*.

1 Entwicklung der Königslibelle

Gewässerökosysteme

Atmen im Wasser

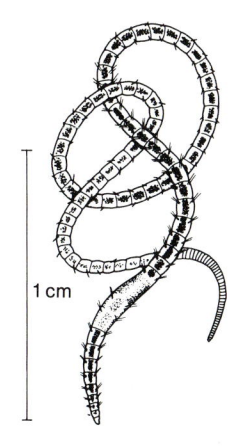

Die Atmung ist für jedes Tier ein lebenswichtiger Vorgang. Auf dem Land steht immer genügend Sauerstoff zur Verfügung, da er etwa 21 % der Luft ausmacht. Der Sauerstoffgehalt des Wassers ist viel geringer. Da Wasser mit steigenden Temperaturen immer weniger Sauerstoff aufnimmt, wird der Sauerstoff im Wasser leicht zum begrenzenden Umweltfaktor für Tiere.

Bei Wassertieren haben sich ganz verschiedene Formen der Atmung entwickelt. Die einfachste Form ist die *Hautatmung*. Man beobachtet sie bei Schlammröhrenwürmern und Fröschen. Der Sauerstoff gelangt durch die dünne Haut in den Körper und wird dort verteilt. Auf dem umgekehrten Wege wird das Kohlenstoffdioxid abgegeben.

Kiemen sind die bekanntesten Organe, die dem Gasaustausch im Wasser dienen. Molchlarven verfügen über *Außenkiemen*. Fische besitzen *Innenkiemen*. Alle Kiemen haben eine große Oberfläche. Diese besteht aus weit verzweigten Kiemenbüscheln oder zahllosen Kiemenblättchen. Teichmuschel, Sumpfdeckelschnecke und Krebse sind ebenfalls Kiemenatmer.

Ein Beispiel für die *Tracheenkiemenatmung* wurde bereits an der Königslibellenlarve erläutert. Bei Eintagsfliegen- und Kleinlibellenlarven liegen die Tracheenkiemenblättchen außerhalb des Körpers. Die Atmungsorgane der Eintagsfliegenlarven ragen wie blattartige Anhänge seitlich aus dem Hinterleib. Bei den Kleinlibellenlarven findet man blattartige Strukturen am Körperende. Bei beiden Formen erzeugen die Tiere mit den Blättchen bei sinkendem Sauerstoffgehalt einen Wasserstrom und kommen so stets mit sauerstoffreichem Wasser in Berührung.

Die *Luftatmung mit Tracheen* findet man bei Gelbrandkäfern und Wasserspinnen. Sie stoßen mit ihrem Hinterleibsende durch das Oberflächenhäutchen des Wassers. Die Käfer tauschen dann den Luftvorrat unter den Flügeldecken aus. Über die Stigmen des Hinterleibs gelangt der Sauerstoff in die Tracheen und von dort zu den Orten des Verbrauchs. Die Wasserspinnen strecken ebenfalls ihren Hinterleib aus dem Wasser. Sie nehmen aber einen Luftvorrat zwischen den feinen Haaren am Hinterleib zu einer luftgefüllten „Taucherglocke" mit, die sie an einer Wasserpflanze befestigt haben.

Das *Prinzip der Schnorchelatmung* verwirklichen Stabwanzen und die Larven der Stechmücken. Diese Lebewesen hängen mit ihren Atemrohren am Oberflächenhäutchen des Wassers. Über die Öffnung des Atemrohres nehmen sie Sauerstoff direkt aus der Luft auf und geben Kohlenstoffdioxid ab.

Zur *Lungenatmung* müssen Säuger, wie Fischotter und Bisamratte, aber auch Molche und Lungenschnecken immer wieder an die Wasseroberfläche kommen.

Aufgabe

1. Fasse in einer Tabelle die Formen der Atmung im Wasser zusammen. Ordne ihnen Tierarten zu, die sie verwenden.

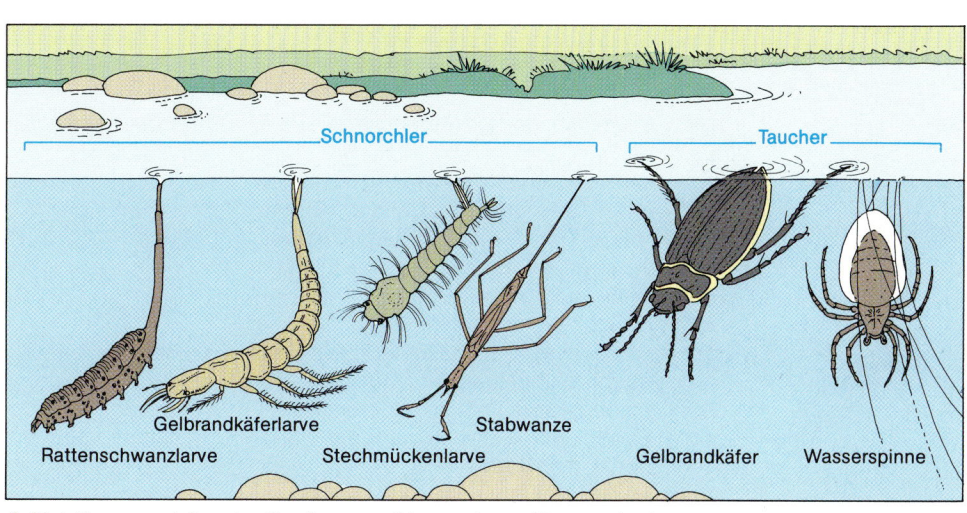

Schlammröhrenwurm

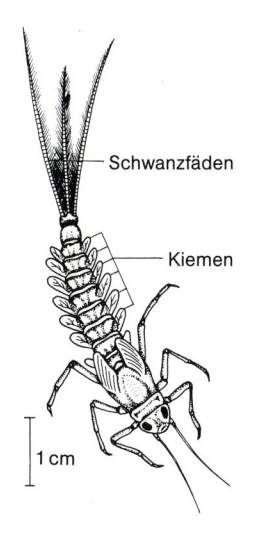

Eintagsfliegenlarve

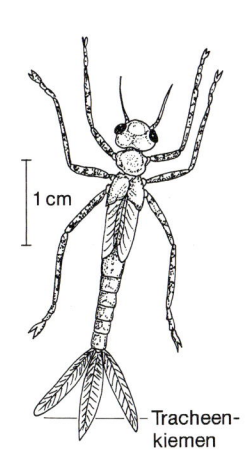

Kleinlibellenlarve

1 Kleintiere aus stehenden Gewässern mit besonderen Atemmechanismen

Gewässerökosysteme

2 Das Ökosystem See

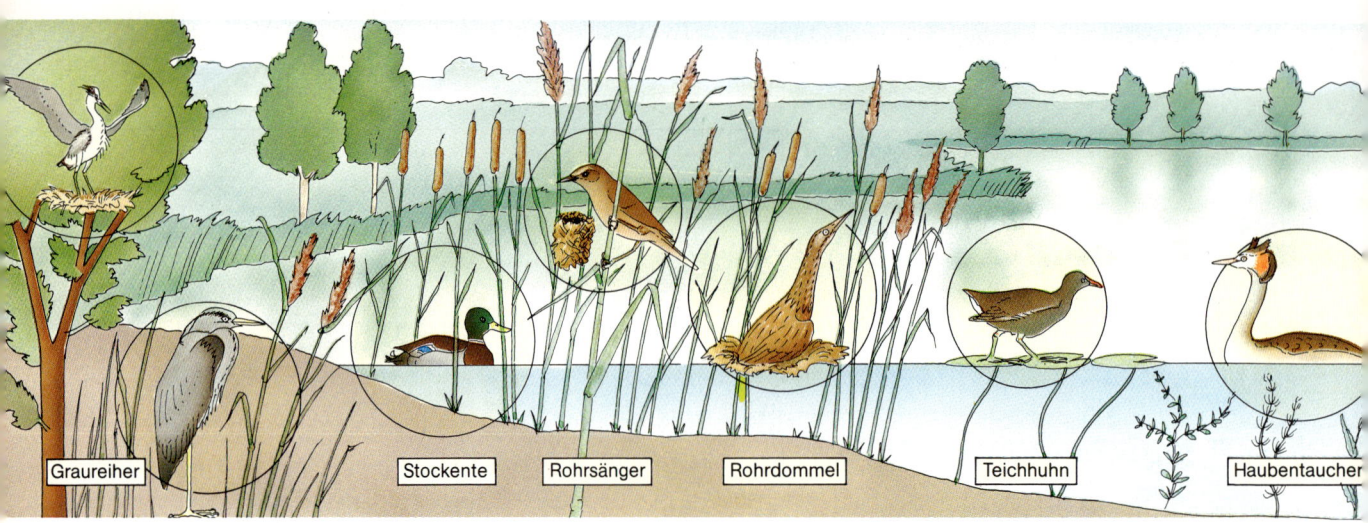

1 Verteilung von Wasservögeln am See

Ökologische Nischen von Wasservögeln

Breite Röhrichtgürtel und weit in den See wachsende Pflanzen bieten Wasservögeln ideale Lebensmöglichkeiten. Die Vögel sind an die Umweltbedingungen des Sees in ihrem Körperbau und Verhalten angepasst.

Der *Graureiher* stelzt mit seinen langen, ungefiederten Beinen durch das flache Wasser der Uferzone und über feuchte Wiesen. Er kann seine Zehen abspreizen, sodass ein Einsinken im weichen Untergrund verhindert wird. Er steht häufig unbeweglich am Ufer. Schwimmt ein Fisch in seine Nähe, stößt der Reiher blitzschnell zu. Die Beute wird mit dem Kopf voran verschlungen. Außerdem jagt er auf feuchten Wiesen Lurche, Insekten und Mäuse. In der Umgebung von Seen leben Graureiher in Kolonien. Ihre Horste errichten sie meist auf höheren Bäumen.

Den *Haubentaucher* erkennt man an seiner zweizipfeligen, schwarzen Haube. Der Vogel schwimmt und taucht bevorzugt im freien Wasser des Sees. Beim Tauchen erreicht er Tiefen bis 6 Meter, maximal bis 40 Meter. Seine Füße sitzen an langen Läufen hinten am Körper an und die Zehen sind mit Schwimmlappen verbreitert. So kann er mit seinen Füßen schnell beschleunigen und gut steuern. Unter Wasser fängt der Haubentaucher größere Wasserinsekten und Fische. Er baut sein Schwimmnest aus Pflanzenmaterial am Rande des Schilfgürtels. Verlässt das Weibchen das Nest, deckt es die weißen Eier mit Pflanzenteilen zu.

Graureiher und Haubentaucher haben also infolge ihrer speziellen Anpassungen unterschiedliche Ansprüche an den Ort der Nahrungssuche, an die Nahrung selbst und an die Nistmöglichkeiten. Dadurch machen sie sich gegenseitig keine Konkurrenz. Sie haben unterschiedliche Plätze und übernehmen unterschiedliche Aufgaben innerhalb des Ökosystems See. Man sagt: Ihre *ökologischen Nischen* unterscheiden sich.

Dabei versteht man unter einer ökologischen Nische die Gesamtheit aller Umweltbedingungen, die für die Existenz der Art lebensnotwendig sind. Man kann diese Verhältnisse durch ein Bild aus der menschlichen Erfahrungswelt verdeutlichen. Wie in einer Dorfgemeinschaft Bauern, Bäcker, Fleischer und Schuster ihr Geld nebeneinander verdienen, ohne sich Konkurrenz zu machen, so führt die Vielfalt der ökologischen Nischen zur Vermeidung der Konkurrenz im Ökosystem. Dadurch ist ein Zusammenleben vieler Vogelarten im und am See möglich.

Aufgaben

1. Beschreibe die ökologischen Nischen der Wasservogelarten, die auf diesen beiden Seiten vorgestellt werden.
2. Wasservögel sind in den letzten Jahren seltener geworden. Nenne Ursachen. Schlage mögliche Naturschutzmaßnahmen vor.

Der **Graureiher** nistet meist in größeren Kolonien auf Bäumen. Er ist ein standorttreuer Vogel, der diese Brutkolonien in der Nähe eines Gewässers jahrzehntelang nutzt. Auf feuchten Wiesen und im flachen Wasser des Uferbereichs findet er reichlich Nahrung.

Die **Stockente** ist die bei uns häufigste Wildente. Sie baut ihr Nest gut versteckt in der Bodenvegetation des beginnenden Röhrichtgürtels. Die Stockente nimmt, im flachen Wasser gründelnd, überwiegend pflanzliche Nahrung auf, frisst aber auch tierisches Plankton.

Die **Reiherente** ist eine Tauchente. Sie ist wesentlich kleiner als die Stockente. An Kopf, Brust und Rücken ist sie schwarz, der Bauch ist weiß. Ihr Nest baut sie an Land zwischen Seggen und Binsen. Ihre Hauptnahrung sind Muscheln sowie Schnecken und Würmer.

Der **Teichrohrsänger** verbringt sein Leben im dichten Röhrichtgürtel. Er baut sein Nest ein beträchtliches Stück über dem Wasserspiegel, wo es kunstvoll an Schilfstängeln befestigt wird. Auf der Suche nach Insekten klettert er geschickt im Dickicht der Schilfhalme.

Das **Teichhuhn** baut sein Nest gut versteckt im dichten Pflanzenwuchs am Ufer. Auf der Suche nach Nahrung läuft es geschickt über die großen Blätter der Schwimmpflanzen und pickt nach Schnecken und Wasserinsekten sowie Frosch- und Fischlaich.

Die **Große Rohrdommel** findet man an größeren Seen mit ausgedehnten Schilfgürteln. Ihr flaches Nest baut sie dicht am Wasser, erhöht auf Schilf- und Rohrkolbenstängel. Auf der Suche nach Fröschen, Schnecken und Insekten klettert sie durch Röhricht.

Der **Haubentaucher** baut sein schwimmendes Nest aus zusammengetragenem Pflanzenmaterial vor dem Röhrichtgürtel. Sein Lebensraum ist die freie Wasserfläche größerer Seen. Geschickt taucht er auch in größere Tiefen nach Fischen, seiner Hauptbeute.

Gewässerökosysteme

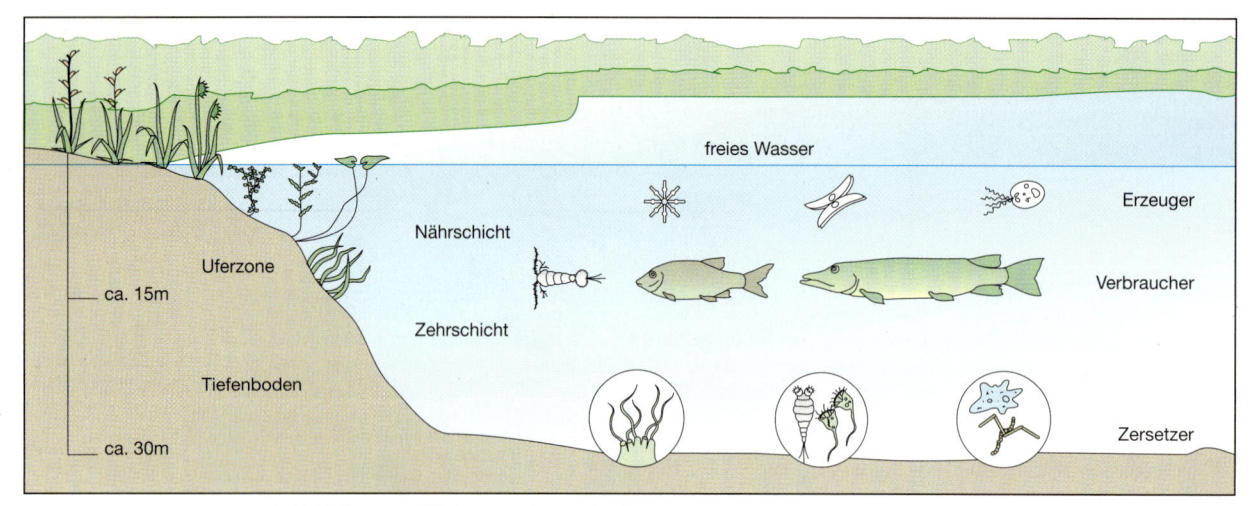

1 Schichten und Nahrungsebenen im See

Schichten im See

Der Umweltfaktor Licht bestimmt, bis zu welcher Wassertiefe es Pflanzen in einem See gibt. Je nach Trübungsgrad bleiben in einem Meter Wassertiefe von der Gesamtlichtstärke, die auf die Wasseroberfläche eingestrahlt wird, nur ca. 50 % übrig. Grüne Pflanzen benötigen aber Licht, um über die Fotosynthese energiereiche Stoffe aufbauen zu können. Die Pflanzen bleiben daher nahe der Wasseroberfläche und sind Erzeuger *(Produzenten)* der Nahrung für andere Lebewesen.

Seen lassen sich nach den vorherrschenden Aufbau- und Abbauprozessen in zwei „Stockwerke" gliedern. In der oberen Etage, der *Nährschicht*, reicht die Lichtstärke für die Fotosynthese der Pflanzen aus. Hier wird mehr organische Substanz erzeugt, als die Pflanzen selbst durch Atmung verbrauchen. In die dunkle Schicht darunter sinken viele abgestorbene Pflanzen und Tiere ab. Abfallfresser zerkleinern die Leichen der Pflanzen und Tiere. Bakterien und Pilze zersetzen die Überreste zu Mineralstoffen und Kohlenstoffdioxid. Da alle diese Zersetzer *(Destruenten)* in dieser Zone nur die organische Substanz aus der Nährschicht verzehren, spricht man von der *Zehrschicht*.

Neben Licht führt der Umweltfaktor Wassertemperatur zur Ausbildung einer Schichtung im See. Die Wassertemperatur hängt vor allem von der Stärke der jahreszeitlich wechselnden Sonneneinstrahlung ab.

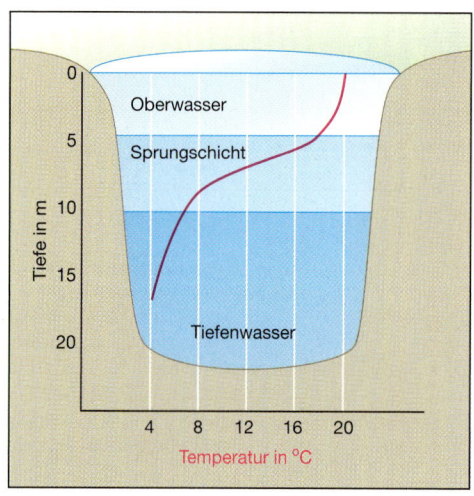

2 Temperaturschichtung im Sommer

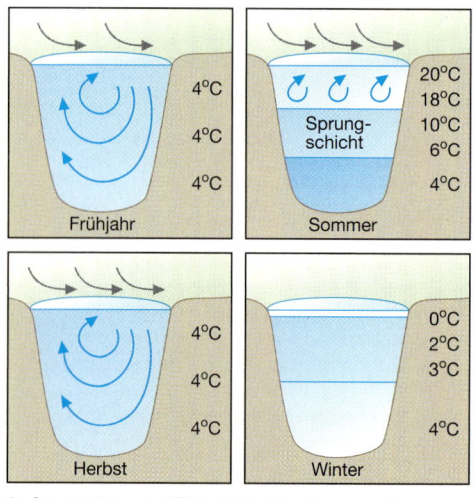

3 Stagnation und Zirkulation im Jahreslauf

Gewässerökosysteme

Im Sommer erwärmt die Sonne das Wasser an der Oberfläche eines Sees so stark, dass man Werte über 25 °C messen kann. Am Grunde des Sees erhält man dagegen Werte um 4 °C. Dies kommt daher, dass Wasser bei etwa 4 °C seine größte Dichte erreicht. Wasser dieser Temperatur ist also spezifisch schwerer als kälteres oder wärmeres Wasser. Zwischen der Zone des warmen *Oberwassers* und der des relativ kalten *Tiefenwassers* liegt im See eine Schicht mit einem starken Temperaturabfall, die *Sprungschicht*. Durch sie wird ein Austausch von Wasser zwischen Ober- und Tiefenschicht verhindert. Der See befindet sich in einer *Sommerstagnation*.

Im Winter bildet sich bei Lufttemperaturen unter 0 °C an der Wasseroberfläche eine Eisschicht aus. Eis besitzt eine geringere Dichte als Wasser bei 0 °C. Es schwimmt deshalb an der Wasseroberfläche. Die Temperatur des Tiefenwassers eines Sees sinkt auch im Winter nicht unter 4 °C. Tiere können in dieser Schicht gefahrlos überwintern.

Im Frühjahr und Herbst erreicht das Wasser zu einem bestimmten Zeitpunkt überall die gleiche Temperatur. Wenn nun starke Winde auf das Wasser einwirken und sich die Wasserkörper des Ober- und Tiefenwassers in Bewegung setzen, durchmischen sich diese vollständig *(Vollzirkulation)*.

Die Vollzirkulation führt zu einer Verteilung des im Wasser gelösten Sauerstoffes und Kohlenstoffdioxids sowie der Mineralstoffe. Der gelöste Sauerstoff stammt teilweise aus der Fotosynthese der Wasserpflanzen, wird aber auch an der Wasseroberfläche aus der Luft aufgenommen. Im Frühjahr gelangt sauerstoffreiches Oberwasser durch die Zirkulation in die Tiefe. Dieser Sauerstoff wird am Boden des Gewässers beim Abbau der abgestorbenen Pflanzen und Tiere im Laufe des Sommers aufgebraucht, wobei Kohlenstoffdioxid entsteht.

Mineralstoffe, die durch die Tätigkeit der Destruenten freigesetzt worden sind, werden bei der Vollzirkulation aus der Tiefenschicht nach oben transportiert. Die Pflanzen benötigen sie für ihr Wachstum. In Seen mit einem geringen Nährstoffgehalt tritt im Sommer wegen des starken Pflanzenwachstums leicht ein Mangel an Phosphor- und Stickstoffverbindungen ein. Diese Seen sind nährstoffarm.

Licht, Mineralstoffe, Temperatur und Sauerstoff sind *abiotische* Umweltfaktoren. Sie charakterisieren in ihrer spezifischen Zusammensetzung den Lebensraum *(Biotop)*.

Sauerstoffsättigung in Abhängigkeit von der Temperatur

Temperatur in °C	Sauerstoffsättigungswert in mg/l
0	14,1
5	12,4
10	10,9
15	9,8
20	8,8
25	8,1

Praktische Wasseruntersuchungen

Du kannst als Maß für das Eindringen des Lichtes in das Wasser die *Sichttiefe* bestimmen. Man streicht dazu eine Metallscheibe weiß an. Sie wird mit einem Gewicht beschwert. An der Aufhängeschnur wird jeder Meter mit einem Knoten markiert. Senke die Scheibe so tief in das Wasser, wie sie gerade noch zu sehen ist.

Miss in deinem Untersuchungsgewässer die *Wassertemperatur* in verschiedenen Tiefen. Fertige dir dazu eine Probenflasche nach der Abbildung. Ziehe mit der zweiten Schnur den Stopfen heraus, wenn die gewünschte Tiefe erreicht ist. Warte zwei Minuten, hole die Flasche ein und miss die Temperatur.

Mit einem üblichen Sauerstoffbestimmungskit für Aquarien kannst du auch den *Sauerstoffgehalt* der Proben ermitteln.

Mit einem selbst gebauten *Planktonnetz* (siehe Abbildung) können entsprechende Proben von *Kleinstlebewesen* gefangen werden.

Protokolliere alle deine Ergebnisse unter Angabe des Ortes, des Datums, der Tageszeit und der Witterung.

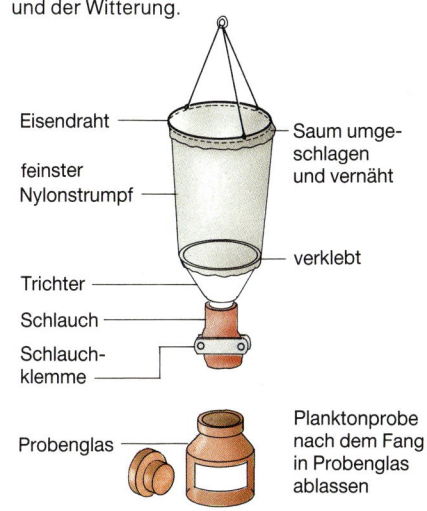

Gewässerökosysteme

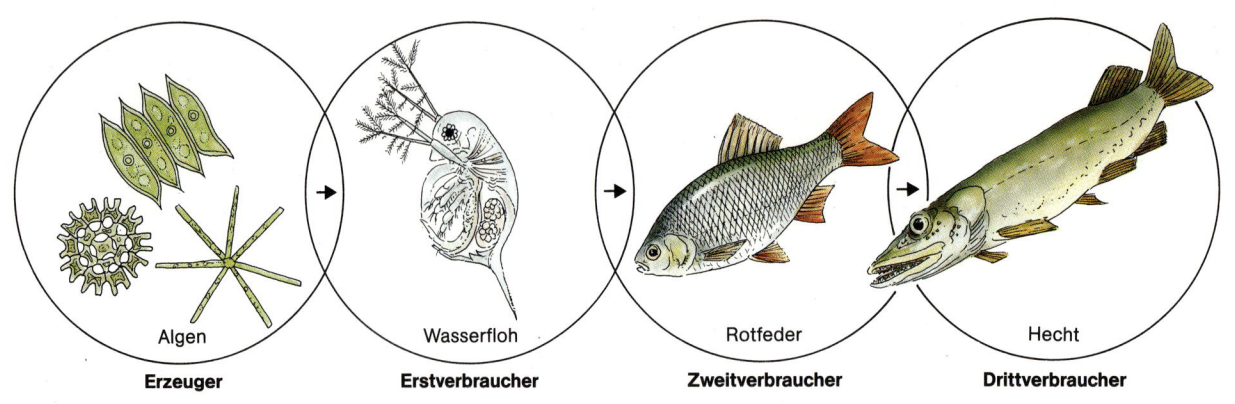

1 Nahrungskette im See: Algen (Erzeuger) — Wasserfloh (1. Verbraucher) — Rotfeder (2. Verbraucher) — Hecht (3. Verbraucher)

Nahrungsbeziehungen und Stoffkreislauf im See

Winzige Grünalgen, die zu den Erzeugern (Produzenten) gehören, werden von einem Wasserfloh gefressen. Als Pflanzenfresser ist er ein Erstverbraucher (Konsument). Der Wasserfloh dient wiederum der Rotfeder als Beute. In dieser Räuber-Beute-Beziehung stellt die Rotfeder als Fleischfresser den Zweitverbraucher dar. Am Ende der Nahrungsbeziehung wird die Rotfeder von einem Hecht, einem Drittverbraucher oder Endkonsumenten, verzehrt. Lebewesen sind über die Nahrungsbeziehungen wie die Glieder einer Kette miteinander verbunden. Sie gehören zu einer **Nahrungskette.**

In Wirklichkeit sind die Ernährungsmöglichkeiten der Verbraucher fast nie so einseitig, dass sich eine Tierart nur von einer einzigen anderen ernährt. Meist fängt eine räuberisch lebende Tierart verschiedene Beutetiere. Der Rückenschwimmer z. B. frisst sowohl Köcherfliegen und Zuckmücken als auch Kaulquappen und Insektenlarven. Die einzelnen Pflanzen und Tiere gehören also häufig mehreren Nahrungsketten an. Dadurch werden diese Nahrungsketten untereinander so verflochten wie die Maschen eines Netzes. Diese vielfältigen Nahrungsbeziehungen werden als **Nahrungsnetz** bezeichnet.

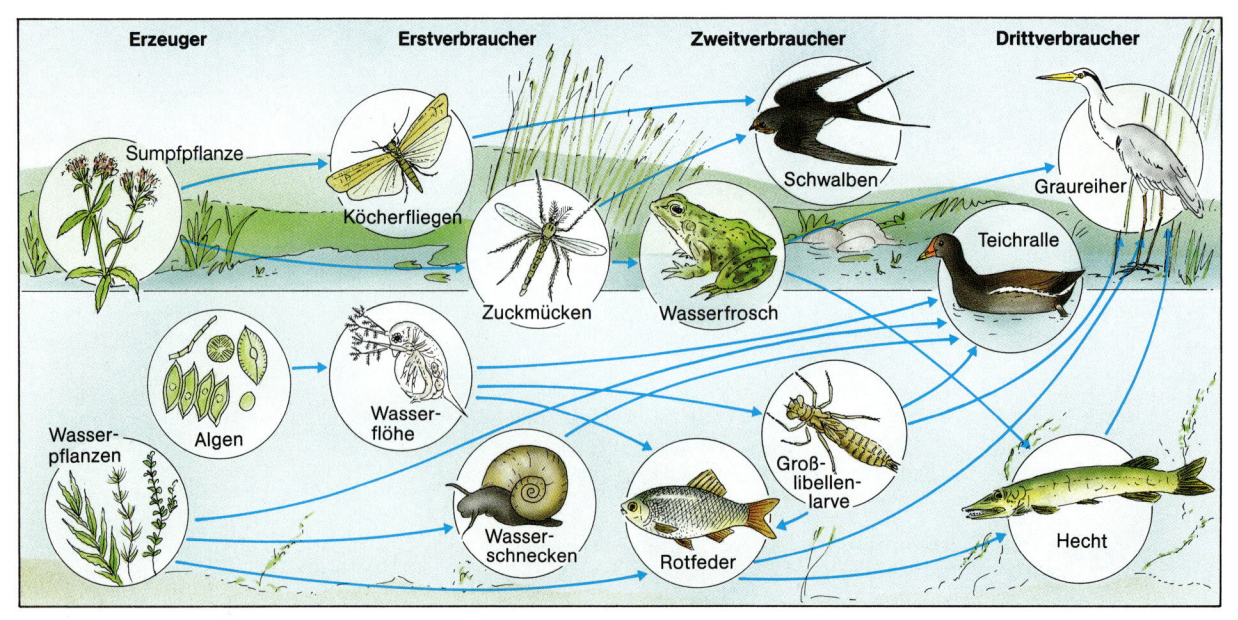

2 Nahrungsnetz

Gewässerökosysteme

Nicht nur energiereiche Nährstoffe, sondern auch Kohlenstoffdioxid, Sauerstoff und Mineralstoffe werden durch Nahrungsbeziehungen und Zersetzungsprozesse zwischen den Lebewesen und dem Lebensraum ausgetauscht. Die Erzeuger nehmen Kohlenstoffdioxid, Wasser, Mineralstoffe und Energie auf und nutzen sie zum Aufbau von körpereigenen energiereichen Nährstoffen. Dabei entsteht Sauerstoff. Die Verbraucher verzehren Pflanzen und Tiere. Mineralisierer zersetzen die Überreste zu Mineralstoffen und Kohlenstoffdioxid. Viele dieser Zersetzer benötigen für ihren Stoffwechsel Sauerstoff. Pflanzen bauen aus den freigesetzten Mineralstoffen und dem wieder verfügbaren Kohlenstoffdioxid unter Verwendung von Sonnenenergie und Wasser körpereigene, energiereiche Nährstoffe auf. So schließt sich der Kreislauf der Stoffe im See.

Alle Lebewesen des Sees bilden zusammen dessen Lebensgemeinschaft, die *Biozönose*. Das Ökosystem wird von der Lebensgemeinschaft und dem Lebensraum mit ihren Wechselwirkungen gebildet. Durch die Vielfalt der Nahrungsbeziehungen und Stoffkreisläufe bleiben die einzelnen Arten von ihrer Anzahl her in etwa gleich. Die Summe aller Beziehungen bewirkt, dass auch die einzelnen Nahrungsebenen in einem dynamischen Gleichgewicht zueinander stehen. Man spricht von einem *biologischen Gleichgewicht*. Das biologische Gleichgewicht bleibt nur erhalten, solange die Sonne den Stoffkreisläufen ständig Energie zuführt. Ohne dass die Produzenten unter Verbrauch von Energie organische Substanz produzieren, können die nachfolgenden Glieder im Stoffkreislauf nicht bestehen. Der Mensch stört das biologische Gleichgewicht im Ökosystem See, wenn er Gifte einbringt und damit Lebewesen tötet, wodurch das bisher bestehende Nahrungsnetz zusammenbrechen kann.

Aufgaben

1. Beschreibe Nahrungsketten aus Abbildung 2 auf Seite 70.
2. Beschreibe den Gaswechsel des Sauerstoffs nach Abbildung 1.
3. Wie sollten wir Menschen uns ernähren, um bei der Erzeugung unserer Nahrungsmittel mit der Energie sparsam umzugehen?
4. Welche Konsequenzen sind aus der Abbildung im Kasten erforderlich, damit sich Gifte über die Nahrungsketten nicht anreichern?

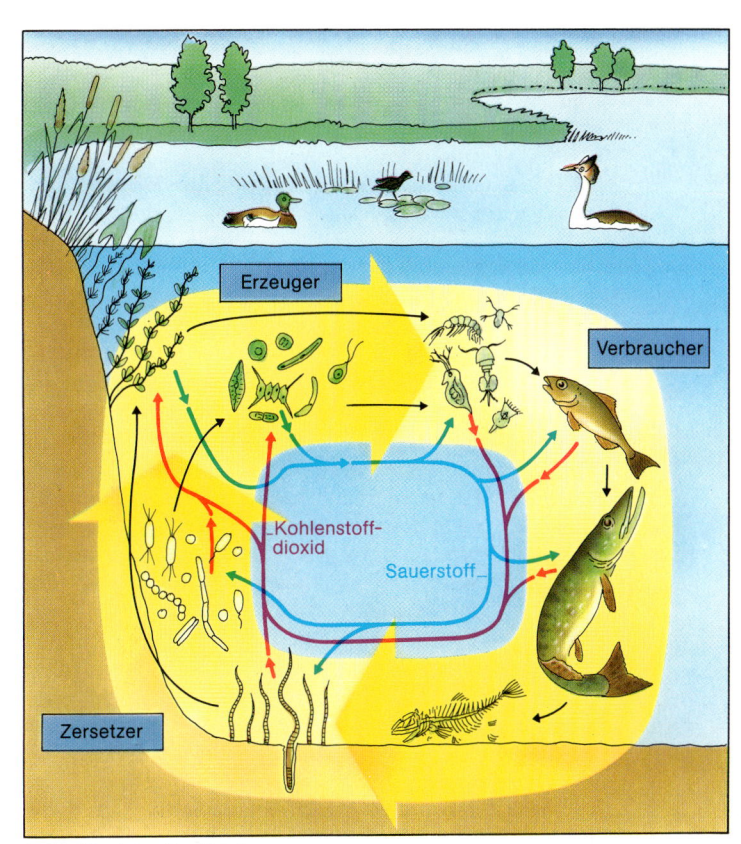

1 Stoffkreislauf im Teich

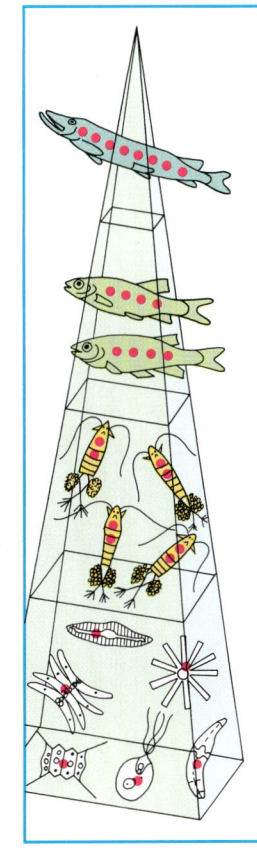

Schadstoffanreicherung in der Nahrungspyramide

Energie wird in Nahrungsketten in Form von Nährstoffen weitergegeben. Lebewesen setzen den größten Teil der aufgenommenen Energie für Lebensvorgänge, wie Bewegungen und Organtätigkeiten, um oder die Energie wird in Form von Wärme frei.
Dies veranschaulicht ein stark vereinfachtes Modell der **Nahrungspyramide**: Ein Hecht benötigt 9 von 10 kg Rotfedern, die er gefressen hat, für seine eigene Lebensvorgänge. Damit Rotfedern mit einem Gesamtgewicht von 10 kg heranwachsen konnten, mussten sie 100 kg Wasserflöhe verzehren. Diese wiederum benötigten 1000 kg Algen als Nahrung. Endkonsumenten, wie der Hecht oder der Mensch, verzehren also indirekt viele Pflanzen und Tiere. Sie reichern dabei in ihrem eigenen Körper auch nicht abbaubare Schadstoffe aus dem Körper ihrer Beutetiere an. Da diese Schadstoffe nicht ausgeschieden werden, findet man innerhalb der Nahrungspyramide in den verschiedenen Ebenen immer höhere Schadstoffkonzentrationen, die dann sogar zu direkten Schäden bei den Endverbrauchern führen können. Ein Beispiel dafür war in den 60er Jahren in Japan die sog. *Minamata-Krankheit*. Dabei erkrankten Menschen, die quecksilberverseuchte Fische und Krebse gegessen hatten, schwer.

Gewässerökosysteme

Eutrophierung eines Sees

Charakteristische Pflanzen und Tiere in unterschiedlich verschmutzten Gewässerzonen

A: Knäuelbinse
Sumpfkresse
Wasserspitzmaus
Wasseramsel
Forelle
Bartgrundel
Flusskrebs

B: Laichkraut
Tausendblatt
Wasserschwertlilie
Schermaus
Stichling
Ukelei
Hecht

C: Pfeilkraut
Teichrose
Wasserpest
Graureiher
Karpfen
Flussaal

D: Rohrkolben
Algen
Wasserassel
Pferdeegel
Schlammschnecke
Tubifex

In viele Seen werden Haushaltsabwässer oder Abwässer von Kläranlagen eingeleitet. Zusätzlich werden nach Regenfällen von den Feldern Gülle und Mineraldünger eingeschwemmt. Die Seen werden auf diese Weise mit großen Mengen von Mineralstoffen angereichert. Diesen Vorgang nennt man *Eutrophierung*. Er bewirkt eine Veränderung der Lebensgemeinschaft im See.

Im Sommer führt eine hohe Mineralstoffkonzentration leicht zu einer massenhaften Vermehrung der Algen *(Algenblüte)*. Die Zahl der Algenfresser wächst dann mit der Menge der Algen. Im Herbst, wenn die Umweltbedingungen für die Algen ungünstiger werden, sinkt die große Masse der abgestorbenen Algen und Algenfresser zu Boden. Die dort lebenden Schlammröhrenwürmer, Zuckmückenlarven, Bakterien und Pilze können diese großen Mengen toter organischer Substanz nur noch unvollständig zu Mineralstoffen und Kohlenstoffdioxid zersetzen und in den Stoffkreislauf zurückführen.

Bei ihrer Abbautätigkeit verbrauchen die Destruenten den in der Zehrschicht vorhandenen Sauerstoff. Der Gewässerzustand verschlechtert sich dramatisch. Infolge des Sauerstoffmangels kann es zu einem Fischsterben kommen. Am Boden des Gewässers lagert sich Faulschlamm ab. Als Produkte des bakteriellen Abbaues ohne Sauerstoff steigen *Faulgase* auf. Kann bei der nächsten Zirkulation der Sauerstoffgehalt am Gewässergrund nicht nachhaltig erhöht werden, „kippt das Gewässer um", d. h. viele charakteristische Pflanzen und Tiere können hier nicht mehr leben. Die Eutrophierung ist ein Prozess, der sich über viele Jahre hin langsam bis zum Endstadium entwickeln kann. Bei stark verschmutzten Seen laufen diese Prozesse allerdings schneller ab.

In einem eutrophierten See leben wenige Pflanzenarten, die viele Mineralstoffe benötigen, in großen Individuenzahlen und Tiere, die geringere Ansprüche an den Sauerstoffgehalt des Gewässers stellen. Beim nährstoffarmen oligotrophen See dagegen ist die Lebensgemeinschaft durch viele Pflanzenarten mit einem geringen Mineralstoffbedarf und zahlreichen Tierarten mit einem hohen Sauerstoffbedarf gekennzeichnet.

Aufgabe

① Welche Maßnahmen kann man gegen die Eutrophierung von stehenden Gewässern ergreifen?

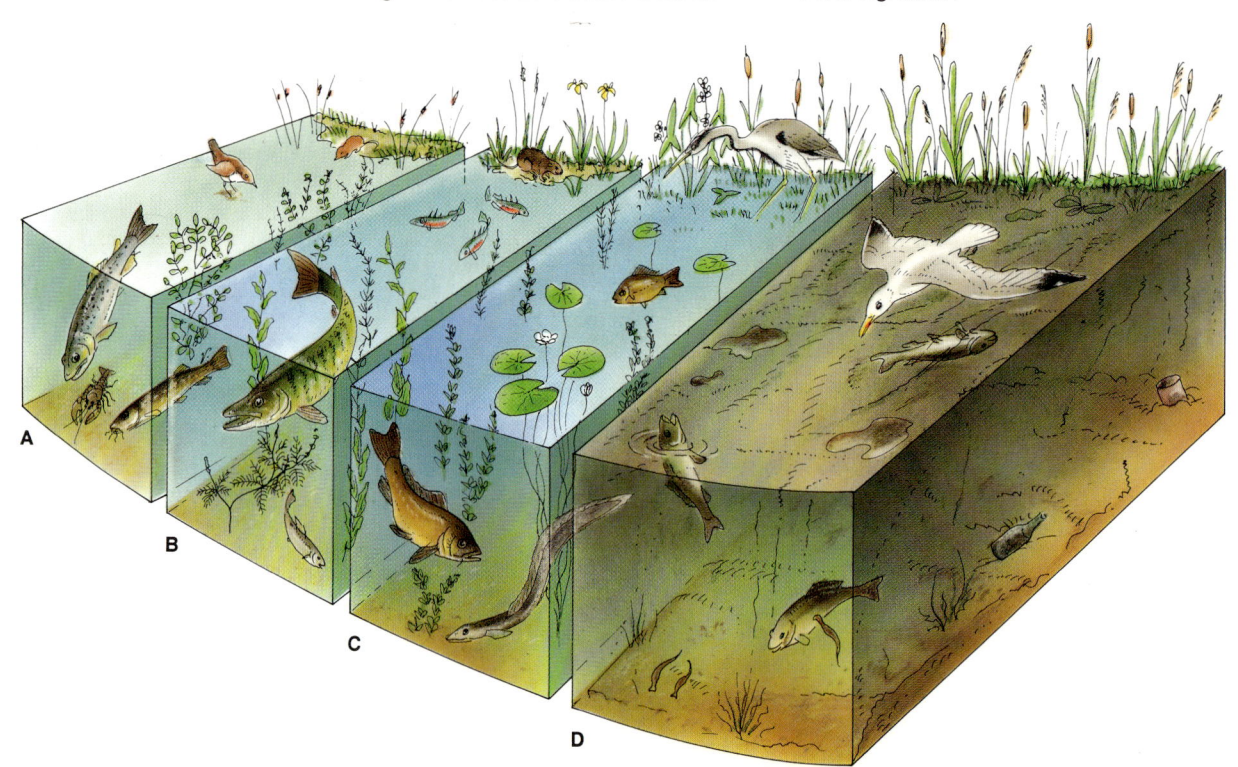

1 Änderung des Gewässerzustands und der zugehörigen Lebensgemeinschaften bei der Eutrophierung

Gewässerökosysteme

Verlandender See

Flachmoor

Hochmoor

Ein Moor entsteht

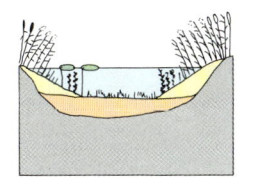

Auch unter natürlichen Bedingungen verlandet ein See, weil Uferpflanzen und pflanzliches Plankton große Mengen an organischer Substanz produzieren. Im Herbst fällt diese in Massen gleichzeitig an. Die Reduzenten können die Nährstoffe nicht mehr vollständig umsetzen. Der Kreislauf der Stoffe ist gestört. Der Sauerstoffgehalt am Grunde des Gewässers nimmt rapide ab. Bakterien, die ohne Sauerstoff leben können, zersetzen die organische Substanz nur noch unvollständig. Es entstehen schwarzer Faulschlamm und übelriechende Gase.

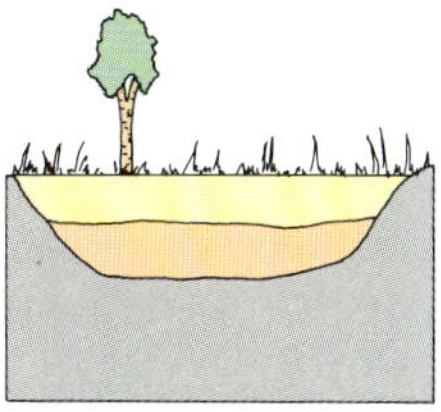

Die Faulschlammschicht, die *Mudde*, lagert sich am Ufer und am Boden ab. Der See wird flacher und im Laufe der Zeit wachsen die Pflanzengürtel des Ufers weiter zur Gewässermitte. Dadurch wird die freie Wasserfläche immer kleiner. Schließlich verlandet der See, ein *Flachmoor* entsteht. Der Wasserstand sinkt weiter, sodass er schließlich für Röhrichtpflanzen zu niedrig wird. Unter diesen Bedingungen wachsen Seggen, bald darauf stellen sich Weide und Erle ein. Eine solche natürliche Entwicklung *(Sukzession)* vom nährstoffreichen See zum Bruchwald benötigt oft Jahrtausende. Unter menschlichem Einfluss können stehende Gewässer allerdings wesentlich schneller verlanden.

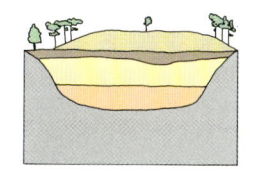

Nur in niederschlagsreichen und kühlen Gebieten können sich *Hochmoore* entwickeln. Aus Abbauprozessen von Pflanzenteilen werden Humussäuren frei. In diesem sauren, nährstoffarmen Milieu können sich *Torfmoose* ansiedeln. Sie brauchen nur wenig Mineralstoffe und saugen das Wasser aus den Niederschlägen wie ein Schwamm auf. Am oberen Ende wachsen die Einzelpflanzen, am unteren Ende sterben sie ab und werden zu *Torf*. Sie schließen so die Flachmoorpflanzen und die Wurzeln des Bruchwaldes vom Sauerstoff ab. Der Bruchwald verkümmert und stirbt ab. Im Laufe von Jahrhunderten entsteht so ein Hochmoor, das wie ein Uhrglas die Umgebung um 2–3 Meter überragt.

Die Moore sind bei uns hoch gefährdete Biotope. Sie werden für landwirtschaftliche Zwecke kultiviert. Der Torf wird als Heiz-, Heil- und scheinbar Boden verbesserndes Mittel abgebaut. Diese dramatische Verringerung der Moore muss gestoppt werden, da sonst die Lebensräume für viele vom Aussterben bedrohte Pflanzen- und Tierarten unwiederbringlich verloren gehen. Gefährdete Arten des Moores sind z. B. *Wollgras* und *Sonnentau* sowie *Birkhühner* und *Kraniche*.

1 Moor mit Wollgrasbestand

2 Polster des Torfmooses

3 Birkhahn

4 Kranich

Gewässerökosysteme

3 Mensch und Wasser

Wasserförderung in der Bundesrepublik Deutschland 1991
(in %-Anteilen der Gesamtförderung)
— 68 % für die Elektrizitätswirtschaft (überwiegend Kühlwasser)
— 20,9 % für die chemische Industrie, die Eisen- und Stahlindustrie, den Bergbau, die Papierindustrie und andere Industriezweige
— 11,1 % für die öffentliche Wasserversorgung

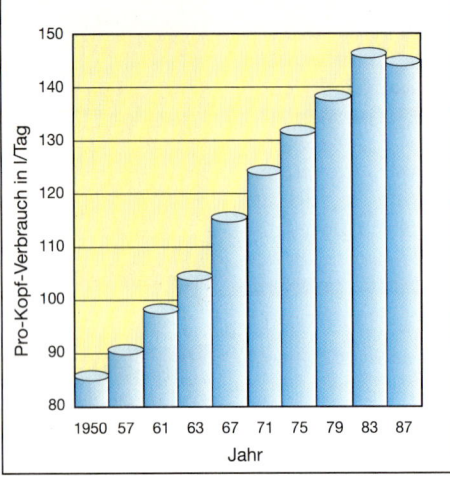

1 Wasserverbrauch in Privathaushalten

Herkunft des Trinkwasser (1991)
— 63,3 % aus Grundwasser
— 11,6 % aus Quellwasser
— 10,0 % aus angereichertem Grundwasser
— 8,9 % aus See- und Talsperrenwasser
— 5,1 % aus Uferfiltrat
— 1,1 % aus Flusswasser

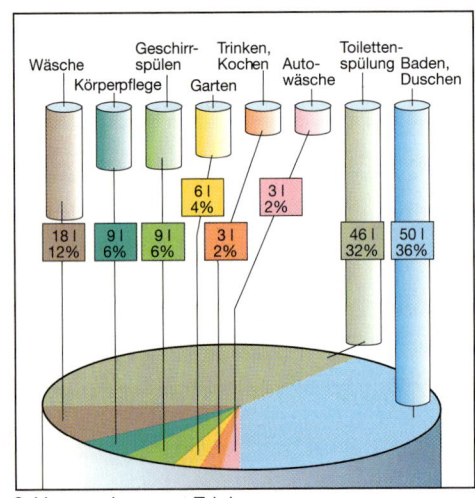

2 Verwendung von Trinkwasser

Uferfiltrat
Wasser wird aus Brunnen in 50 — 100 m Entfernung vom Ufer eines Flusses oder Sees gefördert

3 Trinkwassergewinnung aus Uferfiltrat

Trinkwasser ist kostbar

Jeder Mensch besteht zu ungefähr 60 % aus Wasser. Er nimmt täglich 3 l Wasser mit der Nahrung oder in Getränken auf. Die öffentliche Wasserversorgung muss uns *Trinkwasser* hoher Qualität liefern. Es soll klar, farblos, geruchlos und geschmacklich einwandfrei sein. Es darf auch keine Krankheitserreger oder gesundheitsgefährdenden Substanzen enthalten.

Der Trinkwasserverbrauch in der Bundesrepublik Deutschland stieg von 85 Liter im Jahr 1950 auf 139 Liter je Einwohner und Tag im Jahr 1991. Die vermehrte Ausstattung der Wohnungen mit Spültoiletten, Badewannen, Duschen, Waschmaschinen und Spülmaschinen hat den Wasserverbrauch stark erhöht. Gemessen am gesamten Wasserverbrauch ist der Trinkwasserverbrauch der Haushalte allerdings gering.

Es wird geschätzt, dass der Trinkwasserverbrauch je Einwohner bis zum Jahr 2000 auf über 200 l/Tag zunehmen wird. Doch bereits heute sind in den Ballungsräumen die *Grundwasservorräte* als Lieferanten von natürlich gereinigtem Wasser erschöpft.

Der weiter steigende Bedarf an Trinkwasser kann nur aus *Oberflächenwasser,* d. h. aus Flüssen und Seen, gedeckt werden. Aber der Rhein zum Beispiel, aus dessen Uferfiltrat mehrere Millionen Menschen Trinkwasser erhalten, dient gleichzeitig als Abwasserkanal, Kühlwasserlieferant und Schiffahrtsweg. 1980 wurde an der Grenze nach Holland die Abwasserfracht gemessen und errechnet. Sie enthielt für das ganze Jahr 12,8 Millionen t Chlorid, 1,4 Millionen t Nitrat, 150 000 t Phosphat, 80 t Cadmium, 16 t Quecksilber sowie Pflanzenschutzmittel unterschiedlicher Menge und viele andere Schadstoffe.

Alle diese im Rheinwasser enthaltenen gesundheitsgefährdenden Stoffe müssen bei der *Trinkwasseraufbereitung* aus dem *Uferfiltrat* entfernt werden. Zunächst werden Eisen- und Manganverbindungen ausgefällt, die zur Verstopfung der Wasserleitungen beitragen würden. Durch Chlor und Ozon werden Krankheitserreger abgetötet und organische Verbindungen ausgeflockt. Diese Flocken sollen dann im Kiesfilter hängen bleiben, ehe gelöste Schadstoffe mehr oder weniger vollständig von Aktivkohle zurückgehalten werden.

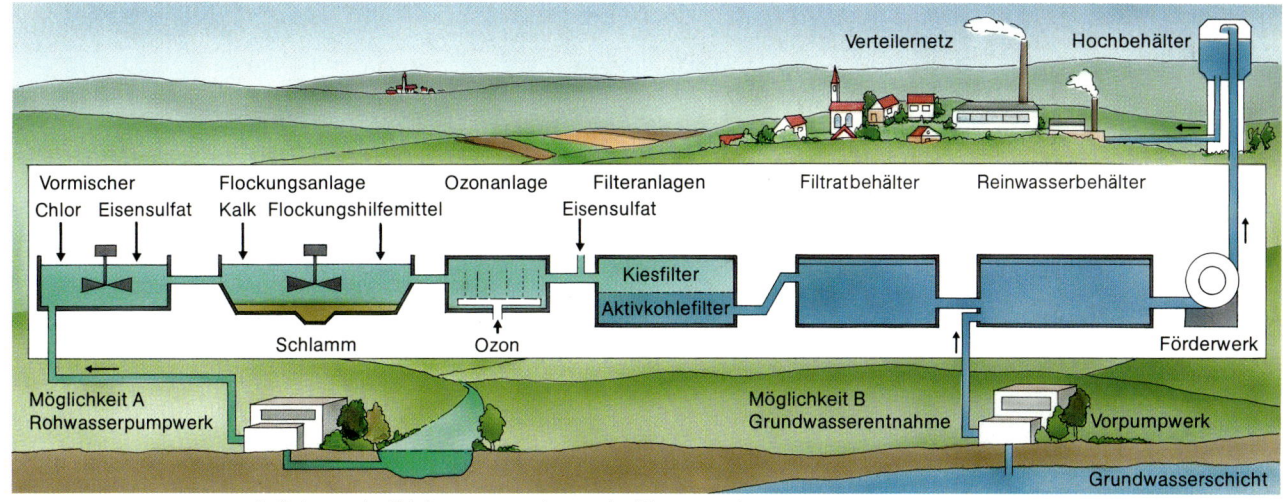

1 Schema der Trinkwassergewinnung im Wasserwerk

Grenzwerte nach der Trinkwasserverordnung

pH-Wert	6,5 bis 9,5
Nitrationen	50 mg/l
Nitritionen	0,1 mg/l
Arsenionen	0,04 mg/l
Bleiionen	0,04 mg/l
Chromionen	0,05 mg/l
Cadmiumionen	0,005 mg/l
Pflanzenschutzmittel (Summe)	0,0005 mg/l
(Einzelstoff)	0,0001 mg/l

Die Betreiber der *Wasserwerke* haben heute bereits größte Schwierigkeiten, die Grenzwerte der *Trinkwasserverordnung* für Nitrat und Pflanzenschutzmittel einzuhalten. Sie warnen davor, dass sie in Zukunft auch mit noch größerem technischem Aufwand nicht mehr alle gesundheitsgefährdenden Substanzen aus dem Wasser entfernen können.

Will man mit den Schwierigkeiten fertig werden, muss man Wasserschutzgebiete erheblich ausweiten und die Ursachen der Gewässerverschmutzung bekämpfen. Die Schadstoffentstehung, die Einleitung der Schadstoffe durch die Industrie bzw. Einschwemmung aus der Landwirtschaft müssen verhindert werden. Auch sollten die Gewässerökosysteme noch besser geschützt werden. Außerdem sollten wir alle sparsamer mit dem Trinkwasser umgehen, damit möglichst wenig Abwasser anfällt, denn Wasser ist kostbar.

Aufgaben

1. In Ballungsgebieten reicht das Grundwasser für die Trinkwassergewinnung nicht mehr aus. Wasser wird in großem Maße aus entfernten, naturnahen Landschaften herantransportiert. Welche Folgen hat das starke Abpumpen von Grundwasservorräten für die betroffenen Landschaften?
2. Welche Folgebelastungen entstehen bei der Reinigung von Fluss- zu Trinkwasser?
3. Erkläre, wie in der Industrie durch Kreislaufführung des Nutzwassers mit Wasser sparsamer umgegangen werden kann?
4. Gibt es Gefährdungen des Grundwassers in deiner Gemeinde? Berichte.

Nitrat im Trinkwasser — eine Gefahr nur für Säuglinge?

Nach der gültigen Trinkwasserverordnung vom 5. Dezember 1990 ist für Nitrat ein Grenzwert von 50 mg in einem Liter Trinkwasser festgelegt. Viele Trinkwasserbrunnen und private Eigenversorgungsbrunnen förderten Wasser mit weit über 50 mg Nitrat/l Trinkwasser. Die Wasserwerke verbessern seit dem Stichtag die Wasserqualität durch Mischen mit weniger belastetem Wasser. Die Entsalzung des Wassers über Ionenaustauscher oder durch Überführen des Nitrats in den Stoffwechsel von Bakterien soll in Zukunft großtechnisch einsetzbar gemacht werden. Jetzt muss der Nitrateintrag im Bereich der Wassergewinnungsanlagen verringert werden.

Nitrat wird mit mineralischen Düngemitteln, mit Gülle oder Mist auf die Felder gebracht. Bei Regen wird das wasserlösliche Nitrat, das nicht vollständig von den Pflanzen aufgenommen wird, in das Grundwasser gespült.

Nitrat kann im Stoffwechsel des Menschen zu giftigem Nitrit umgesetzt werden. Bei Säuglingen wird unter dem Einfluss von Nitrit der rote Blutfarbstoff so verändert, dass er keinen Sauerstoff mehr aufnehmen und zu den Geweben transportieren kann. Säuglinge leiden dann unter Sauerstoffmangel, Haut und Lippen sind bläulich verfärbt *(Blausucht)*. Im Extremfall können die Säuglinge bleibende Schäden zurückbehalten oder sogar sterben. Nitrite können im Körper des Menschen außerdem zu Krebs erregenden Nitrosaminen umgewandelt werden, sodass auch für Erwachsene ein erhöhtes Gesundheitsrisiko besteht.

Gewässerökosysteme

Bestimmung der Gewässergüte

Die Einleitung von Abwässern bringt biologisch abbaubare organische Substanzen und andere Schadstoffe in die Fließgewässer. Dadurch werden Nahrungsangebot und Sauerstoffgehalt des Gewässers verändert. Die *Gewässergüte* wird mit einer biologisch-ökologischen Methode ermittelt. Bestimmte Lebewesen zeigen durch ihr gehäuftes Auftreten an, dass ihre Ansprüche bezüglich Nahrung und Sauerstoffgehalt erfüllt sind (*Zeigerlebewesen,* vgl. S. 78/89).

Seit 1975 wird alle fünf Jahre eine *Gewässergütekarte* der Bundesrepublik Deutschland erstellt. Die Gewässergüte gibt den Grad der Verschmutzung an. Der Sauerstoffgehalt und der Ammoniumgehalt (NH_4) jeder Güteklasse kann unserer Abbildung entnommen werden. Die BSB_5-Werte zeigen dabei die Menge an biologisch abbaubarer organischer Substanz an. Die Gewässer werden in folgende vier *Güteklassen* mit drei Zwischenstufen eingeteilt:

Biologischer Sauerstoffbedarf (= BSB_5) ist die Sauerstoffmenge, die Kleinstlebewesen zum Abbau der enthaltenen organischen Substanz in 5 Tagen verbrauchen.

Güteklasse I:
Unbelastetes bis sehr gering belastetes Gewässer
Das Wasser ist klar und mineralstoffarm. Es sind Laichgewässer für Bachforellen mit mäßiger Besiedlung durch Kieselalgen, Moose, Strudelwürmer, Steinfliegenlarven und Hakenkäfer.

Güteklasse I–II:
Gering belastetes Gewässer
Das Wasser ist klar, der Mineralstoffgehalt gering. Dichte Besiedlung mit Algen, Moosen und Blütenpflanzen. Man findet außerdem Eintagsfliegenlarven, Köcherfliegenlarven und Hakenkäfer.

Güteklasse II:
Mäßig belastetes Gewässer
Mäßige Verunreinigung mit organischen Stoffen und deren Abbauprodukten. An Stellen mit geringer Strömung eng begrenzte Bildung von Eisensulfid unter den Steinen. Dichte Besiedlung mit Algen und Blütenpflanzen. Bachflohkrebse, Asseln, Schnecken und Insektenlarven treten häufig auf. Fische sind mit zahlreichen Arten vertreten. Der Sauerstoffgehalt schwankt je nach Abwasserlast und Algenentwicklung.

Güteklasse II–III:
Kritisch belastetes Gewässer
Durch die Belastung mit organischen Substanzen ist das Wasser trüb, örtlich tritt Faulschlamm auf. Meist sind es noch ertragreiche Fischgewässer. Dichte Besiedlung mit Algen und Blütenpflanzen. Egel, Wasserasseln und Astalgen treten reichlich auf. An strömungsarmen Stellen findet man Laichkräuter und Teichrosen.

Güteklasse III:
Stark verschmutztes Gewässer
Das Wasser ist durch Abwasser getrübt. An strömungsarmen Stellen lagert sich Faulschlamm ab. Unter fast allen Steinen findet man Eisensulfidbereiche. Der Fischbestand ist gering, es gibt zeitweiliges Fischsterben wegen Sauerstoffmangel. Auffällig sind Kolonien fest sitzender Wimpertierchen und Abwasserbakterien. Massenentwicklungen von Rollegeln und Wasserasseln. Außerdem leben im Schlamm Rote Zuckmückenlarven und Schlammröhrenwürmer.

Güteklasse III–IV:
Sehr stark verschmutztes Gewässer
Das Gewässer ist durch Faulschlamm getrübt. Die Steine sind auf der Unterseite schwarz. Besiedlung fast nur durch Mikroorganismen (z. B. Schwefelbakterien, Wimpertierchen). Überall werden *Abwasserfahnen,* zottenartige Bakterienkolonien, von der Wasserströmung bewegt. Auf dem Faulschlamm sieht man oft einen Massenbesatz von Schlammröhrenwürmern. Im Faulschlamm sind Rote Zuckmückenlarven häufig zu finden.

Güteklasse IV:
Übermäßig verschmutztes Gewässer
Der Boden ist wegen des abgelagerten Faulschlamms schwarz. Das Wasser weist einen starken Geruch auf, häufig riecht es nach faulen Eiern (Schwefelwasserstoff!). Auf dem Faulschlamm wachsen Schwefelbakterien. Zusätzliche Gifte im Abwasser töten alle Lebewesen ab *(Verödung).*

Aufgaben

① Vergleiche die Gewässergütekarten von 1975 und 1990. Gib Unterschiede für einzelne Flüsse an und erkläre sie.

② Untersucht die Gewässergüte eines kleinen Fließgewässers. Verwendet die Hilfsmittel, die euch bekannt sind. Zieht Gummihandschuhe an. Nehmt an jeder Probestelle 5 Züge mit einem Haushaltssieb durch die Wasserpflanzen oder 10 handgroße Steine oder siebt 5 Proben des Bodengrundes aus. Bestimmt die Anzahl und Arten der Zeigerlebewesen. Fertigt ein Protokoll an.

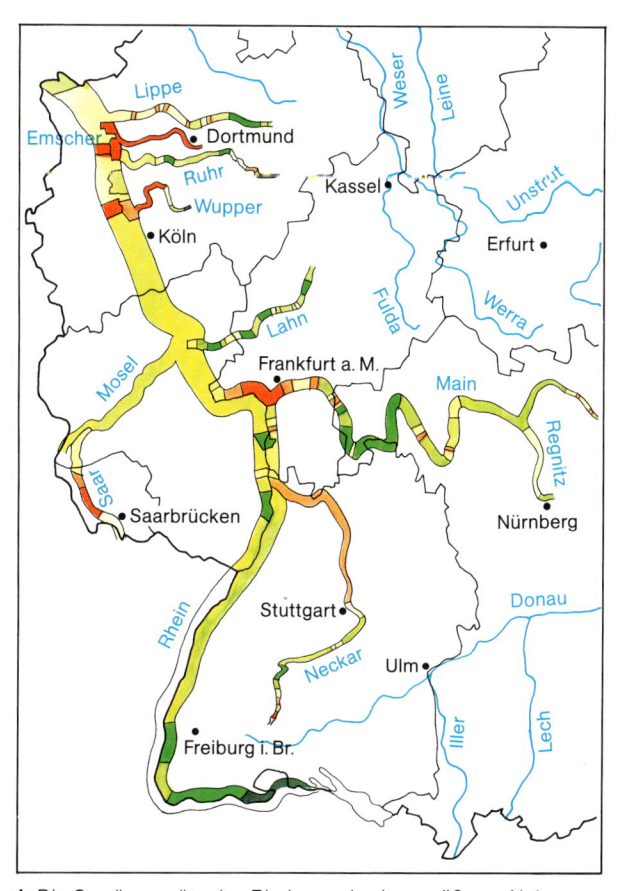

1 Die Gewässergüte des Rheins und seiner größeren Nebenflüsse 1975

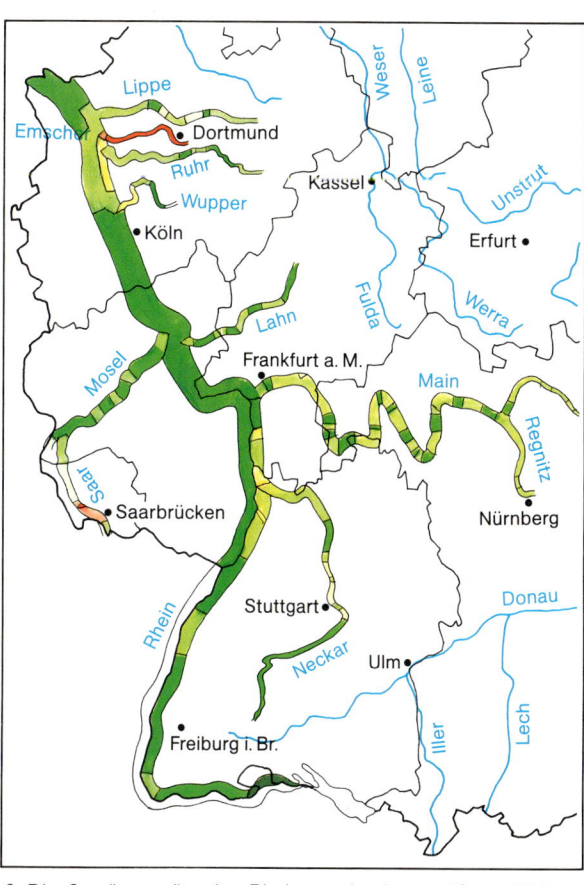

2 Die Gewässergüte des Rheins und seiner größeren Nebenflüsse 1990

Güteklasse	organische Belastung	wichtige Zeigerorganismen		Fische	
I	unbelastet bis sehr gering belastet	Steinfliegenlarven Hakenkäfer		Bachforelle	
I bis II	gering belastet	Steinfliegenlarven Strudelwürmer Hakenkäfer Köcherfliegenlarve		Bachforelle Äsche	
II	mäßig belastet	Eintagsfliegenlarven Köcherfliegenlarven Kleinkrebse Schnecken Blütenpflanzen		Barbe Äsche Flussbarsch Nase Hecht	
II bis III	kritisch belastet	Egel Schnecken Kleinkrebse Grünalgenkolonien Muscheln		Karpfen Aal Schleie Brachsen	
III	stark verschmutzt	Wasserasseln Wimpertierchenkolonien Schwämme		Plötze Schleie	
III bis IV	sehr stark verschmutzt	Zuckmückenlarven Schlammröhrenwürmer			
IV	übermäßig verschmutzt	Schwefelbakterien Geißeltierchen Wimpertierchen			

3 Kennzeichen der Gewässergüteklassen

Gewässerökosysteme

Lexikon

Zeigerlebewesen für die Gewässergüte

Zur Gewässergütebestimmung könnt ihr die folgende Zusammenstellung der Zeigerlebewesen benützen.

[△ Originalgröße

Güteklasse I bzw. I–II

Steinfliegenlarven (Länge bis 2 cm) besitzen nur zwei Schwanzfäden und keine Tracheenkiemen seitlich am Hinterleib. Sie benötigen sauerstoffreiche Gewässer ohne Verschmutzung. Man findet sie im Strömungsschatten von Steinen oder in Polstern von Wasserpflanzen. Es gibt unter ihnen Algenfresser und Räuber. Sie selbst dienen Fischen als Nahrung.

Güteklasse I–II bzw. II

Körper seitlich abgeflacht

Der **Bachflohkrebs** (bis zu 2 cm Länge) kommt in Gewässern mit einem Sauerstoffgehalt über 6 mg/l vor. Er frisst Aas, Zerreibsel und verwesendes pflanzliches Material. Flohkrebse sind eine wichtige Forellennahrung.

3 Schwanzfäden
6 Gliederbeine
Kiemen am Hinterleib

Fühler

Eintagsfliegenlarven (Länge bis zu 15 mm) besitzen in der Regel drei Schwanzfäden und seitlich am Hinterleib Tracheenkiemen. Einige Arten fressen Algen von Steinen ab, andere ernähren sich von Schlammteilchen. Der Sauerstoffgehalt muss oberhalb von 6 mg/l liegen. Sie dienen Fischen als Nahrung.

Manche Arten von **Köcherfliegenlarven** bauen Gehäuse *(Köcher)* aus Pflanzenteilchen oder Steinchen, die sie mit Speicheldrüsensekret verkleben. Zusatzgewichte verringern die Gefahr, dass die Tiere abgetrieben werden. Es gibt Köcherfliegenlarven, die Steine abweiden und Pflanzen fressen. Andere Formen leben ohne Köcher und jagen frei umherschwimmend nach Beute. Bei schnell fließendem Wasser zeigen sie eine geringe Gewässerbelastung an. Bei langsam fließendem Wasser weisen sie auf mäßig belastetes Wasser hin.

Güteklasse II

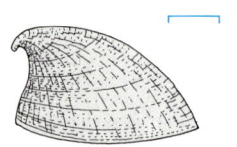

mützenförmiges Gehäuse

Die **Flussnapfschnecke** (Gehäusehöhe 2–3 mm, -länge 5–7 mm) kann sich mit ihrer mützenartigen, strömungsgünstigen Form auch im stark bewegten Wasser auf der Oberfläche von Steinen halten. Sie ist ein Zeigerlebewesen für sauerstoffreiches Wasser. Den Sauerstoff nimmt sie wegen der völlig zurückgebildeten Lungenhöhle nur durch Hautatmung auf. Die Schnecken weiden den Untergrund ab.

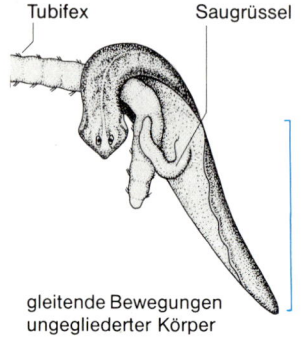

Tubifex   Saugrüssel

gleitende Bewegungen ungegliederter Körper

Der **Schwarze Strudelwurm** (Länge bis zu 12 mm) hält sich meist auf der Unterseite von Steinen oder in Pflanzenbeständen auf. Mit seinem dichten Wimpernkleid bewegt er sich schneckenartig über den Untergrund hin. Er benötigt einen Sauerstoffgehalt von über 6 mg/l. Kleinkrebse und Insektenlarven werden mit einem Geruchsorgan aufgespürt. Die Beute wird mit Schleim eingehüllt. Mit seinem Rüssel setzt er Verdauungssekrete frei. Diese lösen das Gewebe der Beute auf. Die verflüssigte Nahrung wird aufgesaugt.

Güteklasse II–III

Die **Astalge** bildet grüne Watten. Sie zeigt durch ihr Vorkommen einen hohen Mineralstoffgehalt an. In der Güteklasse II wächst sie langsamer. Sie benötigt einen Sauerstoffgehalt oberhalb von 4 mg/l. Sie wird von verschiedenen Wasserschnecken gefressen.

Güteklasse III

Wasserasseln (Größe bis zu 12 mm) ernähren sich von verwesenden Stoffen. Sie sind massenhaft zwischen Laub und absterbenden Pflanzen zu finden. Für sie reicht ein Sauerstoffgehalt unter 2 mg/l. Nahrung für Fische.

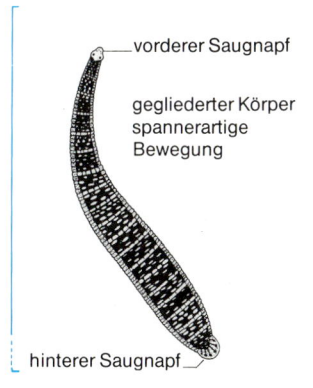

Der **Rollegel** (bis zu 6 cm Länge) frisst in nährstoffreichen Gewässern Kleintiere. Er atmet durch die Haut und benötigt dazu einen Sauerstoffgehalt über 2 mg/l. Nahrung für Fische.

Der echte **Abwasserpilz** ist auf den Abbau organischer Stickstoffverbindungen spezialisiert. Er wächst über alle Gegenstände mit einem weißlichen oder grauen, fellartigen Überzug. Er bildet im Winter flutende und treibende Büschel.

Güteklasse III – IV bzw. IV

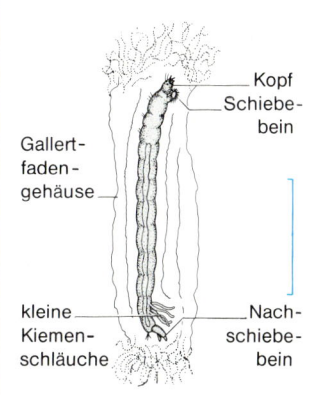

Rote Zuckmückenlarven leben im Schlamm stark organisch belasteter Gewässer. Dort bauen sie Wohnröhren und fressen die organischen Bestandteile des Schlammes. Mit dem roten Blutfarbstoff Hämoglobin können sie selbst bei Sauerstoffkonzentrationen unter 2 mg/l noch genügend Sauerstoff aus dem Wasser aufnehmen und so überleben.

Rote **Schlammröhrenwürmer** (Tubifex) (bis zu 8 cm Länge) fressen den Schlamm übermäßig verschmutzter Gewässer. Diese Borstenwürmer hängen mit dem Vorderende in ihrer mit Schleim verfestigten Wohnröhre. Das Hinterende ragt heraus. Sie bilden häufig große Kolonien. Schlammröhrenwürmer dienen Fischen als Nahrung.

Abwasserfahnen werden auch als „Abwasserpilze" bezeichnet. Sie sind aber Bakterienkolonien, die sich in der kalten Jahreszeit massenhaft vermehren (Zotten- und Flockenbildung). Die Abwasserfahnen zeigen eine hohe Belastung mit Kohlenhydraten an. Sauerstoffbedarf unter 4 mg/l. Sie fühlen sich schleimig an und haben einen leicht süßlichen Geruch.

Schwefelbakterien bilden weiße Rasen und Filze auf dem Faulschlamm. Sie zeigen das Vorhandensein von Schwefelwasserstoff an und kommen mit einem Sauerstoffgehalt unter 2 mg/l aus. Sie bilden Nahrung für **Wimpertierchen**.

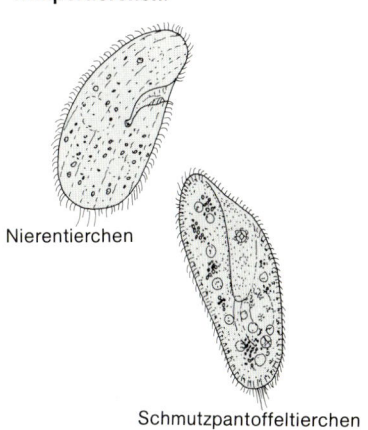

Die **Rattenschwanzlarve** kommt in schwach strömenden, nährstoffreichen Gewässern vor. Man findet sie sogar in Jauche- und Kloakengruben. Sie deckt ihren Sauerstoffbedarf über eine Atemröhre aus der Luft.

Gewässerökosysteme

Lebensräume entlang des Rheins

Fließgewässer entspringen aus einer Quelle. Der zunächst kleine Bach entwickelt sich im weiteren Verlauf zu einem Fluss, der später in das Meer mündet. Im Verlauf des Fließgewässers ändern sich die Umweltfaktoren (z. B. Strömung, Flussbett, Untergrund, Temperatur, Sauerstoffgehalt) ständig, sodass eine Vielzahl von Lebensräumen und ökologischen Nischen entsteht. Der bestimmende Faktor ist die Strömung. Die Strömungsgeschwindigkeit steigt mit zunehmendem Gefälle des Gewässergrundes und bei gleich bleibendem Gewässerquerschnitt, wenn die Abflussmenge zunimmt.

Die Quelle des Rheins entspringt in 2340 m Höhe. Schon nach 40 km Lauf durch ein Hochtal hat der Gebirgsbach 1600 m an Höhe verloren. Dieses starke Gefälle bewirkt eine hohe Strömungsgeschwindigkeit und eine große Schleppkraft des Gebirgsbaches: Geröll, Schotter und Kies bedecken den Gewässergrund. Die hohe Fließgeschwindigkeit über dem rauhen Gewässergrund führt zu zahlreichen Turbulenzen und starkem Sauerstoffeintrag aus der Luft. Nahe der Quelle und in kalter Umgebung bleibt die Temperatur des Baches ganzjährig bei 2 °C bis 9 °C. Das Wasser erreicht bei niedrigen Temperaturen und bei dem starken Eintrag eine Sauerstoffsättigung von ca. 100 %.

Der Gebirgsbach bietet vielen Sauerstoff und kalte Temperaturen liebenden Formen (Bachforellen, Eintags- und Steinfliegenlarven) optimale Lebensbedingungen. Allerdings sind sie bei der starken Wasserströmung auch der Gefahr des Abdriftens ausgesetzt.

Eintags- und Steinfliegenlarven haben nur eine geringe Körperhöhe, sind im Körper vorn breit, nach hinten spitz auslaufend und abgeflacht. Tagsüber halten sie sich meist in strömungsarmen Wasser zwischen Steinen oder Wasssermoos auf. Nachts weiden sie in der wenige Millimeter hohen Grenzschicht auf Steinen Algen ab. Versuche zeigten, dass die Insektenlarven bei steigender Strömungsgeschwindigkeit den Körper immer stärker an die Steine pressen (s. Randspalte). Köcherfliegenlarven bauen mit Sekreten hülsenartige Gehäuse, in die sie Steinchen und Sandkörner zur Beschwerung einfügen. Einige Köcherfliegenarten befestigen sich auch mit Sekretfäden an Steinen und verhindern so, dass sie abgetrieben werden. Viele ganz junge Insektenlarvenstadien und Fischeier findet man — geschützt vor der Wasserströmung — im wassergefüllten Lückensystem des Bachgrundes.

Die Bachforelle kann mit der stromliniengünstigen Körpergestalt und ihrer starken Muskulatur gegen die Strömung anschwimmen. Meist lauert sie aber in strömungsarmen Zonen auf Beute (Wasserflöhe und Insektenlarven) und spart damit Energie.

Bei Strömungsgeschwindigkeiten über 2 m/s können sich im Bach keine Blütenpflanzen halten. Nur Algen und Moose leben hier noch. Sie heften sich am Untergrund an und bieten einen möglichst geringen Wasserwiderstand. Umfangreiche Wasserpflanzengesellschaften finden sich meist nur in strömungsärmeren Regionen des Fließgewässers.

In Bergbächen wachsen wenige Pflanzen, deshalb ist die Sauerstoffproduktion sehr gering. Nur durch Laubfall und abgestorbene Ufervegetation gelangt viel Biomasse in den Bach. Diese schwer abbaubaren Pflanzenteile werden von Bachflohkrebsen, die in Bächen oft in großer Zahl zu finden sind, gefressen. Die 1 bis 2 cm großen Tiere haben einen seitlich stark abgeflachten Körper, sodass sie, auf der Seite liegend, in der strömungsarmen Grenzschicht am Gewässergrund verbleiben. Diese Abfallfresser stellen für viele andere Lebewesen die Nahrung dar. Die Beschreibung eines Bergbaches trifft auf den **Oberlauf** des Rheins zu. Hieran schließt sich der **Mittellauf** des Flusses an.

Der Rhein von Basel bis Mainz entspricht mehr dem Charakter eines Tieflandflusses. Er hat ein geringeres Gefälle, eine etwas langsamere Fließgeschwindigkeit und ursprünglich Kies und Sand im Untergrund. Vor der Regulierung beanspruchte der Rhein bei Hochwasser die ganze Breite der Aue. In der übrigen Zeit wurden Kies- und Sandinseln in wechselnder Form aufgeschüttet und der Strom bildete zahlreiche Arme aus.

Diese Altwasserarme sind strömungsarm und durch die Überschwemmungen nährstoffreich. Unterwasserpflanzen, Schwimmblattpflanzen und Algen wachsen gut, sodass sich von vielen Fischarten, die im Kraut laichen, dort der Nachwuchs entwickelt. Viele Wasservogelarten (Graureiher, Purpurreiher, Zwergrohrdommel) finden hier ganzjährig ihr Auskommen, andere überwintern regelmäßig auf den Altwasserarmen.

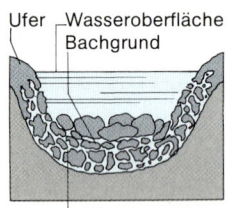

Ufer — Wasseroberfläche
Bachgrund
Wassergefülltes Lückensystem

Bachquerschnitt

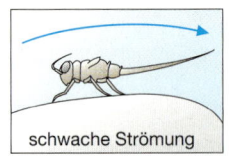

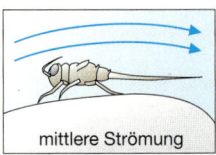

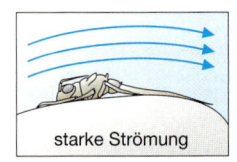

schwache Strömung

mittlere Strömung

starke Strömung

Gewässerökosysteme

Bevor TULLA die Oberrheinregulierung begann, die den Fluss durch Abtrennen von Seitenarmen, Durchstechen von Mäandern und durch Dämme in ein neues Flussbett zwang, waren von Basel bis Mainz *Auenwälder* typisch, die periodisch überflutet wurden und trocken fielen. Je nach Überflutungsdauer der Böden entstehen verschiedene Pflanzengesellschaften und damit eine vielgestaltige und artenreiche Vegetation.

Ab dem Binger Loch beginnt der **Unterlauf** des Rheins. Er verliert 32 m Höhe auf 127 km bis Bonn. Am Niederrhein ergibt sich das Gefälle aus 45 m Höhenverlust auf 345 km bis zum Meer: Der Fluss fließt mit geringer Strömung und zahlreichen Mäandern dahin. Im Mittelrhein schleppt er noch feinkörnigen Kies und Sand mit. Auenwälder beschränken sich auf Inseln oder regelmäßig überflutete Uferbereiche. Das Wasser des Unterlaufs kann sich im Sommer stark erwärmen, der Sauerstoffgehalt nimmt dann ab. Altwasserarme bieten am Niederrhein einen selten gewordenen Lebensraum für viele bedrohte Pflanzen- und Tierarten.

Die Schifffahrtsstraße Niederrhein verbindet das Ballungsgebiet Ruhrgebiet mit Rotterdam, dem größten Hafen Europas. Der Rhein transportiert seine Abwasserfracht in die Nordsee. Nur 2 km hinter der niederländischen Grenze beginnt der **Delta-Rhein**. Der Rhein lagert unter dem wechselnden Einfluss von Ebbe und Flut Schlamm ab und um, sodass sich das Delta stets ändert.

Gliedert man ein Fließgewässer nach den Leitfischen, so werden dem Oberlauf die *Forellen-* und *Äschenregion*, dem Mittellauf die *Barbenregion*, dem Unterlauf die *Brachsenregion* und der Brackwasserzone die *Kaulbarsch-Flunderregion* zugeordnet.

Aufgaben

1. Erkläre die Angepasstheiten der Lebewesen eines Gebirgsbaches.
2. Beschreibe die Veränderungen der Umweltbedingungen eines Fließgewässers.
3. Erkläre die Bedeutung der Auen (Abb. 2).

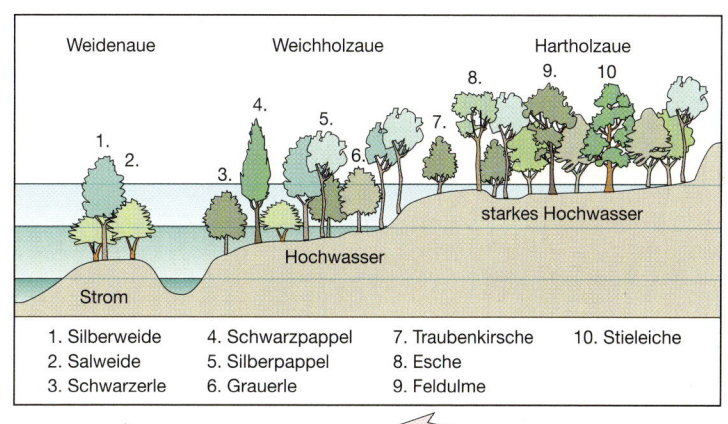

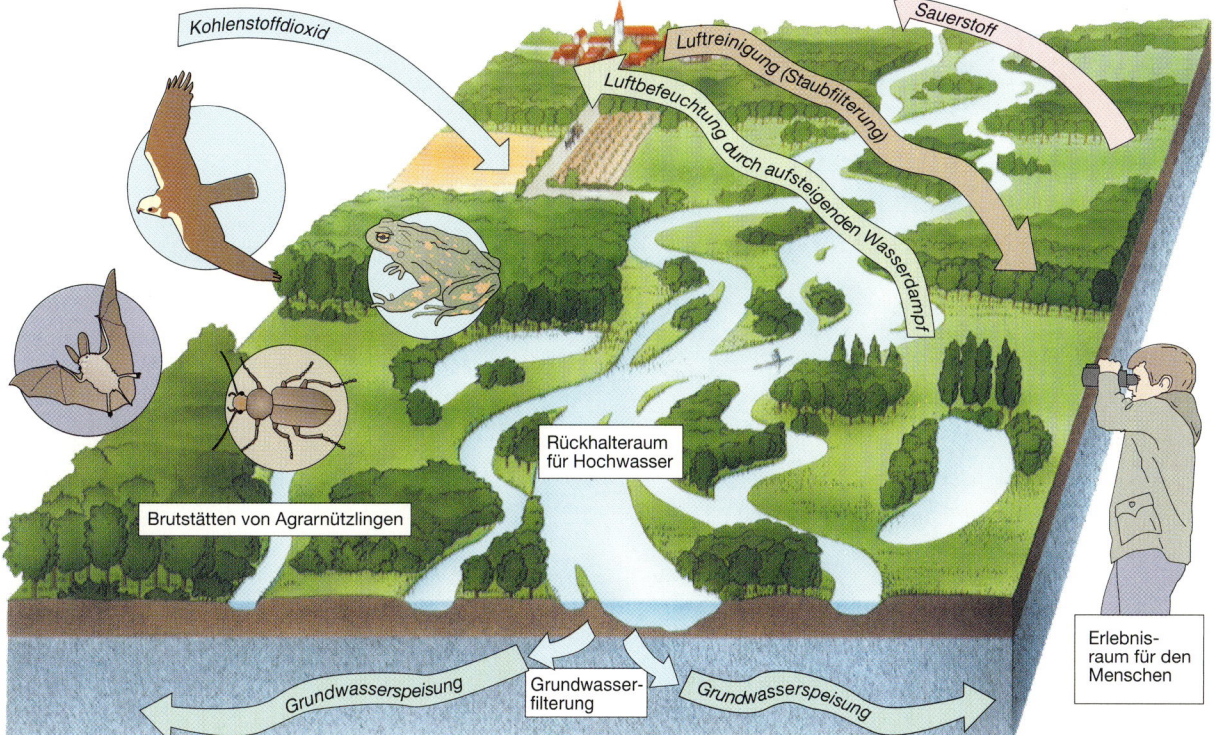

Joh. Gottfried Tulla (1770—1828) gründete 1807 in Karlsruhe eine Ingenieurschule. 1817 führte er die Regulierung des Oberrheins durch.

Weidenaue — Weichholzaue — Hartholzaue

1. Silberweide
2. Salweide
3. Schwarzerle
4. Schwarzpappel
5. Silberpappel
6. Grauerle
7. Traubenkirsche
8. Esche
9. Feldulme
10. Stieleiche

starkes Hochwasser — Hochwasser — Strom

Kohlenstoffdioxid — Sauerstoff — Luftreinigung (Staubfilterung) — Luftbefeuchtung durch aufsteigenden Wasserdampf — Rückhalteraum für Hochwasser — Brutstätten von Agrarnützlingen — Grundwasserspeisung — Grundwasserfilterung — Grundwasserspeisung — Erlebnisraum für den Menschen

Gewässerökosysteme

Die Selbstreinigung in einem Fließgewässer

Gelangen *Abwässer* in einen Bach, so verändern sich nicht nur das Aussehen des Wassers, sondern auch die Lebensbedingungen für alle Organismen.

Das klare Bachwasser wird durch eine Einleitung zunächst stark getrübt. Am Boden lagert sich bald schwarzer Faulschlamm ab, und Algen verschwinden. Der Sauerstoffgehalt nimmt stark ab. Man findet auf längerer Strecke fast nur noch Bakterien und Pilze. Nach einigen Bachkilometern wird das Wasser wieder klarer, der Sauerstoffgehalt und die Anzahl der Algen nehmen zu. In den folgenden Gewässerabschnitten wird das Pflanzen- und Tierleben wieder vielfältiger.

Im Bach laufen nacheinander folgende Vorgänge ab: Abwässer aus Haushalten enthalten viel *organische Substanzen* (Kot, Harn, Küchenabfälle), die von Lebewesen abgebaut werden können. Sauerstoffbedürftige *(aerobe)* Bakterien und Abwasserpilze setzen die stickstoffhaltigen Anteile der Eiweiße zu Nitraten, die schwefelhaltigen Anteile zu Sulfaten und die phosphorhaltigen Anteile zu Phosphaten um. Kohlenhydrate werden zu Kohlenstoffdioxid und Wasser abgebaut. Diese Vorgänge laufen nur so lange ab, wie Sauerstoff im Bachwasser gelöst ist.

Das Überangebot an organischer Substanz nach dem Abwassereinlauf führt zu einer massenhaften Vermehrung der Zersetzer. Die Abbauprozesse zehren bald allen Sauerstoff im Gewässer auf. Bei Fäulnis zersetzen Bakterienarten, die ohne Sauerstoff leben können *(anaerobe Bakterien)*, die Eiweiße unvollständig zu Ammoniumionen, Methan und Schwefelwasserstoff. Schwefelwasserstoff riecht nach faulen Eiern. Die große organische Belastung des Gewässers kann auch von der unvorstellbar großen Zahl an Bakterien und Pilzen nicht abgebaut werden, sondern lagert sich am Boden ab. Es entsteht Faulschlamm.

Die Schwefelbakterien wachsen auf dem Faulschlamm in dichten Rasen. Sie wandeln Schwefelwasserstoff, der aus dem Faulschlamm aufsteigt, in Sulfate um. Abwasserfahnen bauen Kohlenhydrate zu Methan ab. Im Fließgewässer nimmt bald nach der Einleitung die Zahl der Wimpertierchen, die sich von Bakterien ernähren, erheblich zu. In übermäßig und stark verschmutzten Gewässerabschnitten leben im Faulschlamm auch Schlammröhrenwürmer und Zuckmückenlarven.

In nachfolgenden Bachabschnitten vermehren sich die Algen wieder stärker. Sie nutzen die anfallenden Mineralstoffe Nitrat und Phosphat zum eigenen Wachstum. Wird die Belastung an organischer Substanz und an Mineralstoffen durch die Tätigkeit der Lebewesen im Gewässer noch weiter vermindert, so zeigen Köcherfliegenlarven die vorliegende mäßige Belastung an. Damit ist der Vorgang der Selbstreinigung eines Gewässers meist abgeschlossen. Fast nie wird bei uns der Zustand eines gering belasteten Gewässers erreicht, da in dicht besiedelten Gebieten vorher schon der nächste Abwasserzulauf erfolgt.

1 Abwassereinleitung

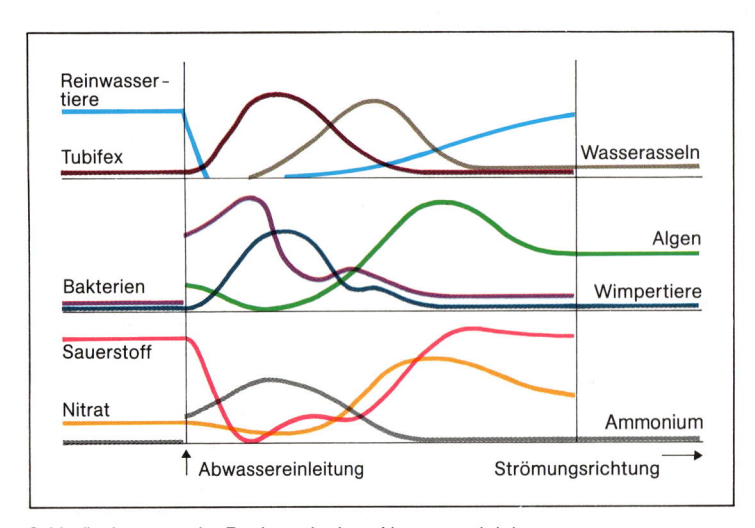

2 Veränderungen im Bach nach einer Abwassereinleitung

Gewässerökosysteme

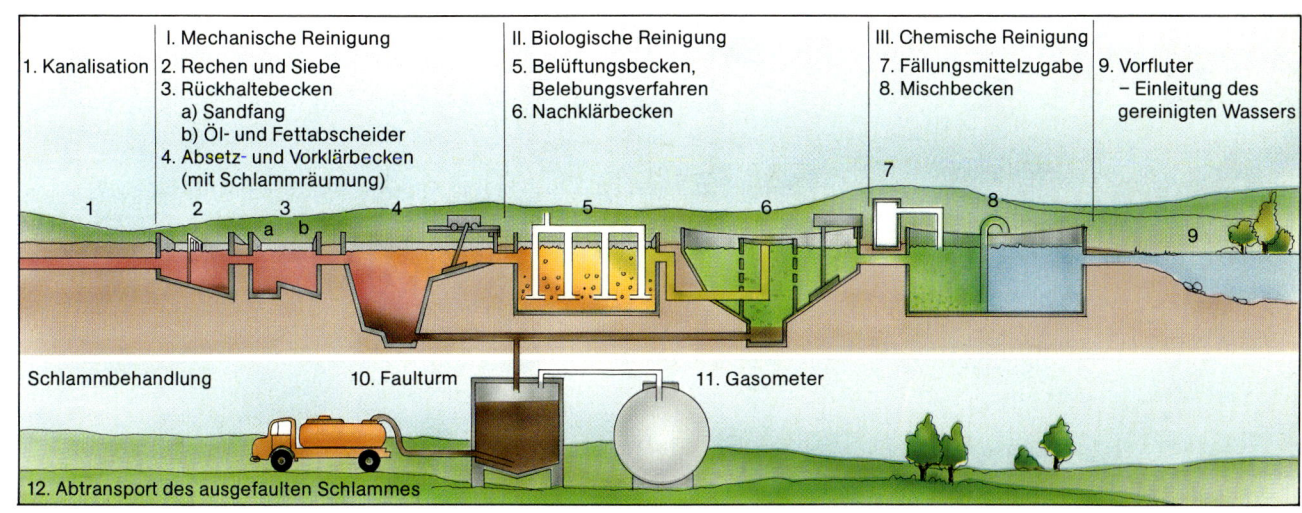

1. Kanalisation	I. Mechanische Reinigung	II. Biologische Reinigung	III. Chemische Reinigung	9. Vorfluter
	2. Rechen und Siebe	5. Belüftungsbecken,	7. Fällungsmittelzugabe	– Einleitung des
	3. Rückhaltebecken	Belebungsverfahren	8. Mischbecken	gereinigten Wassers
	a) Sandfang	6. Nachklärbecken		
	b) Öl- und Fettabscheider			
	4. Absetz- und Vorklärbecken			
	(mit Schlammräumung)			

Schlammbehandlung 10. Faulturm 11. Gasometer

12. Abtransport des ausgefaulten Schlammes

1 Schema der Abwasserklärung in einer dreistufigen Kläranlage

Abwasserreinigung in einer Kläranlage

Auf den ersten Blick hat eine moderne Kläranlage wenig Ähnlichkeit mit einem Bach. Dennoch laufen in der Kläranlage Vorgänge ab, die der Selbstreinigung im Bach stark ähneln. Das Abwasser fließt über die Kanalisation mit groben, feinen und feinsten Verunreinigungen in das Klärwerk. Grob- und Feinrechen halten größere Verunreinigungen zurück. In einem Bach werden diese Teile von Ästen der Büsche und Bäume am Ufer zurückgehalten. Im Sandfang des Klärwerkes wird Luft eingeblasen, wodurch Öl und Fett an der Wasseroberfläche abgeschieden werden und Sand sich am Boden ablagert. Im nachfolgenden Vorklärbecken fließt das Abwasser so extrem langsam, dass die Teilchen, die eine größere Dichte als Wasser haben, als Schlamm zum Boden absinken. Schieber drücken den Schlamm zu einer Seite des Beckens. Von dort wird er zum Faulturm gepumpt. Die Verhältnisse in dieser *mechanischen Reinigungsstufe* des Klärwerkes entsprechen Stillwasserbereichen eines Baches. Auch hier lagert sich Faulschlamm ab.

In einer weiteren Stufe der Kläranlage wird auf einer stark verkürzten Strecke eine biologische Selbstreinigung durchgeführt, die in einem Fließgewässer mehrere Kilometer erfordert. Nach der Vorklärung enthält das Abwasser noch Schwebteilchen und gelöste Verunreinigungen. Im Belebtschlammbecken des biologischen Teils der Kläranlage bläst man ständig Luft in das Wasser, um den Sauerstoffgehalt für die Bakterien und Einzeller optimal zu halten.

Die Bakterien und Einzeller sind mit organischen Schwebstoffen in Flocken zusammengeballt *(Belebtschlammflocken)* und bauen die enthaltenen Stoffe ab. Durch das Überangebot an Nahrung und Sauerstoff können sich die Lebewesen des Belebtschlammes ständig massenhaft vermehren. Aus dem Nachklärbecken der *biologischen Reinigungsstufe* werden die abgesetzten Massen des Belebtschlammes zum Faulturm gepumpt. Im Faulturm setzen Gärungsbakterien Kohlenstoffdioxid und energiereiches Methan frei. Das Methan kann in einem Gasometer gespeichert und zur Energieversorgung verwendet werden. Der Klärschlamm kann bei Einhaltung der Grenzwerte für Schwermetalle zu Humus weiterverarbeitet werden.

Das geklärte Wasser enthält als Folge der Abbauprozesse große Mengen an Nitraten und Phosphaten, die ein üppiges Pflanzenwachstum auslösen. Aus diesem Grund sollten die Kläranlagen möglichst mit einer dritten, der *chemischen Stufe,* ausgestattet werden. Nitrate und Phosphate könnten dann auf chemischem Weg ausgefällt werden. Das Wasser fließt so mineralstoffärmer in das Gewässer *(Vorfluter)* zurück.

Aufgabe

① Erkläre die Vorgänge bei der biologischen Selbstreinigung und die daraus resultierende Abfolge der Lebewesen in einem Bach. Vergleiche diese mit den Stationen einer Kläranlage.

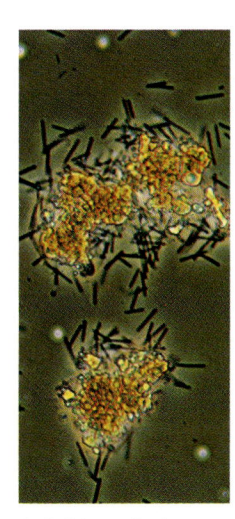

2 Schlammflocken mit Bakterien (ca. 600× vergr.)

Gewässerökosysteme

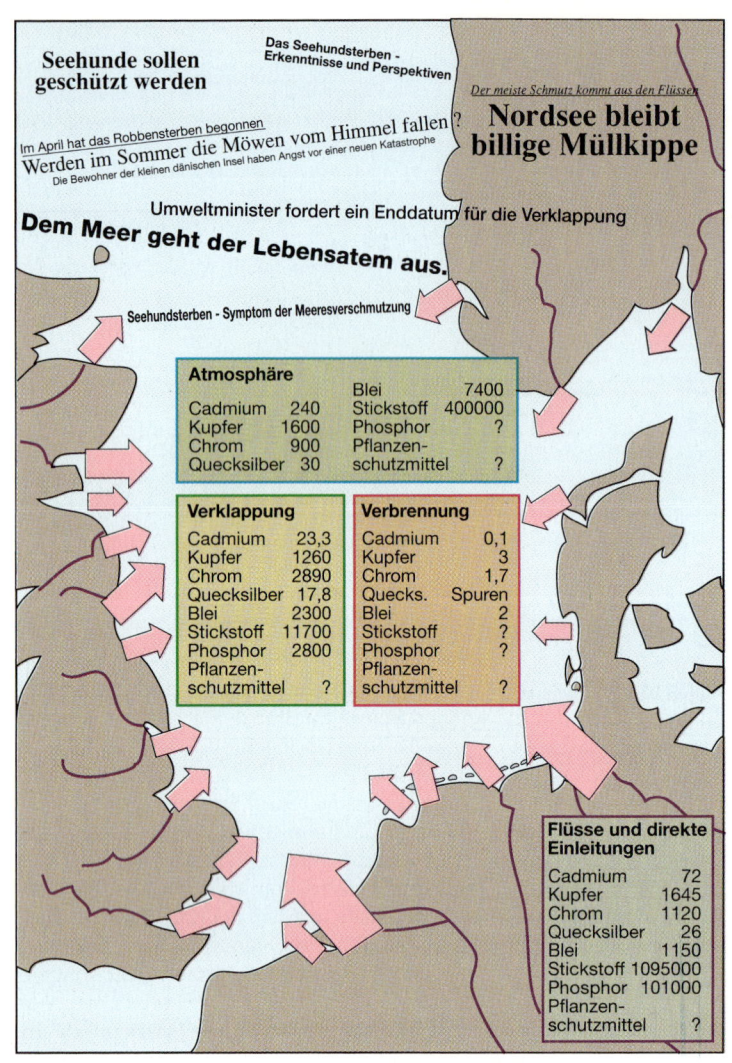

Auch das Meer ist ein gefährdeter Lebensraum

Viele Schadstoffe in der Nordsee stammen aus dem Binnenland. Die großen Flüsse, wie Elbe, Weser, Ems, Rhein, Themse und Humber, transportieren Schadstoffe in das Meer. Zusätzlich leiten an der Küste Industriebetriebe und Haushalte direkt Abwässer ein.

Große Mengen an schadstoffhaltigem Industriemüll, Klärschlamm und Baggergut werden von Schiffen in die Nordsee gekippt *(verklappt)*. Hochgiftiger Industriemüll wird auf der Nordsee verbrannt, sodass durch die giftigen Verbrennungsrückstände die Gesamtbelastung nochmals erhöht wird. Schadstoffe aus dem Verkehr, aus den hohen Schornsteinen der Kraftwerke und der Industrie gelangen in die Atmosphäre und dann über Niederschläge in das Meer. Ölbohrungen sowie ölhaltiges Wasser von Schiffen belasten die Nordsee zusätzlich.

Insgesamt ähnelt die Nordsee heute mehr einer übergroßen Müllkippe als einem intakten Ökosystem. Besonders bedenklich für Lebewesen ist der Gehalt an Schwermetallen und die Langlebigkeit von Schadstoffen, die sich im Sediment und über Nahrungsketten anreichern.

Die übermäßige Zufuhr von Phosphat und Nitrat, die von ausgewaschenen Mineraldüngern und unzureichend geklärten Haushaltsabwässern stammen, führt seit einigen Jahren immer wieder zu großen Algenblüten. Dies ist ein Anzeichen für fortgeschrittene Eutrophierung. Die Zersetzer brauchen am Meeresboden den ganzen Sauerstoff beim Abbau der riesigen Mengen abgestorbener Algen. Viele Lebewesen sterben dann an Sauerstoffmangel und große Flächen des Meeresbodens veröden.

Im Sommer 1988 stand das Sterben der Seehunde in der Nordsee im Mittelpunkt der Zeitungsberichterstattung. Ungefähr 6000 tote Tiere wurden an den Küsten Schleswig-Holsteins und Niedersachsens aufgefunden. Ausgelöst wurde das Massensterben vermutlich durch Viren, gegen die das Immunsystem der Seehunde versagte. Die Schwächung des Immunsystems geht auf die hohe Schadstoffbelastung der Nordsee zurück. Da Seehunde über 30 Jahre alt werden, können sie eine vergleichsweise lange Zeit Schadstoffe in ihrem Körper anreichern, sodass sie anfälliger für Krankheitserreger werden.

1 Schadstoffeinträge in die Nordsee (Schätzwerte in t/Jahr)

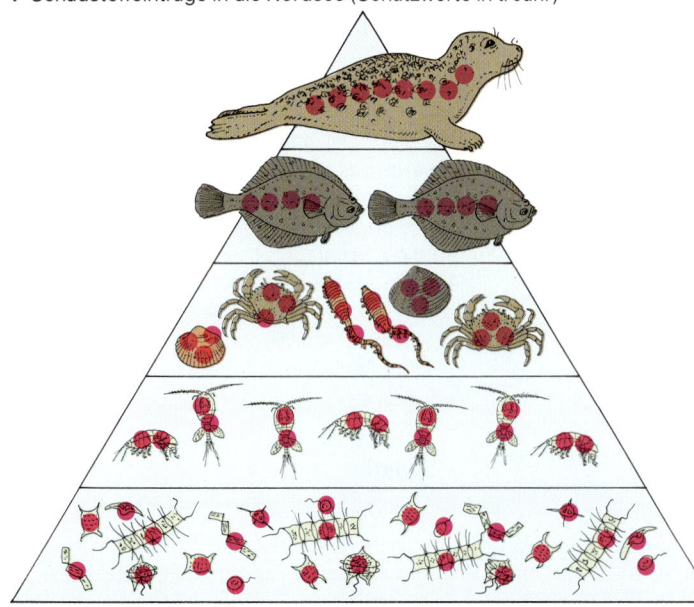

Atmosphäre
Cadmium	240
Kupfer	1600
Chrom	900
Quecksilber	30
Blei	7400
Stickstoff	400000
Phosphor	?
Pflanzenschutzmittel	?

Verklappung
Cadmium	23,3
Kupfer	1260
Chrom	2890
Quecksilber	17,8
Blei	2300
Stickstoff	11700
Phosphor	2800
Pflanzenschutzmittel	?

Verbrennung
Cadmium	0,1
Kupfer	3
Chrom	1,7
Quecks.	Spuren
Blei	2
Stickstoff	?
Phosphor	?
Pflanzenschutzmittel	?

Flüsse und direkte Einleitungen
Cadmium	72
Kupfer	1645
Chrom	1120
Quecksilber	26
Blei	1150
Stickstoff	1095000
Phosphor	101000
Pflanzenschutzmittel	?

2 Nahrungspyramide und Schadstoffanreicherung im Wattenmeer

Gewässerökosysteme

Gewässerschutz geht alle an

Das Beispiel der Nordsee macht einen Teil der vernetzten Wirkungen von Gewässerverschmutzungen sichtbar. Wenn im Inland weniger Wasser verbraucht wird und weniger Abwässer entstehen, so entlastet dies nicht nur die Binnengewässer, sondern auch die Meere, da über Bäche und Flüsse letztendlich die Abwässer aus Kläranlagen in sie gelangen. Wenn jeder versucht, mit unserem wichtigsten Lebensmittel, dem Trinkwasser, sparsamer umzugehen, bewirkt dies in der Gesamtheit viel für die Entlastung der Gewässer.

Etwa ein Drittel des Wasserverbrauches in Privathaushalten wird pro Tag für die Toilettenspülung verwendet. Bei Spülkästen werden pro Spülung 9 bis 14 Liter verbraucht. Hier kann eingespart werden. Man rüstet den Spülkasten am besten mit einer Durchflussbegrenzung nach. Für das kleine Geschäft die kleine Wassermenge.

Händewaschen, Duschen und Baden sind zu einem weiteren Drittel am Wasserverbrauch beteiligt. Kürzeres Duschen sollte dem Baden in der Wanne vorgezogen werden. Das Duschbad benötigt 30 – 40 Liter Wasser, eine gefüllte Wanne fasst 140 Liter. Es sollten außerdem tropfende Hähne abgedichtet werden. Ein Wasserhahn, der alle 3 Sekunden tropft, lässt 150 Liter im Monat durchfließen. Schließlich sollten Wasch- und Spülmaschinen nur laufen, wenn sie vollständig gefüllt sind. So spart man Wasser und Strom, was indirekt die Gewässer zusätzlich entlastet. Neue Geräte sollten unter Berücksichtigung des Wasser- und Energieverbrauches gekauft werden.

Man sollte die ortsübliche Wasserhärte kennen, um die Waschmittelmenge richtig bemessen zu können. Bei weichem Wasser benötigt man weniger Waschmittel. Außerdem kann man die Gewässerbelastung durch die Verwendung phosphatfreier Waschmittel noch weiter mindern. Generell sollte die Verwendung von Reinigungsmitteln im Haushalt eingeschränkt werden, denn sie belasten durch die waschaktiven Substanzen *(Tenside)* die Gewässer stark. Feste Abfälle und Altöle gehören nicht in das Abwasser. 1 Liter Öl macht eine Million Liter Wasser ungenießbar. Altöle können an Tankstellen abgegeben und einem Recyclingverfahren zugeführt werden. Lack- und Holzschutzmittelreste enthalten gefährliche Schadstoffe. Sie sollten gesammelt und als Sondermüll entsorgt werden.

Als Einzelner oder in der Schulklasse kannst du im Umweltschutz aktiv werden! Wenn du bei Bachpatenschaften mitarbeitest, kannst du Veränderungen der Pflanzen- und Tierwelt beobachten. Es können z. B. Gewässergütebestimmungen oder Vorschläge für langfristige Pflege- oder Renaturierungsmaßnahmen erstellt werden.

Aufgaben

① Ermittle den Wasserverbrauch pro Monat in eurem Haushalt (vergleiche z. B. die Wasserrechnung). Berichte und mache Vorschläge, wie ihr zu Hause Wasser sparen könnt.

② Überlegt, wo ihr in eurer Gemeinde für den Gewässerschutz aktiv werden könnt.

Menschlichen Eingriffe in die Naturlandschaft gibt es zwar schon seit Jahrhunderten, aber erst in den letzten Jahrzehnten sind diese Eingriffe so schwerwiegend, dass die Folgen den Menschen selbst gefährden. Infolge der Entstehung industrieller Ballungsräume, der Zerschneidung der zum Teil ausgeräumten Landschaft durch ein kleinmaschiges Verkehrsnetz, der Produktion von für Luft, Wasser und Boden gefährlichen Stoffen hat sich unsere Umwelt in den letzten Jahrzehnten radikal verändert. Die Vielfalt der Pflanzen und Tiere ist stark zurückgegangen, viele sind in ihrer Existenz bedroht oder schon ausgestorben bzw. ausgerottet. Natürliche Gleichgewichte zwischen den Organismen sind dadurch empfindlich gestört. Auch wir sind heute durch Schadstoffeinwirkungen direkt betroffen, da wir Schadstoffe einatmen und mit der Nahrung aufmehmen.

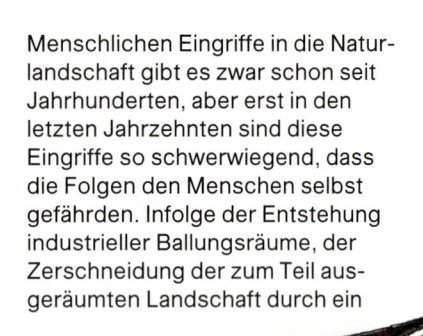

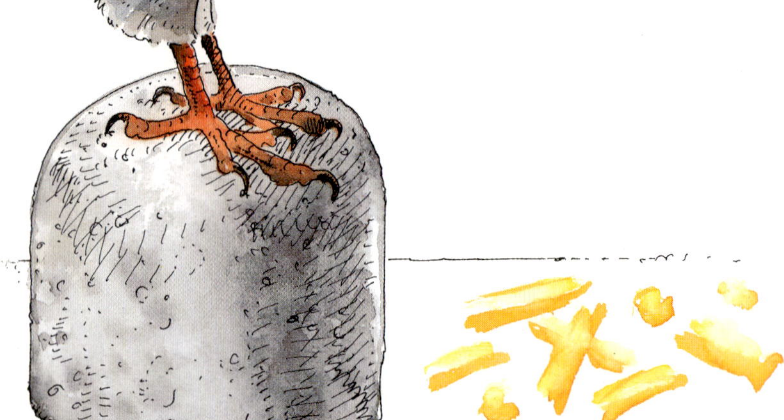

Natur- und Umweltschutz

Will man in der Zukunft dieses Problem lösen, gibt es nur die Möglichkeit, Natur- und Umweltschutz stärker als bisher bei allen zukünftigen Planungen und Entscheidungen zu berücksichtigen. Wer kann aber etwas dazu beitragen?

Zum einen können Zielsetzungen und Vorgaben vonseiten des Staates den Natur- und Umweltschutz absichern. Das bedeutet dann auch, dass Länder und Gemeinden, z. B. bei der Planung von Verkehrswegen, sich entsprechend verhalten. Zum anderen müssen Maßnahmen zur Verminderung des Schadstoffausstoßes durch Industrie, Landwirtschaft, Kraftwerke und Autoverkehr konsequent umgesetzt werden.

Schließlich ist auch jeder Einzelne gefordert. Denn er kann durch sein Verhalten im Kleinen etwas bewirken, z. B. bei der Müllentsorgung oder durch sein Kaufverhalten, wenn nur genügend Menschen mitmachen. Die Mitarbeit in Gruppen oder bei Projekten, die sich mit bestimmten Fragen des Natur- und Umweltschutzes beschäftigen, dient der Erreichung des Ziels einer gesünderen Umwelt.

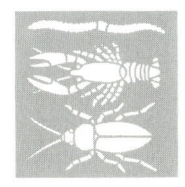

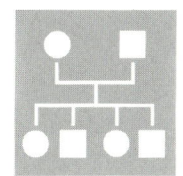

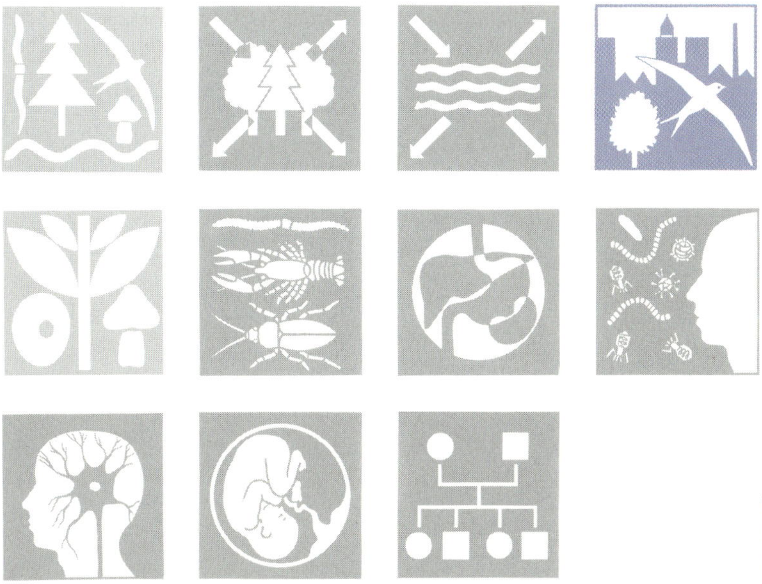

1 **Die Stadt und ihr Umland** 88
Gefährdete Umwelt — Wie kam es dazu? 88
Das Leben zwischen Häusern 90
Lexikon: Frei lebende Tiere und Pflanzen in der Stadt 91
Verschmutzte Luft gefährdet die Gesundheit 92
Praktikum: Flechten als Bioindikatoren 93
Müll vermeiden — aber wie? 94
Lebensräume aus zweiter Hand 96

2 **Natur- und Kulturlandschaft** 98
Die Feldflur ist artenarm 98
Hecken bieten wichtige ökologische Nischen 100
Projekt: Anlegen einer Hecke 102
Projekt: Die Trockensteinmauer 104
Biotopschutz ist auch Artenschutz 106

1 Die Stadt und ihr Umland

Gefährdete Umwelt — wie kam es dazu?

Bis zum 7. Jahrhundert unserer Zeitrechnung war Deutschland zum größten Teil mit Wald bedeckt. Damals begann der Mensch, in größerem Umfang den Wald durch Abbrennen und Abholzen zurückzudrängen. Immer mehr Raum wurde als Siedlungsraum für den Ackerbau benötigt, außerdem nutzte man das Holz als Brenn- und Baumaterial. Das führte dazu, dass der Wald bis zum 13. Jahrhundert auf ungefähr ein Drittel zurückgedrängt wurde. Das entspricht etwa dem heutigen Stand.

Sowohl der restliche Wald als auch die freien Flächen veränderten sich bis heute sehr stark. Aus dem damaligen Urwald, der sich hauptsächlich aus Buchen und Eichen zusammensetzte, wurde reiner Nutzwald. Vielerorts besteht dieser Forst aus nur einer Baumart, z. B. Fichten. Solche *Monokultu-*

88 *Natur- und Umweltschutz*

ren bieten im Vergleich zum Mischwald nur relativ wenigen Organismen eine Lebensgrundlage und begünstigen die Ausbreitung von Schädlingen. Naturnahe Wälder mit einer größeren Artenvielfalt gibt es heute nur an wenigen Stellen.

Die als *Ackerland* genutzten Gebiete wurden in den vergangenen Jahrhunderten so bewirtschaftet, dass auf einem Feld im dreijährigen Rhythmus Wintergetreide, Sommergetreide und Brache abwechselten. Diese Wirtschaftsform nennt man *Dreifelderwirtschaft*. Daneben gab es die *Zweifelderwirtschaft*. Dabei wechselten sich z. B. Roggen und Brache ab. Jede Pflanzenart entzieht dem Boden bestimmte Mineralstoffe. Der Fruchtwechsel verhindert einen einseitigen Mineralstoffentzug. Während der Brache kann sich der Boden erholen. Später wurde die Brache aufgegeben, da der Nahrungsmittelbedarf durch die wachsende Bevölkerung zunahm. Anstelle der Brache wurden Hackfrüchte, also Kartoffeln und Rüben, angebaut. Der Anbau von Kulturpflanzen erfolgte damals nur auf kleinen Flächen, die sich mit Wiesen und Weiden abwechselten. Die Grenzen wurden meist durch lebende Zäune, die *Hecken*, gebildet, sodass sich ein stark gegliedertes und vielfältiges Landschaftsbild ergab. Eine solche *Kulturlandschaft* bot vielen Pflanzen und Tieren Lebensmöglichkeiten.

Die *Industrialisierung*, die im letzten Jahrhundert begann, zog einschneidende Änderungen nach sich. Zusätzliche Flächen für Industrieanlagen wurden benötigt. Nach und nach entstanden industrielle Ballungszentren. Sie entwickelten sich mit zunehmender Produktivität immer mehr zu einer Belastung der Umwelt. Staub und giftige Gase gelangten in die Atmosphäre, Säuren, Laugen und Schwermetalle gelangten in Gewässer und Boden. Erst in den letzten Jahrzehnten reagiert man darauf mit Vorschriften und Gesetzen, die den Schadstoffausstoß vermindern sollen. Zudem sind viele Altlasten zu sanieren, zum Beispiel nicht mehr genutzte Industrieflächen, deren Böden verseucht sind.

Die industrielle Entwicklung war Voraussetzung für die weitere Entwicklung der Landwirtschaft. Gegen Ende des letzten Jahrhunderts war es möglich, industriell Mineraldünger herzustellen. Dadurch konnte der Ertrag pro Hektar gesteigert werden. Zunehmender Maschineneinsatz förderte gleichzeitig die Vergrößerung der landwirtschaftlichen Nutzflächen und damit das weitgehende Verschwinden der Hecken. Heute ist die Landschaft in vielen Bereichen ausgeräumt. Großflächige Monokulturen, die mit Maschinen rationell bearbeitet werden können, bestimmen das Bild. Schädlinge werden mit *Insektiziden* (Insektenbekämpfungsmitteln) und *Fungiziden* (Pilzbekämpfungsmittel) bekämpft. Mit den Kulturpflanzen konkurrierende Wildpflanzen, wie viele Kräuter und Gräser, werden als sogenannte „Unkräuter" mit *Herbiziden* (Unkrautbekämpfungsmittel) zurückgedrängt. Diese als „Pflanzenschutzmittel" bezeichneten Stoffe gelangen, wenn sie nicht schnell genug abgebaut werden, ebenso wie Mineralsalze aus Düngemitteln, in das Grundwasser. Inzwischen ist ein zu hoher Nitratgehalt im Grundwasser vielerorts ein Problem für die Wasserwerke, die uns mit Trinkwasser versorgen. Man weiß heute außerdem, dass die Bodenorganismen dadurch erheblich geschädigt werden. Sie sind für die Bodenfruchtbarkeit von großer Bedeutung.

Die Verbesserung der Nahrungsgrundlage und der medizinische Fortschritt hatten auch zur Folge, dass die Bevölkerung sehr schnell zunahm. Heute wächst unsere Bevölkerung zwar nicht mehr, aber durch die hohe Bevölkerungsdichte wurde und wird die Umwelt ständig übernutzt und belastet. Verbauung und Zersiedlung der Landschaft sind die Folge: Trockenlegen von Feuchtgebieten in Verbindung mit der Kanalisierung der meisten Flüsse, um neue landwirtschaftliche Nutzflächen zu erschließen, Zerschneidung und Versiegelung der Landschaft durch ein sehr dichtes Verkehrswegenetz und der Betonierung bzw. Bepflasterung der Oberflächen, vor allem in den Städten. Regenwasser versickert somit nicht mehr langsam im Boden, sondern wird über die Kanalisation in die Flüsse abgeführt. Die Folge kann ein Absinken des Grundwasserstandes sein. Hohe Automobildichte und hoher Energieverbrauch sind weitere Kennzeichen einer hoch entwickelten Industriegesellschaft. Die Emission von giftigen Stickstoffoxiden und Kohlenstoffdioxid wird immer mehr als Problem erkannt. Erste Maßnahmen zur Reduktion sind zwar eingeleitet, aber noch nicht wirksam genug. Ein noch nicht gelöstes Problem sind die großen Müllmengen, die durch Haushalt und Industrie anfallen. Haushaltsabwässer, die vor einigen Jahrzehnten noch direkt in die Flüsse und Seen eingeleitet wurden und diese belasteten, durchlaufen heute weitgehend Kläranlagen, die in ihrer Wirkung ständig verbessert werden.

Das Leben zwischen Häusern

Wenn sich eine Kleinstadt zu einer Großstadt entwickelt, findet eine rigorose Artenverarmung statt. Betrachten wir z. B. Wolfsburg. Im Jahr 1947 lebten in dieser Stadt ca. 22 000 Einwohner und es brüteten dort acht Greifvogelarten, darunter so seltene wie der *Wespenbussard* und die *Rohrweihe*. 1971 — die Bevölkerung war inzwischen auf 90 000 Einwohner angewachsen — lebten dort noch *Mäusebussard* und *Turmfalke*. 1990, Wolfsburg hatte inzwischen ca. 130 000 Einwohner, gab es dort nur noch eine Greifvogelart, den Turmfalken.

Viele unserer Städte bieten den meisten Wildtieren keine geeigneten Lebensräume mehr. Einige Tierarten aber können hier leben, weil ihnen bestimmte Gebiete innerhalb der Stadt ähnliche Lebensbedingungen bieten wie das Freiland. Dies gilt z. B. für *Mäuse, Eichhörnchen* und *Steinmarder*, die in Parkanlagen und auf Friedhöfen heimisch sind.

Vor allem manche Vogelarten finden gute Lebensbedingungen vor, da die Städte Eigenschaften des ursprünglichen Lebensraumes vieler Vogelarten besitzen und ausreichend Nahrung und Nistplätze bieten. So ist der *Mauersegler* beispielsweise auf felsige Brutplätze angewiesen, in der Stadt nimmt er mit Nischen und Vorsprüngen in den „Steilfelsen" der Hauswände und Dächer vorlieb. Ein Musterbeispiel für die Verstädterung einer Vogelart ist die *Amsel*. Dieser ursprünglich im Wald lebende Vogel besiedelt heute in großer Zahl alle mitteleuropäischen Städte.

Tiere, die in der Umgebung des Menschen geeignete Lebensbedingungen finden, bezeichnet man als *Kulturfolger*. Sie haben wenig natürliche Feinde, wenig Konkurrenz durch andere Tierarten und sie finden leicht und ausreichend Nahrung. In der Großstadt kommen meistens nur wenige Vogelarten vor, diese aber in sehr großer Individuenzahl. So sind zum Beispiel in vielen Städten die *Tauben* zu einer Plage geworden, sodass man sie mancherorts schon bekämpft. Viele Großstadtvögel zeigen inzwischen besondere Anpassungen an ihren Lebensraum: *Stockenten* lassen Menschen näher an sich heran als in der freien Natur. *Amseln* ziehen im Herbst nicht weg, sondern überwintern in den Städten.

Wie bei den Tieren der Großstadt, sind auch unter den Pflanzen in der Stadt gut angepasste Arten. Selbst aus befestigten Wegen wachsen Pflanzen! *Vogelknöterich, Löwenzahn* und *Wegerich* sind Beispiele für Pflanzen in Pflasterritzen. An alten Bäumen wachsen spärlich Moose und Flechten. Viele Mauerritzen beherbergen für den Standort typische, teils angesiedelte Pflanzenarten, wie z. B. *Mauerpfeffer, Schöllkraut* und *Mauerraute*.

1 Brütende Amsel in einem Autoreifen

2 Blühender Mauerpfeffer am Bordstein

Vogelknöterich

Löwenzahn

Breitwegerich

Hirtentäschelkraut

Aufgabe

① Nenne weitere besondere Anpassungsformen verschiedener Tiere und Pflanzen an den Lebensraum Stadt.

```
L e x i k o n
Lexikon
exikon
xikon
ikon
kon
on
```

Frei lebende Tiere und Pflanzen in der Stadt

Ursprünglich war der **Steinmarder** wahrscheinlich ein Felsenbewohner. Allmählich hat sich das Tier aber dem Menschen und seinen Siedlungen angeschlossen. Er bewohnt alte Gemäuer, Schuppen und verlassene Erdbauten. Er ist ein dämmerungs- und nachtaktives Tier. Verwilderte Haustauben, Ratten und Regenwürmer sind seine Leckerbissen, aber auch Früchte verschmäht er nicht.

Alle **Fledermausarten** in der Bundesrepublik Deutschland sind in ihrem Bestand stark gefährdet. Ihre Sommerquartiere *(Hangplätze)* unter den Dächern werden durch Umbaumaßnahmen zerstört, Spalten in Wandverkleidungen und Rolladenkästen durch Wärmeisolierungen unzugänglich gemacht. Kühle, frostsichere Winterquartiere (Höhlen, Stollen, erreichbare Dachböden) sind in der Stadt kaum vorhanden. Daraus lassen sich Schutzmaßnahmen ableiten: Die verbliebenen Hangplätze müßten erhalten bleiben, völlig verschlossene Dachräume wieder geöffnet werden. Außerdem sollte beim Dachgebälk auf giftige Imprägniermittel verzichtet werden. Als zusätzliche Hilfsmittel dienen *spezielle Fledermauskästen.*

Die **Türkentaube** ist durch einen schwarzen, weiß geränderten Halbring am Nacken gut von anderen Taubenarten zu unterscheiden. Der Lebensraum dieser Taube sind die Siedlungen. Als echter Kulturfolger dringt sie selbst in die Großstädte vor. Sie nistet in Stadtwäldern, Parkanlagen, Friedhöfen sowie auf einzeln stehenden Bäumen. Die Ausbreitung dieser Taube ist einzigartig: Von Indien wurde sie in die Türkei eingeschleppt, 1930 besiedelte sie Ungarn, 1938 die Tschechoslowakei, 1943 Österreich. 1946 wurde eine Türkentaube in Augsburg gefangen. Heute ist diese Taubenart in ganz Mittel- und Westeuropa beheimatet.

Die **Gemeine Nachtkerze** ist ursprünglich in Amerika beheimatet. Sie wurde durch den Menschen mit Wirtschaftsgütern nach Europa eingeschleppt und entlang der Verkehrswege verbreitet. Die bis zu 1 m hohe Pflanze blüht von Juni bis August auf Bahndämmen, Schuttplätzen und Baulücken.

Die **Rosskastanie** kommt aus den warmen und gemäßigten Gebieten Kleinasiens. Deshalb verträgt sie unser Stadtklima gut, das bis zu 3 °C höhere Temperaturen als das Umland zeigt. Sie benötigt zum guten Gedeihen viel Licht, bei anhaltender Beschattung kümmert sie. Samen wurden in Europa zum ersten Mal im Jahre 1576 in Wien erfolgreich angepflanzt.

Die **Robinie** wird von vielen als einheimischer Baum betrachtet, obwohl alle Exemplare in Europa aus dem botanischen Garten des französischen Königs Ludwig XII. stammen. 1601 erhielt der Botaniker und Leibarzt des Königs, Jean Robin, einige Samen eines unbekannten nordamerikanischen Baumes, die er erfolgreich aussäte.

Natur- und Umweltschutz

Smogalarm im Ruhrgebiet

Düsseldorf. Das größte deutsche Industriegebiet liegt seit gestern auch tagsüber im Halbdämmer. Und das nicht etwa wegen tief hängender Regenwolken. Eine gewaltige Gift- und Staubglocke drückt aufs Revier. Stellvertretend für uns alle erleben die Menschen im Kohlenpott diese beängstigende Situation. Herz- und Kreislaufpatienten sowie an Atemwegserkrankungen leidende Bewohner ringen nach Luft, Notärzte sind pausenlos im Einsatz. Zum Schutz der Menschen wurde Smog-Alarm der höchstmöglichen Gefahrenstufe III ausgerufen.

1 Zeitungsmeldung

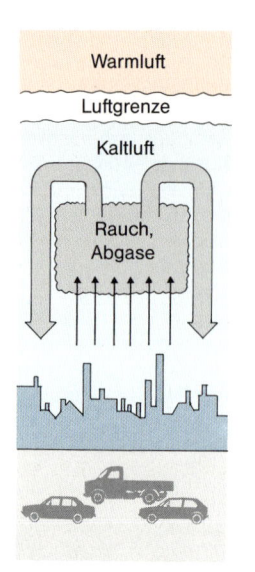

2 Smogbildung (Schema)

Smog setzt sich aus *smoke* (engl. = Rauch) und *fog* (engl. = dichter Nebel) zusammen

Verschmutzte Luft gefährdet die Gesundheit

Alarmierende Meldungen gehen seit einigen Jahren in den Wintermonaten regelmäßig durch die Presse. Polare Kaltluft am Boden und warme Mittelmeerluft in einigen hundert Metern Höhe — das ist die Wetterlage, die *Smog* entstehen lässt. Die Kaltluftmassen werden unter der Warmluftzone wie unter einem Topfdeckel festgehalten. In der bodennahen Luftschicht reichern sich Schadstoffe an, die Heizungen, Kraftwerke, Verkehr und Industrie ausstoßen. Über 17 Millionen Tonnen Schadstoffe werden jährlich allein in Deutschland in den Himmel geblasen: Vor allem Kohlenstoffmonooxid, Stickstoffoxide, Schwefeldioxid sowie Staub verschiedenster Art.

Die Schadstoffe *Kohlenstoffmonooxid* (CO) und *Stickstoffoxide* (NO, NO_2) entstehen in erster Linie bei Verbrennungsvorgängen in Heizungen und Motoren. Der größte Teil des *Schwefeldioxids* (SO_2) stammt aus der Verbrennung von Kohle und Öl in Kraftwerken und Wohnungen. Kraftwerke, Industrie und private Haushalte verursachen 50%, der Verkehr alleine die andere Hälfte der Luftverschmutzung.

Jeder Autofahrer sollte zur Verringerung der Luftbelastung überflüssige Fahrten unterlassen, wie dies beim Smog-Alarm angeordnet wird. Außerdem kann er durch regelmäßige Kontrollen für eine optimale Motoreinstellung sorgen. Zudem verringern funktionierende geregelte Dreiwegekatalysatoren den Schadstoffausstoß um bis zu 90%.

Dass giftige Stoffe, die im Kreislauf enthalten sind, in Städten in das Blut von Kindern gelangen, zeigte eine Vergleichsuntersuchung von Kindern in der verkehrsreichen Kölner Innenstadt mit Kindern aus Borken mit wesentlich geringerer Verkehrsdichte (Abb. 3). Die Konzentration von Benzol im Blut lag um 72%, von Blei um 16% höher. Der höhere Gehalt an CO, das an Hämoglobin gebunden ist (COHb), stammt vermutlich überwiegend aus dem Straßenverkehr. Kurzfristig erscheinen die gefundenen Konzentrationen problemlos, wie sie sich aber langfristig auswirken, kann man nicht abschätzen.

Längst hat der Gesetzgeber Folgerungen aus der Luftbelastung gezogen. In der Großfeuerungsverordnung werden Grenzwerte für den Ausstoß von Schwefeldioxid und Stickstoffoxiden bestimmt. Beide Stoffe sind für das Waldsterben mitverantwortlich. Die TA Luft *(Technische Anleitung zur Reinhaltung der Luft)* legt für Industrieanlagen Schadstoffgrenzen fest. Andere Verordnungen regeln die Abgasmessung in Privathaushalten und die Abgasuntersuchung bei Autos.

Smog führt zu Lungen- und Bronchialerkrankungen. Ärzte beobachten in den letzten Jahren einen starken Anstieg des *Asthmas* bei Kindern. Bei *Pseudokrupp-Erkrankungen* wird ebenfalls ein Zusammenhang mit der Schadstoffbelastung der Luft vermutet. Bei alten und geschwächten Menschen treten bei Smog gehäuft Todesfälle auf.

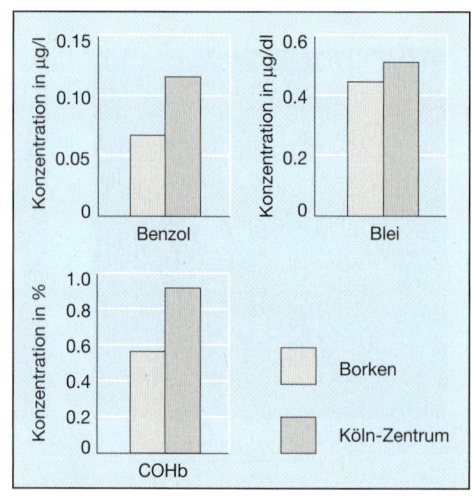

3 Schadstoffkonzentrationen im Blut von Kindern

Natur- und Umweltschutz

Praktikum

Flechten als Bioindikatoren

Mit modernen Messgeräten wird die Belastung der Luft mit schädigenden Gasen sehr genau kontrolliert. Noch so genaue physikalische Messwerte geben jedoch keine Antwort auf die Frage nach den langfristigen Auswirkungen der Schadstoffe auf die Gesundheit von uns Menschen und die anderer Lebewesen.

Flechten reagieren besonders empfindlich auf die Belastung der Luft. Sie sind den Schadstoffen, anders als etwa Laubblätter, langfristig und insbesondere auch in der schadstoffreichen Winterzeit ausgesetzt. Ein Ausbleichen und letztlich das Absterben des Lagers sind die beobachtbaren Folgen der Schadstoffwirkung. Kennt man das Ausmaß, in dem eine ganz bestimmte Flechtenart Schadstoffe erduldet, so kann man sie in Untersuchungen über die Luftverschmutzung als *Bioindikator* („lebender Zeiger") benutzen.

1. Aufnahme der Flechtenvegetation

Suche im Untersuchungsgebiet, z.B. einem Park oder Waldstück, die Stämme mit best entwickeltem Flechtenbewuchs aus. Halte die Lage der Probebäume auf einem Plan fest. Sie sollten möglichst eine glatte Borke und einen aufrechten Wuchs besitzen; gut eignen sich meist Buchen.

Befestige mit Reißzwecken in Augenhöhe eine Klarsichtfolie um den Probestamm. Notiere den Stammumfang an Ober- und Unterkante der Folie. Bestimmte mit einem Kompass die Nordrichtung und vermerke sie auf der Folie.

- **A. rot:** *Staubartige Kuchenflechte*
- **B. orange:** *Krustenflechten*
- **C. blau:** *Blasenflechte*
- **D. schwarz:** *Blattflechten*
- **E. grün:** *Strauchflechten*

Hinweis: Die Unterscheidung der graugrünen Lager der *Staubartigen Kuchenflechte* von den lauchgrünen Matten der Luftalge *Desmococcus* ist oft schwer. Suche in solchen Fällen mit einer Lupe (ca. 10 x vergrößert) die gelblichen Fruchtkörper der Kuchenflechte!

2. Auswertung

Lege die Folien über kariertes Papier und ermittle die Flächen der einzelnen Lager durch Zählen der umgrenzten Kästchen. Berechne daraus, welcher prozentuale Anteil an der gesamten untersuchten Stammfläche von den einzelnen Flechten bewachsen wird. Sammle die Daten aller Probebäume in einem vorbereiteten Formular.

3. Bewertung

In der unter 1. genannten Reihenfolge von A. nach E. nimmt die Fähigkeit der Flechten, Luftschadstoffe zu ertragen, ab. Hohe Flächenanteile ungeschädigter Strauchflechtenlager zeigen deshalb geringste Luftverschmutzungen an. Ist nur noch die *Staubartige Kuchenflechte* mit kleinen Lagern zu finden, dann muss von höchster Schadstoffbelastung der Luft ausgegangen werden. Bei noch größerem Luftverschmutzungsgrad überlebt allein *Desmococcus*.

4. Untersuchungsmöglichkeiten

Durch gleichzeitige Untersuchungen der Flechtenvegetation an mehreren Orten einer Stadt oder einer Region kann mit dieser Methode unterschiedliche Luftreinheit ermittelt werden. Durch wiederholte Aufnahmen und den Vergleich der Ergebnisse lassen sich Belastungsänderungen über Jahre erkennen und festhalten.

1 Matten der Luftalge **Desmococcus** (intensiv grün, meist pulverig, die Ränder der Alge sind schlecht abgegrenzt)

2 **Kuchenflechte** (*Lecanora conizaeoides*; eine Krustenflechte; die Lager sind graugrün bis grünlich, körnig oder warzig; oft runde Fruchtkörper)

3 **Blasenflechte** (*Hypogymnia physodes*; eine Blattflechte; Lageroberfläche grau, glatt; Lagerunterseite braun, runzelig)

4 **Pflaumenbaumflechte** (*Evernia prunastri*; eine Sraucflechte; Lageroberseite grün, runzelig; Lagerunterseite weiß)

Natur- und Umweltschutz

1 Der Müllberg

Müll vermeiden — aber wie?

Allein die Bürger Kölns werfen in einem Jahr so viel Abfall weg, dass der Müllberg fast den Kölner Dom unter sich begraben würde. Für das Jahr 1987 fielen in der gesamten Bundesrepublik 242,6 Millionen Tonnen Abfall an, davon ca. 23 Millionen Tonnen Haus- und hausmüllähnlicher Gewerbe- und Spermüll, d. h. 375 kg pro Bürger. Übereinander geschichtet hätte der Müllberg der ganzen Bundesrepublik stattliche 3000 m Höhe erreicht, was ungefähr der Gipfelhöhe des höchsten deutschen Berges, der Zugspitze, entspricht. Das Ergebnis der Analyse des Hausmülls aus dem Jahr 1985 ist in der Randspalte angegeben. Anfang der neunziger Jahre machte der Müllnotstand Schlagzeilen.

Wie kam es zu dieser Entwicklung? Das deutsche Wirtschaftswunder nach 1950 ließ den Wohlstand und den Konsum wachsen. Mitte der Sechzigerjahre wurde für Wegwerfartikel geworben, z. B. Getränke in Einwegverpackungen. Die „Ex- und-Hopp-Mentalität" begann. Kleidung und sonstige Güter wurden immer stärker der Mode unterworfen und veralteten schneller. Verpackungen wurden wichtige Werbeträger und halfen, Verkaufspersonal einzusparen. Unsere ganze Gesellschaft änderte ihre Verbrauchsgewohnheiten.

Bis 1970 nahmen in der Bundesrepublik ungefähr 50 000 Müllabladeplätze die steigenden Abfallmengen auf *(ungeordnete Deponien)*. In dieser Zeit wurden die Gefahren von Deponien (z. B. Grundwassergefährdung) von Sickerwässern, Gasentwicklung bei der Verrottung der Abfälle) sichtbar. Ab 1972 regelte das *1. Abfallgesetz* die geordnete Beseitigung der Abfälle. Die Ansprüche an den Aufbau und den Betrieb von Deponien stiegen. Infolgedessen sank die Zahl der Hausmülldeponien bis 1988 stark. Trotzdem wurde 1988 noch der größte Teil des Hausmülls (67 %) auf Deponien entsorgt, weitere 30 % gelangten in Müllverbrennungsanlagen (MVAs).

Man fordert heute für eine geordnete Hausmülldeponie, dass sie am Boden durch eine undurchlässige Schicht (z. B. Ton und Folien) und an den Seiten abgedichtet ist. Drainageleitungen fangen das Sickerwasser ab und führen es einer Kläranlage zu. Der Müll wird in Schichten von 2 m Höhe verdichtet und täglich mit Erde abgedeckt. Entstehendes Gas wird abgeleitet und zur Stromerzeugung genützt. Nach der Verfüllung der Deponie wird das Gelände rekultiviert. Da Standorte mit den beschriebenen natürlichen Gegebenheiten selten und der Flächenbedarf für Deponien und deren Betriebskosten hoch sind, soll auf den Deponien möglichst sparsam Müll abgelagert werden.

Hierzu bieten sich *Müllverbrennungsanlagen* als Ergänzung an. Sie verringern den Müll im Volumen um ca. 80 %, bei Aufbereitung der Schlacken um 95 % und das Gewicht um 60–70 %. Daneben können MVAs auch Wärme für Heizzwecke erzeugen. Die Probleme der MVAs sind der hohe Gehalt und Gemische von gesundheitsschädlichen Schadstoffen (z. B. von Schwermetallen und Dioxinen) in den Rauchgasströmen. Die MVAs belasten die Luft, wenn die Schadstoffe nicht durch aufwendige Filtersysteme nach dem Stand der Technik so weit als möglich zurückgehalten werden. Die bei der Rauchgasreinigung anfallenden Filterstäube und Rückstände sind so schadstoffbelastet, dass sie als Sondermüll auf einer entsprechenden Deponie gelagert werden müssen. Ein weiterer Nachteil ist, dass beim Verbrennen Wertstoffe endgültig verloren gehen.

Seit 1986 setzt der Bund durch das *2. Abfallgesetz* neue Ziele in der Abfallpolitik:
1. *Vermeidung:* Abfälle sollten nach Möglichkeit nicht entstehen.
2. *Recycling:* Sind Abfälle nicht vermeidbar, sollen Wertstoffe in den Wirtschaftskreislauf zurückgeführt werden.
3. Nur unvermeidliche Reststoffe sollen abgelagert werden.

Randspalte (Mülltonne):
- Küchen- und Gartenabfälle 30 %
- Papier und Pappe 16 %
- Glas 9 %
- Plastiktüten, Kunststoffverpackungen 5 %
- Textilien 2 %
- Metalle 3 %
- Sondermüll, Medikamente, Batterien 4 %
- Sonstige nicht wiederverwertbare Stoffe 31 %

Natur- und Umweltschutz

440 000 l Wasser

2385 kg Holz

7600 kWh Strom

Ressourcenverbrauch für 1t Papier 1. Qualität

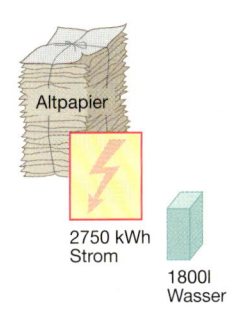

Altpapier

2750 kWh Strom

1800 l Wasser

Ressourcenverbrauch für 1t Umweltschutzpapier

umweltfreundlich

Die Schwierigkeiten bei der Entsorgung und der *thermischen Verwertung* durch MVAs sind bereits dargestellt worden. Die Vor- und Nachteile des Recyclings sollen nun aufgezeigt werden.

Recycling setzt die Sortierung von Hausmüll voraus. Schadstoffhaltige Abfälle (Lacke, Batterien, Leuchtstoffröhren) sollen den Sondermüllsammlungen zugeführt werden. Organische Abfälle aus Küche und Garten (Kartoffelschalen, Grünschnitt, usw.) sind nicht vermeidbar, können aber über Eigen- oder Gemeindekompostierung dem Boden wieder zugeführt werden. Kleidung kann man als Second-Hand-Kleidung wieder verwerten. Gebrauchte Kunststoffe können granuliert und daraus Lärmschutzwände hergestellt werden. Aus Altpapier und Altglas können Grundstoffe zurückgewonnen und daraus wieder neues Glas und Papier gefertigt werden. Relativ erfolgreich funktioniert die Sammlung von Papier und Glas über Container und das Recycling durch die Industrie. Dabei spart man Rohstoffe, Energie und Deponieraum.

Das Recycling von Kunststoffen, Weißblech und Aluminium ist unter ökologischen und wirtschaftlichen Gesichtspunkten sehr problemreich. Beim Recycling wird generell bei Transporten Energie verbraucht und bei den Umwandlungsprozessen entstehen meist neue Schadstoffe. Recycling bleibt nur die zweitbeste Strategie, die beste Lösung ist die konsequente Abfallvermeidung.

Jeder Bürger nimmt auf die anfallende Müllmenge über sein Verbraucherverhalten Einfluss. Produkte, die nicht gekauft werden, weil sie rasch viel Müll verursachen, werden nicht mehr produziert.

In diesem Sinne kannst du Wergwerferzeugnisse (z. B. Kugelschreiber, Wegwerfspielzeug) strikt meiden. Du solltest langlebige und reparaturfähige Produkte beim Kauf auswählen. Umverpackungen, wie z. B. Schachteln um Zahnpastatuben, lässt man schon im Laden. Nur so werden Handel und Hersteller dazu gebracht, auf überflüssige Verpackungen zu verzichten. Obst und Gemüse kannst du auf dem Wochenmarkt einkaufen und im mitgebrachten Korb oder einer Einkaufstasche nach Hause tragen. Für viele Artikel, z. B. Waschmittel und Gewürze, gibt es Nachfüllpackungen, die geringere Abfallmengen erzeugen. Du solltest Verpackungen bevorzugen, z. B. Mehrwegflaschen, die man mehrfach verwenden kann. Diese sind in je-

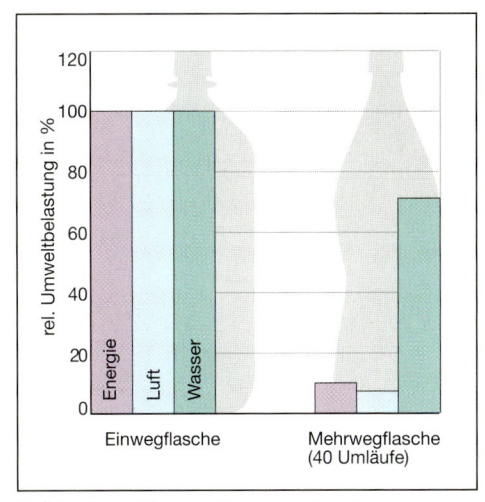

1 Ökobilanz Einweg-/Mehrwegflasche

dem Falle weit umweltfreundlicher als Einwegverpackungen (Abb. 1).

Für die Schule kannst du Getränke aus großen Flaschen in eine Feldflasche, die du lange verwenden kannst, abfüllen. Trägst du dein Pausenbrot tagtäglich mit einer Brotdose in die Schule, so spart dies viele Tüten. Geschenke verpacken wir häufig in Folien, die nur einmal gebraucht und dann zu Müll werden. Geschenke in selbst entworfenem Geschenkpapier sind viel origineller! Wenn ihr mit eurer Klasse eine kleine Feier ausrichtet, so bringt das Geschirr und die Gläser von zu Hause mit.

Wenn du *Recyclingprodukte* (Schreibpapier, Hefte, Küchentücher) einkaufst, so schaffst du dafür eine Nachfrage und entlastest die Umwelt. Dann werden die Unternehmen ihre Produktion umstellen. Der „blaue Umweltengel" signalisiert dir eine bessere Umweltverträglichkeit von Produkten, da er vom Umweltbundesamt nur nach einer genauen Prüfung vergeben wird.

Überdenke deine Einkaufsgewohnheiten und versuche, sie zu ändern! Mach mit, Müll zu vermeiden, damit erhälst du deine Umwelt lebenswerter!

Aufgaben

① Veranstaltet einen Ideenwettbewerb zur Abfallvermeidung in eurer Schule.
② Nennt Chancen für Abfallvermeidung und Recycling aus der Hausmüllanalyse.
③ Diskutiert das Pro und Contra der Aktion „Grüner Punkt".

Natur- und Umweltschutz

1 Bergehalde

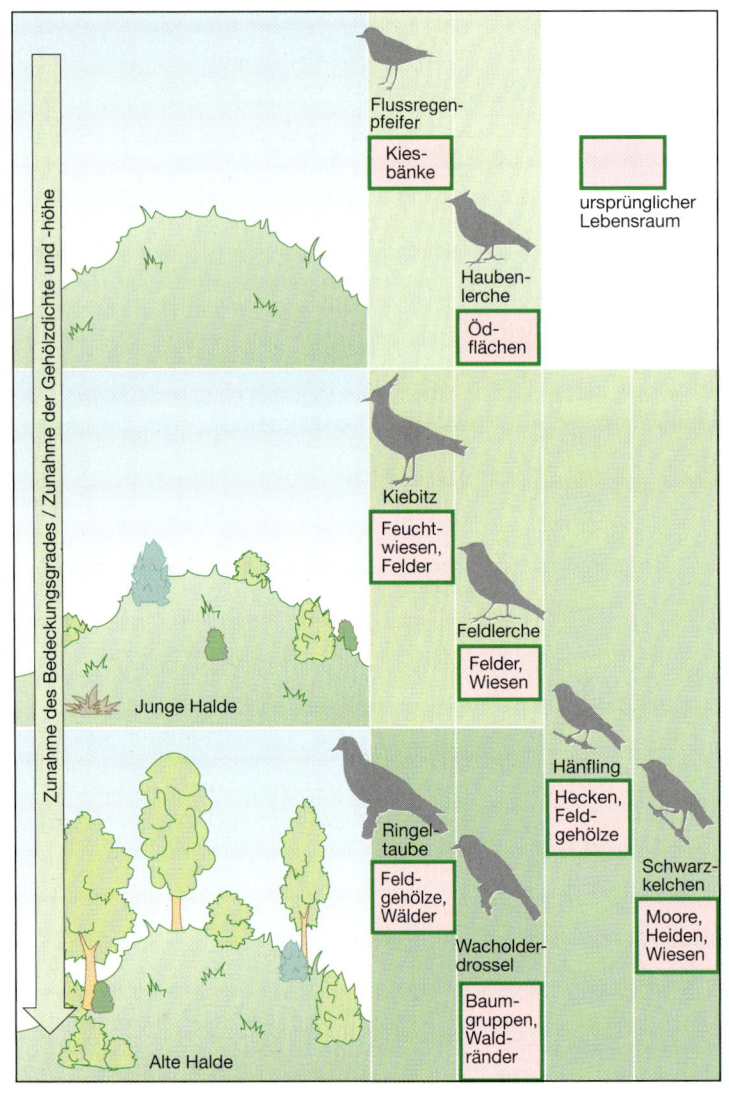

2 Halden werden zu Ersatzlebensräumen

Lebensräume aus zweiter Hand

Durch die vom Menschen verursachten Eingriffe in die Natur gibt es bei uns fast keine natürlichen Lebensräume mehr. Besonders deutlich wird dies beim Anblick von **Bergehalden**, die als Nebenprodukt des Steinkohlebergbaus in den Kohlerevieren Nordrhein-Westfalens entstanden sind. Bergehalden bestehen im Wesentlichen aus Gestein, das zusammen mit der Kohle gefördert wird. Die Bedingungen für die Existenz von Organismen sind vor allem auf jungen Bergehalden ungünstig. Die starke Sonneneinstrahlung auf die schrägen Hangflächen und die sehr geringe Wasserhaltefähigkeit des groben Haldenmaterials bewirken, dass Pflanzenkeimlinge ständig von Austrocknung bedroht sind. Das Bergematerial enthält außerdem Verbindungen, die durch den Regen im Laufe der Jahre ausgewaschen und chemisch verändert werden. Die dabei entstehende Schwefelsäure bewirkt eine starke Versauerung der Bodens. Dadurch wird die Neuansiedlung von Pflanzen zusätzlich erschwert. Andererseits gibt es auf den Halden auch Bereiche, in denen der Boden stark verdichtet ist, sodass sich dort Staunässe oder gar kleine Tümpel bilden.

Erst im Laufe vieler Jahre wird eine Bergehalde nach und nach von verschiedenen Organismenarten besiedelt. Birken und Kräuter, die Wärme und Trockenheit sowie sauren und nährstoffarmen Boden vertragen, sind die ersten pflanzlichen Bewohner. Auch für Tiere gibt es Existenzmöglichkeiten. Bestimmte, Wärme liebende Käferarten siedeln sich relativ bald auf Halden an. Auch einige Vogelarten finden einen geeigneten Lebensraum. So kann man auf jungen Halden den *Flussregenpfeifer* antreffen, der auf wenig bewachsenen Geröllurtergrund angewiesen ist. Da natürliche Lebensräume mit diesen Eigenschaften bei uns immer seltener werden, können Halden für diese Vogelart Ersatzlebensräume bieten. Ähnliches gilt für einige andere Vogelarten, die sich auf älteren Halden einfinden. Heute versucht man, durch Aufbringen einer Bodenschicht und anschließende Begrünung, das Problem der Erwärmung und Austrocknung zu mindern. Die Besiedlung der Halden durch Organismen wird dadurch beschleunigt. Durch Düngung mit Kalk soll zudem der Versauerung entgegengewirkt werden. Dass durch Halden manchmal Ersatzlebensräume geschaffen werden, darf aber nicht als Entschuldigung herhalten, wenn weitere, vor allem naturnahe Landschaftsräume zerstört werden.

Natur- und Umweltschutz

Ein weiteres Beispiel für großräumige Landschaftszerstörung mit anschließender verpflichtender Wiedernutzbarmachung ist der **Braunkohletagebau**. Dabei entstehen riesige, etwa 300 Meter tiefe Gruben, aus denen ständig das aus der Umgebung einströmende Grundwasser abgepumpt wird. Dieses wird teilweise genutzt, zum größten Teil aber in nahe gelegene Flüsse geleitet. Dadurch sinkt der Grundwasserspiegel der Umgebung mehr oder weniger drastisch, sodass dort für das Wachstum bestimmter Pflanzenarten nicht mehr genügend Wasser zur Verfügung steht. Der Regen kann dieses Defizit nicht ausgleichen. Deshalb versucht man, das abgepumpte Wasser teilweise in der Umgebung wieder versickern zu lassen, um die negativen Auswirkungen zu mildern. Sind die Vorräte an Braunkohle erschöpft, entsteht anstelle der Grube ein See, falls sie nicht wieder mit Boden verfüllt wird. Durch *Rekultivierung* kann das zuvor zerstörte Gebiet für die Land- oder Forstwirtschaft wieder genutzt und auch Ersatzlebensräume für Tiere und Pflanzen geschaffen werden. Wenn durch Rekultivierung eine Wald- und Seenlandschaft wie in der Nähe von Köln entsteht, kann diese außerdem von der Stadtbevölkerung als Naherholungsraum genutzt werden. Bei Überbeanspruchung führt das aber zu einem Interessenkonflikt zwischen Freizeit und Natur. Gegen Störungen empfindliche Organismenarten können sich in solchen Ersatzlebensräumen nicht gut entwickeln.

Ähnliches gilt für die vielen Gewässer im Bereich des Niederrheins, die durch *Auskiesung* entstanden sind. Hier wird der Interessenkonflikt zwischen Freizeit und Natur besonders deutlich. Vor allem im Sommer werden die **Baggerseen** von der Erholung suchenden Bevölkerung beansprucht, was zu ständigen Störungen der dort brütenden Wasservögel führt. Kann sich ein Baggersee hingegen ungestört entwickeln, entsteht relativ schnell eine Ufervegetation. Jedoch verhindert der meist recht steil abfallende Uferbereich, dass sich ein vergleichbarer Pflanzengürtel wie an einem natürlichen See bildet. Wenn aber beim Ausbaggern des Sees für eine abwechslungsreiche Ufergestaltung und die Einrichtung von Flachwasserzonen gesorgt wird, kann später ein wertvoller Ersatzlebensraum mit vielfältigem Leben entstehen. Dies kann aber nur gelingen, wenn die vielen künstlichen Seen unterschiedliche genutzt werden, entweder nur als Naturraum oder nur als Freizeitsee. Beide Aufgaben kann ein Baggersee nicht erfüllen.

1 Braunkohletagebau

2 Rekultiviertes Abbaugebiet (links 1982, rechts 1989)

3 Baggerseenlandschaft am Niederrhein

Natur- und Umweltschutz

2 Natur- und Kulturlandschaft

Die Feldflur ist artenarm

Kornblumen und Wachteln sind heute weitgehend aus der Feldflur verschwunden, wie viele andere Pflanzen- und Tierarten auch. Diese Entwicklung ist in den letzten 25 Jahren besonders schnell vorangegangen. Die Hauptursache für diesen schnellen und starken Artenrückgang liegt in der zunehmenden *Intensivierung der Landwirtschaft*. Sie ist auf hohen Ertrag ausgerichtet und hat im Laufe der letzten Jahrzehnte bewirkt, dass Hecken und kleinere Äcker, Weiden und Wiesen zugunsten großflächiger Bewirtschaftungsflächen weitgehend verschwunden sind. In solchen eintönigen Lebensräumen gibt es wesentlich weniger Lebensmöglichkeiten für die einzelnen Tier- und Pflanzenarten als in der früher sehr abwechslungsreichen und stark untergliederten Kulturlandschaft.

Die Pflanzen und Tiere des Lebensraumes Feldflur sind durch Nahrungsbeziehungen voneinander abhängig. Wie im Lebensraum Wald sind auch hier viele Nahrungsketten miteinander verknüpft und bilden ein Nahrungsnetz. Das ist die Ursache dafür, dass beim Aussterben einer Pflanzenart in einigen Fällen 10 bis 20 von ihr abhängige Tierarten verschwinden.

Besonders betroffen sind viele Schmetterlingsarten. Nahrungsspezialisten, wie die Widderchen, verlieren mit ihren Futterpflanzen die Lebensgrundlage. Ihre Larven ernähren sich von Schmetterlingsblütlern. Als Vollinsekt fliegen sie bevorzugt blau- bis lilafarbene Blüten an, z. B. Flockenblumen. Auf den heutigen stickstoffreichen Wiesen und Weiden sind diese Pflanzen aber kaum noch oder gar nicht mehr zu finden.

Artenreiche Wiesen mit vielen blühenden Wildkräutern gibt es fast nicht mehr. Stattdessen werden durch Aussaat von als Viehfutter geeigneten Gräsern und durch Düngung viele Wildkräuter unterdrückt, da sie nur auf mineralstoffarmen Böden gut gedeihen und langsamer als das Kulturgras wachsen. Der Einsatz von Herbiziden verstärkt den Rückgang vieler Wildkräuter nochmals. Besonders deutlich wird dieses bei den Ackerwildkräutern. Von den 275 Ackerwildkräutern, die bei uns vorkommen, sind 70 Arten gefährdet und 14 bereits ausgestorben. Immer mehr Arten stehen heute auf der "Roten Liste", der man entnehmen kann, welche Arten in einem bestimmten Bereich in ihrem Bestand gefährdet oder gar ausgestorben sind.

Möglichkeiten des Schutzes

Eine naturnahe Kulturlandschaft, wie sie bis zur Mitte unseres Jahrhunderts noch oft zu finden war, bietet den Lebensraum für eine reichhaltige Tierwelt. Die Grafik auf Seite 99 oben gibt — von links nach rechts gelesen — nur einen Ausschnitt dieser Vielfalt wieder: Gelbrandkäfer, Prachtlibelle, Ackerhummel, Trauermantel, Maikäfer, Goldlaufkäfer, Bachforelle, Erdkröte, Teichfrosch, Zauneidechse, Ringelnatter, Rebhuhn, Weißstorch, Ringeltaube, Waldohreule, Mäusebussard, Hamster, Feldmaus, Maulwurf, Dachs, Hermelin, Feldhase, Fuchs, Reh.

Durch *Flurbereinigung* und *Entwässerung* wurde in den letzten Jahrzehnten vielen Arten die Lebensgrundlage entzogen, wie in der mittleren bzw. unteren Grafik abzulesen ist.

Da man heute allmählich die Notwendigkeit von Schutzmaßnahmen erkennt, zahlen einige Bundesländer Landwirten Entschädigungen, wenn sie bereit sind, einen 2 bis 3 Meter breiten Streifen nicht mit Herbiziden zu bearbeiten oder ganze Flächen für eine bestimmte Zeit brach liegen zu lassen. Man erhofft sich dadurch, dass solche Bereiche zu Rettungsinseln für Pflanzen und Tiere werden. Ähnliches gilt für die Weg- und Straßenränder, die nicht mehr mit Herbiziden behandelt werden.

Aufgaben

① Beschreibe die erkennbaren Veränderungen in den nebenstehenden Abbildungen.

② Versuche bei den einzelnen Arten zu begründen, warum sie jeweils verschwunden sein könnten.

③ Falls es im Schulgelände möglich ist, grabt eine Fläche von 20–30 m² um und teilt sich in zwei Teilflächen auf. Fläche A wird mit Blaukorn gedüngt und 1- bis 2-mal im Jahr gemäht. Fläche B wird nicht behandelt. Was wird im Laufe der Jahre aus Fläche B?

1 Klatschmohn

2 Kornrade

3 Ackerrittersporn

Natur- und Umweltschutz

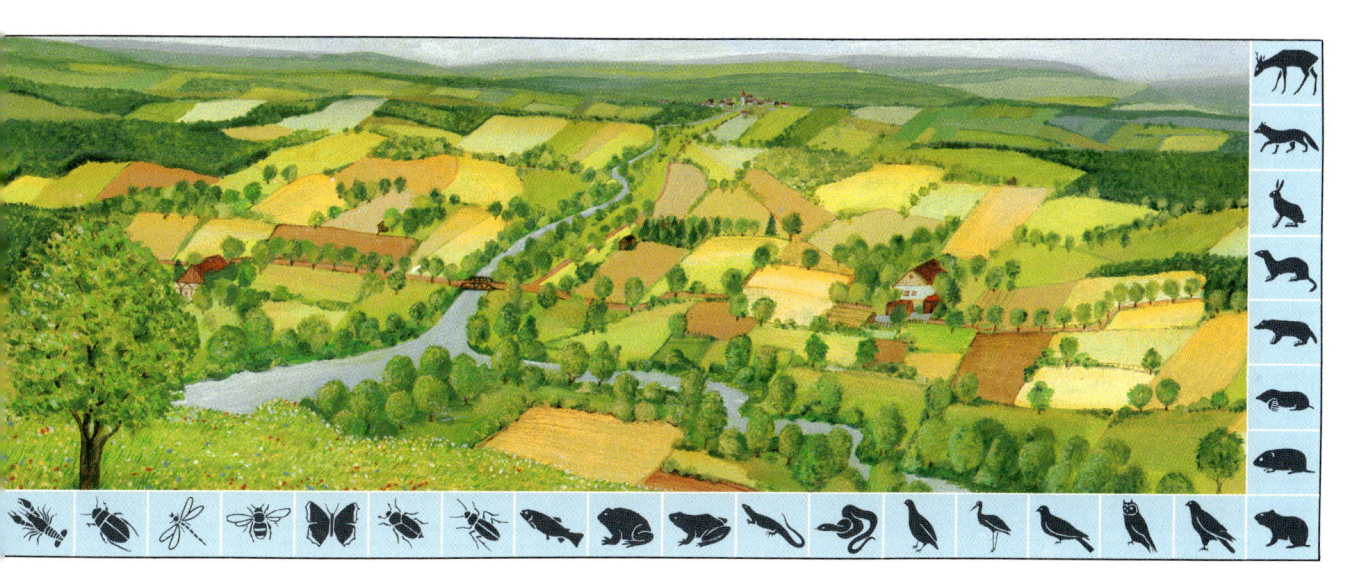

1 Landschaftsveränderung und Artenrückgang

Natur- und Umweltschutz

1 Blühende Schlehen- und Weißdornhecke

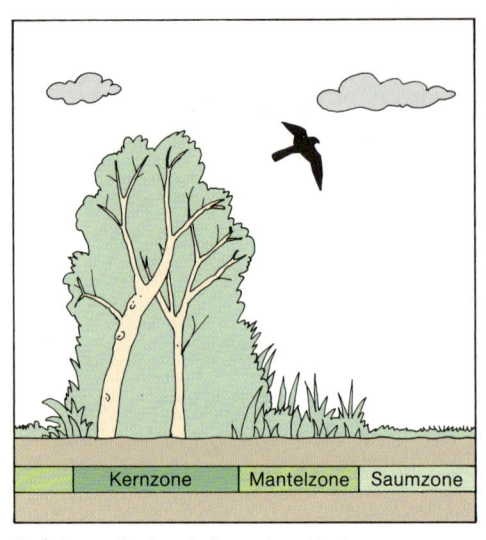

2 Schematischer Aufbau einer Hecke

Kernzone | Mantelzone | Saumzone

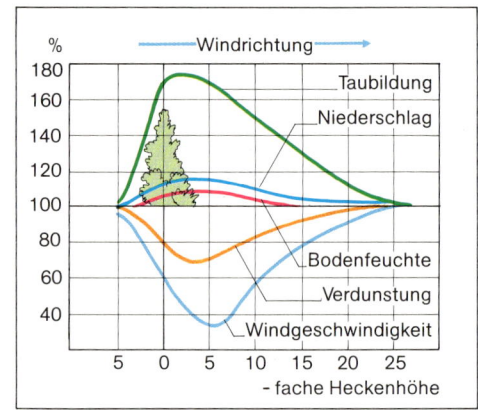

3 Klimaeinflüsse an einer Hecke

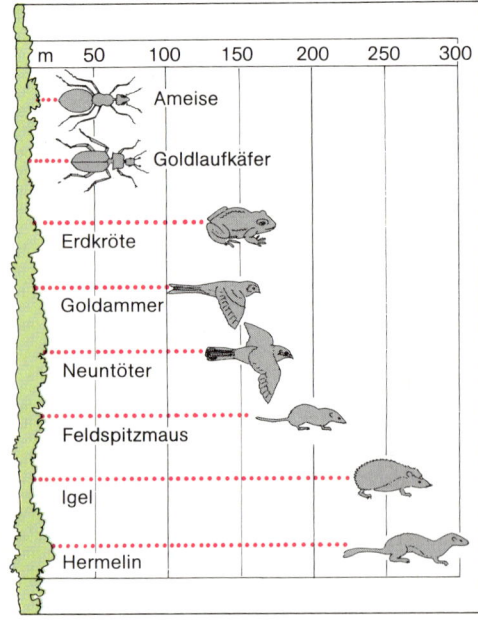

Windrichtung
Taubildung
Niederschlag
Bodenfeuchte
Verdunstung
Windgeschwindigkeit
- fache Heckenhöhe

4 Tiere in der Heide

Turmfalke, Elster, Goldammer, Distelfalter, Neuntöter, Hainschnirkelschnecke, Kreuzspinne, Goldlaufkäfer, Hermelin, Feldspitzmaus

5 Aktionsradius von Heckentieren

Ameise, Goldlaufkäfer, Erdkröte, Goldammer, Neuntöter, Feldspitzmaus, Igel, Hermelin

Natur- und Umweltschutz

Hecken bieten wichtige ökologische Nischen

In der intensiv genutzten Agrarlandschaft sind Hecken wertvolle Rückzugsräume für Tiere und Pflanzen. Eine Hecke ist ein bis zu mehreren Metern breiter Gehölzstreifen, der im Gegensatz zum Gebüsch in mehrjährigem Abstand zurückgeschnitten wird. Von den charakteristischen Heckensträuchern sind Schlehe, Hundsrose, Roter Hartriegel und Hasel weit verbreitet. Nach jedem Schnitt treiben ihre Stöcke kräftig aus.

Jede Hecke hat ihr individuelles Aussehen. In Schleswig-Holstein wurden die Hecken auf künstlich aufgeworfenen Erdwällen gepflanzt, daher die Bezeichnung *Wallhecke*. Bei besonders dichten Hecken wurden die jungen Triebe benachbarter Sträucher von Zeit zu Zeit niedergebogen, geknickt und miteinander verflochten. Diese Hecken werden daher auch *Knicks* genannt.

Der Aufbau einer Hecke hat Ähnlichkeit mit zwei aneinander liegenden spiegelbildlichen Waldrändern. Auf der feuchtkühlen *Schattenseite* wachsen mehr typische Waldkräuter, während auf der *Sonnenseite* wärme- und trockenheitsliebende Gräser und Kräuter zu finden sind. Eine natürlich gewachsene Hecke besteht aus einer zentralen, innen schattigen Zone mit Bäumen und Sträuchern *(Kernzone)*, daran schließen kleinere, lichtbedürftige Büsche an *(Mantelzone)*. Ein artenreicher Kraut- und Grasgürtel *(Saumzone)* geht in das Kulturland über.

Weil jede Hecke zugleich ein Stück Waldrand darstellt, der von freiem Feld oder Wiese umgeben ist, wird sie den Bedürfnissen vieler Bewohner dieser Lebensräume gleichermaßen gerecht. Auf engem Raum bietet eine Hecke Platz zum Wohnen und Nisten, ist Überwinterungsquartier, Ansitzwarte und bietet Deckung. Alte Hecken gehören zu den tierartenreichsten Lebensräumen in unserer vom Menschen geformten Landschaft. Hier sind Arten heimisch, die in den umgebenden Biotopen fehlen. Darunter sind zahlreiche gefährdete Arten der Roten Liste, wie zum Beispiel der Neuntöter. Deshalb ist der Heckenbestand einer Landschaft schützenswert und muss erhalten bleiben. Durch Anlage neuer Hecken kann man außerdem dazu beitragen, dass bereits verschwundene Arten evtl. wieder zurückkehren. Auf jeden Fall aber werden die bestehenden Wechselbeziehungen zwischen den Organismenarten stabilisiert, d. h. weniger anfällig gegen Störungen.

Durch die Windschutzwirkung wird das Mikroklima in der Umgebung einer Hecke beeinflusst. Taubildung, Niederschläge und Bodenfeuchtigkeit sind vor allem auf der Windschattenseite höher, während sich die Verdunstung verringert. Die Annahme, Hecken und andere Randbiotope (z. B. die Wegränder) seien Ausgangspunkte von Schädlingen und Krankheitserregern, trifft meist nicht zu. Im Gegenteil, Hecken bieten vielen Schädlingsvertilgern Lebensmöglichkeiten. Zweifelsfrei beginnt ein Umdenken, inzwischen werden sogar neue Hecken angelegt.

Aufgaben

1. Beschreibe für einige Tiere in Abb. 100.4, zu welchem Zweck sie die Hecke aufsuchen. Wenn beginnen sie mit der Nahrungssuche in der Feldflur? Welche Nahrung holen sie aus den Kulturflächen?
2. Erkläre anhand der Abb. 100.3, warum im Bereich der Hecke die Bodenfeuchtigkeit größer ist als in der Umgebung.

Integrierter Pflanzenschutz

Integrierter Pflanzenschutz ist ein Maßnahmenbündel, um Schädlinge unterhalb der wirtschaftlichen Schadensschwelle zu halten. Seine Besonderheit ist der Versuch, *ökonomische Zwänge* und *ökologische Forderungen* in Einklang zu bringen. Im Vordergrund steht die *natürliche Schädlingsbekämpfung*. Dazu gehört auch die Förderung von Nützlingen, wie Kröten, Spinnen, Florfliegen und Marienkäfern.

Der Einsatz der Chemie erfolgt nicht nach einmal festgelegten Spritzplänen, sondern nach Bedarf, um den Ertrag bei Massenbefall zu sichern. Extensiv bewirtschaftete Flächen, Hecken und Wegränder werden beim Spritzen ausgespart, um die Nützlinge und ihren Lebensraum nicht zu vergiften. Dies setzt genaue Kenntnisse über die Widerstandsfähigkeit der angebauten Sorten, über Bodenbearbeitung und Saattechnik voraus.

Zum integrierten Pflanzenschutz gehört die *Schadensvorhersage*. Der Einsatz von Lichtfalle und Klopftrichter ist eine einfache Methode, um den optimalen Bekämpfungszeitpunkt zu bestimmen. Ab einer bestimmten Schädlingszahl pro Fang ist der Einsatz eines gut dosierbaren, nur auf bestimmte Schädlinge wirkenden Spritzmittels angebracht, um die Ernte zu retten.

Projekt: Anlegen einer Hecke

Hecken stellen wertvolle Kleinlebensräume dar, durch welche die Vielfalt von Tier- und Pflanzenarten vergrößert wird. Da Hecken relativ leicht anzulegen sind, ergibt sich für Interessierte, z.B. in einer Umwelt-AG, die Möglichkeit, durch Pflanzen einer Hecke aktiv etwas für die Natur zu tun.

Vorüberlegungen

Bevor allerdings mit einem solchen Vorhaben begonnen wird, sind einige wichtige Vorüberlegungen notwendig, um das Gelingen des Projekts zu gewährleisten:

— Wo gibt es ein geeignetes Gelände, das hinreichend groß ist?
Das kann ein größerer Schulgarten sein oder ein nach Möglichkeit in der Nähe der Schule liegendes Gelände, für das man allerdings die Erlaubnis für ein solches Vorhaben einholen muss. Optimal ist es, wenn man die neu zu pflanzende Hecke an bereits stehenden Hecken oder auch an einen Waldrand anbinden kann. Dann kann im Laufe der Zeit mit einer größeren Artenvielfalt gerechnet werden. Eine neu anzulegende Hecke sollte mindestens 10 Meter lang und 3 Meter breit sein.
— Sind Nachbarschaftsrechte zu beachten?
Häufig sind die Abstände vorgeschrieben, wenn die Hecke eine bestimmte Höhe überschreitet.
— Wo sind Informationen bzw. Hilfen zu erhalten?
Ortsgruppen von Naturschutzverbänden, die Untere Landschaftsbehörde der Kreise und die LÖLF (Landesanstalt für Ökologie, Landschaftsentwicklung und Forstplanung NRW) können geeignete Anlaufstellen für Tips und sonstige Hilfestellungen sein. In den örtlichen Bibliotheken sollte man sich zusätzlich Literatur zum Thema Hecke besorgen.
— Welche Pflanzen werden für das Anlegen einer Hecke benötigt und in welcher Anzahl?
Zusätzlich zu den bisher eingeholten Informationen kann eine bereits bestehende, ältere Hecke auf ihre Zusammensetzung hin untersucht werden. Dabei sollte man gleichzeitig den pH-Wert des Bodens und die Bodenfeuchtigkeit untersuchen, da die Zusammensetzung einer Hecke davon abhängig ist.
— Wo sind die benötigten Pflanzen zu erhalten und welche Kosten fallen an?
Einige Gemeinden geben zur Pflanzzeit kostenlos Pflanzenmaterial ab, um die Verbreitung einheimischer Sträucher im Garten zu fördern. Manchmal kann man Flächen, die demnächst bebaut werden sollen, Sträucher entnehmen. Meist muss aber etwas Geld investiert werden. In Baumschulen kann man ca. 50 cm große Sträucher relativ preiswert erhalten. Um die Kosten zu drücken, kann man sich zusätzlich um Spenden bzw. Zuschüsse bemühen.
— Wann kann die Hecke am besten angelegt werden?
Nur bestimmte Monate eignen sich als Pflanzzeit. Durch Nachfragen beim Gärtner oder durch Information anhand von geeigneter Literatur lässt sich dieses ermitteln.

Wenn man arbeitsteilig in kleinen Gruppen die einzelnen Aufgaben erledigt, können sich diese intensiver mit ihrer Aufgabe befassen. Gleichzeitig kann das Projekt in einer überschaubaren Zeit fertig gestellt werden. Das gilt auch für die nun folgenden Schritte des Projekts.

Vorbereitende Tätigkeiten

Bevor der erste Strauch gepflanzt werden kann sind meist noch einige vorbereitende Tätigkeiten notwendig:

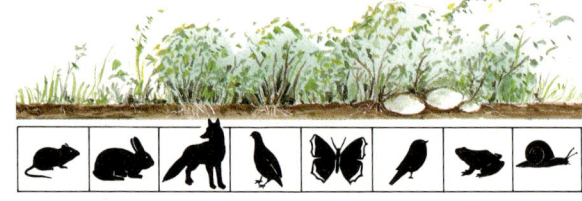

Natur- und Umweltschutz

— Untersuchung des gewählten Standortes für die Hecke.
Der Standort sollte mit einem Maßband grob vermessen werden. Anschließend wird dann eine Übersichtsskizze (maßstabsgetreu) angefertigt. Die Himmelsrichtungen werden mit einem Kompass bestimmt und auf der Skizze eingetragen. Ist der Standort unterschiedlichen Lichtverhältnissen ausgesetzt, sollten auch diese erfasst und notiert werden. In die Skizze werden außerdem bereits vorhandene Sträucher und Bäume sowie evtl. vorhandene Wege eingetragen. Eine zusätzliche Bodenuntersuchung erleichter die Auswahl geeigneter Pflanzen. Die Untersuchung des pH-Wertes und des Feuchtegrades sind relativ einfach durchzuführen. Informationen darüber findet man in Praktikumsbüchern zur Ökologie.
— Welche Pflanzen sollen an welcher Stelle stehen?
Das Erstellen eines Pflanzplans gewährleistet, dass die ausgewählten Pflanzen später wirklich an der Stelle stehen, für die man sie vorgesehen hatte. Der Pflanzabstand sollte etwa 1 Meter betragen, sodass die Sträucher sich beim Wachstum nicht gegenseitig behindern.

Das Pflanzen der Hecke

Bevor die eigentliche Pflanzaktion beginnt, muss der Pflanzplan vom Papier ins Gelände übertragen werden. Einige Mitglieder der Projektgruppe sollten sich damit befassen, wie so etwas am besten geht.

Was beim Pflanzen beachtet werden sollte

— Wurzeln feucht halten und nicht trocken liegen lassen.
— Abgeknickte oder angefaulte Wurzelteile abschneiden.
— Stützpfahl in der Mitte des Pflanzlochs einschlagen.
— Strauch beim Pflanzen so in das Pflanzloch einbringen, dass der Stützpfahl zur Windseite steht. 
— Strauch beim Einpflanzen senkrecht halten.
— Nicht zu tief pflanzen. Obere Wurzelansätze sollten mit der Erdoberfläche abschließen.
— Beim Füllen des Pflanzlochs Erdboden gut an die Wurzeln andrücken.
— Pflanzen mit reichlich Wasser angießen.
— Pflanzen am Stützpfahl anbinden.
— Pflanzen mit Schildchen kennzeichnen, um Verwechslungen zu vermeiden.

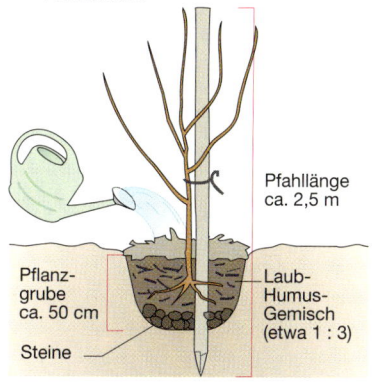

Pflege der wachsenden Hecke

Um das Anwachsen der gepflanzten Sträucher zu erleichtern, sollten diese im ersten Jahr regelmäßig gegossen werden. Besonders während längerer regenfreier Phasen ist dieses wichtig. Außerdem muss die Hecke im Spätsommer leicht zurückgeschnitten werden. Das muss auch in den Folgejahren geschehen. Damit wird erreicht, dass die Hecke unten dichter bleibt. Später kann man auf den Rückschnitt verzichten, sodass die Struktur der Hecke vielgestaltiger wird.

Dokumentation der Arbeit

Die Dokumentation der Arbeit kann schon während der Planung beginnen. Das ist sinnvoll, wenn man das Projekt z. B. in Form einer Wandzeitung darstellen möchte. Fotos von der gerade gepflanzten Hecke im Vergleich mit Fotos, die die Hecke zu späteren Zeitpunkten zeigen, können die Entwicklung veranschaulichen. Zusätzliche Untersuchungen der Besiedlung der Hecke durch Pflanzen und Tiere aus der Umgebung vervollständigen das Bild. So kann man z. B. ermitteln, welchen Vogelarten die Hecke als Brutplatz oder Nahrungsquelle dient.

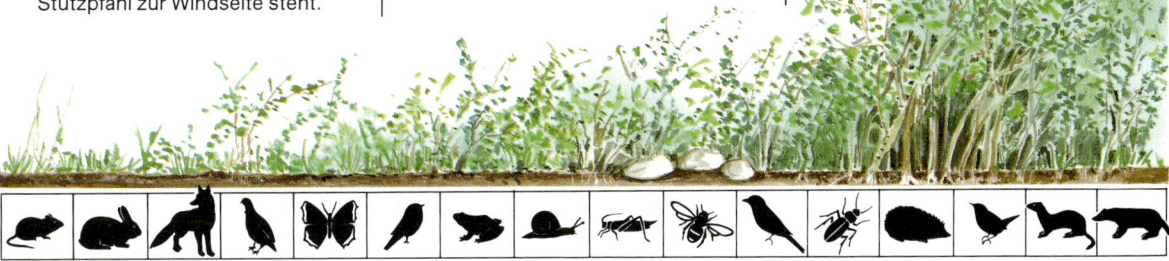

Natur- und Umweltschutz

Projekt: Die Trockensteinmauer

Mauern und Häuser aus Stein zu bauen, haben wir von den Römern gelernt, die diese Kunst vor mehr als 2000 Jahren zu uns brachten. Die *Trockensteinmauern* wurden häufig angelegt, um an Hängen Weinbau betreiben zu können.

Um den Weingärtnern von heute die Arbeit zu erleichtern, wurden ganze Hänge umgestaltet. Die für den Einsatz moderner Maschinen störenden Mauern wurden dabei abgerissen. Dabei stellen Mauern einen besonderen Lebensraum für viele Pflanzen und Tiere dar; an allen Fugen und Ritzen lebt es. Die unterschiedlichsten Pflanzen besiedeln Mauerfuß (z.B. Brennnessel und Giersch), Mauerfugen (z.B. Streifenfarn, Zymbelkraut und Mauerraute) und Mauerkrone (z.B. Mauerpfeffer und Königskerze).

Auch viele Wärme liebende Tiere kommen an solchen Mauern vor. Eidechsen, Blindschleichen, Schnecken, Spinnen und Kleingetier finden Lebens- und Überwinterungsmöglichkeiten. So eine Trockensteinmauer ist also Speisekammer, Wärmestube und Wohnung zugleich. Auch alte Ziegelsteinmauern, wie wir sie mitten in der Stadt bei Kirchen oder Fabrikgebäuden antreffen, bieten vielen Pflanzen und Tieren einen Lebensraum.

Projektidee

Der Schulgarten unseres Gymnasiums war aus Platzgründen direkt neben dem Schulhof angelegt worden. Also sollte eine Abgrenzung den Gartenbereich schützen. Mehrere Vorschläge wurden in der AG Schulgarten durchgesprochen: Zaun, Hecke, Brombeeranlage und Trockensteinmauer. Da man den Garten nicht einzäunen wollte, kamen nur die drei anderen Möglichkeiten in Frage. Die Hecke wurde zur natürlichen Begrenzung gegenüber der freien Landschaft, die Brombeeren wurden am Weg zwischen Garten und Schule eingepflanzt und die Trockensteinmauer sollte zusammen mit einer Kräuterspirale die Grenze zum Schulhof bilden.

Vorbereitung

In der Schulgarten-AG plante man den Bau und organisierte die Materialbeschaffung. Die Steine und das übrige Baumaterial konnte der städtische Bauhof besorgen. Lieferanten könnten aber auch Bauern sein, die aus ihren Feldern Steine gesammelt haben und diese sowieso auf die Bauschutt-Deponien bringen würden. Auch Steinbrüche aus der Umgebung kommen als Lieferanten für das Baumaterial in Frage.

Natur- und Umweltschutz

Bau einer Trockensteinmauer

Die geplante Mauer sollte nach dem Vorbild einer Natursteinmauer ohne Mörtel und Zement aufgeschichtet werden. Die vielen Hohlräume und Ritzen sowie die Wärmespeicherung der Steine sind für viele Tiere wichtig. Eidechsen, Kröten, Spitzmäusen, Igeln und vielen anderen Tieren wird hiermit ein neuer Lebensraum angeboten.

Arbeitsschritte

1. Begonnen wird mit dem Erdaushub. Zunächst wird ein 20 cm tiefer und etwa 80 cm breiter Graben ausgehoben.
2. Der Graben wird mit Kies oder Schotter gefüllt, damit das Wasser später leichter versickern kann. 
3. Auf diesen Grund werden zuerst die schwersten Steine gesetzt. Die Steinblöcke sollten dabei eine Neigung von außen nach innen aufweisen.
4. Nach der Überprüfung, ob alle Steine nach hinten hängen, wird die zweite Schicht gesetzt. Dabei ist darauf zu achten, dass „im Verbund" gemauert wird: Stoßfuge darf nicht auf Stoßfuge folgen, sondern muss mit sogenannten „Läufern" überdeckt werden. 
5. Alle weiteren Steine werden ihrer Form entsprechend eingepasst, sodass Stein auf Stein (nicht auf Erde) sitzt. Dabei mauern wir nicht so genau, damit kleine Schlupflöcher oder Spalten bleiben. Auch die Fugen werden so mit lehmigem Material verfüllt, dass Zwischenräume bleiben.
6. Das Innere der Mauer wird mit grobem Material aufgefüllt. Hinter der Mauer wird eine lockere Schicht aus Sand, Kies oder Bauschutt angebracht.
7. Von Anfängern sollte die Mauer nicht höher als ein Meter aufgeschichtet werden. Die Breite der Basis muss dabei 80 – 100 cm betragen.

Weiterführende Arbeiten

1. Beobachtung und Pflege der eingepflanzten Wild- und Küchenkräuter.
2. Bestimmung der Pflanzenarten, welche die Mauer ohne menschliche Hilfe besiedelt haben. Zusätzlich wird noch eine nach Standorten getrennte Auflistung (Mauerfuß, Mauerkrone und Mauerfugen) erstellt.
3. Klärung der Frage, wie die Pflanzen an oder auf die Mauer gelangen konnten.
4. Kennübung zu den Tieren, welche die Mauer bewohnen und besuchen.
5. Messung von Temperatur, Luftfeuchte und Lichtstärke auf der Sonnen- und Schattenseite.
6. Erstellung einer Fotodokumentation über den Bau der Trockensteinmauer.
7. Zusammenfassung der Ergebnisse der biologischen Untersuchungen in einem Bericht für die Schülerzeitung.

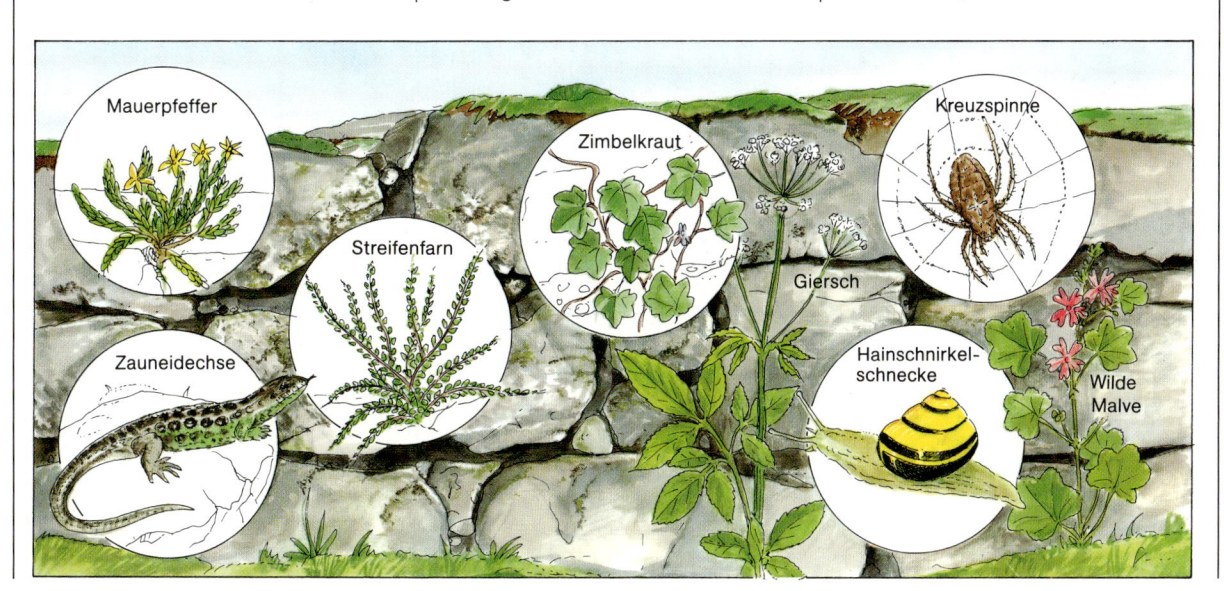

Natur- und Umweltschutz

Biotopschutz ist auch Artenschutz

Zwischen 1970 und 1985 wurden in der Bundesrepublik Deutschland annähernd 6000 km^2 Wald, Ackerland, Gärten, Moore und Wiesen in Siedlungsflächen umgewandelt. Dieser Landschaftsverbrauch entspricht mehr als der zehnfachen Fläche des Bodensees. Für die heimischen Tier- und Pflanzenarten gibt es dadurch immer weniger naturnahe Lebensräume. Man kann diesen Zustand beklagen, untätig hinnehmen muss man ihn aber nicht; vieles lässt sich auch im Kleinen dagegen tun.

Der *Garten* ist ein Bereich, den jeder Einzelne zum Schutze der Natur gestalten kann. Wer mit einer Blumenwiese und der Pflanzung einheimischer Gehölze die natürliche Vegetation fördert, leistet einen wichtigen Beitrag zum Artenschutz. Immerhin stellen alle bundesdeutschen Gärten zusammengenommen eine Fläche von der Größe Schleswig-Holsteins dar. *Fassadenbegrünungen* mit Wildem Wein oder Efeu und *Flachdachbegrünungen* mit Dachwurz und Mauerpfeffer kosten wenig, sehen schön aus und bieten Lebensraum für viele Tiere.

Landwirtschaftlich genutzte Acker- und Gartenflächen sind keine Naturreservate. Sie dienen der Erzeugung von Nahrungsmitteln. In Zukunft kommt es darauf an, die verbleibenden naturnahen Restflächen unserer Kulturlandschaft zu sichern. Diese können nämlich ohne richtige Bewirtschaftungsweise oder Pflege heute nicht mehr existieren. Dabei müssen Gemeinden, Naturschutzverbände, Land- und Forstwirte eng zusammenarbeiten. Für viele Biotope werden Pflegepläne erstellt. So ist *Biotopschutz* ein wesentlicher Beitrag zum Erhalt historisch gewachsener Kulturlandschaft und bedeutet gleichermaßen modernen *Artenschutz*. Verschiedenartige Biotope bereichern nicht nur das Landschaftsbild, sondern sind ökologisch wichtig für die Stabilität des gesamten Naturhaushalts.

Eine andere Möglichkeit bietet die Schaffung von extensiv genutzten Flächen, in denen die Wildkräuter und die von ihnen abhängigen Tierarten neben den intensiv genutzten Kulturflächen leben können. Die verstreut liegenden Biotopflächen müssen gegebenenfalls durch Neuanlagen miteinander verbunden werden *(Biotopvernetzung)*. Allen genannten Maßnahmen muss eine möglichst genaue Standortbeschreibung und Bestandserfassung vorausgehen. Biologen kartieren dazu die Biotope.

Diese *Rasterkartierungen* geben Auskunft über das Vorkommen, die Häufigkeit und die geographische Verteilung der Pflanzen- und Tierarten des Untersuchungsraumes. Auf diese Weise erhält die Naturschutzbehörde eine Bestandserfassung der gefährdeten Pflanzen und Tiere. In den Roten Listen werden die Arten daraufhin nach ihrem Gefährdungsgrad geordnet. Jahre später kann dann im Vergleich die Wirksamkeit von Schutzmaßnahmen für eine Pflanzen- oder Tierart beurteilt werden.

Der nächste Schritt ist die Erstellung von *Landschaftsplänen,* in denen die örtlich notwendigen Maßnahmen zur Biotop- und Landschaftspflege festgehalten sind. Auf der Grundlage dieser Pläne können dann von den Gemeinden in biotoparmen Gemarkungen Biotopergänzungen veranlasst werden. Durch diesen Eingriff wird die Entfernung zwischen schon vorhandenen naturnahen Biotopen so weit verringert, dass fließende Übergänge und keine isolierten Zonen entstehen. In einer solchen Vernetzung spielen die Biotopergänzungen die Rolle von Trittsteinen für einen gegenseitigen Austausch von dort lebenden Organismen.

Für den engagierten Naturschützer besteht in den meisten Fällen — nach Absprache mit den Planern — die Möglichkeit, bei der Realisierung der Biotope aus „zweiter Hand" mitzuarbeiten und ihre Pflege zu übernehmen. In Frage kommen die Pflanzung von Hecken, Baumgruppen und Einzelbäumen, die Anlage von Gras- und Krautsäumen entlang von Wasserläufen sowie an Feld-, Wald- und Wegrändern, die Anlage von Lesesteinhaufen und Trockenmauern oder der Bau vom Amphibien- und Libellentümpeln. Diese Maßnahmen müssen aber aufeinander abgestimmt sein und auch die Ansprüche der zu schützenden Arten berücksichtigen. Es dürfen z. B. keine Obstbäume in Trockenrasen gepflanzt und keine Tümpel in einer Orchideenfeuchtwiese ausgehoben werden.

Aufgaben

① Für den Artenrückgang gibt es viele Gründe. Nenne einige und erläutere sie.
② Zähle Argumente auf, warum die Biotopvernetzung wichtig ist.
③ Lies in der Roten Liste nach, welche Amphibien bei uns gefährdet sind. Stelle die möglichen Ursachen ihrer Gefährdung zusammen.

Fassadenbegrünung

Durch **Streuobstwiesen** wurde früher häufig ein fließender Übergang vom Ortsrand zur freien Landschaft geschaffen.

Diese artenreichen *Blumenwiesen* sind wichtig für Bienen. In den alten Obstbäumen kann auch der *Wendehals* brüten.

Typisch für die **Heide** ist der parkartige Charakter mit *Wachholderbüschen* und Beständen der *Besenheide*.

Das Bild dieser Landschaft ist durch Schafbeweidung entstanden. *Heidschnucken* sieht man auch heute noch häufig.

Trockenmauern gliederten früher die Steilhänge von Weinbergen. Wärme liebende Tier- und Pflanzenarten leben hier.

Charakteristisch für diesen extremen Lebensraum sind der *Weiße Mauerpfeffer* und die seltene *Smaragdeidechse*.

Natur- und Umweltschutz

Menschen und Tiere können nicht leben, ohne zu essen und zu trinken. Sie sind auf Nahrungsmittel mit energiereichen Nährstoffen angewiesen. Nicht so die grünen Pflanzen. Sie nehmen aus dem Boden Wasser und Mineralstoffe auf und außerdem gelangt über die Blätter Kohlenstoffdioxid aus der Luft ins Innere der Pflanzen.

Nun sind sie in der Lage, daraus mithilfe des Sonnenlichts ihre Nährstoffe selbst aufzubauen. Das können alle Organismen, die Blattgrün besitzen. Wenn genügend Licht und Wärme zur Verfügung stehen, können sie wachsen und so organische Stoffe herstellen, die als Grundlage für die Ernährung von Tier und Mensch unbedingt erforderlich sind.

Einzeller, Pflanzen, Pilze – Teile von Lebensgemeinschaften

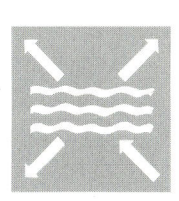

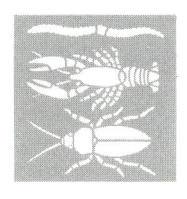

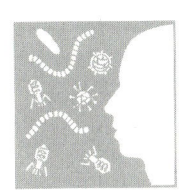

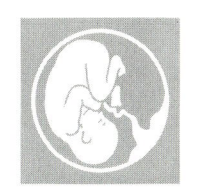

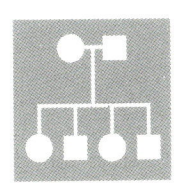

1 Einzeller 111
Das Pantoffeltierchen – Leben im Wassertropfen 110
Praktikum: Arbeiten mit dem Mikroskop 111
Die Amöbe – ein Einzeller ohne feste Gestalt 112
Euglena – Tier oder Pflanze? 113
Einzeller und Zellkolonie 114
Die Kugelalge Volvox 115
Grünalgen und Kieselalgen 116
Lexikon: Algen sind vielgestaltig 117
Bakterien sind besondere Einzeller 118
Bakterien sind vielseitig 119

2 Pflanzen als Teil der Lebensgemeinschaft 120
Grüne Pflanzen stellen energiereiche Stoffe her 120
Auch grüne Pflanzen atmen 121
Moose sind Pionierpflanzen 122
Formenvielfalt der Farne 124
Lexikon: Sporenpflanzen 126
Vielfalt der Samenpflanzen 127
Lexikon: Ernährungsspezialisten bei Blütenpflanzen 128

3 Pilze als Teil der Lebensgemeinschaft 130
Pilze – nicht Tiere, nicht Pflanzen 130
Praktikum: Untersuchungen an Pilzen 131
Lexikon: Pilze 132
Schimmelpilze 134
Hefen – Nutzpilze seit alters her 135
Der Schwarzrost – ein Parasit 136
Mutterkorn bringt Höllenfeuer – und Heilung 137

4 Die fünf Reiche der Lebewesen 138
Reich der kernlosen Einzeller 138
Reich der Einzeller mit Zellkern 139
Reich der Pilze 139
Das Pflanzenreich 140
Das Tierreich 142

Von den grünen Pflanzen hängen allerdings nicht nur die Tiere ab, sondern auch eine Gruppe von besonderen Ernährungsspezialisten: die Pilze. Unter ihnen gibt es viele, die parasitisch oder in Symbiose mit anderen Arten leben. Allerdings ernähren sie sich auch häufig von abgestorbenen Pflanzenteilen.

Zunächst betrachten wir in diesem Kapitel aber eine andere Gruppe von Lebewesen, nämlich die verschiedenen Formen von Einzellern, die in einer einzigen Zelle alle Lebensvorgänge bewältigen können.

1 Einzeller

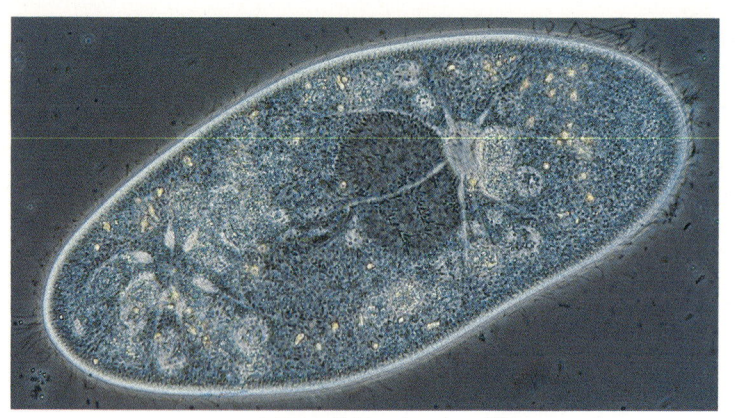

1 Pantoffeltierchen (ca. 250 × vergr.)

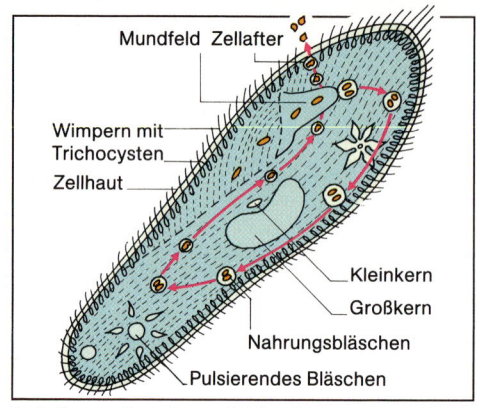

2 Schema eines Pantoffeltierchens

Das Pantoffeltierchen — Leben im Wassertropfen

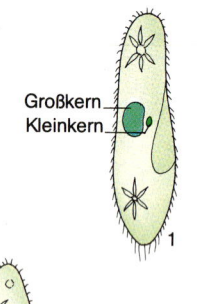

Das Pantoffeltierchen oder *Paramecium* findet in Weihern und Tümpeln geeignete Lebensbedingungen und gehört zu den Organismen, die nur aus einer Zelle bestehen. Es ist mit bis zu 0,3 mm Länge einer der größten Einzeller. Seine charakteristische Pantoffelform erhält Paramecium durch eine elastische *Zellhaut*, deren Oberfläche mit mehr als 10 000 *Wimpern* besetzt ist. Paramecium gehört zu den *Wimpertierchen*.

Die Wimpern schlagen rhythmisch und treiben den Zellkörper in einer lang gestreckten Spirale durch das Wasser. Gleichzeitig dreht sich der Körper dabei um seine eigene Längsachse. Trifft Paramecium auf ein Hindernis, schwimmt es kurz zurück und anschließend mit veränderter Richtung weiter. Auf diese Weise kann Paramecium Hindernissen ausweichen.

Durch dieses Vor- und Zurückschwimmen unter Richtungsänderung gelangt Paramecium auch in Bereiche, die genügend Sauerstoff enthalten. Paramecium kann also Reize aus der Umgebung aufnehmen und darauf reagieren. Bei sehr starken Reizen reagiert das Pantoffeltierchen mit dem explosionsartigen Ausstoß von spitzen Eiweißstäbchen, den *Trichocysten*. Diese befinden sich unmittelbar unter der Zellhaut in kleinen Taschen.

Mit den Wimpern wird ständig ein Wasserstrom in Richtung des Mundfeldes erzeugt, sodass die dadurch herangestrudelten Nahrungspartikel über den *Zellmund* ins Zellplasma aufgenommen werden können. Ein Hauptteil der Nahrung von Paramecium besteht aus Bakterien. Sie werden bei der Aufnahme ins Zellplasma von einer Membran umschlossen. Auf diese Weise entsteht ein *Nahrungsbläschen*, in dem die Nahrung verdaut wird. Verdaute Anteile werden in das Zellplasma aufgenommen, unverdauliche Anteile werden schließlich durch den Zellafter ausgeschieden.

Aufgrund ihrer geringen Größe können Paramecien über die ganze Körperoberfläche atmen. Der Sauerstoff diffundiert einfach aus der Umgebung durch die Zellhaut in den Zellkörper hinein. Außerdem gelangt auf diesem Wege auch ständig Wasser ins Zellinnere. Zwei *pulsierende Bläschen* nehmen im Wechsel dieses überschüssige Wasser über sternförmige Zufuhrkanäle auf und geben es dann durch eine Pore wieder nach außen ab.

Paramecien vermehren sich durch eine Querteilung, die ein typisches Merkmal für alle Wimpertierchen ist. Vor der Durchschnürung des Zellkörpers teilt sich der Kleinkern, anschließend der Großkern. Während des Teilungsvorganges bilden die beiden Zellhälften jeweils ein neues, zweites pulsierendes Bläschen. Nach etwa einer Stunde ist die Zellteilung abgeschlossen und die beiden Tochterzellen können wieder zur Maximalgröße heranwachsen, bevor sie sich erneut teilen. Diese *ungeschlechtliche Vermehrung* durch Zellteilung ist bei Paramecien der Normalfall.

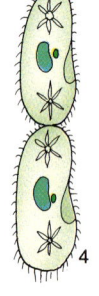

Einzeller, Pflanzen, Pilze

Praktikum

Arbeiten mit dem Mikroskop

Mikroskopieren — aber richtig

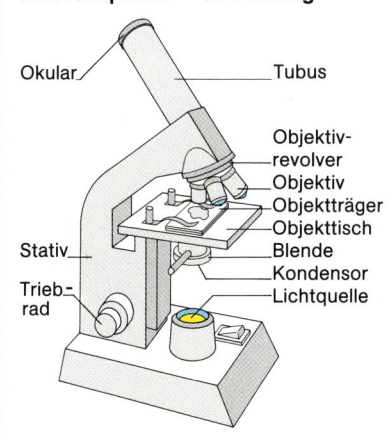

Die Abbildung zeigt einen in der Schule häufig verwendeten Typ des Lichtmikroskops. Die nachfolgende Anleitung soll dir helfen, beim Mikroskopieren Fehler zu vermeiden:

1. Zum Transport das Mikroskop nur am Stativ anfassen.
2. Darauf achten, dass der Kondensor in der obersten Stellung steht.
3. Objektträger und Präparat auflegen, dabei die Unterseite des Objektträgers trocken halten.
4. Immer mit der schwächsten Vergrößerung beginnen. Dazu mit dem Grobtrieb den Objekttisch aus seiner unteren Stellung langsam nach oben bringen, bis das Objekt scharf erscheint.
5. Bildhelligkeit mit dem Helligkeitsregler den Kontrast mit der Kondensorblende regeln. Es sollten keine Strukturen doppelt zu sehen sein.
6. Alle folgenden Einstellungen erfolgen mit dem Feintrieb. Durch langsames Drehen nach oben bzw. unten kann so das Objekt genau durchmustert werden.
7. Nach dem Wechsel zum nächstgrößeren Objektiv braucht die Schärfe in der Regel nur noch mit dem Feintrieb nachgestellt zu werden. Bei Benutzung des Grobtriebes wird der Objekttisch zu stark verstellt, sodass du nur mit Schwierigkeiten die Schärfebene wieder findest. Der Kontrast muss für ein optimales Bild für jedes Objekt neu eingestellt werden. Allgemein gilt: Je kleiner das Objektiv, desto stärker kann die Blende zugezogen sein bzw. umgekehrt.
8. Nach Beendigung des Mikroskopierens das kleinste Objektiv über den Objekttisch drehen. Verschmutzte Linsen vom Lehrer reinigen lassen.

① Vergleiche den Aufbau deines Schulmikroskops mit der Abbildung. Vergleiche und benenne die Teile.
② Durch Multiplizieren der Objektiv- mit der Okularvergrößerung erhält man die Gesamtvergrößerung. Berechne die möglichen Vergrößerungen für dein Mikroskop.

Die Herstellung eines Heuaufgusses

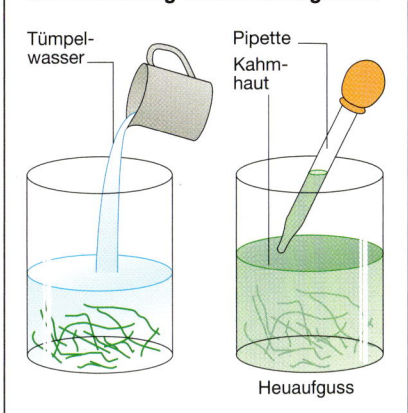

Mithilfe eines Heuaufgusses kannst du in der Klasse größere Mengen Einzeller für einen längeren Zeitraum erhalten. Dazu schneidet man etwas Heu in kleinere Abschnitte und gibt diese in ein Einmachglas, das mit Tümpelwasser gefüllt wird. Das Heu sollte vollständig mit Wasser bedeckt sein. Leitungswasser ist ungeeignet! Das Einmachglas wird bis auf einen Luftschlitz mit einer Glasplatte abgedeckt. Diesen Ansatz lässt man bei Zimmertemperatur und Tageslicht stehen. Die sich nach wenigen Tagen an der Wasseroberfläche bildende Kahmhaut besteht aus Bakterien und ist die Nahrungsgrundlage für viele Einzeller und andere Kleinstorganismen, die sich dann vermehren können. Enthielt das Tümpelwasser bereits Pantoffeltierchen, wird man diese nach etwa 10 bis 14 Tagen im Heuaufguss auch in großer Zahl finden. Die Einzeller halten sich dicht unter der Wasseroberfläche auf, wo die Kahmhautbakterien vorhanden sind.

Die Herstellung eines mikroskopischen Präparates

Benötigte Geräte und Materialien:
Objektträger, Deckgläser, Pipette mit Gummihütchen, Streifen aus saugfähigem Papier (Fließpapier), Paramecium aus Heuaufguss.

Durchführung:

① Entnimm mit der Pipette ein wenig Flüssigkeit dicht unter der Oberfläche des Heuaufgusses. Gib einen Tropfen auf den Objektträger, lege ein bis zwei Wattefäden hinein und decke ihn mit einem Deckgläschen ab. Das Deckglas langsam absenken, damit keine Luftblasen mit eingeschlossen werden. Überschüssiges Wasser am Rand des Deckgläschens wird mit Fließpapier abgesaugt.
② Stelle das Mikroskop mit der schwächsten Vergrößerung auf den Wattefaden scharf. Suche dann nach sich bewegenden Pantoffeltierchen und anderen Einzellern. Erscheinen diese zu durchsichtig, musst du die Blende stärker schließen.
③ Ein Teil der Einzeller wird am Wattefaden „hängen bleiben". Auf diese Weise sind sie bei stärkerer Vergrößerung besser zu beobachten. Falls die Bewegung der Einzeller immer noch zu schnell ist, kannst du vorsichtig weiteres Wasser unter dem Deckglas absaugen, sodass die Bewegungsfreiheit der Einzeller eingeschränkt wird (Kontrolle über den Blick durch das Okular!)
④ Bringe durch Verschieben des Objektträgers ein Pantoffeltierchen in die Bildmitte und fertige eine Skizze in der Größe einer Heftseite an.

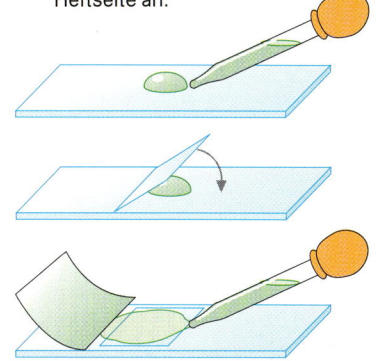

Einzeller, Pflanzen, Pilze

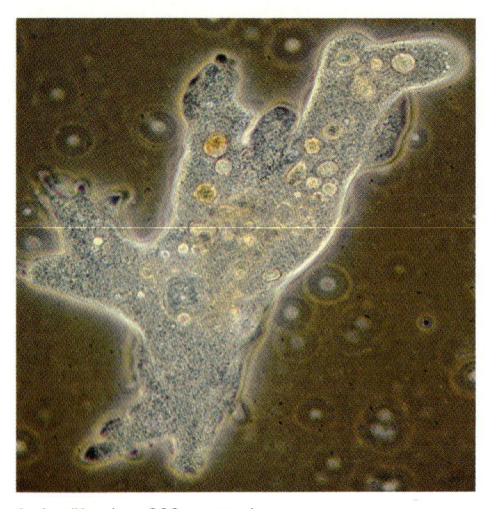

1 Amöbe (ca. 300 × verg.)

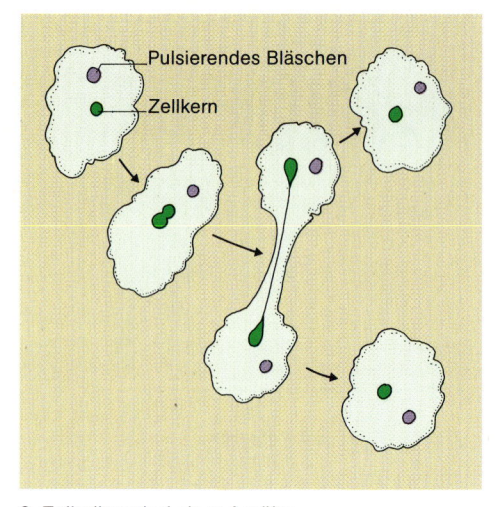

2 Zellteilung bei einer Amöbe

Scheinfüßchen

Nahrungspartikel

umfließen

einschließen

Zellkern Nahrungsbläschen

Organell
Struktur innerhalb der Zelle, die die Aufgaben eines Organs erfüllt.

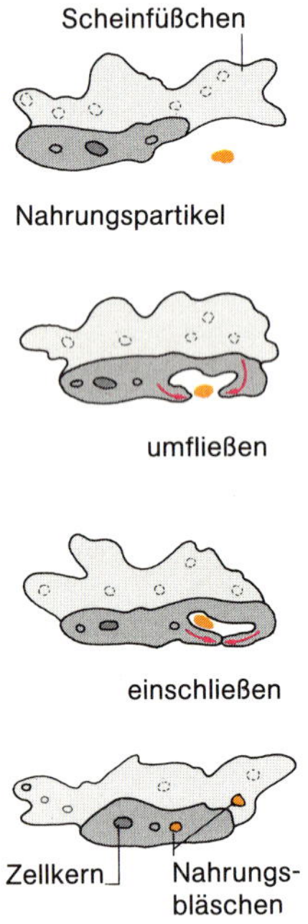

Die Amöbe — ein Einzeller ohne feste Gestalt

Mit etwas Glück findet man an zersetzten Pflanzenteilen im Heuaufguss auch *Amöben*. Diese auch *Wechseltierchen* genannten Einzeller haben keine feste Form, von Sekunde zu Sekunde ändern sie ihre Gestalt: *Scheinfüßchen* treten hervor und der übrige Plasmakörper strömt nach. Auf diese Weise gleiten Amöben über den Untergrund.

Trifft eine Amöbe beim Dahingleiten auf ein Nahrungsteilchen, so wird es durch Umfließen eingeschlossen. Ein *Nahrungsbläschen* ist entstanden. Dieser Vorgang kann an jeder Stelle der Zelloberfläche ablaufen. Die Nahrungsbläschen kreisen so lange in der Zelle, bis die Nahrung verdaut ist. Berührt das Bläschen dann die Zellhaut, platzt es auf und gibt die unverdaulichen Reste nach außen ab.

Lösliche Stoffwechselprodukte und überschüssiges Wasser werden durch ein *pulsierendes Bläschen* ausgeschieden. Wie jede lebende Zelle hat auch die Amöbe einen *Zellkern,* der die Lebensfunktionen des Einzellers regelt.

Hat die Amöbe eine bestimmte Größe erreicht, teilt sich der Zellkern. Darauf folgt die *Teilung* des Zellkörpers. Das Ergebnis sind zwei Tiere mit jeweils halber Größe. Das Muttertier ist restlos in die beiden Tochterzellen übergegangen. Innerhalb von wenigen Stunden wachsen die Tochterzellen zur ursprünglichen Größe heran, fehlende Organellen werden dabei ergänzt. Jetzt kann der Teilungsvorgang von neuem beginnen.

Plötzlich eintretende Trockenheit überlebt eine Amöbe nicht. Bleibt dem Tier aber ausreichend Zeit, eine schützende *Hülle* auszuscheiden, hat es allerdings gute Überlebenschancen. Die Zelle kugelt sich ab und überdauert die widrigen Bedingungen in einem *Ruhestadium*. Sobald die Kapsel wieder mit Wasser in Berührung kommt, schlüpft das Tier aus der Hülle, als sei nichts gewesen.

Aufgaben

① Vergleiche eine Amöbe mit einem Pantoffeltierchen. Nenne Gemeinsamkeiten und Unterschiede.

② Beschreibe den Vorgang der Zellteilung bei einer Amöbe.

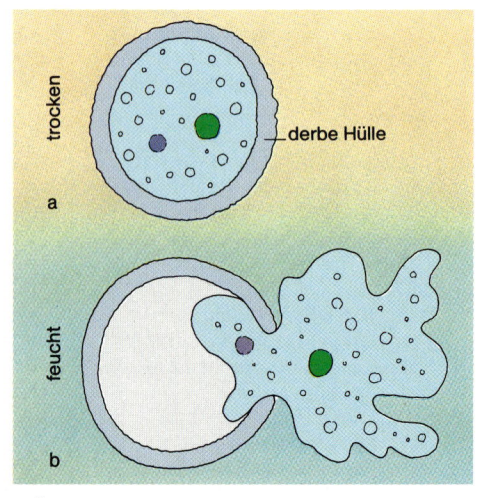

3 Überdauerung einer Amöbe

112 *Einzeller, Pflanzen, Pilze*

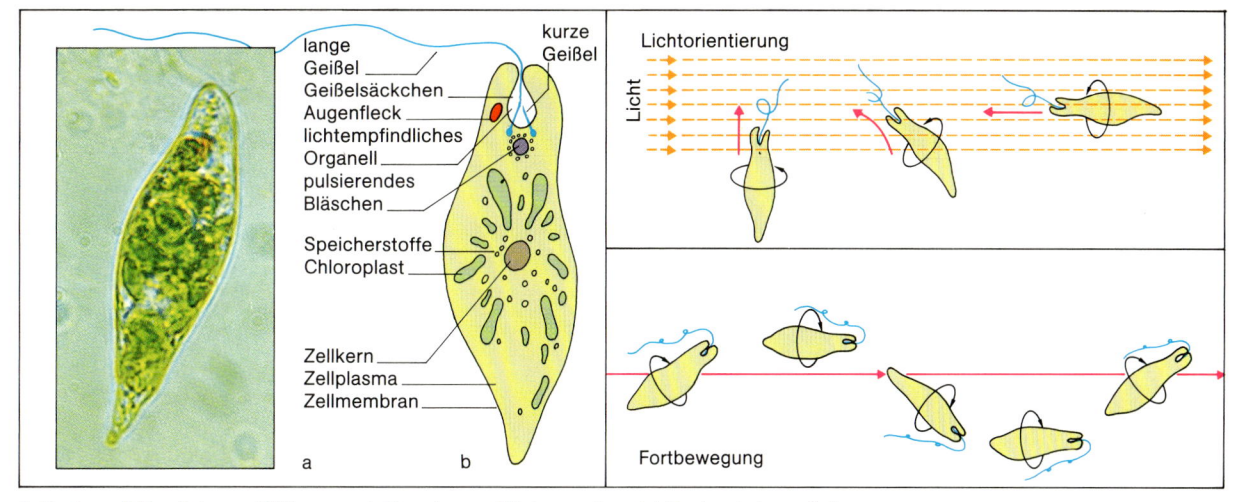

1 Euglena (Mikrofoto ca. 1000 × verg.), Bauplan und Schema der wichtigsten Lebensäußerungen

Euglena — Tier oder Pflanze?

Tümpel, Gräben, aber auch Pfützen, die durch Jauche verunreinigt sind, werden in der warmen Jahreszeit oft grün. Bringt man einige Tropfen aus diesen Gewässern unter das Mikroskop, so sieht man ein Gewimmel von grünen Einzellern. Es sind *Augengeißelträger* oder Euglenen.

Euglena ist etwa 0,05 mm lang. Der meist spindelförmige Körper ist von einer elastischen *Zellhaut* umgeben. Im *Geißelsäckchen* am Vorderende entspringen zwei *Geißeln*. Wie eine Peitschenschnur treibt die lange Geißel den Einzeller an. Dabei dreht er sich um seine Längsachse und schraubt sich förmlich durch das Wasser. Die zweite Geißel endet noch innerhalb des Geißelsäckchens, unmittelbar vor einer Verdickung der langen Geißel. Diese Verdickung ist ein *lichtempfindliches Organell*. Zusammen mit dem roten Augenfleck dient es Euglena zur Lichtorientierung: Bei seitlich einfallenden Sonnenstrahlen beschattet der Augenfleck das lichtempfindliche Organell. Euglena ändert dann die Bewegungsrichtung und schwimmt zum Licht hin.

Um den *Zellkern* in der Körpermitte liegen — sternförmig angeordnet — zahlreiche *Chloroplasten*. Mit ihnen bildet Euglena im Licht stärkeähnliche Stoffe und speichert sie. Der Augengeißelträger verhält sich also wie eine Pflanze; man sagt auch, er ernährt sich *autotroph*. Einige Euglenaarten bauen ihre Chloroplasten ab und gehen zur tierischen Lebensweise über, wenn man sie im Dunkeln hält. Ein Weg zurück ist nicht möglich.

Ähnlich wie beim Pantoffeltierchen werden dann Nahrungspartikel aufgenommen, verdaut und im Körper verteilt. Diese Ernährungsweise nennt man *heterotroph*. Da Euglena sowohl pflanzliche als auch tierische Merkmale zeigt, ist eine eindeutige Einordnung als Pflanze oder Tier nicht möglich.

Euglena vermehrt sich durch *Längsteilung*. Zuerst teilt sich der Zellkern, die übrigen Organellen — Geißelsäckchen, Geißeln, Augenfleck, pulsierendes Bläschen — werden verdoppelt. Bei der Durchschnürung des Zellkörpers verteilen sich die doppelt angelegten Organellen genau auf die beiden Tochtereuglenen.

auto, gr. = selbst
heteros, gr. = anders, fremd
trophe, gr. = Nahrung

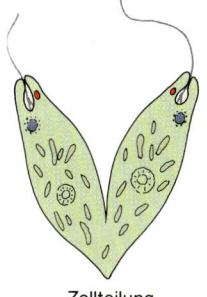

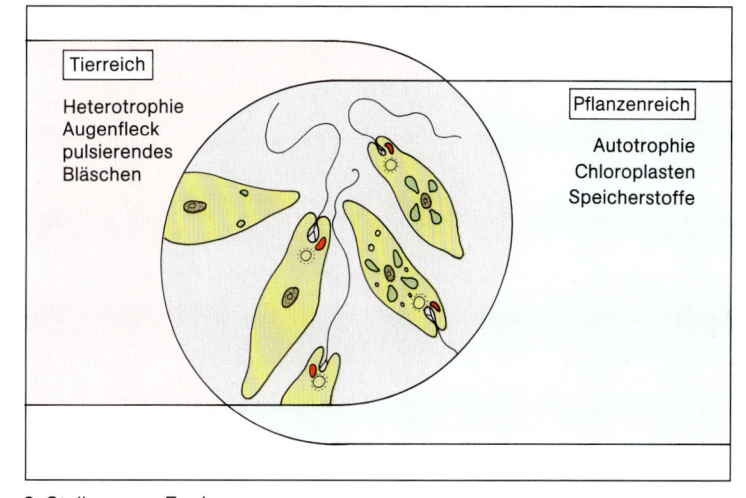

2 Stellung von Euglena

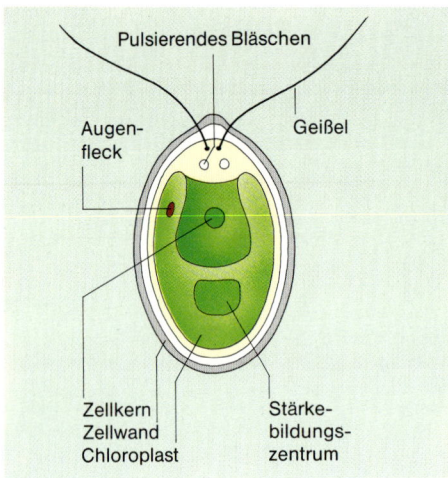

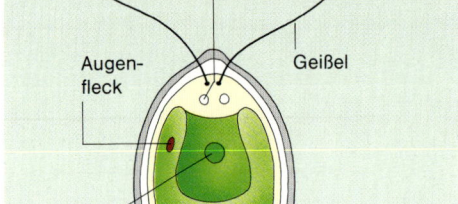

Einzeller und Zellkolonie

Heute kommen auf der Erde einzellige und vielzellige Lebewesen nebeneinander vor. In ca. 3,5 Milliarden Jahre alten Versteinerungen finden sich jedoch nur die Abdrücke einzelliger Formen. Wissenschaftler gehen deshalb davon aus, dass am Anfang des Lebens auf der Erde *Einzeller* standen. Aus ihnen haben sich im Laufe von Jahrmillionen *mehrzellige* Pflanzen und Tiere entwickelt. An Beispielen aus der Gruppe der *Grünalgen* wird diese Entwicklung für heute lebende Pflanzen modellhaft nachvollzogen.

Die einzellige Alge *Chlamydomonas* bevorzugt besonnte Uferregionen sauerstoffreicher Seen. Die ovale Zelle liegt in einer *Gallerthülle* und ist, wie die höheren Pflanzen, von einer festen *Zellwand* begrenzt. Charakteristisch sind der becherförmige *Chloroplast*, der den Zellkern umgibt, zwei gleich lange *Geißeln* und ein roter *Augenfleck*.

Bei der ungeschlechtlichen Fortpflanzung teilt sich die Zelle zweimal innerhalb ihrer Hülle. Die vier Tochterzellen bleiben zunächst in der schützenden Hülle zusammen. Erst kurze Zeit später werden sie durch das Platzen der Gallerthülle freigesetzt.

Der Weg zum Vielzeller hat wahrscheinlich damit begonnen, dass sich die Tochterzellen eines Einzellers nach der Teilung nicht voneinander getrennt haben, sondern innerhalb der gemeinsamen Gallerthülle zusammengeblieben sind. Solche Zusammenschlüsse gleichwertiger Zellen nennt man *Zellkolonie*.

Die Mosaikgrünalge *(Gonium)* stellt ein solches Stadium dar. In einer flachen Gallerthülle stecken bis zu 16 Zellen, deren Bau Ähnlichkeit mit Chlamydomonas hat. Die Zellen sind in einer Ebene angeordnet, ihre Geißeln ragen nach außen. Zwar sind die Zellen noch nicht spezialisiert, doch sind sie zu einer Gesamtleistung fähig, z. B. das Schwimmen in eine Richtung. Da alle Zellen gleich sind, kann eine losgelöste Alge aber auch alleine weiterleben, sich teilen und eine neue Kolonie bilden.

In der Algenkolonie *Eudorina* werden 32 Zellen in der Gallerthülle zusammengehalten. Die zu einer Hohlkugel angeordneten Einzelzellen sind ebenfalls ähnlich wie Chlamydominas gebaut. Eudorina kann sich ungeschlechtlich fortpflanzen, aber auch Ei- und Spermienzellen — also *Geschlechtszellen* — ausbilden.

1 Chlamydomonas

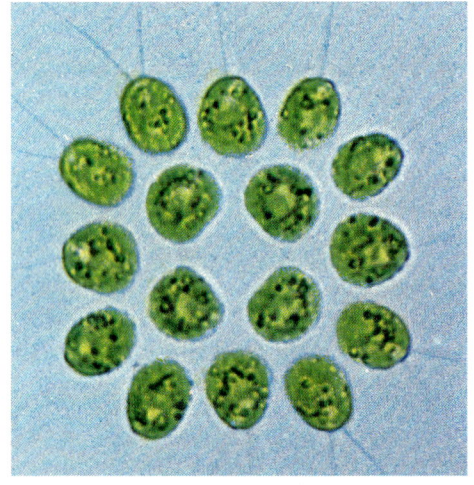

2 Zellkolonie von Gonium

Mosaikgrünalge (Gonium)

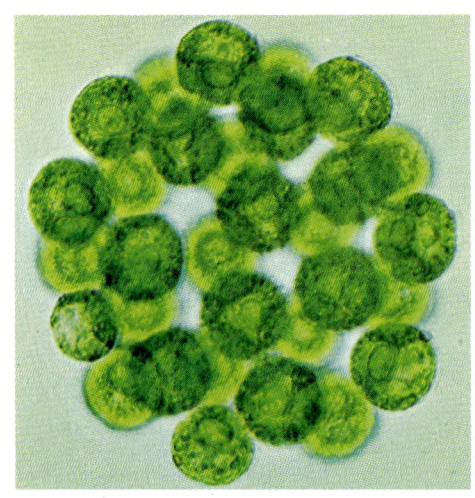

3 Zellkolonie von Eudorina

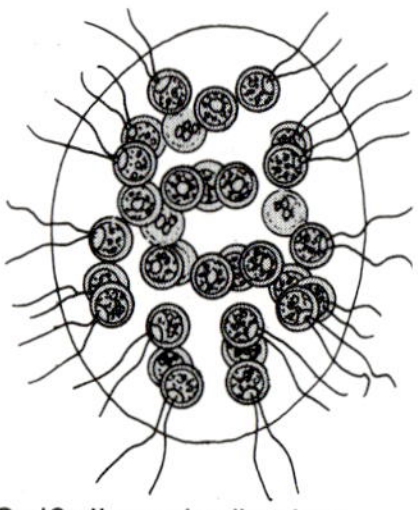

Geißelkugelgrünalge (Eudorina)

Einzeller, Pflanzen, Pilze

Die Kugelalge Volvox

Die Kugelalge *Volvox* besteht aus tausenden von Zellen, die eine mit Gallerte gefüllte ca. 1 mm große Hohlkugel bilden. Wie schon bei Chlamydomonas, haben alle Zellen neben Kern und Plasma einen Chloroplasten, einen Augenfleck und zwei Geißeln. Untereinander sind die Zellen durch ein Netz aus dünnen Plasmafäden, den *Plasmabrücken*, verbunden. Diese ermöglichen den Stoff- und Informationsaustausch zwischen den einzelnen Zellen.

Bei Volvox kann man zwei Arten von Zellen unterscheiden. Die zahlreichen kleinen *Körperzellen* dienen der Fortbewegung und der Ernährung. Sie haben ihre Teilungsfähigkeit verloren.

Der zweite Zelltyp sind die wesentlich größeren, aber selteneren *Fortpflanzungszellen*. Diese können sich noch teilen und bilden dabei *Tochterkugeln*, die im Innern der Mutterkugel liegen und dort heranwachsen. Nach Erreichen eines bestimmten Alters stirbt die Mutterkugel ab, zerfällt und die Tochterkugeln werden frei. Daneben kann sich Volvox auch geschlechtlich fortpflanzen. Die Fortpflanzungszellen werden dabei zu *Spermien-* oder *Eizellen*.

Volvox kann bereits als vielzelliges Individuum angesehen werden. Im Gegensatz zu den einfachen Zellkolonien sind bei der Kugelalge isolierte Zellen nicht mehr lebensfähig. Bedingt durch die Arbeitsteilung und Spezialisierung können sie nur noch bestimmte Aufgaben erfüllen. Die Körperzellen altern und sterben, damit stirbt auch der Gesamtorganismus. Nur die Fortpflanzungszellen leben in den neuen Individuen weiter.

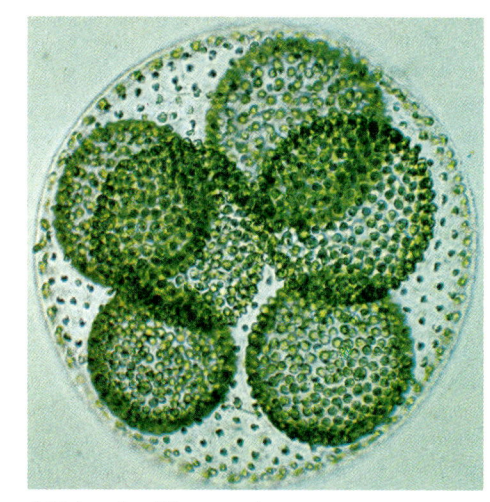

1 Volvox (ca. 70 × vergr.)

geschlechtliche Fortpflanzung (Spermienzellen, Plasmabrücken, Eizelle, Gallerte, Geißeln, befruchtete Eizelle)

Aufgaben

① Nach wie viel Teilungsschritten entstehen aus einer einzelnen Zelle Kolonien von Gonium bzw. Eudorina?
② Welche Vorteile bringt der Zusammenschluss einzelner Zellen zu Kolonien?
③ Stelle nach den Abbildungen dieser Doppelseite in einer Tabelle die Unterschiede und Gemeinsamkeiten von Chlamydomonas, Gonium, Eudorina und Volvox zusammen.
④ Ist Volvox eine Pflanze oder ein Tier? Begründe deine Antwort.

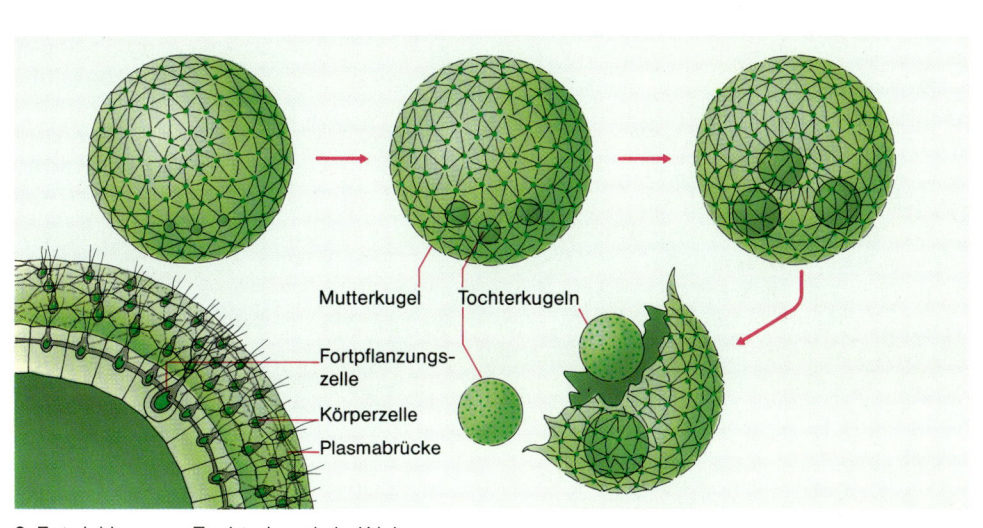

2 Entwicklung von Tochterkugeln bei Volvox (Mutterkugel, Tochterkugeln, Fortpflanzungszelle, Körperzelle, Plasmabrücke)

Einzeller, Pflanzen, Pilze

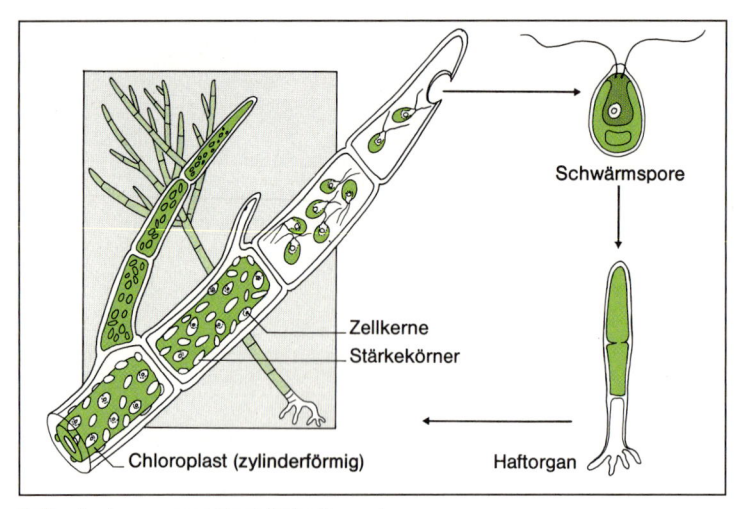

Grünalgen und Kieselalgen

Überall, wo ausreichend *Feuchtigkeit* und *Licht* vorhanden sind, gedeihen Algen. Auf feuchtem Boden kommen sie ebenso vor wie in Mauerwinkeln; sie sind an Felsen der Meeresküste und auf dem Firn alpiner Gletscher zu finden.

Die Mehrzahl unserer Süßwasseralgen sind *Grünalgen*. Oft kommen sie so zahlreich im Tümpelwasser vor, dass es wie grün gefärbt aussieht. Unter dem Mikroskop zeigt sich die ganze Vielfalt von Formen und Strukturen. Algen können kugelig, oval, sichel- oder sternförmig sein. Es gibt Einzeller, Zellkolonien oder auch Vielzeller. In ihren unterschiedlich geformten Chloroplasten betreiben die Grünalgen Fotosynthese und bilden dadurch die Nahrungsgrundlage für viele andere Lebewesen.

Algen vermehren sich auf unterschiedliche Weise. Bei einzelligen Algen geschieht das *ungeschlechtlich* durch *Zellteilung*. Bei der mehrzelligen *Zweigalge* können sich aus einer Zelle viele Schwärmsporen entwickeln, die davonschwimmen und zu neuen Zweigalgen heranwachsen können.

Bei der *Schraubenalge* sind viele Zellen zu langen Fäden aneinander gereiht. Sie kann sich *geschlechtlich* fortpflanzen. Im Herbst verkleben zwei nebeneinander liegende Fäden stellenweise miteinander und bilden ein Joch aus. Der Zellinhalt der einen Zelle wandert durch das Joch zur Nachbarzelle und die Zellen verschmelzen zu einer *Zygote*. Diese umgibt sich mit einer derben Hülle. Im nächsten Frühjahr keimen aus diesen Dauersporen neue Algenfäden aus.

Kieselalgen findet man als gelben oder braunen Überzug auf Steinen und Wasserpflanzen. Sie stellen eine Besonderheit unter den Algen dar, da ihre Zellwand aus zwei, oft sehr fein strukturierten Schalen besteht, die wie eine Dose mit passendem Deckel gestaltet sind und hauptsächlich aus Kieselsäure bestehen. Aus einem Längsspalt im Deckel tritt das Zellplasma aus und ermöglicht der Kieselalge, sich durch Plasmaströmung wie ein Kettenfahrzeug fortzubewegen.

Interessant ist auch die Zellteilung der Kieselalgen. Jede Tochterzelle bildet einen neuen Schalenboden, sodass ein Teil der Nachkommen immer kleiner wird. Ist eine Minimalgröße erreicht, schlüpft die Zelle aus ihrer Schale und bildet ein neues Gehäuse.

1 Zweigalge, ungeschlechtliche Vermehrung

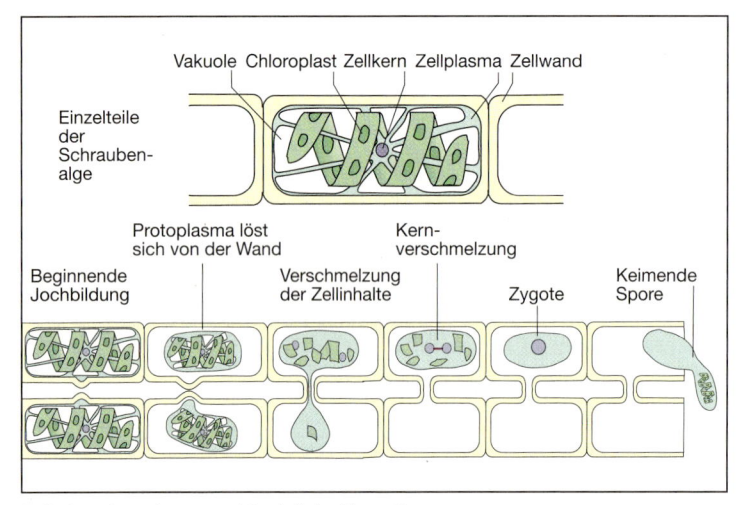

2 Schraubenalge, geschlechtliche Fortpflanzung

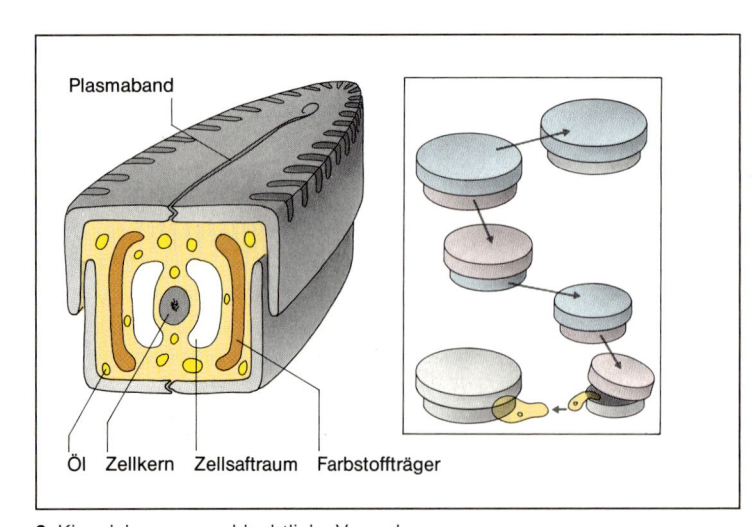

3 Kieselalge, ungeschlechtliche Vermehrung

Einzeller, Pflanzen, Pilze

Lexikon

Algen sind vielgestaltig

Als *Algen* bezeichnet man eine Vielzahl von Organismen, die sehr unterschiedlich gebaut sein können und deshalb keine einheitliche systematische Gruppe darstellen.

Die **Baumalgen** überziehen Felsen oder die Rinde von Bäumen auf der Wetterseite mit einem grünen Belag. Sie gehören zu den *Blaualgen*. Diese sind einzellig und der Bau ihrer Zellen gleicht weitgehend dem der Bakterien. Deshalb bezeichnet man die Blaualgen auch als *Cyanobakterien*. In ihren kernlosen Zellen besitzen sie grüne Farbstoffe, die ihnen die Fotosynthese ermöglichen.

Die Spindeljochalge **Closterium** mit ihren halbmondförmigen Zellen ist eine einzellige *Grünalge*. Ihre Zelle besteht aus zwei vollkommen symmetrischen Hälften. Der Chloroplast ist eigenartig gebaut und bestimmt die Zellform. Bei der ungeschlechtlichen Vermehrung teilt sich die Zelle genau in der Symmetrieebene durch; die fehlende zweite Hälfte wird jeweils ergänzt. Die geschlechtliche Fortpflanzung geschieht durch Ausbildung eines Joches wie bei der Schraubenalge.

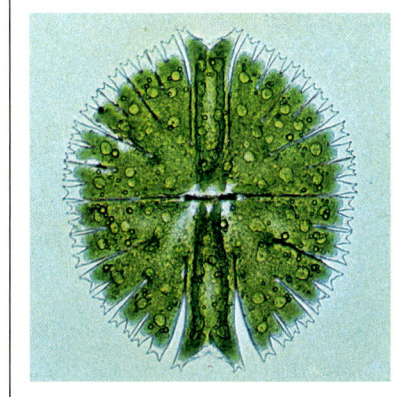

Ebenfalls eine einzellige Jochalge ist **Micrasterias**, deren Zelle durch zahlreiche Einschnitte eine sternförmige Gestalt aufweist.

Die grünen, braunen oder auch roten Pflanzenteile, die jedem Strandwanderer an der Nord- und Ostseeküste begegnen, gehören meistens zu Meeresalgen oder *Tangen*.

Der **Flache Darmtang** ist ein ungefähr 30 cm langer und ca. 1 cm breiter grüner Streifen, der sich mit einem Ende an der Unterlage festheftet. Diese Grünalge bildet grüne Säume auf den bei Niedrigwasser trocken liegenden Felsen.

Eine andere Grünalge des Meeres ist die ca. 20 cm lange **Felsenalge**. Sie bildet große, fädige Büschel, die mit einer Haftzelle am Untergrund festsitzen und wächst vorzugsweise an Felsen, und Steinen der Gezeitenzone. Auch die Felsenalge verträgt ein Trockenliegen während der Ebbe.

Braunalgen haben in ihren Chloroplasten einen braunen Farbstoff, der das grüne Blattgrün überdeckt. Sie sind die typischen Vertreter der Tange und sind mit einer Haftscheibe am Fels befestigt. Ihr Körper besteht aus mehrfach gabelig verzweigten, lederartig derben Bändern, die durch eine Mittelrippe versteift werden. Dies gilt z. B. für den **Blasentang**, der seinen Namen nach den gasgefüllten Blasen erhalten hat, die ihm das Schweben im Wasser ermöglichen.

Der **Blutrote Seeampfer** kommt wie viele Rotalgen im tieferen Wasser bis zu 20 Metern Tiefe vor. Er wird bis 15 cm groß. Verschiedene Rotalgenarten werden in Ostasien kultiviert. Aus ihnen wird *Agar-Agar* für feste Bakteriennährböden industriell gewonnen. Auch Geliermittel, Soßenbinder, Seifen und Shampoos enthalten Algenbestandteile, sogenannte *Alginate*.

Einzeller, Pflanzen, Pilze

Bakterien sind besondere Einzeller

Schon 1683 entdeckte LEEUWENHOEK mithilfe seines sehr einfachen Mikroskops winzige, zu Ketten zusammengeschlossene Kügelchen im Zahnbelag. Heute weiß man, dass LEEUWENHOEK Bakterien gesehen hatte. Er muss dabei auf relativ große Exemplare gestoßen sein, die eine Länge von etwa 7 μm hatten. Die kleinsten Bakterien lassen sich selbst mit einem modernen Lichtmikroskop nicht mehr ausmachen. Sie sind nur etwa 0,2 μm groß.

Nur mit einem Elektronenmikroskop ist der Feinbau der Bakterienzelle zu erkennen. Eine feste, vergleichsweise dicke *Zellwand* grenzt die Zelle nach außen ab. Sie gibt ihr Halt und die charakteristische Form. Bei manchen Bakterien ist die Zellwand von einer *Schleimhülle* umgeben, die einen zusätzlichen Schutz bietet. Innerhalb der Zellwand umgibt die dünne *Zellmembran* das *Zellplasma*. An manchen Stellen ist die Oberfläche der Zellwand durch Einstülpen und Auffalten der Zellmembran stark vergrößert. Dadurch entsteht mehr Platz für die zahlreichen lebensnotwendigen Vorgänge, die nur an der Zellmembran ablaufen können. Im Zellplasma liegen *Reservestoffe* und die *Erbanlagen*. Ein Zellkern fehlt. Auffallend an der Gestalt mancher Bakterien sind die im Zellplasma verankerten *Geißeln*. Sie dienen der Fortbewegung.

Gelangt ein Bakterium in eine geeignete Umwelt, stellt es zunächst seinen Stoffwechsel auf die neuen Lebensbedingungen ein. Ein Bakterium kann die für seinen Stoffwechsel notwendigen Stoffe über die gesamte Zelloberfläche aufnehmen und genauso Stoffe abgeben. Es wächst bis zu einer bestimmten Größe heran und teilt sich dann. Die beiden dabei entstehenden Zellen wachsen wiederum, bis sie für eine erneute Zellteilung groß genug sind. Bei gutem Nahrungsangebot, ausreichender Luftfeuchtigkeit und Temperaturen um 30 °C kann sich ein Bakterium alle 20 Minuten teilen. Doch diese *Massenvermehrung* führt mit der Zeit zu einschneidenden Veränderungen der Bakterienumwelt: Nahrung wird knapp und giftige Stoffwechselendprodukte, die von den Bakterien ausgeschieden werden, reichern sich in der Umgebung an. Das Bakterienwachstum wird gehemmt.

Bei sehr ungünstigen Umweltbedingungen bildet die Bakterienzelle eine zusätzliche, kräftige Wand aus; sie kapselt sich ab und bildet eine *Spore* aus. Diese ist sehr widerstandsfähig und kann mehrere Jahre überleben. Es wurde nachgewiesen, dass solche Bakteriensporen Temperaturen bis etwa +90 °C und −250 °C überstehen können. Sie überleben sogar im Weltraum. Sobald sich die Umweltbedingungen bessern, keimt die Spore zur Bakterienzelle aus und diese beginnt erneut mit Wachstum und Teilung.

Aufgabe

① Berechne die Nachkommenzahl eines einzigen Bakteriums, das sich unter optimalen Bedingungen vermehrt, nach 4, 8 und 12 Stunden.

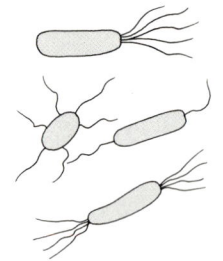

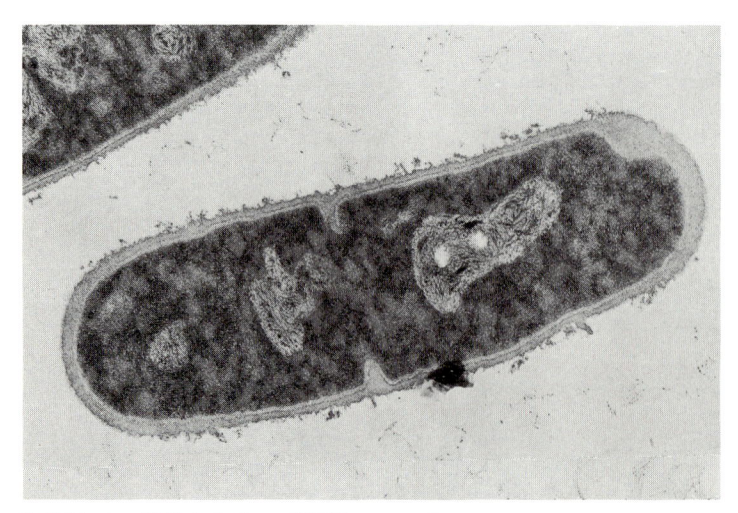

unbegeißelte Stäbchenbakterien

begeißelte Stäbchenbakterien

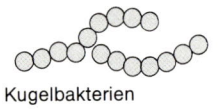

Kugelbakterien

Kommabakterien

1 Bakterium (EM-Aufnahme, 30 000 × vergr.)

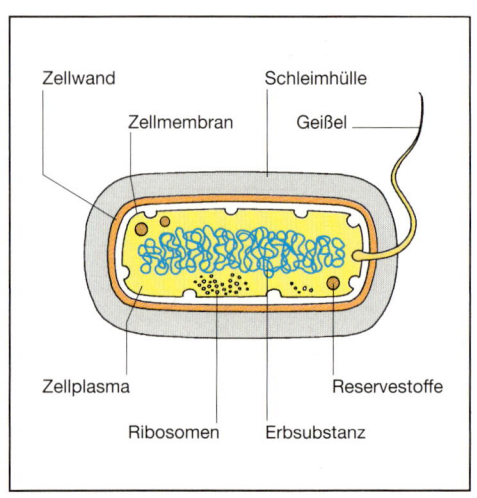

2 Schema der Bakterienzelle

1 Mit Bakterien hergestellte Lebensmittel

Pasteurisieren ist ein Verfahren zur Haltbarmachung von hitzeempfindlichen, flüssigen Lebensmitteln. Das Verfahren geht auf den französischen Bakteriologen und Chemiker LOUIS PASTEUR (1822—1895) zurück.
1. Erhitzen der Flüssigkeit auf 62 °C — 65 °C für 30 Minuten *(Dauererhitzung)*.
2. Erhitzen auf 71 °C — 74 °C für 40 Sekunden *(Kurzzeiterhitzung)*.
3. Erhitzen auf 85 °C für nur 5 bis 15 Sekunden *(Hocherhitzung)*.
4. Erhitzen auf 130 °C — 150 °C für etwa 0,5 Sekunden *(Ultrahocherhitzung)*.

Sterilisieren bedeutet das Abtöten aller Keime durch Wasserdampf von 120 °C im Dampfkochtopf für 3-mal 30 Minuten.

2 Haltbarmachen von Lebensmitteln

Bakterien sind vielseitig

Lässt man frische Milch einige Tage offen stehen, so wird sie dickflüssig und schmeckt sauer, es ist *Sauermilch* entstanden. Diese Veränderungen sind auf das Vorhandensein von Bakterien zurückzuführen; für sie ist die Milch ein idealer Nährboden. In ungekochter und ungekühlter Milch kommt es zur Massenvermehrung dieser *Milchsäurebakterien*. Milchsäurebakterien bauen Milchzucker zu Milchsäure ab. Die Milchsäure bewirkt, dass das Eiweiß in der Milch verklumpt. Die Säure verhindert zudem, dass sich Fäulnisbakterien entwickeln können, die die Milch ungenießbar machen würden.

Durch Milchsäuregärung haltbar gemachte Nahrungsmittel, wie Sauerkraut oder saure Gurken, sind gesundheitlich wertvoll. Sie enthalten wichtige Mineralstoffe, Spurenelemente und Vitamine. Bei der Jogurtherstellung verwendet man spezielle Milchsäurebakterien. Auch Käse wird aus Milch mithilfe solcher Bakterien unter Zusatz von *Lab*, einem Verdauungsenzym aus Kälbermägen, hergestellt. Auf gleiche Weise arbeiten Milchsäurebakterien auch bei der Herstellung und Konservierung von Silofutter.

Bei haltbarer Milch *(H-Milch)* wurden alle Milchsäurebakterien beim *Pasteurisieren* abgetötet. Sie kann deshalb nicht mehr sauer werden. Bei längerem Stehen an der Luft vermehren sich dann allerdings *Fäulnisbakterien*, die die Milch ungenießbar machen.

Bakterien sind für den Abbau von organischen Stoffen im Kreislauf der Natur unerlässlich. Sie bauen diese Stoffe so weit ab, bis nur noch Kohlenstoffdioxid, Wasser und Mineralstoffe übrig bleiben. Diese Abbauprodukte werden von den Pflanzen zur Neubildung von organischem Material gebraucht. Es gibt Bakterien, die bestimmte Kunststoffe zersetzen, andere bauen Erdöl ab. Man versucht, Erdöl abbauende Bakterien künstlich zu züchten und bei Ölkatastrophen im Meer gezielt zur Zersetzung des umweltzerstörenden Erdöls einzusetzen.

In den modernen Laboratorien der pharmazeutischen Industrie werden neue Bakterienstämme gezüchtet, die hochwertige Medikamente aufbauen. Beispielsweise gibt es heute Bakterien, denen man einen Teil des menschlichen Erbguts eingepflanzt hat. Diese Bakterien bilden *Insulin*, ein menschliches Hormon. Insulin, ein wichtiges Arzneimittel für *Zuckerkranke,* lässt sich ohne Hilfe der Bakterien nur sehr schwer, teuer und in geringen Mengen aus den Bauchspeicheldrüsen von Schlachttieren gewinnen.

Aufgaben

① Bakteriologen sterilisieren vor Arbeitsbeginn alle Geräte, die sie zur Untersuchung und Züchtung von Bakterienkulturen benötigen. Begründe.

② Gib in zwei Bechergläser voll Milch je eine kleine Menge Kefir. Erhitze davon ein Becherglas auf 71 °C — 74 °C und lasse dann beide Bechergläser mehrere Tage stehen. Beobachte und vergleiche.

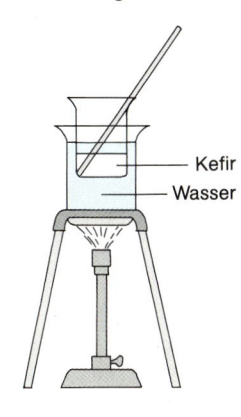

Kefir-Herstellung
— Kefir
— Wasser

Einzeller, Pflanzen, Pilze

2 Pflanzen als Teil der Lebensgemeinschaft

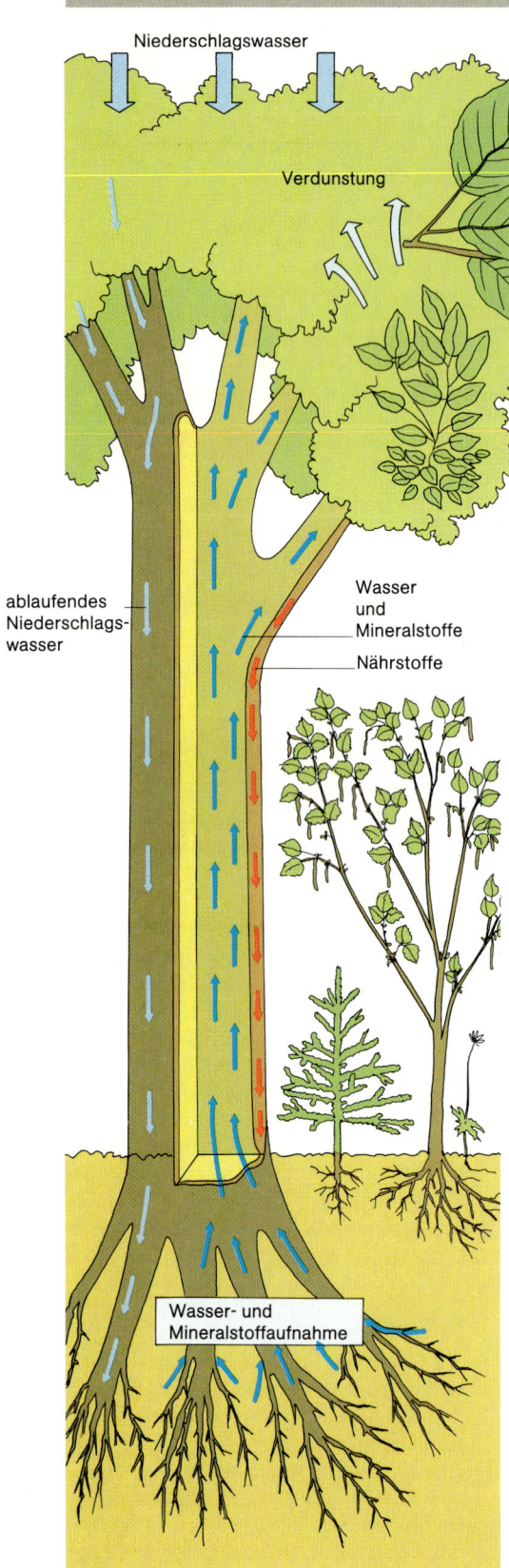

Grüne Pflanzen stellen energiereiche Stoffe her

Grüne Organismen sind für das Leben auf der Erde von ausschlaggebender Bedeutung. Die energiereichen Stoffe, die beispielsweise Tiere und Pilze zu ihrer Ernährung benötigen, werden von grünen Pflanzen aufgebaut. Diese besitzen nämlich die Fähigkeit, die Energie des Sonnenlichtes auszunutzen und chemisch in Form von Traubenzucker oder Stärke zu speichern. Dadurch wird die Sonnenenergie für andere Organismen nutzbar. Der Vorgang, bei dem das geschieht, heißt *Fotosynthese*.

Die Pflanze benötigt dazu Wasser, das über die Wurzeln aufgenommen wird, und Kohlenstoffdioxid. Dieses gelangt aus der Atmosphäre durch die Spaltöffnungen in das Innere der Blätter. Hier wird mithilfe des Blattgrüns (*Chlorophyll*), das die Energie des Sonnenlichtes verwerten kann, zunächst Traubenzucker und daraus Stärke hergestellt. Bei der Fotosynthese wird außerdem Sauerstoff freigesetzt.

Andere Nährstoffe, wie z. B. Eiweiße, werden mithilfe des Traubenzuckers unter Verwendung der aus dem Boden aufgenommenen Mineralstoffe gebildet.

Aufgaben

① Beschreibe anhand der Abbildung den Stofftransport in einer Pflanze.
② Aus welchem Grund werden Nährstoffe zu den Wurzeln transportiert?

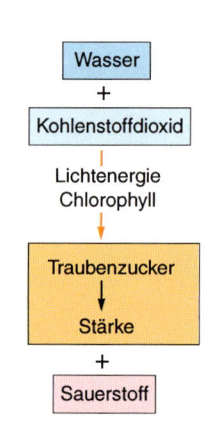

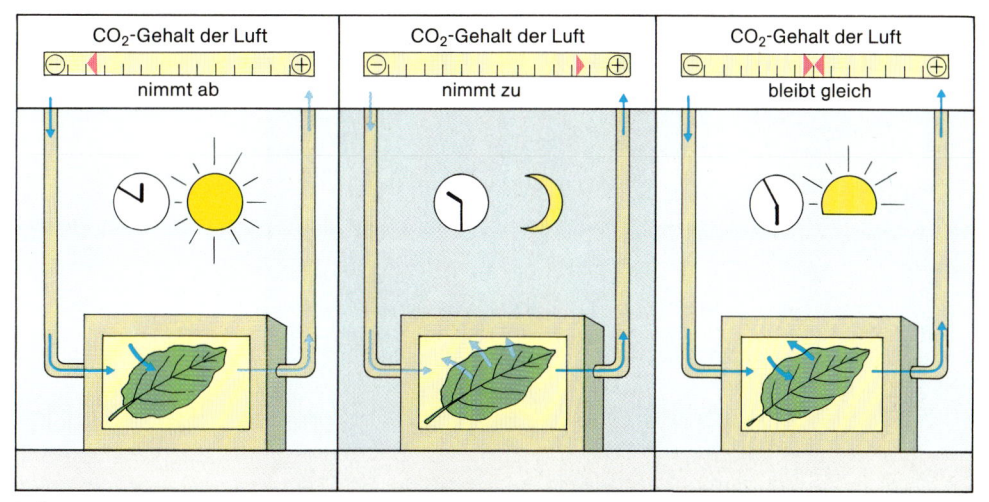

1 Schwankungen des Kohlenstoffdioxidgehaltes der Luft im Laufe eines Tages

Auch grüne Pflanzen atmen

Auch grüne Pflanzen benötigen für ihre Lebensäußerungen Energie. Um die im Traubenzucker gespeicherte Sonnenenergie nutzen zu können, muss er mithilfe von Sauerstoff zu Kohlenstoffdioxid (CO_2) und Wasser umgesetzt werden. Dieser Prozess heißt *innere Atmung* oder *Zellatmung*.

Während die Pflanze bei der Fotosynthese Kohlenstoffdioxid aufnimmt und Sauerstoff abgibt, ist dies bei der Atmung genau umgekehrt. Welcher der beiden Vorgänge im Laufe des Tages überwiegt, lässt sich durch ein Experiment überprüfen: Eine grüne Pflanze wird in eine lichtdurchlässige Kammer, durch die man langsam Luft pumpt, eingeschlossen. Die Schwankungen des Kohlenstoffdioxidgehaltes, der vor dem Einströmen und beim Verlassen der Kammer gemessen wird, zeigt eine Skala an.

Aufgaben

① Am Morgen und am Abend gibt es einen Punkt, an dem der Kohlenstoffdioxidgehalt gleich bleibt (Abb. 1). Es ist der *Kompensationspunkt* (lat. *compensare* = ausgleichen). Erkläre den Zusammenhang zu Fotosynthese und Zellatmung.

② Erläutere anhand von Abb. 2, inwiefern man die Zellatmung als Umkehrung der Fotosynthese bezeichnen kann.

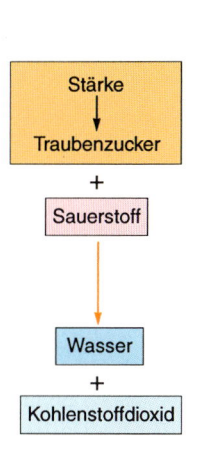

2 Fotosynthese und Zellatmung

Einzeller, Pflanzen, Pilze

Moose sind Pionierpflanzen

Moose lassen sich in den verschiedensten Lebensräumen finden. Die unscheinbaren Pflänzchen sind in Wäldern und Mooren weit verbreitet, aber auch auf Wiesen und Heideflächen, im Gebirge und in Städten sind sie häufig anzutreffen. Sie wachsen auf dem Boden, an Baumstämmen und sogar auf blankem Gestein.

Im Nadel- oder Mischwald sind Moose häufiger als im Lauwald, da sie hier alljährlich von Falllaub bedeckt werden. Es ist für den ungeübten Betrachter sehr schwer, die vielen verschiedenen Arten auseinander zu halten. Das *Weißmoos* allerdings ist leicht zu erkennen. Seine weißlich grün schimmernden Polster sind in unseren Wäldern auf kalkarmen Böden regelmäßig zu finden.

Oft sind Felsen von Polstern kleiner, anspruchsloser Moosarten überwachsen. Zuerst siedeln Algen und Flechten auf dem ehemals nackten Gestein. Zwischen den Flechtenkrusten keimen dann die ersten Moospflänzchen, die zwar langsam wachsen, aber im Laufe der Zeit immer breitere und höhere Moospolster bilden. Diese speichern nicht nur Wasser, sondern bilden dadurch, dass sie oben immer weiter wachsen und unten absterben, fruchtbaren Humus. Es dauert Jahrzehnte, bis diese *Erstbesiedelung* abgeschlossen ist. Auf diese Art und Weise aber wird der Boden vorbereitet, auf dem später anspruchsvollere Pflanzen keimen und wachsen können.

Unter den Moosen gibt es regelrechte *Kulturfolger*, die in Zementfugen, in Mauerritzen und sogar auf Dachziegeln gedeihen. Zu diesen Moosen gehört z. B. das *Kissenmoos*. Es wird kaum höher als einen Zentimeter und bildet dicht geschlossene, mausgrau schimmernde Polster, die überall auf Mauerkronen zu finden sind. Diese Moose können wochenlange Trockenperioden überstehen, ohne abzusterben.

Die graue Farbe kommt durch eine Besonderheit der Moosblättchen zustande. Ihre Mittelrippe setzt sich in eine lange chlorophyllfreie Spitze, das *Glaashaar*, fort. Daran schlägt sich nachts Tau nieder. Dieses Wasser wird dann in das Blatt aufgenommen oder vom gesamten Polster wie von einem Schwamm festgehalten. Auch das *Mauerdrehzahnmoos* und das *Bartmoos*, die wie das Kissenmoos trockene Mauern besiedeln, besitzen Glashaare.

1 Moospolster auf Felsen

2 Polster vom Weißmoos

3 Moosblättchen mit Glashaar

Einzeller, Pflanzen, Pilze

Fortpflanzung bei Moosen

Untersucht man im späten Frühjahr bis Frühsommer Pflänzchen des *Frauenhaarmooses*, wird man bei einigen an den Spitzen gelbliche Blättchen erkennen. Sie umhüllen die männlichen Geschlechtsorgane, die *Antheridien*. Die weiblichen Geschlechtsorgane, die *Archegonien*, finden sich an anderen Pflänzchen. An deren Spitze kann man grüne Endknospen erkennen, welche die flaschenförmigen Archegonien umschließen.

Für die Befruchtung ist Wasser erforderlich. Es dringt zwischen die *Hüllblätter* ein, welche die Geschlechtsorgane umgeben. Ist dieses geschehen, entlassen die *Antheridien* die männlichen Geschlechtszellen (*Schwärmer*), die zwei Geißeln tragen. Mithilfe ihrer Geißeln schwimmen die Schwärmer zu den Archegonien, die ihrerseits einen Lockstoff abgeben. Die Schwärmer dringen in die Archegonien ein und befruchten die Eizellen. Aus einer befruchteten Eizelle wächst auf der Moospflanze eine *Sporenkapsel*, die auf einem Stiel sitzt. Die Sporenkapsel trägt noch eine Zeit lang eine aus den Resten des Archegoniums bestehende Haube.

Wenn die Sporen reif sind, lösen sich Haube und Sporenkapseldeckel, sodass bei trockenem Wetter durch kleine Poren die *Sporen* herausfallen und durch den Wind verbreitet werden können. Beim nächsten Regen keimen die Sporen zu weißlichen Fadengeflechten aus. Daraus entstehen entweder männliche oder weibliche Moospflänzchen.

Bei den Moosen gibt es also zwei verschieden gestaltete Generationen, die regelmäßig aufeinander folgen. Die eine ist das eigentliche Moospflänzchen, das aus den Sporen nach Bildung eines Fadengeflechtes entsteht. Dies ist die *geschlechtliche Keimzellengeneration* mit den männlichen bzw. weiblichen Organen. Die zweite, *ungeschlechtliche Sporengeneration* entwickelt sich auf dem grünen Moospflänzchen und besteht nur aus dem Sporenträger mit der Sporenkapsel. Aus den Sporen geht dann wieder die neue Keimzellengeneration hervor. Da sich diese beiden Generationen regelmäßig abwechseln, spricht man von einem **Generationswechsel**.

Aufgabe

1. Die Fortpflanzung der Moose ist an ausreichend Feuchtigkeit gebunden. Begründe diese Aussage.

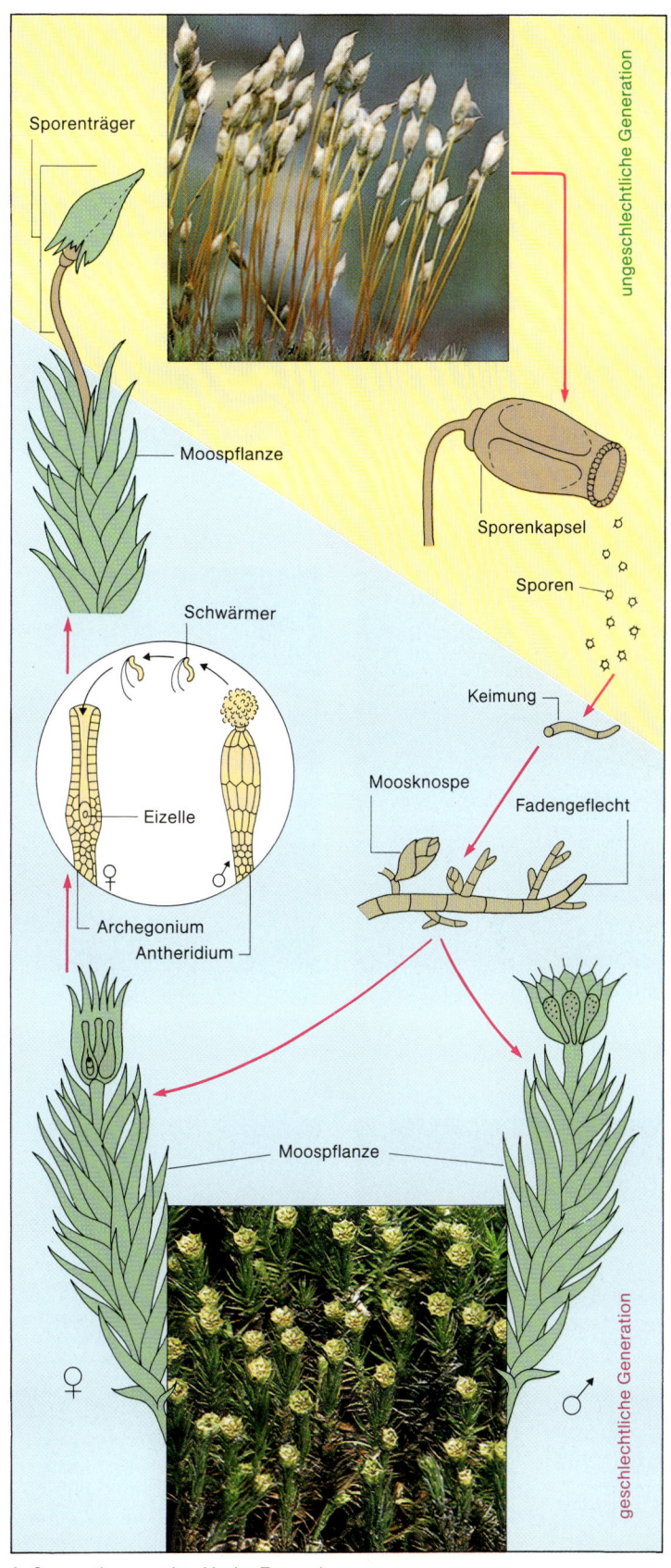

1 Generationswechsel beim Frauenhaarmoos

1, 2 Gemeiner Tüpfelfarn

3 Buchenfarn

4 Eichenfarn

5 Braunstieliger Streifenfarn

6 Mauerraute

Formenvielfalt der Farne

In Wäldern und in feuchten Schluchten bilden *Farne* oft üppige Bestände. Farne sind — wie die Moose — *Sporenpflanzen*, das heißt, dass sie sich ohne Blüten fortpflanzen können (siehe nächste Seite). Im Gegensatz zu den Moosen besitzen Farne jedoch echte Wurzeln und ein leistungsfähiges Wasserleitungs- und Festigungssystem. Allerdings ist die Wasserabgabe über die Blätter und Spaltöffnungen in der Regel sehr hoch, da ihnen wirksame Schutzeinrichtungen gegen Verdunstung fehlen. Deshalb sind Farne häufig an schattigen Standorten mit guter Wasserführung und hoher Luftfeuchtigkeit zu finden.

Farne besitzen eine große Formenvielfalt. Die meisten einheimischen Gattungen lassen sich leicht an ihrer unterschiedlichen Größe und vor allem an der Form ihrer Wedel unterscheiden. Die *Hirschzunge* besitzt z. B. ungegliederte Blätter, beim *Wurmfarn* und beim *Adlerfarn* sind sie mehr oder weniger stark gefiedert (siehe auch Seite 26). Der *Tüpfelfarn* besitzt tief-fiederteilige Blätter. Sie sind lederartig und haben auf der Unterseite der Blattzipfel zwei Reihen von tüpfelförmigen Sporenhäufchen. Der *Buchenfarn* ist daran zu erkennen, dass seine untersten beiden Fiederblättchen abwärts gerichtet sind und etwas weiter von den anderen entfernt stehen. Er wird etwa 30 cm hoch und ist an quelligen Standorten mit reichlich Sickerwasser anzutreffen. Etwa gleich groß ist der hellgrüne, zarte *Eichenfarn*. Er kommt überwiegend in Laubwäldern vor und ist bezüglich seines Standortes sehr anspruchslos. Seine beiden unteren Fiederblättchen sind fast so groß wie das restliche Blatt.

Einige Farnarten gedeihen allerdings auch an trockenen Standorten. Zu ihnen gehört der *Braunstielige Streifenfarn*. Er ist ein typischer Besiedler von Mauerritzen und Felsspalten. Am dunkelbraunen Stiel, der kaum länger als 20 cm wird, sitzen viele rundliche Fiederblättchen, auf deren Unterseite die braunen Sporenkapseln in Streifen angeordnet sind (Name!). Im gleichen Lebensraum ist die *Mauerraute* zu finden. Ihre dunkelgrünen Blätter sind sehr derb und bleiben bis in den Winter hinein erhalten. Die Mauerraute trägt ihren Namen nach der Gestalt ihrer Fiederblättchen und nach ihrem Standort. Diese kleinen Farne werden selten größer als 15 cm. Es gibt kaum eine Burgruine oder alte Stadtmauer, an der die Mauerraute nicht anzutreffen ist.

Einzeller, Pflanzen, Pilze

Fortpflanzung der Farne

Will man etwas über die Fortpflanzung des Wurmfarns erfahren, muss man sich die Unterseite der Farnwedel genauer ansehen. Ab dem Frühsommer findet man dort regelmäßig angeordnete, nierenförmige Häutchen. Man nennt sie *Schleier*. Sie sind zunächst grün, färben sich später aber braun. Unter ihnen befinden sich die bräunlichen *Sporenkapseln*, die in Gruppen zusammenstehen. Zur Zeit der Reife trocknen die Schleier ein und schrumpfen, sodass die Sporenkapseln frei liegen. Diese sind von einem Zellring umgeben, der sich bei Trockenheit zusammenzieht. Dadurch wird die Kapsel aufgerissen, die *Sporen* werden herausgeschleudert und so verbreitet.

Aus den einzelligen Sporen entsteht bei ausreichender Feuchtigkeit und Beschattung des Bodens ein *Vorkeim*, ein blattähnliches, etwa ein bis zwei Quadratzentimeter großes Pflänzchen. Dieses ist mit seiner Unterseite über wurzelähnliche Fäden im Boden verankert. Ebenfalls auf der Unterseite findet man sowohl männliche als auch weibliche Geschlechtsorgane, die *Antheridien* und *Archegonien*. Die Archegonien entlassen bei hinreichender Feuchtigkeit, z. B. nach einem Regenschauer, einen Lockstoff, der die männlichen Fortpflanzungszellen *(Schwärmer)* aus den Antheridien anlockt. Die Schwärmer schwimmen mithilfe ihrer Geißeln zu den flaschenförmigen Archegonien, in denen sie die Eizellen befruchten. Aus einer befruchteten Eizelle entwickelt sich eine neue Farnpflanze, die ihrerseits wieder Sporen produziert.

Bei Farnen gibt es also zwei verschiedene Generationen, die regelmäßig aufeinander folgen. Die eine ist der sehr kleinwüchsige Vorkeim, der die männlichen und weiblichen Geschlechtszellen bildet. Man nennt diese geschlechtliche Generation deswegen *Keimzellengeneration*. Aus der befruchteten Eizelle entsteht die andere, ungeschlechtliche Generation, die *Sporengeneration*. Sie besteht aus der Sporen erzeugenden Farnpflanze. Aus den Sporen geht dann wiederum die Keimzellengeneration hervor.

Die Sporengeneration entsteht auf geschlechtlichem Wege, d. h. durch Verschmelzung weiblicher und männlicher Keimzellen. Die Keimzellengeneration entsteht dagegen ungeschlechtlich ohne Beteiligung von Keimzellen. Weil sich beide Generationen regelmäßig abwechseln, spricht man von einem **Generationswechsel**.

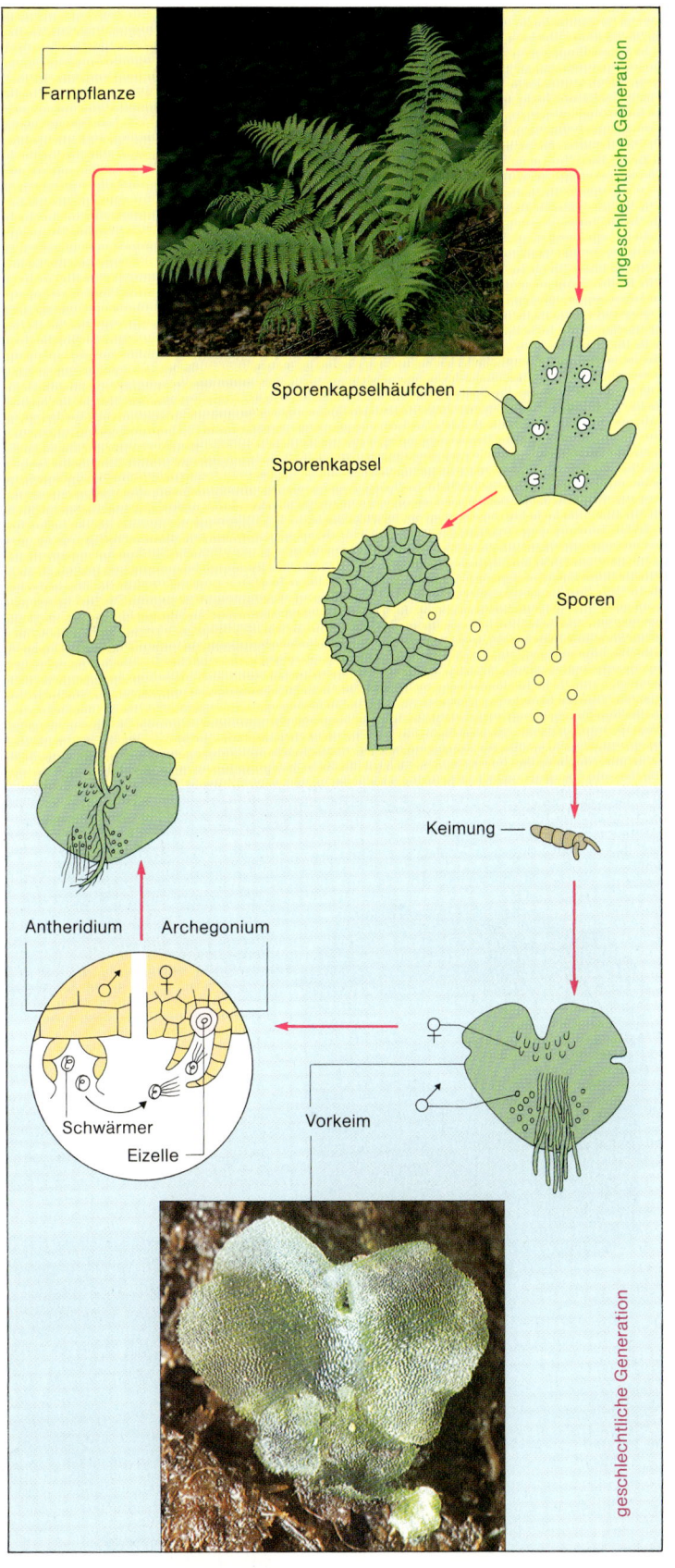

1 Generationswechsel beim Wurmfarn

Lexikon

Sporenpflanzen

Die Sporenpflanzen, zu denen neben *Moosen* und *Farnen* auch die *Bärlappe* und *Schachtelhalme* gehören, hatten den Höhepunkt ihrer Entwicklung vor 350 Millionen Jahren im *Karbon*. In Mitteleuropa herrschte zu dieser Zeit ein feuchtwarmes, subtropisches Klima. In den Sumpfwäldern dominierten riesige Bärlappe und Baumfarne. Am Rande der Sümpfe und Moore bildeten Schachtelhalme ausgedehnte Bestände.

5 Millionen Jahre dauerte diese Zeit. Die Pflanzen wuchsen in ungeheuren Mengen und versanken immer wieder im Flachwasser und Sumpf; unter Luftabschluss blieb das Pflanzenmaterial erhalten. Flüsse transportierten Geröll, Sand und Schlamm und füllten dadurch die Senken auf. Die zunehmende Mächtigkeit der Deckschichten führte in der Erdkruste zu einer Druck- und Temperaturerhöhung. Dadurch wurde das Pflanzenmaterial langsam in Steinkohle umgewandelt. Die Strukturen der Pflanzen, seien es Blätter, Holz oder Wurzeln, wurden jedoch nicht zerstört. Sie werden beim Abbau der Steinkohle gefunden, wie beispielsweise der abgebildete **fossile Farnabdruck**.

In den Tropen kommen auch heute noch die bis zu 20 Meter hohen **Baumfarne** vor. Von ihrem Aussehen her könnte man sie fast mit Palmen verwechseln. Sie besitzen jedoch keine Blüten und Früchte. Der Stamm ist etwa armdick, holzig und unverzweigt. Am oberen Ende trägt er eine Rosette von mehrfach gefiederten Wedeln, die bis zu 3 m lang werden können. Von diesen *lebenden Fossilien* gibt es noch etwa 200 Arten.

Vorwiegend in trockenen Nadelwäldern unserer Mittelgebirge ist der **Kolbenbärlapp** zu finden. Die immergrüne Pflanze kriecht am Boden dahin und kann eine Länge von mehr als einem Meter erreichen. Das hat ihr im Volksmund den Namen „Schlangenmoos" eingetragen. Die aufrecht stehenden Triebe werden 5—20 cm lang. Sie sind gabelig verzweigt und ringsum nadelförmig beblättert. An den ährenförmigen Enden mit gelbgrünen Schuppenblättchen befinden sich die Sporenkapseln.

Da die Entwicklung der Pflanze von der Spore bis zur wiederum Sporen bildenden Pflanze oft Jahrzehnte dauert, sind alle einheimischen Bärlapparten geschützt.

Im März und April findet man häufig auf sandigen Böden und Grasplätzen unverzweigte, blassgelbe bis rotbraun aussehende Triebe. Sie sind etwa 30 cm hoch und der hohle, längs gefurchte Stängel besteht aus mehreren gleichartigen Abschnitten. Diese Glieder sind durch Knoten gegeneinander abgegrenzt. Zieht man an dem Stängel, so reißt er leicht im Bereich dieser Knoten. Man erkennt dann, dass ein Kranz von miteinander verwachsenen Laubblättern diesen Stängelteil umschließt. An der Spitze des Triebes schließlich befindet sich ein verdickter, ährenförmiger Sporenträger. Wir haben den *Frühjahrstrieb* vom **Ackerschachtelhalm** vor uns.

Nach dem Ausstreuen der Sporen sterben die Frühjahrstriebe ab. Aus dem unterirdischen Spross wachsen nun grüne *Sommertriebe* hervor. Sie sind stockwerkartig gebaut; in jeder Etage entspringen quirlartig dünne Seitentriebe, die ihrerseits wiederum verzweigt sind. Diese Triebe sind *steril*, sie bilden also keine Sporen.

Frühjahrs- und Sommertriebe gehören zur ungeschlechtlichen Generation des Ackerschachtelhalmes. Die geschlechtliche Generation bildet sich aus den Sporen. Aus ihnen wächst entweder ein Vorkeim mit männlichen oder einer mit weiblichen Organen heran. Der Ackerschachtelhalm ist getrenntgeschlechtlich. Nach der Verschmelzung der Keimzellen entsteht wieder die ungeschlechtliche Sporengeneration.

Ebenfalls von März bis April kann man in feuchten Wäldern die bis zu 150 cm hohen sterilen Sprosse des *Riesenschachtelhalms* finden, während von April bis Juni, auch auf kalkarmen Bergwiesen, der ca. 50 cm hohe *Waldschachtelhalm* wächst.

Einzeller, Pflanzen, Pilze

Vielfalt der Samenpflanzen

Die Samenpflanzen bilden mit etwa 250 000 Arten die Mehrzahl aller Pflanzen. Die große Vielfalt ist erstaunlich, da auch Samenpflanzen nur die Grundorgane Wurzel, Stängel und Blatt besitzen. Einige Blätter sind bei den Samenpflanzen besonders spezialisiert. Sie bilden die Blüte, die in der Regel aus Kelch- und farbigen Kronblättern sowie aus Staub- und Fruchtblättern besteht. Aus der Blüte entsteht nach Bestäubung und Befruchtung die Frucht, in der ein oder mehrere Samen liegen.

Die Grundorgane einer Samenpflanze können in Abhängigkeit vom Standort unterschiedlich ausgebildet sein. So besitzen Pflanzen, denen reichlich Wasser zur Verfügung steht und an deren Standort stets hohe Luftfeuchtigkeit herrscht, in der Regel großflächige Blätter ohne Verdunstungsschutz. Ein Beispiel dafür ist die *Pestwurz*. *Fetthenne* und *Mauerpfeffer* kommen an relativ trockenen Standorten vor. Ihre Blätter sind von einer Wachsschicht überzogen, wodurch die Verdunstung stark vermindert wird. Außerdem sind die Blätter fleischig verdickt und dienen als Wasserspeicher. Auch kleine schmale und nadelförmige Blätter bilden einen guten Verdunstungsschutz.

Bei den Nadelbäumen bezieht sich dieser Verdunstungsschutz vor allem auf den Winter. Da das Erdreich dann teilweise gefroren und die Wasseraufnahme nicht gut möglich ist, muss die Wasserabgabe besonders in dieser Zeit vermindert werden.

Eine andere Anpassung an die kalte Jahreszeit stellen die verschiedenen Formen der Überwinterungsorgane dar. Bei den Holzpflanzen überwintern Wurzel und Spross. Aus Knospen treiben im Frühjahr neue Zweige oder Blätter hervor. Bei einigen Pflanzen, wie der *Weißen Taubnessel*, wächst die Sprossachse waagerecht im Boden. Dieser Erdspross überdauert den Winter; die oberirdischen Teile entstehen jährlich neu. Andere mehrjährige Pflanzen überwintern mit Knollen, Rüben oder Zwiebeln. Einjährige Pflanzen sterben völlig ab, nur die Samen überdauern.

1 Pestwurz

2 Fetthenne

3 Fichtenzweig

Weiße Taubnessel

Aufgabe

① Ein wichtiger Standortfaktor für Pflanzen ist das Licht. Nenne Beispiele für Anpassungen von Samenpflanzen an unterschiedliche Lichtverhältnisse.

Einzeller, Pflanzen, Pilze

```
Lexikon
Lexikon
exikon
 xikon
  ikon
  kon
   on
```

Ernährungsspezialisten bei Blütenpflanzen

Es gibt Blütenpflanzen, denen das Chlorophyll ganz fehlt oder deren Wurzeln kaum Wasser und gelöste Stoffe aufnehmen können. Andere Arten haben Standorte mit besonders nährstoffarmen Böden. Um diese Nachteile ausgleichen zu können, besitzen sie alle besondere Ernährungsformen.

Symbiontische Pflanzen

Der **Gewöhnliche Fichtenspargel** kommt in Fichtenwäldern vor. Er ist ein Humusbewohner, dem das Chlorophyll fehlt. Seine Blätter sind schuppig und gelblich bis bräunlich gefärbt. Die Wurzelhaut dieser Pflanze ist von *Pilzhyphen* durchsetzt. Der Pilz baut den Humus des Waldbodens ab. Der Fichtenspargel entnimmt den Pilzhyphen die organischen Nährstoffe und gibt Vitamine an den Pilz ab, die dieser selbst nicht bilden kann. Eine solche Lebensgemeinschaft zu beiderseitigem Nutzen nennt man *Symbiose*.

Knöllchenbakterien

An den Wurzeln von *Schmetterlingsblütlern*, z. B. **Lupinen**, Erbsen, Bohnen, Linsen und Klee findet man häufig kleine Wurzelverdickungen, die *Wurzelknöllchen*. Diese Gewebewucherungen entstehen durch die mit ihnen symbiontisch lebenden *Knöllchenbakterien*. Sie erhalten von ihrem Partner vor allem Kohlenhydrate.

Die Knöllchenbakterien haben die Fähigkeit, den Stickstoff der Luft zu binden und Stickstoffsalze daraus herzustellen. Auf diese Weise ermöglichen sie es den Pflanzen, auch auf stickstoffarmen Böden zu gedeihen. Durch ihre Tätigkeit können pro Jahr auf einem Hektar Acker ca. 250 kg Stickstoff gebunden werden.

Manchen Bäumen fehlen an den Wurzelspitzen die feinen Wurzelhaare, die der Wasser- und Mineralstoffaufnahme dienen. Ihre Aufgaben übernehmen Pilzhyphen *(Mykorrhizen)*, die die Wurzelenden umspinnen und in die Wurzelrinde vordringen (s. Seite 28). Im Austausch erhält der Pilz vom Baum die lebensnotwendigen Nährstoffe.

Bestäubung — Symbiose zwischen Tier und Pflanze

Viele Blütenpflanzen sind bei der Übertragung der Pollenkörner von einer Pflanze zur anderen auf Tiere angewiesen. Sie haben deshalb besonders auffällige Blüten entwickelt, um für die Tiere attraktiv zu sein. Außerdem bieten sie den Tieren gewissermaßen als Gegenleistung für ihre Trägerdienste Nahrung in Form von Nektar oder Blütenstaub.

Im Laufe der Entwicklung der Blütenpflanzen haben sich bestimmte Blütentypen herausgebildet, die nur von bestimmten Tieren bestäubt werden können: So ziehen die großen, nektarreichen, meist roten Blüten im tropischen Regenwald *Kolibris* als Bestäuber an, die im Schwirrflug vor den Blüten „stehen" und mit ihren langen Schnäbeln den Nektar aus den tiefen Blütenkelchen saugen können. Die Blüten einiger Bananengewächse, die sich nur nachts öffnen, werden von Früchten fressenden *Fledermäusen* bestäubt. Sie sind deshalb besonders groß und riechen intensiv nach gärendem Obst.

Die meisten „Tierblüten" werden jedoch von Insekten bestäubt. Je nach Kelchlänge findet man Fliegen, Bienen, Hummeln oder Schmetterlinge als Bestäuber. Besonders auffällig locken die *Ragwurzarten* die Blütenbesucher an. Die Unterlippe der Blüte, hier der **Bienenragwurz**, ist dem besuchenden Insekt täuschend ähnlich. Zudem senden die Pflanzen Duftstoffe aus, die die Männchen der jeweiligen Insektenart anlocken. Die Männchen verwechseln die Blütenunterlippe mit einem Weibchen. Beim Versuch, den vermeintlichen Geschlechtspartner zu begatten, bleiben die Pollenpakete der Orchidee auf ihrem Kopf kleben und werden fortgetragen. Hier haben wir einen Übergang zum *Parasitismus*.

Pflanzen als Parasiten

Pflanzen, die lebensnotwendige Stoffe teilweise oder vollständig von einer Wirtspflanze beziehen, nennt man *Schmarotzerpflanzen* oder *Parasiten*. Man unterscheidet dabei zwischen Chlorophyll besitzenden *Halbschmarotzern* und *Vollschmarotzern*, die kein Chlorophyll besitzen.

Besonders im Winter fallen die kugelförmigen Büschel der **Mistel** in den Kronen von Laubbäumen auf. Die Mistelstängel sind grün und gabelig verzweigt. Die Blätter sind lanzettförmig und fühlen sich ledrig an.
Die Mistel ist ein *Halbschmarotzer*. Sie besitzt noch Chlorophyll, hat jedoch keine Wurzeln und verschafft sich deshalb Wasser und Mineralstoffe von der Wirtspflanze, auf der sie lebt. Dies geschieht mithilfe von *Senkern*, die in den Spross der Wirtspflanze hineinwachsen.

Weitere Halbschmarotzer sind: **Augentrost**, *Wachtelweizen, Läusekraut, Großer* und *Kleiner Klappertopf*. Sie zapfen die Wurzeln grüner Wirtspflanzen — meist Gräser — an.

Auf Halbtrockenrasen, an Waldrändern oder in Gebüschen schmarotzt die **Kleine Sommerwurz** vor allem an Kleepflanzen. Die kleinen, blassgelben und schuppenförmigen Blätter enthalten kein Blattgrün. Der Stängel ist rötlich gelb, die Oberlippe der Blüte rötlich oder violett gestreift. Die Wurzeln dieses Vollschmarotzers sind zu Saugfortsätzen umgebildet. Sie verwachsen mit den Wurzeln der Wirtspflanze und entziehen ihr Wasser und Mineralstoffe. Als Ganzschmarotzer zapft die Sommerwurz aber auch die Nährstoffe transportierenden Gefäße an.

Ein Parasit, der in der Landwirtschaft großen Schaden anrichten kann, ist der **Teufelszwirn** oder die **Seide**. Dieser Parasit besteht aus einer langen, dünnen und bleichen Sprossachse und winzigen Blattschüppchen. Nach dem Keimen führt die kleine Pflanze kreisende Bewegungen durch und kann auf diese Weise eine in ihrem Bereich wachsende Wirtspflanze (z. B. Weide, Flachs, Klee) treffen. Ist vom Ort der Keimung aus keine Wirtspflanze erreichbar, vermag der Keimling eine kurze Strecke weiterzukriechen, wobei er am hinteren Ende abstirbt und sich am vorderen Ende verlängert. Trifft das freie Fadenende schließlich auf einen geeigneten Wirt, so umwindet er diesen ähnlich wie eine Schlingpflanze. Sodann dringen *Senker* des Parasiten in die Leitbündel des Wirtes ein, die Wasser, Nähr- und Mineralstoffe abziehen.

Insekten fressende Pflanzen

Pflanzen dieser Gruppe besitzen Chlorophyll und betreiben Fotosynthese. Ihre Standorte sind fast ausnahmslos stickstoffarme Böden. Deshalb können all diese Pflanzen ihren Stickstoffbedarf nicht aus den Bodenvorräten decken. Sie fangen Tiere, aus deren Eiweiß sie die lebensnotwendigen Stickstoffverbindungen erhalten.

Auf europäischen Hochmooren kommt der **Rundblättrige Sonnentau** vor. Die runden, lang gestielten Blätter der Pflanze tragen rote Haare, die an ihrer Spitze klebrige Flüssigkeitströpfchen ausscheiden. Diese glänzen wie „Tau in der Sonne" und locken dadurch Insekten an.

Setzt sich ein Insekt auf eines der Blätter, bleibt es kleben. Benachbarte Drüsenhaare krümmen sich und schließen das Insekt ein. Dann scheidet der Rundblättrige Sonnentau Verdauungssäfte aus, die Eiweiße spalten können und auf diese Weise den Tierkörper zersetzen. Die Eiweißbausteine werden aufgenommen und nur der unverdauliche Chitinpanzer des Insekts bleibt übrig.

Einzeller, Pflanzen, Pilze

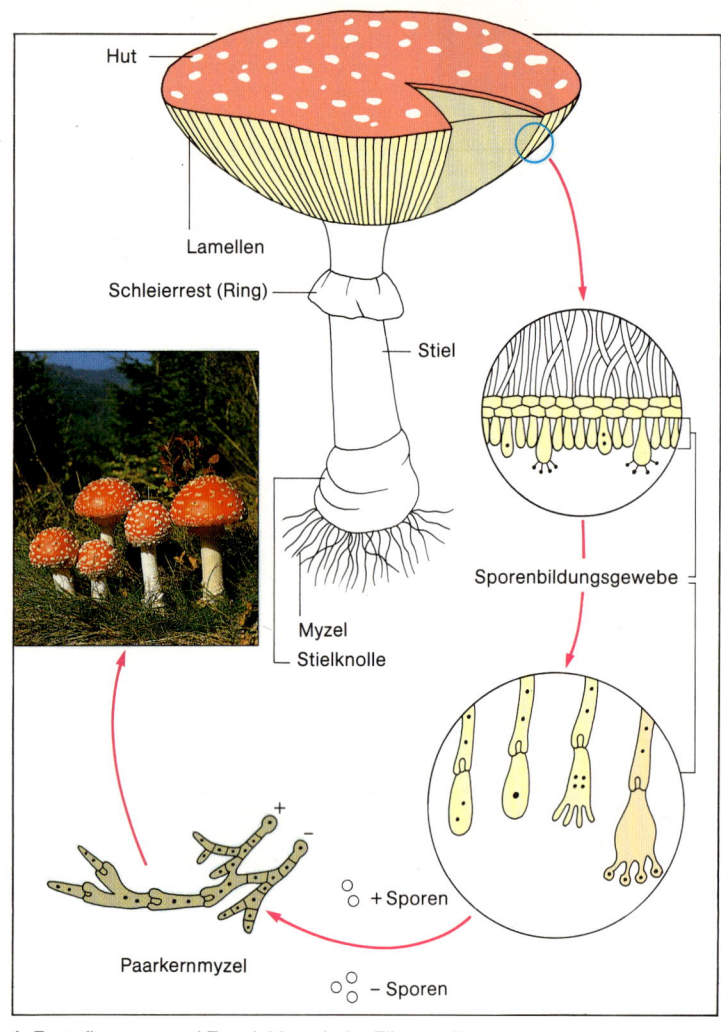

3 Pilze als Teil der Lebensgemeinschaft

Pilze — nicht Tiere, nicht Pflanzen

Pilze haben unter den Organismen eine Sonderstellung. Sie besitzen kein Blattgrün und können deshalb keine Fotosynthese betreiben, können also nicht mithilfe von Sonnenlicht Traubenzucker als Energieträger herstellen, sondern sind auf andere Organismen angewiesen. Andererseits bilden Pilze Zellwände wie Pflanzenzellen. Diese unterscheiden sich aber von Letzteren dadurch, dass sie *Chitin* und nicht Zellulose enthalten, wie das normalerweise bei Pflanzen der Fall ist. Tierische Zellen hingegen bilden überhaupt keine Zellwand. Man stellt deshalb die Pilze in eine eigene Gruppe: Sie bilden eines der fünf Reiche der Organismen.

Bau und Fortpflanzung der Pilze

Das, was wir als Pilze bezeichnen, ist nur ein kleiner Teil davon, der *Fruchtkörper*. Er ist in *Hut* und *Stiel* gegliedert. An der Unterseite des Hutes erkennt man meist Lamellen oder Röhren. Man unterscheidet deshalb *Lamellen-* oder *Blätterpilze* von den *Röhrenpilzen*. Ein Beispiel für einen Lamellenpilz ist der Fliegenpilz, während der Steinpilz ein Röhrenpilz ist.

In bestimmten Zellen der Lamellen bzw. Röhren, den *Ständerzellen*, bildet der Pilz *Sporen*, die der Verbreitung des Pilzes dienen. Die Sporen wachsen nach der Keimung zu feinen Fäden, den *Hyphen*, aus, welche ein unterirdisches, weit verzweigtes Pilzgeflecht, das *Myzel*, bilden. Bei den Hyphen gibt es zwei Geschlechter, die äußerlich gleich aussehen. Deshalb spricht man bei Pilzen nicht von männlichen und weiblichen, sondern von (+)- und (−)-Hyphen, die ein entsprechendes (+)- bzw. (−)-Myzel bilden. Verschiedengeschlechtliche Hyphen wachsen aufeinander zu und ihre Endzellen verschmelzen miteinander. Die Zellkerne vereinigen sich allerdings nicht, sodass das sich daraus entwickelnde Myzel Zellen mit zwei Kernen besitzt. Man spricht deshalb von einem *Paarkernmyzel*. Bei der Fruchtkörperbildung verflechten sich die Paarkernhyphen und bilden einen für jede Pilzart typischen Fruchtkörper. Dieser kann bei hinreichend feuchter Witterung innerhalb weniger Stunden sehr viel Wasser aufnehmen. So ist es zu erklären, dass viele Pilze von einem Tag auf den anderen über der Erde sichtbar werden.

1 Fortpflanzung und Entwicklung beim Fliegenpilz

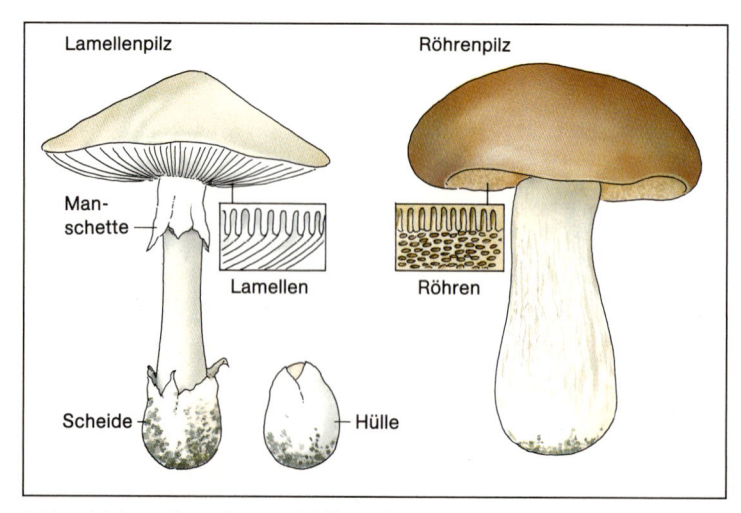

2 Vergleich von Lamellen- und Röhrenpilz

Einzeller, Pflanzen, Pilze

Praktikum

Untersuchungen an Pilzen

1. Züchtung von Champignons

Die Pilzbrut und das Kultursubstrat sollte man sich von einem Pilzzuchtbetrieb besorgen. Als Zuchtbehältnis können Styroporkisten, Entwicklerschalen oder Blumenkästen dienen, in die man das Kultursubstrat füllt und es mit Körnerbrut (mit Myzel beimpfte Getreidekörner) spickt. Ersatzweise kann man auch Champignons mit etwas Wasser im Mixer zerkleinern und das Myzelgemisch gleichmäßig über das Substrat gießen. Dann sollen die Kästen in einem halbdunklen Kellerraum bei Temperaturen um 24 °C und 85 % Luftfeuchtigkeit stehen.

Kontrolliere die Bedingungen mit Thermometer und Hygrometer. Sorge durch Sprühbefeuchtung für die notwendige Luftfeuchtigkeit. Nach 14 Tagen kannst du das Substrat etwas anheben und beobachten, wie sich die weißen Myzelfäden ausgebreitet haben. Entnimm einige Hyphen und untersuche sie unter dem Mikroskop. Jetzt wird die Zucht mit einer Lehm-Sand-Torf-Mischung abgedeckt und regelmäßig mit der Gießkanne überregnet. Durch Belüftung senkt man die Temperatur auf 17 – 18 °C und die Luftfeuchtigkeit auf 80 %. Nach weiteren 18 bis 21 Tagen können die ersten Fruchtkörper geerntet werden.

Untersuche die verschiedenen Entwicklungsstadien des Champignons. Überlege, wie der etwa 2 cm unter dem Hut sitzende Ring entsteht.

Andere Pilzarten (z. B. der Kulturträuschling) lassen sich auf gut durchfeuchteten Strohballen kultivieren, die vor Wind geschützt in einem Gewächshaus oder Schuppen aufgestellt werden. Allerdings dauert es 6 bis 12 Wochen bis zum Erscheinen der ersten Fruchtkörper.

2. Sporen von Hutpilzen

Farbe, Form und Größe der Sporen sind kennzeichnende Merkmale einer Pilzart, die aber nur unter dem Mikroskop gut zu unterscheiden sind.

Die Sporen eines Hutpilzes kann man auf folgende Weise gewinnen: Schneide bei einem frischen, reifen Fruchtkörper den Hut unmittelbar am Stielansatz ab. Lege ihn mit einer Unterseite auf ein weißes Blatt Papier und überdecke ihn zum Schutz vor Luftströmungen mit einer Schüssel oder einem Glas. Über Nacht entsteht ein sogenanntes *Sporenbild* aus abgefallenen, reifen Sporen. Notiere die Farben der Sporenbilder verschiedener Lamellen- und Röhrenpilze.

Wenn du dauerhafte Sporenbilder herstellen willst, kannst du das Bild vorsichtig mit Lack besprühen.

Übertrage mit einer Messerspitze etwas Sporenpulver in einen Tropfen Wasser auf einen Objektträger. Betrachte die Ständersporen bei größter Vergrößerung im Mikroskop. Miss, falls vorhanden, mit einem Okularmikrometer ihren Durchmesser und notiere Farbe und Oberflächenbeschaffenheit. Skizziere eine einzelne Spore.

3. Ständerzellen des Zuchtchampignons

Fertige in der abgebildeten Weise möglichst dünne Querschnitte von den Lamellen eines *Zuchtchampignons* oder eines anderen Lamellenpilzes.

Überführe die Schnitte in einen Tropfen Wasser auf einem Objektträger. Lege ein Deckglas auf. Betrachte die Schnitte zunächst bei geringer Vergrößerung und zeichne eine Übersichtsskizze.

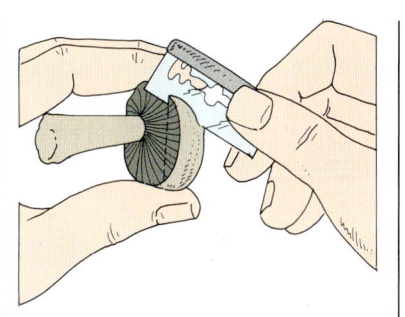

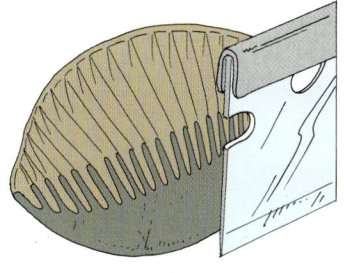

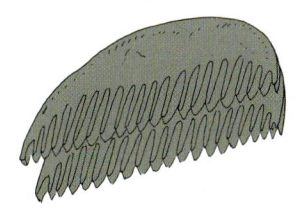

Stelle dann durch sanften Druck mit dem Daumen ein Quetschpräparat her. Überschüssiges Wasser wird mit Fließpapier abgesaugt. Suche bei stärkster Vergrößerung nach Ständerzellen mit reifen (braunen) und unreifen (farblosen) Ständersporen und zeichne sie.

Hinweis: Ständerzellen des Zuchtchampignons tragen je zwei Ständersporen. Besseren Bildkontrast erhält man, wenn man statt Wasser eine Lösung des Farbstoffes Trypanblau verwendet. Trypanblau färbt die Zellwände der Hyphen blau.

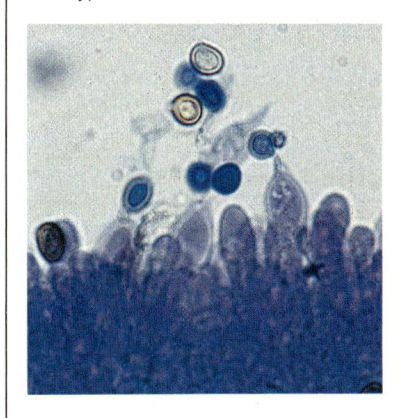

Ständerzellen des Zuchtchampignons mit reifen und unreifen Sporen (Trypanblaufärbung)

Einzeller, Pflanzen, Pilze

Lexikon

Pilze

Die Hauptpilzzeit fällt bei uns in den September. Dann wachsen die Fruchtkörper der meisten Pilze innerhalb weniger Tage heran. Die Pilze zeichnen sich durch eine große Vielfalt aus. Unterscheiden kann man sie an der Gestalt der Pilzkörper: Man kann leicht erkennen, ob es sich um *Hut-* oder *Nichthutpilze* handelt.
Achtung! Eine zuverlässige Unterscheidung von giftigen und ungiftigen Pilzen ist jedoch allein mit den Angaben in diesem Lexikon nicht möglich!

Hutpilze

Der **Waldchampignon** ist ein Bewohner von Nadelwäldern, in denen er in Gruppen wächst. Dieser *Lamellenpilz* ist gut essbar und an einigen Merkmalen, die ihn vom Knollenblätterpilz unterscheiden, eindeutig zu erkennen: Lamellen niemals reinweiß, in jungem Zustand rötlich, später schokoladenbraun bis schwarz; Schnittfläche des weißen Fleisches rot anlaufend; Hut mit bräunlichen Schuppen bedeckt.

Der **Grüne Knollenblätterpilz** ist ein Lamellenpilz, der in Laubwäldern vorkommt, vor allem unter Eichen und Buchen. Er ist einer der gefährlichsten *Giftpilze*. Sein Gift zerstört die Leber und wirkt schon in geringen Mengen tödlich. Seine Lamellen sind immer weiß. Sie sind niemals rosa oder grau wie bei Champignons. In jungem Zustand ist der Grüne Knollenblätterpilz von einer weißen Hülle umgeben, deren Reste später am Grund die Stielknolle umgeben.

Der **Habichtpilz** ist ein *Stachelpilz*, kommt vor allem in Nadelwäldern vor und ist essbar. Sein Hut ist mit graubraunen, schollenartigen Schuppen bedeckt, die gewisse Ähnlichkeit mit dem Gefieder eines Habichts haben; daher der Name.

Der **Pfifferling** oder **Eierschwamm** gehört zu den *Leistenpilzen*. Seine Leisten laufen weit am Stiel herab, der wie der ganze Pilz dottergelb ist. Er ist ein sehr beliebter Speisepilz, der angenehm riecht und einen pfefferartigen Geschmack hat (Name). Der Pfifferling ist in vielen Gegenden selten geworden, da er oft gesammelt wird.

Der **Steinpilz**, wegen des angenehmen Geschmacks mit der bekannteste Speisepilz, wächst in Laub- und Nadelwäldern. In Gebirgsgegenden ist er häufiger. Der meist kastanienbraune und bis zu 20 cm große Hut des Steinpilzes besitzt auf der Unterseite die für einen *Röhrenpilz* typischen Röhren.

Der **Hallimasch**, ein *Lamellenpilz*, steht büschelig auf Stümpfen oder am Grund noch lebender Bäume. Er ist als Forstschädling gefürchtet. Sein parasitisches Myzel dringt zwischen Rinde und Holz vor und tötet dabei lebende Bäume ab. Roh ist er ungenießbar, gekocht oder gebraten jedoch schmackhaft.

Nichthutpilze

Man findet den **Flaschenstäubling** in Laub- und Nadelwäldern. Da die Sporen im Inneren des Fruchtkörpers reifen, zählt man ihn zu den *Bauchpilzen*.

Die zu den *Korallenpilzen* gehörende **Goldgelbe Koralle** bewohnt vorzugsweise Nadelwälder höher gelegener Gebiete. Charakteristisch für diesen Pilz sind die gabelartigen Verzweigungen des gelborangefarbenen Pilzkörpers.

Die **Schmetterlingstrameten** gehören zu den *Porlingen*. Die konsolenförmigen, oft holzigen Fruchtkörper haben auf der Unterseite feine Poren. Ihr Myzel zerstört totes oder lebendes Holz.

Die Fruchtkörper des **Orangeroten Becherlings** sind dünnhäutige, lebhaft gefärbte, rundliche oder längliche, schüsselähnliche Gebilde von bis zu 10 cm Durchmesser. Bei geringster Berührung der Becherinnenseite werden ganze Wolken von Sporen ausgeschleudert.

Bei den *Erdsternen*, wie dem **Fransen-Erdstern**, löst sich die äußere Hülle des Fruchtkörpers von der inneren ab und spaltet sich sternförmig auf. Das auf dieser sternförmigen Basis sitzende Gebilde enthält die Sporen.

Der **Hausschwamm** bildet seine Sporen auf der Oberfläche des plattenförmigen Fruchtkörpers. Das Myzel entwickelt sich besonders in feuchten Räumen, zerstört das Holz und breitet sich selbst durch Mauern hindurch aus.

Schlauchpilze

Von den winzigen, kugeligen Fruchtkörpern des **Zinnoberroten Pustelpilzes** übersäte, dünne Äste von Laubgehölzen sind ganzjährig anzutreffen.

Sporen des **Tintenfischpilzes** wurden vermutlich mit australischer Wolle etwa im Jahre 1920 nach Europa eingeschleppt. In Deutschland taucht er seit Ende der Siebzigerjahre vor allem in warmen Laubwaldgebieten auf. Seine 5 bis 13 Arme sind mit einem dunkelgrünen, übel riechenden, sporenhaltigen Schleim überzogen.

Die weit verbreitete **Geweihförmige Holzkeule** ist auf faulenden Baumstümpfen ganzjährig anzutreffen. Am Grund ihrer Stiele trägt sie viele kleine kugelige, schwarze Fruchtkörper.

Einzeller, Pflanzen, Pilze

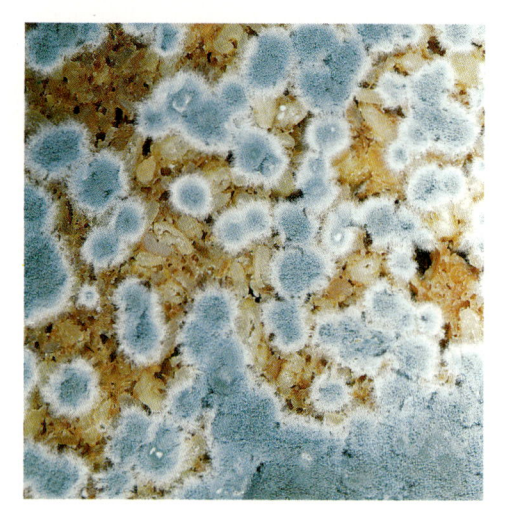

1 Verschimmeltes Brot

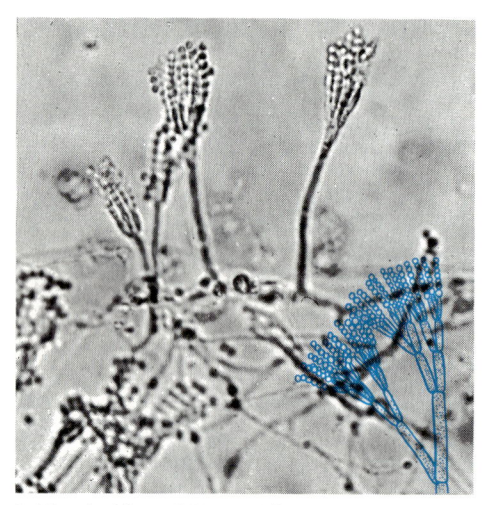

2 Pinselschimmel, Sporenträger

3 Schimmelkäsesorten

Schimmelpilze

Fest eingepackt unter der Schulbank vergessen: ein häufiges Pausenbrotschicksal! Nach wenigen Tagen schon kann das Brot völlig *verschimmelt* sein. Ein dichter, weißer Filz überzieht es dann. An seiner Oberfläche erkennt man etwas später ein feines, vom leisesten Lufthauch mitgerissenes Pulver. Im Mikroskop erweist sich der wattige Filz als dichtes Gewirr von Hyphen. Solch ein *Luftmyzel* besitzen alle als „Schimmel" bezeichneten Pilze. Schimmelpilze können auf unterschiedlichsten Nährböden leben. Sie besiedeln z. B. Kot, feuchten Tapetenkleister, Leder und Lebensmittel. Auch auf abgestorbenen Organismen, wie z. B. Pflanzenresten, leben als Fäulnisbewohner oder *Saprophyten* Schimmelpilze, die auf diese Weise zum Abbau toter Organismen beitragen.

Zu den häufig auf Brot und Marmelade vorkommenden Schimmelpilzen gehören Arten der *Pinselschimmel (Penicillium)*. Feuchtigkeit und Wärme vorausgesetzt, dringen ihre aus den Sporen keimenden Hyphen rasch in den Nährboden vor. Erst wenn der Nährboden, z. B. ein Brot, ganz durchwachsen ist, streben die Hyphen zur Oberfläche und bilden das Luftmyzel. Hier entstehen dann die meist grünlichen Sporen. Bei Pinselschimmel werden sie an den Spitzen verzweigter *Sporenträger* fortgesetzt abgeschnürt. Sie werden in so hoher Zahl freigesetzt, daß sie in der Luft allgegenwärtig sind.

Ein gutes Mittel im Kampf gegen Nahrungskonkurrenten sind die vom Myzel der Schimmelpilze ausgeschiedenen *Schimmelgifte*, z. B. das *Penicillin* der Pinselschimmel. Sie hemmen das Wachstum von Bakterien. Als *Antibiotika* sind sie im Kampf gegen bakterielle Krankheiten unersetzlich. Allerdings bergen die Schimmelgifte auch für den Menschen höchste Gefahr. So bilden auf Erdnüssen vorkommende Schimmelpilze die stärksten aller natürlichen Gifte, die *Aflatoxine*.

Völlig ungefährlich sind die bei der Käseherstellung verwendeten *Edelschimmel*, wie *Camembert-* oder *Roquefortschimmel*. Man schätzt den würzigen Geschmack, den sie dem reifen Schimmelkäse verleihen.

Aufgabe

① Bei geringsten erkennbaren Schimmelspuren sollen Lebensmittel unbedingt und vollständig weggeworfen werden! Erkläre, warum dies notwendig ist.

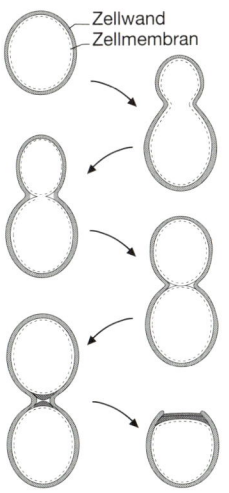

Sprossung der Hefe

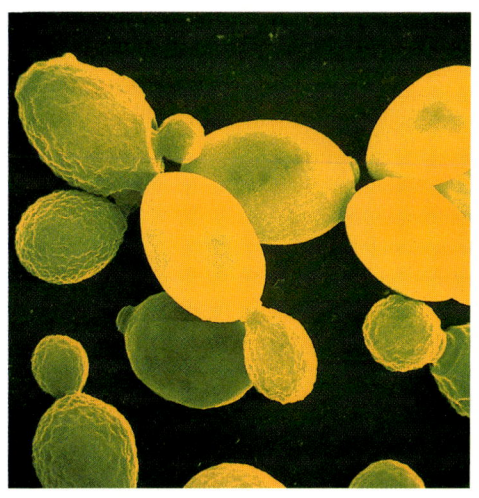

1 Hefezellen bei der Sprossung

Hefen — Nutzpilze seit alters her

Schon vor über 5 000 Jahren, im alten Ägypten, wurden Hefekulturen zum Brauen und Backen planmäßig gezüchtet. Zur Herstellung alkoholischer Getränke hatte man schon in noch früherer Zeit zuckerhaltige Flüssigkeiten einfach in geschlossenen Gefäßen stehen lassen und einige Wochen gewartet.

Bis heute sind Hefen bei der Herstellung von Nahrungsmitteln des täglichen Bedarfs unersetzlich geblieben. Die dabei eingesetzten mikroskopisch kleinen Lebewesen sah erstmals der Niederländer ANTONIE VAN LEEUWENHOEK im Jahr 1680, als er einen Tropfen Bier im Mikroskop betrachtete. Den Beweis, dass tatsächlich lebende Hefezellen für die Alkoholbildung verantwortlich sind, erbrachten aber erst Experimente von LOUIS PASTEUR im Jahr 1861.

Wegen ihrer chitinhaltigen Zellwand und des Fehlens von Chloroplasten ist die Zuordnung von Hefezellen zu den Pilzen unzweifelhaft. Im Gegensatz zur Mehrzahl aller Pilze bilden Hefen jedoch keine Hyphen. Die natürlichen Lebensräume der Hefen sind nährstoffhaltige Flüssigkeiten, z. B. zuckerhaltige Pflanzensäfte.

Die Wachstumsweise der Hefen ist diesem leicht beweglichen und nur geringen Halt oder Schutz bietenden Lebensraum angepasst. Aus einer Ausstülpung in der Zellwand einer Hefezelle wächst eine Tochterzelle heran, die zuletzt abgeschnürt wird. Dieser Vorgang der *Sprossung* wiederholt sich unter günstigen Bedingungen, wie einer bestimmten Temperatur und hohem Nährstoffangebot, vielfach. Kommt es zu keinen heftigen Bewegungen in der Nährflüssigkeit, entsteht so eine verzweigte Kette aus locker aneinander haftenden Zellen, das *Sprossmyzel*.

Werden die Hefezellen voneinander losgerissen, kann jede von ihnen jedoch auch einzeln überleben und zu einem neuen Sprossmyzel heranwachsen. Auf diese Weise kommt es zu einer sehr schnellen Vermehrung und Ausbreitung der Hefe in einer Nährflüssigkeit.

Sind die Nährstoffe in der Flüssigkeit aufgebraucht oder verdunstet das Wasser, dann wandelt sich ein Teil der Zellen in Schlauchzellen um. Sie setzen Schlauchsporen frei, die mit ihrer dicken Zellwand auch eine längere Trockenheit überdauern können.

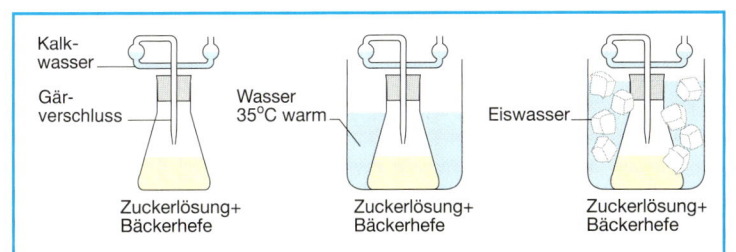

Hefepilze leben auch ohne Sauerstoff

Hefezellen beziehen die für ihre Lebenstätigkeit notwendige Energie aus dem Abbau zuckerhaltiger Substanzen. Bei Gegenwart von Sauerstoff entstehen dabei Kohlenstoffdioxid und Wasser. Fehlt der Sauerstoff, sind Hefen in der Lage, ohne diesen auszukommen, da sie zuckerhaltige Substanzen auch zu Kohlenstoffdioxid und Alkohol abbauen können. Diese Art der Energiegewinnung ohne Sauerstoff nennt man *Gärung*.

Aufgaben

① Bereite eine Versuchsanordnung wie in Abb. 1 vor. Fülle drei Versuchsgefäße wie nachfolgend angegeben:
— 100 ml Rohrzuckerlösung (20 g Zucker mit Wasser auf 100 ml Lösung auffüllen) und etwas Bäckerhefe;
— 100 ml Stärkeaufschwemmung und etwas Bierhefe;
— 100 ml Traubenzuckerlösung (20 g Traubenzucker mit Wasser auf 100 ml Lösung auffüllen) und etwas Bäckerhefe.
Ermittle die Zeit, die nach Verschluss der Versuchsgefäße vergeht, bis die ersten sichtbaren Reaktionen einsetzen. Vergleiche die drei Versuchsansätze. Kläre außerdem, weshalb die Versuchsgefäße verschlossen werden und welche Aufgabe das Kalkwasser hat. Fertige anschließend ein Versuchsprotokoll an.

② Bereite drei Ansätze mit je 100 ml Rohrzuckerlösung vor. Zunächst wird noch keine Bäckerhefe zugegeben. Ein Ansatz wird in ein Gefäß mit Eiswasser gestellt, der zweite in ein Wasserbad mit 35 °C warmem Wasser, der dritte bleibt bei Zimmertemperatur stehen. Erst wenn die Zuckerlösungen dieselbe Temperatur wie die Umgebung aufweisen, wird jeweils 1 g Bäckerhefe zugegeben und das Gefäß verschlossen.
Miss die Zeit, die jeweils bis zum Auftreten einer deutlich sichtbaren Reaktion vergeht und vergleiche dann die Intensität der jeweiligen Reaktion. Erläutere anschließend das Versuchsergebnis.

Einzeller, Pflanzen, Pilze

Der Schwarzrost — ein Parasit

Ganz besonders in feuchtwarmen Sommern fürchten Landwirte empfindliche Verluste bei der Getreideernte durch einen Pilzparasiten: den *Schwarzrost*. Erkrankte Getreidepflanzen verkümmern, die Kornentwicklung bleibt oft ganz aus. Bei näherem Hinsehen fällt auf, dass Blätter und Halme von feinen Streifen aus einem rostig braunen, feinkörnigen Pulver überzogen sind.

Im Mikroskop erkennt man, dass das Innere erkrankter Blätter von einem Myzel durchwuchert ist. An der Blattoberseite durchbrechen die Hyphen die Epidermis und schnüren an ihren Enden fortgesetzt einzellige Sporen ab. Das rostbraune Pulver besteht aus unzähligen solcher *Sommersporen*. Bei genügend hoher Feuchtigkeit kann jede einzelne von ihnen, vom Wind verfrachtet, auf gesundem Pflanzengewebe auskeimen. Explosionsartig breitet sich dann die Krankheit über ganze Felder und Landstriche aus.

Im Spätsommer ändert sich die Farbe des Sporenpulvers. An den Hyphenenden entstehen jetzt schwarze, zweizellige *Wintersporen*. Geschützt durch eine dicke Zellwand überdauern sie den Winter im Boden. Im folgenden Frühjahr keimen aus ihnen Ständerzellen. Die von diesen freigesetzten Ständersporen wiederum keimen bei ausreichender Feuchtigkeit ausschließlich auf der Blattoberseite von Berberitzensträuchern. Auf der Blattunterseite dieses *Zwischenwirtes* bildet das parasitische Myzel noch im Frühsommer kleine Becher, in denen an Hyphenenden Sporen abgeschnürt werden. Diese keimen auf Getreidepflanzen oder anderen Gräsern wieder aus.

In Ländern mit warmem Klima entwickeln sich Schwarzrost und andere Rostpilze besonders gut. Die hohen Ernteausfälle wiegen wegen der dort oft herrschenden Nahrungsmittelknappheit doppelt schwer. Mit wenig Erfolg hat man versucht, den Schwarzrost durch gezieltes Ausrotten der Berberitze zu bekämpfen. Ebenso wenig ist es gelungen, geeignete Gifte gegen Rostpilze zu entwickeln. In langjährigen Versuchen werden deswegen Nutzpflanzenrassen gezüchtet, die Rostpilzbefall aus eigener Kraft abwehren.

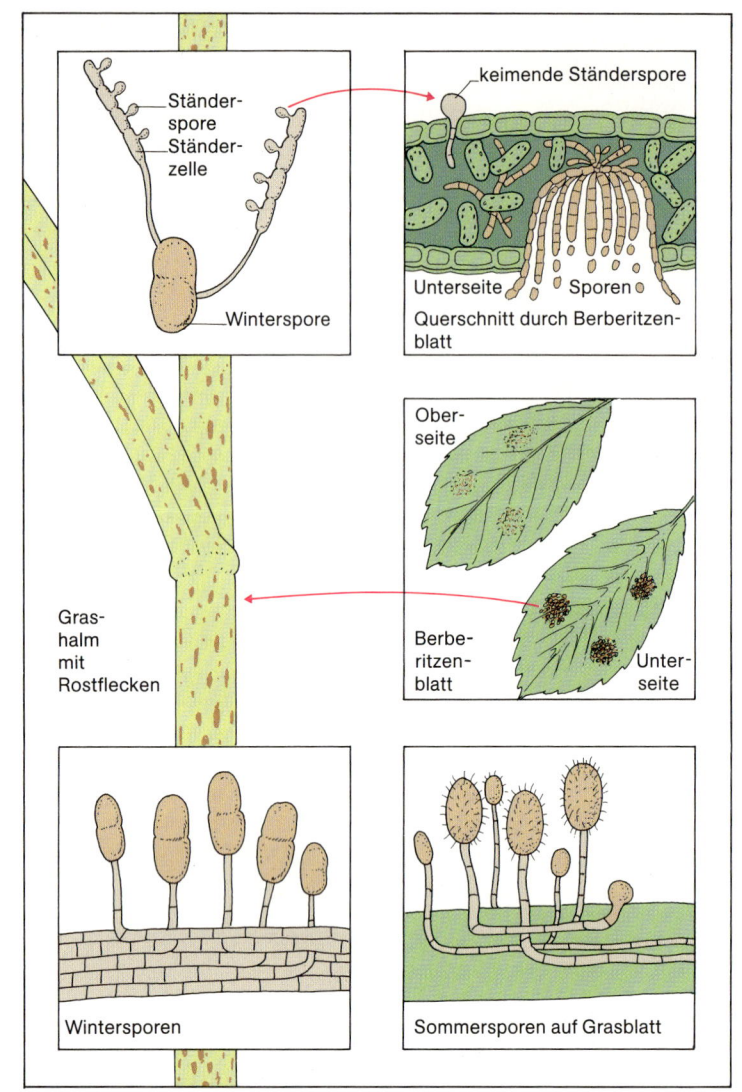

1 Fortpflanzung und Entwicklung beim Schwarzrost

2 Versuchsfelder zur Nutzpflanzenzüchtung

Aufgabe

① Welche Vor- und Nachteile bietet der Wirtswechsel zwischen Berberitze und Getreidepflanze für den Schwarzrost?

Mutterkorn bringt Höllenfeuer — und Heilung

Im 15. Jahrhundert, zu Lebzeiten des niederländischen Malers HIERONYMUS BOSCH, waren vom „Höllenfeuer" oder „Antoniusfeuer" befallene Menschen keine Seltenheit. Ihre Finger, Zehen, gar ganze Arme und Beine starben unter brennenden Schmerzen ab und mussten amputiert werden. Die damals noch unbekannte Ursache dieses Leidens war die jahrelange Aufnahme von *Mutterkorngiften* mit Roggenmehl. Dies bewirkte eine Verengung der Blutgefäße und damit dauernde Durchblutungsstörungen.

Durch Bekämpfungsmaßnahmen ist das *Mutterkorn* inzwischen von unseren Feldern weitgehend verschwunden. Taucht es in ungemahlenem Korn trotzdem auf, werden die Mutterkörner einfach ausgelesen. Die mittelalterliche Volksmedizin nutzte Mutterkorn in der Geburtshilfe, daher sein Name.

Mutterkornpilze reifen auf Roggen und anderen Gräsern. Wie die reifen Getreidekörner fallen die Mutterkörner auf den Boden, wo sie eine Winterruhe durchmachen. Erst im Frühjahr wird sichtbar, dass es sich bei ihnen keinesfalls um pflanzliche Gebilde, sondern um Pilze handelt. Aus einem Mutterkorn wachsen dann mehrere gestielte Köpfchen. Jedes enthält zahlreiche Fruchtkörper mit Schlauchzellen im Inneren. Der Wind verfrachtet die aus ihnen freigesetzten Schlauchsporen auf die Narben von Grasblüten. Dort dringen die Keimhyphen in die Fruchtknoten ein. Das sich entwickelnde Myzel löst das pflanzliche Gewebe auf und verhindert so die Samenentwicklung.

Aus der Oberfläche des befallenen Fruchtknotens hervordringende Hyphen schnüren Sporen ab. Gleichzeitig scheiden sie eine Zuckerlösung aus. Die davon angelockten Insekten übertragen anhaftende Sporen auf gesunde Fruchtknoten, die dann genauso angegriffen werden. Auf diese Weise kann in kurzer Zeit, ausgehend von nur wenigen Schlauchsporen, ein ganzes Feld befallen sein. Ist das Fruchtknotengewebe völlig aufgelöst, verhärtet und verfärbt sich das Myzel zum schwarzen Mutterkorn.

Aufgabe

① Vergleiche in einer Tabelle Mutterkorn und Schwarzrost hinsichtlich ihrer Wirte, Sporentypen und Zeiten und Orte ihrer Bildung.

1 Ausschnitt aus einem Gemälde des Malers HIERONYMUS BOSCH

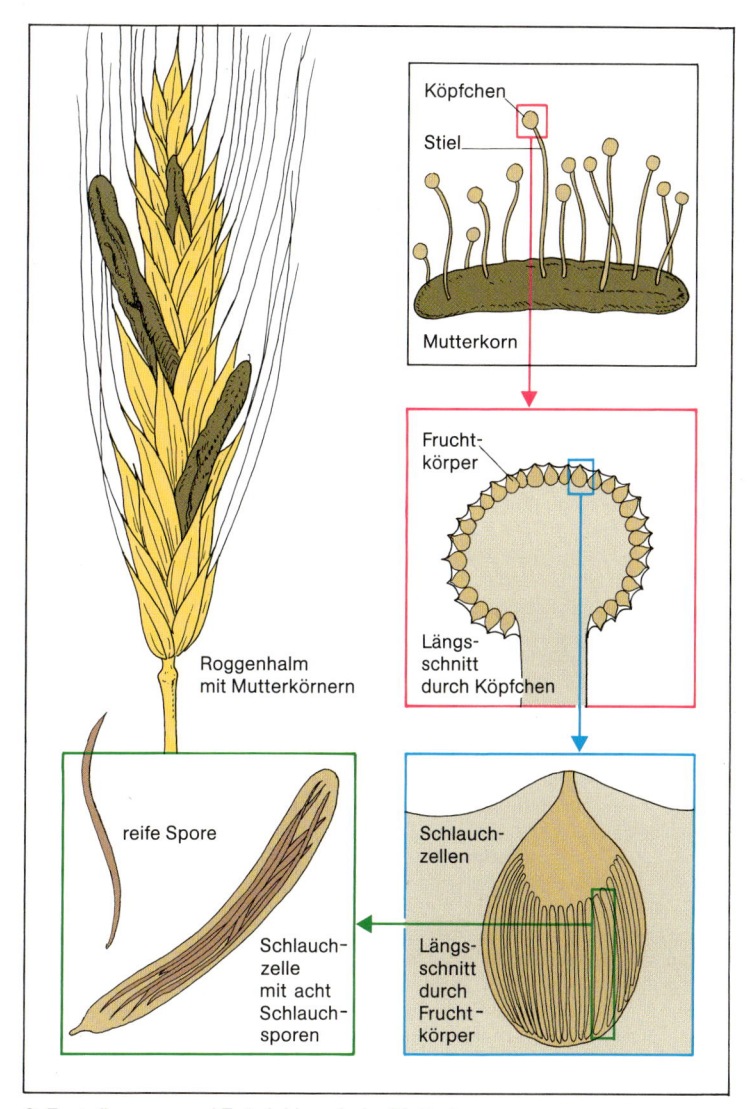

2 Fortpflanzung und Entwicklung beim Mutterkorn

4 Die fünf Reiche der Lebewesen

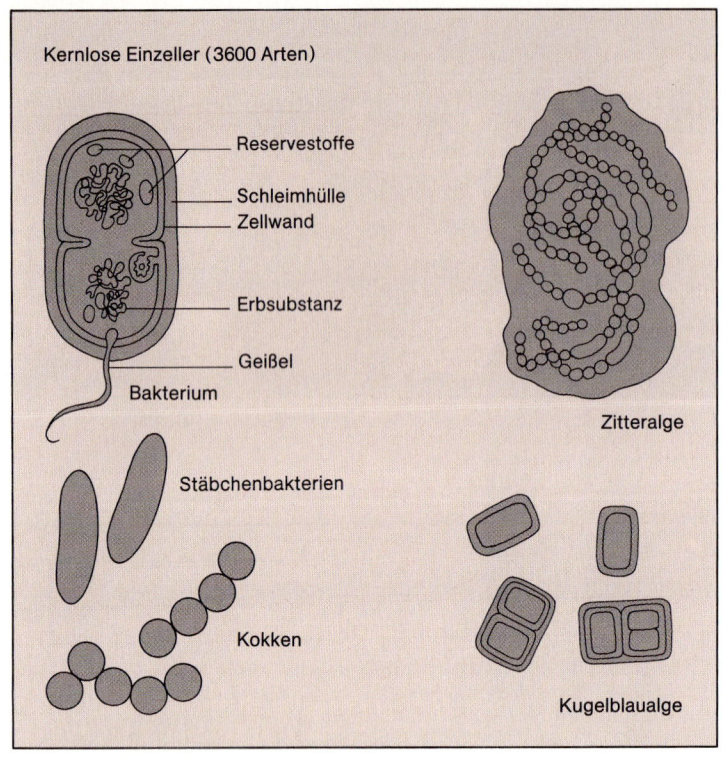

1 Kernlose Einzeller

Kernlose Einzeller (3600 Arten) — Reservestoffe, Schleimhülle, Zellwand, Erbsubstanz, Geißel, Bakterium, Zitteralge, Stäbchenbakterien, Kokken, Kugelblaualge

Reich der kernlosen Einzeller

Es gibt Lebewesen, deren Zellen besonders einfach aufgebaut sind. Ihnen fehlt ein deutlich abgegrenzter Zellkern. Außerdem besitzen sie keine Mitochondrien und keine Plastiden. Sie sind in der Regel nur ein bis zehn Mikrometer groß. Sie heißen *kernlose Einzeller*. Zu ihnen gehören mehrere Stämme:

Echte Bakterien ernähren sich in der Regel *heterotroph*. Unter günstigen Bedingungen vermehren sie sich durch einfache Zweiteilung sehr rasch. Sie sind andererseits in der Lage, mithilfe von Dauersporen ungünstige Verhältnisse zu überleben. Je nach Art vollbringen Bakterien erstaunliche Stoffwechselleistungen.

Blaualgen, auch *Blaugrüne Bakterien* genannt, können wie Pflanzen Fotosynthese betreiben, sie sind *autotroph*. Vor einer Milliarde Jahren haben sich diese Organismen auf der Erde bereits entwickelt. Man unterscheidet heute zwei Klassen, nämlich *kugelförmige* und *fadenförmige* Blaualgen.

Warum fünf Reiche?

Früher war es üblich, nur von zwei großen Reichen, den *Pflanzen* und den *Tieren*, zu sprechen. Überschneidungen bei den einzelligen Lebewesen zeigten allerdings die Fragwürdigkeit dieser Einteilung. Weil unser Wissen über den Bau und die Funktion der Organismen zum Beispiel durch die fortschreitende Technik der Elektronenmikroskopie und der Biochemie wesentlich umfassender geworden ist, spricht man heute von fünf Reichen, die auf drei Ebenen organisiert sind:

— *kernlose Einzeller*, d. h. Lebewesen ohne abgegrenzten Zellkern,
— *echte Einzeller* mit einem Zellkern und
— *Pilze*, *Pflanzen* und *Tiere*, die vielzellige Lebewesen sind.

Da unsere Kenntnisse in vielen Bereichen der Biologie immer mehr zunehmen, wird auch das System der Lebewesen ständig weiterentwickelt. So kommt es durchaus vor, dass manche Forscher auch andere Einteilungen als hier dargestellt vornehmen. Das wesentliche Anliegen der Systematik aber bleibt es, eine Ordnung zu schaffen, die der natürlichen Verwandtschaft der Organismen entspricht.

Alle Lebewesen besitzen bestimmte Kennzeichen, nämlich *Bewegung*, *Wachstum*, *Reizbarkeit*, *Fortpflanzung* und *Stoffwechsel*. Außerdem sind sie aus Zellen aufgebaut. Nicht so die **Viren**. Sie haben zwar einige Kennzeichen lebender Systeme, besitzen jedoch keinen eigenen Stoffwechsel. Sie können sich nur in lebenden Zellen vermehren. Die Einordnung der Viren in die hier dargestellten fünf Reiche der Lebewesen ist deshalb zur Zeit noch unklar.

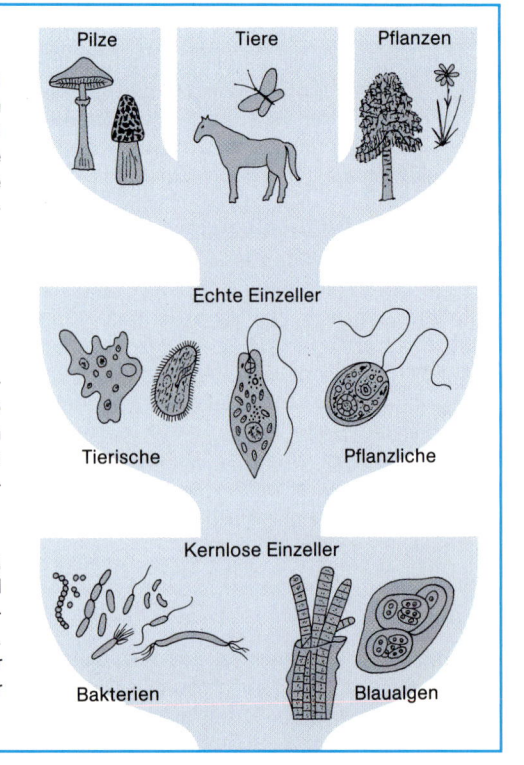

Pilze — Tiere — Pflanzen
Echte Einzeller: Tierische — Pflanzliche
Kernlose Einzeller: Bakterien — Blaualgen

Einzeller, Pflanzen, Pilze

Reich der Einzeller mit Zellkern

Einzellige Lebewesen mit einem Zellkern, der von einer Kernmembran umschlossen ist, bezeichnen wir kurz als **Einzeller**. Sie vermehren sich meistens durch ungeschlechtliche Teilung. Zahlreiche dieser Lebewesen besitzen kein Chlorophyll. Sie ernähren sich heterotroph und werden auch als *tierische Einzeller* bezeichnet.

Wurzelfüßer wie die Amöbe bewegen sich mit Scheinfüßchen fort, die **Wimpertierchen** (*Pantoffeltierchen*) benutzen ihre vielen Wimpern zur Fortbewegung. Sie besitzen mit Groß- und Kleinkern zwei Zellkerne. **Sporentierchen** sind ausschließlich *Parasiten*, zum Beispiel der Malariaerreger *Plasmodium*. **Geißeltierchen** besitzen eine oder mehrere Geißeln. Zu ihnen gehört der Erreger der Schlafkrankheit. Eine Sonderstellung nehmen die *Augengeißeltierchen* ein. In Kulturen können sie auch heterotroph ernährt werden, in der Natur jedoch leben sie überwiegend autotroph.

Kieselalgen sind *pflanzliche Einzeller*. Sie besitzen Chlorophyll und können Fotosynthese betreiben, sind also *autotroph*. Diese einzelligen Algen dienen im Plankton als Nahrung für viele Wassertiere.

Reich der Pilze

Der vielzellige Körper der Pilze besteht aus einem Fadengeflecht, dem *Myzel*. Viele Pilze sind Fäulnisbewohner, einige leben parasitisch, andere in Symbiose mit bestimmten Organismen. Die Ernährung ist heterotroph, d. h. zur Ernährung wird organische Substanz benötigt. Pilze vermehren sich durch Sporen.

Die **Ständerpilze** (Hutpilze) sind der bekannteste Stamm des Pilzreiches, denn der Fruchtkörper, der sich aus dem unterirdischen Myzel entwickelt, ist sehr auffällig (*Champignon*, u. a.). Zu den **Schlauchpilzen** gehören viele *Schimmelpilze*. Ihre Sporen sind fast allgegenwärtig, sodass sie sich bei ausreichendem Nährstoffangebot, Feuchtigkeit und Wärme schnell entwickeln (*Pinselschimmel, Mutterkorn*). Eine Penicilliumart liefert den Grundstoff für das Medikament Penicillin. Einige **Niedere Pilze** dagegen treten als Krankheitserreger in Erscheinung.

Manche Pilzarten leben in Symbiose mit einzelligen Algen oder Blaualgen. Diese „Doppellebewesen" heißen **Flechten**. Sie sind Erstbesiedler von blankem Fels oder erkaltetem Vulkangestein.

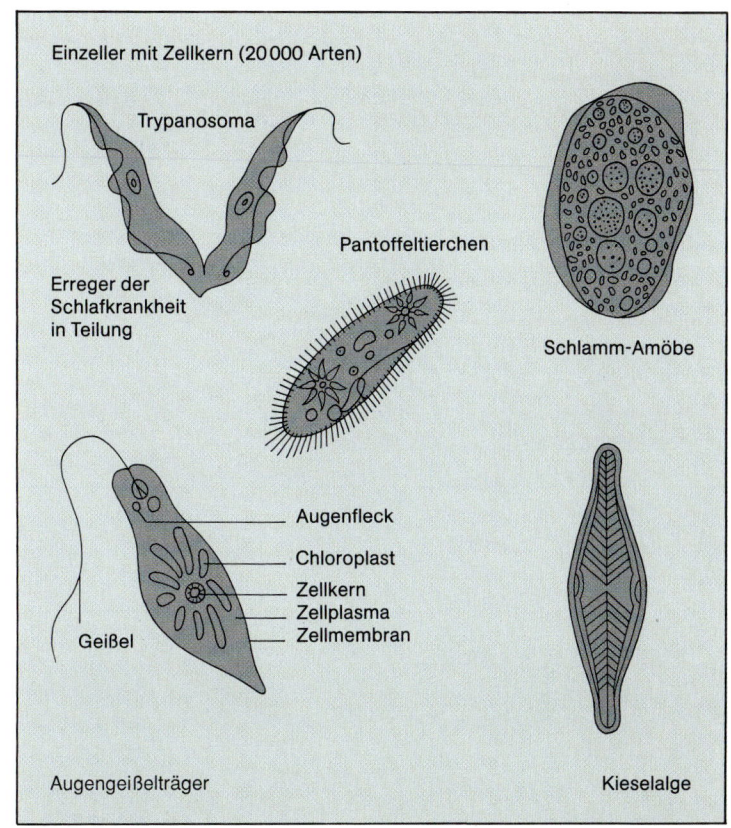

1 Einzeller mit Zellkern

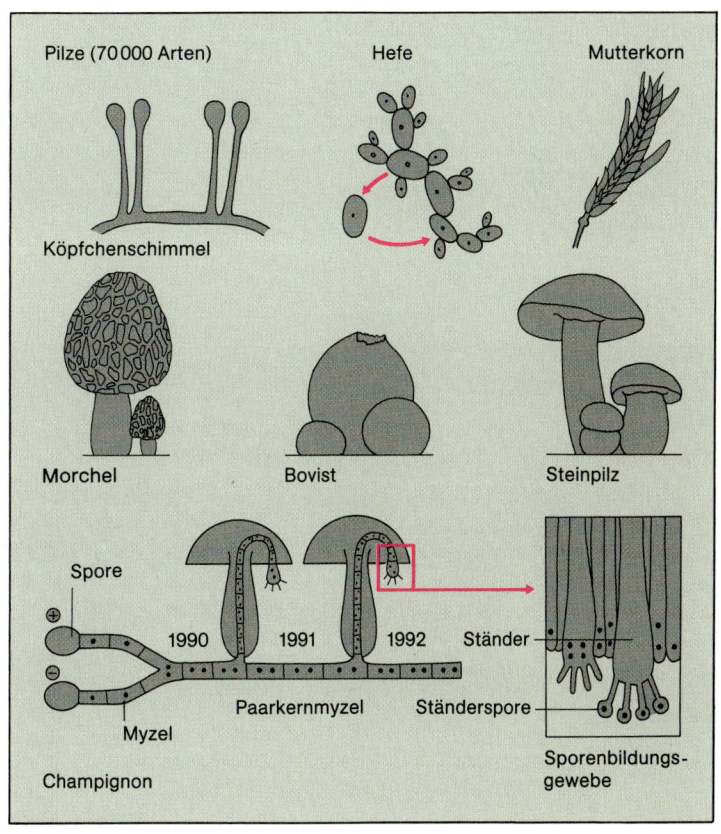

2 Pilze

Einzeller, Pflanzen, Pilze **139**

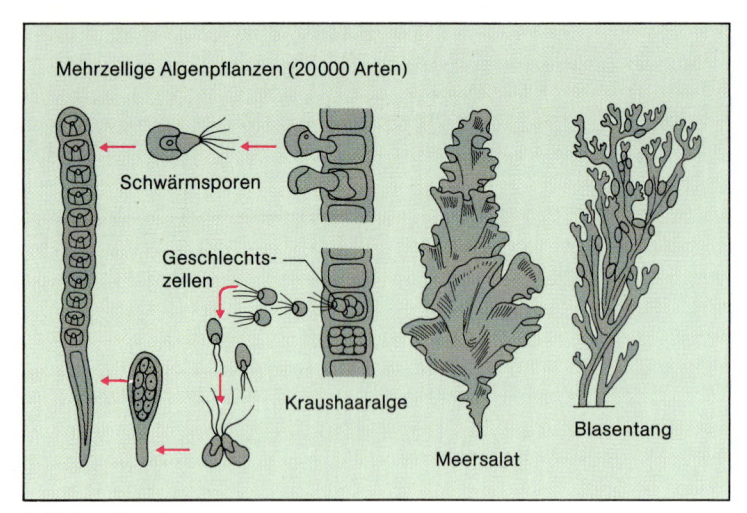

Das Pflanzenreich

Die einfachsten mehrzelligen Pflanzen nennt man **Algenpflanzen**. Sie haben unterschiedliche Gestalt und besitzen nur wenige Gewebetypen mit Arbeitsteilung. Sie treten in verschiedenen Farben auf. Entsprechend unterscheidet man drei Abteilungen: **Rotalgen**, **Braunalgen** und **Grünalgen**. Die meisten Algen leben im Wasser. Bekannte Vertreter der mehrzelligen Grünalgen sind die fadenförmige *Kraushaaralge* und der flächig wachsende *Meersalat*. Manche Grünalgen zeigen auffällige Ähnlichkeiten mit Einzellern, z. B. *Chlamydomonas*. Hier hat wahrscheinlich der Übergang von den Einzellern zu den vielzelligen Pflanzen stattgefunden.

Moospflanzen sind vielzellige Landpflanzen, die überwiegend feuchte Standorte bevorzugen. Sie sind in der Regel in Moosstämmchen, Blättchen und wurzelähnliche Fortsätze gegliedert. Gegenüber den mehrzelligen Algen besitzen sie eine größere Zahl unterschiedlicher Gewebe. Die Fortpflanzung ist wegen der Schwärmer an Wasser gebunden und durch den Wechsel zwischen einer geschlechtlichen und einer ungeschlechtlichen Generation gekennzeichnet.

Lebermoose kommen nur an Standorten mit extrem hoher Luftfeuchtigkeit vor. Sie wachsen flächig und lappenförmig, eine Gliederung in Stämmchen und Blätter fehlt meist *(Brunnenlebermoos)*. **Laubmoose** sind deutlich gegliedert. Sie wachsen oft dicht nebeneinander, wodurch gewölbte Polster oder Moosrasen entstehen *(Waldbürstenmoos, Torfmoos, Sternmoos)*.

Farnpflanzen sind in Wurzel und Spross gegliedert. Das Leitgewebe ermöglicht den Wassertransport bis in die Blätter. Das Festigungsgewebe hält die Pflanzen aufrecht und Spaltöffnungen regulieren den Wasserhaushalt. Dadurch sind Farnpflanzen gut an das Landleben angepasst. Sie vermehren sich wie die Moose durch *Sporen* und haben einen Generationswechsel.

Viele **Farne** haben großflächige und stark gegliederte Blätter, die *Wedel*. **Schachtelhalme** besitzen einen hohlen, gegliederten Spross mit quirlförmig angeordneten Seitenverzweigungen. Die Sporen entwickeln sich in ährenförmigen Sporenständen *(Ackerschachtelhalm)*. **Bärlappe** sind gabelig verzweigt. Ihre immergrünen Blättchen sitzen spiralig am Spross. Fossile Farnarten bildeten früher riesige Wälder.

1 Mehrzellige Algen

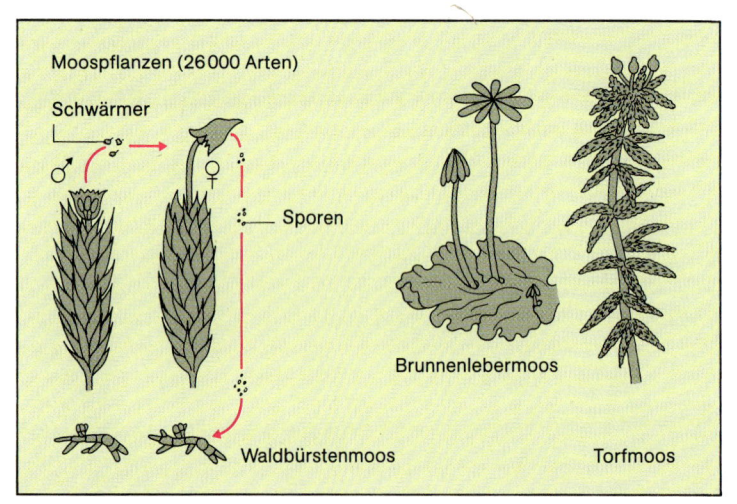

2 Moospflanzen

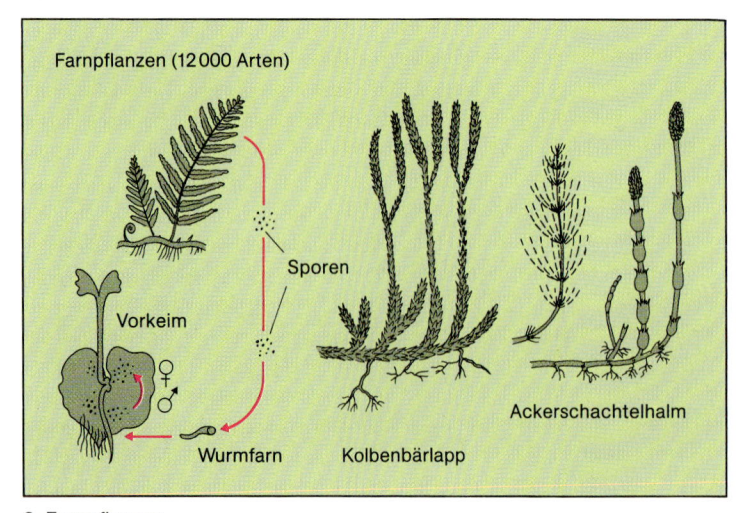

3 Farnpflanzen

Blütenpflanzen sind die höchstentwickelten Sprosspflanzen und kommen überwiegend an Land vor. Sie bilden in ihren *Blüten* geschlechtliche Fortpflanzungszellen. Nach der Bestäubung entwickelt sich aus dem Pollenkorn ein Pollenschlauch, der bis zur Samenanlage vordringt. Ein Kern des Pollenschlauches befruchtet die Eizelle, danach reift der *Samen,* der pflanzliche Embryo, heran.

Die Abteilung der Blütenpflanzen umfasst zwei Gruppen *(Unterabteilungen)*: die **Bedecktsamer,** bei denen die Samenanlagen im Fruchtblatt eingeschlossen sind, und die **Nacktsamer,** deren Samenanlagen frei auf einem Fruchtblatt liegen.

Die nacktsamigen Pflanzen sind durchweg Bäume. Ihre Blätter sind schuppen- oder nadelförmig *(Nadelhölzer)*. Die Bestäubung der eingeschlechtlichen Blüten erfolgt stets durch den Wind. Dafür werden riesige Pollenmengen gebildet. Die Samen entwickeln sich nach der Befruchtung auf der Oberseite der Fruchtblätter. Meist bilden die zusammenstehenden Fruchtblätter einen Zapfen.

Bedecktsamige Pflanzen kommen als *Kräuter, Sträucher* oder *Bäume* vor. Die Blüten sind bei den meisten Arten zwittrig, die Blütenblätter sind häufig auffällig gefärbt. Die Bestäubung erfolgt überwiegend durch Insekten oder durch den Wind. Man unterscheidet die Klasse der **Zweikeimblättrigen** mit häufig vier- bzw. fünfzähligen Blüten und netzadrigen Blättern und die Klasse der **Einkeimblättrigen** mit meist dreizähligen Blüten und paralleladrigen Blättern.

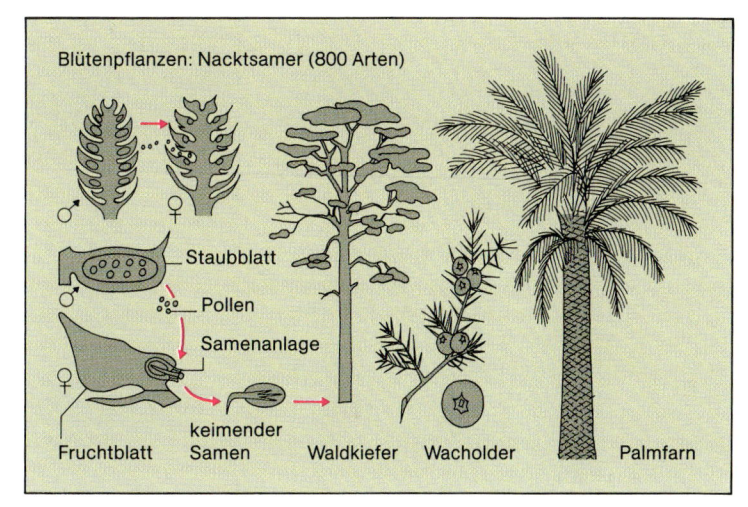

1 Nacktsamige Pflanzen

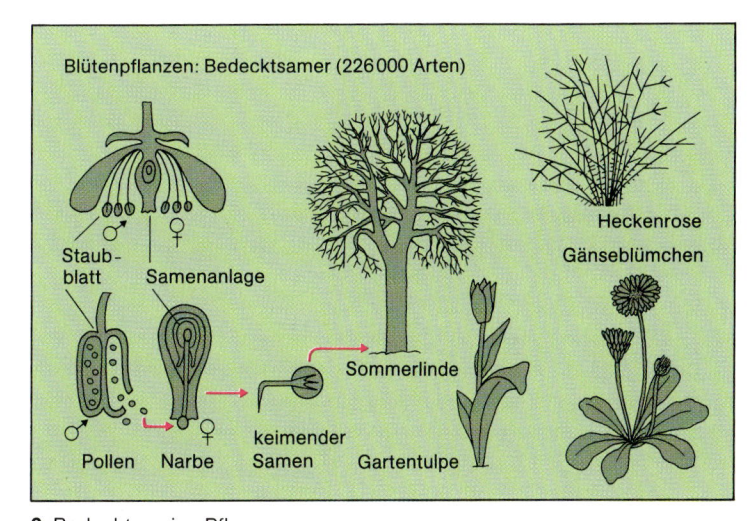

2 Bedecktsamige Pflanzen

Der Ginkgo — ein urtümlicher Baum

Als die Saurier die Erde bevölkerten und es noch keine Vögel und Säugetiere gab, waren Verwandte des Ginkgo die beherrschenden Baumarten. Sie alle sind heute ausgestorben und nur aus Versteinerungen bekannt. Allein der Ginkgo existiert noch als „lebendes Fossil". Das ist für Biologen besonders interessant, weil man von dieser Art auf Bau- und Lebensweise der ausgestorbenen Verwandten rückschließen kann. Er wird bei uns häufig in Parks angepflanzt. Der *nacktsamige* Baum besitzt keine Nadeln, sondern fächerförmige Blätter. Sie werden im Herbst leuchtend gelb und fallen dann ab.

Der Ginkgobaum ist zweihäusig, es gibt also männliche und weibliche Bäume. Die Bestäubung erfolgt durch Pollen. Aus dem Pollenschlauch schlüpfen zwei bewegliche Schwärmerzellen, die sich mithilfe eines spiraligen Geißelbandes fortbewegen und in die Samenanlage eindringen. Diese Schwärmer erinnern an die Fortpflanzungsvorgänge bei Farnen. Nach der Befruchtung entwickelt sich ein gelber, kirschgroßer Samen, dessen fleischige Hülle essbar ist.

Einzeller, Pflanzen, Pilze

Das Tierreich

Es gibt auf der Erde über eine Million Tierarten, die von manchen Wissenschaftlern in mehr als dreißig verschiedene Stämme eingeteilt werden. Die Wichtigsten werden auf dieser Doppelseite vorgestellt.

Schwämme sind fest sitzende Wasserlebewesen ohne Nerven- und Muskelzellen. Zahlreiche Poren in der Körperoberfläche führen durch Wasserkanäle zu Geißelkammern. Schwämme lagern zum Teil hornartige Eiweißsubstanzen oder Kalknadeln ein.

Nesseltiere leben ausschließlich im Wasser. Ihr Körper ist aus zwei Zellschichten aufgebaut, die durch eine Stützlamelle getrennt sind. Die Zellen sind weitgehend spezialisiert. Ein charakteristischer Zelltyp sind die Nesselzellen. Die Tiere können sich geschlechtlich, aber auch ungeschlechtlich durch Knospung vermehren. Manche Arten machen einen *Generationswechsel* zwischen *Polyp* und *Qualle (Meduse)* durch.

Plattwürmer sind zweiseitig symmetrische Tiere ohne Gliedmaßen und Blutgefäßsystem. Der Darm endet bei den frei im Wasser lebenden *Strudelwürmern* blind, sie besitzen also keinen After. Bei den parasitischen Arten *(Bandwurm, Leberegel)* kann der Darm ganz fehlen. Nahrungsaufnahme und Ausscheidung erfolgen dann über die Haut.

Schlauchwürmer sind ungegliedert, drehrund und von einer Kutikula umgeben. Sie besitzen einen durchgehenden Darmkanal und ein strangförmiges Nervensystem. Blutgefäße fehlen. Zu diesem Stamm gehören *Spulwurm* und *Trichine*, die als Parasiten auch den Menschen befallen. *Rädertierchen* findet man in fast jedem Tümpelwassertropfen.

Weichtiere sind meist in Kopf, Fuß, Eingeweidesack und Mantel gegliedert. Die Atmung erfolgt über Kiemen oder Lungen. Viele Arten bilden eine harte, kalkhaltige Schale aus. Bei *Muscheln* ist sie zweiklappig, bei *Schnecken* dagegen einfach und häufig zu einem Häuschen gedreht. Bei *Kopffüßern* liegt sie als Schulp im Körperinneren.

Ringelwürmer besitzen eine deutliche innere und äußere Gliederung in gleichartige Körperabschnitte (Segmente). Der Hautmuskelschlauch dient zusammen mit Borsten der Fortbewegung. Der Blutkreislauf ist geschlossen, das Strickleiternervensystem liegt auf der Bauchseite (Bauchmark). Beispiele sind Regenwurm und Blutegel.

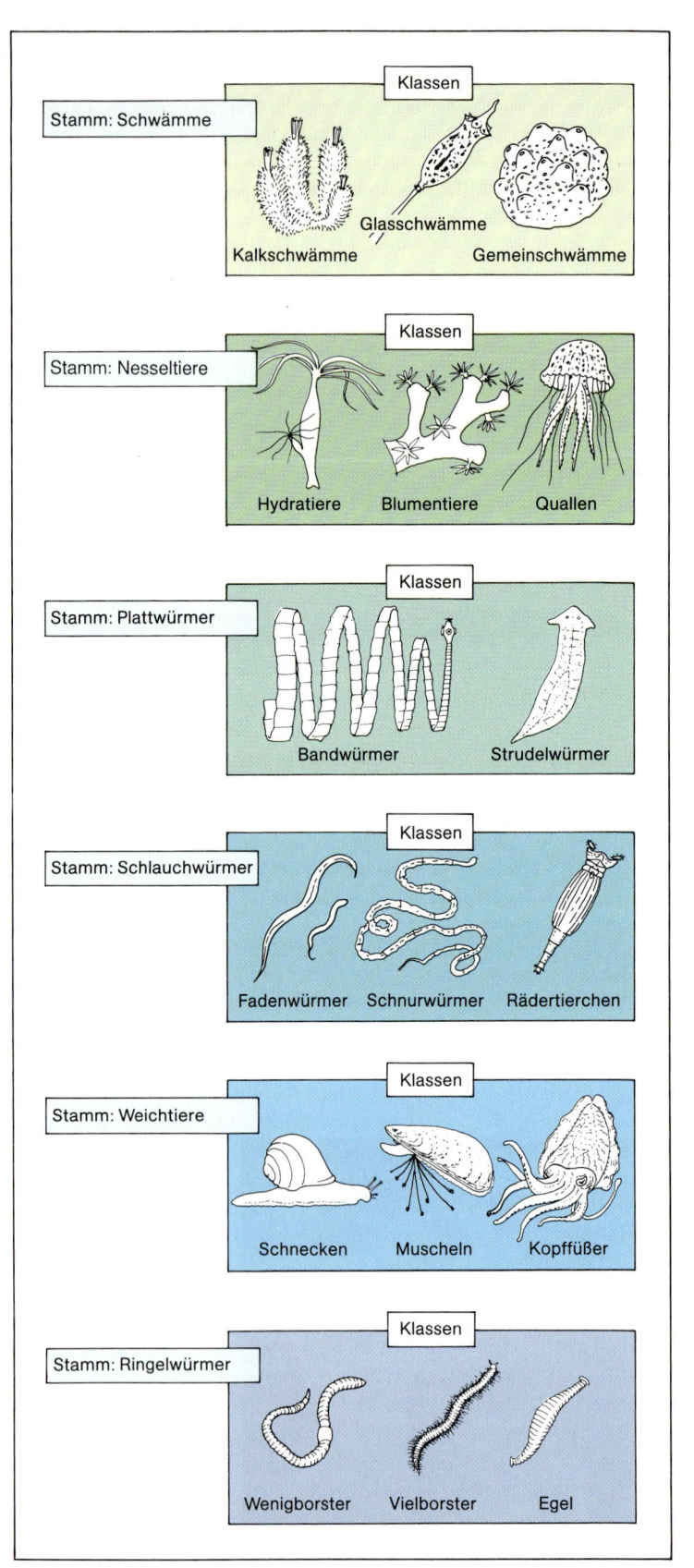

1 Übersicht über die Tierstämme

Einzeller, Pflanzen, Pilze

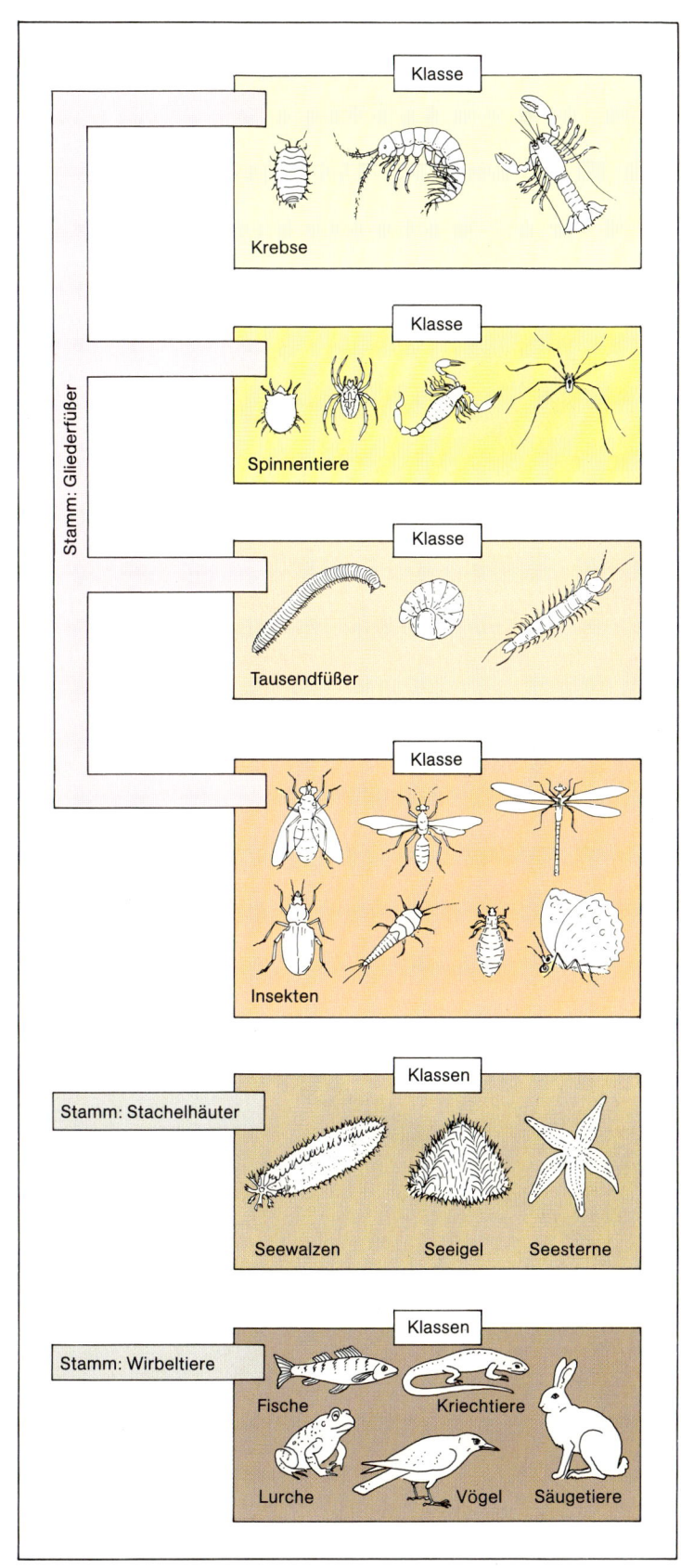

Gliederfüßer stellen über drei Viertel aller bekannten Tierarten. Ihr Körper ist von einem festen *Chitinpanzer* umgeben. Dieses *Außenskelett* wächst nicht mit und muss deshalb bei Häutungen mehrfach im Leben durch ein größeres ersetzt werden. Ein wesentliches Kennzeichen sind die deutlich *gegliederten Beine*. Bei manchen Arten sind sie zu spezialisierten Greif- und Mundwerkzeugen umgebildet.

Gliederfüßer haben einen *offenen Blutkreislauf* und als Bauchmark ein *Strickleiternervensystem*. Viele Arten besitzen hoch entwickelte Sinnesorgane. Die *Antennen* (Fühler) nehmen auch chemische Reize auf. Leistungsfähige *Komplexaugen* ermöglichen Form- und Farbensehen. Die Atmung erfolgt bei den meisten wasserlebenden Gliederfüßern durch *Kiemen*, sonst durch *Tracheen*. Die Entwicklung verläuft vom Ei über mehrere Larvenstadien zum geschlechtsreifen Tier. Bei der vollständigen Verwandlung *(Metamorphose)* ist zusätzlich ein Ruhestadium *(Puppe)* vorhanden.

Nach ihrem Körperbau unterscheidet man bei den Gliederfüßern mehrere Klassen.

Krebse besitzen zwei Paar Antennen, Kopf und Brust sind zu einem starren Kopfbruststück verwachsen.
Spinnentiere sind an ihren vier Beinpaaren zu erkennen. Sie besitzen im Gegensatz zu den anderen Gliederfüßern keine Antennen.
Tausendfüßer erkennt man an ihrem lang gestreckten Körper, der eine große Zahl gleicher Segmente mit Beinen aufweist.
Insekten besitzen fast ausnahmslos drei Beinpaare und ein Paar Antennen. Viele Insekten sind geflügelt. Diese Tierklasse ist äußerst vielgestaltig und nutzt durch Spezialisierung einzelner Arten fast jeden Lebensraum und jede Nahrungsquelle.

Stachelhäuter sind fünfstrahlig gebaute Meerestiere mit einem *Skelett aus Kalk*, auf dem Stacheln sitzen können. Ein *Wassergefäßsystem* mit Saugfüßchen dient der Fortbewegung. An ihrer Körperform sind *Seesterne, Seeigel, Schlangensterne, Haarsterne* und *Seewalzen* gut zu unterscheiden.

Wirbeltiere besitzen einen Körper, der in Kopf, Rumpf und Gliedmaßen unterteilt ist. Das Zentralnervensystem dieser Tiere besteht aus Gehirn und Rückenmark. Der Blutkreislauf ist geschlossen. Die Klassen der Wirbeltiere sind *Fische* (Knorpel- und Knochenfische), *Lurche, Kriechtiere, Vögel* und *Säugetiere*.

1 Übersicht über die Tierstämme

Einzeller, Pflanzen, Pilze **143**

Nesseltiere, Würmer, Spinnen, Krebse und Insekten — diese Namen sind geläufig, wenn auch meist recht ungenau. Auf die Frage „Wie heißen die Schnecken und welcher Wurm ist das?" wird die Antwort schon schwerer sein.

144

Tiere als Teil der Lebensgemeinschaft

Es gibt viele Fragen, die sich zur großen Gruppe der *wirbellosen Tiere* stellen lassen, denn die hierzu gehörenden Lebewesen sind ganz und gar nicht einheitlich gebaut. Man fasst sie nur deshalb zu einer Gruppe zusammen, um sie gegenüber den Wirbeltieren abzugrenzen. Zu den Wirbellosen gehören die unterschiedlichsten Tierstämme: *Nesseltiere* und *Ringelwürmer* ebenso wie *Gliederfüßer*, *Weichtiere* und *Stachelhäuter*.

Nicht alle Fragen wird das folgende Kapitel beantworten können, aber es versucht, ein wenig Ordnung in diese fast unüberschaubare Vielfalt zu bringen. Schon bei den wenigen Vertretern aus dem Heer der Wirbellosen, die auf den nächsten Seiten vorgestellt werden, gibt es eine Fülle von Besonderheiten und Eigenarten zu entdecken. Es lohnt sich, sich einmal etwas genauer mit diesen Lebewesen zu befassen, die um uns herum summen und brummen, fliegen und schwimmen, kriechen und krabbeln.

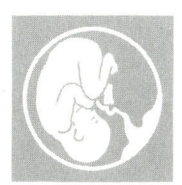

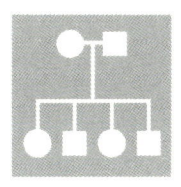

1 Einfache Vielzeller, Schnecken und Würmer 146
Der Süßwasserpolyp 146
Lexikon: Einfache Vielzeller 147
Die Weinbergschnecke 148
Praktikum: Sammeln und Bestimmen von Schneckengehäusen 150
Regenwürmer sind Bodenbewohner 152
Regenwürmer verbessern den Boden 154
Lexikon: Wurm ist nicht gleich Wurm 155

2 Vielfalt der Insekten 156
Körperbau der Honigbiene — ein Leben im Panzer 156
Praktikum: Untersuchungen an der Honigbiene 157
Die Sinnesorgane 158
Der Flug der Insekten 159
Vergleich Insekt — Wirbeltier 160
Die vollständige Verwandlung der Schmetterlinge 162
Die unvollständige Verwandlung der Laubheuschrecke 163
Ein Grundbauplan wird abgewandelt 164
Lexikon: Schmetterlinge 166
Lexikon: Käfer 168
Der Bienenstaat ist perfekt organisiert 170
Die Aufgaben einer Arbeiterin 171
Die Tanzsprache — Verständigung im Bienenstaat 172
Das Bienenjahr 174
Lexikon: Verwandte der Honigbiene 175

3 Krebse und Spinnen 176
Der Flusskrebs 176
Lexikon: Krebstiere 177
Die Kreuzspinne 178
Weitere Spinnen — Jäger sind sie alle 180
Lexikon: Spinnentiere 181

1 Einfache Vielzeller, Schnecken und Würmer

Der Süßwasserpolyp

Süßwasserpolypen sind einfach gebaute, ein bis drei Zentimeter große Vielzeller, die klare, sauerstoffreiche Gewässer ohne schnelle Strömung als Lebensraum bevorzugen. Die bräunlich oder grün gefärbten Tiere haften mit der *Fußscheibe* an Wasserpflanzen, während Fangarme am oberen Körperende, die *Tentakel*, vom fließenden Wasser hin und her bewegt werden. Polypen können ihren Standort auch wechseln. Mit langsamen Bewegungen, die einem Handstandüberschlag gleichen, kommen sie allmählich voran.

Der Süßwasserpolyp gehört zum Stamm der **Nesseltiere**. Sein Bau wird von einem einzigen, großen *Hohlraum* bestimmt. Er erstreckt sich bis in die Spitzen der Fangarme und erfüllt zugleich die Funktionen von Magen und Darm. Dieser *Magen-Darm-Raum* wird von zwei Zellschichten begrenzt. Die Innenschicht — das *Entoderm* — besteht überwiegend aus Drüsen- und Fresszellen. Die Außenschicht — das *Ektoderm* — ist aus Hautmuskel-, Sinnes- und Nesselzellen aufgebaut. Zwischen Ektoderm und Entoderm liegt eine gallertartige *Stützschicht*, in die ein einfaches Netz von Nervenzellen und unspezialisierte *Ersatzzellen* eingelagert sind. Letztere können alle anderen Zelltypen durch Neubildung ersetzen.

Der Polyp ernährt sich von Wasserflöhen, Hüpferlingen und Fischbrut. Berührt ein Beutetier nur einen der Tentakel, löst es die Explosion der *Nesselzellen* aus. S*tilettapparate* schnellen vor und durchdringen die Beute. Gleichzeitig werden lange *Nesselfäden* ausgestoßen, die das Opfer mit ihrem Nesselgift lähmen oder töten. Die Fangarme ergreifen das Beutetier und stopfen es in die *Mundöffnung*, von wo es in den Magen-Darm-Raum befördert wird. Dort zersetzen Verdauungssäfte der *Drüsenzellen* das Beutetier in kleinste Nahrungsteilchen, die dann von den Fresszellen aufgenommen und vollständig verdaut werden.

Süßwasserpolypen können sich *geschlechtlich* durch Geschlechtszellen und *ungeschlechtlich* durch Knospung fortpflanzen. Bei der Knospung entsteht zunächst eine Ausstülpung am unteren Körperende. Aus dieser Knospe entwickelt sich in wenigen Tagen ein junger Polyp. Er löst sich vom Elterntier ab und lebt selbstständig weiter.

1 Grüner Süßwasserpolyp mit Knospe und Tochterpolypen

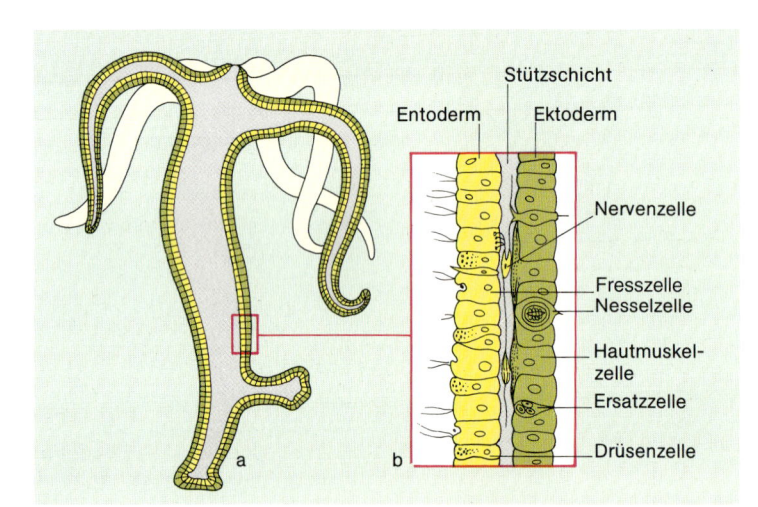

2 Bauplan eines Süßwasserpolypen

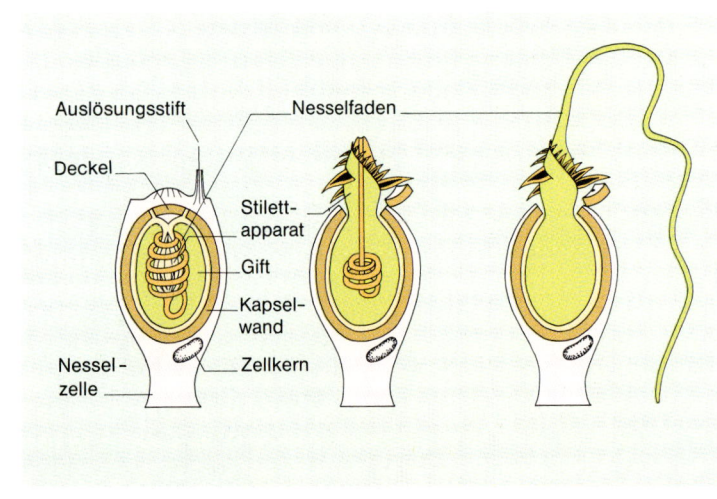

3 Explosion einer Nesselzelle

Tiere in Lebensgemeinschaften

Lexikon

Einfache Vielzeller

Schwämme sind einfache Vielzeller. Ihr äußerlich unregelmäßig gebauter Körper ist von einem System von Kanälen und Hohlräumen durchzogen. Durch zahlreiche feine Poren in der Körperoberfläche strömt Wasser über Zufuhrkanäle in das Innere des Schwammes.

Dieser Wasserstrom wird von besonderen Zellen, den *Kragengeißelzellen*, erzeugt. Diese entziehen gleichzeitig dem Wasser darin enthaltende Nährstoffe und feine Nahrungspartikel. Tiere, die sich auf diese Weise ernähren, nennt man *Filtrierer*. Das Wasser verlässt den Schwamm wieder über eine oder mehrere Öffnungen auf der Oberseite.

Die bis zu 40 cm großen **Ohrenquallen** leben in allen Ozeanen und kommen auch in Randmeeren wie der Nordsee vor. Ohrenquallen gehören — wie der *Süßwasserpolyp* — zum Stamm der *Nesseltiere*. Wie dieser besitzen sie in ihrem Inneren einen als Magen-Darm-Raum dienenden Hohlraum. Ihr Äußeres wird durch den farblosen, gallertigen Schirm bestimmt, der ruckartig zusammengezogen werden kann. Dadurch wird aus der auf der Schirmunterseite befindlichen Mundöffnung Wasser ausgestoßen. Diese Fortbewegung nach dem Rückstoßprinzip ermöglicht der Qualle den Aufenthalt in den oberen Wasserschichten, in denen sie ihre Nahrung findet. Die Ohrenqualle sinkt allerdings nur langsam nach unten ab, da sie zu etwa 98% aus Wasser besteht. Der Schirmrand trägt mit Nesselzellen besetzte Randtentakel,

außerdem sind um die Mundöffnung vier Mundtentakel angeordnet. Im Gegensatz zu einigen anderen Quallenarten können die Nesselzellen der Ohrenqualle die menschliche Haut nicht durchdringen, sodass sie einem im Meer badenden Menschen nicht gefährlich werden können. Ihren Namen haben die Ohrenquallen von den vier ohrenförmigen Geschlechtsorganen, die durch die Schirmgallerte hindurchschimmern.

Die ebenfalls zu den Nesseltieren gehörenden **Korallen** werden dadurch gebildet, dass eine Vielzahl kleiner Korallenpolypen zusammen eine Tierkolonie bildet, deren Form für jeweils eine bestimmte Korallenart typisch ist. Bei genauer Betrachtung sind auf der Oberfläche einer Koralle die vielen kleinen Polypen mit ihren Tentakeln erkennbar. Nach ihrem Aufbau unterscheidet man *Weich-, Horn-* und **Steinkorallen**. Steinkorallen bilden in den warmen Meeren der Tropen Korallenriffe. Sie entstehen dadurch, dass die Polypen der Steinkorallen dem Meerwasser in ihm gelöste Calciumverbindungen entziehen und diese als schwer löslichen Kalkstein nach außen abscheiden. Auf diese Weise wachsen die in einer Kalkkapsel befindlichen Polypen ständig in die Höhe. Im Laufe vieler tausend Jahre können so unter ihnen mächtige Korallenriffe entstehen, wie das Great Barrier Riff vor der Ostküste Australiens, das größte Korallenriff der Erde. Riffkorallen haben hohe Ansprüche an ihre Umwelt: Sie benötigen Temperaturen von mindestens 20 °C, sehr sauberes Wasser, hohe Lichtstärken und stark bewegtes Wasser. Korallen sind deswegen im flachen Küstenwasser anzutreffen.

In ihren Zellen beherbergen Korallen einzellige Grünalgen, mit denen sie in Symbiose zusammenleben. Die Korallen gewähren den Algen Schutz und liefern ihnen außerdem das Kohlenstoffdioxid, das diese für die Fotosynthese benötigen.
Die Algen stellen ihrerseits den Korallen lebenswichtige, energiereiche Stoffe zur Verfügung. Die Symbiose zwischen Koralle und Alge ist so eng, dass Korallen ohne die Algen gar nicht mehr überleben können. Sterben die Algen, sterben auch die Korallen. Das ist bereits in einigen Gebieten der Fall. Als mögliche Ursache wird zur Zeit die Erwärmung des Meerwassers in diesen Gebieten vermutet.

Die etwa 5 cm große, kräftig rot oder grün gefärbte **Purpurseerose** ähnelt einer Blume, worauf sich auch ihr Name bezieht. Sie gehört — wie die Steinkoralle — zu den *Blumentieren*. Die einzeln lebenden, weltweit verbreiteten Tiere sind mit ihrer flachen Fußscheibe mit großer Kraft an einer Unterlage festgeheftet, sodass man sie nicht abheben kann, ohne sie zu verletzen. Mit Geduld kann man beobachten, wie eine Purpurseerose ihren Standort wechselt. Wellenförmige Bewegungen der Fußscheibe schieben den Körper wenige Zentimeter pro Stunde voran.

1 Weinbergschnecke (Atemloch geöffnet)

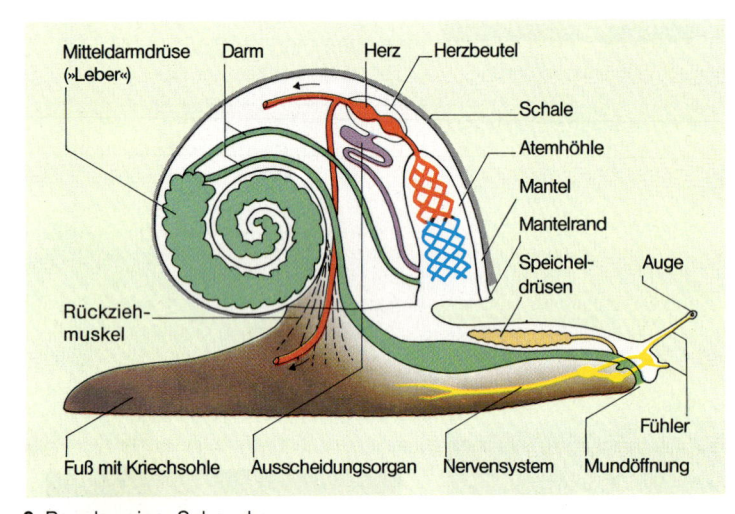

2 Bauplan einer Schnecke

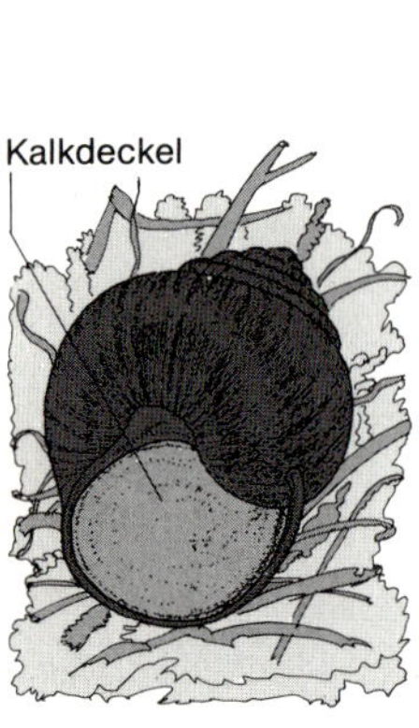

Schnecke in Winterstarre

Die Weinbergschnecke

Weinbergschnecken ruhen tagsüber meist an geschützten Stellen und kriechen erst abends oder nach einem Regenschauer umher. Die Tiere sondern dauernd Schleim ab, der die Feuchtigkeit aus der Luft anzieht. Dadurch sind sie ständig mit einem Wasserfilm umgeben. In den Vertiefungen der runzligen Haut verdunstet das Wasser langsamer als an glatten Flächen. Bei Trockenheit verschließen die Schnecken ihr Gehäuse mit eingetrocknetem Schleim. Den Winter überdauern sie in *Winterstarre*. Sie wühlen sich in lockeren Boden ein und kapseln ihr Gehäuse mit einem dicken Kalkdeckel ab. Das Gehäuse dient nur dem Schutz und hat keine Stützfunktion.

Auf nebenstehender Abbildung erkennt man die äußere Unterteilung der Weinbergschnecke in *Gehäuse* und *Weichkörper*. Der Bauplan zeigt, dass der Weichkörper in *Kopf*, *Fuß*, *Eingeweidesack* und *Mantel* gegliedert ist. Ein Außen- oder Innenskelett fehlen. Deshalb gehört die Schnecke zum Tierstamm der **Weichtiere**.

Am Kopf sitzen zwei verschieden lange *Fühlerpaare*. Das vordere Fühlerpaar ist kurz und dient als Tastorgan. An der Spitze des oberen langen Fühlerpaars sitzen dunkle Punkte. Es sind einfache Augen, mit denen die Schnecke Hell und Dunkel, aber auch grobe Umrisse unterscheiden kann. Bei der geringsten Berührung werden die Fühler eingezogen.

Der muskulöse Fuß ist als *Kriechsohle* ausgebildet. Fortlaufende Muskelwellen schieben das Tier auf einer Schleimbahn vorwärts. Bei Gefahr oder Berührung zieht es sich mit seinem *Rückziehmuskel,* der vom Kopf durch den ganzen Weichkörper verläuft, völlig in sein Gehäuse hinein.

Neben Tast- und Lichtsinn verfügt das Tier noch über Temperatur-, Lage-, Feuchtigkeits- und Geruchssinne. Die Sinneszellen liegen überwiegend in der Haut des Fußes verstreut.

Der Mantel ist von außen an einem gelben Wulst zu erkennen und umhüllt den Eingeweidesack. Eine Öffnung im Mantelrand, das *Atemloch*, führt zur *Atemhöhle*, wo der Gasaustausch mit dem farblosen Blut stattfindet. Teilweise wird der Sauerstoffbedarf auch noch durch Hautatmung gedeckt. Ein mehrkammeriges *Rückenherz* presst das sauerstoffhaltige Blut durch den Körper, wo es die inneren Organe frei umspült. Es liegt also ein *offener Blutkreislauf* vor.

Die Weinbergschnecke ist ein Pflanzenfresser. Mit ihrem harten Oberkiefer kann die Schnecke weiche Pflanzenteile abschneiden. Die Raspelzunge *(Radula)*, die mit vielen kleinen Chitinzähnchen besetzt ist, raspelt dann die Pflanzenteile in den Mund hinein. Größere Pflanzenstücke können zwischen Oberkiefer und Radula festgeklemmt und abgerissen werden. Die weitere Zerkleinerung und Aufnahme der abgerissenen Teile übernimmt wieder die Radula. Durch Verdauungssäfte aus den *Speicheldrüsen* und der *Mitteldarmdrüse* werden die Nahrungsteile weiter zerlegt. Der Speisebrei wird dann von Zellen der Mitteldarmdrüse aufgenommen und verdaut.

Tiere in Lebensgemeinschaften

Fortpflanzung und Arterhaltung

Jede Weinbergschnecke hat einen vollständigen männlichen und weiblichen Geschlechtsapparat, sie ist ein *Zwitter*. Doch wie beim Regenwurm findet keine Selbstbefruchtung statt; auch die Weinbergschnecken paaren sich. Der Begattung geht ein langes Werben und Prüfen voraus: Die geschlechtsreifen Tiere betasten sich, bevor sie sich aneinander aufrichten. Nun reiben sie ihre Sohlen gegeneinander und stoßen sich gegenseitig eine ungefähr 1 cm lange Kalknadel, den *Liebespfeil,* in den Fuß. Erst jetzt können die Spermienpakete ausgetauscht und in den Spermataschen gespeichert werden. Danach fällt die Kalknadel ab.

Einen Monat später erfolgt die Eiablage. Dazu wühlt die Schnecke mit dem Fuß eine bis zu 12 cm tiefe Erdhöhle, in die dann ungefähr 80 erbsengroße Eier gelegt werden.

Wenn die Jungen nach wenigen Wochen schlüpfen, tragen sie bereits ein durchsichtiges Gehäuse, das mit den Weichteilen mitwächst. Das Baumaterial des Gehäuses besteht zu über 95 % aus *Kalk,* der mit der Nahrung aufgenommen werden muss. Deshalb sind die Gehäuseschnecken so zahlreich auf kalkreichen Böden, z. B. von Weinbergen (Name) und Laubwäldern, anzutreffen. Der aufgenommene Kalk wird vom drüsenreichen Mantelrand, der die Gehäuseöffnung umgibt, in gelöster Form ausgeschieden. Gleichzeitig sondern andere Drüsen Farbstoffe ab. An der Luft kristallisiert der Kalk aus und erhält dadurch seine Festigkeit und Zeichnung.

Die Zeichnung und Größe des Gehäuses sind für jede Schneckenart charakteristisch. Will man eine unbekannte Gehäuseschnecke bestimmen, sind diese arteigenen Merkmale eine große Hilfe bei der Zuordnung.

Aufgaben

① Setze eine schwingende Stimmgabel auf den Tisch auf, auf dem eine Gehäuseschnecke sitzt. Wie verhält sich das Tier?
② Setze eine Gehäuseschnecke auf ein frisches, feuchtes Salatblatt. Sei ganz ruhig und beobachte die Mundpartie. Achte auf Geräusche und Fraßspuren am Salat. Berichte.
③ Sammle leere Schneckenhäuser und lege sie in verdünnte Säure (z. B. Essigessenz). Verfahre ebenso mit einem Stückchen Kalkstein. Welche Schlüsse kannst du aus deinen Beobachtungen ziehen?

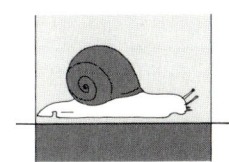

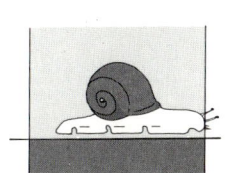

1 Weinbergschnecken bei der Paarung

2 Eiablage einer Weinbergschnecke

3 Frisch geschlüpfte Weinbergschnecken

4 Radula

5 Kriechsohle mit „Muskelwellen"

Tiere in Lebensgemeinschaften

Sammeln und Bestimmen von Schneckengehäusen

In der Schule oder in einem Museum hast du sicher schon einmal eine Insektensammlung gesehen. Dann hast du auch eine ungefähre Vorstellung, wie eine *Schneckengehäusesammlung* aussehen kann. Der Weg zu einer guten Sammlung ist weit, bereitet letztlich aber doch viel Freude.

Gehäuse sammeln

Der wahre Naturfreund sammelt nur leere Schneckengehäuse! Dabei stellt sich der Erfolg am sichersten ein, wenn du nicht planlos überall sammelst. Sammle nur unbeschädigte Gehäuse und beschränke dich anfangs auf die nähere Umgebung deiner Heimat. Später kann die Sammlung ohne Schwierigkeiten auf weitere Gebiete ausgedehnt werden.
Nummeriere jeden Fund und notiere sofort den Fundort, das Datum und die Besonderheiten der Umgebung, wie z.B. benachbarte Pflanzen, Bodenverhältnisse und Hanglage. Verlasse dich auf keinen Fall nur auf dein Gedächtnis. Versuche schon an Ort und Stelle, den Namen der Schnecke anhand eines Bestimmungsbuches herauszubekommen.
Wichtig ist, dass du die Funde unbeschädigt nach Hause bringst. Dafür haben sich kleine Schachteln und Sammelröhrchen, die mit Papiertüchern ausgeschlagen sind, gut bewährt. Deine Ausrüstung wird durch eine Lupe, eine kräftige Präparationsnadel und eine Pinzette für die Grobreinigung vervollständigt.

Gehäuse reinigen und bestimmen

Reinige die Gehäuse zu Hause in handwarmem Wasser. Bei starker Verschmutzung hilft eine weiche Bürste oder ein Wattestäbchen.
Kontrolliere bei jedem Gehäuse, ob es richtig bestimmt ist. Zwei wichtige Bestimmungsmerkmale der Schnecken sind die *Höhe* und die *Breite* des Gehäuses. Wenn du die Höhe messen willst, so halte ein Lineal parallel zur *Spindel*, lege die Nullmarke an die Mündung an und lies den gesuchten Wert der Spitze ab. Die Breite des Schneckengehäuses wird immer dort gemessen, so die Gehäusespindel nicht verläuft.

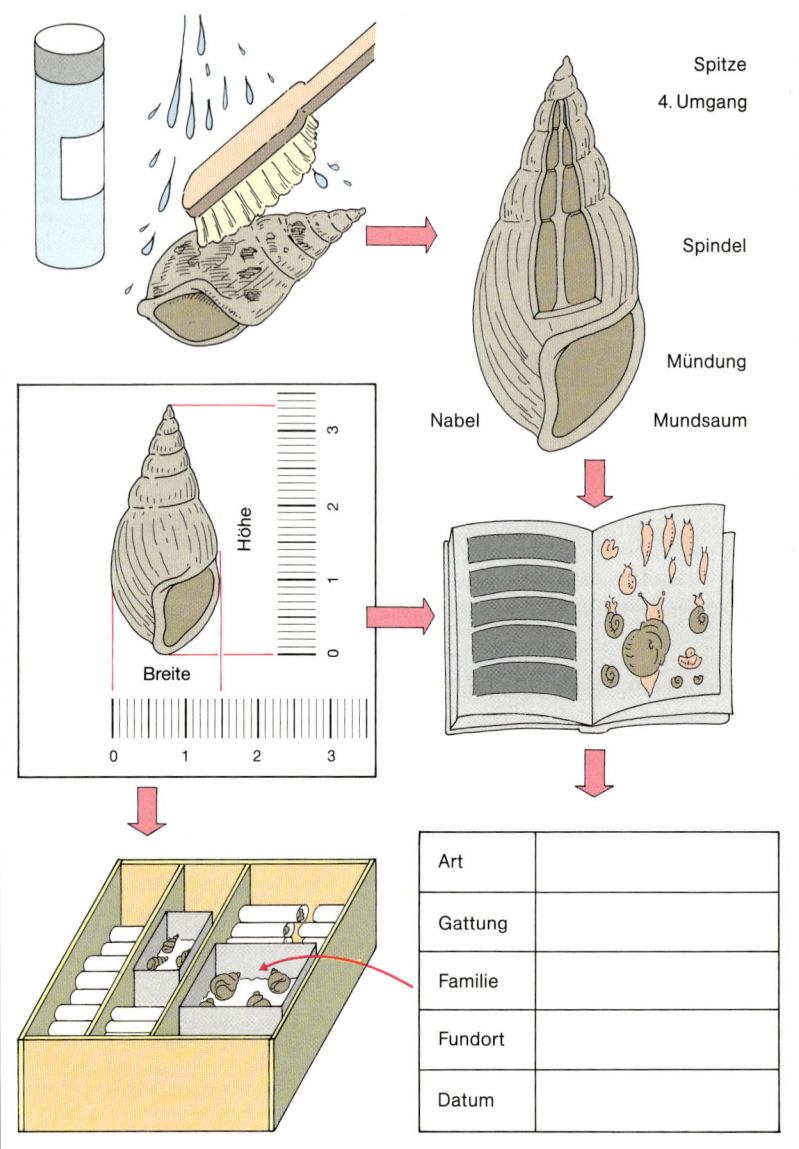

Das *Gewinde* beginnt an der Spitze und endet über der *Mündung*. Das Gehäuse kann spindelförmig und eng gewunden oder scheibenartig geformt sein. Die Mündung bildet den Eingang des Gehäuses. Auch sie kann — je nach Schneckenart — ganz unterschiedlich geformt sein.

Den Rand der Mündung nennt man *Mundsaum*. Er kann weiß oder gefärbt sein. Bei manchen Arten trägt er kleine Falten oder Zähne. Beim Zusammentreffen der letzten Windung und der Mündung haben manche Gehäuse einen Hohlraum, den *Nabel*.

Gehäuse beschriften

Schreibe nach der Bestimmung Art- und Gattungsnamen, Fundort, Lage und Datum auf ein Schildchen.

Gehäuse aufbewahren

Die sauberen und trockenen Gehäuse werden nach Familien geordnet und in einem Kasten mit Fächern gesammelt. Lege zu jedem Fund das dazugehörende Schildchen.

Art	
Gattung	
Familie	
Fundort	
Datum	

Tiere in Lebensgemeinschaften

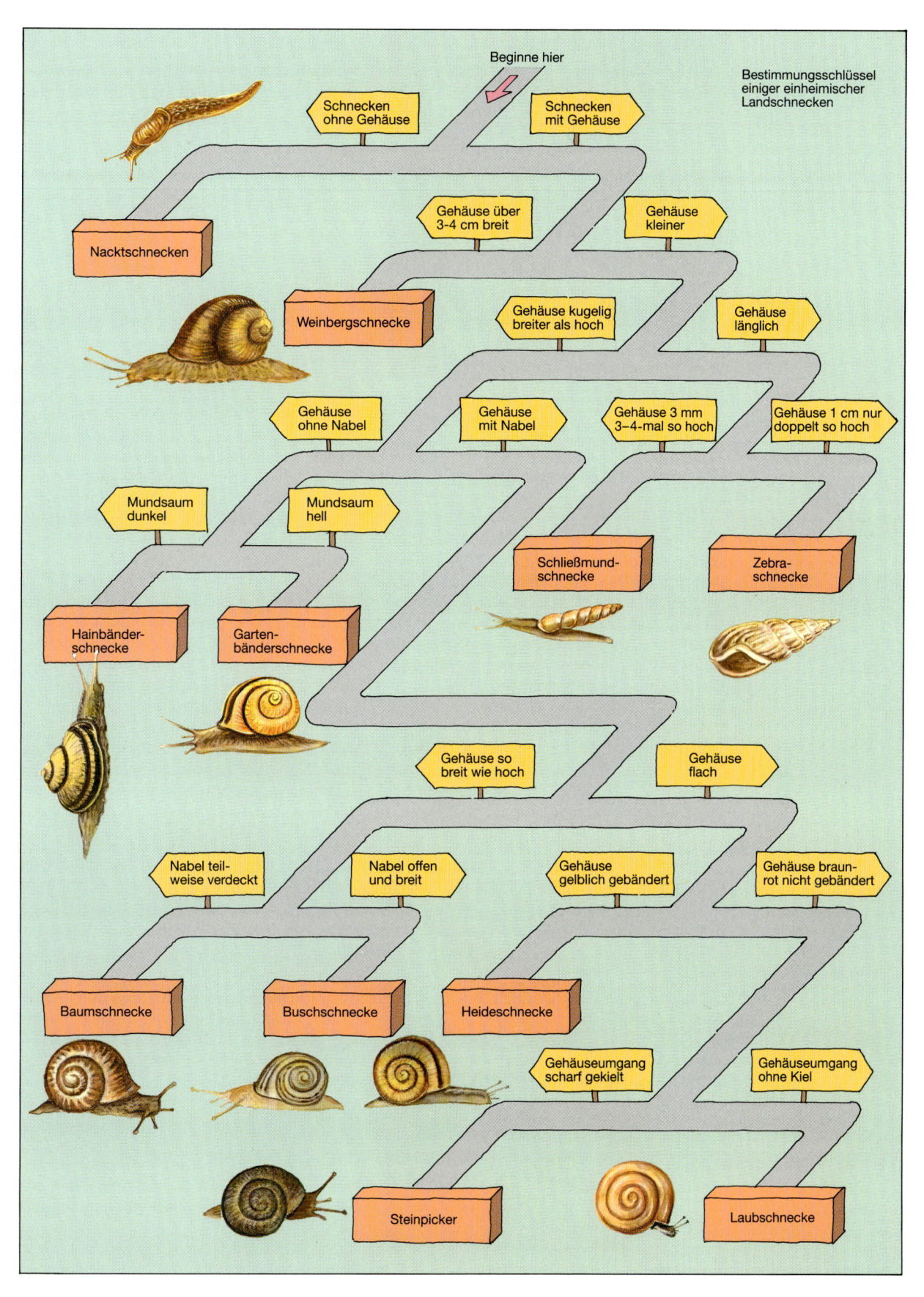

Bestimmungsschlüssel einiger einheimischer Landschnecken

Beginne hier

- Schnecken ohne Gehäuse → **Nacktschnecken**
- Schnecken mit Gehäuse
  - Gehäuse über 3–4 cm breit → **Weinbergschnecke**
  - Gehäuse kleiner
    - Gehäuse kugelig breiter als hoch
      - Gehäuse ohne Nabel
        - Mundsaum dunkel → **Hainbänderschnecke**
        - Mundsaum hell → **Gartenbänderschnecke**
      - Gehäuse mit Nabel
        - Gehäuse so breit wie hoch
          - Nabel teilweise verdeckt → **Baumschnecke**
          - Nabel offen und breit → **Buschschnecke**
        - Gehäuse flach
          - Gehäuse gelblich gebändert → **Heideschnecke**
          - Gehäuse braunrot nicht gebändert
            - Gehäuseumgang scharf gekielt → **Steinpicker**
            - Gehäuseumgang ohne Kiel → **Laubschnecke**
    - Gehäuse länglich
      - Gehäuse 3 mm 3–4-mal so hoch → **Schließmundschnecke**
      - Gehäuse 1 cm nur doppelt so hoch → **Zebraschnecke**

Tiere in Lebensgemeinschaften

1 Regenwurm mit Gürtel

Aufgaben

① Grabe einen Regenwurm aus, spüle vorsichtig die Erde ab und betrachte das Tier. Achte darauf, dass der Regenwurm nicht trocken wird.
② Um herauszufinden, wo vorne und hinten bei einem Regenwurm ist, nimmst du das Tier locker in die geschlossene Hand. Es zwängt sein Vorderende zwischen den Fingern durch.
③ Streiche mit einem Finger in beide Längsrichtungen über den Körper des Wurmes. Was spürst du?
④ Lasse den Wurm über Pergamentpapier und über eine Glasplatte kriechen. Beobachte und beschreibe sein Verhalten.

Regenwürmer sind Bodenbewohner

Nach einem Regenschauer sieht man auf Garten- und Feldwegen oft zahlreiche *Regenwürmer*. Das versickernde Regenwasser hat ihre unterirdischen Wohnröhren überflutet und sie nach oben getrieben, sonst wären sie im Boden erstickt. Bald sind die Regenwürmer jedoch wieder verschwunden. Die Eile ist verständlich, denn wie zuviel Wasser, so sind auch Licht und Trockenheit für diese Tiere tödlich: Die UV-Strahlen der Sonne verbrennen ihre dünne, schleimige Haut. An der Luft „vertrocknen" sie nach kurzer Zeit. Regenwürmer sind an das Leben im Boden angepasste *Feuchtlufttiere*.

Oberflächlich betrachtet ist der Regenwurm lediglich ein bis zu 30 cm langes, gliedmaßenloses Lebewesen, bei dem man auf den ersten Blick weder vorn noch hinten unterscheiden kann. Beim genaueren Hinsehen zeigt es sich aber, dass der Regenwurm einige, für ihn charakteristische Besonderheiten hat.

Das auffälligste Merkmal sind die bis zu 150 Körperringe oder *Segmente*, in die er unterteilt ist. Wegen dieser Gliederung gehört der Regenwurm zu den **Ringelwürmern**. Ein lappig vorgezogenes Segment am einen Körperende ist der *Kopflappen*, der die *Mundöffnung* überdeckt. In jedem folgenden Segment sind vier Paar *Chitinborsten* eingelassen, die die Fortbewegung unterstützen. Im vorderen Körperdrittel fällt noch eine hell gefärbte Verdickung auf, der *Gürtel*. Er spielt bei der Fortpflanzung eine große Rolle. Das Hinterende, an dem der *After* liegt, ist abgeflacht und läuft spitz aus.

Bei einem kriechenden Regenwurm kann man wellenförmige Bewegungen beobachten, die — je nachdem, in welche Richtung das Tier kriecht — von vorne nach hinten oder von hinten nach vorne über den Körper laufen. Dies bewirken zwei Muskelschichten, die mit der Oberhaut zum *Hautmuskelschlauch* verwachsen sind. Durch das Zusammenziehen der inneren *Längsmuskelschicht* kann sich der Wurm verkürzen, der Körper wird dicker. Zieht sich die äußere *Ringmuskelschicht* zusammen, wird er lang und dünn. Beide Bewegungen erfolgen abwechselnd. Die Chitinborsten verankern dabei das Tier im Boden oder auf der Unterlage und verhindern ein Zurückrutschen. Auf diese Weise kann der Regenwurm auch in seinen engen Erdröhren auf- und absteigen.

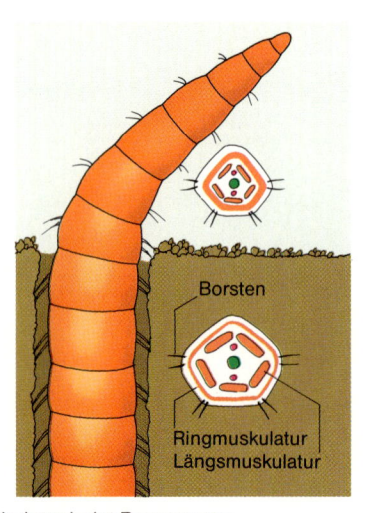

2 Schema der Fortbewegung und Muskulatur beim Regenwurm

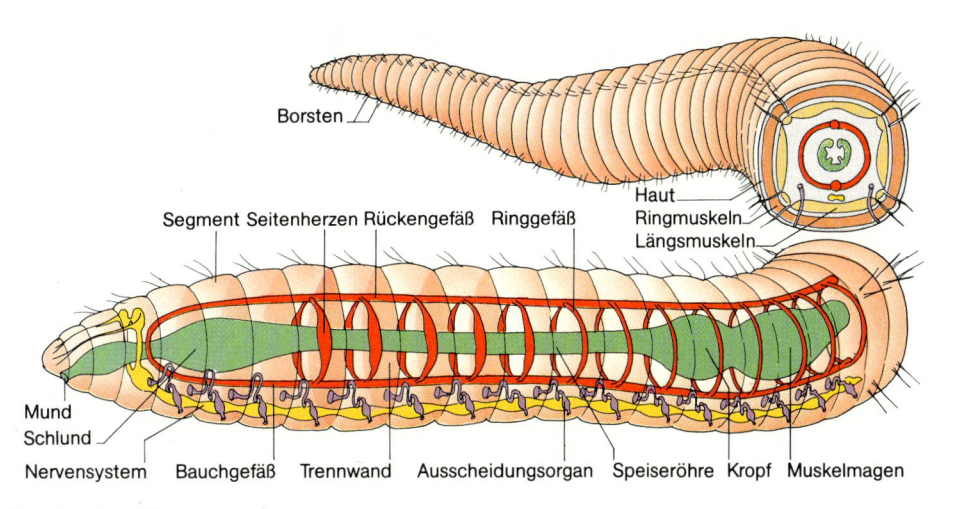

1 Bauplan eines Regenwurms

Entsprechend der äußeren Gliederung ist der Regenwurm auch innen unterteilt. Quer eingezogene *Trennwände* grenzen die einzelnen Segmente voneinander ab. Von der Mundöffnung bis zum After verläuft in der Mitte des Wurmes der Darm. Oberhalb und unterhalb liegt parallel zum Darm je ein Blutgefäß. Diese Adern, nach ihrer Lage *Rücken-* und *Bauchgefäß* genannt, sind durch *Ringgefäße* miteinander verbunden. Die ersten fünf Ringgefäße pulsieren und wirken insgesamt wie ein Herz. Feine *Haargefäße* zweigen von den Ringgefäßen ab. Über sie wird der Körper mit Sauerstoff und Nährstoffen versorgt. Regenwürmer besitzen rotes Blut wie die Wirbeltiere. Da es ausschließlich in Adern fließt, spricht man von einem *geschlossenen Blutkreislauf*. Flüssige Abfallstoffe werden von *zwei Ausscheidungsorganen* pro Segment aufgenommen und über Kanäle nach außen geleitet.

Auf der Bauchseite liegen in jedem Segment zwei Nervenknoten, *Ganglien*, die durch Querverbindungen miteinander verschaltet sind. Über längs verlaufende Nervenfasern haben sie Kontakt zu dem Ganglienpaar im nächsten Segment. Nach seiner Lage wird dieses Nervensystem *Bauchmark* genannt oder, weil sein Bau an eine Strickleiter erinnert, auch *Strickleiternervensystem*.

Obwohl der Regenwurm keine Sinnesorgane besitzt, ist er zu erstaunlichen *Reizwahrnehmungen* und *Reaktionen* fähig: Er kann riechen, schmecken und verschiedene Temperaturbereiche unterscheiden. Über die gesamte Körperoberfläche verteilte *Lichtsinneszellen* ermöglichen es ihm, Helligkeit und Sonnenstrahlen zu meiden.

Bei der Fortpflanzung zeigt sich eine weitere Besonderheit der Regenwürmer: Sie sind *Zwitter*, d. h. jeder Wurm bildet sowohl Ei- als auch Spermienzellen. Regenwürmer können sich allerdings nicht selbst befruchten, auch sie paaren sich. Bei der Paarung liegen zwei Tiere nebeneinander und tauschen ihre Spermien aus, die in einem Vorratsbehälter im Körperinnern gespeichert werden. Sobald die Eizellen reif sind, sondert der *Gürtel* eine Schleimmanschette ab, in die der Wurm ein Eipaket abgibt. Während sich das Tier aus der Manschette herauswindet, befruchten die gespeicherten Spermien die Eizellen. Die abgestreifte Manschette erhärtet an der Luft und nach wenigen Wochen schlüpfen aus diesem *Kokon* die etwa einen Zentimeter langen Würmchen.

2 Ausschlüpfender Regenwurm

Tiere in Lebensgemeinschaften

Regenwürmer verbessern den Boden

Unter einem Quadratmeter Wiese können, je nach Bodenart, zwischen 100 und 400 Regenwürmer leben und ihre engen Röhren und Gänge durch die Erde fressen. Die Röhrenwände werden beim Durchkriechen mit Schleim und Kot austapeziert. Dieser Wandbelag trocknet nach einiger Zeit aus und verleiht den Röhren eine gewisse Festigkeit. Bis zu 450 senkrechte Gänge pro m^2 hat man in Rasenflächen schon gezählt. Diese Gangsysteme reichen bis zu einer Tiefe von 2 m und mehr. Durch sie wird der Boden lockerer, das Regenwasser verteilt sich besser und kann leichter abfließen. Nachts ziehen die Regenwürmer welke Blätter und Grashalme in ihre Röhren und beschleunigen so die Zersetzung abgestorbener Pflanzenteile.

Neben Pflanzenresten steht ausschließlich Erde auf dem Speisezettel des Regenwurms. Er verdaut die darin enthaltenen organischen Stoffe. Unverdauliche Bestandteile werden als *Kothäufchen* auf der Erdoberfläche abgesetzt. Diese enthalten in hoher Konzentration Mineralstoffe, die unverzichtbar für das Gedeihen der Pflanzen sind. Ihr Wachstum und damit der Ernteertrag insgesamt werden so durch die Arbeit der Regenwürmer gesteigert.

Bereits im letzten Jahrhundert erkannte der Engländer CHARLES DARWIN (1809 – 1882) als einer der ersten Naturforscher, welche Bedeutung Regenwürmer für die Fruchtbarkeit der Böden haben. Nach seinen Berechnungen fressen diese Würmer im Jahr bis zu 4,5 t Erde pro 1000 m^2 Boden!

Die Zahl der Würmer in einem Ackerboden hängt jedoch entscheidend von der Methode der Bodenbearbeitung ab. Bei nur leichter Lockerung der Bodenoberfläche schätzt man pro 100 m^2 Boden ca. 10 000 Regenwürmer. Beim Einsatz eines Pflugs, der tiefer als 30 cm in den Boden eindringt, ist ihre Zahl wesentlich geringer.

Beim Umgraben im Garten geschieht es manchmal, dass mit dem Spaten ein Regenwurm durchtrennt wird. Die einzelnen Teile bewegen sich weiter. Die landläufige Meinung, dass nun zwei Regenwürmer entstanden seien, ist jedoch falsch. Lediglich der vordere Teil kann überleben und auch nur dann, wenn er aus mehr als 40 Segmenten besteht. In diesem Fall wird an ihm das fehlende Ende neu gebildet. Das abgetrennte Hinterende stirbt immer ab.

Dieses Ersetzen von verloren gegangenen oder verletzten Körperteilen nennt man *Regeneration*. Der Regenwurm ist nur deshalb zur Regeneration fähig, weil in jedem Körpersegment alle lebenswichtigen Organe vorhanden sind.

1 Blätter in Wurmröhren

2 Wurmkot

3 Wurmkot düngt (links)

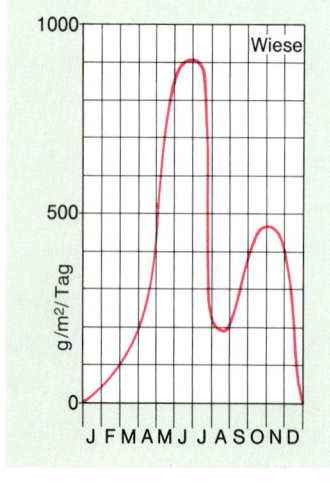

4 Kotproduktion im Jahresablauf

Aufgaben

① Nenne Gründe, warum die Anzahl der Würmer bei einer tiefen Bodenbearbeitung vermindert ist.
② Durch welche Faktoren wird die Anzahl der Würmer im Boden noch beeinflusst?
③ Erkläre die unterschiedlich starke Kotproduktion der Regenwürmer einer Wiese im Jahresverlauf (s. Abb. 4).

Lexikon

Wurm ist nicht gleich Wurm

Die große Vielzahl von Tieren mit wurmförmiger Gestalt ordnet man heute nicht mehr einer einheitlichen Gruppe, sondern verschiedenen Tierstämmen zu, da sie sich in ihrem Bauplan in charakteristischer Weise unterscheiden, z.B. *Plattwürmer, Schlauchwürmer* und *Ringelwürmer*.

Zum **Stamm der Schlauchwürmer** gehören eine Vielzahl kleiner, glatter und drehrunder Tiere, deren Vertreter man fast überall findet. Eine große Zahl von Schlauchwurmarten lebt als Parasit in Pflanzen, Tieren und auch im Menschen. Im menschlichen Dünndarm lebt z.B. der 10 bis 15 cm große **Spulwurm**. Nimmt der Mensch mit der Nahrung Spulwurmeier auf, schlüpfen daraus Larven, die sich nach einer eigenartigen Larvenwanderung zu Spulwürmern weiterentwickeln. Die nach der Begattung abgegebenen Eier gelangen mit dem Kot ins Freie. In Gebieten, wo menschliche Fäkalien nicht ordnungsgemäß entsorgt werden können und sogar als Dünger auf Felder ausgebracht werden, ist die Gefahr der Infektion gegeben. Ein erheblicher Teil der Weltbevölkerung ist deshalb Träger von Spulwürmern. Im Unterschied zur *Trichine* (s. Seite 227), die ebenfalls zu den Schlauchwürmern gehört, sind Spulwürmer für den Menschen in der Regel nicht lebensbedrohend.

Zum **Stamm der Plattwürmer** gehören neben den *Bandwürmern* die meist frei im Wasser lebenden *Strudelwürmer*. Diese kleinen, wurmförmigen, abgeplatteten Tiere erhielten ihren Namen aufgrund einer starken Bewimperung, mit der sie durch ständiges Schlagen sauerstoffreiches Wasser herbeistrudeln. Bekannt sind bei uns vor allem die verschiedenen Arten von **Bachplanarien**, die man häufig an Wasserpflanzen und flachen Steinen in sauberen, sauerstoffreichen Bächen findet.

Ebenfalls zu den Plattwürmern gehören die *Saugwürmer*. Einer von ihnen ist der gefährliche **Pärchenegel Schistosoma**. Er ist der Erreger der *Bilharziose*, einer Krankheit, die in tropischen Feuchtgebieten auftritt und beim Menschen Geschwüre, Abszesse und innere Blutungen hervorruft.

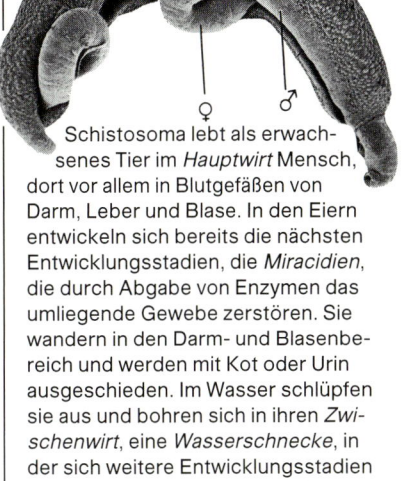

Schistosoma lebt als erwachsenes Tier im *Hauptwirt* Mensch, dort vor allem in Blutgefäßen von Darm, Leber und Blase. In den Eiern entwickeln sich bereits die nächsten Entwicklungsstadien, die *Miracidien*, die durch Abgabe von Enzymen das umliegende Gewebe zerstören. Sie wandern in den Darm- und Blasenbereich und werden mit Kot oder Urin ausgeschieden. Im Wasser schlüpfen sie aus und bohren sich in ihren *Zwischenwirt*, eine *Wasserschnecke*, in der sich weitere Entwicklungsstadien bis zu den *Cercarien* anschließen. Diese gelangen über die Atemhöhle der Schnecke ins Wasser und befallen dort ihren *Hauptwirt*, den *Menschen*.

Zum **Stamm der Glieder-** oder **Ringelwürmer** gehören neben dem *Regenwurm* auch die *Egel*. Egel leben meist im Wasser und besitzen zwei Saugnäpfe, um sich an einer Unterlage festzuhalten: vorne den Mundsaugnapf und einen zweiten am Körperende. Löst man einen Egel von der Unterlage ab, so schwimmt er mit wellenartigen Schlängelbewegungen durchs Wasser. Früher wurde der **Medizinische Blutegel** häufig vom Arzt einem Patienten zum Blutentzug *(Aderlass)* angesetzt. Mit drei halbmondförmigen, scharf gezähnten Hornplatten öffnet der Blutegel die Haut seines Opfers und saugt sich bis zum Sechsfachen seines Körpergewichts mit Blut voll. Dabei lässt er gerinnungshemmende Stoffe in die Wunde fließen, die bei bestimmten Erkrankungen eine heilende Wirkung ausüben. Heute kommt er bei uns frei lebend kaum noch vor, aber seine Wirkstoffe werden in Zuchtanstalten gewonnen und z.B. zu Salben verarbeitet.

Ein anderer Gliederwurm ist der bis zu 30 cm lange **Seeringelwurm**, der in verzweigten Gängen am Meeresboden lebt. Wegen der *Borstenbündel* an den paarig angeordneten *Stummelfüßen* zählt man ihn zur Klasse der *Vielborster*, im Gegensatz zum Regenwurm, der zu den *Wenigborstern* gehört.

Tiere in Lebensgemeinschaften

2 Vielfalt der Insekten

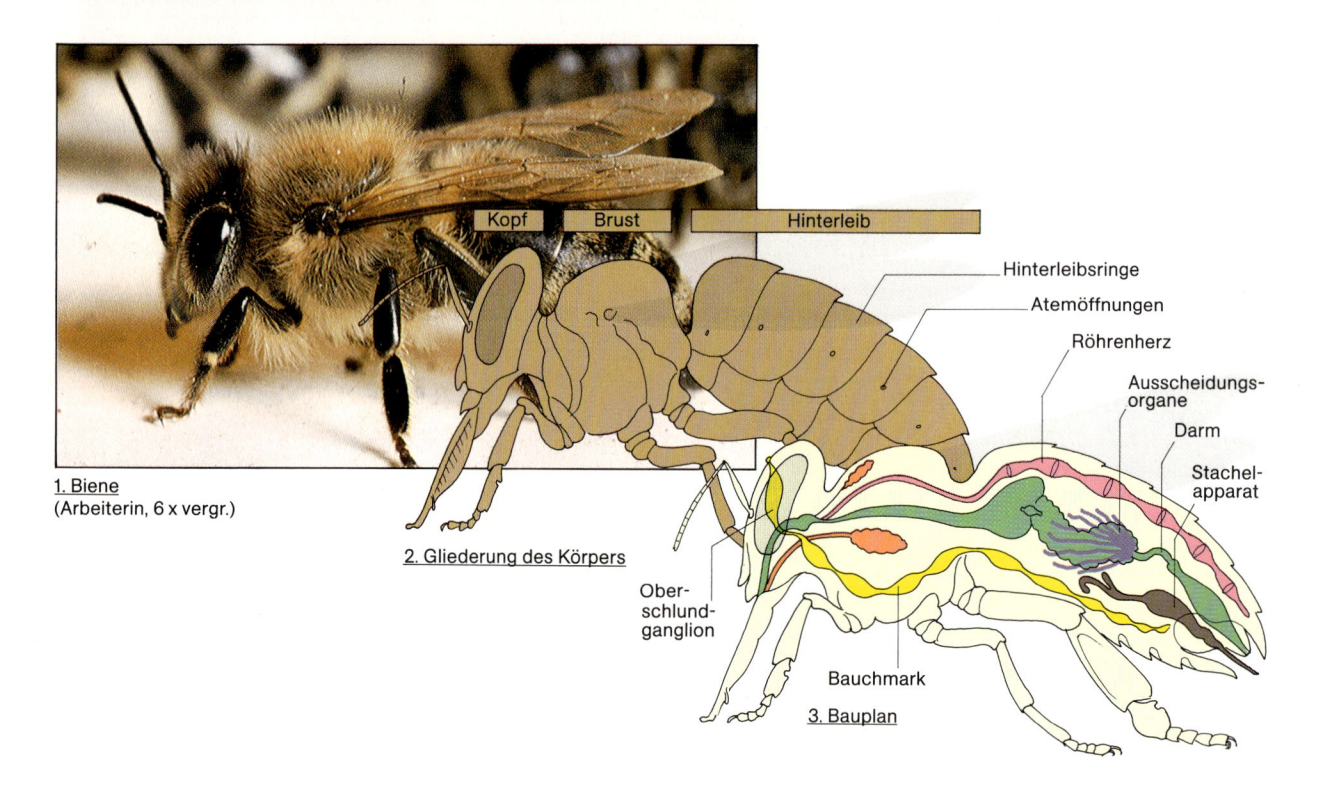

1. Biene (Arbeiterin, 6 x vergr.)

2. Gliederung des Körpers: Kopf, Brust, Hinterleib

3. Bauplan: Hinterleibsringe, Atemöffnungen, Röhrenherz, Ausscheidungsorgane, Darm, Stachelapparat, Oberschlundganglion, Bauchmark

Muskeln, Gelenk, Gelenkhaut, Außenskelett (Chitin)

Gelenk, Muskeln, Gelenk, Innenskelett (Knochen)

Körperbau der Honigbiene — ein Leben im Panzer

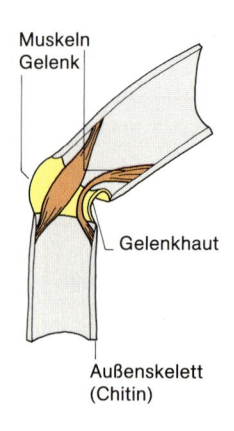

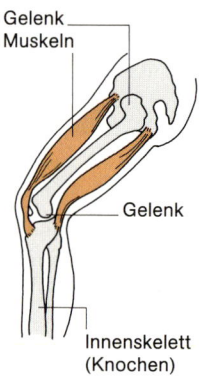

Eine Biene fühlt sich, wie auch die meisten anderen Insekten, recht hart an. Insekten besitzen einen Panzer, der einer Ritterrüstung in mehrfacher Hinsicht ähnelt: Er bestimmt die äußere Form, er dient als Stütze und schließlich ist er beweglich. Da dies auch die Aufgaben eines Skeletts sind, spricht man hier von einem *Außenskelett*. Es besteht aus *Chitin*, einem Stoff mit hornähnlichen Eigenschaften, der — wie etwa unsere Fingernägel — hart und zugleich elastisch ist. Somit passt auch hier der Vergleich mit der Rüstung, denn der Panzer bietet einen hervorragenden Verletzungsschutz für die inneren Organe.

Deutlich sind drei unterschiedlich große Körperabschnitte zu erkennen, der *Kopf*, der *Brustabschnitt* und der *Hinterleib*. Sie sind durch Einschnürungen voneinander abgesetzt, weshalb man *Insekten* (lat. *insectus* = eingeschnitten) auch als *Kerbtiere* bezeichnet. Die Abschnitte bestehen ihrerseits aus mehreren kleineren Untereinheiten. Die meisten dieser Körperringe oder *Segmente* sind durch elastische Gelenkhäute miteinander verbunden. Daraus erklärt sich die Beweglichkeit des Insektenkörpers.

Am *Kopf* des Insekts sitzen die Sinnesorgane — deutlich sind Fühler und Augen zu sehen — und die Mundöffnung mit den Mundwerkzeugen.

Der *Brustabschnitt* besteht immer aus drei Segmenten, die zum Teil verwachsen sind und eine unbewegliche Einheit bilden. Hier finden die Fortbewegungsorgane eine stabile Ansatzstelle. Vier Flügel gehören zum Grundbauplan eines Insekts, wenn auch die Flügel verschieden gestaltet sind und sie bei manchen Arten auch fehlen können. Insekten sind *Hexapoden* (griech. *hexa* = sechs, *podos* = Fuß), d. h. alle Insekten besitzen sechs Beine, an jedem Brustring ein Paar. Jedes Bein besteht, vom Brustring ausgehend, aus fünf Gliedern: Hüfte, Schenkelring, Schenkel, Schiene und Fuß.

Der *Hinterleib* bietet Platz für den größten Teil der inneren Organe. Bei vielen Insekten, so auch bei der Honigbiene, ist er der beweglichste Körperabschnitt, weil er am stärksten segmentiert ist. So können manche Insekten ihre besonderen Hinterleibsorgane, z. B. Stachel oder Eilegeeinrichtung, gut einsetzen.

Praktikum

Untersuchungen an der Honigbiene

Trotz der ungeheuer hohen Individuenzahl sind manche Insektenarten in ihrem Bestand stark gefährdet. Deshalb werden die Versuche 1–5 nur mit toten Bienen durchgeführt. Sie sind überall in ausreichender Zahl beim Imker (siehe Branchen-Telefonbuch) zu bekommen. Meist erhält man getrocknete Tiere. Um die Gelenke frei beweglich zu machen, muss man die Tiere kurz in heißes Wasser legen. Zum Aufbewahren legt man sie in 50%igen Alkohol. Diese Methode hat den Vorteil, dass feine Strukturen nicht abbrechen.

1. Übersicht

Lege einige tote Bienen unter ein Mikroskop oder Binokular. Kannst du verschiedene Bienenwesen unterscheiden?

Wähle ein Tier aus und betrachte seine Körperabschnitte. Fertige eine Umrissskizze an. Nach der Übersichtszeichnung soll der Körper der Biene näher untersucht werden.

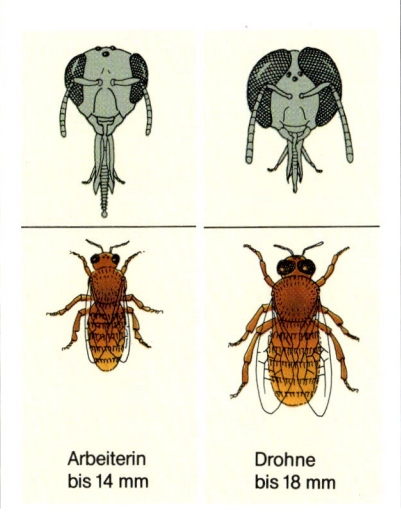

Arbeiterin bis 14 mm

Drohne bis 18 mm

2. Präparation der Mundwerkzeuge

Betrachte den Kopf zunächst am unbearbeiteten Präparat, damit du einen Überblick über die Lage der Mundwerkzeuge bekommst. Trenne nun den Kopf mit einer feinen Schere ab und lege ihn in ein Blockschälchen. Mit zwei Präpariernadeln kannst du die Mundteile auseinander spreizen. Vergleiche das Objekt mit der unten stehenden Abbildung. Zeichne selbst. Beschrifte die Teile.

Löse die Mundteile mit einer spitzen Pinzette von der Kopfkapsel und ordne die Teile auf einem Objektträger, wie sie der Lage am Insekt entsprechen. Wenn du auf die Teile einen transparenten Klebestreifen auflegst, kannst du die Anordnung in dein Heft einkleben.

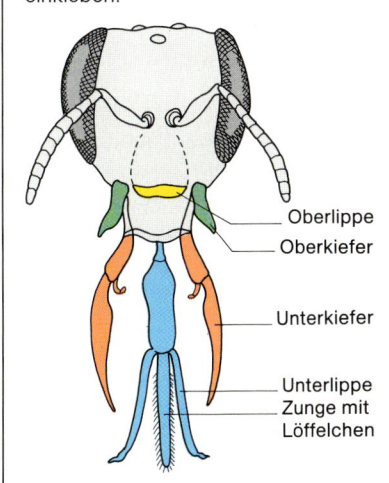

- Oberlippe
- Oberkiefer
- Unterkiefer
- Unterlippe
- Zunge mit Löffelchen

3. Präparation der Beine

Dazu werden Arbeitsbienen benötigt. Sie sind kleiner als die Drohnen. Trenne mit einer kleinen Pinzette die Beine auf einer Seite nahe am Körper ab; merke dir die Reihenfolge. Die Untersuchung findet wieder mit dem Mikroskop oder Binokular statt. Vergleiche den Bau der drei Beine. Zeichne und beschrifte das vordere Bein.

Suche am Hinterbein die Einrichtungen zum Pollentransport, wie sie in den Randabbildungen auf S. 171 zu sehen sind.

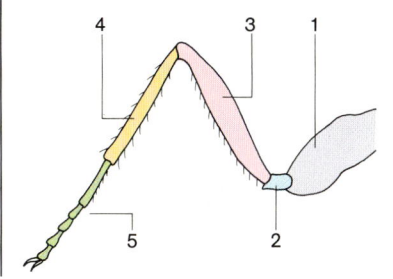

4. Präparation der Flügel

Schneide nun die Flügel einer Seite nahe am Körper mit einer spitzen Schere ab. Vertausche Vorder- und Hinterflügel nicht. Suche den vorderen Rand des Hinterflügels und den hinteren Rand des Vorderflügels nach auffälligen Strukturen ab. Beschreibe sie. Fertige eine große Umrisszeichnung des Bienenkörpers von oben in der natürlichen Größe an und klebe daran die Flügel in Flugstellung an.

5. Präparation eines Fühlers

Gute Beobachtungsmöglichkeiten bietet das 6. Fühlerglied (von der Kopfkapsel aus gezählt). Versuche den angegebenen Bereich zu finden. Suche die Oberfläche des Fühlers durch vorsichtiges Drehen am Feintrieb des Mikroskops ab. Welche Strukturen erkennst du auf dem Fühler?

Sinneshärchen

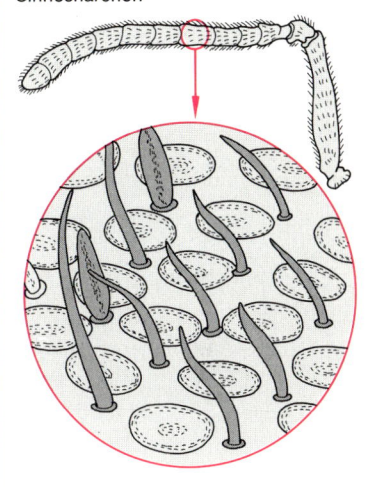

6. Untersuchung eines Stachels

Betrachte den Hinterleib einer Arbeitsbiene unter dem Okular. Halte ihn fest und ziehe den Stachel mit einer Pinzette heraus. Vergleiche mit der unteren Abbildung, welche Teile kannst du erkennen? Weshalb bleibt der Stachel in der Haut eines Menschen stecken?

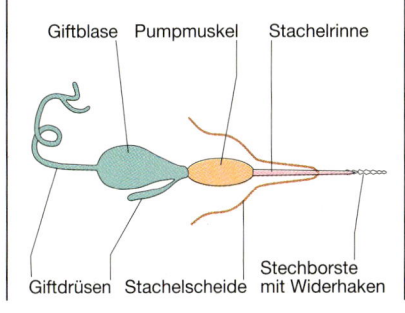

- Giftblase
- Pumpmuskel
- Stachelrinne
- Giftdrüsen
- Stachelscheide
- Stechborste mit Widerhaken

Tiere in Lebensgemeinschaften

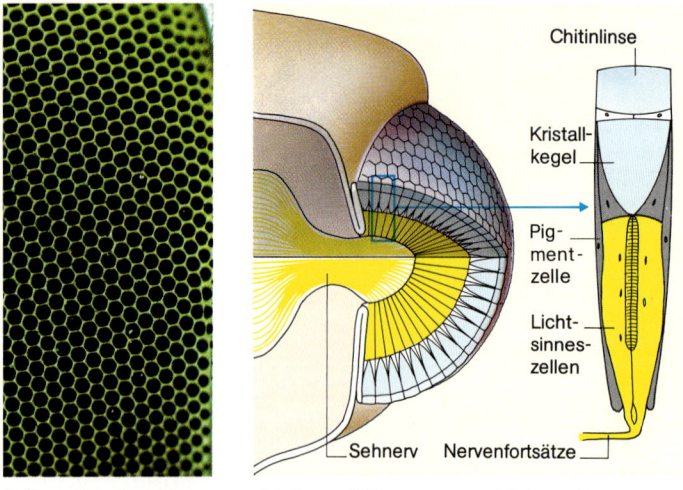

1 Bau eines Insektenauges (Foto ca. 750 × vergr. und Schema)

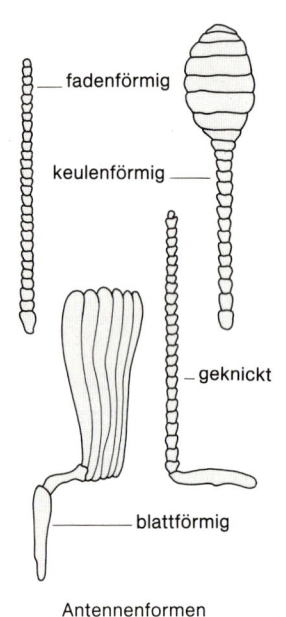

Antennenformen: fadenförmig, keulenförmig, geknickt, blattförmig

Die Sinnesorgane

Das Auge eines Insekts sieht aus wie ein schwarzer Stecknadelkopf. Bei Betrachtung durch ein Mikroskop entpuppt sich dieses starre Etwas aber nicht als einheitliche Fläche, sondern zeigt eine Vielzahl von kleinen Sechsecken, die wie die Zellen einer Bienenwabe aneinander hängen. Jedes Sechseck ist ein Einzelauge, das aus einer *Chitinlinse*, einem *Kristallkegel* und einer Gruppe von *Lichtsinneszellen* besteht. Von den benachbarten Einzelaugen wird es durch Pigmentzellen abgeschirmt. Eine solche Bündelung von Einzelaugen nennt man *Komplex-* oder *Facettenauge*.

Ein Einzelauge übermittelt von einem Gegenstand einen Ausschnitt, einen Bildpunkt, an das Gehirn, das aus den vielen Bildpunkten mosaikartig wieder das Gesamtbild zusammensetzt. Man nimmt an, dass das im Insektengehirn entstandene Bild den groben Rastern eines Zeitungsfotos ähnelt. Je mehr Einzelaugen in einem Facettenauge zusammengeschaltet sind, um so feiner und genauer wird das Raster. Sicher hängt die Anzahl der Einzelaugen auch mit den Lebensbedingungen der jeweiligen Insektenart zusammen. Ein Ohrwurm z. B. hat nur 270 Einzelaugen, eine Libelle aber, die während ihres rasanten Fluges schnell und sicher erfassen und reagieren muss, bis zu 28 000 Einzelaugen. Bei den Fluginsekten konnte man auch feststellen, dass sie „schneller" sehen als z. B. der Mensch. Wir unterscheiden pro Sekunde lediglich 18 Einzelbilder, eine der untersuchten Libellenarten dagegen 200 Einzelbilder/Sekunde.

Neben dem Gesichtssinn spielt auch der *Geruchssinn* bei einigen Insektenarten eine große Rolle. Die Geruchssinnesorgane liegen in den *Fühlern* oder *Antennen*, die von Art zu Art die unterschiedlichsten Formen und Strukturen aufweisen.

Ein extremes Beispiel sind die Männchen des Mondflecks, eines Nachtfalters. Tausende von Riechsinneszellen in den *Riechhaaren* ihrer großen, gefiederten Fühler führen sie zur Geschlechtspartnerin. Das Mondfleckweibchen gibt arteigene Duftstoffe *(Pheromone)* ab, die sich in der Luft ausbreiten. Erreichen sie die Riechzellen eines Mondfleckmännchens, so folgt das Männchen einer solchen Duftspur, bis es das Weibchen gefunden hat. Auch Seidenspinnermännchen setzen ihre etwa 30 000 Riechzellen für die Partnersuche ein: Aus 4 km Entfernung fanden 40 %, aus 11 km noch 26 % der Männchen zu gefangen gehaltenen Weibchen.

Der Aaskäfer kann sogar verschiedene Duftnoten unterscheiden. Allerdings führen sie ihn nicht zu einer Partnerin, sondern direkt zu seiner Nahrung, den Kadavern toter Tiere.

Aufgaben

① Vergleiche die Leistungsfähigkeit des Insektenauges und menschlichen Auges.
② Halte ein Salatsieb vor die Augen. Versuche zu lesen. Deute deine Beobachtung.
③ Kannst du einen Zusammenhang zwischen dem Fühlerbau der Männchen und Weibchen des Seidenspinners und der Anzahl der Riechzellen herstellen?

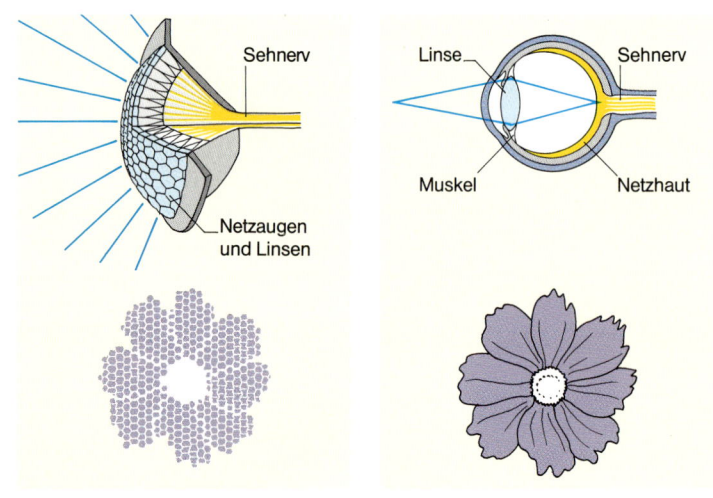

2 So sieht eine Biene ... ... und so ein Wirbeltier

Tiere in Lebensgemeinschaften

Stubenfliege

Der Flug der Insekten

Die Insekten sind neben den Vögeln und Fledermäusen die einzigen Lebewesen, die aktiv fliegen können. Ihre *Flügel* entwickeln sich aus zarten Hautfalten der Rückenplatten des zweiten und dritten Brustsegments. Vor dem ersten Flug pumpt das frisch geschlüpfte, noch weiche Insekt Körperflüssigkeit in die Hautfalten, die Flügel straffen sich und härten an der Luft aus.

Bei vielen Insektengruppen sind die ursprünglich gleichartigen Flügel abgewandelt und das Fliegen wird häufig auf ein Flügelpaar beschränkt. Die Stubenfliege benutzt nur die Vorderflügel zum Fliegen, ihre Hinterflügel sind zu den sogenannten *Schwingkölbchen* umgewandelt, die den Flug des Insekts stabilisieren. Bei der Honigbiene verhaken sich die Hinterflügel während des Fluges an einer Leiste des Vorderflügels und die vier Flügel arbeiten wie ein Flügelpaar. Weibchen vieler Leuchtkäfer können nicht mehr fliegen, ihre Flügelpaare sind verkümmert.

Das allen Käfern gemeinsame Merkmal sind die zu *Deckflügeln* umfunktionierten Vorderflügel, die sich schützend über die weichen Brustteile und den Hinterleib legen. Während des Fluges werden sie starr vom Körper abgespreizt, in Ruhe überdecken sie die dann zusammengefalteten Hinterflügel. Nur diese durchziehen röhrenförmige Hohlräume, die *Flügeladern,* in denen Tracheen und Nerven verlaufen.

Bei den meisten Insektenarten werden die Flügel *indirekt* bewegt: Die Flugmuskulatur setzt am Chitinskelett der Brust an. Zwei Muskelpaare, die *Heber* und *Senker,* arbeiten als Gegenspieler. Ziehen sich die längs laufenden Senker zusammen, verkürzt sich der Brustabschnitt, die Rückenplatte wölbt sich nach außen und zieht dabei den kurzen Hebelarm der Flügel nach oben, die Flügel werden gesenkt. Ziehen sich die zwischen der Rücken- und Bauchdecke ausgespannten Heber zusammen, wird die Rückenplatte nach innen gezogen und drückt dabei von oben auf den kurzen Hebelarm der Flügel — die Flügel werden angehoben. Andere Muskeln sorgen gleichzeitig für die richtige Flügelstellung.

Bei den Libellen setzen die Muskeln über Sehnen *direkt* an den Flügeln an. So sind die voneinander unabhängigen Bewegungen der Vorder- und Hinterflügel möglich.

1 Fliegender Maikäfer

2 Verhakung bei den Flügeln einer Biene

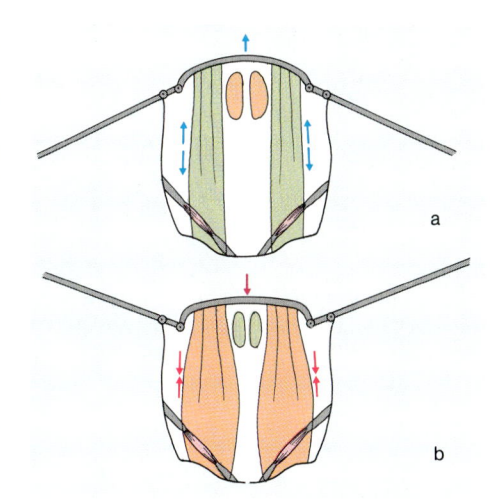

3 Schema der indirekten Flügelbewegung

Maikäfer

Höchste Fluggeschwindigkeit (km/h)

Libelle	30
Arbeitsbiene	29
Rinderbremse	22
Kohlweißling	14
Maikäfer	11
Stechmücke	1,4

Zahl der Flügelschläge pro Sekunde

Arbeitsbiene	245
Hummel	130 – 250
Bremse	96
Maikäfer	46
Libelle	20 – 28
Kohlweißling	9 – 12

Tiere in Lebensgemeinschaften

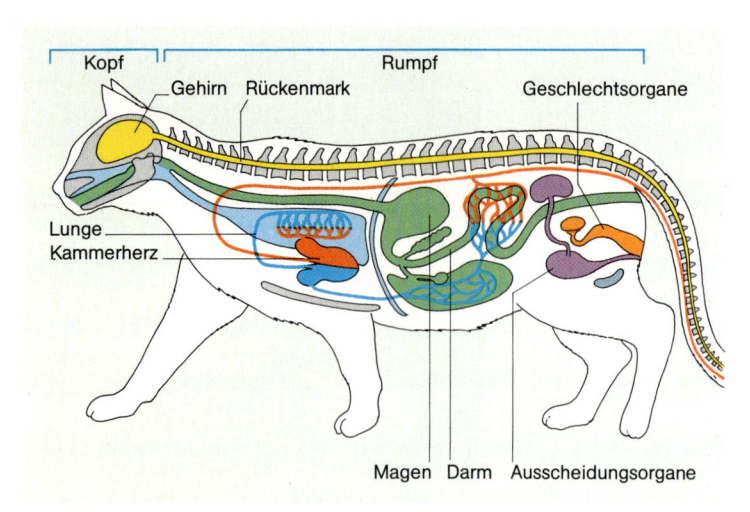

Vergleich Insekt — Wirbeltier

Die Beispiele zum Teil außergewöhnlicher Sinnesleistungen zeigen, dass Insekten hoch entwickelte Lebewesen sind. Der innere Bau bestätigt dies, auch wenn er in manchen Teilen erheblich von dem eines Wirbeltieres abweicht. Deutlich unterscheiden sich Wirbeltier- und Insektenbauplan im *Atmungssystem*, im *Blutkreislaufsystem*, in den *Ausscheidungsorganen* und im *Nervensystem*.

Der Nahrungsaufnahme dienen die aus Oberlippe, Oberkiefer, Unterkiefer und Unterlippe bestehenden *Mundwerkzeuge*. Vielen Käfern dienen ihre beißend-kauenden Mundwerkzeuge der Zerkleinerung von Blättern. Andere Insektenarten entwickelten Abwandlungen von dieser Grundform der Mundwerkzeuge: Die der Schmetterlinge bilden ein Saugrohr und die der Fliegen einen Tupf- und Saugrüssel. Auf diese Weise wurden Schmetterlinge und Fliegen zu Nahrungsspezialisten.

Das *Verdauungssystem* erinnert noch am ehesten an den Darmkanal der Wirbeltiere. Zwischen *Mund* und *After* liegen der *Vorderdarm* mit dem *Magen*, der *Mitteldarm*, in dem die eigentliche Verdauung stattfindet, und der *Enddarm*. Am Übergang vom Mitteldarm zum Enddarm liegen mehrere blinddarmartige Schläuche. Diese nach ihrem Entdecker MARCELLO MALPIGHI benannten *Malpighi'schen Gefäße* sind Ausscheidungsorgane. In ihrer Funktion entsprechen sie unseren Nieren.

Insekten haben einen *offenen Blutkreislauf*. Das *Röhrenherz* pumpt das Blut kopfwärts, von wo aus es in den Körper fließt. Nicht in Adern, sondern frei durch die Leibeshöhle strömt es weiter in den Hinterleib. Dort nimmt es Nährstoffe durch die Darmwand auf und gibt Abfallstoffe an die Ausscheidungsorgane ab. Durch seitliche Öffnungen des Herzens wird es wieder angesaugt.

Insektenblut ist farblos bis gelblich, da fast allen Insekten der rote Blutfarbstoff fehlt. Es kann deshalb auch keinen Sauerstoff transportieren, die Körperzellen müssen direkt durch ein weit verzweigtes Luftröhrensystem mit Sauerstoff versorgt werden. Dieses besondere Atmungssystem ist das *Tracheensystem*. Seine Atemöffnungen sind seitlich an den Hinterleibsringen als kleine Poren (*Stigmen*) zu erkennen. Eine Schutzvorrichtung aus Chitinhärchen dient als Staubfilter.

1 Bauplan eines Wirbeltieres

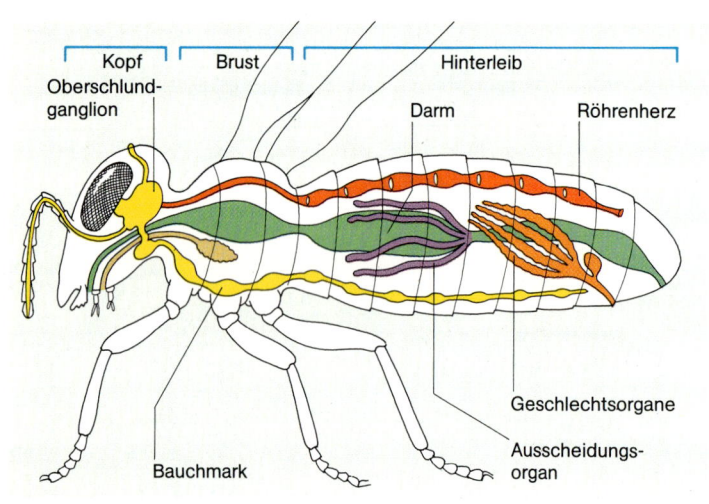

2 Bauplan eines Insekts

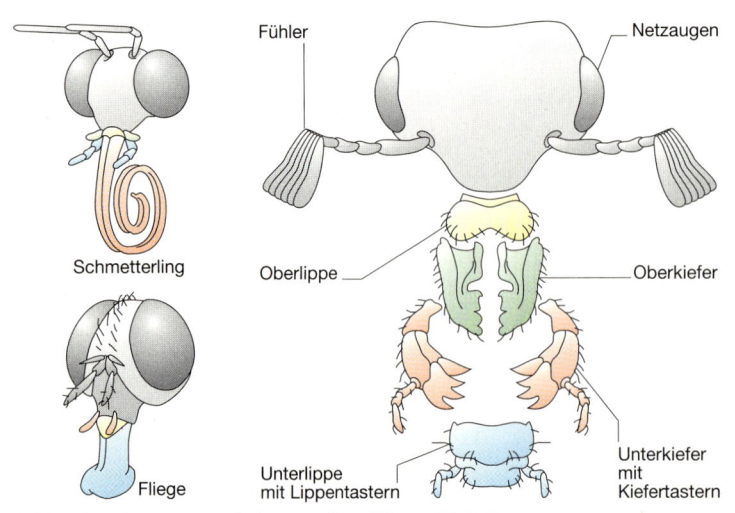

3 Mundwerkzeuge von Schmetterling, Fliege, Maikäfer

Tiere in Lebensgemeinschaften

Von jedem Stigma aus führen Luftröhren, die *Tracheen*, ins Körperinnere. Diese besitzen dünne, elastische Wände, die den Gasaustausch mit den einzelnen Körperzellen ermöglichen. Eingelagerte Chitinspiralen verhindern ein Zusammendrücken bzw. Zusammenfallen der feinen Röhren. Das Ein- und Ausatmen erfolgt durch besondere Muskeln, die den Hinterleib abwechselnd abflachen und verkürzen, sowie durch die Eigenelastizität der Tracheen. Die Wirkungsweise ist die gleiche wie bei einem Blasebalg. Zusätzlich unterstützen noch Bein- und Flügelbewegungen die Atmung.

Das *Nervensystem* der Insekten ist ebenfalls anders beschaffen als bei den Wirbeltieren. Es ist kein Zentralnervensystem mit Gehirn und Rückenmark, sondern auf die ganze Körperlänge verteilt. Jedes Körpersegment besitzt zwei Nervenknoten *(Ganglien)*, die nebeneinander liegend durch Nervenstränge verbunden sind und die Organe dieses Abschnittes steuern.

Das im Kopf über dem Vorderdarm liegende Ganglienpaar *(Oberschlundganglion)* ist vergrößert und nimmt eine Sonderstellung ein. Es verarbeitet über die Nervenstränge von Augen und Fühlern Sinneseindrücke und lenkt die Lebensäußerungen des Insekts. Deshalb nennt man diesen Teil auch oft das Gehirn der Insekten. Das darunter liegende Ganglion ist das *Unterschlundganglion*. Zwei parallel laufende Nervenstränge verbinden alle Doppelganglien auf der Bauchseite des Tieres, sodass die Form einer Strickleiter entsteht, weshalb man hier von einem *Strickleiternervensystem* und *Bauchmark* spricht.

Aufgabe

① Fertige eine Tabelle an, in der du die gemeinsamen und unterschiedlichen Merkmale bzw. Eigenschaften bei Wirbeltieren und Insekten übersichtlich zusammenstellst.
Verwende dazu folgendes Muster:

Merkmal bzw. Eigenschaft	Wirbeltier	Insekt
Skelett	innen	außen
Gliederung	......	......
Gestalt	......	......
......	......	......

Führe die Tabelle fort mit folgenden Merkmalen: Flügel, Augen, sonstige Sinnesorgane, Mundwerkzeuge, Herz, Blutkreislauf, Blut, Gasaustausch bzw. Atmung, Nervensystem.

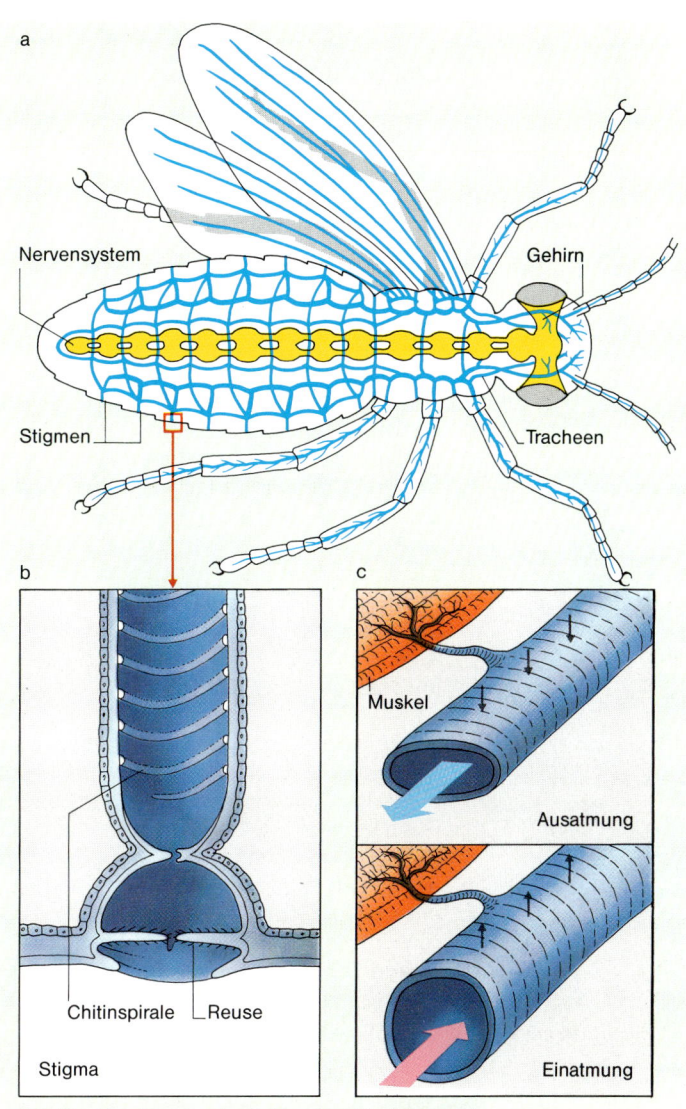

1.1 Das Tracheensystem eines Insekts (Schema)

1.2 Das Atmungsorgan des Menschen (Schema)

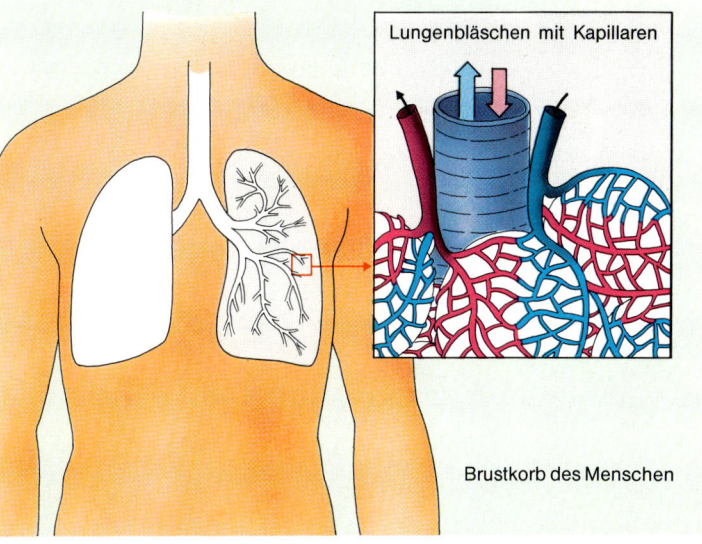

Die vollständige Verwandlung der Schmetterlinge

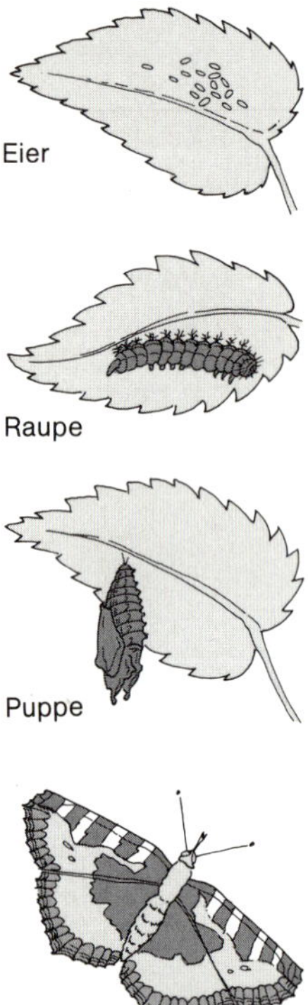

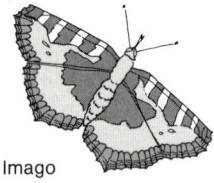

Schon im Mai legt das Weibchen des *Kleinen Fuchses* seine Eier an Brennnesseln ab. Die Brennnesselblätter sind die einzige Nahrung für die nach etwa 14 Tagen schlüpfenden *Raupen,* den Larven des Schmetterlings.

Die weiche, schwarzgelb gefärbte Raupe hat auf dem Rücken dornenartige, in Büscheln stehende Haare, die sie ausgezeichnet vor Feinden schützen. Der walzenförmige Raupenkörper ist nicht deutlich in Segmente gegliedert, jedoch erkennt man die Brust an den drei Beinpaaren. Am Hinterleib der Raupe befinden sich mehrere *Bauchfüße* und am Köperende ein Paar *Nachschieber,* die wie Beine aussehen, tatsächlich aber Haftorgane sind. Fühler und Augen fehlen, die beißenden Mundwerkzeuge jedoch sind kräftig entwickelt, denn Fressen ist die Hauptbeschäftigung der Raupe.

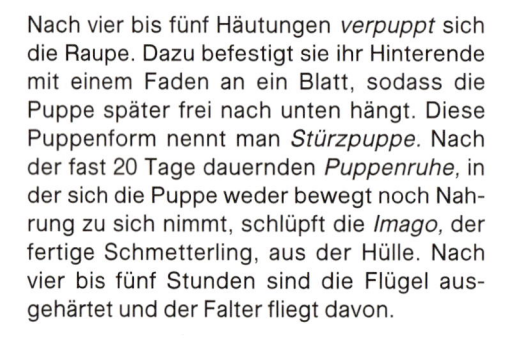

Nach vier bis fünf Häutungen *verpuppt* sich die Raupe. Dazu befestigt sie ihr Hinterende mit einem Faden an ein Blatt, sodass die Puppe später frei nach unten hängt. Diese Puppenform nennt man *Stürzpuppe.* Nach der fast 20 Tage dauernden *Puppenruhe,* in der sich die Puppe weder bewegt noch Nahrung zu sich nimmt, schlüpft die *Imago,* der fertige Schmetterling, aus der Hülle. Nach vier bis fünf Stunden sind die Flügel ausgehärtet und der Falter fliegt davon.

Obwohl von außen nichts zu erkennen war, hat in der Puppe ein intensiver Umwandlungsprozess stattgefunden: Eine Pflanzen fressende Raupe mit beißenden Mundwerkzeugen verwandelte sich in ein Nektar saugendes, geschlechtsreifes Fluginsekt. Diese *vollständige Verwandlung* vom Ei über Larve und Puppe bis hin zur Imago nennt man *Metamorphose*.

Eier
Raupe
Puppe
Imago
Entwicklung des Kleinen Fuchses

1 Kleiner Fuchs

Aufgaben

① Welche andere Insekten kennst du noch, die auch eine vollständige Verwandlung durchmachen?
② Die Puppe des *Schwalbenschwanzes*, eines anderen Tagfalters, heißt *Gürtelpuppe*. Informiere dich darüber, wie und wo sie befestigt ist.

Hormone steuern die Entwicklung

Die Metamorphose eines Insekts läuft nicht zufällig ab. Sie wird durch sogenannte Botenstoffe oder *Hormone* gesteuert, die in besonderen Drüsen des Kopfes gebildet und von dort über das Blut im Körper verteilt werden. Bei den Insekten fand man zwei Hormone, die an der Entwicklung beteiligt sind: ein Häutungshormon und ein Hormon, das die Reife verhindert. Erst wenn Letzteres nicht mehr gebildet wird, kann sich die Puppe zur Imago häuten. Der nebenstehende Versuch verdeutlicht das: Ein abgetrenntes Hinterende bleibt auf dem letzten Entwicklungsstand stehen. Verbindet man über ein Rohr Vorder- und Hinterteil, sodass das Häutungshormon das Hinterende wieder erreicht, vollzieht sich auch hier die Verwandlung.

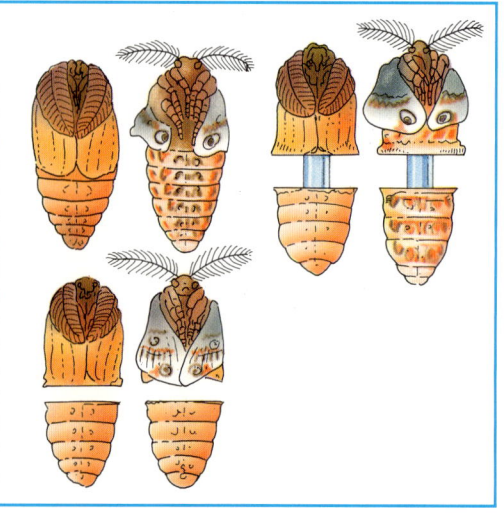

Die unvollständige Verwandlung der Laubheuschrecke

Die *Laubheuschrecke* kennt man auch unter dem Namen Heupferd, den sie ihrem pferdeähnlich geformten Kopf verdankt. Laubheuschrecken fressen hauptsächlich Insekten, aber auch saftige Pflanzenteile. An den mehr als körperlangen, fadenförmigen *Fühlern* kann man sie von den sehr ähnlichen *Feldheuschrecken* unterscheiden.

Nach der Paarung im Herbst legen die Weibchen der Laubheuschrecke ihre Eier. Mit dem kräftigen *Legestachel* werden bis zu 100 Eier tief im Boden versenkt. Nach der Winterruhe schlüpfen daraus im folgenden Frühjahr die *Larven,* die dem fertigen Insekt bereits sehr ähnlich sehen. Sie führen auch die gleiche Lebensweise und ernähren sich wie die erwachsenen Tiere.

Von Häutung zu Häutung werden die Larven den Vollinsekten ähnlicher. Nach der dritten von fünf Häutungen erscheinen die Flügelanlagen, die Fühler werden länger und bei den Weibchen wird der Legestachel sichtbar. An trockenen, warmen Sommertagen springen alle Jungstadien der Laubheuschrecken scharenweise in frisch gemähten Wiesen herum. Nach dem ersten Kälteeinbruch im Herbst findet man keine Heuschrecken mehr, der Frost hat alle vernichtet. Nur die Eier überwintern.

Erst nach der 5. Häutung sind die Tiere geschlechtsreif. Jetzt können auch die jungen Männchen „musizieren" und so versuchen, ein Weibchen anzulocken.

1 Laubheuschrecke

Die Laubheuschreckenmännchen haben einen ganz besonderen *Zirpapparat.* Nahe der Ansatzstelle des linken oberen Deckflügels ist aus einer Flügelader eine Reihe von kleinen Zähnchen, die *Schrillleiste,* entstanden. Der rechte untere Deckflügel dagegen ist an der entsprechenden Stelle zur *Schrillkante* aufgebogen. Durch das Streichen der Schrillleiste über die Schrillkante entsteht das Zirpgeräusch, welches durch eine kreisförmige Flügelmembran, den *Spiegel,* noch verstärkt wird. Da der Gesang des Männchens in erster Linie dazu dient, ein Weibchen zu finden, muss das Zirpen auch gehört werden. Die Gehörorgane der Laubheuschrecken befinden sich an den Schienen der Vorderbeine, wo ein dünnes Häutchen das Trommelfell bildet.

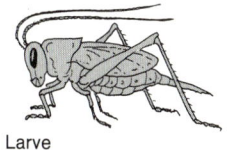

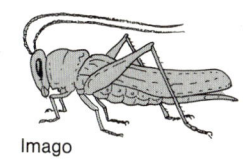

Eier

Larve

Larve

Larve

Imago

Entwicklung der Laubheuschrecke

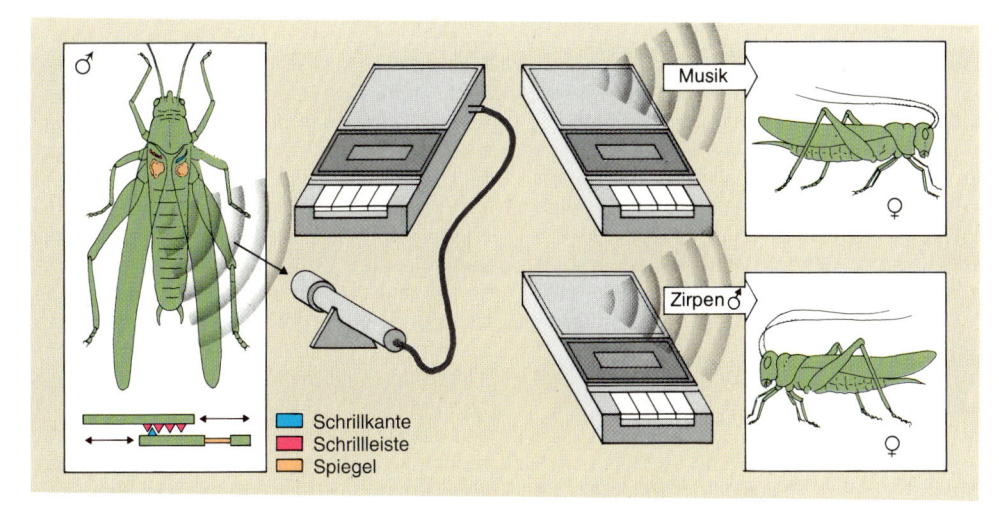

2 Tonbandversuch zur Verständigung der Heuschrecken

Tiere in Lebensgemeinschaften

Ein Grundbauplan wird abgewandelt

Mit über 750 000 Arten ist die Vielfalt der Insekten unübersehbar. Das ist mehr als das Fünfzehnfache der Zahl der Wirbeltierarten. Die *Klasse* der Insekten ist im Aussehen sehr uneinheitlich. Der Grundbauplan wurde verändert und auch die verschiedenen Ordnungen, von denen **Schmetterlinge** und **Käfer** die bekanntesten sind, unterscheiden sich stark voneinander.

Geradflügler haben ihre Bezeichnung von der typischen Flügelform. Die **Feldgrille** baut Wohnröhren im Boden und lebt von Pflanzen und Kleintieren. Auffallendes Körpermerkmal sind ein paar Schwanzborsten. Im Gegensatz zu den verwandten *Heuschrecken* können *Grillen* nicht springen, aber sehr schnell laufen. Viele Geradflüglermännchen locken mit ihrem Zirpgesang Weibchen an. Bei Grillen werden — wie bei den Laubheuschrecken — die Laute durch Aneinanderreiben der Vorderflügel erzeugt.

Wanzen werden wegen ihrer Form und Farbe oft mit Käfern verwechselt. Wichtige Erkennungsmerkmale sind das dreieckige Schildchen zwischen den Vorderflügeln und der einklappbare, schnabelähnliche Stechrüssel. Daher kommt auch der Ordnungsname **Schnabelkerfe**. Wanzen haben verschiedenste Lebensweisen: Die **Feuerwanzen** saugen z. B. an Lindenfrüchten und toten Insekten, die *Wasserläufer* machen auf der Wasseroberfläche Jagd auf ins Wasser gefallene Gliederfüßer, *Wasserskorpione* jagen ihre Beute unter Wasser und *Bettwanzen* sind Blut saugende Parasiten. Zu den Schnabelkerfen gehören auch *Blattläuse* und *Zikaden*. Alle haben eine *unvollständige Verwandlung*.

Libellen gehören zu den ältesten Fluginsekten, denn bereits vor 350 Millionen Jahren lebten in den Steinkohlewäldern Arten mit etwa 70 cm Flügelspannweite. Libellen jagen ihre Beute im Flug. Vor allem **Großlibellen** sind augezeichnete Flieger. Sie lassen sich von *Kleinlibellen* leicht unterscheiden: Großlibellen haben breitere Hinterflügel und legen beim Sitzen ihre Flügel waagrecht aus. Kleinlibellen klappen ihre gleich gestalteten Flügel nach oben. Libellen durchlaufen eine *unvollständige Verwandlung*, ihre Larven leben im Wasser.

Hautflügler haben vier wenig geäderte häutig-durchsichtige Flügel. Der Hinterleib ist durch die „Wespentaille" scharf abgegrenzt. *Hummeln*, *Bienen* und *Wespen* sind die bekanntesten Vertreter dieser Ordnung. Die Weibchen der Hautflügler tragen einen Giftstachel, weshalb vor allem die **Hornissen** gefürchtet werden. Doch wird bei deren Angriffslust und Gefährlichkeit meist übertrieben. Die nützlichen *Schlupfwespen* verwenden ihren Stachel als Eilegeapparat, mit dem sie andere Insekten mit Eiern „impfen". Auch die Staaten bildenden *Ameisen*, die wir meist flügellos sehen, sind Hautflügler.

Zweiflügler scheinen nur ein Paar Flügel zu besitzen. Die Vorderflügel sind richtige Hautflügel, während die Hinterflügel zu Schwingkölbchen, das sind hoch empfindliche Organe für die Steuerung der Fluglage, umgebildet sind. Bei den Zweiflüglern gibt es zwei Unterordnungen: Die *Mücken* (*Stechmücken* und **Schnaken**) und die Fliegen. Letztere sind kräftiger gebaut und haben große Augen. Die wendigsten Flieger sind die *Schwebfliegen*, die sekundenlang in der Luft stehen bleiben und dann ruckartig seitwärts wegfliegen. Die Fliegen haben bein- und augenlose Larven *(Maden)* als zweites Metamorphosestadium.

Netzflügler entsprechen mit der reichen Aderung und der Form ihrer zarten Flügel urtümlichen Fluginsekten. Fortschrittlich ist dagegen ihre Entwicklung, die vollständige Verwandlung. Am bekanntesten ist die hellgrüne **Florfliege**, weil sie abends oft Lichtquellen anfliegt. Sie und ihre Larve sind nützliche Blattlausvertilger. Eine Verwandte ist die *Ameisenjungfer*. Ihre Larve, der *Ameisenlöwe*, lauert in einem Trichter aus lockerem Sand auf Ameisen, die in diesen Trichter rutschen.

Köcherfliegen leben meist in Gewässernähe, denn ihre Larven entwickeln sich im Gewässer. Die Larven der meisten Arten leben in einem Köcher, den sie selbst aus Teilen der Umgebung bauen. Daher der Name.

Urinsekten sind kleine, flügellose Tiere mit einer direkten Entwicklung, die man nicht einmal als Verwandlung bezeichnet. In dieser Gruppe findet man mehrere Ordnungen zusammengefasst. Bekannt sind die 1 mm großen **Springschwänze**, die man häufig auf Blumenerde findet. Gleichermaßen kennt man die *Silberfischchen*, harmlose Insekten, die sich in feuchten, dunklen Ecken des Hauses aufhalten. Sie leben von Abfallstoffen, Papier, Zucker, usw.

1 Feldgrille

2 Feuerwanze

3 Florfliege

4 Hornisse

5 „Grundtyp"

6 Köcherfliege

7 Großlibelle

8 Wiesenschnake

9 Springschwanz, 10 x vergr.

Tiere in Lebensgemeinschaften **165**

```
Lexikon
Lexikon
exikon
xikon
ikon
kon
 on
```

Schmetterlinge

Die Schmetterlinge, die fast alle unter Naturschutz stehen, haben zwei Paar großflächige farbige Flügel. Der farbige Eindruck entsteht durch feine Farbschuppen, die dachziegelartig die Flügel bedecken. Die Mundwerkzeuge der Schmetterlinge sind saugend, bei manchen Arten sind sie völlig zurückgebildet. An den Raupen und den typischen Schmetterlingspuppen erkennt man die *vollständige Verwandlung*.

Allgemein unterscheidet man zwischen *Tagfaltern, Nachtfaltern* und *Kleinschmetterlingen*. Zu den Nachtfaltern zählt man *Schwärmer, Spinner, Eulen* und *Spanner*, wobei hier auch durchaus tagaktive Arten vorkommen. Kleinschmetterlinge sind z.B. die *Kleidermotten*.

Tagfalter

Der **Große Kohlweißling** wird als Schadinsekt angesehen, weil seine Raupen, in großer Zahl auftretend, an Kohlpflanzen beträchtlichen Schaden anrichten können. In der Natur spielt er eine wichtige Rolle als Nahrung anderer Tiere.

Das **Tagpfauenauge** ist ein besonders farbenprächtiger Schmetterling unserer Heimat. Seine schwarzen, behaarten Raupen leben fast ausschließlich an Brennnesseln. Die Falter überwintern in Verstecken.

Ein seltener Gast unserer Wiesen ist der **Schwalbenschwanz**. Mit seiner großen Flügelspannweite kann er gut segeln. Bei den Schwalbenschwänzen haben die Hinterflügel meist eine schwanzartige Verlängerung. Die grünblaurot gestreiften Raupen können hinter dem Kopf eine leuchtend gefärbte Gabel ausstülpen, die Feinde abschreckt und gleichzeitig das Ausscheidungsorgan für Öle, die aus den Futterpflanzen stammen, ist. Die Puppen werden mit einem Faden an Pflanzenstängeln befestigt, es sind *Gürtelpuppen*.

Wegen ihres Aussehens waren **Apollofalter** von Sammlern so begehrt, dass sie fast ausgerottet wurden. Heute stehen sie unter Naturschutz. Diese Gattung umfasst nur ungeschwänzte Arten, die in Gebirgen der nördlichen Erdhalbkugel vorkommen. Meist sind es weißliche Tiere mit schwarzen Flecken und Augenzeichnungen auf den Hinterflügeln.

Der **Admiral** ist ein Wanderfalter, der — aus Nordafrika kommend — über das Mittelmeer nach Norden und damit auch in unsere Heimat fliegt. Im Herbst zieht er wieder in den warmen Süden.

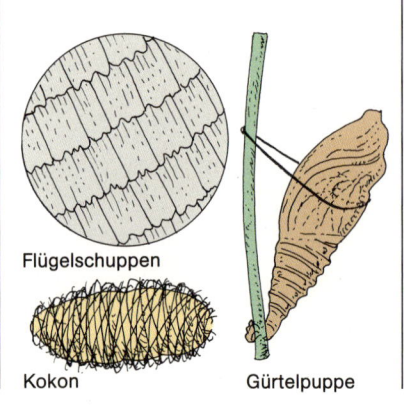

Flügelschuppen

Kokon

Gürtelpuppe

Tiere in Lebensgemeinschaften

Schwärmer

Der **Wolfsmilchschwärmer** zeichnet sich, wie alle Mitglieder dieser *Familie*, durch den dicken, stromlinienförmigen Körper mit schmalen Vorderflügeln, die in Ruhe nach hinten gelegt werden, und den rasanten Flug aus. Schwärmer sind meist große Schmetterlinge (Spannweite bis 12 cm). Sie bewegen ihre Flügel so schnell, dass deren Umrisse verschwimmen. Schwärmer besitzen sehr lange Rüssel und haben damit große Bedeutung für die Bestäubung von Pflanzen mit tiefen Blütenröhren. Sie sind meist dämmerungsaktiv. Schwärmerraupen tragen oft ein Horn am Hinterende.

Der größte bei uns vorkommende Schmetterling ist der **Totenkopfschwärmer**. Er trägt auf der Oberseite seines behaarten Körpers eine totenkopfähnliche Zeichnung. Totenkopfschwärmer sind Wanderschmetterlinge, die im Herbst nach Afrika ziehen. Sie suchen keine Blüten auf; zum Nektarsaugen ist der Rüssel zu kurz. Stattdessen dringen sie in Bienenstöcke ein, stechen Honigwaben an und saugen bis zu einem Teelöffel voll Honig. Bei Gefahr stoßen sie ein Zirpen aus, das den angriffshemmenden Bienenlauten ähnelt.

Spinner

Der **Braune Bär** ist ein recht häufiger Nachtfalter. Sein Name bezieht sich auf seine dicht behaarte Raupe. Spinner sind allgemein plump und wollig behaart. Sie legen in Ruhe ihre Flügel dachartig übereinander. Ihre Puppen sind von einem Kokon umsponnen, daher der Name dieser Familie.

Eine Sonderstellung hat der **Seidenspinner**, neben der Honigbiene das einzige Insekt, das der Mensch als Haustier hält. Seit Jahrtausenden wird in China *Seidenraupenzucht* betrieben, wo Maulbeerbäume gedeihen, deren Blätter die Seidenraupen fressen. Aus den Puppenkokons wird Rohseide gewonnen. In den Seiten der

Raupen liegen zwei lange, schlauchförmige Spinndrüsen, die am Kopf Ausgänge haben. Gelangt der darin erzeugte Stoff an die Luft, erhärtet er und bildet einen Seidenfaden, mit dem sich die Raupe zur Verpuppung einspinnt. Etwa 3 000 m Faden werden zur Bildung eines Kokons benötigt. Nach etwa zwei Wochen befreit sich der Falter mithilfe eines Sekrets, das den Kokon an einer Stelle auflöst.

Eulen und Spanner

Eulen sind die artenreichste Familie der Schmetterlinge. Ihr kompaktes Aussehen erinnert an das der Spinner. Allerdings sind es meist kleinere Schmetterlinge, die dünne Fühler besitzen und keine kammartigen wie die Spinner. Zu den großen Arten zählt das **Rote Ordensband**. Es ist durch seine Vorderflügel gut getarnt. Die gezackten Linien auf diesen nennt man *Eulenmuster*. Die auffällig gefärbten Hinterflügel schrecken Feinde ab *(Schrecktracht)*. Die Raupen einiger Arten sind Forst- und Gartenschädlinge.

Spanner sind tagfalterähnlich, recht klein und unauffällig. Spanner benennt man nach ihren Raupen. Diese bewegen sich „spannend" fort, d.h. sie krümmen sich bogenförmig zusammen, halten sich mit den Hinterbeinen fest und strecken sich, dann klammern sie sich mit den Brustbeinen fest, krümmen sich wieder zusammen usw. Einer unserer bekanntesten Spanner ist der *Harlekin* oder **Stachelbeerspanner**, der sich früher an Johannis- oder Stachelbeersträuchern bemerkbar machte, heute aber selten geworden ist.

Tiere in Lebensgemeinschaften

```
Lexikon
Lexikon
exikon
 xikon
  ikon
  kon
   on
```

Käfer

Die Käfer bilden die größte und erfolgreichste Insektenordnung. Etwa 350 000 Arten sind beschrieben, das sind über 40% aller Insektenarten. Kennzeichnend für Käfer sind die beißenden Mundwerkzeuge und die harten, schützenden Flügeldecken, die über den zusammengefalteten, häutigen Hinterflügeln liegen. Nur die Hinterflügel sind die Flugorgane der Käfer.

Der **Goldlaufkäfer** ist ein typischer *Laufkäfer* mit langen, kräftigen Laufbeinen. Er ist flugunfähig, da seine häutigen Flügel verkümmert sind. Als Jäger vertilgt er so manches Schadinsekt. Dabei schlägt er seine Kiefer in die Beute, sondert einen Verdauungssaft in die Wunde ab und verdaut das Fleisch außerhalb des Körpers. Die so aufgelöste Nahrung wird dann aufgesaugt *(Außenverdauung)*.

Die *Rüsselkäfer* haben einen rüsselförmig verlängerten Kopf. Der **Fichtenrüssler**, ein etwa 1 cm großer Käfer, kommt in Nadelwäldern vor, wo er junge Nadelbäume schädigt: Er nagt Löcher bis tief ins Holz hinein, wodurch es zum Harzfluss kommt, zum Vertrocknen der Nadeln und oft auch zum Absterben der jungen Bäumchen. Unter den Rüsselkäfern findet man viele weitere Pflanzenschädlinge.

Der **Pappelblattkäfer** frisst Pappel- und Weidenblätter. Er riecht unangenehm. Oft findet man die Puppen an den Unterseiten der befallenen Blätter. Er ist klein, sein Rückenpanzer ist stark gewölbt und kräftig gefärbt. *Blattkäfer* fressen nur die Blätter bestimmter Pflanzen (Name!).

Der **Moschusbock** ist mit über 3 cm Länge ein großer Vertreter der Familie der *Bockkäfer*. Er sucht vor allem Weidenbäume auf und strömt einen starken, moschusartigen Geruch aus. Bockkäfer erkennt man an den langen, grob gegliederten Fühlern und dem schmalen, langen Körper. Viele Bockkäfer entwickeln sich im Holz und schädigen deshalb den Wald, aber auch hölzerne Bauwerke und Gegenstände.

Kolbenwasserkäfer stehen unter Naturschutz! Diese *Wasserkäfer* sind eine unserer größten Käferarten (5 cm). Der Kolbenwasserkäfer ist ein friedlicher Pflanzenfresser, während seine Larve räuberisch lebt. Eine Reihe von Anpassungen befähigt ihn zum Leben unter Wasser: Haare an der Unterseite halten Luftblasen, Fühler dienen als eine Art Schnorchel; Stromlinienform und Schwimmbeine dienen der Fortbewegung. Eine besondere Form der Brutfürsorge ist zu beobachten: Die Eier schwimmen, in einem Kokon zusammengefasst und mit einem Schnorchel versehen, unter der Wasseroberfläche.

Das Männchen des afrikanischen **Goliathkäfers** gehört mit seinen bis zu 14 cm Körpergröße zu den größten bisher bekannten Käfern. Die zu den *Rosenkäfern* zählenden Tiere leben vor allem im zentralen Afrika. Trotz ihrer Größe ernähren sie sich jedoch ausschließlich von Früchten und dem Saft kranker Bäume. Die großen Arten dieser Käfer haben eine rötlich braune Samtzeichnung mit unterschiedlich weißen Malen und Linien. Bei einer westafrikanischen Goliathkäferrasse dagegen sind die Flügeldecken braun mit einem großen weißen Längsmal in der Mitte.

Der **Gemeine Mistkäfer** oder **Rosskäfer** ernährt sich von Kot und abgestorbenem, faulendem Pflanzenmaterial. Mistkäfer betreiben Brutfürsorge, indem sie ihre Eier in Höhlen und unter einem Kothaufen ablegen. Mistkäfer sind verwandt mit den selten gewordenen *Maikäfern*, den metallisch glänzenden *Rosenkäfern* und den *Pillendrehern*, die als Nahrung für ihre Larven Kot zu großen Kugeln formen. Die hier genannten Käfer besitzen alle Fühler mit blattartig verbreiterten Endgliedern, die fächerartig auseinande gespreizt werden können. Sie gehören deshalb zur Familie der *Blatthornkäfer*.

Marienkäfer gehören zu den nützlichen Insekten. Sie und ihre unscheinbaren Larven stellen Schild- und Blattläusen nach. Jedes Kind kennt den **Siebenpunkt**, der im Volksglauben auch als Glücksbringer gilt. Die Gemeinsamkeiten der verschiedenen Arten sind die geringe Größe, die halbkugelige Körperform und die meist lebhaften Farben. Die Punktezahl und auch die Farbzusammenstellungen sind sehr unterschiedlich. Trotz der kurzen Beine sind diese Käfer gute Läufer. Bei Gefahr stellen sich Marienkäfer tot und lassen sich fallen. Zusätzlich sondern sie einen gelblichen, übel riechenden Saft ab.

Ein häufiger Blütenbesucher ist der **Mausgraue Schnellkäfer**. Die *Schnellkäfer* haben eine besondere Fähigkeit: Ein Gelenk im Brustabschnitt lässt sie hier taschenmesserartig einknicken. Dafür sind besondere, kräftige Muskeln zuständig. Legt man einen solchen Käfer auf die Hand, so bleibt er zunächst regungslos liegen; plötzlich klappt er zusammen und wird dadurch emporgeschleudert. Auf diese Weise kann er vor Feinden fliehen oder aus der Rückenlage wieder auf die Beine kommen. *Drahtwürmer* heißen die Schnellkäferlarven. Sie fressen unterirdische Pflanzenteile.

Kurzflügler sind sehr kleine Käfer. Sie können im Allgemeinen gut fliegen, denn ihre Hinterflügel sind voll ausgebildet. Nur die Deckflügel sind verkümmert, wodurch aber der Hinterleib sehr beweglich wird. Bei Bedrohung biegen sie ihn in charakteristischer Weise nach oben. Die **Paederus**-Arten spritzen aus dem Hinterleib eine Säure, die auch die menschliche Haut reizen kann; eine wirkungsvolle Verteidigungswaffe. Ihre Hauptnahrung sind vermoderte Pflanzen- und Tierteile. Man findet sie deshalb vor allem auf dem Boden oder unter Baumrinde, aber auch an Uferrändern. Ausgewachsene Tiere können auf ruhigem Wasser laufen.

Die flugunfähigen, trägen **Ölkäfer** oder **Maiwürmer** sehen auf den ersten Blick wenig käferartig aus. In der Familie der *Ölkäfer* findet man dicke, wurmartige Insekten mit weichen, zum Teil rückgebildeten Deckflügeln. Bei Gefahr scheiden sie an den Beingelenken ein giftiges Öl aus. Die Larven klettern auf Blüten, hängen sich an Bienen, lassen sich von ihnen in das Bienennest tragen und schmarotzen dort in den Zellen. Dabei müssen die Larven die unterschiedlichsten Veränderungen durchmachen („Dreiklauenlarve", Honig fressende Made, engerlingartige Made). Die fertigen Insekten dagegen leben von Pflanzenteilen.

Der **Große Leuchtkäfer** strahlt bei Nacht ein grünliches Licht aus. Am Hinterleib sitzen Organe, die durch chemische Vorgänge Licht erzeugen, was der Partnerfindung dient: Die Männchen fliegen in warmen Sommernächten umher und senden arteigene Leuchtzeichen aus. Mit einem „passenden", für die jeweilige Art kennzeichnenden Blinken antworten paarungsbereite Weibchen. Den Weibchen („Glühwürmchen") fehlen die Flügel, sie sitzen im Gras und locken mithilfe des Lichts die Männchen an. Bei manchen Arten leuchten nur die Weibchen, bei anderen beide Geschlechter.

Tiere in Lebensgemeinschaften

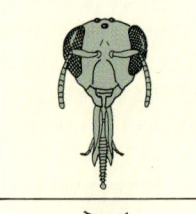

Arbeiterin
bis 14 mm

1 Drohne und zwei Arbeiterinnen

2 Königin und „Hofstaat"

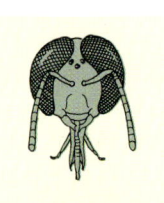

Drohne
bis 18 mm

Königin
bis 20 mm

Der Bienenstaat ist perfekt organisiert

Das einzige Insekt, das der Mensch schon seit langem schätzt und neben dem Seidenspinner sogar als Haustier hält, ist die *Honigbiene*. Die Haltung der Bienen, die *Imkerei*, bringt Vorteile, da die Honigbiene nicht nur Wild- und Nutzpflanzen bestäubt, sondern auch Wachs herstellt, ihr Gift als Heilmittel Verwendung findet und sie außerdem der Lieferant des begehrten Nahrungsmittels *Honig* ist.

Beim Bienenvolk spricht man von einem **Insektenstaat**, in dem 40 000 bis 70 000 Tiere zusammenleben. Die meisten von ihnen sind *Arbeiterinnen*, dazu einige hundert Männchen, die *Drohnen*, und eine *Königin*. Jedes Tier im Stock hat bestimmte Aufgaben zu erfüllen, d. h. es herrscht *Arbeitsteilung*. Die exakte Regulation und Koordination der einzelnen Tätigkeiten erfolgt durch den ständigen Austausch von Informationen zwischen den einzelnen Tieren.

Die *Königin* spielt dabei die herausragende Rolle. Sie ist ständig von einem Hofstaat von mehreren *Stockbienen* umgeben, die sie reinigen und auch füttern. Die einzige Aufgabe der Königin ist das Legen der Eier, von denen sie vom Frühjahr bis zum Herbst etwa 120 000 produziert. Fortwährend belecken die Arbeiterinnen des Hofstaates ihre Königin. Dabei übernehmen sie von deren Panzer einen Wirkstoff, ein *Pheromon*, das sie beim gegenseitigen Füttern an alle Bienen des Stockes weitergeben. Dieses Pheromon verhindert bei den Arbeiterinnen die Entwicklung der Eierstöcke, sodass sie andere Aufgaben übernehmen können. Auf diese Weise beeinflusst die Königin die Fruchtbarkeit des ganzen Volkes. Die *Drohnen* haben nur eine einzige Aufgabe: Sie begatten die Königin.

Den sprichwörtlichen „Bienenfleiß" der Arbeiterinnen belegen Beobachtungen an Arbeiterinnen während eines Zeitraumes von 177 Stunden: In dieser Zeit verbrachte eine Arbeiterin 56 Stunden bei Inspektionsgängen; sie endeten mit Brutpflege, Bautätigkeit oder Reinigungsdienst, je nachdem, wo ein nicht besetzter Arbeitsplatz vorgefunden wurde. 70 Stunden verbrachte sie mit „Müßiggang", womit sie aber ebenfalls eine wichtige Funktion erfüllt: Sie ist jederzeit bereit, plötzlich anfallende Arbeiten zu erledigen.

Vom Ausschlüpfen aus der Puppenhülle an hat die Arbeiterin in ihrem nur einige Wochen dauernden Leben eine Fülle verschiedener Aufgaben zu erfüllen. Die Art der Tätigkeit hängt dabei vom Lebensalter ab.

Aufgaben

① Unterscheidungsmerkmale für Arbeiterin, Drohne und Königin sind in den Randspaltenabbildungen zu finden. Vergleiche.

② Man bezeichnet die Bienen auch als „soziale Insekten". Erkläre, was damit gemeint ist.

③ Honig wird auch als Heilmittel verwendet. Woher stammen seine Wirkstoffe?

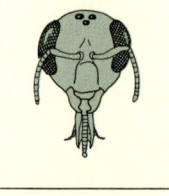

Die Aufgaben einer Arbeiterin

Bis zum 16. Lebenstag bleibt die Arbeiterin als **Stockbiene** im Stock. Zunächst reinigt sie als *Putzbiene* die leeren Zellen, da die Königin nur die so vorbereitete Zelle *bestiftet*. Ab dem vierten Tag beginnt die Arbeiterin mit dem *Futterdienst*. Sie entnimmt in Vorratszellen eingelagerten Blütenstaub und Honig und füttert ältere Larven damit. Inzwischen entwickeln sich im Kopf der jungen Stockbiene die großen *Nähr-* und *Futtersaftdrüsen*. Mit deren nährstoffreichem Futtersaft versorgt die *Ammenbiene* vom 6. bis 10. Tag die frisch geschlüpften Larven *(Brutpflege)*. Eine einzige Larve wird ungefähr 3 000-mal von den pflegenden Brutammen aufgesucht. Allmählich bilden sich die Futtersaftdrüsen zurück und am Hinterleib entstehen Wachsdrüsen, die vom 11. bis zum 16. Lebenstag Wachsplättchen abscheiden. Die *Baubiene* baut damit Waben und verdeckelt die Brutzellen.

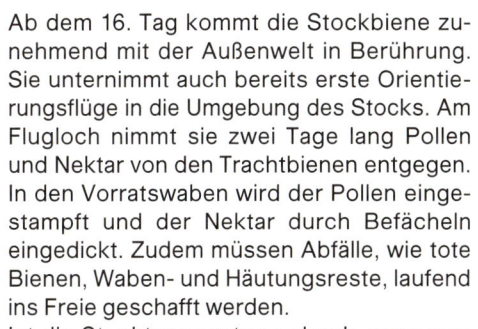

1 Brutpflege im Bienenstock

Ab dem 16. Tag kommt die Stockbiene zunehmend mit der Außenwelt in Berührung. Sie unternimmt auch bereits erste Orientierungsflüge in die Umgebung des Stocks. Am Flugloch nimmt sie zwei Tage lang Pollen und Nektar von den Trachtbienen entgegen. In den Vorratswaben wird der Pollen eingestampft und der Nektar durch Befächeln eingedickt. Zudem müssen Abfälle, wie tote Bienen, Waben- und Häutungsreste, laufend ins Freie geschafft werden.

Ist die Stocktemperatur zu hoch, erzeugen die Bienen durch Fächeln einen kühlenden Luftstrom und die Trachtbienen tragen Wassertröpfchen ein, die am Eingang zu den Brutzellen zu einem dünnen Wasserfilm ausgezogen werden. Durch die Verdunstung des Wassers wird der Stock gekühlt.

Sammelbein (innen)

2 Sammelbiene mit Pollenhöschen

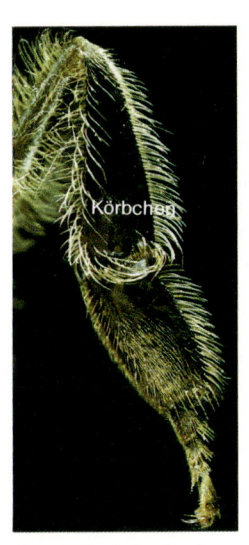

Die letzten Tage des Stockdienstes verbringt die Biene als *Wehrbiene*. Am Flugloch werden alle ankommenden Tiere am Nestgeruch erkannt, fremde Bienen und andere Feinde abgewehrt. Dabei dient ihr der mit Widerhaken besetzte *Giftstachel* als wirksame Waffe. Aus dem Chitinpanzer der Insekten lässt er sich wieder herausziehen, in der zähen Säugetierhaut jedoch bleibt er oft stecken. Beim Wegfliegen der Biene reißt der Stachel die Giftblase mit der Giftdrüse heraus; diese Verletzung bedeutet den Tod für die Biene.

Der Stockdienst endet am 20. Tag. Es beginnt die Tätigkeit der **Sammel-** oder **Trachtbiene**.

Sammelbein (außen)

3 Der Bienenstachel bleibt stecken

Tiere in Lebensgemeinschaften

1 Der Verhaltensforscher Karl von Frisch

Die Tanzsprache — Verständigung im Bienenstaat

Karl von Frisch (1886—1982), österreichischer Zoologe, der eine Fülle von Arbeiten über die Sinne von Tieren veröffentlichte und die Bienensprache entdeckte. 1973 erhielt er den Nobelpreis für Medizin.

Der Bienenforscher KARL VON FRISCH saß eines Morgens in der Nähe eines blühenden Kirschbaumes. Er sah auf einem herunterhängenden Ast eine einzelne Biene. Eine halbe Stunde später summte und brummte es am Baum. Jetzt sammelten sehr viele Bienen Nektar von den Kirschblüten. VON FRISCH vermutete nach dieser und ähnlichen Beobachtungen, dass die Bienen ihren Stockgenossinnen Futterquellen mitteilen können.

Diese Vermutung wollte der Forscher nun überprüfen. Er stellte dazu ein Schälchen mit Zuckerwasser auf einen Futtertisch. Dieser stand 50 m von einem Bienenstock entfernt. In diesem vorbereiteten *Beobachtungsstock* waren die Waben nebeneinander angeordnet und durch ein Glasfenster konnte das Geschehen im Inneren beobachtet werden. Sobald die Bienen von dem Zuckerwasser tranken, markierte VON FRISCH die erste mit einem weißen, die zweite mit einem roten Farbfleck usw.

Die weiß markierte Biene entdeckte er kurz darauf im Beobachtungsstock. Sie würgte zunächst einen Tropfen Zuckerwasser vor den Mund. Der Tropfen wurde ihr von drei anderen Bienen mit dem Rüssel unter wechselseitigem *Fühlerbetrillern* abgenommen. Bald darauf lief die heimgekehrte Biene auf der Wabe einen oder höchstens zwei Kreisbögen linksherum, dann änderte sie die Richtung des Laufes rechtsherum. Benachbarte Bienen folgten der im Kreis laufenden Sammlerin, indem sie mit den Fühlern Kontakt an deren Hinterleib hielten. Zwischen den Bewegungen, die wie ein Tanz aussahen, verfütterte sie weiteres Zuckerwasser an die nachfolgenden Bienen. Plötzlich eilte sie zum Flugloch und flog davon. Bald darauf verließen die Bienen, die ihr im Tanz nachgelaufen waren, den Stock. Am Futterplatz konnte VON FRISCH die zahlreich eintreffenden Bienen ebenfalls kennzeichnen. Im Stock zeigten diese bald darauf die gleichen Bewegungen, die als *Rundtanz* bezeichnet werden.

Als VON FRISCH den Futtertisch 150 Meter vom Stock entfernt aufstellte, entdeckte er, dass die Bienen nun in anderer Form die Futterquelle meldeten. Eine heimgekehrte Sammlerin lief jetzt auf der Wabe zuerst ein Stück geradeaus, wobei sie mit dem Hinterleib hin- und herschwänzelte. Danach bewegte sie sich in einem Halbkreis nach links, dann wieder mit Schwänzelbewegungen geradeaus, ehe sich ein Halbkreis nach rechts anschloss. Auch bei dieser Tänzerin hielten andere Arbeiterinnen mit den Fühlern Kontakt zum Hinterleib und folgten ihr. Kurze Zeit später trafen am Futterplatz weitere Sammlerinnen ein, die von der markierten Biene informiert worden waren. Diese Form der Verständigung nannte VON FRISCH *Schwänzeltanz*.

Als er die Futterschälchen in einer weiteren Versuchsreihe nach und nach in anderen Himmelsrichtungen aufstellte, tanzten die Bienen von den verschiedenen Futterplätzen jeweils auch mit ihrer Schwänzelstrecke in eine andere Richtung. Was diese Schwänzeltänze bedeuteten, verstand VON FRISCH

Heimgekehrte Sammlerin gibt Nektar ab

2 Bienen beim Schwänzeltanz

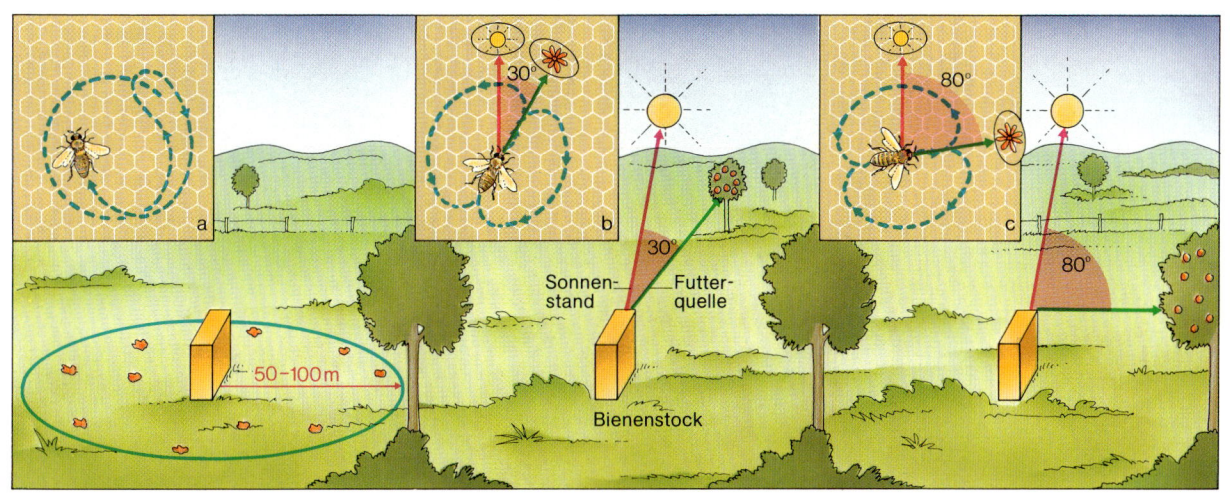

1 Schema des Bienentanzes (**a** Rundtanz, **b** und **c** Schwänzeltanz)

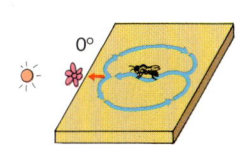

Schwänzeltanz auf dem waagerechten Anflugbrett

Schwänzeltanz auf der senkrechten Wabe im Dunkeln des Stockes

erst, als er einige Bienen beobachtete, die auf dem Brettchen vor dem Flugloch tanzten. Dabei wies die Schwänzelstrecke direkt zur Futterquelle.

Aus dieser Beobachtung folgerte er, dass die Bienen im Stock mit einer Schwänzelrichtung in der Senkrechten nach oben (entgegen der Schwerkraft) eine Futterquelle in Richtung zur Sonne angeben. Weist der Schwänzeltanz nach unten, bedeutet dies, dass die Bienen die Futterquelle entgegengesetzt zur Sonnenrichtung finden. Weicht die Richtung der Schwänzelstrecke von der Schwerkraftachse ab, so entspricht der Winkel zwischen Schwerkraftachse und Schwänzelstrecke dem Winkel zwischen Sonnenstand und Futterplatz.

Außerdem enthält der Schwänzeltanz noch eine *Entfernungsangabe:* Die Tanzbewegungen sind umso langsamer, je weiter die Futterquelle vom Stock entfernt liegt. Die Ergiebigkeit des Futterplatzes geben die Sammlerinnen durch die Häufigkeit der Tänze an. Je ergiebiger die Futterquelle ist, umso länger tanzen die Bienen. Die Qualität des Futters erfahren die Stockgenossinnen bei der gegenseitigen Fütterung. Den Duft der Futterquelle nehmen sie beim Nachlaufen mit ihren Geruchssinnesorganen am Hinterleib der Tänzerin wahr.

Aufgaben

① Welche Informationen über die Bienentänze kannst du aus Abb. 1 entnehmen?
② Gib an, welche Informationen die Tanzsprache für Arbeiterinnen enthält.

Bastelanleitung für einen Bienenkompass

Übertrage und vergrößere die Abbildung der *Sonnenscheibe* auf einen Durchmesser von 10 cm auf Zeichenkarton. Die *Tanzscheibe* vergrößerst du ebenfalls auf einen Durchmesser von 10 cm und überträgst ihn auf Folie. Beide Scheiben werden in der Mitte mit einer Beutelklammer drehbar verbunden.

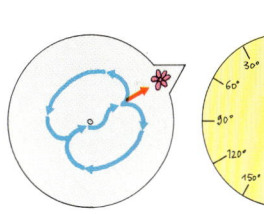

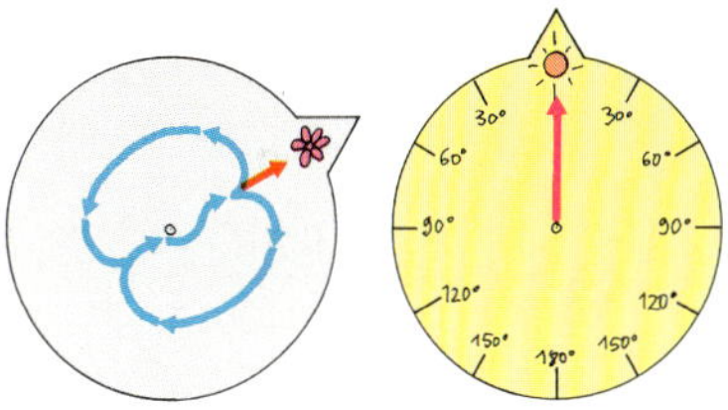

Tanzscheibe   Sonnenscheibe

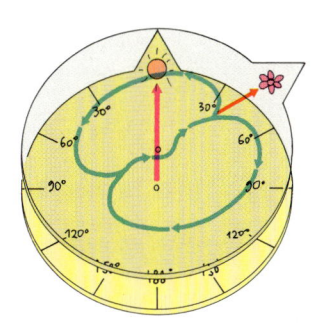

Halte den Bienenkompass senkrecht, sodass der Sonnenpfeil nach oben zeigt. Stelle die Winkel zur Futterquelle ein, die in den Abbildungen 1 b und c angegeben sind.

Denk dir Futterplätze in anderer Lage und ermittle mit dem Bienenkompass die Richtung des Schwänzellaufs.

Tiere in Lebensgemeinschaften

1 Weiselzellen

2 Imker fängt den Schwarm ein

Das Bienenjahr

So wie das Leben einer Arbeiterin nach einem festgelegten Zyklus verläuft, haben auch die beiden anderen im Bienenstaat lebenden Bienenwesen ganz bestimmte Aufgaben. Die *Königin* als „Mutter" des Bienenvolkes sorgt für den Erhalt ihres Stockes, indem sie bis zu 2000 Eier pro Tag legt. Die Aufgabe der männlichen Bienen, der *Drohnen,* besteht darin, die Königin zu begatten. Versorgt werden Königin, Drohnen und Brut von den Arbeiterinnen.

Jedes Einzeltier ist also mitverantwortlich für die Existenz des gesamten Volkes. Der Staat dieser *sozialen Insekten* ist wiederum eingebunden in einen Rhythmus, den die Natur vorgibt.

Den Winter überlebt nur ein Teil der Arbeiterinnen und die Königin. Sobald im Frühjahr das Futterangebot groß genug ist und die Vorratszellen wieder aufgefüllt werden können, beginnt die Königin mit der Eiablage. Sie bestiftet die verschieden großen *Brutzellen* mit *befruchteten* Eiern — aus ihnen können sich Arbeiterinnen und Königinnen entwickeln — und *unbefruchteten* Eiern, aus denen die Drohnen entstehen. Ab dem vierten Tag schlüpfen aus den Eiern die ersten Larven, die zunächst alle mit einem speziellen Futtersaft der Ammenbienen, dem *Gelée royale,* gefüttert werden. Zukünftige Arbeiterinnen und Drohnen erhalten dann nur noch Pollen und Nektar, während die Königinnenlarven in ihren *Weiselzellen* bis zur Verpuppung weiterhin mit Futtersaft ernährt werden.

Kurz vor dem Schlüpfen der ersten jungen Königin lässt die Betriebsamkeit im Stock nach. Das halbe Volk sammelt sich am Flugloch und raubt eines Tages die Vorratszellen aus. Danach fliegt es mit der alten Königin davon, lässt sich als *Schwarmtraube* in der Nähe des Stockes nieder und sucht von dort aus eine neue Behausung. Der zurückgebliebene Teil des Volkes ist einige Tage ohne Königin. Dann schlüpft die erste Prinzessin. Sie unternimmt mit den schon vor ihr geschlüpften Drohnen mehrere *Hochzeitsflüge,* paart sich dabei mit sechs bis acht Drohnen und speichert deren Spermienzellen in ihren *Spermataschen*. Dieser Vorrat reicht für ihr vier- bis fünfjähriges Leben.

Ist das im Stock gebliebene Volk groß genug, so bildet es mit der zurückgekehrten jungen Königin einen *Nachschwarm*. Entschieden wird dies von den Arbeiterinnen, die die wartenden Prinzessinnen durch einen Schlitz im Zellendeckel füttern. Schlüpfen dann mehrere Prinzessinnen, so kämpfen sie um die Vorherrschaft. Ist jedoch das Volk für einen Nachschwarm zu klein, werden die übrigen Prinzessinnen in ihren Weiselzellen getötet.

Im Spätsommer bereitet sich das Volk auf den Winter vor. Alle überflüssigen Esser — Drohnen und Drohnenbrut — werden während einer sogenannten *Drohnenschlacht* vertrieben oder getötet. Nur die Königin und gesunde Arbeiterinnen verharren als *Wintertraube* bis zum nächsten Frühjahr im Bienenstock.

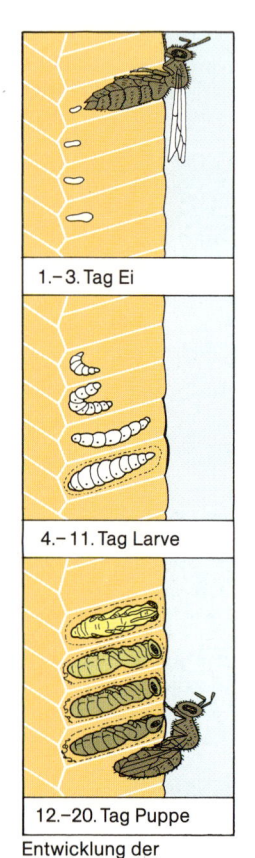

1.–3. Tag Ei

4.–11. Tag Larve

12.–20. Tag Puppe

Entwicklung der Honigbiene

Lexikon

Verwandte der Honigbiene

Die bekanntesten Verwandten der Honigbiene sind die Staaten bildenden Hummeln, Wespen, Hornissen und Ameisen. Ein gemeinsames Merkmal dieser Insekten sind die dünnhäutigen Flügeldecken beider Flügelpaare. Sie sind Mitglieder der Ordnung der *Hautflügler*. Zu ihnen gehören auch einzelgängerisch lebende Bienen- und Wespenarten, die allerdings weniger bekannt sind.

Einsiedlerbienen versorgen ihre Brutzellen mit Blütenstaub, den sie mit Honig befeuchten. Da sie keine speziellen Sammelbeine besitzen, tragen sie den Pollen entweder mit Beinhaaren (Beinsammler) oder mit der Bauchbehaarung (Bauchsammler) ein.

Die Brutbauten der Einsiedlerbienen sind entweder einfache Erdröhren oder Brutkammern in Hohlräumen. So benutzt die **Zweifarbige Mauerbiene** leere Schneckenhäuser. Im Inneren des Gehäuses legt sie Brutzellen an, die durch Blattstücke voneinander getrennt werden. In jeder Zelle ruht auf einem Brei aus Pollen und Nektar je ein stiftförmiges Ei.

Die Lebensräume vieler einzeln lebender Bienen- und Wespenarten werden immer kleiner. Mit Nisthilfen kann man ihnen Überlebensmöglichkeiten bieten, sogar in der Nähe des Menschen. Nisthilfen sind einfach herzustellen, indem man z. B. einen Holzklotz aus Laubholz mit Bohrungen unterschiedlichen Durchmessers (2 mm bis 8 mm) versieht und ihn so in einem naturnahen Garten unterbringt, dass die Öffnungen nicht direkt vom Regen getroffen werden können.

Hummeln bilden *Sommerstaaten*, es überwintern nur die Hummelköniginnen. Im Frühjahr gräbt jede Königin eine kleine Höhle in die Erde und baut eine Wabe hinein. Dazu verwendet sie ein Gemisch aus Pollen, Wachs und gesammeltem Harz. Die Larven, die aus den ersten Eiern schlüpfen, werden noch von der Königin selbst umsorgt. Mit dem Ausschlüpfen der jungen Hummeln beginnt der Aufbau des Staates, der zum Ende des Sommers einige hundert Tiere umfassen kann. Hummeln besitzen einen längeren Saugrüssel als die Bienen und spielen deshalb bei der Bestäubung von Blüten mit längeren Blütenröhren, zum Beispiel dem Klee, eine wichtige Rolle. Den glatten Stachel benutzen Hummeln sehr selten.

Wespen und **Hornissen** bilden ebenfalls Sommerstaaten. Ihre Nester bauen sie aus Holzfasern, die sie von Balken und Brettern abnagen und mit Speichel zu einer hellgrauen, papierähnlichen Masse vermengen. Sie werden unter der Erde *(Deutsche Wespe)*, zwischen Zweigen *(Feldwespe)* oder in hohlen Baumstämmen *(Hornisse)* angelegt. Wespen und Hornissen haben beißend-leckende Mundwerkzeuge und sind Allesfresser. Sie fressen Insekten und deren Larven, leicht zugänglichen Nektar und Obst. Mit ihrem Stachel töten sie ihre Beute, ihr Stich ist durch das Gift aber auch für uns sehr schmerzhaft. Mehrere Hornissenstiche können bei Allergikern lebensgefährlich sein.

Ein besonderes Verhalten zeigt die **Dreiphasenwespe**, eine *Grabwespenart*. Sie sorgt für ihre Brut, indem sie zunächst einen Gang in die Erde gräbt, der in einer Höhle endet. Dann wird der Nesteingang provisorisch mit einem Steinchen verschlossen, bevor die Grabwespe Jagd nach einer Schmetterlingsraupe macht. Diese betäubt sie mit einem Stich in das Nervensystem und trägt sie zum Nesteingang. Dort wird die erbeutete Larve abgelegt und das Nest geöffnet. Die Grabwespe zieht die Larve in die Kammer, legt ein Ei auf die Larve ab und verschließt das Nest danach wieder. Durch diese Art der Brutfürsorge steht der Grabwespenlarve genügend Nahrung für die eigene Entwicklung zur Verfügung. Erst im Sommer des nächsten Jahres schlüpft die nächste Generation aus der Puppe.

Tiere in Lebensgemeinschaften

3 Krebse und Spinnen

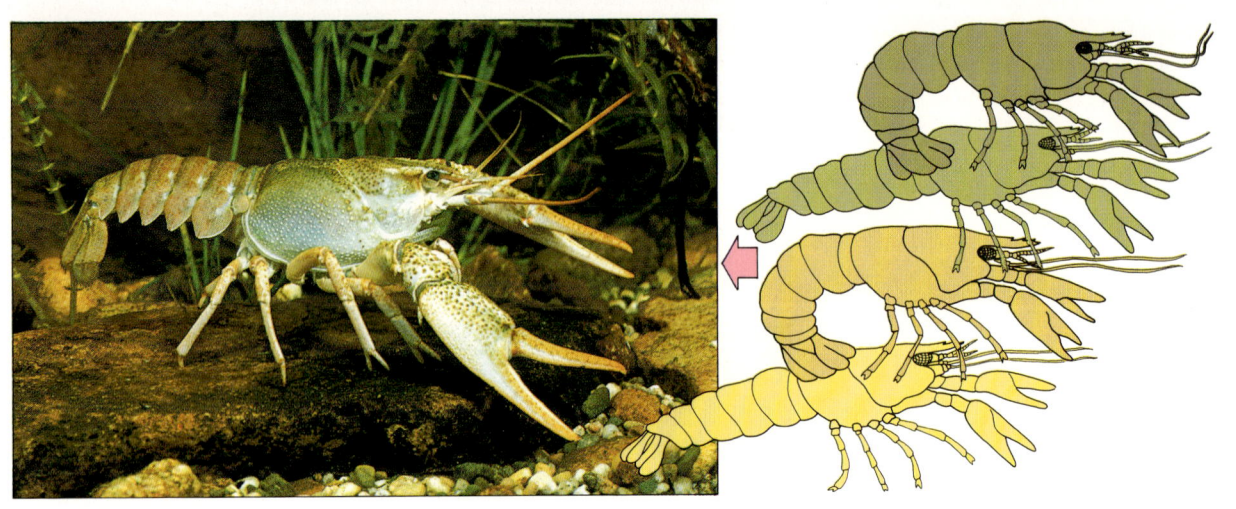

1 Flusskrebs und Schema der Rückwärtsbewegung

Der Flusskrebs

Flusskrebse, die in kleineren Fließgewässern heimisch sind, benötigen saubere, nicht zu schnell fließende Gewässer mit Versteckmöglichkeiten in Ufernähe. Auswaschungen und unterspülte Weidenwurzeln bilden ideale Wohnhöhlen, die auch im Winter den notwendigen Schutz bieten. Durch die starken Gewässerverunreinigungen und Flussregulierungen ist ihr Bestand bei uns heute ernsthaft bedroht.

In der Dämmerung verlassen die Flusskrebse ihre Höhlen. Auf ihren vier *gegliederten Gehbeinpaaren* kommen sie nur langsam voran. Wird ein Krebs gestört, schwimmt er rasch rückwärts davon. Als Antrieb benützt er seinen *Schwanzfächer,* den er mehrmals kräftig gegen den Bauch schlägt. Die auf beweglichen Stielen sitzenden Augen ermöglichen ein weites Gesichtsfeld. Mit dem antennenähnlichen ersten Fühlerpaar tastet er die Umgebung ab. Riechsinneszellen an den kürzeren zweiten Antennen erleichtern das Aufspüren von Pflanzen und Beutetieren. Schnecken, Würmer und kleine Fische werden von den mächtigen Scheren des zu *Greifzangen* umgestalteten ersten Laufbeinpaares gepackt, zerkleinert und zur Mundöffnung geführt. *Kieferbeine* stopfen die Nahrung in den Mund, verwertbare Bestandteile gelangen über den Darm ins Blut.

Vor Verletzungen schützt den Flusskrebs sein fester Panzer aus Kalk und Chitin. Dieses *Außenskelett* gibt dem Körper eine feste Form und dient nach innen als Ansatzstelle für die Muskeln. Gehirn und Herz liegen im starren *Kopfbruststück.* Den beweglichen Hinterleib schützen Chitinspangen, die *Hinterleibsringe,* die über Gelenkhäute miteinander verbunden sind. An ihnen setzen je ein Paar Afterfüße *(Spaltfüße)* an, die meistens unter den Hinterleib geklappt sind. Weibliche Krebse tragen an ihnen ihre Eipakete. Frisch geschlüpfte Krebse halten sich an den Afterfüßen des Muttertieres fest. Durch leichte Bewegungen der Spaltfüße wird ein Wasserstrom erzeugt, der das Muttertier, die Eier und Jungkrebse mit sauerstoffreichem Frischwasser versorgt.

Die Flusskrebse atmen mit *Kiemen.* Dies sind fadenförmige Anhänge des oberen Teils der Beine. Diese *Kiemenbüschel* liegen unter einer Ausbuchtung des Rückenschildes. Ein röhrenförmiges *Rückenherz* befördert das sauerstoffreiche Blut zum Kopf, von wo aus es in einem *offenen Blutkreislauf* durch den Körper zum Herz zurückfließt.

Das Außenskelett kann mit dem Tier nicht mitwachsen und muss von Zeit zu Zeit gewechselt werden. Dieser Vorgang heißt *Häutung.* Dazu platzt eine vorgesehene Nahtstelle des Panzers auf und er wird innerhalb von einigen Minuten abgestreift. Der zunächst weichhäutige und schutzlose Krebs *(Butterkrebs)* muss sich vor Feinden so lange verbergen, bis sein Panzer ausgehärtet ist, was etwa 10 Tage dauert.

Lexikon

Krebstiere

Die *Krebstiere* sind eine Tiergruppe, die bereits im Erdaltertum, also vor etwa 600 Mio. Jahren, lebte. Entstanden sind die Krebstiere im Meer, dem die Mehrzahl von ihnen auch treu geblieben ist. Ein nicht geringer Teil besiedelte jedoch im Laufe der Zeit das Süßwasser, einige Arten sogar das Land. Obwohl es insgesamt rund 35 000 Krebstierarten gibt, ist es teilweise sehr schwierig, sie in ihren natürlichen Lebensräumen zu beobachten.

Einsiedlerkrebse können nicht schwimmen. Sie leben am Boden und verankern ihren Hinterleib, der keinen Panzer ausbildet, in einem leeren Schneckengehäuse. Einige Arten schützen sich zusätzlich durch Seerosen, die sie mit ihren Scheren auf das Schneckenhaus pflanzen und so herumtragen. Häutet sich der Krebs, muss er sich anschließend ein größeres Gehäuse suchen.

Hummer bewohnen felsigen Untergrund und sind die größten Vertreter der Langschwanzkrebse. Ihre Beute ergreifen sie mit der schlankeren Packschere und zerkleinern die Nahrung dann mit der deutlich dickeren Knackschere. An der deutschen Nordseeküste kommen sie bei Helgoland vor.

Strandkrabben gehören zu den *Kurzschwanzkrebsen*. Ihr Hinterleib ist verkümmert und fest unter das querovale Kopfbruststück geschlagen. Sie können sehr schnell laufen, meistens seitwärts, und auch kurze Strecken rudernd schwimmen.

Der bevorzugte Lebensraum des **Taschenkrebses** ist der steinige Boden von Felsküsten. Der Panzer dieser größten Krabbenart kann bis zu 30 cm breit werden. Das Tier hat dann ein Gewicht von nahezu 6 kg.

In unseren heimischen Tümpeln und Bächen gibt es verschiedene Arten von *Kleinkrebsen*. Dazu gehören auch die

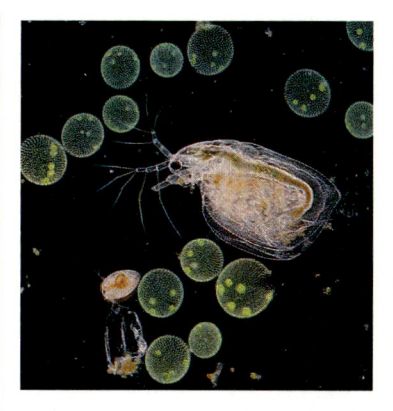

Wasserflöhe, die sich durch Ruderschläge ihrer Fühler ruckartig fortbewegen. Sie ernähren sich von Bakterien, einzelligen Algen und organischen Resten, die sie aus dem Wasser filtern. Die Krebschen selbst sind Nahrung für viele andere Wasserbewohner.

Die *Asseln* sind überwiegend landbewohnende Feuchtluftkrebstiere. Die bekanntesten Arten sind die **Kellerasseln**, die man an dauerhaft feuchten und kühlen Orten wie in Kellern, Gewächshäusern und unter großen Steinen findet, und die **Rollassel**. Wie der Name schon sagt, kann sich die Rollassel zu einer Kugel einrollen und sich so gut gegen allzu hohen Wasserverlust durch Verdunstung schützen.

Tiere in Lebensgemeinschaften

1 Kreuzspinne

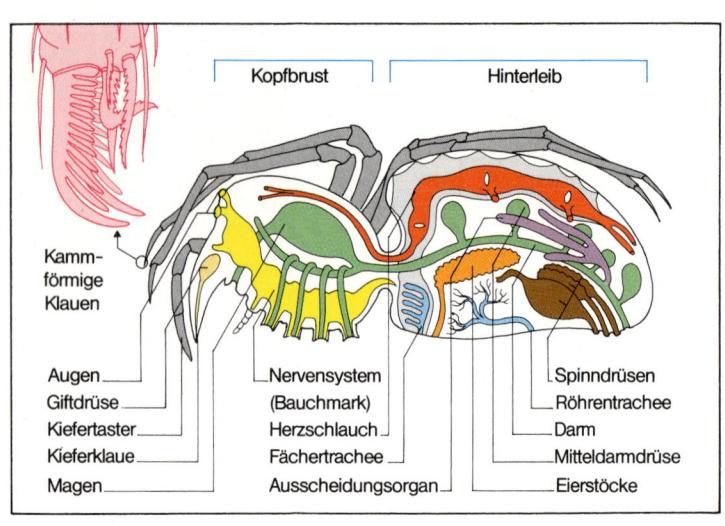

2 Bauplan einer Spinne

Die Kreuzspinne

Die besonders in Hecken vorkommende *Kreuzspinne* erkennt man an einer weißen, kreuzähnlichen Zeichnung auf ihrem Hinterleib, die sich von der braungelben Färbung des übrigen Spinnenkörpers abhebt.

Der Körper der Kreuzspinne besteht aus zwei gut zu unterscheidenden Abschnitten, dem *Kopfbruststück* und dem *Hinterleib.* Beide Körperabschnitte sind durch einen dünnen Stiel beweglich miteinander verbunden. Am Vorderrand des Kopfbruststückes sitzen in zwei Reihen acht einfache *Punktaugen*, darunter die paarigen *Kieferklauen* und *Kiefertaster*. Letztere tragen Sinnesorgane und Borsten, mit denen die Kreuzspinne ihre Beute überprüft. Die Kieferklauen sind am Ende spitz wie Nadeln. In ihnen münden die Ausführgänge von *Giftdrüsen*. In Ruhe sind diese Giftklauen wie die Klingen eines Taschenmessers eingeklappt. Am hinteren Teil des Kopfbruststückes setzen die vier gegliederten Beinpaare an, die alle in Haken und kammförmigen Klauen enden.

Auf der Bauchseite des Hinterleibes erkennt man zwei schlitzförmige *Atemöffnungen* und daneben, leicht erhoben, die sechs *Spinnwarzen*. In ihnen sind etliche Drüsen eingelassen, aus denen eine klebrige Flüssigkeit abgeschieden werden kann.

Der innere Bauplan der Kreuzspinne zeigt, dass das Nervensystem nur im Kopfbruststück angelegt ist. Es entspricht in seinem Bau dem *Strickleiternervensystem* der Insekten. Durch die Vergrößerung der Nervenknoten und Verkürzung der dazwischen liegenden Verbindungen ist es jedoch wesentlich stärker verdichtet.

Ein *Darmrohr,* dessen Vorderabschnitt wie eine Saugpumpe arbeitet, durchzieht den ganzen Spinnenkörper. Der Hinterleib enthält den Herzschlauch, die Ausscheidungs- und Fortpflanzungsorgane. Ebenfalls im Hinterleib liegt ein nur bei den Spinnentieren vorkommendes Atemorgan, die *Fächertrachee*. Sie ist eine Atemhöhle, in die dünnhäutige Lamellen hineinragen. An den Wänden der Lamellen findet der Gasaustausch statt. Die Spinnen besitzen aber auch *Röhrentracheen* wie die Insekten.

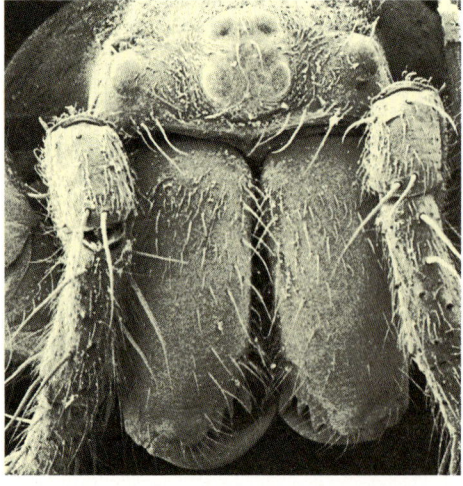

3 Kopf einer Kreuzspinne (25 × vergrößert)

Tiere in Lebensgemeinschaften

Netzbau und Beutefang

Die Kreuzspinne ernährt sich in der Hauptsache von Insekten. Sie stellt ihrer Beute aber nicht am Boden nach, sondern baut etwa zwei Meter über dem Boden, zwischen Ästen aufgehängte, kunstvolle *Radnetze*. Beobachtet man mehrere Spinnen beim Netzbau, so wird deutlich, dass sie stets nach dem gleichen Schema arbeiten.

Das Material für die zwischen 20 cm und 50 cm großen Fallen liefern die *Spinndrüsen*. Der Spinnstoff wird flüssig ausgestoßen und zu einem Faden gezogen, der an der Luft sofort aushärtet. Viele solcher Einzelfäden ergeben den für uns sichtbaren Spinnfaden.

Für den Netzbau benötigt die Kreuzspinne als erstes eine Verbindung der Punkte, zwischen denen das Netz ausgespannt werden soll. Dafür erzeugt sie zunächst einen langen Faden, dessen freies Ende vom Luftzug hin und her bewegt wird, bis es sich irgendwo verfängt. Die Spinne läuft auf dieser Seilbrücke bis zur Mitte und lässt sich mit einem neuen Faden soweit herab, bis sie einen dritten Haltepunkt findet, an dem der Faden gespannt wird. Danach spinnt sie *Rahmenfäden* um das Y-förmige Gerüst und zieht Speichen ein. Wenige Spiralen in der Netzmitte halten die Speichen zusammen. Nun wird eine *Hilfsspirale* angelegt. Für das Gerüst und die Hilfsspirale verarbeitet die Spinne nur trockene Fäden. Von außen nach innen trägt die Spinne jetzt die klebrige *Fangspirale* auf und frisst gleichzeitig die Fäden der Hilfsspirale. Das Netz ist fangbereit.

Zappelt ein Beutetier im Netz, eilt die Kreuzspinne aus der Netzmitte, ihrer *Warte*, herbei und überprüft die Beute mit den Kiefertastern. Wird sie als gut befunden, stößt die Spinne ihre giftigen Kieferklauen hinein, dreht das gelähmte Opfer in ein Gespinst und transportiert es zur Warte. Dort sondert sie Verdauungssäfte in die Beute ab und saugt anschließend die verflüssigten Weichteile auf. Da die Verdauung bereits außerhalb des Spinnenkörpers vonstatten geht, spricht man von *Außenverdauung*.

Aufgaben

① Nenne wichtige Unterschiede und Gemeinsamkeiten zwischen Flusskrebs und Kreuzspinne.
② Nenne Gründe, warum die Kreuzspinne die Fäden ihrer Hilfsspirale auffrisst.
③ Beschreibe die ökologische Bedeutung der Spinnen im Naturhaushalt.

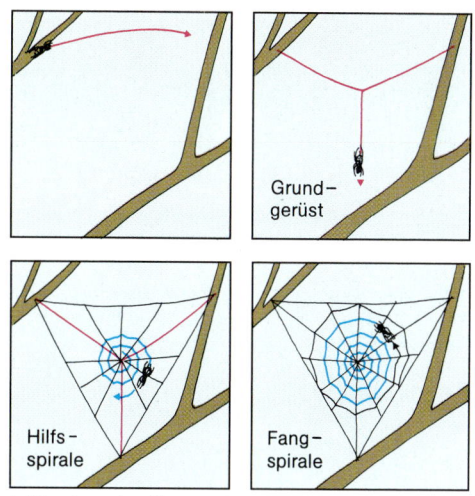

Durchmesser
eines Einzelfadens
= 0,00002 mm

Fadenlänge
des Netzes: bis 20 m

1 Netzbau der Kreuzspinne

2 Das fertige Netz

3 Spinnwarzen (30 × vergrößert)

Tiere in Lebensgemeinschaften

1 Wasserspinne unter ihrer Taucherglocke

2 Tarantel mit erbeuteter Rinderbremse

3 Vogelspinne

Weitere Spinnen — Jäger sind sie alle

Die 1 bis 2 cm lange **Wasserspinne** lebt in stehenden oder langsam fließenden Gewässern. Hier spinnt sie zwischen Pflanzen flache Netze aus vielen Lagen von Spinnfäden, die sie dann mit Luft füllt. Dazu streckt die Wasserspinne ihren behaarten Hinterleib über den Wasserspiegel und taucht wieder abwärts. Sie streift die von den Härchen festgehaltene Luft unter den Netzen ab, die sich durch die aufsteigende Luft zum *Glockennetz* wölben. Mehrmals am Tag tankt die Wasserspinne auf diese Weise Sauerstoff in ihre Wohnglocke nach. Von hier aus begibt sie sich auch auf die Jagd nach Kleinkrebsen, Insektenlarven und Wasserasseln. Die Beute bringt sie immer in ihre Wohnglocke zurück, denn nur in der Glockenluft kann die außerhalb des Körpers verflüssigte Nahrung von der Spinne aufgenommen werden.

Die **Tarantel** gehört zu den frei umherziehenden, am Boden lebenden *Wolfsspinnen*. Ihr erdfarbener Körper bietet eine perfekte Tarnung, wenn sie in ausgesponnenen Erdlöchern auf Beute lauert. Fangnetze webt sie nicht. Das Gespinst in ihren Verstecken verwenden die Tarantelweibchen, um die Eiballen an ihrem Hinterleib anzuheften. Bis zum Schlüpfen der Jungen werden sie dort herumgetragen. Danach klettern die kleinen Spinnen auf den Rücken der Mutter, die sie so lange betreut, bis sie selbstständig sind. Diese Form der *Brutpflege* findet man auch bei anderen Gruppen der Spinnentiere.

Die Heimat der **Gemeinen Vogelspinne** sind die tropischen Länder, aus denen sie manchmal, in Bananenstauden verborgen, zu uns „importiert" wird. Die ca. 6 cm lange Spinne ist dunkelbraun bis schwarz gefärbt und filzig behaart. Bei Tag hält sie sich in Höhlen oder selbst gegrabenen Gängen verborgen oder nutzt den Schutz von Mauerlücken und Steinbrocken aus. Erst nach Einbruch der Dämmerung wird sie aktiv, dann kommt sie zum Vorschein und macht Jagd auf Schaben, Skorpione und Schnecken. Ab und zu gelingt es ihr auch, einen schwachen Nestvogel (Name) zu überwältigen. Übertriebene Berichte in den Medien stempeln die Gemeine Vogelspinne immer wieder zum Inbegriff der gefährlichen Spinnen, wobei ihre Giftigkeit bei weitem überschätzt wird. Ihr Biss ist für den Menschen nicht lebensbedrohend, er verursacht lediglich einen starken Juckreiz. Nur wenige ihrer Artgenossinnen können uns wirklich Schaden zufügen.

Lexikon

Spinnentiere

Wie die echten Spinnen haben auch die anderen Vertreter dieser Tierklasse vier gegliederte Beinpaare, acht Punktaugen und sind in Kopfbruststück und Hinterleib gegliedert. Spinnentiere gehören wie die Krebse zum Tierstamm der *Gliederfüßer*.

Weberknechte leben auf modernden Baumstümpfen, zwischen Sträuchern, an Mauern und in Höhlen. Auffallend sind die im Verhältnis zum kleinen Körper sehr langen, dünnen Beine. Im Unterschied zu den echten Spinnen haben die Weberknechte keine Einschnürung zwischen Kopfbruststück und Hinterleib. Auch Spinndrüsen fehlen. Den wehrlosen Tieren dienen *Stinkdrüsen* zur Abschreckung. Erfasst dennoch ein Feind ein Bein, wird es abgeworfen, zuckt noch ein wenig und der Weberknecht kann entkommen. Seine Nahrung besteht vorwiegend aus kleinen Würmern, Insekten und deren Larven, aber auch auf dem Boden liegendes Obst wird nicht verschmäht.

Skorpione sind Spinnenverwandte, die sich in wesentlichen Merkmalen von den echten Spinnen unterscheiden. Ihre Kiefertaster sind zu großen *Kieferscheren* umgebildet und der gegliederte Hinterleib trägt am letzten Chitinring einen *Giftstachel*, der über den Rücken nach vorne geschlagen werden kann. Beutetiere können damit getötet werden. Die Giftwirkung eines Skorpionstiches ist mit dem eines Bienenstichs vergleichbar, d. h. er ist für den Menschen im Allgemeinen nicht gefährlich. Nur wenige Arten produzieren ein Nervengift, das auch einen Menschen töten kann. Die Skorpione sind Einzelgänger, nur in der Paarungszeit bemühen sich die Männchen um ein Weibchen. Dabei versucht das Männchen, die Partnerin durch einen *Balztanz* zu besänftigen, um dem für ihn tödlichen Stich zu entgehen.

Milben sind die formenreichste Gruppe der Spinnentiere. Der Vielfalt ihrer Lebensweise entsprechend ist auch ihre Gestalt sehr unterschiedlich. Neben frei lebenden räuberischen Formen findet man viele, meist winzige Arten, die parasitisch an den verschiedensten Pflanzen und Tieren (auf unserem Foto an einem Weberknecht) leben.

Der **Holzbock** ist die häufigste und bekannteste einheimische *Zecke*. In hungrigem Zustand ist dieser lästige Plagegeist nur 1 mm bis 4 mm groß. Von niedrigen Bäumen oder Büschen lassen sich die Zeckenweibchen auf vorbeikommende Tiere oder Menschen herunterfallen, um dort an unbedeckten Hautstellen Blut zu saugen. Auf der Haut verankern sie sich zunächst mit ihrem Stech-Saugrüssel und dem ersten ihrer vier Beinpaare. Der Stechapparat selbst ist mit Widerhaken versehen, die in der Haut abgespreizt werden. Deshalb kann man eine Zecke nicht so leicht aus der Haut entfernen. Hat die Zecke Gelegenheit, sich ungestört vollzusaugen, schwillt ihr Hinterleib stark an. Nach beendeter Mahlzeit klappt sie die Widerhaken ein, lässt sich auf den Boden fallen und verkriecht sich dann in einem Versteck. Von dem Blutvorrat kann sie über 18 Monate lang zehren. Männliche Zecken saugen kein Blut, sondern suchen einen Warmblüter nur deshalb auf, um dort ein Weibchen zu finden und zu begatten. **Achtung!** In manchen Gegenden Deutschlands gibt es Zecken, die den Erreger der gefährlichen *Hirnhautentzündung* übertragen. Wer sich oft im Wald oder Garten aufhält, sollte sich vorbeugend impfen lassen.

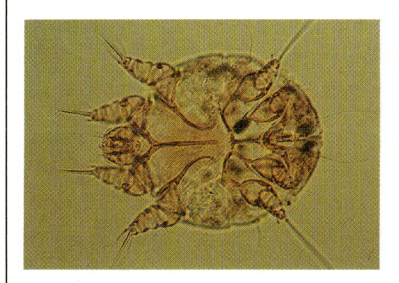

Die **Gemeine Krätzmilbe** ist ein nur Millimeter großes Spinnentier, das in der Haut des Menschen lebt. Das Weibchen bohrt ein Loch in die Hornschicht der menschlichen Haut, schlüpft hinein und legt unter der Hornschicht einen waagerecht verlaufenden, bis zu 5 cm langen Gang an. Äußerlich ist der Gang als gerötete Linie erkennbar. In diesen Gang legt das Weibchen nach und nach bis zu 50 Eier. Die daraus hervorgehenden Larven fressen nun Seitengänge in die Haut, was zu quälendem Juckreiz führt.

Tiere in Lebensgemeinschaften

Bei den Völkern der Erde gab und gibt es unterschiedliche *Ernährungsgewohnheiten:* Die Inuits (Eskimos) in den arktischen Regionen ernähren sich überwiegend von Fischen und Robben, deren Fleisch sehr viel Fett und Protein enthält. Die Nahrung im Fernen Osten besteht überwiegend aus Reis und Gemüse. Die Menschen in den Industriestaaten hingegen decken ihren Nahrungsbedarf aus einem reichhaltigen Angebot unterschiedlicher Nahrungsmittel.

Die Ernährungsgewohnheiten der Menschen und die Zusammensetzung ihrer Nahrung sind also von der geographischen Lage und von kulturellen Traditionen abhängig. Eines aber müssen alle Nahrungsmittel in ihrer Gesamtheit leisten: Sie müssen den Menschen *Energie* und *Baustoffe* liefern, d. h. die Lebensmittel müssen trotz unterschiedlicher Herkunft einen vergleichbaren Nährwert besitzen.

Stoffwechsel des Menschen

1 **Ernährung und Verdauung 184**
Zusammensetzung der Nahrung 184
Die Bedeutung der Nährstoffe im Stoffwechsel 185
Vitamine und Mineralstoffe 186
Vollwerternährung — eine gesunde Alternative 188
Lexikon: Vorschläge zur Vollwerternährung 189
Praktikum: Verdauung 190
Verdauung in Mund und Magen 192
Verdauungsvorgänge im Dünndarm 194
Verdauungsvorgänge im Dickdarm 196
Die Muskulatur 198
Die Arbeitsweise der Muskeln 199

2 **Transport und Ausscheidung 200**
Das Blutgefäßsystem 200
Das Herz 201
Zusammensetzung und Aufgaben des Blutes 202
Stoffaustausch im Gewebe 203
Der Wundverschluss 204
Blutgruppen 205
Bau und Funktion der Lunge 206
Die Niere — Millionen kleinster Filter 208
Die Harnbildung 209

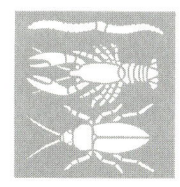

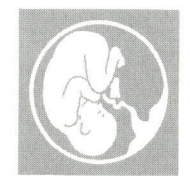

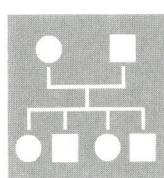

Das folgende Kapitel erläutert die Bedeutung der *Nährstoffe* für unsere Ernährung. Es zeigt, wie daraus aus Baustoffe für den Aufbau des Körpers und Energie für die Erhaltung der Körperfunktionen freigestellt werden. Weiter erklärt es den Transport der Nährstoffe durch das Blut zu den Zellen, die Atmung und wie der Körper die giftigen Stoffwechselprodukte entsorgt.

1 Ernährung und Verdauung

Zusammensetzung der Nahrung

Ein Motor kann nur dann Leistung erbringen, wenn ihm ständig *Energie* in Form von Treibstoff zur Verfügung steht. Auf den Menschen übertragen bedeutet das: Der Körper kann nur dann Arbeit leisten, wenn ihm immer wieder Energie zugeführt wird. Das geschieht über die *Nahrung*.

Ein Blick auf die Tabelle gibt uns erste aufschlussreiche Hinweise über die Zusammensetzung unserer Nahrungsmittel:

1. Sie enthält viele Stoffe, die unter dem Begriff *Nährstoffe* zusammengefasst werden. Darunter versteht man alle energiereichen, organischen Verbindungen in der Nahrung, die vom Körper verwertet werden können.
2. Die Nährstoffe werden unterteilt in *Kohlenhydrate, Fette* und *Eiweiße* (Proteine). Der Körper braucht sie zur Deckung des Energiebedarfs und zur Gewinnung von körpereigenen Baustoffen.
3. In jedem Nahrungsmittel sind die Nährstoffe in unterschiedlichen Anteilen enthalten.

Zusätzlich benötigt unser Körper noch *Mineralstoffe, Vitamine, Ballaststoffe* — wie z. B. Zellulose — und *Wasser*. Neben den reinen Nähr- und Ergänzungsstoffen sollten noch appetitanregende Stoffe angeboten werden, die mit ihren *Duft-* und *Geschmacksstoffen* die Verdauung anregen.

Kohlenhydrate stammen bevorzugt aus pflanzlicher Kost und stehen uns deshalb fast immer in ausreichendem Maße zur Verfügung. Je nach Aufbau unterscheidet man Einfachzucker (z. B. Traubenzucker und Fruchtzucker), Zweifachzucker (z. B. Malzzucker, Milchzucker und Rohrzucker) und Vielfachzucker (z. B. Stärke und Glykogen).

So unterschiedlich aufgebaut **Proteine** auch sein mögen, sie haben alle die gleichen Grundbausteine, die *Aminosäuren*. Davon gibt es im Körper 20 verschiedene. Von diesen sind acht Aminiosäuren *essenziell,* d. h. sie werden vom Körper benötigt, können aber von ihm nicht selbst hergestellt werden. Sie müssen deshalb mit der Nahrung aufgenommen werden.

Fette sind Verbindungen aus *Glyzerin* und verschiedenen *Fettsäuren*. Einige sind wiederum essenziell und müssen unbedingt mit der Nahrung aufgenommen werden.

Die Nährstoffaufnahme ermöglicht den Aufbau von Zellen in Geweben und Organen und die Aufrechterhaltung der Lebensvorgänge. Als Energielieferanten können sich die drei Nährstoffe Kohlenhydrate, Eiweiße und Fette gegenseitig vertreten, obwohl sie nicht gleichwertig sind. Der Körper kann zwar Kohlenhydrate in Fette umbauen und umgekehrt, Eiweiß lässt sich jedoch weder aus Kohlenhydraten noch aus Fett herstellen.

Kilojoule (kJ)
Maßeinheit des Energiegehaltes. In alten Kochbüchern findet man auch noch die nicht mehr zulässige Einheit kcal.
1 kcal = 4,187 kJ

− = nicht vorhanden + = in Spuren vorhanden	Kohlen- hydrate g	Fett g	Protein g	Energie- gehalt kJ	Mineral- stoffe mg	Vitamin A mg	Vitamin B_1 mg	Vitamin B_2 mg	Vitamin C mg
Roggenvollkornbrot	46	1	7	1000	560	50	0,20	0,15	−
Reis	75	2	7	1500	500	−	0,40	0,10	−
Sojamehl	26	21	37	1900	2600	15	0,75	0,30	−
Kartoffeln	19	+	2	350	525	5	0,10	0,05	15
Schweinefleisch	−	20	18	1200	500	−	0,70	0,15	−
Heilbutt	−	15	15	550	700	30	0,05	0,15	0,3
Vollmilch	5	3,5	3,5	275	370	12	0,04	0,20	2
Spinat	2	+	2	75	665	600	0,05	0,20	37
Haselnüsse	13	62	14	2890	1225	2	0,40	0,20	3
Sonnenblumenöl	−	100	−	3900	−	4	−	−	−

1 Stoffliche Zusammensetzung einiger Nahrungsmittel (Nährstoffe je 100 g)

Die Bedeutung der Nährstoffe im Stoffwechsel

Wir atmen, unser Herz schlägt, die Körpertemperatur bleibt konstant und wir bewegen uns. Dies sind nur einige Beispiele für all die Leistungen, die unser Körper zur Aufrechterhaltung der Lebensvorgänge leisten muss und für die er Energie braucht. Selbst wenn wir schlafen, benötigt der Körper ständig Energie.

Der Umbau und Abbau der Energielieferanten unter den Nährstoffen ist der *Betriebsstoffwechsel*. Nur so bekommt der Körper die notwendige Energie zur Verfügung gestellt. Dabei bezeichnet man den Energiebedarf, den der Körper bei völliger Ruhe zur Aufrechterhaltung der Körperfunktionen und der Körpertemperatur benötigt, als *Grundumsatz*. Er ist von Alter, Gewicht und Geschlecht abhängig.

Kohlenhydrate, wie Traubenzucker und Stärke, sind die wichtigsten *Energielieferanten*. Sie enthalten viel und schnell verfügbare Energie, die der Körper sehr gut nutzen kann. So werden dem Körper aus 100 g Glukose 1500 kJ Energie zur Verfügung gestellt. Den Energiegehalt eines Nährstoffes nennt man auch *Nährwert*. Überschüssige Kohlenhydrate werden vom Körper umgebaut und in der Leber und im Muskelgewebe als Glykogen gespeichert.

Bei einem Überangebot an energiehaltigen Stoffen bildet der Körper aus Kohlenhydraten Fette, die als *Depotfette* im Unterhautgewebe gespeichert werden. Die wichtigsten *Reservestoffe* sind die Fette.

Dass der Körper neben Glykogen vor allem Fette speichert, hat seinen Grund im hohen Energiegehalt von Fett: 100 g Fett enthalten ca. 3900 kJ. Bei gesteigertem Energiebedarf greift der Körper zunächst auf die Glykogen-, danach auf seine Fettreserven zurück.

Die Proteine nehmen in unserer Ernährung eine besondere Stellung ein. Für die Deckung des Energiebedarfs spielen sie zwar nur eine untergeordnete Rolle, als *Baustoffe* z. B. für die Zellen sind sie jedoch unentbehrlich. Dabei ist tierisches Protein meistens besser vom Körper zu verwerten als pflanzliches. Ursache für die unterschiedliche Verwertbarkeit der Nahrungsproteine im Baustoffwechsel ist der Gehalt an bestimmten und für den Körper unentbehrlichen *essenziellen Aminosäuren*.

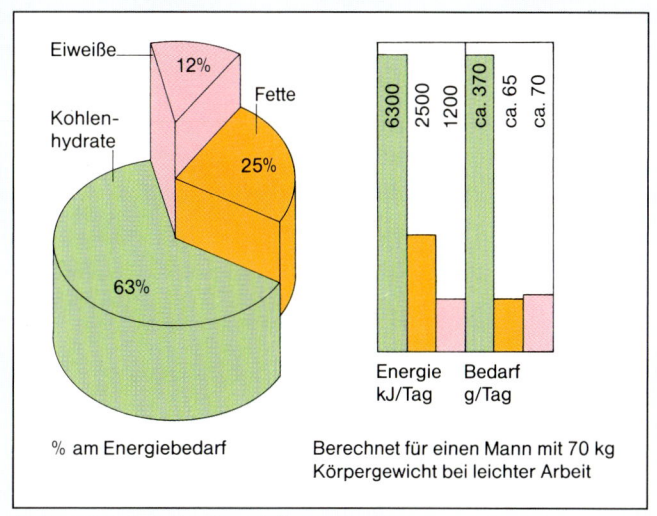

Doch ist nicht jedes mit der Natur aufgenommene Protein für den Körper gleich wertvoll. Nahrungsproteine besitzen eine unterschiedliche *biologische Wertigkeit*. Diese gibt an, wie viel Prozent dieses Nahrungseiweißstoffes in Körpereiweiß umgebaut werden können. Die biologische Wertigkeit von Hühnereiweiß zum Beispiel beträgt 94, d. h. unser Körper kann 94 % dieses Proteins in Körpereiweiß umbauen. Das Eiweiß aus Mais dagegen hat lediglich eine biologische Wertigkeit von 54.

1 Energiegehalt der Grundnährstoffe

(Kreisdiagramm: Eiweiße 12 %, Fette 25 %, Kohlenhydrate 63 % – % am Energiebedarf)

(Balkendiagramm: Energie kJ/Tag: 6300, 2500, 1200; Bedarf g/Tag: ca. 370, ca. 65, ca. 70 – Berechnet für einen Mann mit 70 kg Körpergewicht bei leichter Arbeit)

2 Eiweiß- und Energiebedarf in Abhängigkeit vom Lebensalter

	Eiweißbedarf pro Tag in g (je kg Körpergewicht)		Energiebedarf pro Tag in kJ	
Kinder				
unter 6 Monaten	2,5		2 500	
1–4 Jahre	2,2		5 000	
7–10 Jahre	1,8		8 400	
Jugendliche	männl.	weibl.	männl.	weibl.
13 Jahre	1,5	1,4	10 000	8 800
18 Jahre	1,2	1,0	13 000	10 500
Erwachsene				
25 Jahre	0,9	0,9	10 900	9 200
45 Jahre	0,9	0,9	10 000	8 400
65 Jahre	1,0	1,0	9 200	7 500

Aufgabe

1. Stelle mithilfe einer Nährwerttabelle verschiedene Mahlzeiten zusammen, die den Energiebedarf von Kleinkindern und Erwachsenen für einen Tag decken.

Stoffwechsel des Menschen

Vitamine und Mineralstoffe

Um 1890 stellte der holländische Arzt EIJKMANN bei Strafgefangenen in einem Gefängnis auf Java eine Krankheit fest, die mit Lähmungen und Schwund der Gliedmaßenmuskulatur begann und im Endstadium tödlich verlief. Diese Krankheit war unter dem Namen *Beriberi* bekannt und in Ostasien weit verbreitet. Ihre Ursachen waren zu jener Zeit aber unbekannt. Die Krankheitssymptome von Beriberi beobachtete EIJKMANN auch bei Hühnern, die auf dem Gefängnishof herumliefen.

Da sowohl die Gefangenen ihr Essen als auch die Hühner ihr Futter aus der Gefängnisküche bekamen, vermutete EIJKMANN, dass mit der Nahrung etwas nicht stimmte. Er fand heraus, dass Hühner, die man mit geschältem Reis fütterte, erkrankten. Gab man ihnen ungeschälten Reis, wurden sie wieder gesund. Auch seinen Patienten konnte EIJKMANN auf diese Weise helfen. Er folgerte, dass in der Schale von Reiskörnern Stoffe enthalten sein müssen, die zur Gesunderhaltung des Körpers unentbehrlich sind. Man gab ihnen den Namen *Vitamine*.

Der menschliche Körper benötigt dringend **Vitamine**, kann sie aber selbst nicht herstellen. Vitamine oder wenigstens Ausgangsstoffe für die Vitamine werden von Pflanzen hergestellt. Mensch und Tier müssen sie mit der Nahrung aufnehmen.

1931 wurde zum ersten Mal ein Vitamin entdeckt, heute sind etwa 20 unterschiedliche Vitamine bekannt. Sie werden mit Buchstaben bezeichnet. Man spricht zum Beispiel von den Vitaminen A, C, D, E und von der Gruppe der B-Vitamine.

Vitamine wirken schon in kleinsten Mengen. Fehlt allerdings infolge einseitiger Ernährung auch nur ein einziges Vitamin, kann es zu lebensbedrohlichen Erkrankungen kommen. Diese Vitaminmangelkrankheiten werden als *Avitaminosen* bezeichnet. Vor der Entdeckung der Vitamine waren viele Menschen den Avitaminosen hilflos ausgesetzt, weil sie deren Ursachen nicht kannten.

Der *Skorbut* war eine dieser gefürchteten Krankheiten, von der vor allem Seefahrer betroffen waren. Als COLUMBUS 1493 von seiner Entdeckungsfahrt aus Amerika zurückkehrte, war die Hälfte seiner Mannschaft auf hoher See an Skorbut gestorben. Die Krankheit beginnt mit *Zahnfleischbluten* und *Zahnausfall*. Blutungen unter der Haut und in den inneren Organen stellen sich anschließend ein. Der geschwächte Körper kann dann den *Infektionskrankheiten* nicht mehr widerstehen. Die Ursache der Krankheit ist heute bekannt: die Seeleute litten unter Mangel an *Vitamin C,* weil sie auf ihrer monatelangen Reise weder Obst noch Gemüse zur Verfügung hatten.

In den Entwicklungsländern kommt es noch häufig vor, dass Menschen an Vitaminmangel leiden. In den Industriestaaten ist die Nahrung meist so abwechslungsreich zusammengestellt, dass schwere Avitaminosen nur noch selten vorkommen.

Vitamin	Hauptvorkommen	Wirkungen	Mangelerscheinungen	Bedarf pro Tag
Vitamin A (licht- und sauerstoffempfindlich)	Lebertran, Leber, Niere, Milch, Butter, Eigelb — Als Provitamin A in Möhren, Spinat, Petersilie	Erforderlich für normales Wachstum und Funktion von Haut und Augen	Wachstumsstillstand, Verhornung von Haut und Schleimhäuten, Nachtblindheit	1,6 mg
Vitamin D (lichtempfindlich, hitzebeständig)	Lebertran, Hering, Leber, Milch, Butter, Eigelb. _ Bildet sich aus einem Provitamin der Haut	Regelt den Calcium- und Phosphorhaushalt, steuert Calciumphosphatbildung für den Knochenaufbau	Knochenerweichungen und -verkrümmung (Rachitis), Zahnbildung, -anordnung geschädigt	0,01 mg
Vitamin B_1 (hitzebeständig)	Leber, Milch, Eigelb Niere, Fleisch, Getreideschale	Aufbau der Zellkernsubstanz, Bildung von roten Blutzellen	Anämie, Veränderung am Rückenmark und an der Lunge, nervöse Störungen (Beriberi)	0,005 mg
Vitamin C (sauerstoff- und hitzeempfindlich)	Hagebutte, Sanddorn, Schw. Johannisbeeren, Zitrusfrüchte, Kartoffeln, Kohl, Spinat, Tomaten u. a. frisches Gemüse	Entzündungs- und blutungshemmend, fördert die Abwehrkräfte des Organismus, aktiviert Enzyme	Zahnfleisch- und Unterhautblutungen, Müdigkeit, Gelenk- und Knochenschmerzen (Skorbut), Anfälligkeit für Infektionen	75,0 mg

1 Tabellarische Übersicht zu einigen wichtigen Vitaminen

Mineralstoffe, die vor allem in pflanzlicher Kost und Fleisch enthalten sind, sind wichtige Bausteine von Knochen und Zähnen (z. B. *Calcium-, Phosphat-* und *Fluoridionen*), und schaffen bestimmte physikalisch-chemische Bedingungen in den Körperflüssigkeiten (*Natrium-* und *Kaliumionen*). *Magnesium-, Eisen-* und *Iodverbindungen* braucht der Mensch nur in kleinsten Mengen; man bezeichnet sie deshalb als **Spurenelemente**. Bei nicht ausreichender Zufuhr treten Mangelerscheinungen auf. Bekannt ist der durch Iodmangel hervorgerufene *Kropf*, eine Wucherung der Schilddrüse.

Ernährungsprobleme in anderen Regionen

Über 10 Mio. Menschen verhungern jährlich, während wir im Überfluss leben. Über die Hälfte der Menschen auf der Erde ist mangelhaft oder einseitig ernährt. Vor allem fehlt ihnen hochwertiges Protein. Mangelernährung schwächt die Widerstandskraft des Körpers gegen Krankheiten und Seuchen. Besonders für Kleinkinder ist *Proteinmangel* gefährlich. Ihre körperliche und geistige Entwicklung wird gehemmt. Die Menschen sind später kaum zu körperlicher Arbeit fähig.

Zu unseren Mahlzeiten gehören normalerweise Fleisch, Fett und Gemüse, etwas Brot und Kartoffeln, frisches Obst, Eier, Milch und Milchprodukte. Der Speisezettel in einzelnen Ländern Asiens, Afrikas, Mittel- und Südamerikas sieht anders aus. In vielen asiatischen Ländern ist Reis die Hauptnahrung. Es gibt kaum Fett und Fleisch, nur manchmal etwas Fisch. In Afrika sind Maniok, Bataten, Erdnüsse, Hirse, Mais und Bananen die Hauptbestandteile der täglichen Nahrung; dazu kommt das Palmöl. In Südamerika bildet der Mais die Grundlage der Ernährung.

Ein Beispiel aus Kamerun:

Frühstück: Maisbrei mit Spinat, Erdnüsse
Mittagessen: Süßkartoffeln (Bataten), in Palmöl gebraten
Abendessen: Maniok, in Palmöl gebraten
Fast alle Speisen werden mit scharf gewürzten Soßen gegessen. Manchmal gibt es Früchte wie Bananen oder Mangos.

Ein Beispiel aus Peru:

Frühstück: Suppe mit Kartoffeln und Getreide
Mittagessen: Kartoffeln und gerösteter Mais
Abendessen: Mais und Kartoffeln

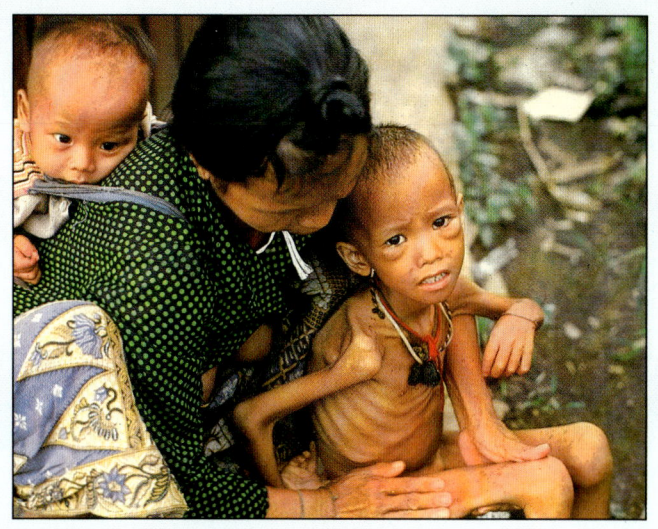

1 Ein Großteil der Menschheit hungert

Nahrungsmittel in g je Einwohner und Tag	Getreide	stärkehaltige Nahrungsmittel	Gemüse	Fleisch	Milchprodukte	Fette, Öle	Kilojoule
Bundesrepublik Deutschland	190	300	170	195	560	75	12 560
USA	175	135	270	295	665	60	13 400
Pakistan	430	40	45	10	210	15	9 000
Indonesien	350	330	90	15	—	15	8 880
Algerien	365	40	65	25	60	20	8 950
Nigeria	315	655	35	20	20	20	7 780
Kamerun	155	1 115	60	30	65	5	8 790
Peru	415	350	65	40	55	15	8 200
Brasilien	270	455	50	75	145	20	10 460

2 Versorgung mit wichtigen Nahrungsmitteln

Aufgaben

① Obst und Gemüse soll man keinen hohen Temperaturen aussetzen. Warum?
② Informiere dich im Lexikon über die im Text genannten Nahrungsmittel, die dir bisher nicht bekannt waren.
③ Untersuche die beiden Speisepläne auf Ausgewogenheit der enthaltenen Nährstoffe. Welche Nährstoffe sind zu wenig, und welche sind zu viel enthalten?
④ Stelle den Fleischverbrauch in den angegebenen Staaten als Säulendiagramm dar.
⑤ Besprecht in eurer Klasse folgende Aussage: „Gibst du einem Hungernden einen Fisch, so hast du ihm im Augenblick geholfen. Lehrst du ihn das Fischen, so hast du ihm für immer geholfen."

1 Grundbestandteile eines Vollwertgerichts

Vollwerternährung — eine gesunde Alternative

Viele Kinder und Erwachsene leiden an Übergewicht. Das senkt, wie auch ernährungsbedingtes Untergewicht, die Lebenserwartung und das Wohlbefinden. Gesund und leistungsfähig möchte jedoch jeder sein. Einen Beitrag dazu kann u. a. eine vollwertige Ernährungsweise liefern. *Vollwerternährung* fordert die Verwendung naturbelassener und unverarbeiteter Lebensmittel. Nicht oder nur kurz und schonend erhitzte pflanzliche Lebensmittel werden beim Verzehr bevorzugt. Etwa die Hälfte der täglichen Nahrungsmenge besteht aus frischem Gemüse, Obst und Säften. Die andere Hälfte setzt sich aus Vollkorn-Getreideprodukten, Nüssen und Vorzugsmilch zusammen. Butter und kalt gepresste Öle können in Maßen verwendet werden. Fleisch, Fisch und Eier werden nur gelegentlich verzehrt.

Zusammensetzung von Ketschup
Tomatenmark, Branntweinessig mit künstlichem Süßstoff, Zucker, Salz, Stabilisator, Geschmacksverstärker, Gewürze

Verteilung des täglichen Energiebedarfs auf die Mahlzeiten

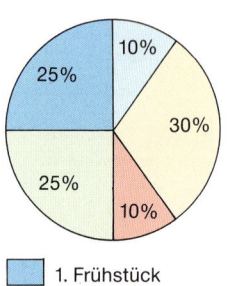

- 1. Frühstück 10%
- 2. Frühstück 10%
- Mittagessen 30%
- Nachmittagskaffee 10%
- Abendessen 25%
- (25%)

Aufgaben

1. Warum wird bei der Zubereitung von Vollkornnahrung Vollkorngetreide verwendet? Bedenke, dass darin Keimling, Samenschale und Mehlkörper enthalten sind.
2. Untersuche anhand der Packungsaufdrucke die Zusammensetzung von Fertiggerichten.
3. Was wird bei der Nahrungszubereitung häufig falsch gemacht? Berichte.
4. Informiere dich über die Symptome und Ursachen von Mager- und Esssucht.
5. Erkläre den Zusammenhang zwischen Fastfood-Ernährung und Übergewicht.

Modernes Ernährungsverhalten — gesundes Ernährungsverhalten?

Heute spielen Nahrungszubereitung und Form der Nahrungsaufnahme in weiten Teilen des täglichen Lebens nur eine untergeordnete Rolle. Nahrung wird häufig möglichst schnell und ohne große Vorbereitung verzehrt. Kantinen, Imbissbuden und Schnellrestaurants erfahren einen großen Zuspruch. Eben mal schnell 'ne Bratwurst an der Bushaltestelle essen, sich einen Schokoriegel gönnen, einen Hamburger zum Mitnehmen oder eine Portion Pommes mit Ketschup, „weil man grad' mal Lust drauf hat", die Frikadelle zwischen den 2 Terminen für den Geschäftsmann — all das ist normal geworden.

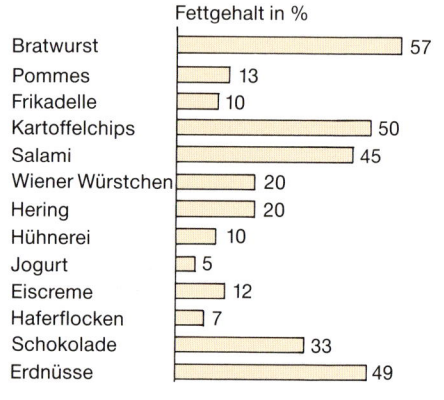

Fettgehalt in %

Nahrungsmittel	Fettgehalt in %
Bratwurst	57
Pommes	13
Frikadelle	10
Kartoffelchips	50
Salami	45
Wiener Würstchen	20
Hering	20
Hühnerei	10
Jogurt	5
Eiscreme	12
Haferflocken	7
Schokolade	33
Erdnüsse	49

Fettgehalt verschiedener Nahrungsmittel

Niemand denkt ernsthaft an den hohen Vitaminverlust durch langes Warmhalten in Großküchen, Fastfood hat häufig einen hohen Fett- und Salzgehalt. Dadurch wird unnötig viel Wasser im Körper gespeichert. Zusatzstoffe zur Haltbarmachung der Produkte, Geschmacksverstärker und künstliche Zusatzstoffe werden verwendet. Viele der angebotenen Getränke haben einen sehr hohen Zuckeranteil. Durch diese Ernährungsweise ist die Energiezufuhr sehr hoch, die Nährstoffzufuhr jedoch unausgewogen.

Fastfood

Stoffwechsel des Menschen

```
Lexikon
Lexikon
exikon
 xikon
  ikon
   kon
    on
```

Vorschläge zur Vollwerternährung

Bestandteil vieler Vollwertgerichte sind Keimlinge. Für Rezepte dieser Seite braucht man **Weizenkeimlinge**, die man leicht selbst herstellen kann: Weizenkörner in einem Einweckglas einige Stunden einweichen, das Glas mit Gaze verschließen, Gaze mit einem Gummiring befestigen. Die Vorrichtung umdrehen und schräg aufstellen, damit das Wasser ablaufen kann, Weizenkörner 2 bis 5 Tage keimen lassen, jeden Tag 10 Minuten wässern.

Frühstück „Guten Morgen"
Zutaten: 100 g Magerquark, 6 Esslöffel Milch, $1/2$ Banane, 1 Orange, 2 Esslöffel Weizenkeimlinge.
Zubereitung: Magerquark mit der Milch verrühren, Banane und Orange würfeln und mit den Weizenkörnern unter den Quark rühren.
Trinken: Frisch gepresster Orangensaft oder Dickmilch.

Pausenbrot „Jogging"
Zutaten: 1 Vollkornbrötchen, 1 Salatblatt, 2 Scheiben hart gekochtes Ei, 1 Tomatenscheibe, 1 Scheibe Kochschinken, 1 Esslöffel Jogurt, Pfeffer, Iodsalz.
Zubereitung: Das Brötchen mit dem Salatblatt, der Kochschinkenscheibe, den Eier- und Tomatenscheiben belegen, salzen und pfeffern. Jogurt darauf verteilen, obere Brötchenhälfte auflegen.

Warmes Mittagessen „Schulschluss"
Zutaten: 75 – 100 g Vollkornnudeln oder bunte Nudeln, 75 – 100 g frische Erbsen, eine dickere Scheibe mageren Kochschinken, 100 ml Fleischbrühe, $1/2$ Becher Jogurt, Pfeffer, Iodsalz.
Zubereitung: Nudeln in kochendes Salzwasser geben, 8 – 10 Minuten kochen lassen. Währenddessen die Erbsen in Fleischbrühe langsam gar kochen, den in Rauten geschnittenen Schinken zugeben, salzen und pfeffern und gleich vom Herd nehmen. Die Schinkenerbsen abschöpfen und auf die fertig gekochten Nudeln geben, anschließend das Ganze mit Jogurt übergießen.
Trinken: Mineralwasser, naturtrüber Apfelsaft.

Dazu passt der Salatteller „Freizeit"
Zutaten: Einige Blätter verschiedener Blattsalate (Eichblattsalat, Lollo rosso, Eisbergsalat etc.), 1 großer Esslöffel Weizenkeimlinge, Saft einer Zitrone, 1 Becher saure Sahne, 1 Teelöffel Senf, 1 Esslöffel frische gehackte Kräuter, etwas Honig, Pfeffer, Iodsalz.
Zubereitung: Salatblätter auf einem Teller anrichten, Weizenkeimlinge darüber streuen. Dressing aus Zitronensaft, saurer Sahne, Senf, Kräutern und Honig zusammenrühren, salzen und pfeffern, über dem Salat verteilen.
Trinken: Frischer Früchtetee.

Kuchen „Süße Möhren"
Zutaten: 500 g Möhren, 200 g Kokosraspeln, 100 g gemahlene Haselnüsse, 75 g Mehl (Typ 1050), 2 Teelöffel Backpulver, 125 g Honig, 6 Eier, geriebene Schale einer unbehandelten Zitrone, etwas Zimt.
Zubereitung: Eigelb mit Honig in einer großen Schüssel gut verrühren. Das Mehl in eine Schüssel sieben, Backpulver untermischen. Garaffelte Möhren, Kokosraspeln, Haselnüsse, Zimt und Zitronenschale mit dem Mehl-Backpulver-Gemisch vermengen und unter die Eigelb-Honig-Masse rühren, Eiweiß steif schlagen und unter die Teigmasse heben. In eine ausgefettete Form geben und 50 – 60 Minuten bei 175 Grad backen.
Trinken: Frisch aufgebrühter Früchtetee.

Rohkostknabbereien
Täglich einen Teller Rohkost aus frischen Zutaten und Keimen. Sie sind Vitamin-, Mineral- und Ballaststofflieferanten. Wichtig ist es, die Knabbereien erst kurz vor dem Verzehr zuzubereiten.

Abendmahlzeit „Falsche Pommes auf grünem Boden"
Zutaten: 1 kleine Sellerieknolle, 1 kleine Zucchini, etwas Speiseöl, 1 Teelöffel frisch gehackter Thymian, 75 g Putengeschnetzeltes, 1 Teelöffel geriebener Käse, Iodsalz, Pfeffer.
Zubereitung: Die Sellerie in Pommesfrites-Form schneiden, ein wenig Speiseöl leicht erhitzen und die „Pommes" bei geringer Hitze goldgelb braten. In der Zwischenzeit das Putengeschnetzelte in der Pfanne mit wenig Öl anbraten, herausnehmen und warmhalten. Dünn geschnitte Zucchini fächerförmig in die Pfanne legen, das Geschnetzelte darauf geben, salzen und pfeffern, mit Thymian und Käse bestreuen, kurz dünsten. Zusammen mit den „Pommes" auf einem Teller anrichten.
Trinken: Mineralwasser.

Stoffwechsel des Menschen

Praktikum

Verdauung

Sicherheitshinweise zum Experimentieren

— Grundsätzlich bei allen Experimenten eine Schutzbrille tragen!
— Genau nach Anleitung arbeiten. Die Gefahrensymbole zu den verwendeten Chemikalien beachten!

X_n = mindergiftig

X_i = reizend

C = ätzend

— Nach Beendigung der Experimente die verwendeten Lösungen in die dafür vorgesehenen Gefäße entsorgen. Diese sind entsprechend beschriftet.

Fehling'sche Probe auf Traubenzucker

Benötigte Geräte und Chemikalien:
— Reagenzgläser, Pipetten oder Tropfflaschen, Spatel, Wasserbad
— Destilliertes Wasser, Traubenzucker, Fehling'sche Lösung I (X_n) und Fehling'sche Lösung II (C)
— Limonade, Coca-Cola, ungesüßte Obst- und Gemüsesäfte, Milch, Rohrzuckerlösung, Stärkelösung

Durchführung:
— Gib jeweils 20 Tropfen Fehling I-, dann Fehling II-Lösung in ein Reagenzglas. Es sollte eine tiefblaue, durchsichtige Lösung entstehen. Falls dies nicht der Fall ist, werden noch einige weitere Tropfen Fehling II-Lösung zugegeben und erneut geschüttelt.
— Gib zur gerade hergestellten, tiefblauen Lösung 1 — 2 ml Traubenzuckerlösung.
— Stelle dann das Reagenzglas 2—3 Minuten in ein Wasserbad mit 60—70 °C Wassertemperatur und schüttle vorsichtig um.

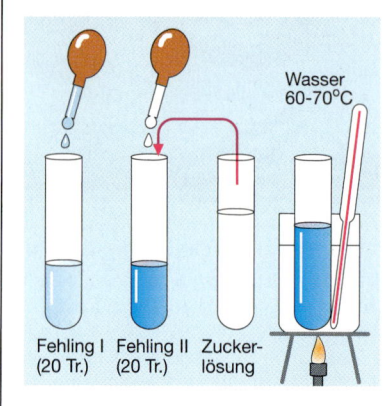

— Notiere in deinem Versuchsprotokoll genau, wie sich die Farbe im Reagenzglas verändert und wie der Endzustand aussieht.
— Überprüfe nun die oben angegebenen Lebensmittel mithilfe der Fehling'schen Probe auf Traubenzucker. Statt der Traubenzuckerlösung wird nun jeweils eine Probenlösung des zu überprüfenden Lebensmittels in ein Reagenzglas gegeben. Ansonsten wird der Versuch in gleicher Weise durchgeführt. Vergleiche dann jeweils das Ergebnis mit dem des ersten Versuches.
Fertige zur Auswertung in deinem Protokoll eine Tabelle an, in der du die Testergebnisse übersichtlich eintragen kannst.

Nachweis von Stärke mit Iod-Kaliumiodid-Lösung (=Lugol'sche Lösung)

Benötigte Geräte und Chemikalien:
— Reagenzgläser, Pipetten oder Tropfflaschen, Glasschalen
— Stärkelösung, Iod-Kaliumiodid-Lösung (X_n)
— Kartoffel, Brot oder Brötchen, Fleisch, Fisch, Haferflocken, Cornflakes, Nudeln

Durchführung:
— Gib zu 5 ml Stärkelösung 2 bis 3 Tropfen Iod-Kaliumiodid-Lösung und schüttle um.
Notiere in deinem Versuchsprotokoll genau die Farbveränderung.
— Überprüfe in gleicher Weise die oben genannten Nahrungsmittel auf Stärke, indem du auf eine Probe des jeweiligen Nahrungsmittels 2 bis 3 Tropfen Iod-Kaliumiodid-Lösung auftropfst. Stelle die Versuchsergebnisse in einer Tabelle übersichtlich dar.

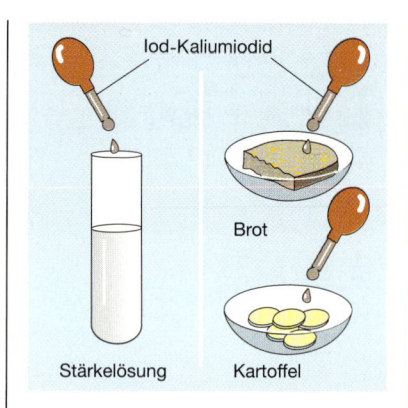

Nachweis von Eiweißen durch die Biuret-Probe

Verbrennt man feste Eiweiße, erkennt man sie am durchdringenden, unangenehmen Geruch. Geringe Mengen von Eiweißen in gelöster Form kann man besser mit der *Biuret-Probe* nachweisen.

Benötigte Geräte und Chemikalien:
— Reagenzgläser, passende Stopfen, 250-ml-Bechergläser, Pipetten, Filtergestell, Filtertrichter, Glaswolle, Wasserbad, Glasstab
— 10 %ige Natronlauge (C), 1 %ige Kupfersulfatlösung (X_n), destilliertes Wasser
— Hühnerei
— Milch, Obst- und Gemüsesäfte, Aufschwemmung von zerriebenen Erbsen, Fleischextraktaufschwemmung

Durchführung:
— Zunächst wird eine frische Eiklarlösung hergestellt. Die von einem Ei hergestellte Lösung reicht für 5 Versuchsgruppen. Dazu wird das Eiklar eines Hühnereies in einem Becherglas aufgefangen. Nun wird etwa die vierfache Menge destilliertes Wasser zugegeben und mithilfe eines Glasstabes mit dem Eiklar verquirlt. Filtriere diese Lösung durch Glaswolle. Das Filtrat wird für die weiteren Versuche verwendet.
— Gib 2 ml der Eiklarlösung in ein Reagenzglas, setze 20 Tropfen Natronlauge, dann 3 bis 5 Tropfen Kupfersulfatlösung hinzu. Verschließe nun das Reagenzglas mit einem Stopfen (nicht den Daumen

benutzen) und schüttle vorsichtig um. Notiere in deinem Protokoll die Farbveränderung.
— Stelle das Reagenzglas in ein Wasserbad mit 50 °C Wassertemperatur. Beobachtung? Ergänze das Protokoll.

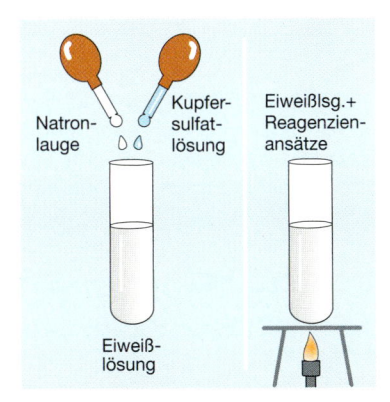

Überprüfe in gleicher Weise die oben genannten Nahrungsmittel auf Eiweiß. Stelle deine Versuchsergebnisse übersichtlich dar.

Fettnachweis mit Sudan-III-Lösung

Im Gegensatz zu Wasser hinterlässt Fett einen bleibenden Fleck auf Papier. Fette lassen sich aber auch mithilfe von Sudan-III-Lösung nachweisen. Sudan-III ist ein Farbstoff.

Benötigte Geräte und Chemikalien:
— Reagenzgläser, Pipetten
— Sudan-III-Lösung, Speiseöl, Vollmilch, destilliertes Wasser

Durchführung:
— Gib zu 2 bis 3 ml Speiseöl 3 bis 5 Tropfen Sudan-III-Lösung und schüttle um. Notiere deine Beobachtung.
— Wiederhole den Versuch statt mit Speiseöl in gleicher Weise mit Vollmilch und Wasser. Ergänze dein Protokoll. Wozu dient der Versuch, in dem nur Wasser zugesetzt wird?

Nachweis von Vitamin C

Benötigte Geräte und Chemikalien:
— Reagenzgläser, Pipetten, Messzylinder
— Tillmanns Reagenz (X_n)
— Ascorbinsäure (= Vitamin C), Milch, Zitronensaft

Durchführung:
— Löse eine Spatelspitze Ascorbinsäure in ca. 10 ml Wasser. Gib langsam tropfenweise Tillmanns Reagenz hinzu und schüttle um. Halte deine Beobachtung im Versuchsprotokoll fest.
— Führe den Versuch in der gleichen Weise mit Zitronensaft und Milch durch. Ergänze dein Versuchsprotokoll.

Versuch zur Verdauung von Kohlenhydraten

Benötigte Geräte und Chemikalien:
— Reagenzgläser, Pipetten, Wasserbad
— Fehling'sche Lösung I (X_n) und II (C), 1%ige Stärkelösung, 1%ige Glykogenlösung, Amylaselösung (10 mg Amylase in 5 ml dest. Wasser lösen)

Durchführung:
Gib Amylaselösung zu jeweils 5 ml einer Stärke- bzw. Glykogenlösung. Untersuche die Lösungen dann unter folgenden Bedingungen:
a) Nach 2 Minuten: Entnimm aus beiden Lösungen je eine 2-ml-Probe und führe jeweils die Fehling'sche Probe durch.
b) Nach 5 Minuten: Stelle die Reagenzgläser mit dem restlichen Inhalt in ein Wasserbad mit einer Wassertemperatur von 37 °C.
c) Nach 20 Minuten: Entnimm den Reagenzgläsern aus dem Wasserbad nochmals eine 2-ml-Probe und führe wiederum jeweils die Fehling'sche Probe durch.
d) Nach 25 Minuten: Füge den Restlösungen in den beiden Reagenzgläsern aus dem Wasserbad 2 bis 3 Tropfen Iod-Kaliumiodid-Lösung hinzu.
Fertige vom gesamten Versuchsablauf ein Protokoll an, aus dem die Veränderungen genau hervorgehen. Überlege dann, wie das Ergebnis zu deuten ist.

Versuch zur Verdauung von Eiweißen

Benötigte Geräte und Chemikalien:
— Reagenzgläser, Bunsenbrenner, Messpipetten, Messzylinder, Wasserbad
— 15%ige Natronlauge (C), verdünnte Salzsäure (X_i), Albuminlösung: 2 Spatelspitzen Albumin in 10 ml dest. Wasser lösen; Pepsinlösung: 1 Spatelspitze in 3 ml dest. Wasser lösen

Durchführung:
Fülle in vier Reagenzgläser je 2 ml der Albuminlösung. Beschrifte sie mit I, II, III, IV. Erhitze alle vier Reagenzgläser nacheinander vorsichtig über der kleinen Bunsenbrennerflamme 1 bis 2 Minuten lang. Halte dabei das Reagenzglas etwas schräg und schüttle leicht um. Die Öffnung des Reagenzglases darf nicht auf dich oder deinen Nachbarn weisen. Halte deine Beobachtung im Protokoll fest. Lasse den Inhalt der Reagenzgläser abkühlen und gib dann in die Reagenzgläser I, II und III folgende Lösungen:
I: 1 ml Pepsinlösung
II: 1 ml Pepsinlösung und 2 Tropfen verdünnte Salzsäure
III: 1 ml Pepsinlösung und einige Tropfen 15%ige Natronlauge.
Reagenzglas IV erhält keinen Zusatz.

Stelle nun alle vier Proben 30 Minuten lang in ein Wasserbad mit 30 °C Wassertemperatur. Protokolliere alle sichtbaren Veränderungen und stelle das gesamte Versuchsergebnis übersichtlich dar. Welche Schlussfolgerungen ergeben sich aus den Beobachtungen?

Versuche zum Verhalten von Fett

Benötigte Geräte und Chemikalien:
— Reagenzgläser, passende Stopfen, Pipetten, Messzylinder
— Speiseöl, Ochsengallenlösung, Spülmittel, dest. Wasser

Durchführung:
— Gib in drei Reagenzgläser jeweils 20 Tropfen Speiseöl.
— Gib dann hinzu:
Reagenzglas I: 10 ml Wasser
Reagenzglas II: 10 ml Ochsengallenlösung
Reagenzglas III: 10 ml Wasser und 1 Tropfen Spülmittel
Verschließe die Reagenzgläser mit einem Gummistopfen und schüttle die Reagenzgläser nacheinander kräftig um.
Lasse die Reagenzgläser anschließend 5 Minuten ruhig stehen. Beobachtung? Notiere das Versuchsergebnis in deinem Heft.

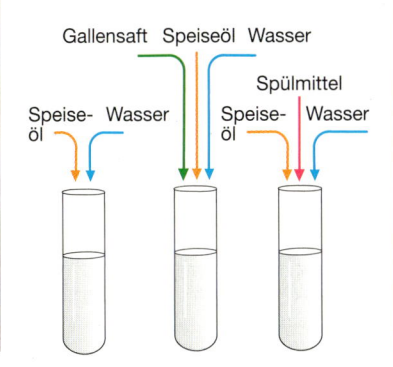

Stoffwechsel des Menschen

Verdauung in Mund und Magen

Viele Nährstoffe, die wir mit der Nahrung aufnehmen, sind nicht wasserlöslich. Sie können deshalb und auch wegen ihrer Größe nicht aus dem Dünndarm ins Blut und die Lymphe aufgenommen werden. Wasserlöslich werden die Nährstoffe, wenn sie in ihre Grundbausteine zerlegt werden.

Die Spaltung der Nährstoffe verläuft ohne Einflüsse von außen jedoch sehr langsam ab. *Enzyme*, die in Verdauungssäften enthalten sind, beschleunigen die Spaltungsreaktion um ein Vielfaches. So kann die aufgenommene Nahrung in kurzer Zeit verdaut werden.

Bei der Verdauung werden die Nährstoffe in mehreren aufeinander folgenden Reaktionen zunächst in größere Spaltstücke und danach in die Grundbausteine zerlegt. Für jede dieser unterschiedlichen Reaktionen gibt es nur ein bestimmtes Enzym. Das liegt daran, dass Enzyme zu ihrem umzusetzenden Stoff passen (Passform), wie ein Schlüssel in das zugehörige Schloss. So spaltet z. B. das im Speichel enthaltene Enzym *Amylase* von der Stärke Malzzucker ab. Die Verdauung beginnt also schon im Mund.

Während des Kauvorganges durchmischt die Zunge den Speisebrei. Anschließend wird dieser von ihr gegen den Gaumen gepresst und der *Schluckreflex* ausgelöst. Dabei wird kurzzeitig der Kehlkopfdeckel abgesenkt, die Luftröhre geschlossen, die Atmung angehalten und der Zugang zur Nase abgeriegelt.

Die *Speiseröhre* ist ein muskulöser Schlauch. Sie liegt hinter der Luftröhre und transportiert die Nahrung zum Magen. Durch Muskelbewegungen, die wellenförmig vom Rachen zum Magen verlaufen, wird der Speisebrei in wenigen Sekunden in den Magen gepresst. Dies ist ein aktiver Transportvorgang. Deshalb ist Trinken im Liegen ebenso wie im Handstand möglich.

Der Speisebrei wird über längere Zeit im *Magen* gesammelt, der ein Fassungsvermögen von ca. 1,5 l hat. Zunächst läuft die Stärkeverdauung durch die Amylase auch im Magen weiter. Die *Magenschleimhaut*, die die Innenwand des Magens auskleidet, ist stark gefaltet und von zahlreichen Drüsenzellen durchsetzt. Diese kann man in drei Typen unterteilen: die *Nebenzellen,* die *Haupt-* und die *Belegzellen.*

1 Schluckvorgang

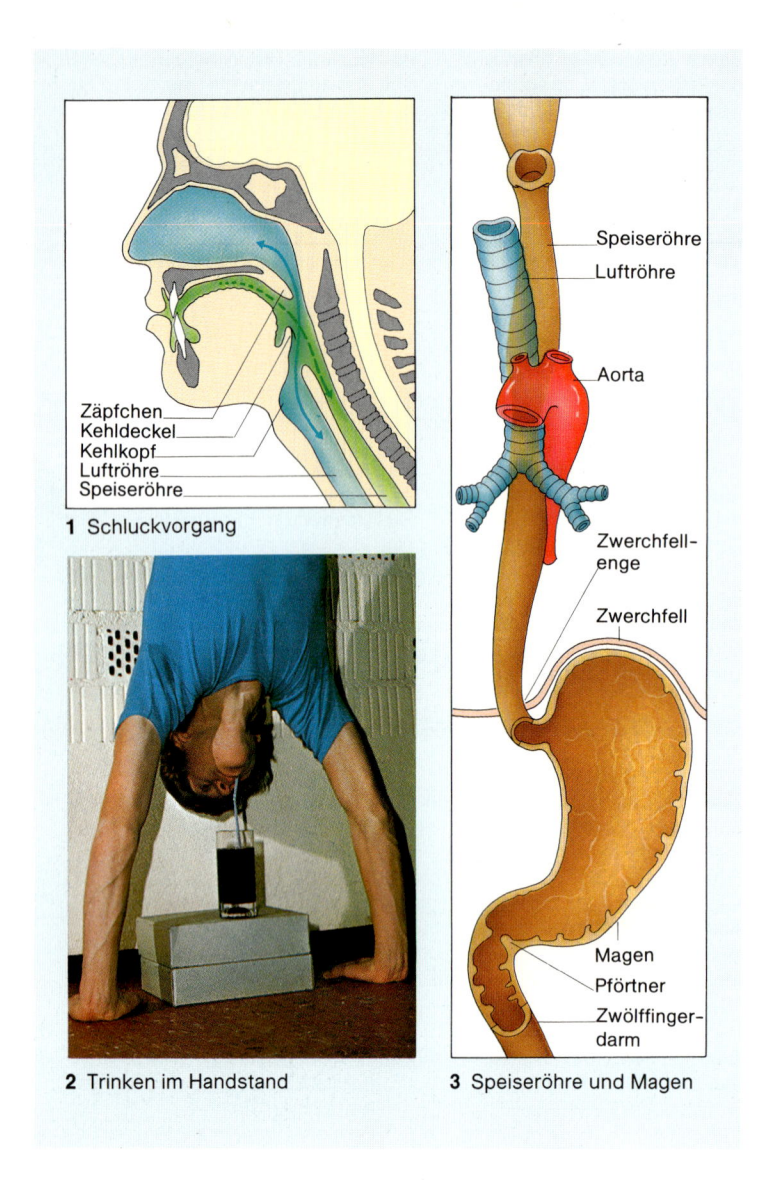

2 Trinken im Handstand

3 Speiseröhre und Magen

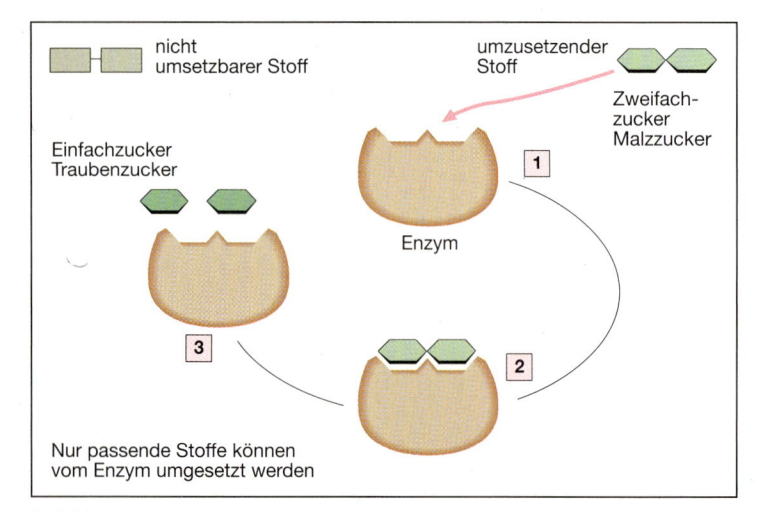

4 Wirkungsweise der Enzyme

192 *Stoffwechsel des Menschen*

Die von den Belegzellen produzierte *Salzsäure* hat nach einer halben bis einer Stunde den gesamten Mageninhalt durchsäuert. Die Säure macht das Enzym Amylase unwirksam, tötet mit der Nahrung eingedrungene Krankheitserreger ab und bringt Proteine zum Quellen.

Aus dem von den Hauptzellen abgegebenen *Pepsinogen* bildet sich in Verbindung mit Salzsäure das wirksame *Pepsin*. Es spaltet Proteine. Eine weitere proteinspaltende Substanz ist *Kathepsin*. Diese Enzyme und weitere Stoffe sind im Magensaft enthalten, von dem täglich ca. 1,5–2 l gebildet werden.

Die Nebenzellen produzieren den *Magenschleim*. Er verhindert, dass die im Magensaft enthaltene Salzsäure und eiweißspaltenden Enzyme an die Magenwand gelangen. So schützt der Magenschleim die Magenwand vor der Selbstverdauung. Fehlt er, so entstehen Magengeschwüre.

Kräftige *Muskelschichten* aus längs- und ringförmig sowie schräg verlaufenden Muskelfasern bilden die Magenwand. Sie erzeugen wellenförmige Bewegungen, *Peristaltik* genannt. Sie dienen der Durchmischung und dem Transport des Speisebreis zum *Pförtner* hin. Der Pförtner schließt den Magen gegen den *Zwölffingerdarm* ab.

Die Verweildauer der Speisen im Magen hängt von ihrer Zusammensetzung ab. Leicht verdauliche Speisen, wie zum Beispiel Milch und Reis, verweilen nur etwa 1–2 Stunden im Magen, schwer verdauliche Speisen, wie Schweinespeck oder Ölsardinen, 5–8 Stunden.

Nicht eiweißhaltige Flüssigkeiten fließen meist in der *Magenstraße*, die von zwei großen, längs verlaufenden Schleimhautfalten gebildet wird, sofort zum Magenausgang.

Aufgaben

1. Wie finden die Speisen beim Schlucken den richtigen Weg?
2. Berichte mithilfe von Abbildung 4 über die Verweildauer der verschiedenen Speisen im Magen.
3. Lies in einem Nachschlagewerk über Magenschleimhautentzündung und Magengeschwüre nach. Berichte über die Symptome, Behandlungs- und Vorsorgemöglichkeiten dieser sehr schmerzhaften Krankheiten.

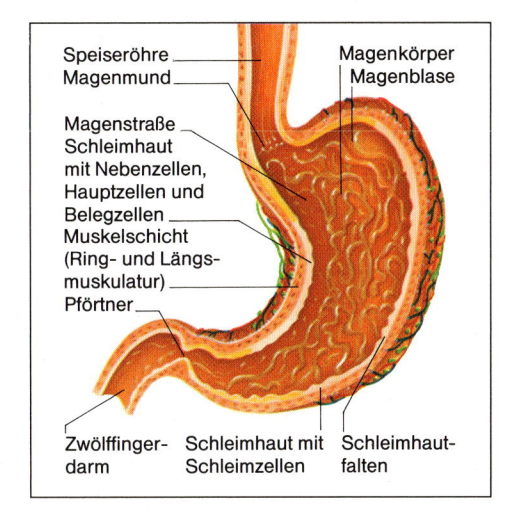

1 Längsschnitt durch den Magen

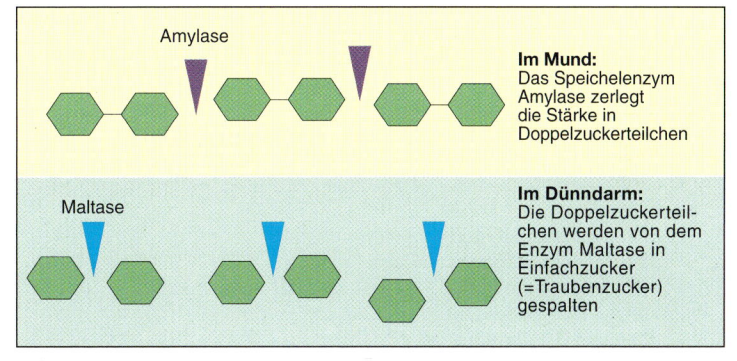

2 Stärkeverdauung

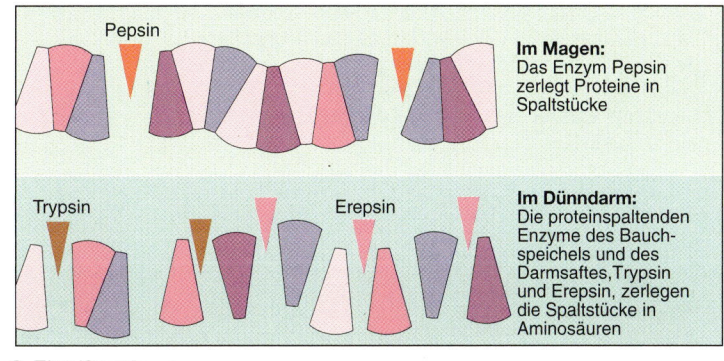

3 Eiweißverdauung

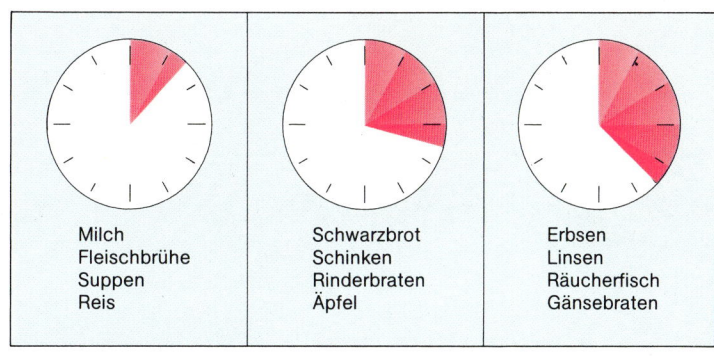

4 Verweildauer der Speisen im Magen (Angaben in Stunden)

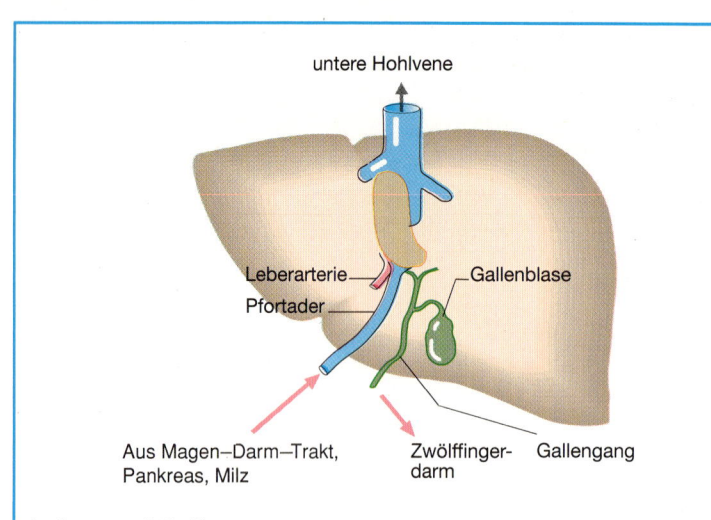

Verdauungsvorgänge im Dünndarm

Peristaltische Bewegungen der Magenmuskulatur drücken den Speisebrei durch den Pförtner in den *Zwölffingerdarm*. Er ist der erste Abschnitt des Dünndarms. In ihn münden die Ausführgänge von Gallenblase und Bauchspeicheldrüse.

Der *Dünndarm* ist ähnlich aufgebaut wie die Speiseröhre und der Magen: außen eine Bindegewebshülle, innen eine Schleimhaut. Dazwischen liegt eine Muskelschicht mit Längs- und Ringmuskulatur, die den Dünndarm in peristaltische Bewegungen versetzt und so den Speisebrei transportiert. Die Dünndarmschleimheit ist vielfach in Falten gelegt. Diese sind mit ca. 1 mm langen Ausstülpungen, den *Darmzotten,* besetzt. Sie kleiden den Darm wie Samt aus. In jeder Darmzotte verlaufen Adern, Lymphgefäße und Nervenfasern. Die Dünndarmzotten werden von einer aus *Saumzellen* und Schleim bildenden *Becherzellen* bestehenden Gewebeschicht zum Darminnern hin abgegrenzt. Die Saumzellen bilden nochmals winzige Vorsprünge, die *Mikrovilli*. Dünndarmzotten und Mikrovilli vergrößern die innere Oberfläche des Dünndarms etwa um das 600fache, das heißt auf über 200 m^2.

Die zahlreich in den Vertiefungen zwischen den Zotten liegenden Drüsenzellen sondern täglich insgesamt drei Liter *Verdauungssaft* ab. Die darin enthaltenen Enzyme stammen aus abgestoßenen Schleimhautzellen, die im Dünndarm zersetzt werden.

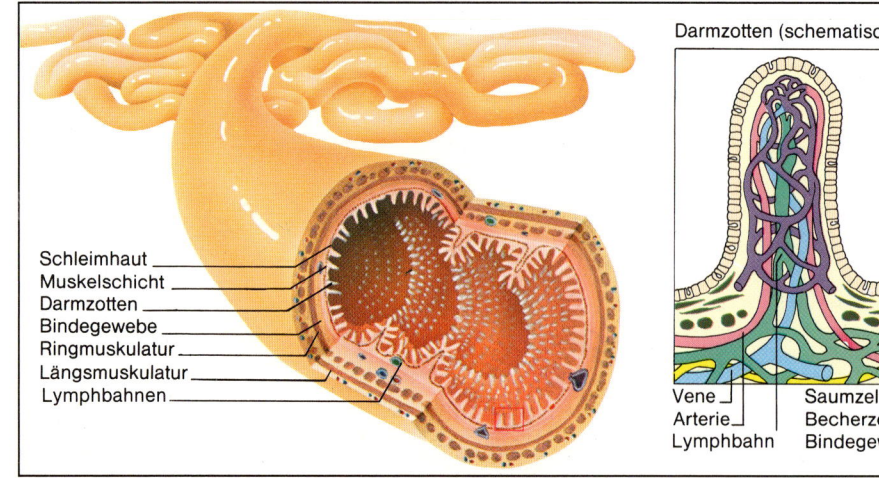

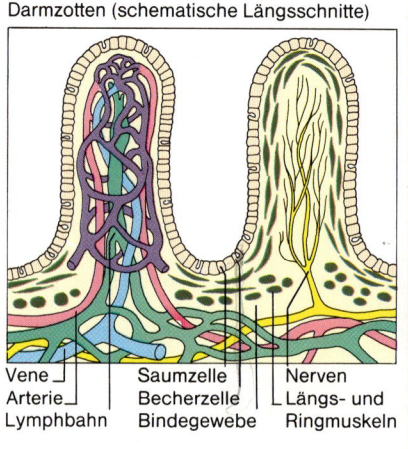

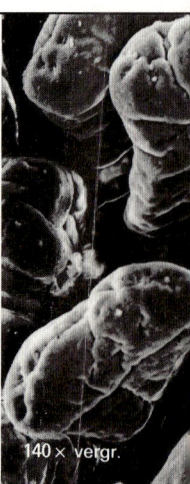

Leber und Galle

Die etwa 1500 g schwere *Leber* ist die größte Drüse des menschlichen Körpers. Sie liegt rechts in der Bauchhöhle unter dem Zwerchfell. Der Blutstrom durch die *Pfortader* führt der Leber ständig Einfachzucker und Aminosäuren zu, welche bei der Verdauung im Darm aufgenommen wurden. Die Leber spielt beim Stoffwechsel der Kohlenhydrate, Fette und Eiweiße, bei der Blutgerinnung und Entgiftung des Blutes eine zentrale Rolle. Die Aufgaben dieses **zentralen Stoffwechselorgans** sind im Wesentlichen:
— Abbau von verbrauchten Eiweißen zu Aminosäuren
— Abbau von Aminosäuren zu Harnstoff
— Umbau von aufgenommenem Fett zu körpereigenem Fett
— Aufbau und Speicherung von Glykogen
— Abbau von Giftstoffen, z. B. Alkohol
— Abbau der roten Blutzellen.

Zusätzlich produziert sie täglich 0,5 Liter *Gallensaft,* der in der *Gallenblase* vorübergehend eingedickt und gespeichert werden kann. Die im Gallensaft vorkommenden *Gallensäuren* verteilen das Fett in feinste Tröpfchen *(Emulgieren).* Damit wird den Fett verdauenden Enzymen im Dünndarm eine möglichst große Angriffsfläche geboten.

1 Prinzip der Oberflächenvergrößerung am Beispiel des Dünndarms

Die *Bauchspeicheldrüse* gibt täglich bis zu 1,5 l Bauchspeichel an den Zwölffingerdarm ab. Diese klare Flüssigkeit enthält Vorstufen von zahlreichen Verdauungsenzymen für den Abbau von Kohlenhydraten, Proteinen und Fetten. Die Vorstufen werden erst im Dünndarm wirksam gemacht.

Diese Vielfalt an Enzymen im Verdauungssaft des Darmes und des Bauchspeichels bewirkt, dass im Dünndarm alle Nährstoffe vollends in ihre Grundbausteine zerlegt werden. Alle Kohlenhydrate liegen dann in Form von Einfachzucker vor, alle Proteine sind in Aminosäuren zerlegt und die Fette in Glyzerin und Fettsäuren gespalten.

Einfachzucker und Aminosäuren werden in das Blutgefäßsystem aufgenommen und gelangen durch die Pfortader in die Leber, Fettsäuren und Glyzerin in das Lymphsystem. Die Aufnahme von Nährstoffen bezeichnet man als *Resorption*. Blut und die Lymphe verteilen die Grundbausteine im Körper, wodurch sie allen Zellen zur Verfügung stehen.

Aufgaben

① Lies in einem Nachschlagewerk über Leberschädigungen (Hepatitis, Leberzirrhose) nach und berichte.
② Berechne die Grundfläche deines Klassenzimmers. Vergleiche diese mit der inneren Oberfläche des Dünndarms.
③ Ergänze folgende Tabelle in dein Heft:

Organ	Enzym	Wirkung
Bauchspeicheldrüse	Amylase	spaltet von Stärke Malzzucker ab

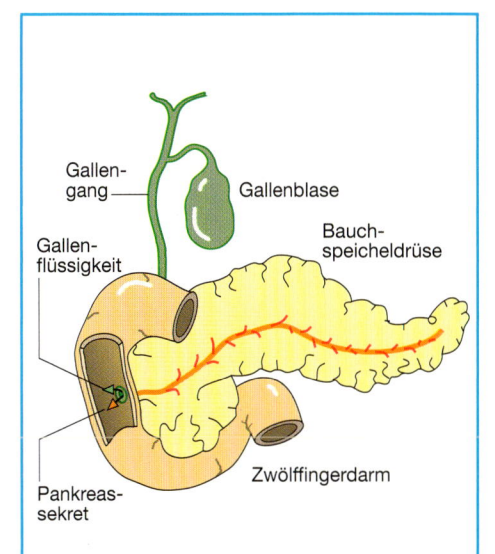

Unverdautes Fett: Drei Fettsäuren sind mit Glyzerin verbunden

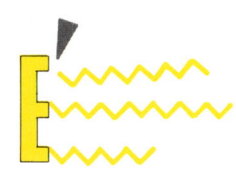

Das Fett spaltende Enzym Lipase hat eine Fettsäure vom Glyzerin abgespalten

Vollkommen verdautes Fett: Alle drei Fettsäuren sind abgespalten

Die Bauchspeicheldrüse

Die *Bauchspeicheldrüse* oder *Pankreas* wiegt ca. 80 g, ist etwa 18 cm lang und liegt im Oberbauch. Die Enzyme des Bauchspeichels haben im Dünndarm eine vielfältige Wirkung.

So zerlegen
— die *Amylasen* die restliche Stärke in Malzzucker,
— das *Erepsin* und das *Trypsin* die Proteine in Aminosäuren,
— die *Lipasen* die Fette in Glycerin und Fettsäuren.

Außerdem bildet die Bauchspeicheldrüse *Hormone*, die den Kohlenhydratstoffwechsel beeinflussen.

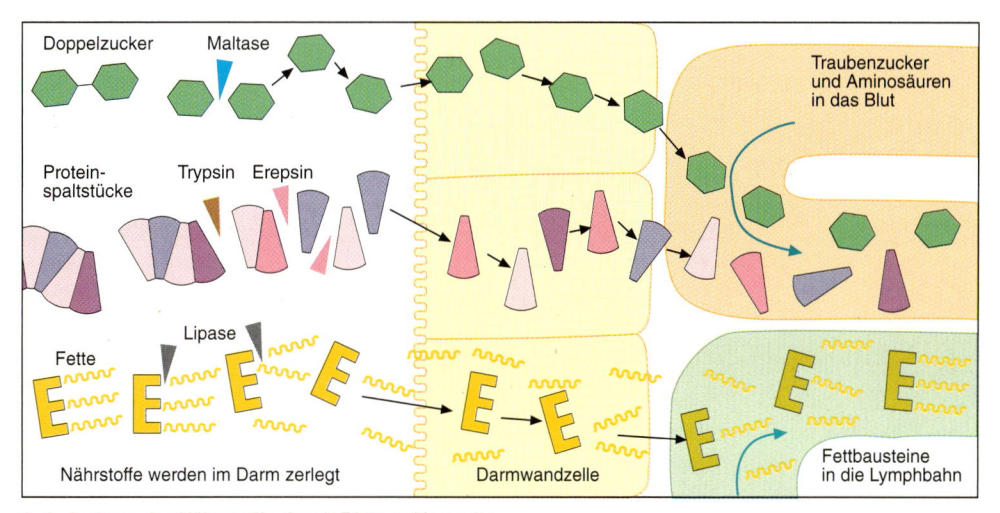

1 Aufnahme der Nährstoffe durch Blut und Lymphe

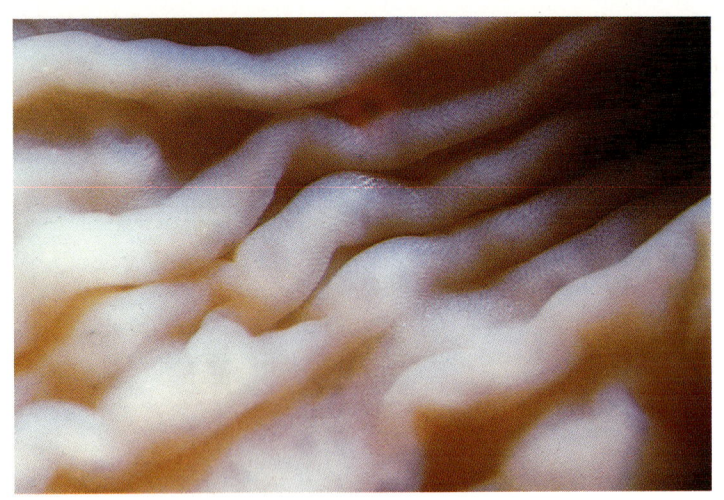

1 Dickdarmschleimhaut

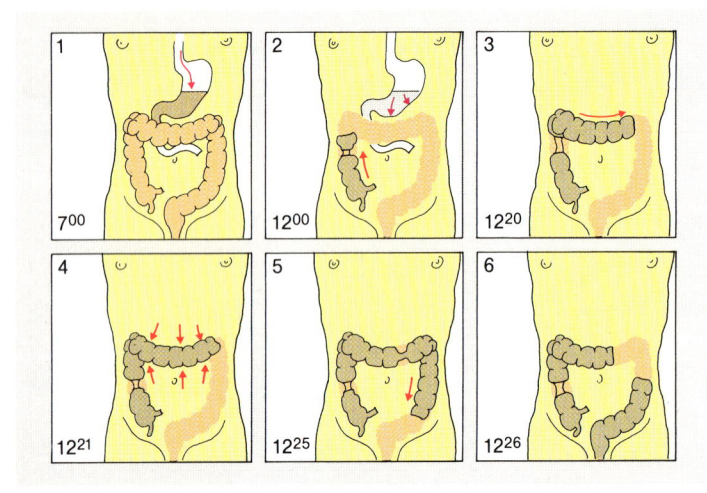

2 Bewegungsvermögen des Dickdarms

Zellulose aus pflanzlicher Kost, bauen die Dickdarmbakterien ab. Dabei entstehen Gase, wie z. B. *Methan, Ammoniak* und *Schwefelwasserstoff*. Die Darmbakterien bauen Vitamin K und Biotin auf.

Der *Blinddarm* hat für die Verdauung des Menschen kaum Bedeutung. In seinem Endabschnitt, dem *Wurmfortsatz,* können manchmal Entzündungen auftreten. In einer Operation muss dann meist der Wurmfortsatz entfernt werden, damit es nicht zu einem gefährlichen Blinddarmdurchbruch kommt.

Endstation Mastdarm

Dem Speisebrei wird nach und nach Wasser entzogen. So entsteht der eingedickte *Kot.* Durch das Bewegungsvermögen des Dickdarms gelangt der Kot in den *Mastdarm*. Schließlich erfolgt die Ausscheidung durch den *After*. Der ausgeschiedene Kot besteht aus unverdauter Nahrung, Schleim, abgestoßenen Schleimhautzellen, Bakterien und immer noch zu $2/3$ aus Wasser.

Probleme bei der Verdauung

Enthält ein Speiseplan nur Nahrungsmittel, die vollständig im Dünndarm verdaut und aufgenommen werden, so fehlen dem Dickdarm notwendige *Ballaststoffe*. Dies sind unverdauliche Nahrungsmittelbestandteile, die dafür sorgen, dass die Dickdarmmuskulatur normal arbeitet, denn Darmträgheit führt zur *Verstopfung*. Ein Abführmittel kann dann kurzfristig Besserung bringen. Auf die Dauer aber sind richtige Ernährung sowie viel körperliche Bewegung wirkungsvoller und natürlich auch gesünder.

Verdauungsvorgänge im Dickdarm

Die *Dickdarmschleimhaut* besitzt, im Gegensatz zum Dünndarm, keine Zotten. Ihre innere Oberfläche ist durch halbmondförmige Falten vergrößert. Der Dickdarm bildet keine Verdauungsenzyme. Seine Hauptaufgabe besteht darin, für den Körper möglichst viel Wasser wieder zurückzugewinnen. Schließlich werden ja täglich etwa 9 Liter Verdauungssäfte in den Nahrungsbrei abgegeben. Mit dem zurückgewonnenen Wasser kommen auch wieder restliche Nährstoffteilchen und Mineralstoffe ins Blut. Es handelt sich dabei um Stoffe, die im Dünndarm noch nicht resorbiert werden konnten. Einen Teil der unverdauten Nahrung, besonders die

Aufgaben

1. Der Mensch kann durch Infusionen in den Mastdarm künstlich ernährt werden. Welche Stoffe muss eine dafür hergestellte Nährlösung enthalten?
2. Bei Durchfallerkrankungen ist die Verweildauer des Speisebreies im Verdauungskanal kürzer als normal. Überlege dir mögliche Folgen! Wie steht es mit dem Wasserhaushalt des kranken Körpers?
3. Nenne ballaststoffreiche Nahrungsmittel, die die Dickdarmträgheit beeinflussen.
4. Gib mithilfe der nebenstehenden Abbildung einen Überblick über die Verdauung.
5. Warum verdauen wir uns eigentlich nicht selbst?

Fette
Öl - Butter - Speck

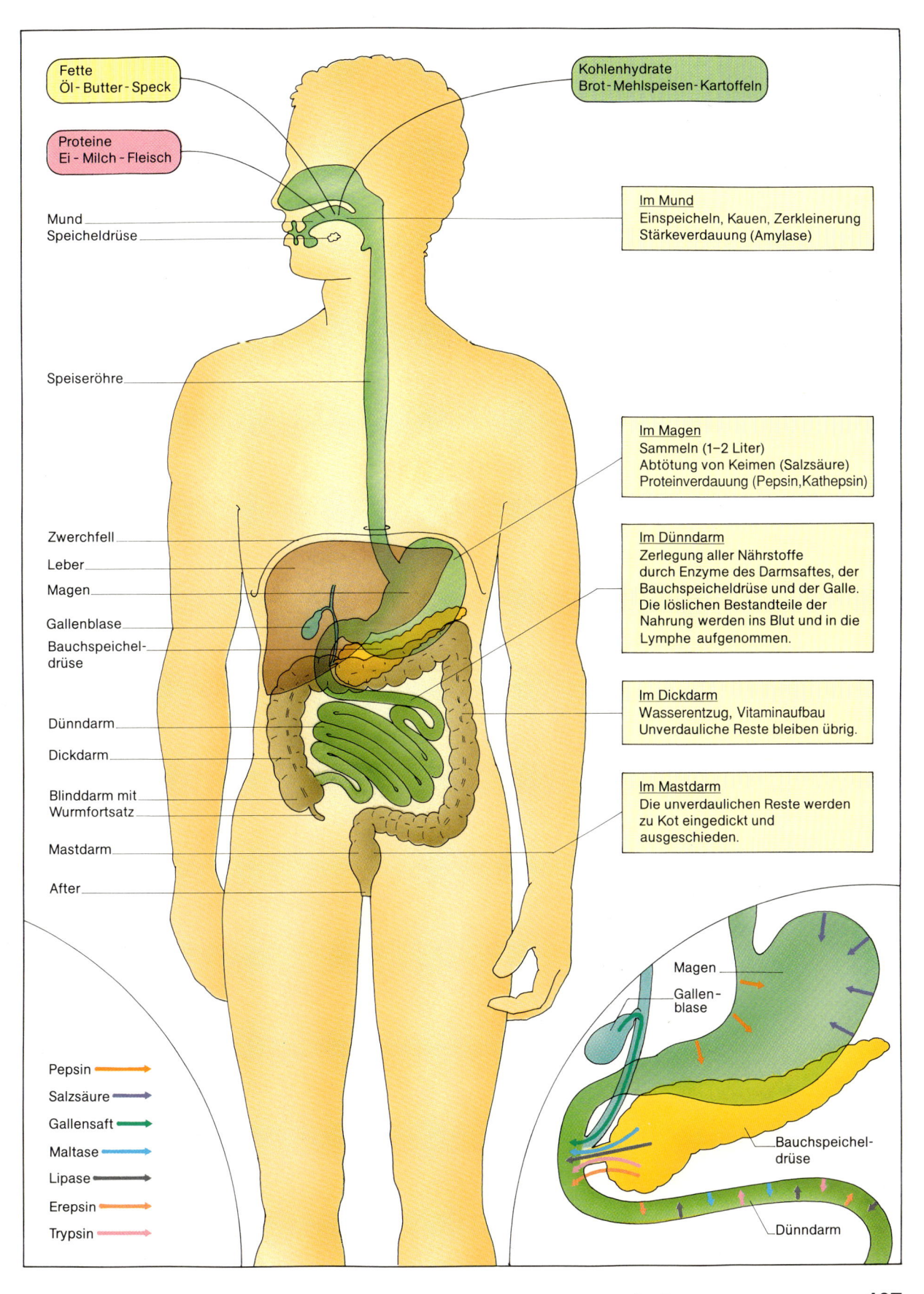

Kohlenhydrate
Brot - Mehlspeisen - Kartoffeln

Proteine
Ei - Milch - Fleisch

Mund
Speicheldrüse

Im Mund
Einspeicheln, Kauen, Zerkleinerung
Stärkeverdauung (Amylase)

Speiseröhre

Im Magen
Sammeln (1–2 Liter)
Abtötung von Keimen (Salzsäure)
Proteinverdauung (Pepsin, Kathepsin)

Zwerchfell
Leber
Magen
Gallenblase
Bauchspeicheldrüse

Im Dünndarm
Zerlegung aller Nährstoffe durch Enzyme des Darmsaftes, der Bauchspeicheldrüse und der Galle. Die löslichen Bestandteile der Nahrung werden ins Blut und in die Lymphe aufgenommen.

Dünndarm
Dickdarm
Blinddarm mit Wurmfortsatz

Im Dickdarm
Wasserentzug, Vitaminaufbau
Unverdauliche Reste bleiben übrig.

Mastdarm
After

Im Mastdarm
Die unverdaulichen Reste werden zu Kot eingedickt und ausgeschieden.

Pepsin
Salzsäure
Gallensaft
Maltase
Lipase
Erepsin
Trypsin

Magen
Gallenblase
Bauchspeicheldrüse
Dünndarm

Stoffwechsel des Menschen

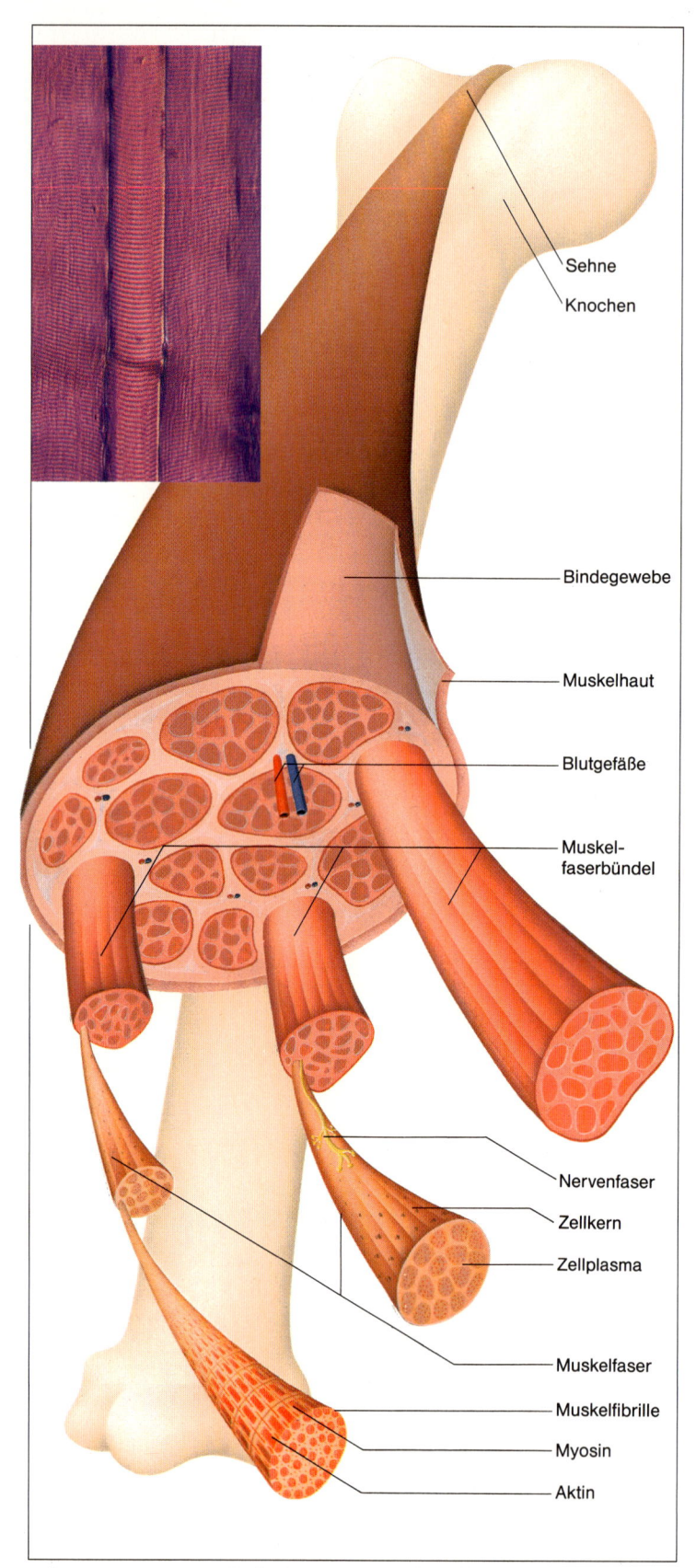

Die Muskulatur

Ohne die Magen- und Darmperistaltik ist eine geregelte Verdauung nicht möglich; Herzschlag und Atmung sind gleichfalls lebensnotwendig. Bei allen diesen Vorgängen sind die Muskeln beteiligt.

Nach ihrem Aufbau unterscheidet man *glatte* und *quergestreifte Muskulatur*. Letztere besteht aus Muskelfasern, die bis zu 30 cm lang sein können, einen Durchmesser von 10–100 µm haben und oft hunderte von Zellkernen besitzen. Entstanden sind diese „Riesenzellen" dadurch, dass sich die Zellkerne einer Zelle wiederholt teilten, die Durchschnürungen der Zelle jedoch unterblieben.

Viele Muskelfasern bilden ein *Muskelfaserbündel*. Jedes einzelne davon ist in eine Bindegewebshülle eingebettet, durch die feine Blutgefäße und Nervenfasern ziehen. Ein Muskel setzt sich aus tausenden solcher Bündel zusammen, eine *Muskelhaut* umhüllt ihn nach außen. Skelettmuskeln enden auf jeder Seite in einer *Sehne*, die sie am Knochen befestigt.

Die *Herzmuskulatur* ist eine Sonderform der quergestreiften Muskulatur. Sie besteht aus einem Netzwerk verzweigter Einzelzellen mit nur einem Zellkern. Diese Vernetzung ist die Voraussetzung dafür, dass sich ein einziger elektrischer Impuls von den Vorhöfen über die Herzkammern fortpflanzt und so eine geordnete Kontraktionsabfolge auslösen kann. Während die Skelettmuskulatur willkürlich arbeitet, unterliegt die Tätigkeit der Herzmuskulatur nicht unserem Willen.

Die Zellen der *glatten Muskulatur* sind meist lang gestreckt und spindelförmig. Ihre Länge liegt zwischen 50 und 220 µm bei einem Durchmesser von 4–20 µm. Im Zellplasma liegt nur ein Zellkern. Anders als die schnell aktivierbare Skelettmuskulatur, deren Kontraktion nur von kurzer Dauer ist und viel Energie verbraucht, arbeitet die glatte Muskulatur langsam, aber dafür ausdauernd und mit wesentlich geringerem Energieverbrauch. Ein Beispiel hierfür ist die *Eingeweidemuskulatur* des Menschen.

Aufgabe

① Gib in einer Tabelle die Typen der Muskulatur, die willentliche Beeinflussbarkeit und das Leistungsvermögen der jeweiligen Muskeltypen an.

1 Schematische Darstellung eines quergestreiften Muskels

Stoffwechsel des Menschen

Die Arbeitweise der Muskeln

Muskeln können sich zwar zusammenziehen, niemals aber aktiv ausdehnen. Sie brauchen dazu immer jeweils einen Gegenspieler *(Antagonist)*, der sie wieder in den gedehnten Zustand zurückzieht. Dieser Gegenspieler kann ein weiterer Muskel, ein elastisches Band oder — wie im Falle der Herzmuskulatur — der Druck von Flüssigkeiten sein. Diese Arbeitsweise bezeichnet man als *Gegenspielerprinzip* oder *Antagonismus*.

1 µm = 0,001 mm
    = 0,000001 m

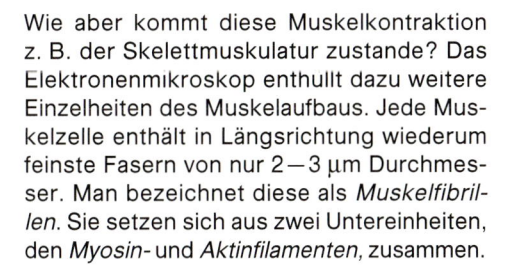

Wie aber kommt diese Muskelkontraktion z. B. der Skelettmuskulatur zustande? Das Elektronenmikroskop enthüllt dazu weitere Einzelheiten des Muskelaufbaus. Jede Muskelzelle enthält in Längsrichtung wiederum feinste Fasern von nur 2–3 µm Durchmesser. Man bezeichnet diese als *Muskelfibrillen*. Sie setzen sich aus zwei Untereinheiten, den *Myosin-* und *Aktinfilamenten*, zusammen.

Myosin und Aktin sind *Muskelproteine*, die bei der Muskelkontraktion eine entscheidende Rolle spielen. Die Myosinfilamente besitzen bewegliche Köpfe. Im erschlafften Muskel stehen sie senkrecht zum Myosinfilament. Bei einer Muskelkontraktion haften die Myosinköpfe zunächst am Aktinfilament an und klappen dann in die 45°-Stellung um.

Durch dieses Umschlagen wird das Aktinfilament weitergezogen, die Muskelfaser verkürzt. Die Myosinköpfchen lösen sich wieder vom Aktinfilament ab und klappen in die Ausgangsstellung zurück. Viele Kippbewegungen der Myosinköpfchen führen zu einer Muskelkontraktion. Die oben beschriebene Arbeitsweise wird als *Querbrückenmechanismus* bezeichnet. Für diese Vorgänge muss Energie zugeführt werden.

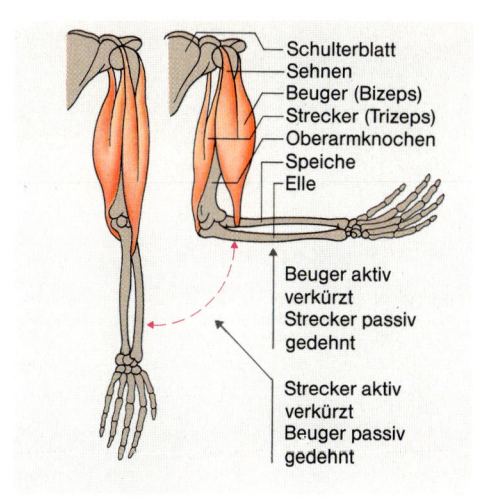

1 Gegenspielerprinzip

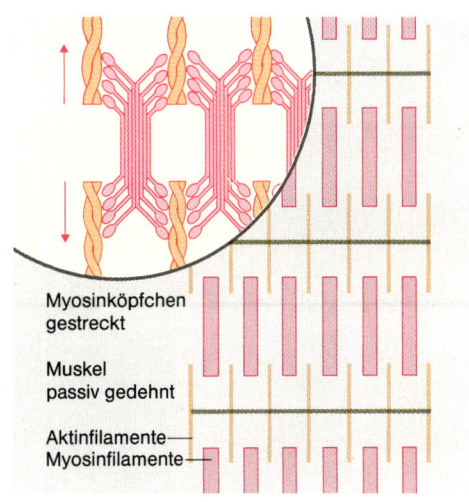

2 Muskel gedehnt (Schema)

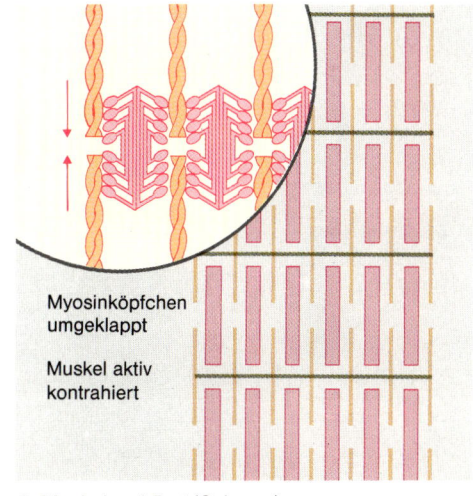

3 Muskel verkürzt (Schema)

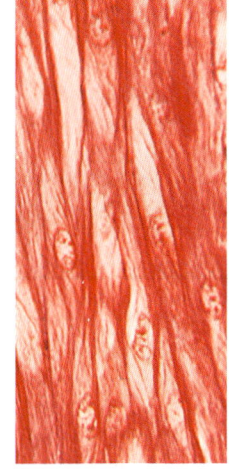

4 Glatte Muskulatur

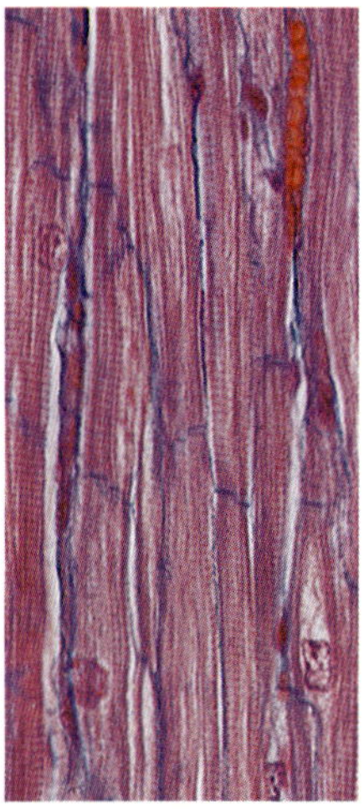

5 Herzmuskulatur

Aufgaben

① Schneide aus einem Stück Rindfleisch in Faserrichtung ein kleines Stück heraus. Lege es auf einem Objektträger in eine 1%ige Kochsalzlösung. Zerzupfe es mit 2 Präpariernadeln und mikroskopiere anschließend bei 400facher Vergrößerung.
  a) Zeichne die beobachtete Muskelstruktur in dein Heft.
  b) Erkläre, warum im Lichtmikroskop die Muskelfaser quergestreift ist.
② Mache vier Wochen lang jeden Morgen, Mittag und Abend 10 Liegestützen. Miss jede Woche den Umfang der Oberarmmuskulatur bei gespanntem Bizeps.

Stoffwechsel des Menschen

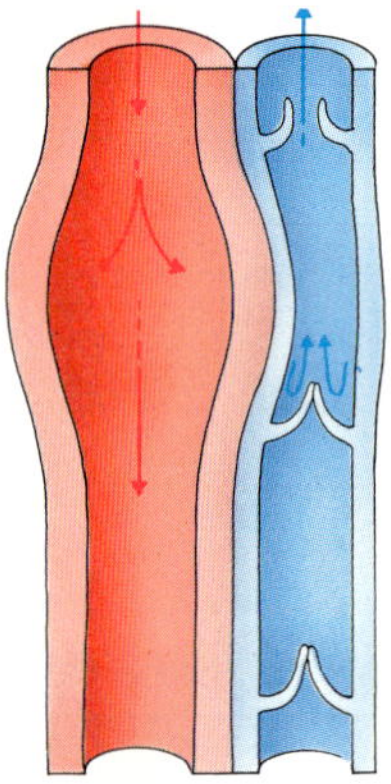

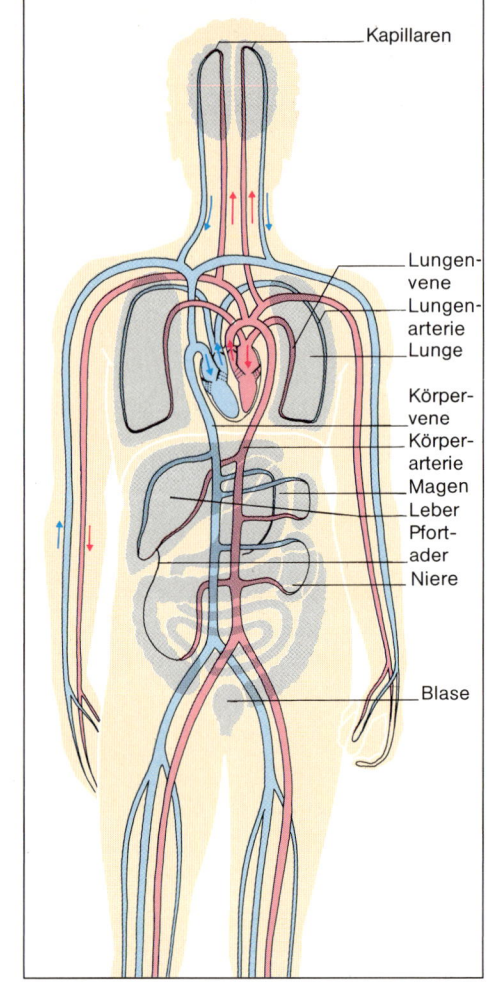

2 Transport und Ausscheidung

Das Blutgefäßsystem

Bis ins 16. Jahrhundert herrschte folgende Lehrmeinung: „Das Blut strömt vom Herzen aus in den ganzen Körper, kommt gelegentlich zum Herzen zurück, um Verunreinigungen abzuladen, wofür es manchmal die Lunge benutzt. Wir haben uns die Bewegungen des Blutes wie Ebbe und Flut vorzustellen."

Die Erkenntnis, dass das Blut in einem geschlossenen Blutkreislauf fließt, in jedem Blutgefäß nur in einer Richtung strömt und durch das Herz angetrieben wird, verdanken wir dem englischen Arzt WILLIAM HARVEY (1578–1657). Weiter stellte er fest, dass es zwei zusammenhängende Blutkreisläufe gibt: Den *Lungenkreislauf*, der von der rechten Herzhälfte angetrieben, und den *Körperkreislauf*, in dem das Blut von der linken Herzhälfte bewegt wird.

Alle Blutgefäße, die vom Herzen wegführen, heißen *Arterien*. Eine aus Bindegewebe bestehende Hülle schließt sie nach außen hin ab. In ihr verlaufen viele Adern und Nervenfasern. Ringförmige Muskelfasern bauen die Mittelschicht auf. Wegen ihrer Elastizität dehnen sich die Hauptschlagadern und großen herznahen Arterien bei jedem Herzschlag aus. Während der Herzmuskel erschlafft, ziehen sich diese Arterien wieder zusammen und befördern das Blut weiter. So werden Druckschwankungen, die durch das rhythmisch schlagende Herz entstehen, gedämpft. Die innerste Schicht der Arterien bildet ein einschichtiges und glattes Epithel. Es vermindert den Reibungswiderstand des strömenden Blutes.

Mit zunehmender Entfernung vom Herzen verzweigen sich die Arterien in immer feinere Gefäße, bis sie in den Geweben zu den *Haar-* oder *Kapillargefäßen* werden. Diese sind so eng, dass die roten Blutzellen sich nur noch im „Gänsemarsch" hindurchzwängen können. Alle zum Herzen hinführenden Blutgefäße heißen *Venen*. In ihrem Innern befinden sich die *Taschenklappen*. Sie verhindern ein Zurückfließen des Blutes.

1 Schema des Blutkreislaufs

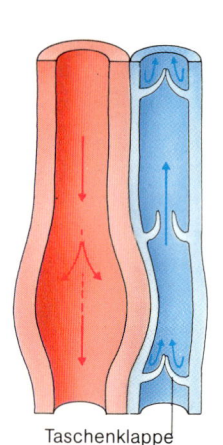

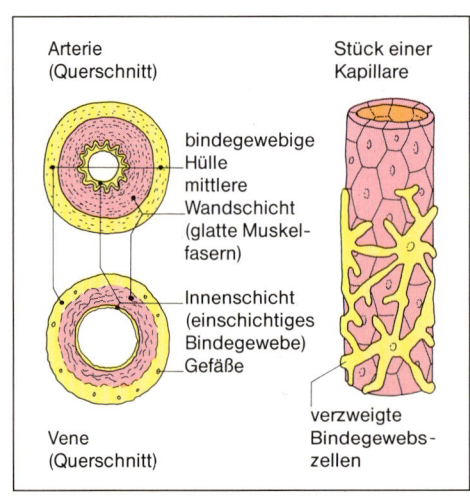

2 Aufbau von Blutgefäßen

Aufgaben

① Beschreibe den Blutkreislauf mithilfe von Abbildung 1.
② Erkläre die Ventilwirkung der Taschenklappen mithilfe der Randspaltenabbildung.

Stoffwechsel des Menschen

Das Herz

Das Herz eines Erwachsenen ist ein faustgroßer *Hohlmuskel*. Die *Herzscheidewand* teilt den Hohlraum des Herzmuskels in zwei ungleiche Hälften. Jede Herzhälfte ist nochmals durch *Segelklappen* unterteilt. Dadurch entstehen linker bzw. rechter *Vorhof* und linke bzw. rechte *Kammer*. In den rechten Vorhof münden die obere und die untere *Körperhohlvene*, in den linken die von den Lungen kommenden *Lungenvenen*. Aus der rechten Herzkammer entspringt die *Lungenarterie*, aus der linken die große Körperschlagader oder *Aorta*.

Ein System von Ventilen regelt die Blutströmung im Herzen. Zwischen den Vorhöfen und Herzkammern befinden sich die Segelklappen. Am Übergang vom Herzen zur Lungen- und Körperarterie befinden sich die dreiteiligen Taschenklappen.

Das Herz schlägt rhythmisch. Vorhöfe und Herzkammern leeren und füllen sich im Wechsel. Beim Zusammenziehen der Muskulatur der Kammern *(Systole)* wird das Blut in die Lungen- und Körperarterie gedrückt. Die Taschenklappen sind geöffnet, die Segelklappen geschlossen. Sie verhindern ein Zurückfließen des Blutes in die Vorhöfe. Erschlafft der Muskel *(Diastole)*, strömt das in den Vorhöfen gesammelte Blut durch die sich öffnenden Segelklappen in die Herzkammern. Die Taschenklappen sind nun geschlossen.

Das Herz schlägt in Ruhe etwa 70-mal pro Minute. Bei einem Schlagvolumen von ca. 70 ml je Herzkammer ergibt dies eine Pumpleistung von mehr als 14 000 Liter pro Tag. Die schleimigfeuchten Innenwände des *Herzbeutels* ermöglichen eine nahezu reibungslose Pumpbewegung. Ein eigenes Blutgefäßsystem, die *Herzkranzgefäße*, versorgen den Herzmuskel ständig mit Sauerstoff und Nährstoffen.

Aufgaben

① Die Herzmuskulatur der linken Seite ist stärker als die der rechten. Begründe.
② „In den Venen fließt sauerstoffarmes Blut, in den Arterien sauerstoffreiches." Begründe, warum diese Aussage nur teilweise richtig ist.
③ Es gibt Menschen, bei denen sich bei der Geburt ein Loch in der Herzscheidewand nicht schließt. Welche Auswirkungen hat das?

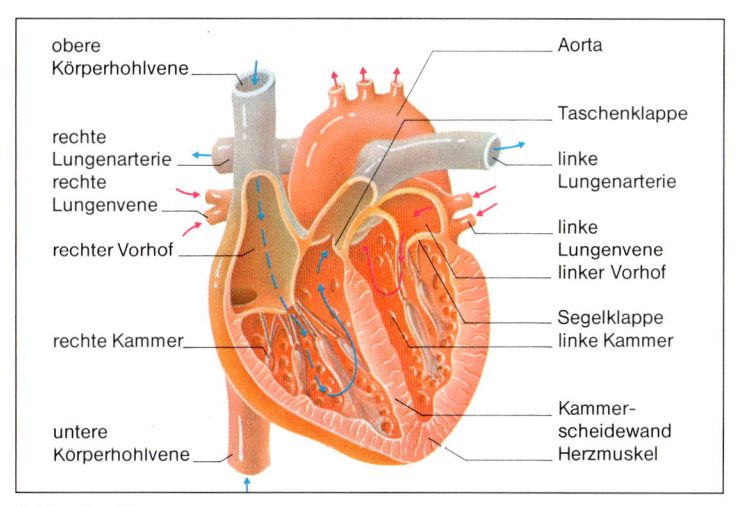

1 Bau des Herzens

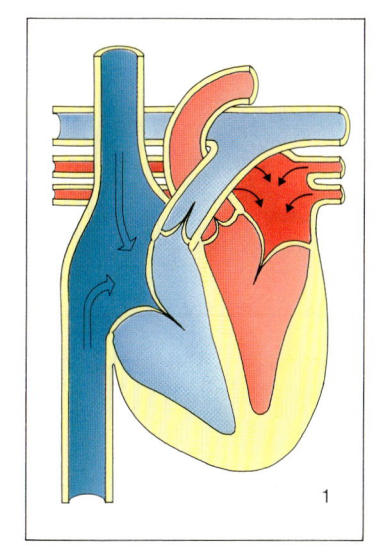

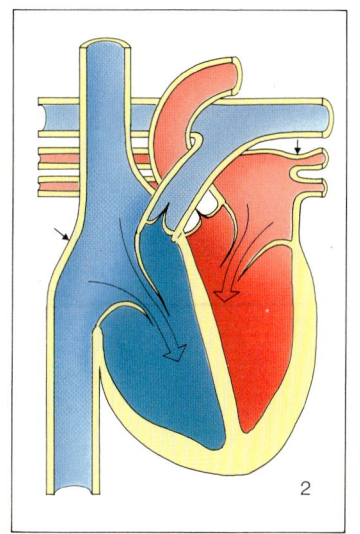

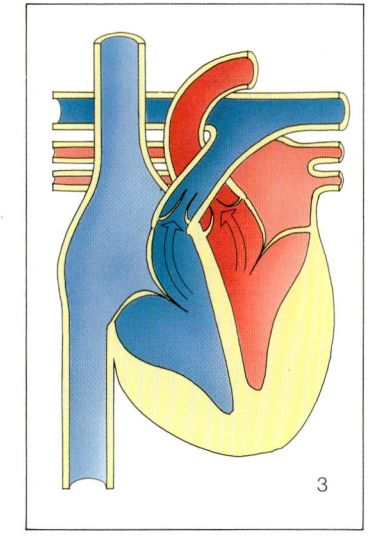

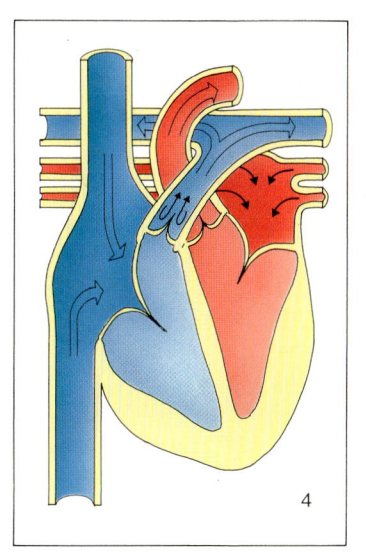

2 Vier Phasen des Herzschlags

Stoffwechsel des Menschen

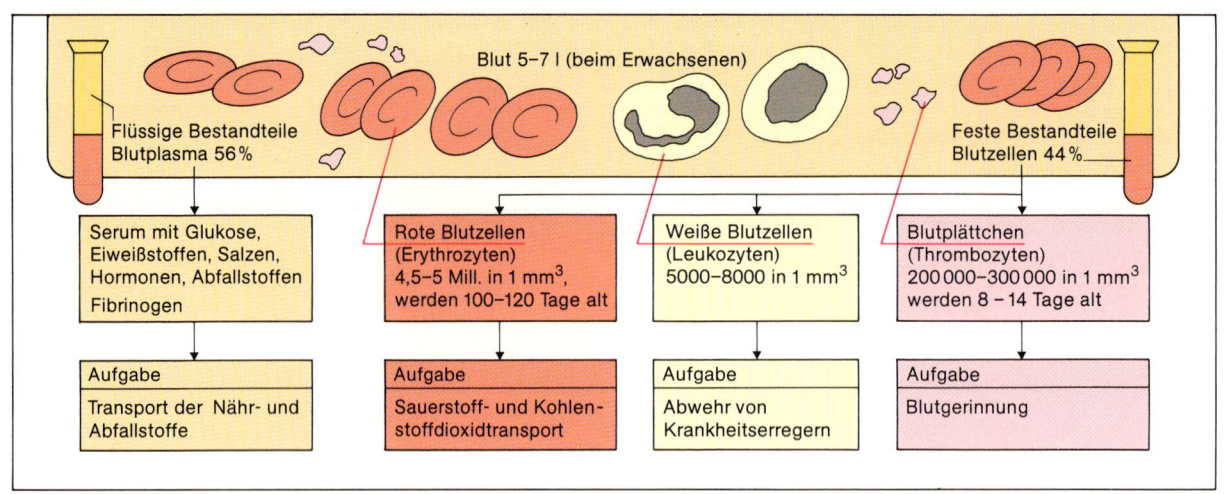

1 Zusammensetzung und Aufgaben des Blutes

Flüssige Bestandteile Blutplasma 56%		Feste Bestandteile Blutzellen 44%	
Serum mit Glukose, Eiweißstoffen, Salzen, Hormonen, Abfallstoffen Fibrinogen	Rote Blutzellen (Erythrozyten) 4,5–5 Mill. in 1 mm³, werden 100–120 Tage alt	Weiße Blutzellen (Leukozyten) 5000–8000 in 1 mm³	Blutplättchen (Thrombozyten) 200 000–300 000 in 1 mm³ werden 8–14 Tage alt
Aufgabe Transport der Nähr- und Abfallstoffe	**Aufgabe** Sauerstoff- und Kohlenstoffdioxidtransport	**Aufgabe** Abwehr von Krankheitserregern	**Aufgabe** Blutgerinnung

Zusammensetzung und Aufgaben des Blutes

Im Gefäßsystem des Körpers fließen ca. 5–7 Liter Blut. Lässt man eine geringe Menge Blut längere Zeit in einem Reagenzglas bei niedriger Temperatur und unter Luftabschluss stehen, sinken seine festen Bestandteile langsam zu Boden. Als Überstand bleibt eine leicht getrübte, gelbliche Flüssigkeit, das *Blutplasma.* Seine Hauptbestandteile sind: 90 % Wasser, 7 % Eiweiße, 0,7 % Fette, 0,1 % Traubenzucker. Die restlichen 2,2 % verteilen sich auf Vitamine, Salze (Calcium-, Chlorid-, Kalium- und Natriumionen), Hormone, Abwehrstoffe gegen Krankheitserreger und Abfallstoffe des Stoffwechsels. Außerdem enthält das Blutplasma den Gerinnungsstoff *Fibrinogen,* ein Eiweiß. Wird es z. B. durch stetiges Umrühren mit einem Glasstab aus dem Blutplasma entfernt, bleibt das *Blutserum* übrig.

Die festen Bestandteile des Blutes sind die roten Blutzellen (Erythrozyten), die weißen Blutzellen (Leukozyten) und die Blutplättchen (Thrombozyten).

Die roten Blutzellen sind flache, von beiden Seiten eingedellte Scheibchen mit einem Durchmesser von 7 µm. Sie werden im *roten Knochenmark* aus Stammzellen durch Zellteilung gebildet und verlieren bald ihren Zellkern. Die roten Blutzellen haben nur eine begrenzte Lebensdauer von 100–120 Tagen und werden danach in Leber und Milz abgebaut. Unser Blut enthält etwa 25 Billionen rote Blutzellen, 5 Millionen sind in einem mm³. Damit ihre Gesamtzahl erhalten bleibt, müssen Millionen von Blutzellen pro Sekunde neu gebildet werden.

Eine wesentliche Aufgabe der roten Blutzellen ist der Sauerstofftransport. Sie enthalten den Blutfarbstoff *Hämoglobin,* der den Sauerstoff binden kann. Außerdem sind die roten Blutzellen am Transport des Kohlenstoffdioxids beteiligt.

Erst im angefärbten Blutausstrich sind unter dem Mikroskop die weißen Blutzellen — die Leukozyten — zu erkennen. Sie haben einen Durchmesser von 10 µm, besitzen einen Zellkern und entstehen in den Lymphknoten, in den lymphatischen Organen wie Milz, Thymusdrüse, Mandeln sowie Wurmfortsatz und im Knochenmark. Während die roten Blutzellen passiv vom Blutstrom mitgenommen werden, können sich die weißen Blutzellen aktiv wie Amöben fortbewegen. Sie wandern auch gegen den Blutstrom, zwängen sich durch Kapillarwände in die Gewebszellen der Organe und können so fast jeden Ort im Körper erreichen. Ihre Hauptaufgabe ist das Fressen von Fremdkörpern und Krankheitserregern. Oft bildet sich an einer Wunde *Eiter.* Dieser setzt sich überwiegend aus abgestorbenen weißen Blutzellen zusammen.

Die Blutplättchen (Thrombozyten) sind kleine Zellbruchstücke und entstehen im Knochenmark. Ihre Aufgabe ist es — zusammen mit dem Fibrinogen im Blutplasma — die *Blutgerinnung* auszulösen und Wunden zu verschließen.

Aufgabe

① Erkläre, warum man auch beim Blut von einem Organ sprechen kann.

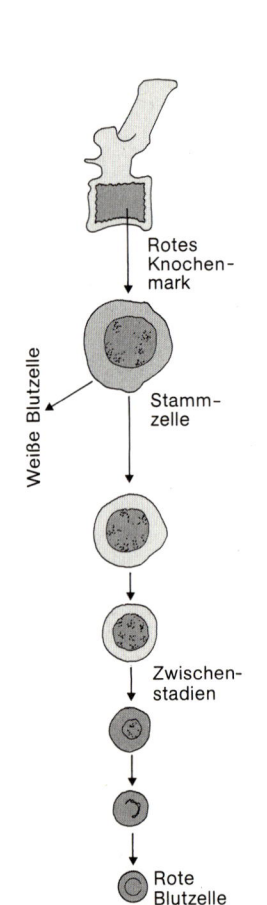

Stoffwechsel des Menschen

Stoffaustausch im Gewebe

Eine der Hauptfunktionen des Blutes ist der *Transport* von Nähr- und Abfallstoffen. Der Stoffaustausch findet in den *Kapillaren* statt. Ihr dünnen Wände besitzen Poren. Feste Bestandteile des Blutes, wie rote Blutzellen, Blutplättchen und große Eiweißmoleküle, können die Kapillarwand nicht passieren und werden zurückgehalten, flüssige Bestandteile jedoch nicht.

So strömen etwa 20 Liter Blutplasma täglich durch diese Poren in den Kapillarmembranen. Die mittransportierten Nährstoffe und den Sauerstoff nimmt die Zwischenzellflüssigkeit — die *Lymphe* — auf und transportiert sie zu den Gewebezellen. Die Lymphe fließt wieder zu den Kapillaren zurück und nimmt dabei die Abfallstoffe und das Kohlenstoffdioxid, die aus dem Stoffwechsel der Gewebszellen stammen, mit. Mit dem Blutstrom werden auch Wasser, Salze, Hormone, Enzyme und Antikörper an den jeweiligen Bestimmungsort transportiert. Etwa 10 % der Lymphe werden über ein anderes Transportsystem, das *Lymphsystem*, abgeleitet.

Eine weitere Aufgabe des Blutes ist die *Wärmeregulation* im Körper, d. h. die Wärme wird im gesamten Körper verteilt und überschüssige Wärme aus dem Körperinnern an die Körperoberfläche geleitet.

Aufgabe

① Beschreibe anhand der Abbildung 1 den Stoffaustausch im Kapillarbereich.

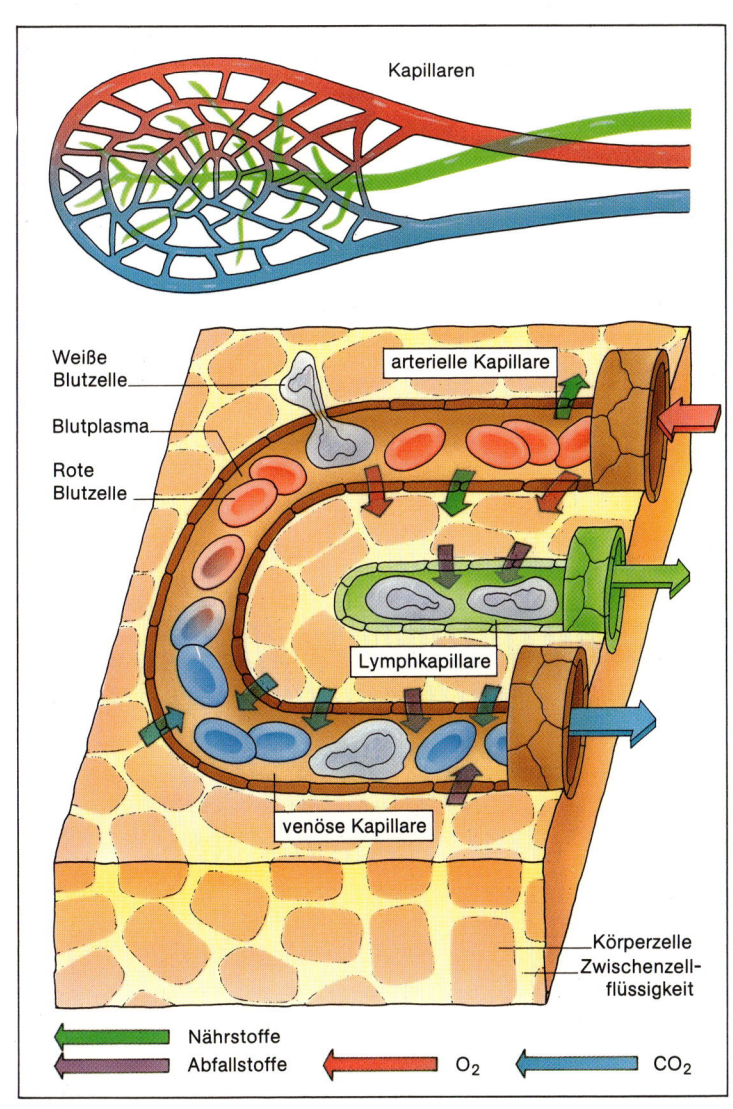

1 Stofftransport im Kapillarbereich

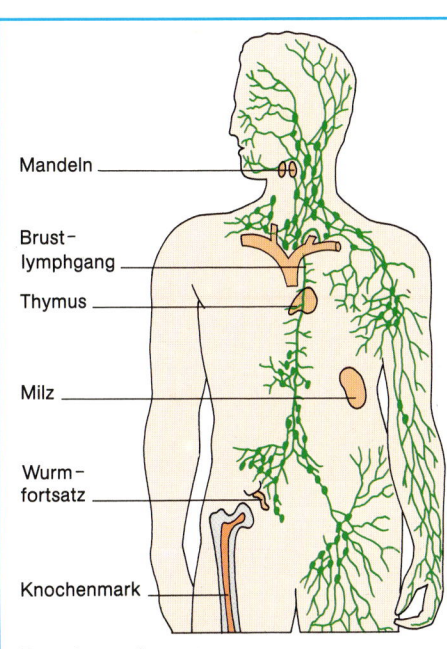

Das Lymphsystem

Das Gefäßsystem der Lymphbahnen beginnt mit feinsten Kapillaren, die sich zu größeren Lymphgefäßen vereinigen. Die großen Lymphbahnen vereinigen sich im großen *Brustlymphgang*. Dieser mündet in die linke Schlüsselbeinvene. Über alle Hauptlymphgefäße wird die Lymphflüssigkeit letztlich dem Blutkreislauf wieder zugeführt. Somit findet zwischen Blut und Lymphe ein ständiger Stoffaustausch statt. Im gesamten Lymphsystem findet man *Lymphknoten*. Sie treten im Bereich der Leiste, des Unterarms, des Halses und entlang des Rückenmarks gehäuft auf. Die Lymphknoten sind u. a. die Orte, an denen sich die weißen Blutzellen vermehren und Antikörper bilden.

Stoffwechsel des Menschen

Der Wundverschluss

Kleine Gefäßverletzungen können die Blutplättchen noch selbst reparieren, indem sie einfach die Schadstelle mit ihren Zellkörpern verkleben. Größere Blutungen über längere Zeit aber führen dazu, dass die roten Blutzellen in den Kapillaren verklumpen. Dadurch kommt die Sauerstoffversorgung einzelner Gewebeteile zum Erliegen und Zellen sterben ab. Deshalb muss die Wunde sehr schnell verschlossen werden.

Der Vorgang des *Wundverschlusses* ist sehr kompliziert und läuft in mehreren Phasen hintereinander ab. Ist ein kleineres Gefäß verletzt, so verengt es sich zunächst. Durch diese Reaktion wird der Blutaustritt so gering wie möglich gehalten. Dabei spielen insbesondere die *Thrombozyten* eine Rolle. Diese Blutplättchen sind kleine, unregelmäßig geformte Zellgebilde, die im roten Knochenmark entstehen. Wenn bei einer Verletzung chemische Botenstoffe aus zerstörten Zellen abgegeben werden, zerfallen sie sehr leicht. Dadurch kommt es zu einer komplexen Reaktionskette. Gewebszellen und Sauerstoff bewirken, dass in den Thrombozyten enthaltene Gerinnungsstoffe freigesetzt werden. Über mehrere Zwischenstufen wird das Enzym *Thrombin* gebildet. Es bewirkt eine Umwandlung des wasserlöslichen Bluteiweißstoffes *Fibrinogen* in das wasserunlösliche *Fibrin*.

Das Fibrin bildet lange Fäden aus, die miteinander vernetzen und sich etwas zusammenziehen. Dadurch entsteht ein engmaschiges *Fibrinnetz*, das durch Erythrozyten verstopft wird und so die verletzten Gefäße verschließt. Die Gerinnungszeit beträgt bei einem gesunden Menschen 5 – 10 Minuten.

Mit der Zeit bildet sich ein festsitzendes und trockenes Netzwerk, der *Wundschorf*. Die darunter liegenden Schichten der Haut bilden neue Zellen, welche die Wunde endgültig verschließen. Bei tiefen Verletzungen bleibt eine Narbe zurück.

Es gibt Menschen, bei denen der Wundverschluss nicht so einwandfrei funktioniert wie eben beschrieben. Solche Menschen nennt man *Bluter*, sie haben die *Bluterkrankheit*. Diese Krankheit ist angeboren.

Aufgaben

1. Was weißt du über den Bluterguss?
2. Weshalb kann ein Bluterguss einem Bluter zum Verhängnis werden?
3. Unter Thrombose versteht man die Verstopfung von Adern durch ein Blutgerinnsel. Erkläre, weshalb dies lebensgefährlich sein kann.
4. Weshalb ist es sinnvoll, dass der Wundverschluss in vielen einzelnen Schritten abläuft?
5. Nach Operationen wird dem Patienten meist ein Mittel gegen die Blutgerinnung gegeben. Warum?
6. Erkläre, weshalb bei manchen Wunden das Blut stoßweise austritt.
7. Oberflächliche Schürfungen der Haut bluten nicht. Erkläre, weshalb sich trotzdem eine Kruste bildet und die Kruste nahezu farblos ist.
8. Worin besteht der Unterschied zwischen Blutplasma und Blutserum?
9. Weshalb kann ein gesunder Mensch ohne Gefahr etwa einen halben Liter Blut verlieren oder spenden?
10. Welche erste-Hilfe-Maßnahmen sind bei Arterien- und Venenverletzungen durchzuführen?

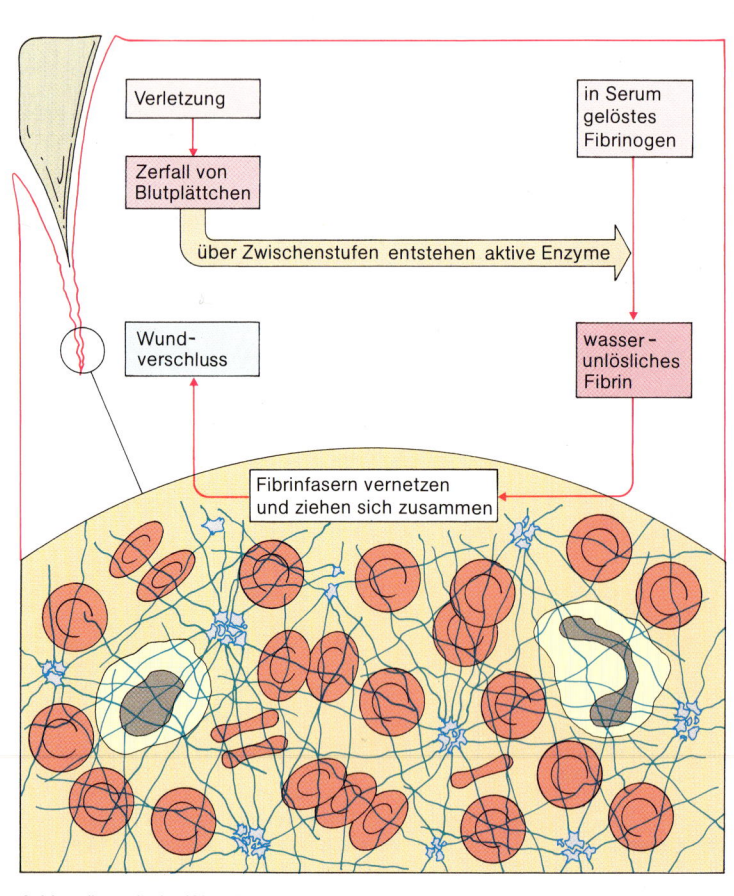

1 Vorgänge beim Wundverschluss

Stoffwechsel des Menschen

Blutgruppen

Im letzten Jahrhundert erkannte man, dass eine Übertragung von Blut eines Menschen in die Blutbahn eines anderen *(Transfusion)* in ca. zwei Dritteln der Fälle tödlich endete, weil sich die roten Blutzellen zusammenballten. Die Aufklärung dieses Phänomens gelang dem Wiener Arzt KARL LANDSTEINER im Jahr 1901.

Karl Landsteiner
(1868 – 1943)
österreichischer Arzt, erhielt 1930 den Nobelpreis für Medizin

LANDSTEINER trennte rote Blutzellen und Serum aus den Blutproben verschiedener Personen und vermischte sie wechselseitig. So konnte er drei verschiedene *Blutgruppen*, die untereinander unterschiedliche Verträglichkeiten aufwiesen, erkennen. Kurz darauf wurde auch die vierte Blutgruppe entdeckt. Die vier Blutgruppen bezeichnet man mit A, B, AB, und 0 (Null).

Weitere Untersuchungen ergaben, dass die Blutgruppenmerkmale durch zwei Gruppen von Molekülen bestimmt sind. Die eine Gruppe befindet sich auf der Oberfläche der roten Blutzellen. Man nennt sie *Antigene* und unterscheidet dabei — vereinfacht dargestellt — *Antigen-A* und *Antigen-B*. Die andere Gruppe von Molekülen sind die zwei *Antikörper*, die im Serum vorkommen: Antikörper-A *(Anti-A)* und Antikörper-B *(Anti-B)*. Wie kommt es aber, dass rote Blutzellen verklumpen, wenn man Blut verschiedener Blutgruppen mischt? Die Antikörper im Blutserum können mit den Antigenen auf den roten Blutzellen reagieren. Durch diese *Antigen-Antikörper-Reaktion* vernetzen die roten Blutzellen und verklumpen, wie z. B. Antigen-A und Antikörper-A.

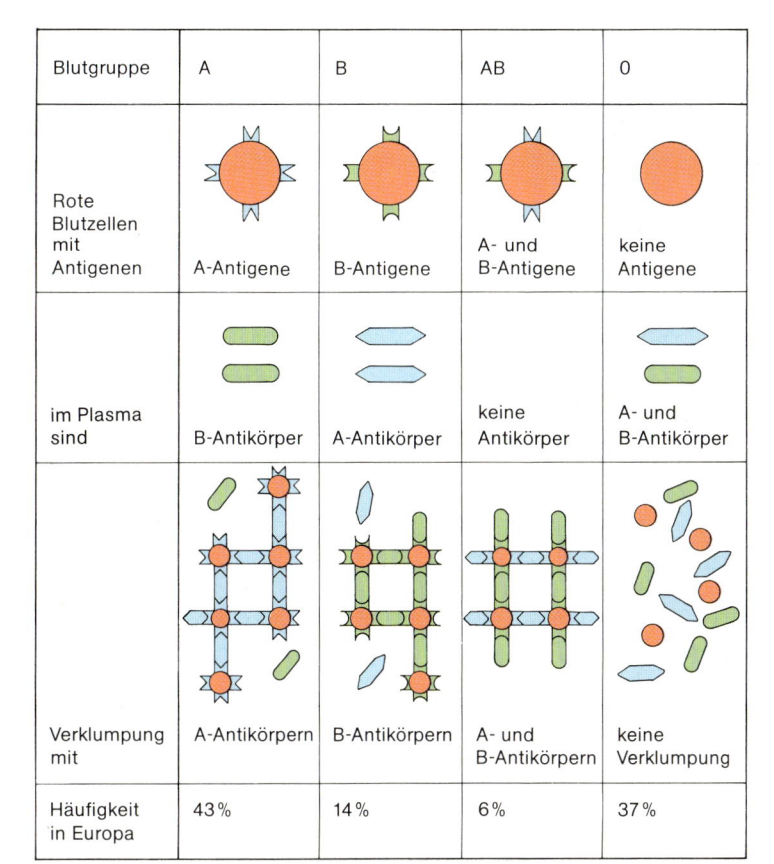

Der Rhesusfaktor

Obwohl man nun bei Blutübertragungen darauf achtete, stets nur Blut derselben Blutgruppe miteinander zusammenzubringen, traten vereinzelt doch noch Todesfälle auf. Schließlich fand man die Ursache: ein weiteres Molekül auf den roten Blutzellen. Es wurde *Rhesusfaktor* genannt, weil es bei Rhesusaffen entdeckt wurde. Etwa 85 % der Mitteleuropäer besitzen diesen Rhesusfaktor, ihr Blut wird mit Rh$^+$ *(rhesuspositiv)* bezeichnet. Die übrigen 15 % besitzen dieses Molekül nicht; ihr Blut erhält die Bezeichnung rh$^-$ *(rhesusnegativ)*.

Zunächst gibt es keine Antikörper, die sich mit dem Rhesusfaktor verbinden. Gelangt jedoch das Rhesusmolekül in Blut, das keinen Rhesusfaktor besitzt (also rh$^-$-Blut), so wird es als Fremdkörper betrachtet und die weißen Blutzellen des Empfängerkörpers bilden Antikörper gegen das Rhesusmolekül. Dann tritt Verklumpung ein.

Blutgruppe A Rh$^+$

Blutgruppe	A	B	AB	0
Rote Blutzellen mit Antigenen	A-Antigene	B-Antigene	A- und B-Antigene	keine Antigene
im Plasma sind	B-Antikörper	A-Antikörper	keine Antikörper	A- und B-Antikörper
Verklumpung mit	A-Antikörpern	B-Antikörpern	A- und B-Antikörpern	keine Verklumpung
Häufigkeit in Europa	43 %	14 %	6 %	37 %

1 Blutgruppenmerkmale

Aufgaben

1. Blut der Blutgruppe A kann zwar Antikörper B besitzen, nicht aber Antikörper A. Begründe.
2. Könnte man Serum der Blutgruppe A im Reagenzglas mit Blutgruppe AB ohne Verklumpung mischen? Begründe.
3. Als Reagenzien stehen bereit: Serum der Blutgruppe A und Serum der Blutgruppe B. Wie könntest du herausfinden, welche Blutgruppe du hast?
4. Erkläre, weshalb Blutkonserven der Gruppe AB/rh$^-$ so selten sind.
5. Welche Blutgruppenkombination ist die häufigste in Mitteleuropa?
6. Die in der Abb. 1 dargestellten Proteine sind ganz schematisch gezeichnet. Wie könnte man „Rhesusantikörper" darstellen?

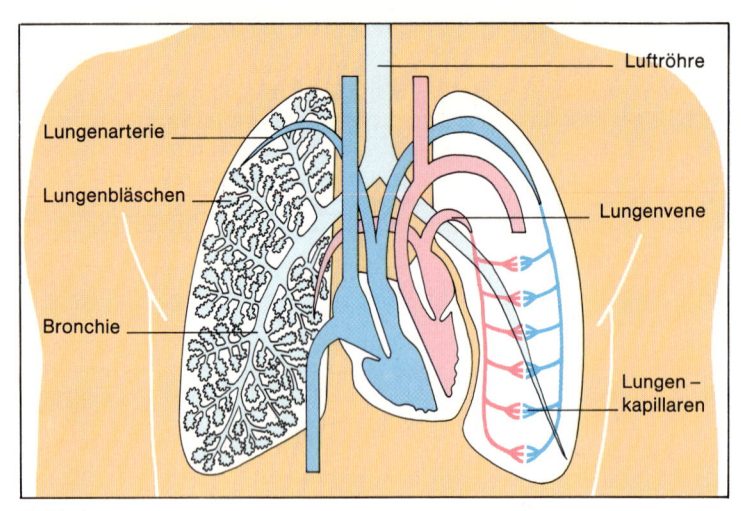

Bau und Funktion der Lunge

In jeder Minute atmen wir etwa 16-mal. Jeder Atemzug ist sichtbar, weil der Brustkorb dabei abwechselnd größer und kleiner wird. Die Zuführung der Atemluft erfolgt durch Nase oder Mund und die *Luftröhre.* Diese ist ca. 10 bis 12 cm lang. Große, hufeisenförmige Knorpelspangen umspannen sie von außen her. Im Bereich des Brustbeins teilt sich die Luftröhre in zwei *Hauptbronchien.* Diese verästeln sich immer mehr, bis hin zu ganz feinen Bronchien, den *Bronchiolen.*

Eine weiche Schleimhaut kleidet die Luftröhre und die Bronchien innen aus. Zahlreiche Schleimdrüsen durchsetzen die Schleimhaut, die einen samtartigen Überzug aus *Flimmerhärchen* trägt. Ihre Bewegungen schaffen eingedrungene Fremdkörper, z. B. mit Schleim verklebte Staubteilchen, in Richtung Rachen hinaus.

An den feinsten Endverzweigungen der Bronchien sitzen die *Lungenbläschen.* Sie haben einen Durchmesser von ca. 0,2 bis 0,6 mm, ihre Wände sind weniger als 1 µm dick. Man hat errechnet, dass in beiden Lungenflügeln zwischen 300 und 750 Millionen Lungenbläschen vorkommen. Dies entspricht einer gesamten Innenfläche von ca. 200 m². Ein engmaschiges, verzweigtes *Kapillarnetz* umspinnt jedes Lungenbläschen. Die Fläche aller Kapillargefäße der Lunge beträgt etwa 300 m².

Die beiden *Lungenflügel* füllen fast den gesamten Brustkorb eines Menschen aus. Der rechte Lungenflügel ist dreilappig gegliedert. Der etwas kleinere linke besitzt nur zwei Lungenlappen. Das Zwerchfell trennt den Brust- vom Bauchraum.

Arbeitsweise der Lunge

Die Lungenflügel besitzen keine Muskeln; sie können sich deshalb nicht selbst mit Luft füllen oder entleeren. Die Vergrößerung der Lungen erfolgt indirekt durch die Erweiterung des Brustraumes durch die Zwischenrippen- und Zwerchfellmuskulatur.

Beim Einatmen zieht sich die Zwischenrippenmuskulatur zusammen, der Brustkorb wird angehoben und der Brustraum vergrößert *(Brustatmung).* Gleichzeitig kontrahiert die Zwerchfellmuskulatur und flacht dadurch das Zwerchfell ab *(Zwerchfellatmung).* Durch beide Vorgänge wird die Lunge gedehnt und frische Luft strömt ein.

1 Die Lunge

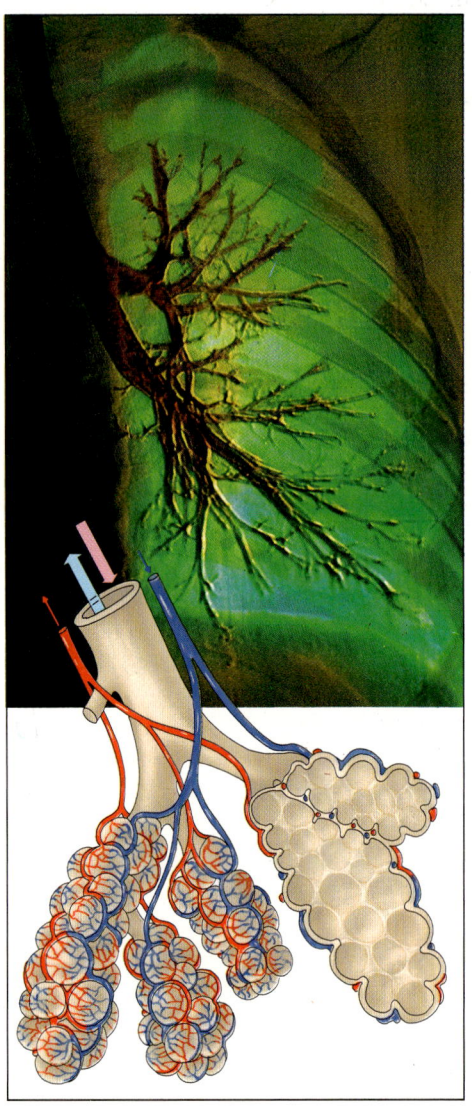

2 Lungenaufnahme und Lungenbläschen

Beim Ausatmen senkt sich der Brustkorb. Nach dem Erschlaffen der Zwischenrippenmuskulatur presst ihn das Eigengewicht zusammen. Die Bauchmuskeln drücken die Eingeweide gegen das erschlaffende Zwerchfell und wölben es dadurch wieder nach oben. Die Verkleinerung des Brustraumes bewirkt ein Zusammenpressen der Lungen, die Luft strömt aus.

Die Lunge liegt sehr eng an den Rippen an. Sie ist mit einer Haut, dem *Lungenfell*, überzogen. Die Innenseite des Brustkorbes ist mit dem *Rippenfell* ausgekleidet. Lungen- und Rippenfell bilden zusammen das *Brustfell*. Beide Häute besitzen glatte und feuchte Oberflächen. Da sich zwischen beiden keine Luft befindet, haften sie — ähnlich wie zwei befeuchtete Glasplatten — aneinander und können so reibungsarm aneinander vorbeigleiten, was den Atmungsvorgang stark erleichtert.

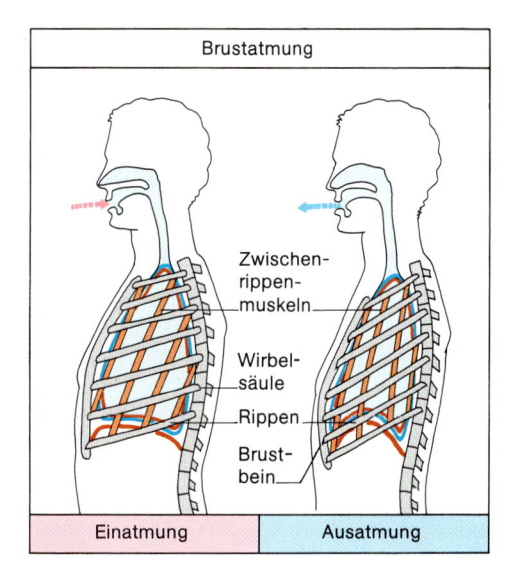

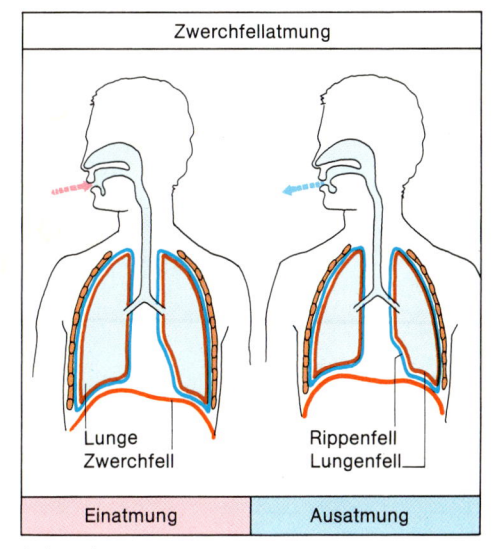

Der Gasaustausch in den Lungenbläschen

Luft ist ein Gasgemisch. Seine wichtigsten Bestandteile sind Stickstoff, Sauerstoff, Kohlenstoffdioxid und Edelgase. Der eingeatmeten Luft wird ein Teil des Sauerstoffes entnommen. Die übrigen Gase und das im Körper gebildete Kohlenstoffdioxid atmen wir wieder aus. Die Aufnahme von Sauerstoff und die Abgabe von Kohlenstoffdioxid finden in den Lungenbläschen statt. Atemluft und Blut sind hier nur durch die dünnen Wände der Kapillaren und Lungenbläschen getrennt. Die beiden Innenseiten dieser Wände sind befeuchtet. Dadurch wird die Durchlässigkeit für die Atemgase erhöht.

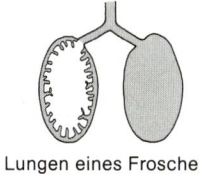

Aufgaben

① Beschreibe den Weg der Atemluft bis in die Lungenbläschen.
② Mit dem Spirometer lässt sich das Atemvolumen deiner Lunge ermitteln.
   a) Atme so tief wie möglich ein und blase die gesamte Atemluft in das Spirometer. Ermittle dein Atemvolumen.
   b) Ermittle mit derselben Methode das Atemvolumen deiner Mitschüler.
③ Beurteile folgende Ratschläge für richtiges Atemverhalten:
   — Immer durch die Nase atmen!
   — Beim Einatmen soll sich der Bauch wölben!
   — Atme tief aus!
   — Aufrecht gehen und sitzen!
④ Vergleiche die innere Lungenoberfläche beim Frosch und beim Menschen. Welche Unterschiede fallen dir auf?

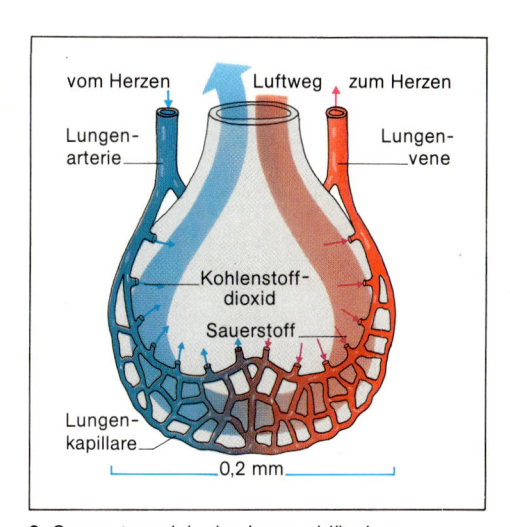

Lungen eines Frosches

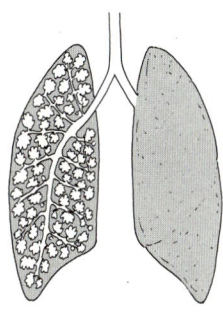

Lungen eines Menschen

21% O_2
1% andere Gase
0,03% CO_2
78% N_2

17% O_2
4% CO_2
1% andere Gase
78% N_2

1 Atembewegungen

2 Gasaustausch in den Lungenbläschen

Stoffwechsel des Menschen

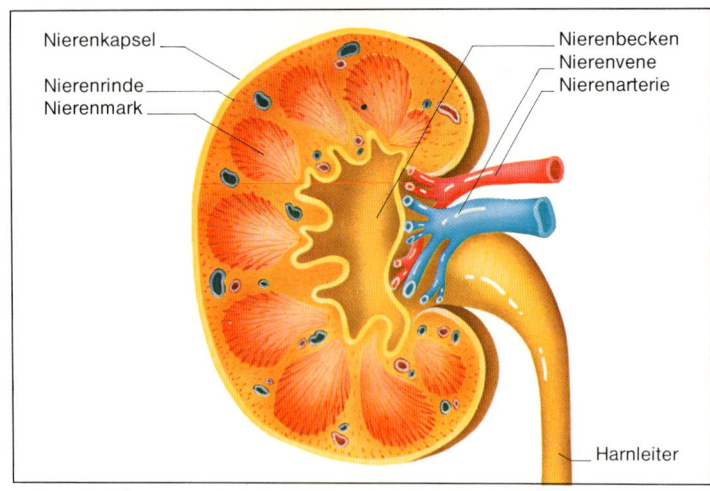

1 Bau der Niere

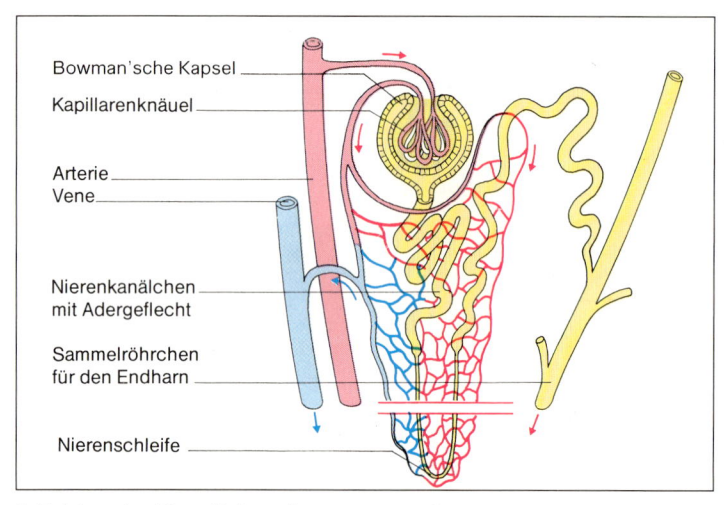

Beschriftungen: Nierenkapsel, Nierenrinde, Nierenmark, Nierenbecken, Nierenvene, Nierenarterie, Harnleiter

2 Feinbau der Niere (Schema)

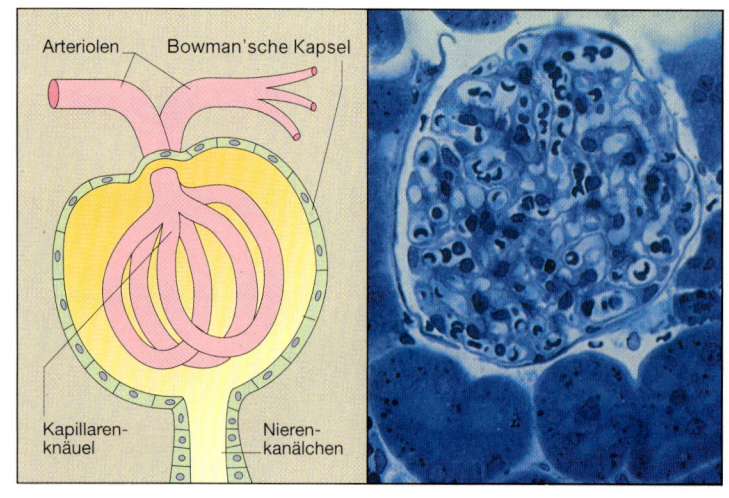

Beschriftungen: Bowman'sche Kapsel, Kapillarenknäuel, Arterie, Vene, Nierenkanälchen mit Adergeflecht, Sammelröhrchen für den Endharn, Nierenschleife

3 Nierenkörperchen (Schema und Mikroaufnahme)

Beschriftungen: Arteriolen, Bowman'sche Kapsel, Kapillarenknäuel, Nierenkanälchen

Die Niere — Millionen kleinster Filter

Oft sieht man an heißen Sommertagen Motorradfahrer, den Oberkörper nur mit einem T-Shirt bekleidet. Ihnen ist anscheinend nicht bewusst, dass sie ohne Schutzkleidung die neben der Lunge wichtigsten Ausscheidungsorgane, die *Nieren,* auf Dauer und irreparabel schädigen können. Die Nieren sind temperatur- und druckempfindlich.

Die zwischen 120 und 200 g wiegenden, paarigen Organe liegen beiderseits der Wirbelsäule an der hinteren Wand der Bauchhöhle und berühren fast das Zwerchfell. Die *Nierenkapsel*, eine derbe Haut aus Bindegewebe, schützt die Nieren und grenzt sie gegen die anderen Organe in der Bauchhöhle ab.

Das Nierengewebe besteht aus zwei Schichten: Der *Mark*- und der *Rindenschicht*. Die Markschicht hat die Form eines abgerundeten Kegels, die sog. *Nierenpyramide*. Deren Spitze mündet in das *Nierenbecken*, das über den Harnleiter mit der Harnblase verbunden ist. Die Rindenschicht umgibt die Pyramidenbasis, sodass Mark und Rinde stark ineinander verzahnt erscheinen. Schon mit der Lupe sind in der Rinde winzige rote Pünktchen festzustellen. Unter dem Mikroskop erkennt man, dass es Knäuel aus Kapillaren sind, die von einer Hülle aus Bindegewebe, der *Bowman'schen Kapsel*, umgeben sind. Kapillarenknäuel — auch *Glomerulus* genannt — und Bowman'sche Kapsel bilden zusammen ein 200—300 μm großes *Nierenkörperchen*.

Von jeder Bowman'schen Kapsel führt ein Nierenkanälchen ins Mark. Dort biegt es in einer haarnadelförmigen Schleife wieder in Richtung Ausgangsglomerulus um. Mehrere Nierenkanälchen münden in ein *Sammelröhrchen*. Mehrere davon vereinigen sich zu einem größeren ableitenden Kanal, der zu den Pyramidenspitzen zieht und dort in das Nierenbecken ausmündet.

Nierenkörperchen und Nierenkanälchen bilden eine funktionelle Einheit, das *Nephron*. Es gibt davon ungefähr 1 Million pro Niere; alle Nierenkanälchen zusammen sind etwa 10 km lang.

Aufgabe

① Schneide eine Schweineniere der Länge nach durch. Zeichne den Längsschnitt in dein Heft und beschrifte.

Stoffwechsel des Menschen

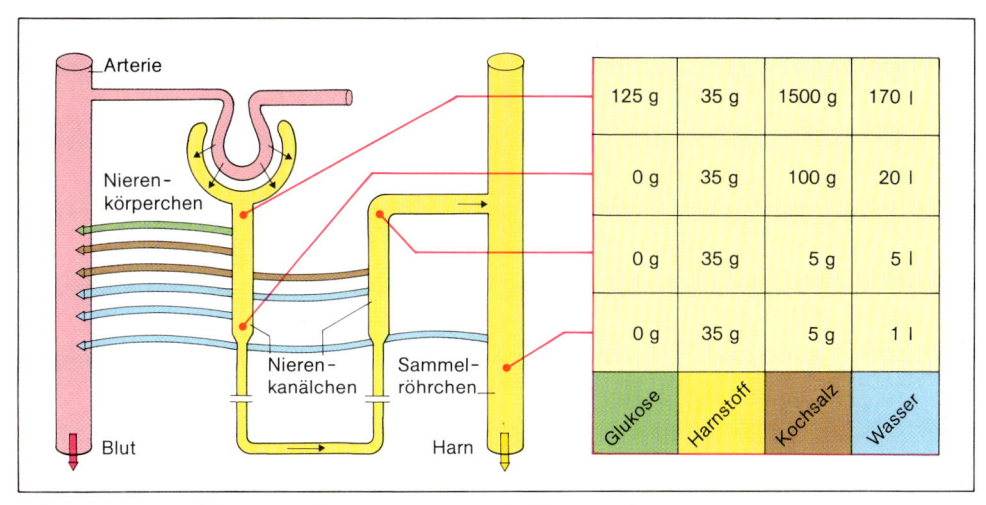

	Glukose	Harnstoff	Kochsalz	Wasser
	125 g	35 g	1500 g	170 l
	0 g	35 g	100 g	20 l
	0 g	35 g	5 g	5 l
	0 g	35 g	5 g	1 l

1 Schema der Harnbildung und Zusammensetzung der Harnzwischenstufen

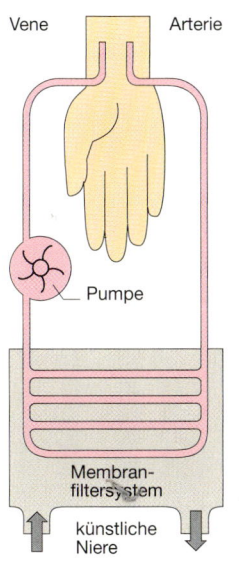

Die Harnbildung

Die Nieren sind Hochleistungsorgane. Etwa 300-mal pro Tag durchströmt die gesamte Blutmenge die Nieren, also ca. 1500 Liter.

Das Produkt der Nierentätigkeit ist der *Harn*, dessen Bildung in den Nierenkörperchen beginnt. Da die abführenden Kapillargefäße der Kapillarenknäuel enger sind als die zuführenden, staut sich das Blut. Dadurch erhöht sich der Druck in den Kapillarenknäueln und die Blutflüssigkeit wird zwischen den Zellen der Kapillarwand hindurch in die Bowman'sche Kapsel gepresst. Das dabei entstehende Filtrat nennt man *Primärharn*. Blutzellen oder sehr große Moleküle wie Bluteiweiße können die Kapillarwand nicht passieren.

In den Nieren werden pro Tag ca. 170 Liter Primärharn gebildet. Er enthält viel Wasser, gelöste Salze und Traubenzucker. Auf dem Weg durch die Nierenkanälchen und Sammelröhrchen wird aus dem Primärharn ein Großteil des Wassers und der Salze sowie der gesamte Traubenzucker zurückgewonnen *(Resorption)*.

Nur noch etwa ein Liter Endharn gelangt in die Harnblase und wird als *Urin* ausgeschieden. Dieser enthält vor allem *Wasser* und *Harnstoff*, aber nur wenig *Harnsäure*.

Somit regulieren die Nieren nicht nur den Wasser- und Salzhaushalt des Körpers, sondern sind auch für die Reinigung des Blutes von giftigen Stoffwechselprodukten verantwortlich. Außerdem spielen sie eine wichtige Rolle bei der Rückgewinnung des Traubenzuckers.

Dialyse

Die Zahl der Menschen, deren Nieren nur noch eingeschränkt oder gar nicht mehr arbeiten, ist erschreckend hoch. Bereits 1945 wurde in den USA für diese chronisch Nierenkranken eine Apparatur entwickelt, die es ermöglicht, die durch die mangelnde Nierentätigkeit zurückgebliebenen Schadstoffe aus dem Blut der Patienten herauszufiltrieren. Während dieser mehrmals wöchentlich notwendigen Blutwäsche *(Dialyse)* wird innerhalb von 8 – 10 Stunden die gesamte Blutmenge mehrmals durch das Filtersystem der Dialyse geleitet, von Schlackenstoffen befreit und dem Organismus wieder zugeführt.

Obwohl seit 1945 das Dialyseverfahren ständig verbessert wurde, sind die Patienten großen physischen Belastungen und – nicht zuletzt wegen der Abhängigkeit von der Maschine – auch psychischen Belastungen ausgesetzt.

Aufgaben

① Beschreibe die Vorgänge der Resorption zwischen den vier in der Abb. 1 markierten Stellen.

② Erkläre die Arbeitsweise der künstlichen Niere anhand der Randspaltengrafik auf dieser Seite.

③ Informiere dich über die Bedeutung und die Problematik von Nierenspenden und -transplantationen. Berichte und diskutiere in der Klasse darüber.

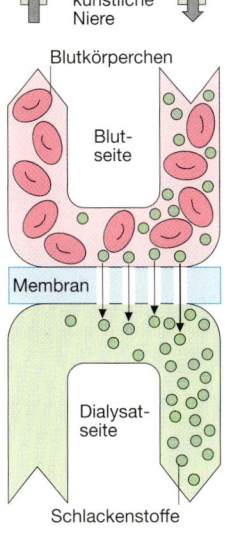

Prinzip der Dialyse

Stoffwechsel des Menschen

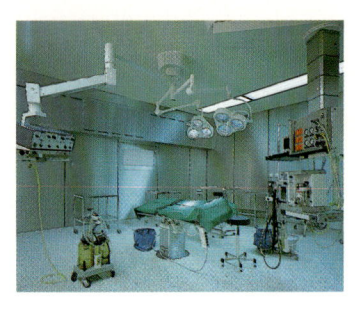

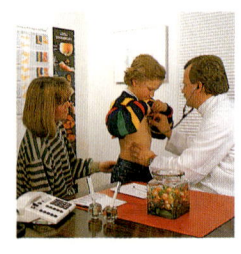

Wir schreiben das Jahr 1347: Die *Pest* breitet sich von Zentralasien entlang der Seidenstraße über die Hafenstädte des Schwarzen Meeres in den Mittelmeerraum aus. Schon 1348 sind alle Mittelmeerländer betroffen; wieder ein Jahr später auch Mitteleuropa und Skandinavien. Bis ins Jahr 1352 wütet der „Schwarze Tod" in Europa und gelangt bis weit nach Russland hinein. Zuvor lebten in den betroffenen Gebieten rund 75 Millionen Menschen, wenige Jahre später ist ein Drittel von ihnen gestorben.

Gesundheit und Krankheit

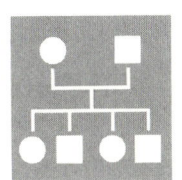

Es gibt auch heute noch zahlreiche Krankheiten, die für den Menschen gefährlich sind. Inzwischen aber kennt man die Ursache der meisten von ihnen. Daher lassen sie sich besser bekämpfen; in einigen Fällen kann ihr Auftreten sogar vollständig verhindert werden. Allerdings erweisen sich heute — bedingt oder gefördert durch unsere moderne Lebensweise — andere Krankheiten, wie z. B. Herz- und Kreislauferkrankungen oder Krebs, als lebensbedrohend.

Jeder bestimmt überwiegend selbst durch sein tagtägliches Verhalten, ob er sich körperlich, geistig und in seiner sozialen Umgebung wohl fühlt. Dazu kann man viele Risikofaktoren meiden, die Krankheiten leichter entstehen lassen. Das nachfolgende Kapitel gibt dir zahlreiche Hinweise zur Erhaltung deiner Gesundheit und zur Vorsorge gegen Krankheiten.

1 **Infektionskrankheiten 212**
Kampf gegen winzige Feinde 212
Arzneimittel gegen Bakterien 213
Grippe — eine Infektionskrankheit 214
Viren 214
Der Körper wehrt sich 216
Aktive und passive Immunisierung 218
AIDS — eine neue Pandemie! 220
Lexikon: Infektionskrankheiten 222
Allergien 224
Lexikon: Parasiten des Menschen 226

2 **Das Risiko von Zivilisationskrankheiten kann man verringern 228**
Das eigene Handeln bestimmt die Gesundheit 228
Herzinfarkt — muss nicht sein! 230
Krebs 231

3 **Suchtmittel — nichts für uns 232**
Rauchen — nein danke! 232
Alkohol — eine erlaubte Droge 234
Medikamentenmissbrauch 236
Die Flucht in eine Traumwelt 236

1 Infektionskrankheiten

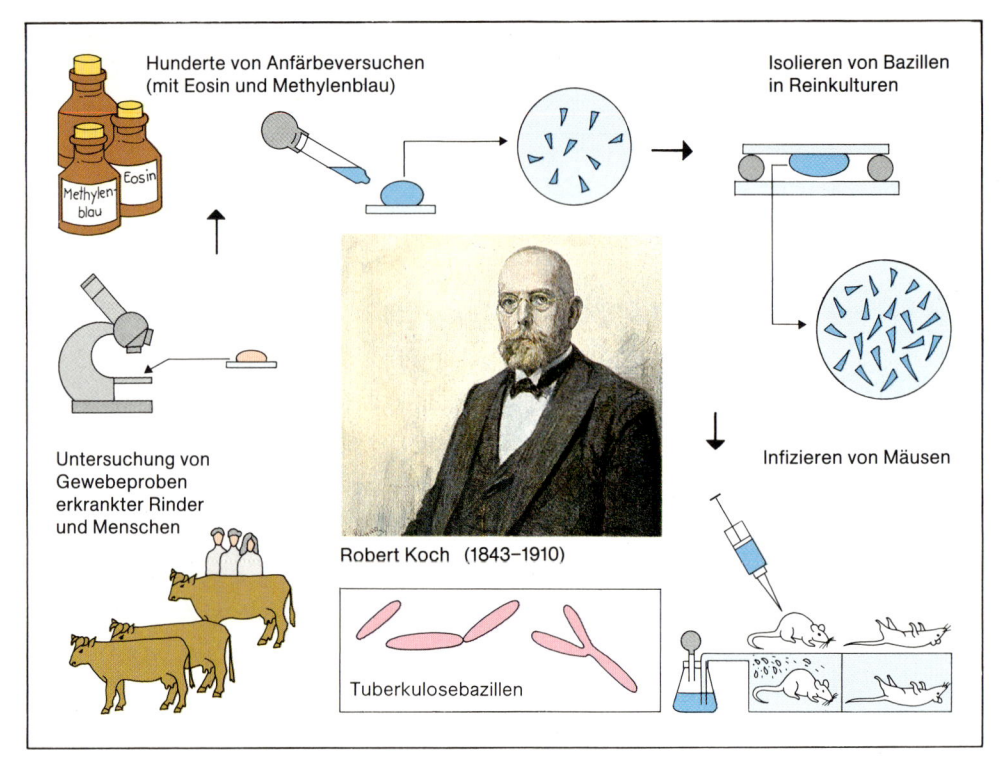

1 Versuchsreihe von Robert Koch

Kampf gegen winzige Feinde

Infektion
lat. *infectio* = Ansteckung

Bakterien
(gr. *bakterion* = Stäbchen)
einzellige Mikroorganismen ohne Zellkern

Bazillus
(lat. *bacillum* = Stäbchen)
stäbchenförmige Bakterien
umgangssprachlich: alle bakteriellen Krankheitserreger

Bakteriologie
Teilgebiet der *Mikrobiologie*, das sich mit der Untersuchung von Bakterien beschäftigt.

Im Jahre 1879 untersuchte ROBERT KOCH das Blut von an *Milzbrand* erkrankten Rindern unter dem Mikroskop. Milzbrand war damals eine weit verbreitete und gefürchtete Viehseuche. KOCH hoffte, bei den erkrankten Tieren Krankheitserreger zu finden. Er suchte gezielt nach *Mikroorganismen* — jedoch zunächst ohne Erfolg.

Daraufhin färbte er seine Präparate mit zahlreichen verschiedenen Farbstoffen. Tatsächlich waren bei einer bestimmten Färbemethode winzige stäbchenförmige Gebilde unter dem Mikroskop zu erkennen. Um beweisen zu können, dass es Lebewesen waren, isolierte er sie und beobachtete ihre Vermehrung. Schließlich spritzte er diese Mikroorganismen gesunden Mäusen ein, die daraufhin an Milzbrand erkrankten und starben. In ihrem Blut konnte KOCH die Erreger in großer Zahl feststellen.

Damit war der Beweis erbracht, dass diese Mikroorganismen den Milzbrand hervorriefen. Man nennt diese stäbchenförmigen Mikroorganismen *Bakterien* oder *Bazillen*.

Mit seiner Beweisführung konnte KOCH zwei Jahre später auch den Erreger der Schwindsucht *(Tuberkulose)* als Bazillus identifizieren. Zudem wies er nach, auf welche Weise die Ansteckung mit Tuberkelbazillen erfolgt: Beim Husten und Sprechen von kranken Menschen gelangen feinste Tröpfchen in die Luft. Sie enthalten Tuberkelbazillen. Diese in der Luft schwebenden Tröpfchen können einen gesunden Menschen infizieren, sobald er sie einatmet *(Tröpfcheninfektion)*.

Mit der Entdeckung des Tuberkuloseerregers hatte KOCH die Grundlagen zur Bekämpfung einer *Infektionskrankheit* gelegt, an der zur damaligen Zeit noch jeder siebte Mensch in Europa starb.

Die von ihm entwickelte Arbeitsmethode ist für die *Bakteriologie* grundlegend geworden. Auf ähnliche Weise wurden inzwischen zahlreiche weitere Krankheitserreger entdeckt. Erst wenn man Erreger und Infektionsweg kennt, kann man nach wirksamen Methoden zur Vorbeugung gegen die Infektion oder zur Heilung der Krankheit suchen.

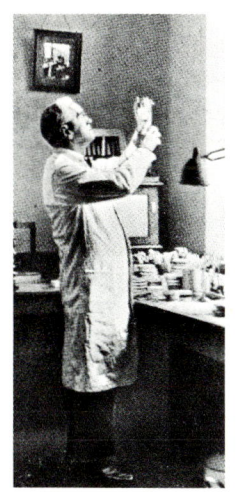

Alexander Fleming
(1881—1955)
englischer
Bakteriologe

resistent
resistere, lat. =
widerstehen

Resistenz
Widerstandsfähigkeit

Antibiotikum,
im Plural: Antibiotika
(*anti*, gr. = gegen;
bios, gr. = Leben)

Schale mit
Nährboden

Schimmelpilz

Bakterien-
kolonie

Arzneimittel gegen Bakterien

Ein einzelnes Bakterium kann nur unter einem leistungsstarken Mikroskop betrachtet werden. Trotzdem ist es möglich, Bakterien mit bloßem Auge zu untersuchen. Man lässt sie dazu auf einem *Nährboden* wachsen, der alles enthält, was Bakterien benötigen. Auf diese Weise entsteht aus einem einzigen Bakterium durch viele Zellteilungen ein Häufchen von Bakterien, eine *Kolonie*. Diese sieht man gut mit bloßem Auge. Viele Forscher kultivieren Bakterien auf Nährböden und untersuchen die sich entwickelnden Kolonien.

Genau genommen dürfte es in einem ordentlichen mikrobiologischen Labor keine vergessenen oder gar schon verschimmelten Schalen mit Bakterienkulturen geben. Aber manchmal kommt das eben doch vor. Solche unbrauchbar gewordenen Kulturen wirft man dann verärgert weg.

Auch der englische Bakteriologe ALEXANDER FLEMING bemerkte eine solche verschimmelte Kulturschale in seinem Labor und er war sicherlich schon auf dem Weg zum Abfalleimer, als er eine merkwürdige Entdeckung machte. Um die verschimmelten Stellen herum wuchsen keine Bakterienkolonien. FLEMINGS Verwunderung darüber wich schnell einer weitblickenden und faszinierenden Vermutung:
Sonderte der Schimmelpilz vielleicht einen Stoff ab, der die Bakterien nicht gedeihen ließ? Nach zahlreichen, gezielt angelegten Versuchen zeigte sich tatsächlich, dass der Schimmelpilz *Penicillium notatum* einen Hemmstoff *(Penicillin)* freisetzt, der Bakterien an der Zellteilung hindert. FLEMINGS Versuchsergebnisse waren eine Sensation, konnte man doch hoffen, diesen Stoff als Medikament gegen die zahlreichen, durch Bakterien hervorgerufenen Krankheiten einsetzen zu können.

FLEMING machte seine Entdeckung im Jahre 1928. Aber erst 1940 gelang es einer anderen Forschergruppe, eine kleine Menge Penicillin rein zu gewinnen. Im darauf folgenden Jahr wurde es erstmals als Arzneimittel getestet — mit großem Erfolg! Die hergestellten Mengen waren zunächst allerdings noch sehr gering. Penicillin war damals teurer als Gold. In den folgenden drei Jahren wurde die Massenproduktion vorangetrieben und so konnten bereits im zweiten Weltkrieg ab 1944 große Mengen zur Behandlung der verwundeten Soldaten eingesetzt werden. Im Jahre 1945 bekam FLEMING für die Entdeckung des Penicillins den Nobelpreis.

Die großen Erfolge mit Penicillin hielten jedoch nur einige Jahre an. Es traten immer mehr Bakterien auf, die gegen Penicillin *resistent* waren. Neue Varianten von Penicillin wurden entwickelt und wiederum so lange erfolgreich eingesetzt, bis auch gegen diese neuen Stoffe resistente Bakterienstämme auftraten. Um heute wirksam gegen Bakterien vorzugehen, wird oftmals ein Gemisch verschiedener Stoffe eingesetzt.

Man kennt zahlreiche weitere Bakterien hemmende Stoffe, die aus Pilzen und Pflanzen gewonnen oder in der pharmazeutischen Industrie künstlich hergestellt werden. Ein von Organismen gebildeter Stoff, der Mikroorganismen abtötet oder an der Vermehrung hindert, wird *Antibiotikum* genannt.

Penicillin kann nur deshalb als Medikament eingesetzt werden, weil es menschliche Zellen nicht, Bakterienzellen dagegen stark schädigt. Trotzdem sind auch Penicillin und die anderen Antibiotika nicht ohne Nebenwirkungen für den Menschen. Sie zerstören z. B. die harmlosen Bakterien im menschlichen Darm, die *Darmflora*. Diese ist für eine normale Verdauung notwendig und verhindert die Entwicklung von schädlichen Bakterien. Außerdem sind manche Menschen gegenüber Antibiotika *allergisch*; ihr Körper reagiert in krankhafter Weise überempfindlich. Antibiotika dürfen daher nur unter ärztlicher Kontrolle eingenommen werden.

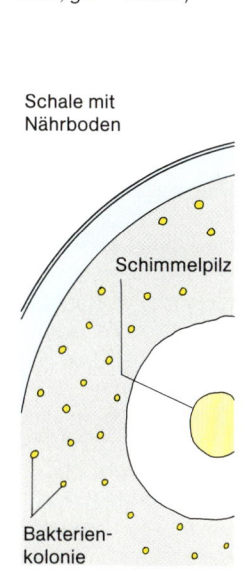

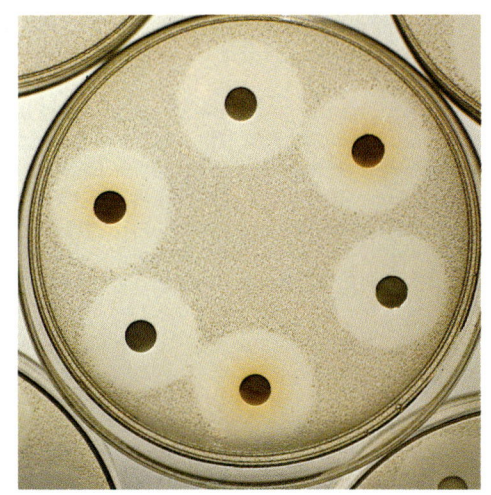

1 Wirkung von Penicillin

Gesundheit und Krankheit

Grippe — eine Infektionskrankheit

Grippe (*chrip*, russisch = Heiserkeit)

Es ist fast jeden Winter dasselbe: Einer in der Klasse hustet dauernd, er hat Schnupfen oder Halsschmerzen, bekommt Fieber und fühlt sich nicht gut. Er bleibt dann zu Hause. Bald darauf fehlen mehrere Mitschüler. Die *Grippe* geht um.

Mit Husten, Schnupfen, Augentränen und Mattigkeit beginnt sich eine Grippe bemerkbar zu machen. Starkes Fieber, Schüttelfrost, Kopf- und Gliederschmerzen folgen.

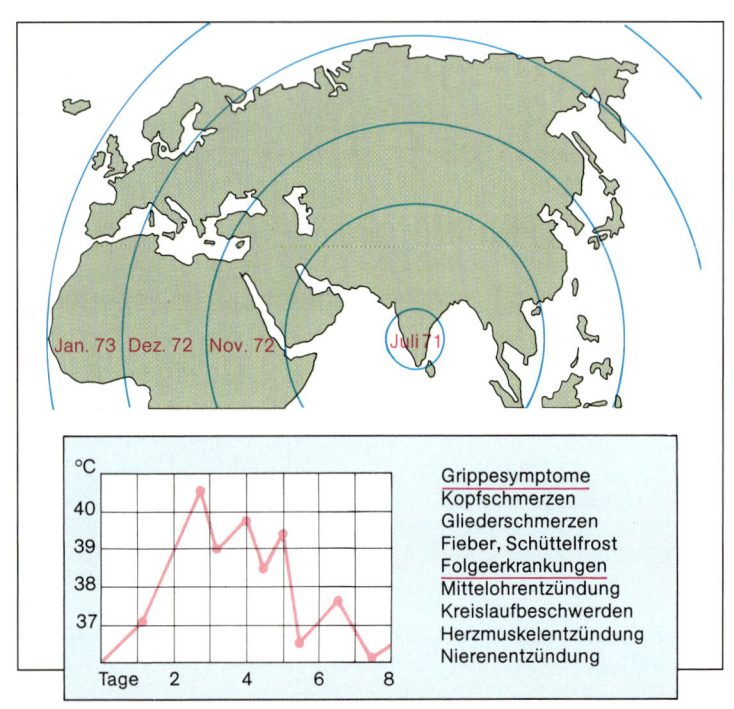

Durch Husten oder Sprechen gelangen die Erreger der Grippe mit ganz kleinen Flüssigkeitströpfchen in die Luft. Die Mitschüler atmen die Krankheitserreger mit der Luft ein. Sie haben sich angesteckt (*Tröpfcheninfektion*). Die Infektion wird zunächst gar nicht bemerkt. Nach mehreren Stunden, oft auch erst bis zu 4 Tagen später, treten die oben beschriebenen Anzeichen der Krankheit, die *Symptome*, auf. Die Zeit von der Infektion bis zum Ausbruch der Krankheit und dem ersten Auftreten der Symptome heißt *Inkubationszeit*. Nach der Untersuchung eines Patienten nennt der Arzt den Namen der Krankheit, er stellt seine *Diagnose*. Da es für eine Krankheit aber durchaus mehrere Behandlungsmöglichkeiten gibt, kann der Arzt erst nach gründlichem Studium der Sachlage die ihm am günstigsten erscheinende *Therapie* auswählen.

Viren

Lange nahm man an, dass auch die Grippe von Bakterien ausgelöst wird. Man musste aber feststellen, dass man mit Antibiotika diese Krankheit nicht bekämpfen, höchstens einige Symptome abschwächen kann. Der Grippeerreger kann also kein Bakterium sein, er ist ein *Virus*. Viren haben keinen eigenen Stoffwechsel, keine eigene Fortpflanzung, keine Bewegung und kein Wachstum.

Viren besitzen keinen zellulären Aufbau, sondern bestehen nur aus einer Eiweißhülle, die die Erbsubstanz umgibt. Außerdem sind sie extrem klein. Ihre Größe reicht von 0,02 µm bis zu 0,7 µm (1 µm = $1/1000$ mm). Im Lichtmikroskop sind sie somit nicht zu erkennen. Erst im Elektronenmikroskop wird ihr Aufbau sichtbar.

1 Krankheitsverlauf bei einer Grippe und Ausbreitung einer Grippeepidemie

Nach etwa 4 Tagen lassen die Beschwerden nach. Trotzdem fühlt man sich noch schwach und ist nicht voll leistungsfähig.

Es gibt unterschiedliche Formen von Grippe, darunter auch solche, die sehr gefährlich sein können. Grippe tritt als weltweite *Epidemie* im Abstand von einigen Jahrzehnten immer wieder auf — jedesmal mit veränderten Krankheitserregern. Von 1889 bis 1892 wurde sie „Russische Grippe" genannt. Am schlimmsten wütete die „Spanische Grippe" in den Jahren 1918 bis 1919. Damals waren weltweit ungefähr 500 Millionen Menschen erkrankt, 22 Millionen davon starben an der Krankheit. 1957 bis 1958 ging die „Asiatische Grippe" um und von 1968 bis 1969 die „Hongkong-Grippe".

Gelangt ein Virus in eine lebende Zelle, so bewirkt es, dass der Stoffwechsel dieser Zelle auf die Bedürfnisse des Virus umgestellt wird. Man nennt die befallene Zelle *Wirtszelle*, weil sie den eingedrungenen Erreger mit allem notwendigen Material versorgen („bewirten") muss. Die Wirtszelle produziert in vielfacher Ausfertigung die Eiweißstoffe und die Erbsubstanz des Virus. Diese Virusbausteine lagern sich in der Wirtszelle zu zahlreichen neuen, vollständigen Viren zusammen. Die Wirtszelle platzt, die Viren werden freigesetzt und können sofort neue Zellen befallen. Von der Infektion der Wirtszelle bis zur Freisetzung neuer Viren vergehen manchmal nur 30 Minuten.

Das **Virus** (*virus*, lat. = Schleim, Gift)

Epidemie
Seuche, örtlich und zeitlich gehäuftes Auftreten einer ansteckenden Krankheit

Pandemie
eine zur gleichen Zeit in verschiedenen Ländern auftretende Epidemie

Das Grippevirus befällt vor allem die Zellen der Schleimhäute von Nase und Bronchien. Dies erscheint zunächst harmlos. In der Folge können aber bakterielle Krankheitserreger leichter in die geschädigten Gewebe eindringen. Man spricht in solchen Fällen von *Sekundärinfektionen*.

So ist die häufigste Todesursache im Verlauf einer Grippeerkrankung eine anschließende *Lungenentzündung*, die durch Bakterien hervorgerufen wird.

Gegen bakterielle Sekundärinfektionen kann der Arzt Medikamente verschreiben. Ferner gibt es Arzneien, mit denen man die Beschwerden lindern und hohes Fieber abschwächen kann. Außerdem kennt man heute vorbeugende Maßnahmen *(Prophylaxe)* gegen Grippe und andere Infektionskrankheiten: Allgemeine Sauberkeit *(Hygiene)*, Erhalt der körperlichen Leistungsfähigkeit durch richtige Ernährung und gesunde Lebensweise sowie Schutz durch Impfungen.

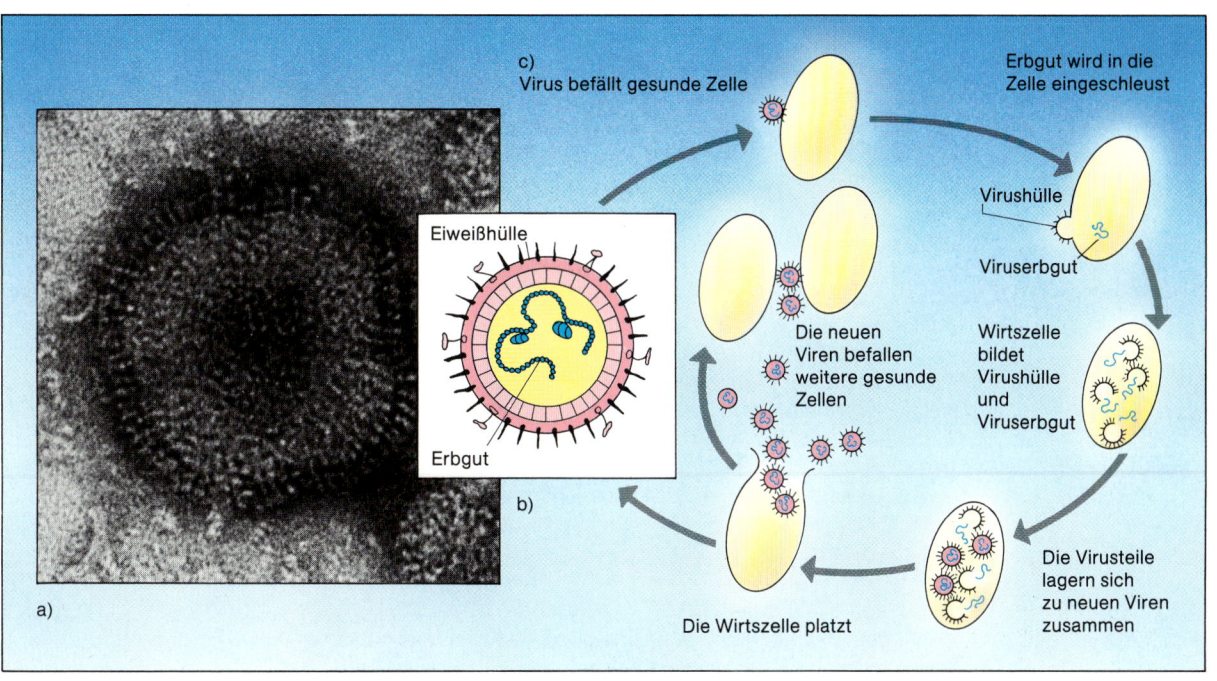

1 Grippevirus (a) EM-Aufnahme, (b) Schema und Verlauf einer Virusinfektion (c)

Aufgaben

1. Wie ist es zu erklären, dass zwischen Ansteckung und Ausbruch einer Krankheit mehrere Tage vergehen können?
2. Weshalb ist Hygiene eine Möglichkeit zur Prophylaxe?
3. Wie könnte man sich vor einer Tröpfcheninfektion schützen?
4. Wie unterscheiden sich Bakterien und Viren voneinander?
5. Übersetze und erkläre alle Fachausdrücke des nebenstehenden Textes. Begründe die Maßnahmen des Arztes.

Erlebnis beim Arztbesuch

„So, so, Febris, Katarr, die üblichen Symptome", brummelt Dr. Hilfreich vor sich hin. *„Meine Diagnose: Eine Infektion mit Influenzaviren. Den Infekt kannst du dir schon gestern oder vorgestern geholt haben, die Inkubationszeit beträgt nämlich bis zu vier Tagen. Da hilft nur eine Therapie: Sofort ins Bett und mindestens vier Tage Ruhe. Wenn Komplikationen auftreten sollten, sofort anrufen. Deine Eltern sollen zu ihrer eigenen Prophylaxe viel vitaminreiche Kost zu sich nehmen."*

Gesundheit und Krankheit

Weiße Blutzelle frisst Bakterien

Durch Antikörper verklumpte Grippeviren

Der Körper wehrt sich

Die Resistenz

Unser Körper ist ständig von Mikroorganismen umgeben. Einen ersten Schutz des Körpers gegen Fremdkörper stellen die intakte Haut (Hornschicht, Säuremantel der Haut) und die Schleimhaut dar. Der Schleim enthält ein Enzym, das Bakterienzellwände abbaut. Im Magen tötet die Magensäure eingedrungene Krankheitserreger ab.

Krankheitserreger gelangen über Wunden, die Atemwege und den Verdauungstrakt in den Körper. Sie werden von der körpereigenen Abwehr an Oberflächenstrukturen, den *Antigenen*, als körperfremd erkannt und bekämpft. Alle Körperzellen tragen dagegen auf ihrer Oberfläche Strukturen, die sie als körpereigen ausweisen.

Für die Abwehr von Fremdkörpern sind die *weißen Blutzellen* zuständig. Es gibt sie in verschiedenen Formen und mit unterschiedlichen Aufgaben. Alle sind aber darauf geschult, körpereigene und körperfremde Zellen zu bekämpfen. *Fresszellen*, eine Gruppe der weißen Blutzellen, bewegen sich frei im Körper und nehmen alle Fremdkörper in ihr Zellplasma auf. So verdauen z. B. Riesenfresszellen *(Makrophagen)* Bakterien, Viren, gealterte rote Blutzellen und Arzneimittelreste. Diese *unspezifische Abwehr* stellt eine zweite Abwehrlinie dar.

Resistenz (lat. *resistere* = widerstehen) nennt man die Fähigkeit des Körpers, sofort unspezifisch gegen Fremdkörper und -stoffe reagieren zu können. Sie ist angeboren. Jeder kann seine Resistenz durch ausgewogene Ernährung, stressarme und gesunde Lebensweise mit ausreichend Schlaf und Sport stärken. Vitaminmangel, Unter- und Fehlernährung, starke körperliche und seelische Belastungen schwächen die körpereigene Abwehr.

Auf Infektionen, Verletzungen und Giftstoffe reagiert unser Körper mit Temperaturerhöhung. Als Normaltemperatur gilt 37 °C. Von erhöhter Temperatur spricht man bei 38 °C bis 38,5 °C. Hohes *Fieber* liegt zwischen 39 °C und 40,5 °C. Höhere Temperaturen beschleunigen Stoffwechselvorgänge, das Fieber unterstützt somit die Abwehrreaktionen des Körpers.

Aufgabe

① Beschreibe die natürliche Resistenz.

Die Immunreaktion

Ist die Anzahl der Krankheitserreger für die unspezifische Abwehr nicht zu bewältigen, folgen *spezifische Abwehrreaktionen* des Körpers, die *Immunreaktion*, die am Beispiel einer Infektion mit Grippeviren beschrieben wird. Hierbei wirken weitere Gruppen von weißen Blutzellen mit. *B-Zellen* entstehen im Knochenmark und reifen in lymphatischen Organen wie der Milz und in den Lymphknoten. *T-Zellen* wachsen auch im Knochenmark heran, „lernen" aber erst in der Thymusdrüse, körpereigene Zellen von fremden zu unterscheiden. Gelangen Grippeviren in die Schleimhäute der Atemwege, beginnen die

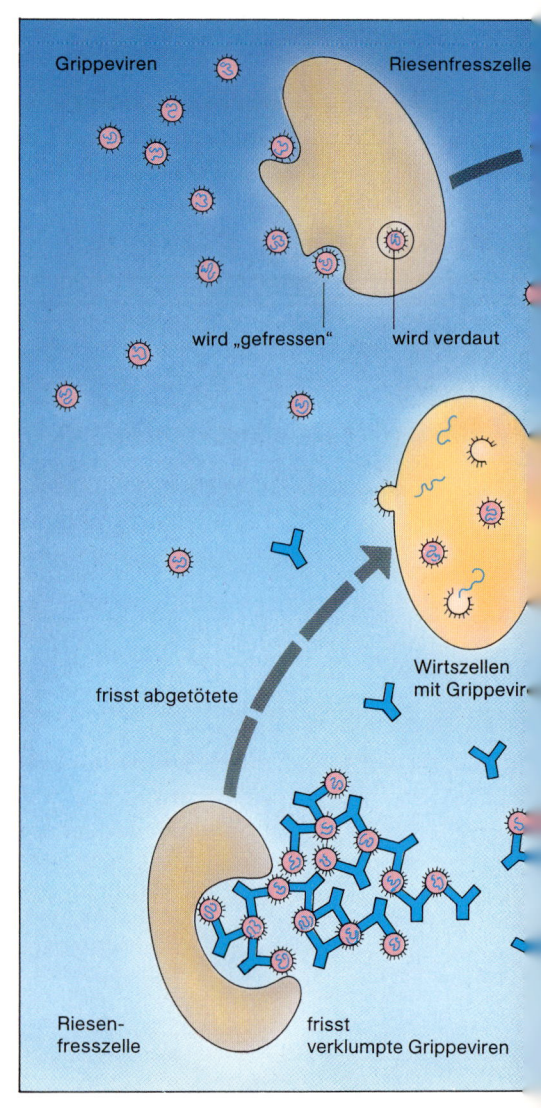

1 Immunreaktionen im Körper

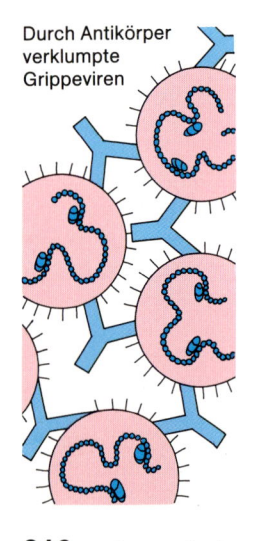

immun von
lat. *immunis*
= unberührt

alarmierten Riesenfresszellen sofort mit der Arbeit. Sie verschlingen und verdauen die Fremdkörper. Werden sie aber nicht alleine mit den Krankheitserregern fertig, so informieren sie die T-Helferzellen, welche Fremdkörper eingedrungen sind.

T-Helferzellen, eine Untergruppe der T-Zellen, aktivieren daraufhin die ganze Immunabwehr. Sie geben ein Signal an die B-Zellen, die sich zu vielen *Plasmazellen* und *B-Gedächtniszellen* entwickeln. Plasmazellen produzieren gegen die eingedrungenen Grippeviren spezifische Abwehrstoffe. Diese Proteinmoleküle *(Antikörper)* besitzen eine y-förmige Gestalt. Treffen die Antikörper auf das Antigen (Grippevirus), so passen sie wie ein Schlüssel ins Schloss und verklumpen miteinander. Die *Antigen-Antikörper-Komplexe* werden bevorzugt von Fresszellen vernichtet. Damit sind viele Viren zerstört worden. Bis dieser Teil der Immunreaktion voll wirksam ist, vergehen 5 bis 6 Tage.

Zusätzlich werden spezialisierte *B-Gedächtniszellen* gebildet, die über Jahre im Körper erhalten bleiben. Kommt es zum Zweitkontakt mit Grippeviren des gleichen Typs, werden die Gedächtniszellen durch wenige Teilungsschritte zu Plasmazellen und es erfolgt im Vergleich zum Erstkontakt eine schnellere und stärkere Antikörperbildung: Der Erreger wird unschädlich gemacht, bevor er sich stark vermehren kann. Die Krankheit bricht nicht aus. Der Teil der unspezifischen Immunantwort, der durch gelöste Abwehrstoffe im Blut und Lymphe zustande kommt, wird als *humorale Abwehr* bezeichnet. Dringen z. B. zur Vermehrung die Grippeviren in Schleimhautzellen ein, so sind Antikörper unwirksam. In diesen *Wirtszellen* vermehren sich die Viren ungehindert. Deshalb werden zu ihrer Bekämpfung von den T-Helferzellen auch weitere T-Zellen aktiviert. Sie vermehren sich zu T-Killerzellen, erkennen Wirtszellen an den Antigenen der Viren und lösen sie auf. Dabei werden auch die in den Zellen vorhandenen Grippeviren zerstört.

Gleichzeitig wurden spezifische *T-Gedächtniszellen* gebildet, die auch über Jahre im Körper erhalten bleiben. Bei einem Zweitkontakt der Gedächtniszellen mit dem spezifischen Antigen desselben Typs von Grippeviren erfolgt eine schnelle und starke Vermehrung der spezifischen T-Killerzellen. Darauf beruht die Wirksamkeit der *zellulären Abwehr*. Der Körper ist nach der Erstinfektion durch das Zusammenwirken von humoraler und zellulärer Abwehr gegen diesen Typ von Grippeviren *immun* geworden.

Bei *Organtransplantationen* reagiert das Immunsystem mit seinen Abwehrmechanismen, das transplantierte Organ kann abgestoßen werden. In diesem Fall muss das normalerweise für unsere Gesunderhaltung lebensnotwendige Immunsystem durch Medikamente (z. B. Kortison) unterdrückt und teilweise funktionsunfähig gemacht werden.

Aufgaben

① Gib die Unterschiede zwischen humoraler und zellulärer Immunantwort an.
② Warum ist es lebensnotwendig für den Körper, zwischen körpereigen und körperfremd unterscheiden zu können?

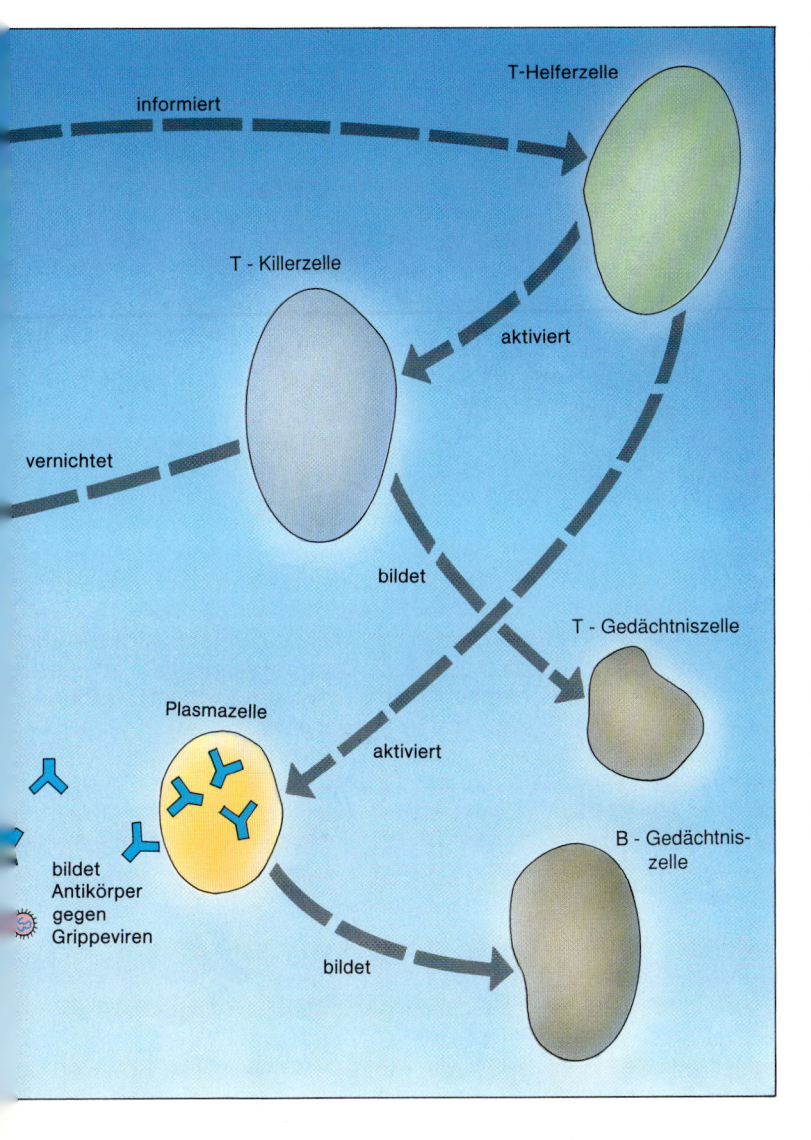

Aktive und passive Immunisierung

Edward Jenner
(1749 – 1823)

Schon 1796 schlug der englische Arzt EDWARD JENNER vor, Kinder mit den harmlosen *Kuhpocken* zu infizieren, um sie vor den gefährlichen echten *Pocken* zu schützen. Er begründete seinen Vorschlag mit der Beobachtung, dass bisher alle Menschen, die an Kuhpocken erkrankt waren, niemals echte Pocken bekamen. Seine Idee wurde damals angefeindet und er selbst mit Berufsverbot belegt. Er durfte nicht mehr als Arzt arbeiten. Seine Methode aber hatte Erfolg. Heute wird sie weltweit angewandt.

Im Prinzip verläuft die künstliche *Immunisierung* genau so wie die natürlich ablaufende Immunreaktion. Kleine Mengen von Erregern, in die Blutbahn gebracht, bewirken beim Menschen, dass Plasmazellen Antikörper herstellen. Gleichzeitig bilden sich Gedächtniszellen. Die Antikörper werden nach einiger Zeit abgebaut, die Gedächtniszellen bleiben jedoch erhalten, oft ein Leben lang. Sobald erneut Kuhpockenerreger auftreten, werden von den Gedächtniszellen in kurzer Zeit die passenden Antikörper gebildet. Da Kuhpockenviren und Viren, die die echten Pocken hervorrufen, ähnlich gebaut sind, reagieren die Gedächtniszellen auch auf die echten Pockenviren. Die zu Beginn einer Infektion relativ geringe Zahl an Erregern kann so rasch vernichtet werden. Ein gegen Pocken geimpfter Mensch erkrankt trotz einer Pockeninfektion nicht. Da der Körper die Antikörper selbst gebildet hat, spricht man von einer *aktiven Immunisierung*. Diese Art der Impfung heißt *Schutzimpfung*. Eine einmalige Impfung hält gegen manche Krankheiten das ganze Leben, bei anderen muss der Impfschutz im Abstand von mehreren Jahren wieder aufgefrischt werden; das heißt, es muss erneut geimpft werden.

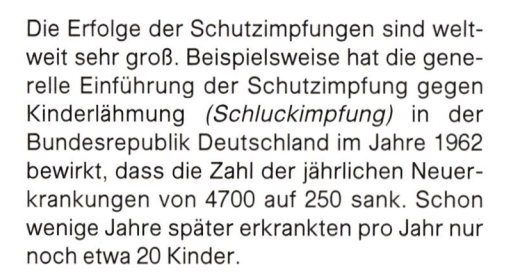

Emil v. Behring
(1854 – 1917)

Die Erfolge der Schutzimpfungen sind weltweit sehr groß. Beispielsweise hat die generelle Einführung der Schutzimpfung gegen Kinderlähmung *(Schluckimpfung)* in der Bundesrepublik Deutschland im Jahre 1962 bewirkt, dass die Zahl der jährlichen Neuerkrankungen von 4700 auf 250 sank. Schon wenige Jahre später erkrankten pro Jahr nur noch etwa 20 Kinder.

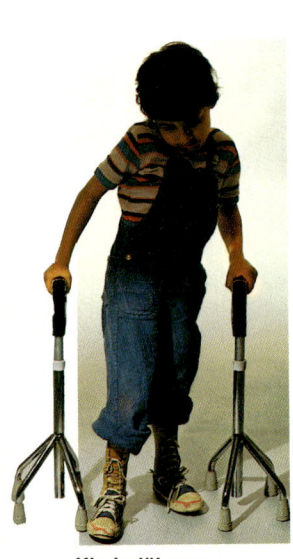

Die von der Weltgesundheitsorganisation *(WHO)* eingeführte weltweite Schutzimpfung gegen Pocken bewirkte, dass zwischen Oktober 1977 und Dezember 1979 weltweit keine Neuerkrankungen an Pocken zu verzeichnen waren. Trotzdem traten später wieder Pockenfälle auf. Auch die Anzahl der an Kinderlähmung erkrankten Kinder nimmt wieder zu. Durch die großen Erfolge der Schutzimpfungen wird die Gefahr zu erkranken zunächst geringer. Deshalb lassen immer weniger Eltern ihre Kinder impfen. Durch die *Impflücke* entsteht die Gefahr, dass sich die Erreger wieder ausbreiten.

Allerdings sind auch vereinzelt Krankheitsfälle als Folge von Schluckimpfungen bekannt geworden. So kann es vorkommen, dass durch die bei der Schluckimpfung aufgenommenen, abgeschwächten Kinderlähmungsviren ein Kind schwerwiegend erkrankt. Deshalb gibt es bei uns keinen gesetzlich vorgeschriebenen Impfzwang mehr. Da jedoch das Risiko einer Erkrankung an Kinderlähmung viel größer ist als das Risiko einer Impffolgeerkrankung, werben die Gesundheitsämter für die Schutzimpfungen mit dem Slogan „Schluckimpfung ist süß, Kinderlähmung ist grausam".

EMIL VON BEHRING entwickelte ein Verfahren, um nicht geimpften, bereits erkrankten Menschen zu helfen. Er infizierte Pferde mit den Erregern der *Diphtherie*, einer Erkrankung der oberen Atemwege. Die Tiere bildeten dann in ihrem Blut die passenden Antikörper. Aus dem Blut dieser aktiv immunisierten Tiere gewann BEHRING ein Serum. Dieses wurde mit den darin enthaltenen Antikörpern dem an Diphtherie erkrankten Menschen eingespritzt. Damit erzielte BEHRING eine sofortige Heilwirkung.

Das körpereigene Abwehrsystem ist jedoch in diesem Falle nicht aktiviert worden. Sind die Antikörper nach einiger Zeit verbraucht oder abgebaut, erlischt der vorübergehende Impfschutz, der Körper ist nicht dauerhaft immun. Man sagt, er wurde nur *passiv immunisiert*. Diese Impfung wird *Heilimpfung* genannt. Man führt sie aber nicht nur durch, wenn ein Mensch schon erkrankt ist, sondern auch als Schutz vor einer unmittelbar drohenden Infektion mit dem Erreger einer schweren Krankheit.

Kinderlähmung

Aufgaben

1. Weshalb soll man sich nach einer Schutzimpfung nicht übermäßig belasten, insbesondere keinen Sport treiben?
2. Welchen Effekt hat eine Impflücke?
3. Warum hilft eine Schutzimpfung bei Erkrankten nicht?

Gesundheit und Krankheit

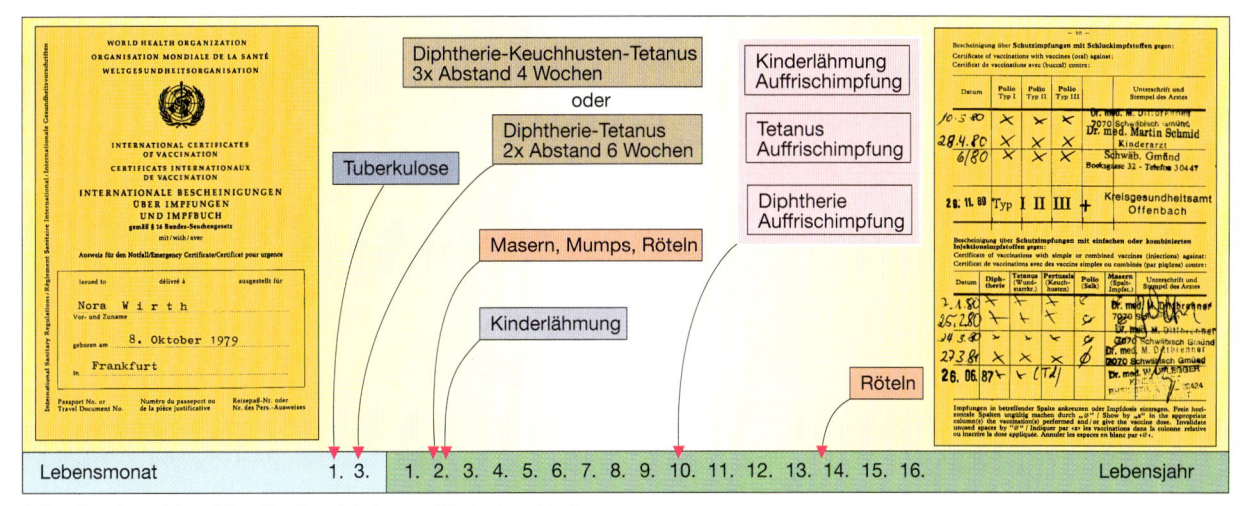

1 Impfbuch und Impfplan für die wichtigsten Kinderkrankheiten

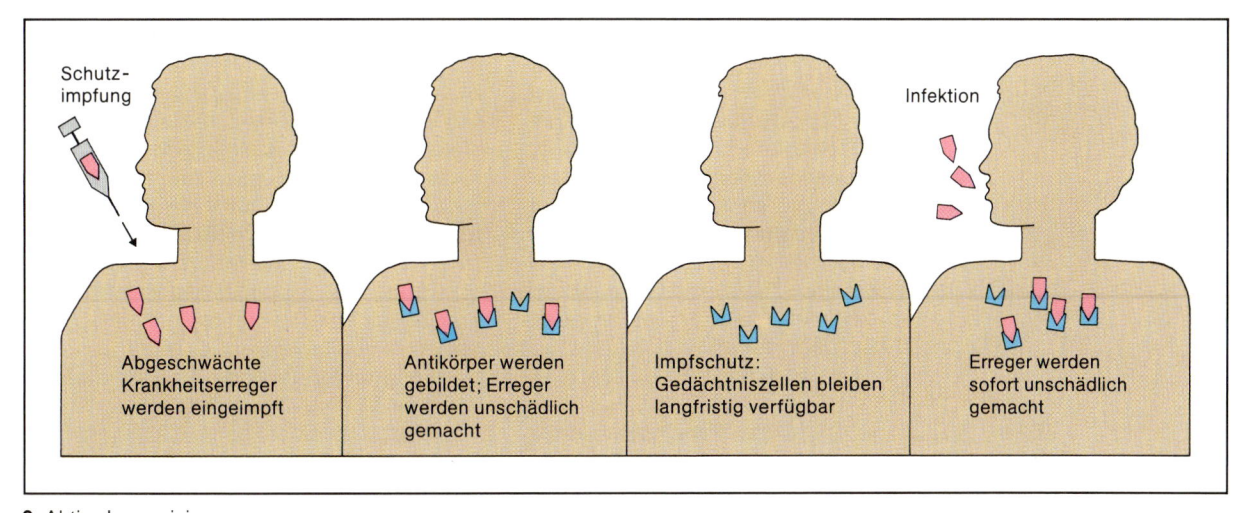

Labels (Impfplan):
- Tuberkulose
- Diphtherie-Keuchhusten-Tetanus 3x Abstand 4 Wochen oder Diphtherie-Tetanus 2x Abstand 6 Wochen
- Masern, Mumps, Röteln
- Kinderlähmung
- Kinderlähmung Auffrischimpfung
- Tetanus Auffrischimpfung
- Diphtherie Auffrischimpfung
- Röteln

Lebensmonat: 1. 3.   1. 2. 3. 4. 5. 6. 7. 8. 9. 10. 11. 12. 13. 14. 15. 16.   Lebensjahr

2 Aktive Immunisierung

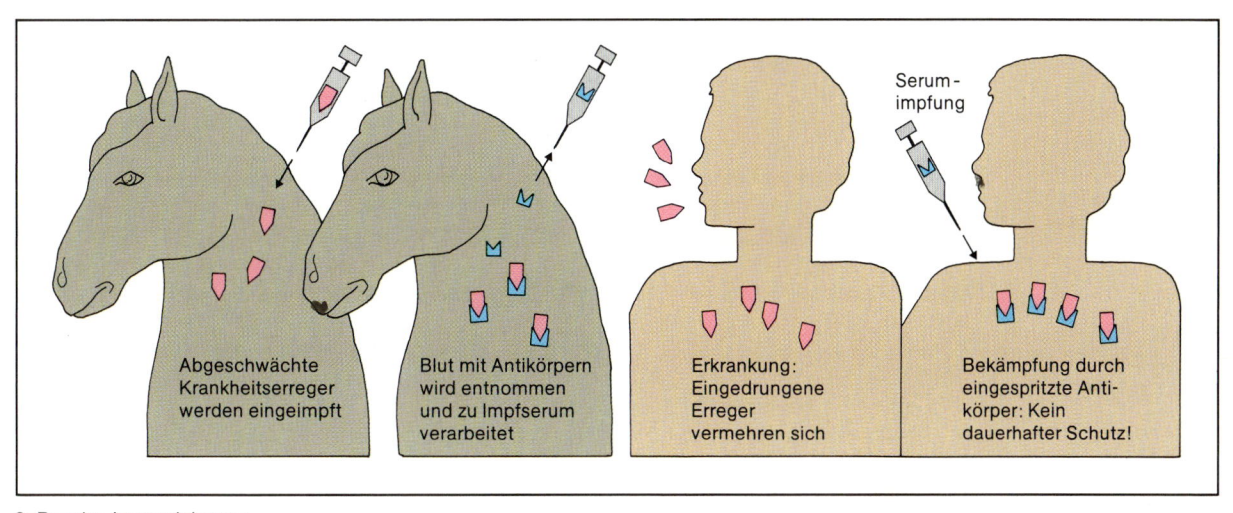

- Schutzimpfung — Abgeschwächte Krankheitserreger werden eingeimpft
- Antikörper werden gebildet; Erreger werden unschädlich gemacht
- Impfschutz: Gedächtniszellen bleiben langfristig verfügbar
- Infektion — Erreger werden sofort unschädlich gemacht

3 Passive Immunisierung

- Abgeschwächte Krankheitserreger werden eingeimpft
- Blut mit Antikörpern wird entnommen und zu Impfserum verarbeitet
- Erkrankung: Eingedrungene Erreger vermehren sich
- Serumimpfung — Bekämpfung durch eingespritzte Antikörper: Kein dauerhafter Schutz!

Gesundheit und Krankheit

AIDS — eine neue Pandemie?

Noch vor zehn Jahren war man überzeugt, dass Infektionskrankheiten für die Menschen industrialisierter Staaten kein nennenswertes Problem mehr darstellen. Durch Impfungen und Antibiotika hatte man solche Krankheiten relativ gut unter Kontrolle. Doch seit Entdeckung der Krankheit *AIDS* im Jahre 1981 droht wieder eine weltweite Epidemie, eine *Pandemie*.

AIDS ist eine Abkürzung aus dem Amerikanischen und bedeutet

A = acquired = erworbenes
I = immune = Immun-
D = deficiency = Schwäche
S = syndrome = Syndrom

Syndrom
(gr. *syndromos* = übereinstimmend) Gruppe von zusammengehörigen Krankheitszeichen, die für eine bestimmte Krankheit kennzeichnend sind.

Es war zunächst ein rätselhaftes Syndrom. Bei jungen homosexuellen Männern traten seltene, aber schon lange bekannte Krankheiten in einer erstaunlichen Häufung auf: Die Krebsart *Kaposisarkom*, seltener Pilzbefall der Haut, besonders der Mundschleimhaut, eine Lungenentzündung durch *Pneumocystis carinii* und sehr seltene Virusinfektionen der verschiedensten Organe. Typisch für diese Krankheit ist, dass sie nur bei geschwächtem Immunsystem zum Ausbruch kommen. Man nennt ihre Erreger *opportunistisch* (lat. *opportunus* = der günstigen Gelegenheit folgend).

Bei allen AIDS-Kranken kann man eine extrem niedrige Anzahl von weißen Blutzellen feststellen. Besonders die Zahl der *T-Helferzellen* ist verringert. Dadurch ist das Immunsystem geschwächt.

Erst nach zwei Jahren intensiver Forschung hatte man den Erreger dieser rätselhaften, neuen Krankheit entdeckt. Der Erreger von AIDS ist ein Virus, *HIV* genannt.

HIV
Human **I**mmunodeficiency **V**irus = menschliches Immunschwäche-Virus

Das Virus hat einen Durchmesser von $0{,}1\,\mu m$. Es befällt im Menschen u. a. Riesenfresszellen, T-Helferzellen, bestimmte Gehirnzellen, außerdem auch Nervenzellen. Die Schädigung der T-Helferzellen wirkt sich besonders nachteilig aus, da sie notwendig sind, um das gesamte Immunsystem des Körpers zu aktivieren und zu steuern. Der Ausfall der T-Helferzellen bewirkt, dass zahlreiche andere Krankheitserreger den Körper befallen können — auch solche, die sich bei normal funktionierendem Abwehrsystem niemals im Körper ausbreiten und vermehren könnten.

Das HI-Virus wurde bei Infizierten neben den vorgenannten Zellen auch in Körperflüssigkeiten (Blut, Sperma, Scheidenflüssigkeit) in Konzentrationen nachgewiesen, die zur Infektion ausreichen. Bei der Infektion mit HIV bildet der Organismus Antikörper. Die Ausbildung dieser HIV-Antikörper erfolgt in einem Zeitraum von 6 bis 12 Wochen, kann allerdings auch wesentlich länger dauern. Mit *HIV-Antikörper-Tests* können die Antikörper im Blut nachgewiesen werden. Der Antikörpernachweis ist gängige Praxis, während der Virusnachweis nur von wenigen Spezialisten durchgeführt werden kann.

In den ersten Monaten nach der Infektion treten als Symptome Erschöpfung, Fieber und geschwollene Lymphknoten auf. Die meisten Symptome verschwinden im Laufe weniger Wochen wieder. Im folgenden Zeitraum leben die HIV-Infizierten lange ohne Beschwerden, d. h. äußerlich gesund. Dauernde Lymphknotenschwellungen sind in diesem Stadium das einzige Anzeichen dafür, dass mit dem Immunsystem etwas nicht in Ordnung ist. Manchmal treten die Symptome für eine AIDS-Erkrankung erst 10 Jahre nach der Infektion auf. Das Auftreten typisch opportunistischer Krankheiten weist schließlich auf AIDS hin. Es gibt bis jetzt keine wirksamen Medikamente, die AIDS kurieren, oder Impfungen, welche die HIV-Infektion verhindern können. Nach bisherigem Kenntnisstand ist anzunehmen, dass alle HIV-Infizierten an AIDS erkranken und sterben.

Hohe Ansteckungsgefahr mit dem HI-Virus besteht in folgenden Fällen:
Geschlechtsverkehr mit HIV-infizierten Menschen. Häufiger Wechsel der Geschlechtspartner birgt ein erhöhtes Risiko. Die Verwendung von Kondomen beim Geschlechtsverkehr mindert das Risiko, da diese eine Virusübertragung verhindern können.
Transfusionen von infiziertem Blut und Blutprodukten. Die Blutkonserven in der Bundesrepublik Deutschland werden seit 1985 auf HIV-Antikörper untersucht, daher ist das Risiko dieses Infektionsweges stark gemindert. In Entwicklungsländern dagegen kann ein hohes Infektionsrisiko bestehen.
Tausch von gebrauchten Spritzen bei Drogensüchtigen. Die Viren werden mit den Blutresten in der Nadel übertragen.
Neugeborene HIV-infizierter Mütter. Das Virus kann schon im Mutterleib in den kindlichen Körper übergehen und auch über die Muttermilch weitergegeben werden.

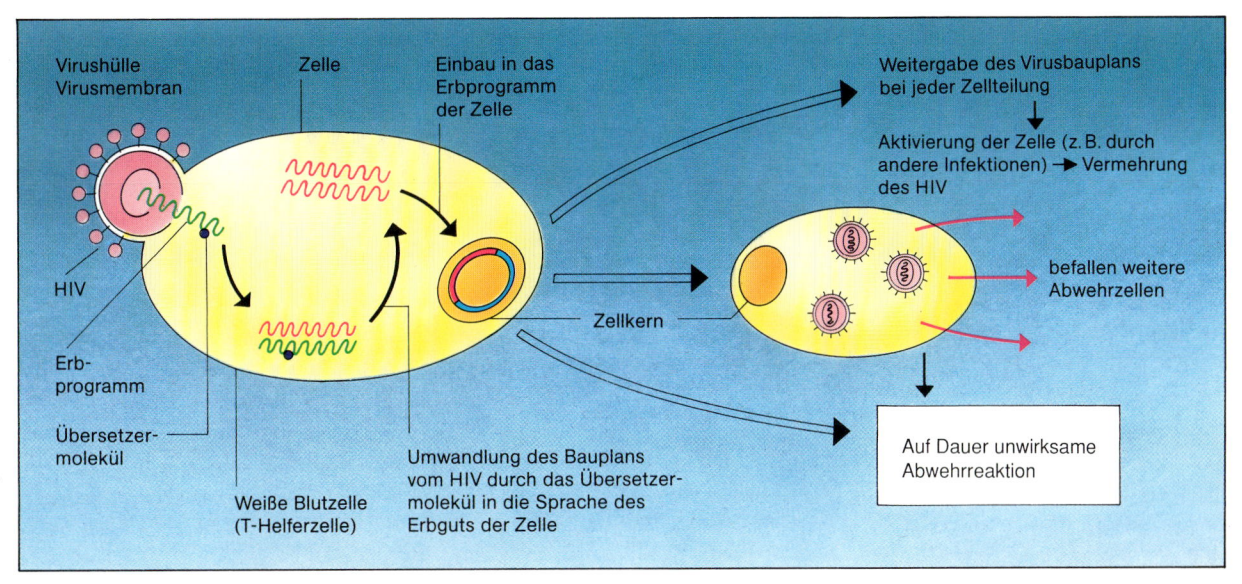

1 Vermehrungszyklus des HI-Virus und seine Wirkung auf das Immunsystem

Krankheitsverlauf:	Fieber, Lymphknotenschwellung	ohne Beschwerden	Aids	Tod
Diagnose:		Antikörper gegen HIV nachweisbar		
Ansteckungsgefahr:	infektiös	Patient kann andere Menschen anstecken		
Infektion mit HIV	wenige Wochen	zwei bis zehn Jahre	ein bis zwei Jahre	

Eine Weiterverbreitung der HIV-Infektion lässt sich nur eindämmen durch *Aufklärung* und *Änderung der persönlichen Verhaltensweisen* – zum eigenen Schutz und dem des Partners vor Ansteckung:
— Häufigen Wechsel der Geschlechtspartner vermeiden.
— Beim Geschlechtsverkehr Kondome benutzen.
— Keine Drogen nehmen, schon gar nicht mit gebrauchten Spritzen.
— Weggeworfenes und benutztes Fixerbesteck nicht mit bloßen Händen berühren.

Die AIDS-Forschung ist weltweit in vollem Gange. Im November 1990 wurde ein Medikament *AZT (Azidothymidin)* auf den Markt gebracht, das die Vermehrung von HIV verzögert. Neue Medikamente helfen, die opportunistischen Krankheiten erfolgreicher zu behandeln. Vielleicht erbringt die AIDS-Forschung in den nächsten Jahren noch überraschende Fortschritte.

Informationensmaterial erhält jeder bei den *örtlichen Gesundheitsämtern* und *AIDS-Beratungsstellen* oder der Bundeszentrale für gesundheitliche Aufklärung.

Aufgaben

① Vergleiche und erläutere die entscheidenden Unterschiede von Abb. 1 und Abb. 215.1.

② Welcher Zusammenhang besteht zwischen der langen Inkubationszeit von AIDS und der Ansteckung weiterer Menschen?

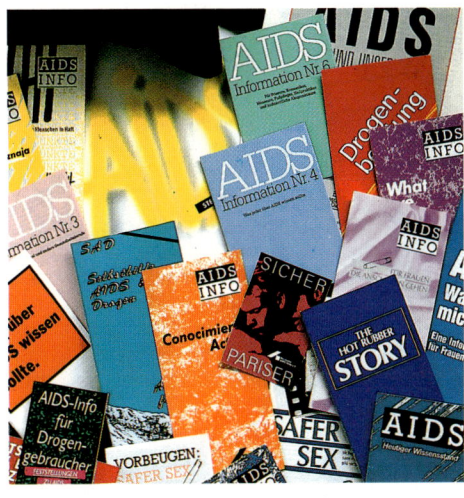

2 Aufklärungsschriften gegen AIDS

Gesundheit und Krankheit

```
Lexikon
Lexikon
exikon
 xikon
  ikon
   kon
    on
```

Infektionskrankheiten

In diesem Lexikon tauchen mehrmals folgende Begriffe auf:
— *meldepflichtig:* Diese Krankheit muss dem Gesundheitsamt gemeldet werden.
— *isolierungspflichtig:* Der Kranke muss von anderen Menschen isoliert werden; er kommt in *Quarantäne.*
— *Letalität:* Sterblichkeit; gibt in Prozent an, wie viele der infizierten Menschen sterben.

Bakterieninfektion

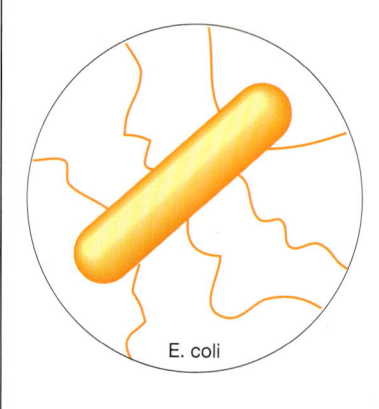

E. coli

Das Bakterium *Escherichia coli* (abgekürzt: *E. coli* oder *Colibakterium*) lebt im Darm des Menschen. Die vermehrte Aufnahme von Colibakterien, z. B. mit verunreinigtem Trinkwasser oder anderen Nahrungsmitteln, kann zu Erkrankungen des Magens und des Darmes führen. Durchfall **(Diarrhoe)** ist häufig die Folge. Deshalb werden Trinkwasser, Lebensmittel und Wasser in Schwimmbädern dauernd von Mitarbeitern des Gesundheitsamtes überwacht. Sie bestimmen die *Keimzahl*; das ist die Anzahl vermehrungsfähiger Keime in einem Milliliter der Wasserprobe. Im Badewasser dürfen pro Milliliter kein einziges Colibakterium, keine krankheitserregenden Keime und höchstens 100 andere, nicht gefährliche Keime vorkommen. Bei Lebensmittelkontrollen fallen insbesondere immer wieder Nahrungsmittel auf, die mit *Salmonellen* verseucht sind. Die große Gruppe der Salmonellen besteht aus über 1600 verschiedenen Bakterienarten. **Salmonellosen** (Lebensmittelvergiftungen) dauern meist nur wenige Tage. Sie sind mit Übelkeit und Durchfall verbunden. Hauptursache von Salmonellosen ist der Verzehr von verunreinigten Nahrungsmitteln. Es gibt Menschen, die nach einer überstandenen Salmonellose weiterhin über Jahre hinweg Salmonellen ausscheiden. Dies ist meldepflichtig. In Deutschland werden alle Beschäftigten in der Lebensmittelbranche vom Amtsarzt auf Salmonellenausscheidungen untersucht.

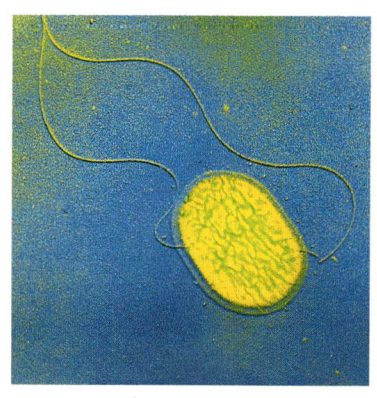

Eine Salmonellenart ruft **Typhus** hervor. Typhus ist eine melde- und isolierungspflichtige Krankheit. Die Aufnahme der Erreger erfolgt mit der Nahrung: „Typhus wird gegessen und getrunken." Die Inkubationszeit beträgt 7 – 14 Tage. Wochenlanges, hohes Fieber (40 – 41°C) schwächt den Körper. Früher betrug die Letalität 15 %, nach der Einführung der Antibiotika noch etwa 1 %. Nach überstandener Krankheit ist man lebenslang immun.

ROBERT KOCH entdeckte 1883 die **Cholera**-Bazillen, die intensive Durchfälle mit sehr hohem Wasserverlust verursachen. Meldepflicht! Unbehandelt zeigt Cholera eine Letalität von bis zu 70 %. Sie ist heute vorwiegend in Asien, Afrika und Südamerika verbreitet. Durch den Ferntourismus sind wieder häufiger Europäer betroffen. Cholera-Bazillen werden mit unsauberem Trinkwasser und mit Lebensmitteln aufgenommen. Daher gilt vor allem auf Fernreisen: Nichts essen, was nicht gekocht, gebraten oder geschält ist!

Diphtherie-Kranke zeigen eine starke Rötung des Rachens und mäßiges Fieber. Die Übertragung der Erreger erfolgt durch *Tröpfcheninfektion.* Gefährlich wird Diphtherie durch die Erstickungsgefahr bei starkem Anschwellen des Rachens und durch die Giftstoffe *(Toxine),* die durch Diphtheriebakterien abgegeben werden. Sie schädigen den Herzmuskel und führen zu Nervenlähmungen. Gegen die Toxine hat EMIL VON BEHRING ein Heilserum entwickelt. Antibiotika allein reichen zur Behandlung nicht aus, da sie die Toxine nicht unschädlich machen können.

Beim **Keuchhusten** gelangen die Bakterien durch Tröpfcheninfektion in die Atemwege und rufen dort Entzündungen hervor. Ein keuchender Husten ist die Folge, der vor allem für Kinder gefährlich sein kann, da Erstickungsgefahr besteht. Sehr hohe Ansteckungsgefahr, Meldepflicht! Vorbeugung durch aktive Schutzimpfung.

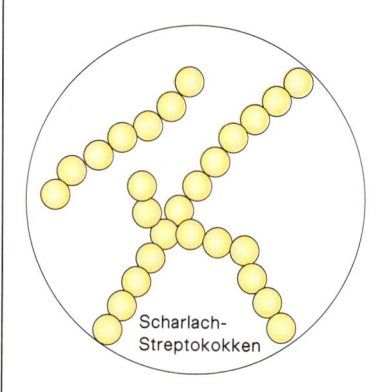

Scharlach-Streptokokken

Ein feuerroter Rachen ist ein Krankheitsmerkmal für **Scharlach**. Dazu kommt ein feinfleckiger, roter Hautausschlag am ganzen Körper. Die Zunge ist entzündet: *Himbeerzunge.* Die Behandlung erfolgt mit Penicillin. Selbst eine durchgemachte Scharlacherkrankung macht nicht vollständig immun. Auch eine Impfung bietet keinen sicheren, dauerhaften Schutz.

Eine krampfhafte Erstarrung der Muskulatur ist die Folge des Toxins, das die **Tetanus**-Bazillen abgeben. Meist gelangen die Bakterien mit Erde von Gärten und Feldern oder mit Straßenschmutz schon bei kleinen Verletzungen in offene Wunden. Pferdemist ist besonders infektiös. Die Impfung gegen Tetanus *(Wundstarrkrampf)* soll nach 8 Jahren aufgefrischt werden. Im Krankheitsfall muss innerhalb von 24 Stunden ein Heilserum verabreicht werden.

Der Erreger der **Pest** ist ein stäbchenförmiges Bakterium, das 1894 von dem französischen Bakteriologen ALEXANDRE YERSIN entdeckt wurde. Die Pestbakterien leben normalerweise in Ratten, ihre Übertragung erfolgt durch den Rattenfloh. In den mittelalterlichen Städten gehörten herumhuschende Ratten zum ganz normalen Straßenbild. So konnten die Flöhe die todbringenden Erreger auf die Menschen übertragen. Als im Mittelalter die Pest in Europa wütete, hatte man keine Ahnung vom wahren Hintergrund der Krankheit. Rund 80 % aller Menschen, die angesteckt wurden, starben sehr qualvoll innerhalb weniger Tage. Der Ausbruch der Krankheit zeigt sich an großen Schwellungen *(Beulen)* der Lymphknoten in den Achseln, am Hals und an den Leisten. Durch Blutungen unter der Haut bilden sich schwarze Flecken, Fieber kommt hinzu. Das Aufbrechen der Beulen ist besonders schmerzhaft; oft sterben die Kranken jedoch schon vorher. Heute kommt die Pest nur noch vereinzelt vor.

Virusinfektionen

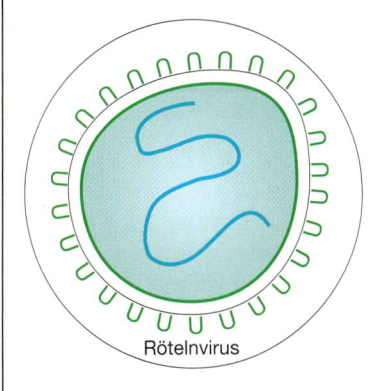

Rötelnvirus

Röteln sind an sich eine harmlose Viruserkrankung. Ein Anschwellen der Lymphdrüsen und ein Hautausschlag, der mit rosaroten Flecken im Gesicht beginnt und sich dann auf den ganzen Körper ausdehnt, kennzeichnen die Krankheit. Meist tritt nur schwaches Fieber auf; das allgemeine Wohlbefinden ist nicht stark beeinträchtigt. Gefährlich sind die Röteln bei Schwangeren, die diese Krankheit noch nicht hatten und auch nicht geimpft sind. Das ungeborene Kind kann durch Gifte geschädigt werden. Mögliche Folgen: Taubheit, Herzfehler und schwere Mehrfachschädigungen. Häufig treten auch Fehlgeburten auf. Deshalb sollten sich alle Mädchen vor Beginn der Pubertät gegen Röteln impfen lassen!

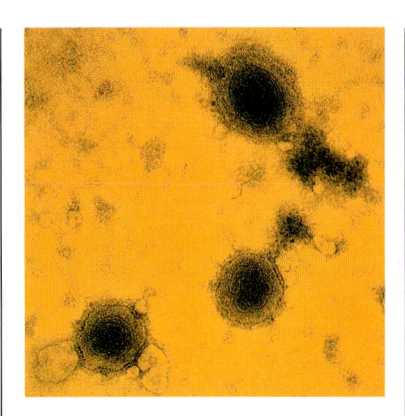

Mumps (Ziegenpeter) ist eine Viruskrankheit, bei der die Ohrspeicheldrüsen anschwellen und Schmerzen verursachen. Die Übertragung erfolgt durch Tröpfcheninfektion, die Krankheit ist jedoch nicht sehr ansteckend. Eine Schutzimpfung ist aber bei Knaben durchaus sinnvoll, da diese doppelt so häufig erkranken wie Mädchen. Zudem können die Erreger die Hoden befallen, was spätere Unfruchtbarkeit *(Sterilität)* zur Folge haben kann.

Kinderlähmung wird von den Polioviren hervorgerufen — aber durchaus nicht nur bei Kindern! Nach einer Inkubationszeit von 3 bis 14 Tagen fangen Kopf, Rücken und Glieder zu schmerzen an, man beginnt zu schwitzen. Dann treten erste Lähmungserscheinungen auf. Bei sehr schweren Fällen kann es zur Lähmung der Atemmuskulatur kommen. Solche Patienten müssen künstlich beatmet werden. Die Letalität kann bis zu 20 % betragen. Im Erholungsstadium können die Lähmungen teilweise, selten ganz zurückgehen. Meist bleiben Skelett- und Gelenkveränderungen zurück. Durch konsequenten Impfschutz der Bevölkerung ist die Kinderlähmung bei uns zu einer fast vergessenen Krankheit geworden. In tropischen Entwicklungsländern ist dies nicht der Fall. Bei der Impfung gegen *Polio* erhält man den Impfstoff auf einem Stück Zucker zum Schlucken *(Schluckimpfung)*.

Bis zu 50 % der an **Pocken** Erkrankten sterben. Die Inkubationszeit beträgt 12 Tage, dann setzt hohes Fieber ein. Schließlich zeigen sich vorwiegend im Gesicht Pusteln, die später aufgehen und nach Abheilen die typischen *Pockennarben* hinterlassen. Schon vor 2000 Jahren führte man in Indien eine Impfung gegen Pocken durch. Die angeritzte Haut wurde mit dem Inhalt der Pusteln bestrichen. Darauf folgte eine abgeschwächte Erkrankung, die zur Immunität führte. Ähnlich arbeitete man vor rund 1500 Jahren in China, wobei man die Viren über die Nase zuführte. Diese Methode wurde durch den schottischen Arzt MAITLAND 1721 in Europa eingeführt. JENNER entwickelte 1796 die harmlose Variante der Schutzimpfung mit Kuhpocken.

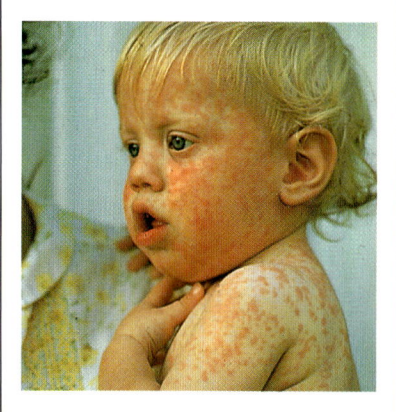

Wer einmal **Masern** gehabt hat, bleibt lebenslang immun. Deshalb gehören sie zu den typischen *Kinderkrankheiten*. Die Erreger werden durch Tröpfcheninfektion auch über größere Entfernung übertragen. Die Inkubationszeit beträgt 10 bis 14 Tage. Dann zeigen sich Rötungen des Rachens, Schnupfen, Husten und ein rascher Fieberanstieg, der nach 4 Tagen wieder abklingt. Daraufhin bildet sich der typische Masernausschlag auf der Haut, verbunden mit erneutem Fieberanstieg. Da man sich schon während der Inkubationszeit bei einem Infizierten anstecken kann, ist eine Ansteckung kaum zu verhindern. Es gibt aber eine *aktive Schutzimpfung*.

Tollwut wird meist durch einen Hundebiss auf den Menschen übertragen, selten auch durch Bisse von Fuchs oder Katze. Die lange Inkubationszeit von 1 bis 6 Monaten erschwert das Erkennen der Krankheit. Der Ausbruch kündigt sich durch Kopfschmerzen, Krämpfe in der Atemmuskulatur und Atemnot an. Der Kranke hat qualvollen Durst, kann aber nicht schlucken (die sog. „Wasserscheu") und hat starken, schäumenden Speichelfluss. Tollwut hat eine Letalität von 100 %. Schon LOUIS PASTEUR hatte eine Schutzimpfung gegen Tollwut entwickelt. Heute gibt es eine Heilimpfung, die möglichst sofort nach Verdacht auf einen Tollwutbiss anzuwenden ist.

Achtung! Daran erkennt man tollwütige Tiere: Sie verlieren ihre Scheu vor dem Menschen. Sie beißen und schnappen nach allem, was sich bewegt. Speichel tropft aus ihrem Maul.

Gesundheit und Krankheit

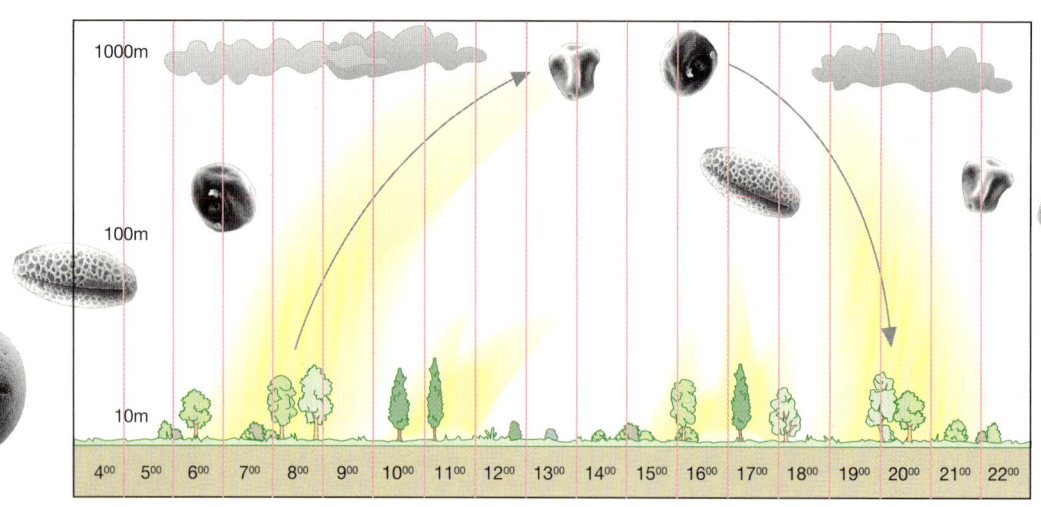

1 Pollenfreisetzung im Tagesverlauf

Allergien

Pollenflugvorhersage der Thoraxklinik Heidelberg:

15. 2.: Mäßiger bis starker Flug von Haselpollen, schwacher Flug von Erlenpollen.

29. 2.: Starker Flug von Erlen-, Hasel- und Eibenpollen.

5. 3.: Starker Flug von Erlenpollen und mäßiger Flug von Haselpollen.

12. 3.: Starker Flug von Erlen- und Weidenpollen, mäßiger Flug von Haselpollen.

31. 3.: Schwacher Flug von Eichen- und Weidenpollen. Mäßiger Flug von Birken- und Eschenpollen.

Allergie
gr. *allos* = anders
gr. *ergon* = Tätigkeit

Zeitgleich mit den ersten wärmeren Tagen beginnt die Zeit der Niesanfälle, der laufenden Nasen und der roten, juckenden Augen. Der *Heuschnupfen*, ausgelöst durch den Pollen früh blühender Bäume und Sträucher, überfällt viele Menschen. Andere reagieren allergisch beim Kontakt mit Haarschuppen, Tierhaaren, Vogelfedern, Insektengiften, Schimmelpilzsporen oder Nahrungsmitteln. *Nahrungsmittelallergien* äußern sich in Magenschmerzen, Schwellungen im Mund, Durchfall und Darmkrämpfen. Der Körper kann auch durch Hautentzündungen *(Ekzeme)*, Blasen und rote Flecken Allergien gegen Chemikalien, wie Haarfärbemittel oder nickelhaltige Ohrringe, anzeigen. Man versteht unter *Allergie* eine von der Normalreaktion abweichende Überreaktion des Immunsystems auf Reizstoffe *(Allergene)*.

Viele Heuschnupfenkranke sprechen nur auf Pollen einer bestimmten Gruppe von Pflanzen an. Im Februar beginnen bereits Bäume, wie Hasel und Erle, zu blühen. Im Mai, Juni und Juli haben die Gräser und das Getreide ihre Blütezeit. Im August und September setzen die Kräuter noch stark Pollen frei. In *Pollenflugkalendern* kann ein Allergiker die Blütezeit von Pflanzen ablesen und so vermuten, auf welche Pflanzen er reagiert. Über Rundfunk und Telefon erhält man heute eine *Pollenflugvorhersage*.

Welcher Pollen als Reizstoff wirkt, kann ein Facharzt mit einem *Hauttest* ermitteln. Vorher erfragt der Arzt die Krankengeschichte des Patienten und schränkt dabei die Zahl der vermutlichen Allergene ein. Die unterschiedlichen Tests funktionieren alle nach dem gleichen Grundprinzip. Die Testextrakte werden mit der Haut in Kontakt gebracht oder unter die Haut gespritzt. Nach wenigen Minuten zeigen sich Reaktionen durch Rötungen oder Quaddeln beim Heuschnupfen oder nach 14 Stunden durch eine Entzündung bei Kontaktekzemen.

Wie verläuft die allergische Reaktion beim Heuschnupfen? Beim *Erstkontakt* mit bestimmten Pollen bildet der Körper gegen dieses Fremdeiweiß gerichtete spezifische Antikörper aus. Diese sammeln sich bevorzugt auf der Oberfläche von *Mastzellen*. Mastzellen befinden sich z. B. in den Schleim-

Ratschläge für Pollenallergiker

— Beschränke den Kontakt mit Pollen auf das Unvermeidliche.
— Meide in den Monaten deiner Beschwerden vor allem Wiesen und Felder.
— Betreibe Hallensport. Meide Sport oder körperliche Arbeiten (vor allem Rasenmähen) im Freien.
— Schlafe bei geschlossenen Fenstern. Öffne sie nur zwischen 22 Uhr und 4 Uhr morgens, da morgens und abends der Pollenflug besonders stark ist.
— Verbringe deinen Urlaub möglichst im Hochgebirge oder am Meer.
— Wasche die Haare vor dem Zubettgehen.
— Ziehe die Tageskleidung nicht im Schlafraum aus.

Gesundheit und Krankheit

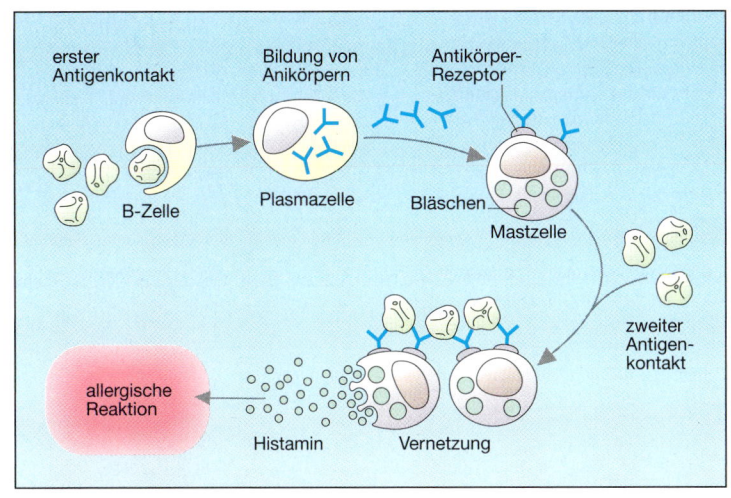

1 Was bei der allergischen Reaktion abläuft

häuten von Nase, Bronchien und Lunge. Sie beinhalten in zahlreichen Bläschen einen Vermittlerstoff, das *Histamin*. Nach Ablauf der Reaktion ist der Körper *sensibilisiert*.

Beim *Zweitkontakt* des Menschen mit den gleichartigen Pollen verbindet das Allergen auf einer Mastzelle zwei spezifische Antikörper überkreuz miteinander. Diese setzen daraufhin blitzschnell Histamin frei. Histamin bewirkt eine Erweiterung der Blutgefäße, macht Gefäßwände durchlässig und veranlasst glatte Muskulatur, sich zusammenzuziehen. Beim allergischen Schnupfen schwellen die Schleimhäute an und sondern Schleim ab, die Augen jucken und röten sich. Beim *Asthma* kommt noch eine Verengung der Luftröhre und der Bronchien dazu. Betroffene Menschen leiden unter Atemnot.

Bei vielen Allergien wirken unterschiedliche Allergene und Ursachen zusammen. Häufig beeinflussen die psychische Einstellung und Belastungen die Stärke der allergischen Reaktionen. Darauf können Betroffene z. B. durch autogenes Training einwirken. Außerdem können Allergien durch Nahrungsbestandteile oder Nahrungsgewohnheiten verstärkt oder gemindert werden. Auch diesen Bereich sollte jeder Betroffene selbst prüfen. Jeder kann so durch eigenes Verhalten die Stärke von Allergien beeinflussen.

Aufgabe

① Bei Insektenstichen, z. B. von Wespen, können starke allergische Reaktionen auftreten. Erklärt, warum dann schnellstens ein Arzt gerufen werden muss.

Neurodermitis

Die *Neurodermitis* ist eine Hautkrankheit, die sich bereits im Kindes- und Jugendalter zeigen kann. Die erkrankte Haut ist glanzlos und trocken. Es besteht auch eine Bereitschaft zu geröteten und schuppenden Hautveränderungen. Die Empfänglichkeit für diese Hautkrankheit wird vererbt. Man kennt verschiedene Formen der Neurodermitis. Bei Schulkindern und Jugendlichen bilden sich Ekzeme vor allem in den Ellenbeugen und Kniekehlen, erst in zweiter Linie im Gesicht und am Hals. Bei einer anderen Form bilden sich kirschkerngroße Knötchen in der Haut aus, die stark jucken. Das wichtigste Symptom aller Neurodermitisformen ist der quälende Juckreiz, besonders mit nächtlichen Juckkrisen. Das Jucken führt oft zu Verletzungen und Infektionen der Haut. Kinder können dann schlecht oder nicht schlafen. Ihre Schulleistungen lassen nach. Verschlechterungen im Krankheitsbild treten häufig im Winter und Frühjahr auf. Juckreiz und Entzündungen kommen meist in Schüben vor, die durch Prüfungsstress oder persönliche Konfliktsituationen ausgelöst werden.

Bei der Hautpflege sollte man alkalifreie Seifen verwenden und häufiges Baden oder Duschen meiden. Nach dem Bad empfiehlt es sich, die Haut mit einer Creme zurückzufetten. Wolle sollte nie direkt auf der Haut getragen werden. Zur Milderung des Juckreizes kann der Arzt je nach Situation Salben, Antihistaminika und kurzzeitige Kortisonpräparate verschreiben. Da die Neurodermitis ein vielschichtiges Krankheitsbild ist und individuell unterschiedliche Faktoren zusammenwirken, gibt es keine einfache Therapie. Jeder muss für seinen Fall prüfen, ob er die Symptome vermindern kann, indem er andere Allergien ausschließt, bestimmte Diäten herausfindet, die Immunabwehr stärkt, eine Klimatherapie versucht und die psychische Situation ausgeglichen gestaltet.

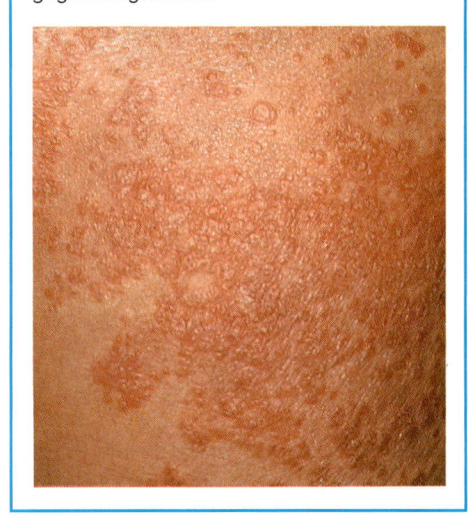

Gesundheit und Krankheit

Lexikon

Parasiten des Menschen

Der **Menschenfloh** (bis 4 mm groß) durchläuft eine vollständige Verwandlung bis zur Imago. Die Eier werden in Ritzen von Holzböden gelegt. Das feuchte Wischen bewirkt die hohe Luftfeuchtigkeit für die Entwicklung der Eier. Nach 4—5 Tagen schlüpft die augenlose Larve *(Drahtwurm)*. Sie ernährt sich vom Kot der erwachsenen Tiere. In den nächsten Wochen entwickelt sich die Larve zur Puppe. Erst auf eine Erschütterung des Bodens hin kommt der Floh aus dem Puppenkokon. Mit seinen kräftigen Hinterbeinen kann der Floh bis zu 50 cm weit springen. Charakteristisch ist, dass Flohstiche in Reihen liegen. Beim Kratzen können ältere Stiche wieder anfangen zu jucken.

Rattenflöhe sind die Überträger der Pestbakterien. *Hundeflöhe* können durch regelmäßige Fellpflege des Vierbeiners und durch Anlegen von Ungezieferhalsbändern entfernt werden.

Die **Kopflaus** ist ein 2—3 mm großes, flügelloses Insekt. Sie besitzt stechend-saugende Mundwerkzeuge, mit deren Hilfe Larven und Vollinsekt Blut saugen. Die Beine bilden charakteristische umschlagbare Klauen zum Festhalten an den Haaren des Wirts *(Klammerbeine)*. Aus den Eiern *(Nissen)*, die mit einem Kitt an den Haaren befestigt werden, schlüpfen Larven, die sich bis zum Vollinsekt noch dreimal häuten. Die Übertragung von Wirt zu Wirt erfolgt aktiv von Kopf zu Kopf oder passiv über Kämme oder Kleidung. Bei Befall kann der Arzt wirksame Spezialhaarwaschmittel verschreiben und eine Desinfektion der Kleidung, Bettwäsche und Handtücher anordnen. Das Gesundheitsamt wird informiert, um Kontaktpersonen ebenfalls untersuchen zu können. Kopflausbefall kann sich auch in Schulklassen ausbreiten, aber durch konsequente Behandlung schnell gestoppt werden.

Die **Filzlaus** befällt vor allem Haare der Achseln und Schamgegend. Sie ist noch kleiner als die anderen Menschenläuse (bis 1,5 mm) und ruft einen unangenehmen Juckreiz an den befallenen Stellen hervor.

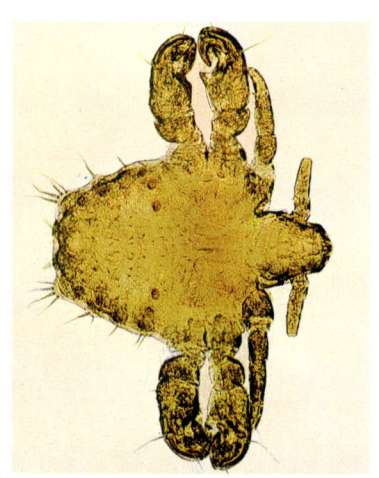

Die **Kleiderlaus** legt ihre Eier stets im Gewebe von Kleidern, besonders in Nähten ab. Das Vollinsekt saugt an der Haut des Menschen. Es überträgt bei mangelnder Hygiene in Wohnungen gefährliche Krankheiten, wie *Fleckfieber* und *Rückfallfieber*.

Der **Holzbock** ist die häufigste einheimische *Zecke*. Er lauert auf Büschen oder Bäumen auf vorbeikommende Säugetiere und Menschen. Mithilfe des Stechsaugrüssels kann das Weibchen Blut trinken. Widerhaken halten den Stechapparat in der Haut. Zecken können für den Menschen gefährlich werden, weil sie Viren übertragen können, die eine besondere Form der *Hirnhautentzündung* verursachen. Vorbeugend ist heute gegen diese Form der Hirnhautentzündung eine Impfung möglich.

Der **Rinderbandwurm** ist der häufigste Bandwurm im Darm des Menschen. Er kann 4 bis 10 m lang werden. Bis zu 2 000 Glieder bilden den Körper des Bandwurms. Er nimmt seine Nahrung über die Körperoberfläche auf. Am 2 mm großen Kopf befinden sich

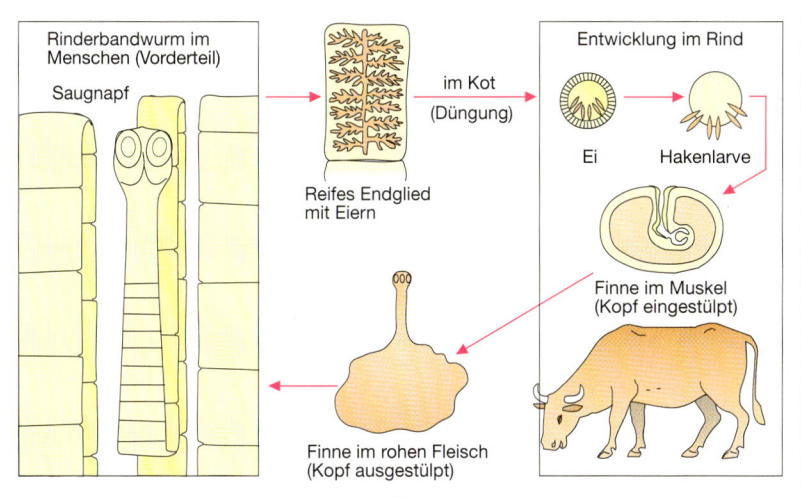

Rinderbandwurm im Menschen (Vorderteil) — Saugnapf — Reifes Endglied mit Eiern — im Kot (Düngung) — **Entwicklung im Rind**: Ei → Hakenlarve → Finne im Muskel (Kopf eingestülpt) → Finne im rohen Fleisch (Kopf ausgestülpt)

4 Saugnäpfe. Mit diesen kann er sich an der Darmwand festsaugen. Täglich lösen sich die letzten 10—20 Glieder. Sie sind mit 10 000 Eiern gefüllt und gelangen mit dem Kot ins Freie. Die Eier entwickeln sich nur weiter, wenn sie von einem Rind mit der Nahrung aufgenommen werden. Aus dem Ei entwickelt sich im Körper des Rindes eine Hakenlarve. Setzt sie sich in der Muskulatur fest, wird sie zur Finne.

Der Mensch kann möglicherweise lebende *Finnen* aufnehmen, wenn er rohes *(Tatar)*, ungenügend gekochtes oder schwach gebratenes Fleisch des Rindes verzehrt. Bandwurmbefall verursacht beim Menschen Müdigkeit, Erbrechen und nervöse Störungen. Mit Medikamenten kann der Bandwurm bekämpft werden. Man ist ihn erst los, wenn der Kopf abgeht.

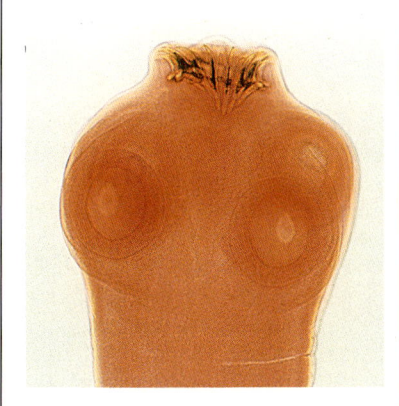

Beim **Hundebandwurm** (4—5 mm lang) lebt das 3—4gliedrige, geschlechtsreife Tier im Dünndarm von Hunden. Gefährlich für den Menschen wird die *Finne*. Sie setzt sich in Leber und Lunge fest. Dort entwickelt sie sich zu einer kinderkopfgroßen, mit Flüssigkeit gefüllten Blase (Blasenwurm), die zu schweren Krankheitserscheinungen führen kann. Vorbeugend sollte man bei Hunden regelmäßig Wurmkuren durchführen. Wenn man Hunde gestreichelt hat, sollte man anschließend die Hände mit Seife waschen.

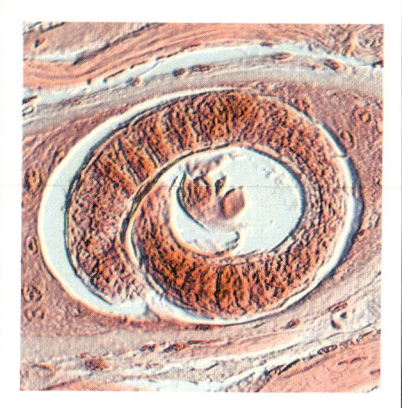

Die **Trichine** (die Weibchen sind 2,5—4 mm lang) ist ein **Fadenwurm**, der beim Menschen vor allem den Darm und die Muskulatur befallen kann. Menschen nehmen Trichinen mit ungenügend erhitztem Schweinefleisch auf. Zur Vorbeugung wird deshalb in Deutschland die Fleischbeschau durchgeführt. Ein Tierarzt kontrolliert das Muskelgewebe des Schweins, ob sich darin eingekapselte Trichinenlarven befinden.

Die *Trichinenlarven* schlüpfen im Menschen und werden zu Darmbewohnern. Begattete Weibchen gebären ab dem 6.—7. Tag nach der Infektion schubweise jeweils 200—1500 Larven. In dieser Phase leiden Menschen unter Übelkeit, Abgeschlagenheit, Fieber und unter Umständen auch unter schweren Durchfällen. Die 0,1 mm langen Larven befallen bevorzugt gut durchblutete Muskulatur im ganzen Körper, z.B. im Zwerchfell, und kapseln sich dort ein. *Muskeltrichinen* führen zu Muskelverhärtungen und -schmerzen, beim Befall der Zwerchfellmuskulatur auch zum Tode.

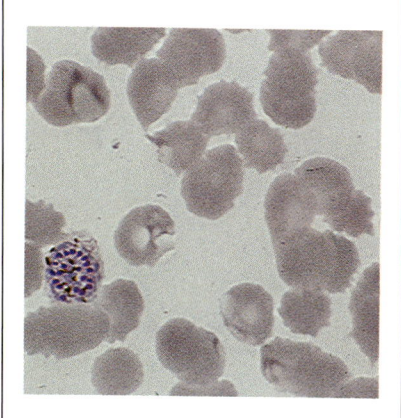

Der einzellige Krankheitserreger **Plasmodium**, der durch Fiebermücken (Anopheles) auf den Menschen übertragen wird, verursacht *Malaria*. Zur normalen Entwicklung von Plasmodium gehört dieser Wirtswechsel von der Fiebermücke auf den Menschen. Weltweit erkranken jährlich ungefähr 250 Millionen Menschen an dieser *Tropenkrankheit*. Bei der häufigsten Malariaform, *Malaria tertiana*, werden die Patienten alle drei Tage von schweren Fieberschüben geplagt. Das Fieber wird vermutlich von Giftstoffen verursacht, die bei der ungeschlechtlichen Vermehrung von Plasmodium frei werden.

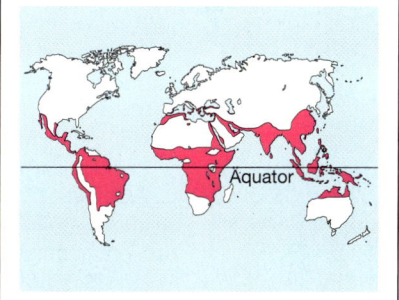

Vor einer Reise in tropische Länder sollte man sich beim Gesundheitsamt erkundigen, ob dort Malaria verbreitet ist. Ein Arzt kann dann beraten, welche vorbeugende Behandlung *(Prophylaxe)* möglich ist. Nachts sollte man stets unter Moskitonetzen schlafen, da die weiblichen Mücken in der Dämmerung und nachts stechen. Tagsüber und abends sollte man die Haut mit Insekten abschreckenden Mitteln einreiben. Nach einem Tropenaufenthalt sollte man bei hohem Fieber und unklaren Beschwerden stets auch an Malaria denken und einen Arzt aufsuchen.

Gesundheit und Krankheit

2 Das Risiko von Zivilisationskrankheiten kann man verringern

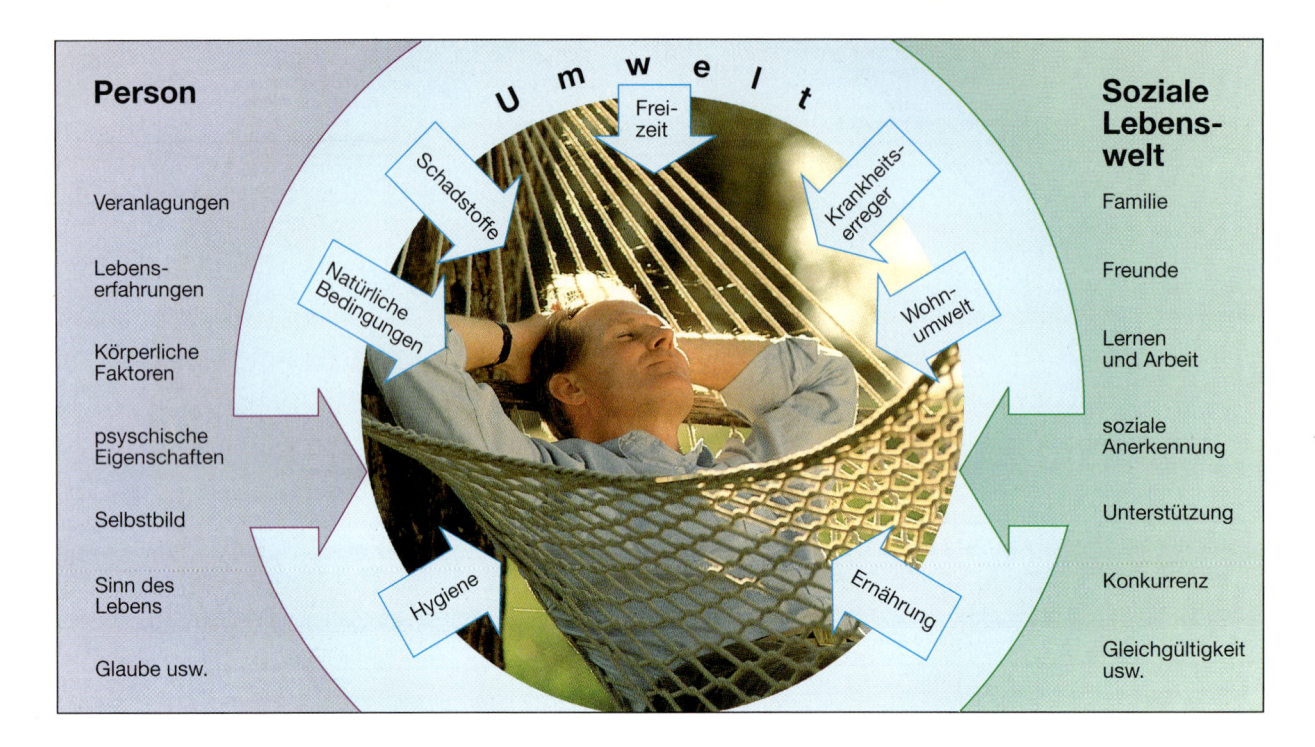

Person
- Veranlagungen
- Lebenserfahrungen
- Körperliche Faktoren
- psychische Eigenschaften
- Selbstbild
- Sinn des Lebens
- Glaube usw.

Umwelt
- Freizeit
- Schadstoffe
- Krankheitserreger
- Natürliche Bedingungen
- Wohnumwelt
- Hygiene
- Ernährung

Soziale Lebenswelt
- Familie
- Freunde
- Lernen und Arbeit
- soziale Anerkennung
- Unterstützung
- Konkurrenz
- Gleichgültigkeit usw.

Das eigene Handeln bestimmt die Gesundheit

Glücklich, zufrieden und gesund wirkt der Mann in der Hängematte auf den Betrachter. Er scheint mit sich selbst, seinen Mitmenschen und seiner Umwelt im Gleichgewicht zu leben.

Wenn man seine Gesundheit fördern will, muss man überhaupt erst einmal erkennen, welche Faktoren auf die eigene Befindlichkeit Einfluss nehmen. Man denkt selbstverständlich zunächst an *körperliche Faktoren*, Veranlagungen und vielleicht auch an *psychische Faktoren*. Deshalb versuchen viele Menschen, die Gesundheit ihres Körpers zu erhalten, indem sie eine Ausdauersportart, z.B. Laufen, betreiben. Auf die Leistungsanforderungen reagiert der Körper mit stärkerer Muskelbildung, verbesserter Durchblutung und größerem Atemvolumen. Nach körperlichen Anstrengungen schläft man tiefer und entspannt sich gut.

Neben der Annahme der eigenen Körperlichkeit gehört zum *persönlichen Wohlbefinden* aber auch, dass man klare Zielvorstellungen über den *Sinn des Lebens* besitzt. Wenn man sich selbst Ziele gesetzt hat, lernt man, Widerstände zu überwinden und kann verzichten. Sinnloses Konsumieren gefährdet ebenso die Gesundheit, wie Bequemlichkeit zur Schwäche führt.

Jeder Mensch verlebt gerne schöne Stunden mit Freunden. Man geht z.B. zusammen ins Theater, Kino oder in die Disco, musiziert miteinander oder feiert. Die gemeinsam erlebte Freude fördert die eigene Gesundheit, wie die soziale Anerkennung zu einem *positiven Selbstbild* beiträgt.

Bei Konflikten können Freunde und Familienmitglieder häufig dadurch helfen, dass man mit ihnen über das Problem spricht und dazu Meinungen über Ursachen und mitspielende Gefühle austauscht. Häufig lässt sich dann leichter ein Lösungsansatz finden. Dieser Weg einer positiven Problembewältigung, der auch eigene Anstrengungen und das Erdulden von unangenehmen Situationen einschließt, hilft, die eigene Persönlichkeit weiterzuentwickeln.

Konflikte in der Familie oder mit Freunden treten aber von Zeit zu Zeit auch auf. Entscheidend ist, dass man sie, wie alle Konfliktsituationen, in gegenseitiger persönlicher Anerkennung und friedlich auszutragen lernt. Auf Dauer sollte man mit seiner Familie im

---

Sicherheitsvorschriften im Straßenverkehr:
Im Auto Gurte anlegen, Kinder auf den Rücksitz, Kleinkinder in Kindersitze, Sturzhelme beim Fahrrad-, Moped- und Motorradfahren aufsetzen, Schutzkleidung beim Motorradfahren tragen.

Vorsichtsmaßnahmen beim Sport:
Schutzkleidung bei unfallträchtigen Sportarten, beim Eishockeyspiel werden z. B. Sturzhelm, Knie- und Ellenbogenschutz getragen. Aufwärmen am Anfang des Sports soll Muskel-, Bänder- und Sehnenverletzungen vermeiden helfen.

Vorbeugen ist besser als Heilen!

228 *Gesundheit und Krankheit*

Einklang leben. Nur in ausgewogenen Verhältnissen in seiner sozialen Lebenswelt kann der Einzelne gesund bleiben.

Bedingt durch den Wohlstand in den reichen Industrienationen sind viel mehr Menschen durch Übergewicht und Fehlernährung als durch Unterernährung bedroht. Gleichzeitig beeinträchtigen auch andere Lebensbedingungen unserer *Umwelt* die Gesundheit vieler Menschen. Risikofaktoren für Herz-Kreislauf-Erkrankungen und Krebs sind neben den vorgenannten Faktoren *Stress*, zu wenig Bewegung, Schadstoffe und Zigarettenrauchen. Gleichzeitig dringt in der Freizeit über die Medien eine unbeschreibliche Zahl von Reizen auf den Einzelnen ein, die er gar nicht mehr positiv verarbeiten kann. Daraus folgt, dass viele Menschen die Fähigkeit zur Entspannung und erforderlichen Ruhepausen verlieren. Menschen greifen bei Überforderung, Stress und Konflikten zu Alkohol, anderen Drogen und Medikamenten. Sie ändern damit nichts an ihren Problemen und deren Ursachen, sondern setzen sich nur der Gefahr aus, süchtig zu werden.

Dabei beeinflusst jeder letztendlich durch sein Verhalten entscheidend seine Gesundheit. Risikofaktoren im Straßenverkehr lassen sich durch eine konsequente Einhaltung von Sicherheitsvorschriften (s. Randspalte auf S. 228) in ihrer Wirkung stark mindern. Auch beim Sport können Risiken durch angemessene Sportkleidung, z. B. bei Eishockeyspielern, stark verringert werden. Hierbei gilt: Vorbeugen ist besser als Heilen. Selbst bei Infektionskrankheiten, die uns häufig unvermeidbar erscheinen, kann man meist durch Impfungen, hygienischen Maßnahmen und durch Unterstützung der körpereigenen Immunabwehr den Ausbruch der Krankheit verhindern. Frühzeitiges Aufsuchen des Arztes, Gesundheitsvorsorgeuntersuchungen, konsequente Einnahme der Medikamente und Schonung bei der Genesung helfen, die Gesundheit schneller wieder zu erlangen. Also trägt jeder durch ein bestmögliches Maß an geglückter Auseinandersetzung mit sich selbst, der sozialen Lebenswelt und der Umwelt die Verantwortung für seine *Gesundheit*, d.h. sein körperliches und geistiges Wohlbefinden.

Aufgaben

① Nenne Maßnahmen zur Förderung der eigenen Gesundheit.
② Diskutiert über die Bildpaare auf dieser Seite.

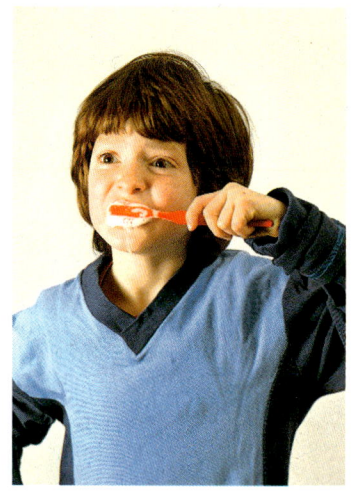

Gesundheit und Krankheit

Herzinfarkt — muss nicht sein!

48,8 %	Herz- und Kreislauferkrankungen
22,0 %	Krebs
11,0 %	verschiedene Ursachen
7,5 %	Erkrankungen der Atmungsorgane
5,4 %	Nicht natürliche Todesursachen
5,3 %	Erkrankungen des Verdauungssystems

Todesursachen in der Bundesrepublik Deutschland 1990

Der etwas dickliche Herr mittleren Alters rennt zur Haltestelle und erwischt die Straßenbahn gerade noch. „Na, sobald man sein Auto in der Werkstatt hat, geht die Hektik erst richtig los", japst er, setzt sich hin und fasst sich plötzlich an die Brust. Er wird kreidebleich und sinkt langsam von der Bank. Er hat Glück, die Leute, die in der Straßenbahn sind, rufen einen Notarztwagen herbei. Der Arzt kann ihm noch helfen.

Ähnliche Szenen spielen sich tagtäglich ab. Herz- und Kreislauf-Erkrankungen sind bei uns Todesursache Nummer 1. Die Risiken, die zu Herzerkrankungen führen, sind in den Lebensumständen der Industrieländer zu suchen. Viele Arbeitsplätze erfordern kaum noch körperliche Bewegung, bringen jedoch täglich große psychische Belastungen mit sich. Die meisten Wege werden mit dem Auto zurückgelegt. Der Zigaretten- und Alkoholkonsum steigt. Nahrung ist im Überschuss vorhanden. Sie ist schmackhaft, aber in der Zusammensetzung meist einseitig. Weitere Risikofaktoren sind also: Dauerstress, Schadstoffbelastung, Übergewicht und Bluthochdruck.

Der Blutdruck steigt z. B., wenn Fett-, manchmal auch Kalkablagerungen die Aderwände verengen und verhärten *(Arteriosklerose)*. Dabei werden die Adern auch enger. Der Blutdruck steigt und die Beanspruchung der Aderwände nimmt zu. Kleine Risse können in der Aderinnenhaut entstehen. Sie führen zu Wucherungen des Bindegewebes und verengen die Adern noch mehr. Nikotin, Koffein und Stressfaktoren der Umwelt bewirken ein Zusammenziehen der Adern und damit Bluthochdruck.

Sind die Verengungen stark fortgeschritten, z. B. durch das Zusammentreffen mehrerer Einflüsse, können schon kleine Blutklümpchen zum Aderverschluss führen. Wenn ein Herzkranzgefäß verstopft ist und dadurch ein Teil der Herzmuskulatur nicht mehr mit Sauerstoff versorgt wird, so stellt der Herzmuskel teilweise die Arbeit ein, ein *Herzinfarkt* ist die Folge.

Warnzeichen für einen Infarkt sind: Herzstechen, Atemnot und Schmerzen, die in den linken Arm ausstrahlen. Sie deuten auf eine schlechte Durchblutung der Herzmuskulatur hin. Nimmt man die Warnzeichen ernst, so lässt man einen Arzt ein *Elektrokardiogramm* (EKG) erstellen. Daran kann er ablesen, ob das Herz funktionstüchtig ist. Droht ein Infarkt, wird heute z. B. eine *Bypass-Operation* durchgeführt. Das verengte Herzkranzgefäß umgeht man mit dem Stück einer Vene. Diese entnimmt man aus einem Bein des Patienten.

Die beste Vorsorge bietet eine gesunde Lebensweise: Nicht rauchen, wenig Fett essen, wenig Kaffee trinken, salzarme Ernährung, Sport treiben, lang andauernde Stressbelastungen vermeiden, sein Gewicht kontrollieren, denn Übergewicht steigert den Bluthochdruck. Menschen mit zu hohem Blutdruck sollten sich regelmäßig den Blutdruck messen lassen.

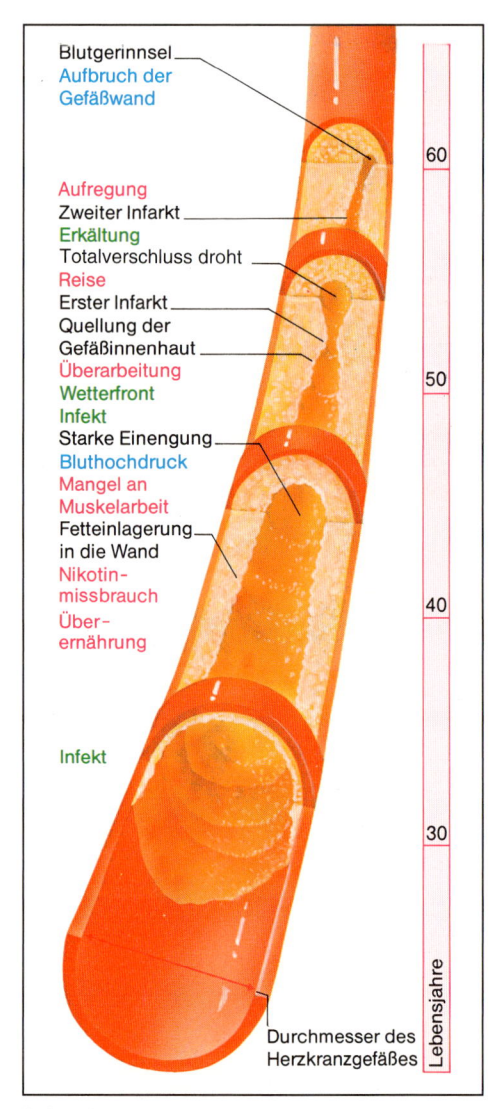

1 Arterienverengung

230 *Gesundheit und Krankheit*

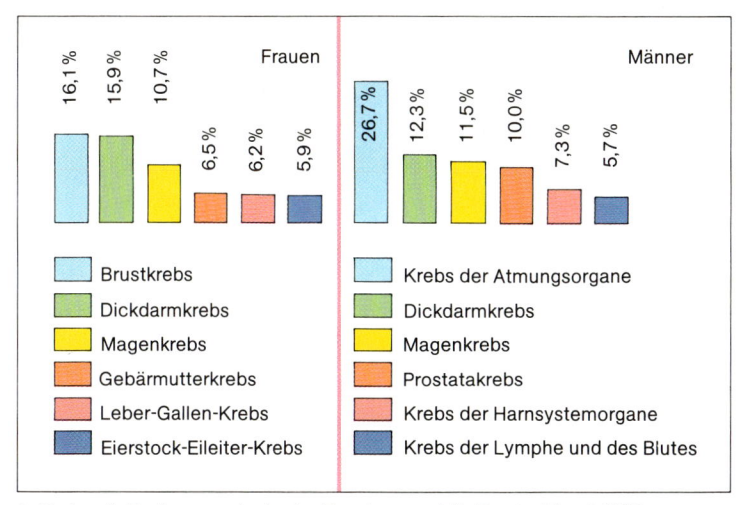

1 Krebs als Todesursache in der Bundesrepublik Deutschland 1989

Frauen: Brustkrebs 16,1 %, Dickdarmkrebs 15,9 %, Magenkrebs 10,7 %, Gebärmutterkrebs 6,5 %, Leber-Gallen-Krebs 6,2 %, Eierstock-Eileiter-Krebs 5,9 %

Männer: Krebs der Atmungsorgane 26,7 %, Dickdarmkrebs 12,3 %, Magenkrebs 11,5 %, Prostatakrebs 10,0 %, Krebs der Harnsystemorgane 7,3 %, Krebs der Lymphe und des Blutes 5,7 %

karzinogen
karzinos, gr. = Krebs,
genesis, gr. = Entstehung

Krebs

Krebs ist eine weit verbreitete Zivilisationskrankheit, die in Deutschland an zweiter Stelle der Todesursachen steht. Obwohl die moderne Medizin intensiv Forschungsarbeit leistet und auch schon auf beachtliche Behandlungserfolge verweisen kann, bleibt die Furcht vor dieser heimtückischen Krankheit weiterhin berechtigt.

Der Zusammenhang zwischen häufigem Sonnenbrand und später auftretendem *Hautkrebs* ist nachgewiesen. Die Sonne sendet nicht nur Licht und Wärme aus, sondern auch unsichtbare, energiereiche Ultraviolette Strahlen *(UV-Licht)*. Mit UV-Strahlen lassen sich beispielsweise Bakterien und andere Mikroorganismen schnell abtöten. Die Zellen der menschlichen Haut werden ebenfalls geschädigt. Nach intensiver, lang andauernder Bestrahlung beginnen einige, sich ungehemmt und unkontrolliert zu teilen. Solche Zellen nennt man *Tumorzellen*.

Da sich Tumorzellen auch an ihrer Oberfläche, der Zellmembran, verändern können, werden sie vom Körper als fremdartig erkannt und von den weißen Blutzellen vernichtet. Schafft es das Abwehrsystem des Körpers nicht mehr, mit den Tumorzellen fertig zu werden, so bildet sich eine *Gewebswucherung*. Diese wird als *gutartig* bezeichnet, wenn sie keine anderen Gewebe erfasst. Zerstört sie jedoch Organe durch weitere, ungezügelte Zellteilungen und dringt sie in umliegende Gewebe ein, dann spricht man von einem *bösartigen Tumor* oder *Krebs*. Gelangen Tumorzellen in die Blut- und Lymphbahn, können sie sich an anderen Stellen im Körper festsetzen und dort Tochtertumore *(Metastasen)* bilden.

Solange der Tumor nicht stark in das Nachbargewebe eingedrungen ist, kann er durch eine Operation entfernt werden. Die Heilungschancen sind gut, solange die Tumorzellen noch keine Metastasen gebildet haben. Treten jedoch Metastasen auf, so ist eine vollständige operative Entfernung nicht mehr möglich. Eine Behandlung mit Medikamenten, die die Zellteilung hemmen *(Zytostatika)* oder die Bestrahlung mit radioaktiven Strahlen zur Zerstörung der Krebszellen sind dann die einzige, aber deutlich schlechtere Heilungschance.

Außer UV-Licht gibt es noch zahlreiche andere Umwelteinflüsse, die Krebs erregend *(karzinogen)* wirken. Bei der Verbrennung organischer Stoffe, zum Beispiel beim Rauchen oder beim Grillen, entsteht *Benzpyren*, ein hoch karzinogener Stoff. Einer der gefährlichsten karzinogenen Stoffe ist das *Aflatoxin*, das von manchen Schimmelpilzen abgegeben wird. Verschimmelte Nahrungsmittel müssen deshalb vernichtet werden. Das Wegschneiden der Schimmelschicht genügt nicht, da feine, mit bloßem Auge nicht sichtbare Pilzfäden und das Aflatoxin selbst tief in das Nahrungsmittel eingedrungen sein können.

Aufgabe

① Begründe anhand der genannten karzinogenen Stoffe, weshalb Krebs zu den Zivilisationskrankheiten gerechnet wird.

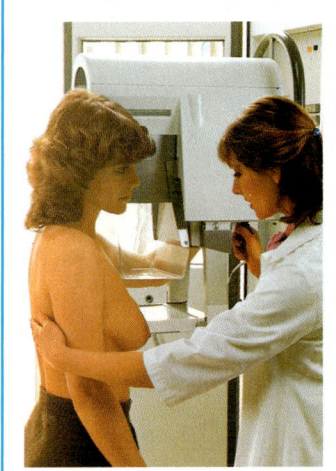

Krebsvorsorge

Die beste Vorsorge ist das Meiden von karzinogenen Stoffen, soweit das möglich ist. Ganz ausschalten lässt sich aber das Risiko, an Krebs zu erkranken, nie. Da heute bei frühzeitigem Erkennen eines Tumors gute Heilungschancen bestehen, gibt es die Vorsorgeuntersuchungen, deren Kosten von den Krankenkassen übernommen werden. Gerade die Frühstadien von Prostata-, Gebärmutterhals- oder Brustkrebs sind bei diesen Untersuchungen relativ leicht nachzuweisen. Krankenscheine für die Vorsorgeuntersuchung erhalten alle Frauen ab 20, Männer ab 45 Jahren.

Gesundheit und Krankheit

3 Suchtmittel — nichts für uns

Rauchen — nein danke!

Der Widersinn ist eigentlich nicht mehr zu überbieten: Auf der einen Seite sorgt sich die moderne Gesellschaft in zunehmendem Maße über die Gefährdung durch giftige Stoffe in der Umwelt. Man erstellt Richtlinien zum Schutze der Menschen an ihren Arbeitsplätzen, erlässt Gesetze über die gerade noch tolerierbaren Konzentrationen an schädlichen Gasen in der Luft und fordert eindeutige und klare Kennzeichnung aller Giftstoffe in Industrie und Haushalt. Auf der anderen Seite nehmen zahlreiche Menschen eine ganze Reihe von giftigen Stoffen freiwillig zu sich — sie *rauchen*. Alle wissenschaftlichen Untersuchungen bestätigen die Gefährlichkeit des Rauchens. Rauchen ist Selbstmord auf Raten!

Beim Einatmen *(Inhalieren)* von Zigarettenrauch setzen sich der im Rauch enthaltene *Teer* und viele der mehr als 200 schädlichen Stoffe in Rachen, Luftröhre, Bronchien und Lungenbläschen ab. Der Teer allein enthält etwa 40 verschiedene Krebs erregende Stoffe, darunter das *Benzpyren*. Es ist deshalb nicht verwunderlich, wenn bei langjährigen Rauchern häufig Kehlkopf-, Bronchial- oder Lungenkrebs auftreten. In der Bundesrepublik Deutschland sind über 90 % aller an Lungenkrebs erkrankten Menschen Raucher.

Ein weiterer Giftstoff der Zigarette ist das *Nikotin*, ein Nervengift. Es gelangt mit dem Zigarettenrauch über die Lunge ins Blut. Die tägliche Nikotinmenge eines starken Rauchers würde genügen, ihn zu töten, wenn er dieselbe Menge auf einmal zu sich nähme.

Durch Nikotin ziehen sich die Muskeln der Arterienwände zusammen, die Arterien verengen sich, der Herzschlag wird beschleunigt, der Blutdruck steigt. Der Raucher fühlt sich zunächst aktiver. Durch die Verengung der Adern werden jedoch Haut und Gliedmaßen schlechter durchblutet. Die Hauttemperatur der Fingerspitzen sinkt um etwa 3 °C ab. Nikotin fördert zudem die Bildung von Ablagerungen in den Arterien. Es kommt häufig zu *Durchblutungsstörungen* und in Folge davon zur Unterversorgung einzelner Organe. Gewebeteile können absterben und müssen dann operativ entfernt werden. Von den 10 000 Beinamputationen in der Bundesrepublik Deutschland sind die meisten auf ein „Raucherbein" zurückzuführen. Vergleicht man die sportliche Leistungsfähigkeit von gleichaltrigen Rauchern und Nichtrauchern, die ansonsten etwa die gleiche Lebensweise haben, so schneiden die Raucher durchweg schlechter ab. Dies ist unter anderem auf das *Kohlenstoffmonooxid* zurückzuführen. Es ist ein geruchloses, giftiges Gas, das zu etwa 4 % im Zigarettenrauch enthalten ist. Es wird besonders fest an das Hämoglobin in den roten Blutzellen gebunden, sodass diese keinen Sauerstoff mehr transportieren können und die Sauerstoffversorgung verschlechtert wird.

Flimmerhaarzellen in Luftröhre und Bronchien sorgen normalerweise dafür, dass Staub und Ruß in Richtung Rachen befördert werden, Teer und Nikotin behindern ihre Tätigkeit. Die durch die Giftstoffe im Zigarettenrauch geschädigten Zellen sterben ab und werden durch quälenden Raucherhusten abgelöst und ausgeworfen.

Bei Schwangeren zeigen sich häufig Auswirkungen des Rauchens auf das Geburtsgewicht und die Gesundheit des Kindes. Früh- und Fehlgeburten treten vermehrt auf.

Erstaunlich ist, dass viele Menschen über die Gefahren Bescheid wissen und trotzdem mit dem Rauchen anfangen oder damit nicht aufhören. Dieses bewusste „Genießen von Giftstoffen" hat verschiedene Gründe: Neugier, das Vorbild der Erwachsenen, Angeberei, die Verführung durch die Zigarettenwerbung sowie Unsicherheiten, die man mit dem Griff zur Zigarette überspielen will.

Rauchen ist eine *Sucht*; man kann nicht einfach wieder aufhören, wenn man einmal angefangen hat. Nur mit großer Willensstärke gelingt es, sich das Rauchen abzugewöhnen und den inneren Zwang zu überwinden, der einen immer wieder zur Zigarette greifen lässt.

Aufgaben

① Suche eine Erklärung für die Daten, die du aus Abb. 233.2 entnehmen kannst.
② Weshalb kann man davon ausgehen, dass die Übereinstimmung der Kurven in Abb. 233.3 kein Zufall ist?
③ Überlege dir Gründe für den abnehmenden Zigarettenkonsum in Europa und Nordamerika.
④ Wie ist es zu erklären, dass ein Kleinkind schon an einer einzigen verschluckten Zigarette sterben kann?

Gesundheit und Krankheit

Kontroverse

Zitat von Goethe
„Es liegt ... im Rauchen eine arge Unhöflichkeit, eine impertinente Ungeselligkeit. Die Raucher verpesten die Luft weit und breit und ersticken jeden honetten Menschen, der nicht zu seiner Verteidigung zu rauchen vermag."

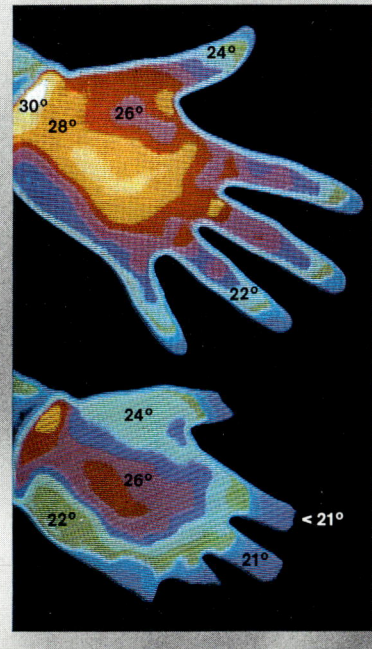

Thermogramm einer Hand vor und nach dem Rauchen einer Zigarette

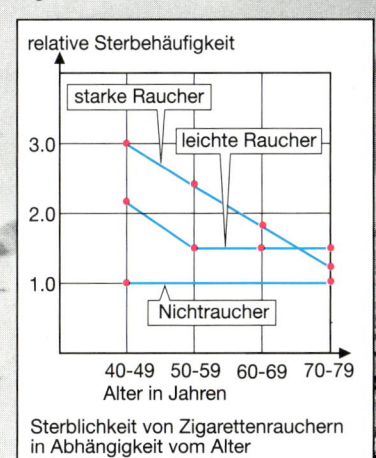

Sterblichkeit von Zigarettenrauchern in Abhängigkeit vom Alter

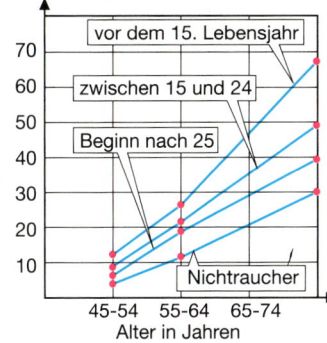

Zahl der jährlichen Todesfälle auf 1000 amerikanische Männer in Abhängigkeit vom Lebensalter, in dem sie mit dem Rauchen begannen (10 - 17 Zigaretten/Tag)

Zitat von Winston Churchill
„Je mehr man darüber liest, wie schädlich das Rauchen ist, umso eher hört man auf zu lesen."

Zitat von Wilhelm Busch
„Drei Wochen war der Frosch so krank, jetzt raucht er wieder — Gott sei Dank."

Rauchen oder Gesundheit - Deine Wahl

Der Bundesminister:
Rauchen gefährdet Ihre Gesundheit. Der Rauch dieser Zigarette enthält: 0,7 mg Nikotin, 12 mg Kondensat (Teer).

§ 22 Werbeverbote

(1) Es ist verboten, für Tabakerzeugnisse im Rundfunk oder im Fernsehen zu werben.

(2) Es ist verboten, in der Werbung für Tabakerzeugnisse
 1. Darstellungen zu verwenden
   a) durch die der Eindruck erweckt wird, dass der Genuss von Tabakerzeugnissen gesundheitlich unbedenklich ist und die Leistungsfähigkeit oder das Wohlbefinden günstig beeinflusst,
   b) die ihrer Art nach dazu geeignet sind, Jugendliche oder Heranwachsende zum Rauchen zu veranlassen,
   c) die das Inhalieren des Tabakrauches als nachahmenswert erscheinen lassen.

 2. Bezeichnungen zu verwenden, die darauf hindeuten, dass die Tabakerzeugnisse natürlich oder naturrein seien.

Gesundheit und Krankheit

Alkohol — eine erlaubte Droge

Die Wirkung des Alkohols auf den Menschen hängt von der *Alkoholkonzentration* im Blut ab. Schon ab 0,2 ‰ Blutalkohol zeigen sich Auswirkungen auf das Verhalten: Alkohol entkrampft, enthemmt, belebt, regt an, kann aber auch depressiv machen. Mit zunehmendem Blutalkoholgehalt verlängert sich die Reaktionszeit erheblich, die Bewegungen sind nicht mehr genau kontrollierbar und die Aufmerksamkeit lässt nach. Hinzu kommen Sehstörungen. Deshalb ist das Autofahren unter Alkoholeinfluss eine Gefahr für andere und für den Fahrer selbst. Bei nur 0,8 ‰ Alkoholkonzentration im Blut ist rund die Hälfte aller Autofahrer fahruntüchtig. Bei Unfällen wird man schon mit geringeren Alkoholkonzentrationen bestraft.

Auch die Sprechfähigkeit wird beeinflusst; sie geht bei höheren Alkoholkonzentrationen in unverständliches Lallen über. Vergiftungserscheinungen sind schon bei 2 ‰ zu erkennen. Noch höhere Konzentrationen können zu Bewusstlosigkeit und schließlich zum Tode führen *(Alkoholvergiftung)*.

Ein Teil des aufgenommenen Alkohols wird über die Lunge wieder ausgeatmet. Der andere Teil verbleibt im Blut. Er wird zu 90 % von der Leber entsorgt. Etwa 0,1 – 0,15 ‰ Blutalkohol werden dort pro Stunde abgebaut. Das entspricht 20 – 60 g reinen Alkohol pro Tag und erklärt, warum die Leber bei regelmäßiger Alkoholaufnahme geschädigt wird. Zunächst lagert die Leber verstärkt Fett ein und vergrößert sich *(Fettleber)*. Dadurch kann eine chronische Leberentzündung auftreten, bei der Leberzellen zugrunde gehen *(Alkohol-Hepatitis)*. Im dritten Stadium schrumpft die Leber und wird hart *(Leberzirrhose)*. Lebergewebe stirbt ab und wird durch Bindegewebe ersetzt. Dies führt zu zahlreichen Stoffwechselstörungen und letztendlich zum Tod. Durch den Alkohol werden auch Bauchspeicheldrüse und Gehirn geschädigt.

Promille — wie rechnet man das?

Ein Liter Bier (1000 ml) mit 4%igem Alkoholgehalt enthält 40 Milliliter reinen Alkohol. Wenn nun ein 75 kg schwerer Mann einen Liter Bier trinkt, verteilt sich der Alkohol in Blut und Lymphe. Diese Körperflüssigkeiten machen etwa $2/3$ der Körpermasse eines Menschen aus. Das wären in unserem Beispiel 50 kg Körperflüssigkeit, was etwa 50 Litern entspricht. Der Blutalkoholgehalt in *Promille* beträgt dann:

$$\frac{\text{Alkoholmenge (ml)}}{\text{Körperflüssigkeit (l)}} = \frac{40}{50} = 0,8\,‰$$

Diese Rechnung gibt zwar den Alkoholgehalt der Körperflüssigkeit in etwa richtig an, sagt aber nichts über die Wirkung dieser Alkoholkonzentration bei einer bestimmten Person aus. Die Wirkung des Alkohols ist nämlich von vielen Faktoren, wie z. B. Müdigkeit, Einfluss von Medikamenten, Gesundheitszustand usw., abhängig. Deshalb kann unter Umständen bereits ein Blutalkoholgehalt von z. B. 0,4 ‰ die Reaktions- und Wahrnehmungsfähigkeit gefährlich beeinträchtigen.

Alkohol macht abhängig

Viele junge Menschen werden zu Trinkern, weil sie den Alkoholgenuss bei den Erwachsenen abschauen, weil *„die Eltern ja auch trinken"*, *„bei einem alkoholfreien Fest keine Stimmung aufkommt"* und *„ein bisschen Alkohol ja nicht schaden kann"*. Die Persönlichkeit der Jugendlichen ist noch nicht voll ausgereift. Sie sind daher anfällig für das Hinwegspülen ihrer Probleme mithilfe des Alkohols. Im Laufe der Zeit entsteht bei ihnen das Gefühl, unbedingt Alkohol zu benötigen — sie werden *süchtig*.

Diese Sucht ist noch intensiver als beim Nikotin. Das fällt auf, wenn man sich das Trinken abgewöhnen will. Ein Alkoholsüchtiger kann das kaum alleine schaffen. Zu seiner psychischen Sucht kommt die körperliche Abhängigkeit. Der Körper hat sich auf die hohe Alkoholkonzentration eingestellt. Er reagiert auf deren Fehlen mit Schweißausbrüchen, Schlafstörungen und Wahnvorstellungen *(Halluzinationen)*. Ein Entzug ist nur mit ärztlicher Hilfe, meist in speziellen Entziehungsanstalten, möglich. Alkoholsüchtige sind krank. Sie können zwar weitgehend geheilt werden, bleiben aber stets rückfallgefährdet, denn „Die Sucht schläft nur!".

Aufgaben

① Wieso kann ein Alkoholsüchtiger selbst bei stärkstem Willen nur selten alleine mit dem Trinken aufhören?

② Mit welchen Problemen muss ein Alkoholkranker fertig werden?

③ Die Anonymen Alkoholiker sind eine Gemeinschaft, in der sich Alkoholabhängige oder ehemalige Süchtige gegenseitig helfen. Weshalb ist gerade diese Hilfe so wichtig?

Halluzination
(hallucinatio,
lat. = Träumerei)

Ein **Prozent** *(pro centum,* lat. = je Hundert) bedeutet ein Hundertstel von einem Bezugswert:
1% = $1/100$

Ein **Promille** *(pro mille,* lat. = je tausend) heißt ein Tausendstel von einem Bezugswert:
1‰ = $1/1000$

Gesundheit und Krankheit

Alkoholgehalt verschiedener Spirituosen

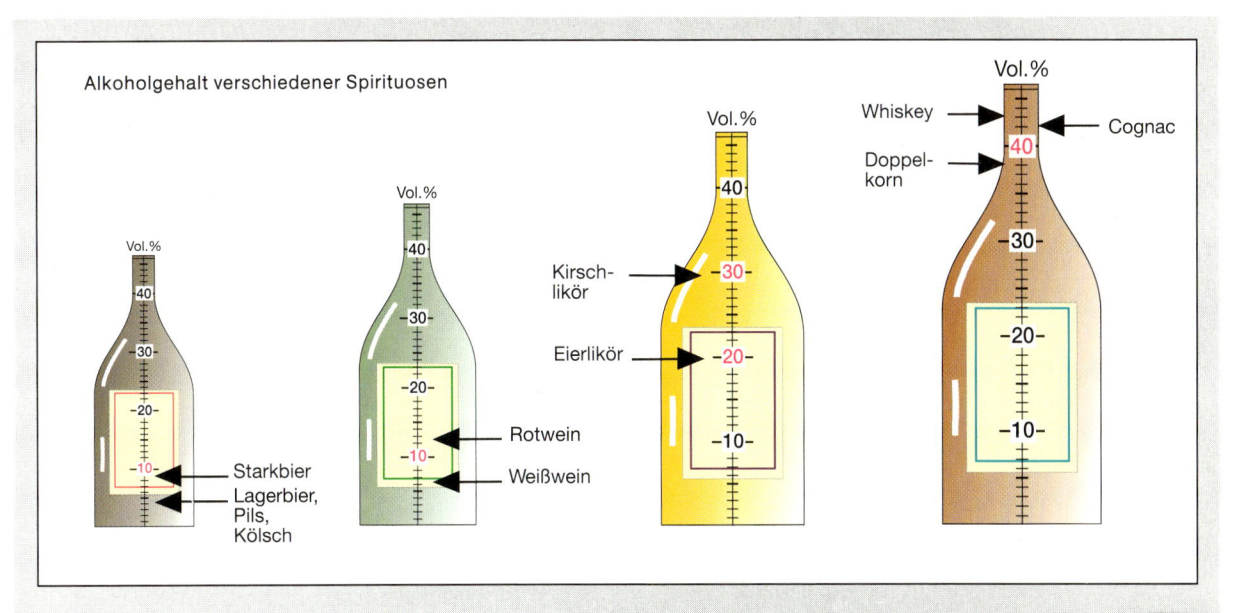

- Starkbier
- Lagerbier, Pils, Kölsch
- Rotwein
- Weißwein
- Kirschlikör
- Eierlikör
- Whiskey
- Cognac
- Doppelkorn

Ich hab mich voll unter Kontrolle. *(zu Beginn der Party)*

Ich hab mich voll unter Kontrolle *(nach dem 2. Glas)*

Ich hab mich voll unter Kontrolle *(nach dem 4. Glas)*

Ich hab mich voll unter Kontrolle *(nach dem 5. Glas)*

Schriftveränderung nach Alkoholgenuß

Kein ALKOHOL im Straßenverkehr — DEUTSCHE BUNDESPOST 80

Gesundheit und Krankheit **235**

Jeder Erwachsene in der Bundesrepublik Deutschland nimmt jährlich im Durchschnitt etwa 1000-mal ein Arzneimittel ein.

Der berühmte Arzt **Paracelsus** (1493—1541) sagte: „Alle Dinge sind Gift — nichts ist ohne Gift — allein die Dosis macht, dass ein Ding Gift ist."

Dosis, pl. Dosen (*dosis*, gr. = Gabe), abgemessene Menge

Medikamentenmissbrauch

Es gibt zahlreiche *Medikamente,* die man ohne *Rezept* in Apotheken kaufen kann. Gerade diese werden oft falsch angewendet: Morgens die Aufbautablette, danach die Verdauungs- und Abführkapsel, am Nachmittag ein Aufputschmittel, abends Schlaftabletten und immer wieder zwischendurch Kopfschmerztabletten. Der Griff zum Pillenröhrchen ist leicht. Da darf es nicht wundern, wenn schon Schulkinder vor Klassenarbeiten zum Aufputsch- oder Beruhigungsmittel greifen. Nach einer Untersuchung in Hamburg werden bereits 15 % der Sechsjährigen regelmäßig von Ärzten oder Eltern mit Medikamenten „gefüttert".

In den meisten Fällen würde ein einfaches Hausmittel den selben Zweck erfüllen, ohne die *Suchtgefahr* und die oft unangenehmen Nebenwirkungen in sich zu bergen. Anstelle von Abführmittel ist man besser ballaststoffreiche Nahrung, zum Aufwachen genügt ein bisschen Morgengymnastik, zur Beruhigung ein Kräutertee und am Nachmittag zur Anregung ein Spaziergang in frischer Luft. Bei starken Zahnschmerzen hilft zunächst oft nur die Schmerztablette. Diese dämpft zwar den Schmerz, behebt aber nicht die Ursache. Der regelmäßige Besuch beim Zahnarzt ist also die beste Prophylaxe.

Zahlreiche Arzneimittel aber sind lebensnotwendig. Ohne sie hätten viele Seuchen nicht besiegt werden können und viele der heutigen Krankheiten könnte man nicht heilen. Man sollte Medikamente daher nicht verdammen, sondern auf die richtige Anwendung achten. Welches Medikament wie lange und in welcher Verabreichungsform verwendet werden soll, muss der Arzt bestimmen. Dies wird am Beispiel des *Digoxins* deutlich, einem Wirkstoff des Fingerhutes. Digoxin wirkt bei einer *Dosis* von
— 0,1—1 mg als Medikament zur Kräftigung der Herztätigkeit.
— 10—20 mg als starkes Gift (Appetitlosigkeit, Erbrechen und Herzrhythmusstörungen) und
— über 20 mg tödlich.

Zudem sind bei den meisten Medikamenten Nebenwirkungen bekannt, die ihrerseits wieder zu Komplikationen führen, die schwer vorhersehbar sind.

Unkontrollierte Einnahme und ungezügelte Anwendung von Medikamenten ist daher Missbrauch und schadet in jedem Fall der Gesundheit!

Die Flucht in eine Traumwelt

Der Name *Droge* ist verwandt mit dem plattdeutschen „drög" (trocken) und bezeichnete ursprünglich Heilmittel, die aus getrockneten Pflanzen gewonnen wurden. Heute werden alle missbräuchlich verwendeten Stoffe mit abhängig oder suchtmachender Wirkung als Drogen bezeichnet. Es gibt *natürliche* oder „klassische" Rauschmittel pflanzlicher Herkunft (z. B. *Opium, Haschisch*), *synthetische Stoffe*, die teils als Medikamente, teils als *illegale Rauschmittel* Anwendung finden (z. B. *LSD*) und gesellschaftlich tolerierte, also *legale* Drogen, z. B. Alkohol und Nikotin. Konsum, Besitz und Handel von illegalen Drogen, ausgenommen die ärztliche Verordnung, sind bei uns verboten.

Der Drogenkonsum ist heute zu einer Massenbewegung geworden, die vor allem viele Jugendliche ergriffen hat. Dabei sind neben dem Nachahmungstrieb und dem Verlangen nach Selbstbestätigung oft psychische Probleme die Auslöser für die Einnahme eines Rauschgiftes. Scheinbar unlösbare Konfliktsituationen werden durch die Drogenwirkung zeitweilig verdrängt. Man entschwindet in eine andere Welt. Doch Realität und Probleme bleiben unverändert. Beim Erwachen aus dem Drogenrausch wirken sie um so feindlicher und brutaler. Wieder wird die Erlösung in der Droge gesucht. Man lebt in einem Teufelskreis, der deshalb so heimtückisch ist, weil er zur psychischen und physischen Abhängigkeit führen kann.

Selbst wenn der erste Schritt eine sogenannte „harmlose" Droge *(Einstiegsdroge)* ist, steigert sich die Abhängigkeit im Laufe der Zeit und immer stärkere Mittel werden benutzt. Dabei geht der Realitätsbezug des Konsumenten immer mehr verloren, er entzieht sich seiner Umwelt, wobei diese Isolation nicht selten zur Selbstvernichtung führt.

Aufgaben

① Was kann Menschen veranlassen, Drogen zu nehmen?
② Worin liegt die besondere Gefahr bei den verbotenen Drogen?
③ Müsste man nicht auch Alkohol und Tabak verbieten?
④ Wie solltest du dich verhalten, wenn du Ecstasy angeboten bekommst?
⑤ „Um die Menschen vor Drogen zu schützen, hilft keine Abschreckung und kein Verbot — man muss ihre Lebenssituation ändern." Was ist damit gemeint?

Drogen sind teuer, ein Gramm Heroin z. B. kostet mehrere hundert Mark. Dieses Gramm aber braucht ein Heroinabhängiger pro Tag. Er tut alles, um wieder an den „Stoff" zu kommen. Die erheblichen Geldmengen sind aber auf die Dauer nur noch auf kriminelle Weise zu beschaffen. Die einzige Chance, aus dieser Situation herauszukommen, ist die *Entziehungskur* in einem Sanatorium oder einer Klinik. Wahnvorstellungen, Erbrechen, Gliederzittern und Krampfanfälle kennzeichnen den harten Weg des Entzugs. Medizinische und therapeutische Hilfe ist vordringlich nötig, genügt aber nicht. Man muss dafür sorgen, dass die Wiedereingliederung in das normale gesellschaftliche Leben erfolgen kann. Eine Arbeitsstelle, ein Wohnung, Freunde und Bekannte sind notwendig. Ohne diese *Resozialisierung* ist der Rückfall in die Abhängigkeit schon vorprogrammiert.

Rangliste der Zugriffsmotive

Ergebnis einer Befragung von Drogenabhängigen im Auftrag der Bundesregierung

Ich nehme Drogen, ...

weil Rauschmittel Stimmung heben können.	6,9%
weil sich dabei Glücksgefühle einstellen.	5,5%
weil man damit eigene Hemmungen überwindet.	4,9%
weil Rauschmittel das Bewusstsein erweitern.	3,6%
weil man leichter Kontakt zu anderen bekommt.	2,7%
weil in unserer Gesellschaft so viel falsch ist.	1,8%
weil ältere Leute dagegen sind.	1,0%

Drogentod am Bahnhof: Drei weitere Rauschgiftopfer

FRANKFURT. Rauschgift, oft zusammen mit Tabletten konsumiert, fordert in Frankfurt beinahe täglich neue Opfer. Die Zahl der Drogentoten steigt in einem Ausmaß, das die Stadt bisher noch nicht erlebt hat. Wie die Polizei gestern mitteilte, wurden seit Freitag drei weitere Leichen gefunden – in Toiletten und auf einer Treppe unter dem Hauptbahnhof. In den ersten sechs Wochen des neuen Jahres kamen damit schon 23 Männer und Frauen durch Rauschgiftmissbrauch ums Leben. 1990 waren es im gleichen Zeitraum sieben Tote.

Der Toilettenwärter entdeckte mittags einen 25 Jahren alten Mainzer in leblosem Zustand. Der Notarzt konnte dem Mann nicht mehr helfen; in dessen Armbeuge steckte noch eine Einwegspritze, eine weitere lag auf dem Boden. Der Mainzer soll seit 1984 „harte Drogen" genommen haben.

(Zeitungsausschnitt vom 12. 2. 91)

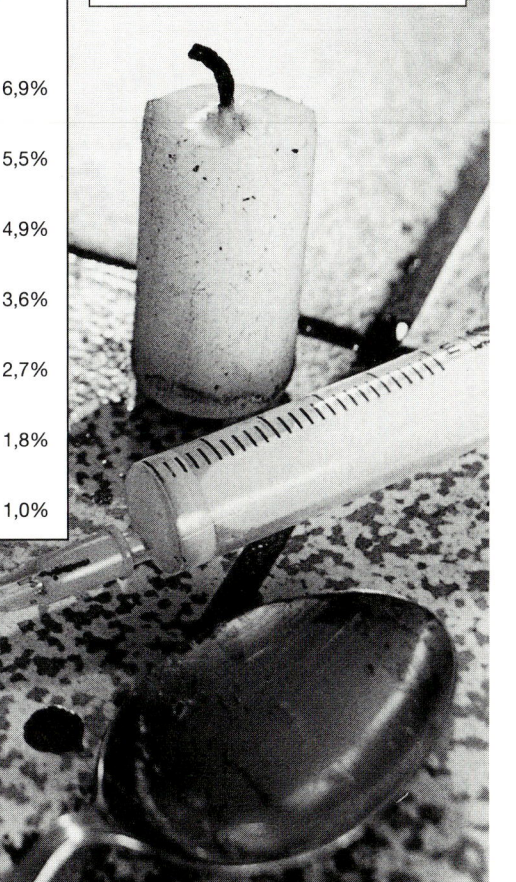

Gesundheit und Krankheit

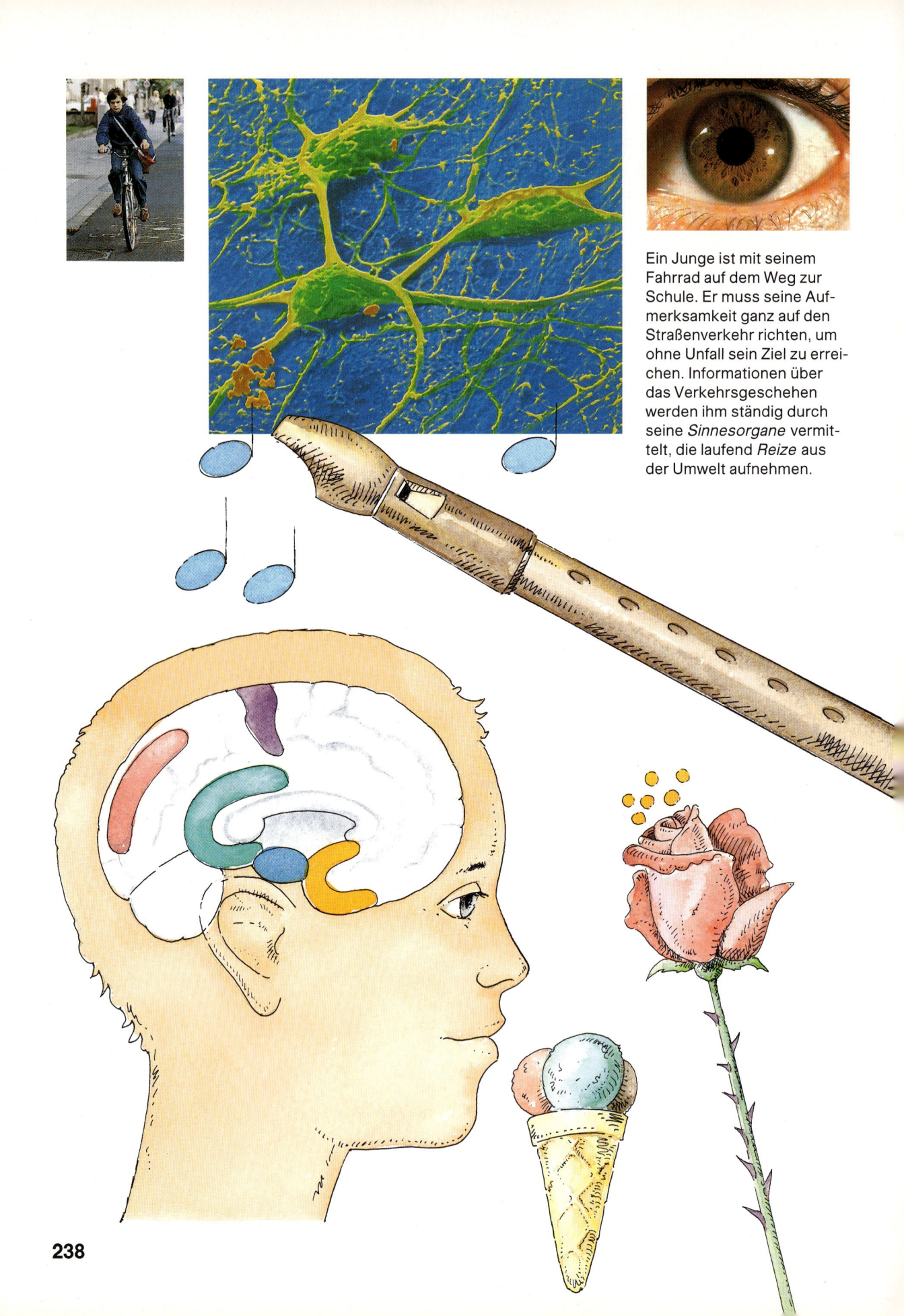

Ein Junge ist mit seinem Fahrrad auf dem Weg zur Schule. Er muss seine Aufmerksamkeit ganz auf den Straßenverkehr richten, um ohne Unfall sein Ziel zu erreichen. Informationen über das Verkehrsgeschehen werden ihm ständig durch seine *Sinnesorgane* vermittelt, die laufend *Reize* aus der Umwelt aufnehmen.

Sinne, Nerven und Hormone

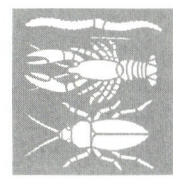

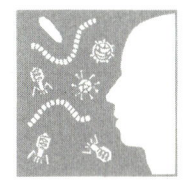

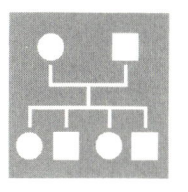

1 Sinnesorgane 240
Das Auge — unser wichtigstes Sinnesorgan 240
Bau und Funktion der Netzhaut 241
Scharfes Sehen nah und fern 242
Viele Sehfehler sind korrigierbar 243
Das Farbensehen 244
Sehen mit Auge und Gehirn 245
Praktikum: Sehen 246
Riechen und Schmecken 247
Das Ohr 248
Leistungen des Gehörs 249
Lage- und Drehsinn 250
Praktikum: Gehör-, Lage- und Drehsinn 251
Die Haut — unser größtes Organ 252
Lexikon: Schädigungen und Erkrankungen der Haut 253

2 Das Nervensystem 254
Arbeitsweise des Nervensystems 254
Die Nervenzelle — Bau und Funktion 255
Das Gehirn 256
Arbeitsteilung im Gehirn 257
Gedächtnis 258
Das Rückenmark 259
Teile des Nervensystems arbeiten selbstständig 260
Schlaf ist lebenswichtig 261

3 Hormone 262
Botenstoffe im Körper 262
Regulation des Grundumsatzes 263
Der Blutzucker muss stimmen! 264
Störungen bei der Blutzuckerregulation 265

Die Fähigkeit, Reize aufzunehmen, sie zu verarbeiten und zu beantworten, ist eine der kennzeichnenden Eigenschaften eines Lebewesens. Auch wir Menschen orientieren uns, indem wir sehen, hören, riechen, schmecken und tasten. Die Sinnesorgane schicken die Informationen dann über *Nervenzellen* zur Zentrale, dem *Gehirn*. Hier treffen alle Informationen zur Auswertung und Weiterverarbeitung zusammen. Dafür wird neben dem Nervensystem auch das Hormonsystem eingesetzt. *Hormone*, die von Drüsen in den Blutkreislauf abgegeben werden, sind an der Regulation von vielen Körpervorgängen beteiligt. Die meisten dieser Vorgänge bleiben uns unbewusst. Sie laufen im Körper automatisch ab.

1 Sinnesorgane

Das Auge — unser wichtigstes Sinnesorgan

Versucht man, mit geschlossenen Augen ein Stofftier durch Abtasten zu bestimmen, dauert es relativ lange, bis man die Tierart erkennt. Beim Hinschauen genügt ein Blick, um es in Sekundenbruchteilen zu bestimmen. Mit dem Auge erfolgt die Informationsaufnahme aus der Umwelt also schneller und umfassender als mit anderen Sinnesorganen.

Die *Augen* sind unsere wichtigsten Sinnesorgane und sehr empfindlich. Deshalb sind sie besonders gut geschützt. Umgeben von Nasenbein, Jochbein und Stirnbein liegen sie gut geschützt in den knöchernen Augenhöhlen des Schädels, eingebettet in ein Fettpolster.

Fliegt Staub oder Sand an die Wimpern, so wird das Augenlid schnell geschlossen. Dies geschieht automatisch. Gelangt dennoch ein kleiner Fremdkörper ins Auge, so wird er durch die *Tränenflüssigkeit* ausgeschwemmt. Scharfe, heiße oder ätzende Teilchen können das Auge verletzen. Deshalb muss man bei Tätigkeiten, bei denen die Augen gefährdet sind, eine Schutzbrille tragen.

Die Augenwand besteht aus mehreren übereinander liegenden Häuten. Die äußerste Hautschicht ist die *Harte Augenhaut*. An ihr setzen sechs Muskeln an, durch die Drehungen des Auges in der Augenhöhle möglich sind. In dem Bereich, in dem Licht ins Auge eintritt, wird die Harte Augenhaut zur durchsichtigen Hornhaut. Sie muss immer durch Tränenflüssigkeit befeuchtet sein.

Die zweite Schicht heißt *Aderhaut*. Sie ist reich an Blutgefäßen und versorgt die ihr anliegenden Schichten mit Nährstoffen und Sauerstoff. Darauf folgt die *Pigmentschicht*, deren Zellen schwarzen Farbstoff (Pigment) enthalten.

Die innerste Schicht ist die *Netzhaut*. Sie enthält zwei Typen von Lichtsinneszellen: *Stäbchen*, die besonders lichtempfindlich sind, und *Zapfen*. An der Stelle, an der der Sehnerv das Auge verlässt, ist die Netzhaut unterbrochen. Hier befinden sich keine Lichtsinneszellen. Diese Stelle heißt daher *Blinder Fleck*. Der Hornhaut gegenüber ist eine etwas vertiefte Netzhautstelle. Wegen ihrer Färbung heißt sie *Gelber Fleck*.

Der Lichteintritt in das Auge erfolgt durch die Hornhaut und das schwarze Sehloch, die *Pupille*. Sie ist von der farbigen Regenbogenhaut, der *Iris*, umgeben. Durch Vergrößern oder Verkleinern der Pupille wird die ins Auge kommende Lichtmenge geregelt. Hinter der Iris ist die elastische *Augenlinse* an Bändern aufgehängt. Die Linsenbänder *(Zonulafasern)* verlaufen speichenartig zum ringförmigen *Zilarmuskel*. Das Augeninnere ist von dem gallertartigen *Glaskörper* erfüllt. Er erhält die runde Form des Auges.

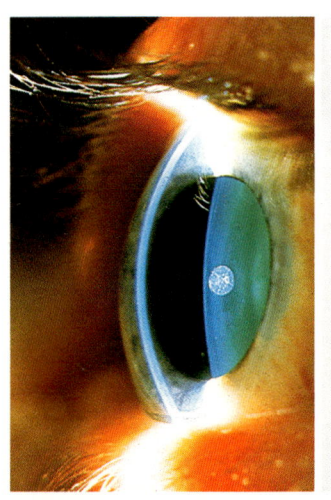

1 Das Auge

2 Schematischer Längsschnitt durch das menschliche Auge

Sinne, Nerven und Hormone

Bau und Funktion der Netzhaut

Im mikroskopischen Bild wird erkennbar, dass die Netzhaut aus drei Zellschichten besteht. Unmittelbar an den *Pigmentzellen* liegt eine Schicht mit *Lichtsinneszellen*. Die Abbildung zeigt, dass es zwei unterschiedlich gebaute Typen dieser Sehzellen gibt: längere, schlanke Stäbchen, zuständig für das Hell-Dunkel- und Dämmerungssehen, die auf sehr schwaches Licht ansprechen, sowie kürzere, gedrungene Zapfen, die weitaus helleres Licht benötigen und dem Farbensehen dienen.

In der Netzhaut eines jeden Auges sind etwa 125 Mio. Stäbchen und 6 Mio. Zapfen. Auf jedem Quadratmillimeter stehen ungefähr 140 000 Sehzellen. Im Zentrum der Netzhaut, dem Gelben Fleck, gibt es nur Zapfen. Es ist die Stelle des schärfsten Sehens. Hier stehen etwa 300 000 Zapfen sehr eng aneinander. Zu den Randbereichen der Netzhaut hin findet man immer weniger Zapfen. Die äußersten Bereiche enthalten nur noch Stäbchen.

Die Sehzellen enthalten lichtempfindliche Farbstoffe. Einer davon ist der *Sehpurpur*, für dessen Aufbau Vitamin A benötigt wird. Trifft Licht auf eine Sehzelle, wird sie erregt. Dabei laufen im Zellinnern folgende Vorgänge ab: Der belichtete Sehpurpur zerfällt in zwei Bestandteile. Dieser Farbstoffzerfall bewirkt, dass die Zelle ein elektrisches Signal abgibt. Das ist die *Erregung*. Zerfallener Sehpurpur wird anschließend wieder neu aufgebaut. Sehzellen, in die längere Zeit kein Licht dringt, enthalten viel Sehpurpur.

Signale erregter Sehzellen werden in die zweite Schicht der Netzhaut übertragen. Diese enthält besondere Nervenzellen — *Schaltzellen* —, von denen viele mit mehr als 100 Sehzellen in Kontakt sind. Sehr schwache Erregungen zusammengeschalteter Sehzellen summieren sich bei der Schaltzelle und können sie aktivieren. Dies steigert die Lichtempfindlichkeit. Nur im Gelben Fleck gibt es für jede Sehzelle eine Schaltzelle.

Jede Sehzelle entspricht hier einem Bildpunkt. Dadurch ist mit diesem Netzhautbezirk besonders scharfes Sehen möglich. Deshalb wird beim Fixieren eines Gegenstandes das Auge so ausgerichtet, dass sein Bild auf dem Gelben Fleck entsteht. Sind die Schaltzellen erregt, übertragen sie Signale in die innerste Netzhautschicht. Diese besteht aus etwa einer Million Nervenzellen, deren lange Fortsätze sich zum *Sehnerv* vereinigen und Erregungen bis in das Gehirn leiten.

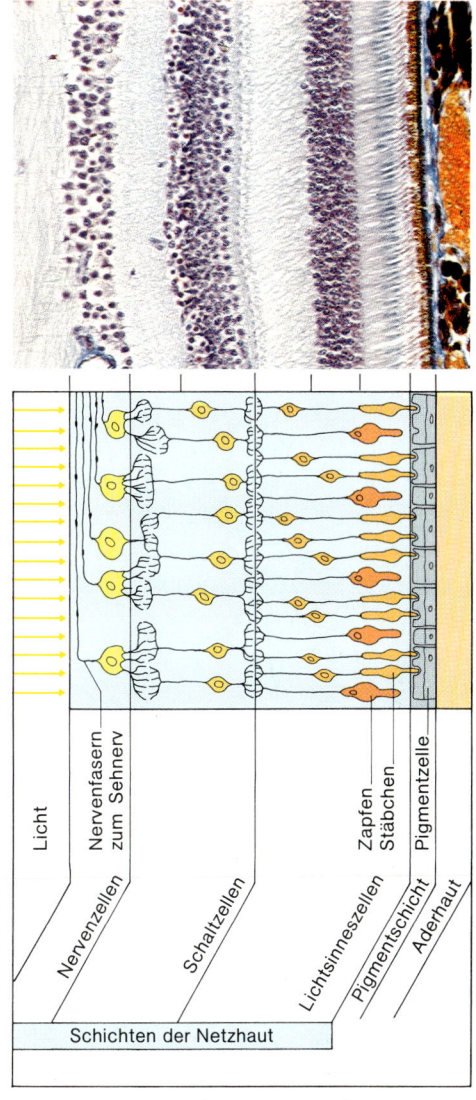

1 Bau der Netzhaut (Mikrofoto und Schema)

Aufgaben

① Beschreibe die Aufgaben der drei Zellschichten der Netzhaut.
② Die Sehzellen befinden sich nicht an der günstigsten Stelle, um möglichst scharf zu sehen. Betrachte den Netzhautquerschnitt und erkläre diese Aussage.
③ Begründe anhand des Netzhautaufbaus, weshalb der Gelbe Fleck die Stelle des schärfsten Sehens ist.
④ Beschreibe, wie es zur Erregung einer Sehzelle kommt.
⑤ Die Sehzellen werden durch einen kurzen Lichtblitz stärker erregt, wenn man sich zuvor längere Zeit in dunkler Umgebung aufgehalten hat. Erkläre diese Beobachtung.

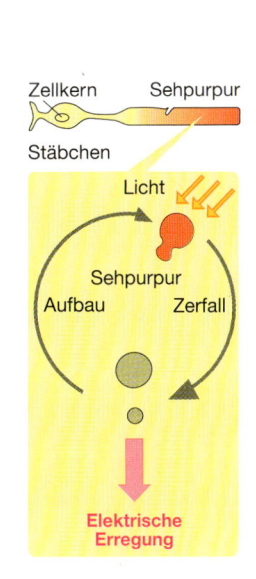

Sinne, Nerven und Hormone

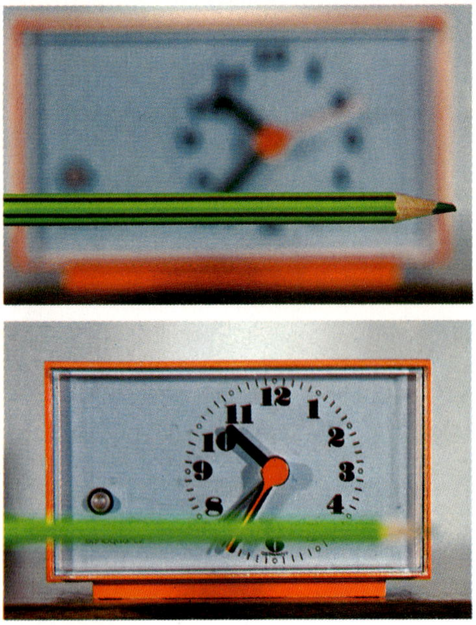

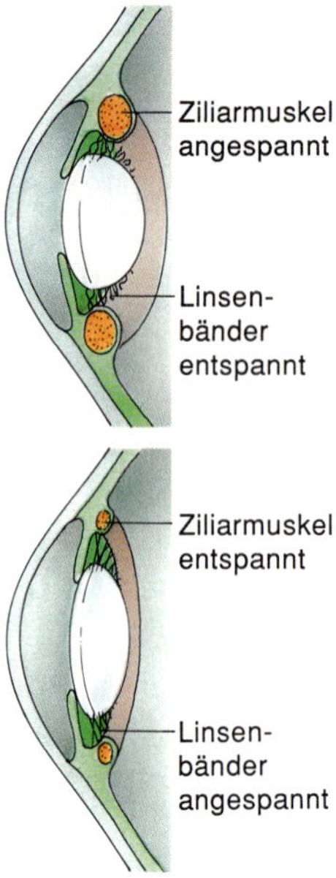

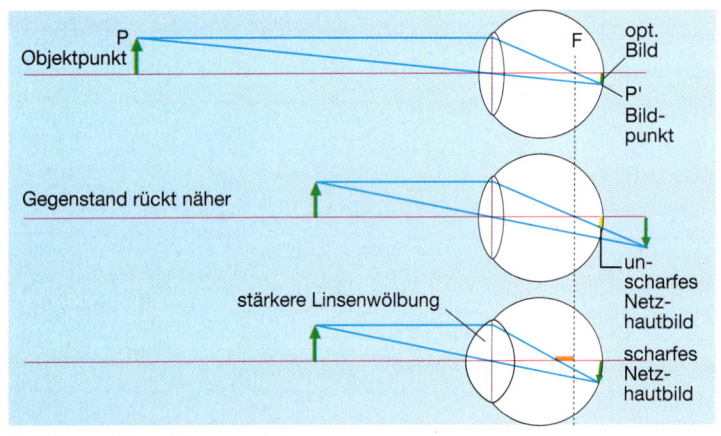

Scharfes Sehen nah und fern

Ein Vergleich von Fotoapparat und Auge zeigt einige Gemeinsamkeiten: dem Objektiv des Fotoapparates entsprechen die Hornhaut, die Augenlinse und der Glaskörper. Der Blende entspricht die Iris, dem lichtempfindlichen Film die Netzhaut. Beim Fotoapparat geschieht die Entfernungseinstellung durch Änderung des Abstands zwischen Objektiv und Film. Für herannahende Objekte muss dieser Abstand vergrößert werden. Bei der Entfernungseinstellung des Auges *(Akkommodation)* wird jedoch die Wölbung der elastischen Linse verändert.

Der ringförmige *Ziliarmuskel* zieht sich zusammen, sein Umfang verringert sich und die elastische Aderhaut wird gespannt. Die *Linsenbänder,* die zuvor starken Zug auf die Linse ausgeübt hatten, ziehen nun nicht mehr so stark. Die elastische Linse kugelt sich etwas ab. Sie ist jetzt stärker gewölbt und ihre Brechkraft ist daher größer.

Dieser Vorgang kann so lange fortgesetzt werden, bis die Linsenbänder keinen Zug mehr auf die Linse ausüben *(Naheinstellung).* Ein Jugendlicher sieht einen Gegenstand scharf, wenn der sich etwa 10 cm vor dem Auge befindet. Gegenstände in der Ferne werden nur unscharf wahrgenommen.

Zur *Ferneinstellung* erschlafft der Ziliarmuskel. Durch die elastische Aufhängung an der Aderhaut und den Augeninnendruck wird der Ziliarmuskel gedehnt, sein Umfang vergrößert, die Linsenbänder werden gespannt und die Augenlinse wird flach gezogen.

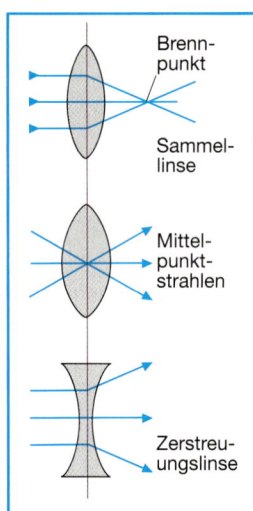

1 Nah- und Fernakkommodation

Kleine Linsenkunde

Sammellinsen sind in der Mitte dicker als am Rand. Lichtstrahlen durch den Linsenmittelpunkt werden nicht abgelenkt. Parallel zur optischen Achse eintreffende Lichtstrahlen werden beim Durchtritt durch die Linse so gebrochen, dass sie sich alle in einem Punkt, dem *Brennpunkt F,* schneiden. Die Entfernung zwischen Linsenmitte und Brennpunkt heißt *Brennweite f.* Bei einer stärker gekrümmten Linse werden die Lichtstrahlen gebrochen. Dann ist die *Brechkraft D* größer und der Brennpunkt liegt näher an der Linse. Augenärzte geben für Linsen die Brechkraft an. Sie ist der Kehrwert der Brennweite ($D = 1/f$) mit der Einheit $1/m = 1$ Dioptrie $= 1$ dpt. Die Brechkraft der Hornhaut beträgt 43 dpt, die Brechkraft der Linse 18–32 dpt.

Sammellinsen können *optische Bilder* erzeugen. Treten Lichtstrahlen, die von einem Objekt kommen, durch eine Sammellinse, bewirkt die Linse, dass sich alle von einem Punkt ausgehenden Lichtstrahlen hinter der Linse in einem Punkt schneiden. Für die Konstruktion eines Bildpunktes reicht es, wenn nur zwei Strahlen gezeichnet werden, z. B. Parallelstrahl und Mittelpunktstrahl. Zwei Linsen hintereinander wirken wie eine Linse mit erhöhter Brechkraft.

Zerstreuungslinsen sind am Rand dicker als in der Mitte. Parallel zueinander verlaufende Lichtstrahlen werden beim Durchtritt durch die Linse so gebrochen, dass sie hinter der Linse auseinander streben.

Viele Sehfehler sind korrigierbar

Manche Menschen können ferne Gegenstände nur unscharf sehen, im Nahbereich erscheint alles scharf. Die betroffen Personen leiden an *Kurzsichtigkeit*. Die Ursache liegt in einer veränderten Gestalt des Auges; der Augapfel ist zu lang. Dies führt bei der Betrachtung eines weit entfernten Gegenstandes mit fern eingestelltem Auge dazu, dass das optische Bild vor der Netzhaut entsteht. Die Brechkraft der Augenlinse ist auch bei weitester Abflachung noch zu groß. Um dies zu korrigieren, verschreibt der Augenarzt eine Brille. Die Brillengläser sind Zerstreuungslinsen. Sie bewirken, dass die in diesem Fall zu große Brechkraft der Augenlinse ausgeglichen wird.

Bei *Weitsichtigkeit* können ferne Gegenstände deutlich gesehen werden. Gegenstände in der Nähe erscheinen unscharf. Die Ursache ist hier ein zu kurzer Augapfel. Bei Annäherung eines Gegenstandes an dieses Auge muss sich die Augenlinse immer mehr wölben, damit er scharf auf die Netzhaut abgebildet wird. Ist die größte Wölbung erreicht, wenn der Gegenstand noch weiter als 20 cm entfernt ist, so führt eine weitere Annäherung zu einem unscharfen Netzhautbild. Abhilfe schaffen Brillen mit Sammellinsen. Sie gleichen die hier unzureichende Brechkraft der Augenlinse aus.

Mit fortschreitendem Alter nimmt die Elastizität der Augenlinse immer mehr ab, die Linsenwölbung bei Naheinstellung lässt immer mehr nach. Betroffene merken es zumeist daran, dass beim Lesen die Entfernung zwischen Text und Auge vergrößert werden muss, um deutlich sehen zu können. Die Tabelle zeigt, wie die kleinste Entfernung, ab der scharfes Sehen möglich ist, mit dem Alter zunimmt. Bei dieser *Altersweitsichtigkeit* kann eine Brille mit Sammellinsen die fehlende Brechkraft der Augenlinse bei der Naheinstellung ausgleichen. Die Brille ist nur für das Sehen in der Nähe notwendig.

Es kann vorkommen, dass in der Augenlinse Trübungen entstehen. Ist ein großer Bereich der Linse betroffen, bezeichnet man dies als *Grauen Star*. Das Sehvermögen ist dadurch beeinträchtigt. Bei starken Trübungen wird die Augenlinse operativ entfernt und durch eine starre Kunststofflinse ersetzt.

Als *Grünen Star* bezeichnet man eine Augenerkrankung, die einen zu hohen Augeninnendruck verursacht. Die Druckerhöhung die sich häufig langsam und unbemerkt einstellt, kann zu einer Schädigung von Netzhaut und Sehnerv führen. Ohne Behandlung besteht die Gefahr der Erblindung.

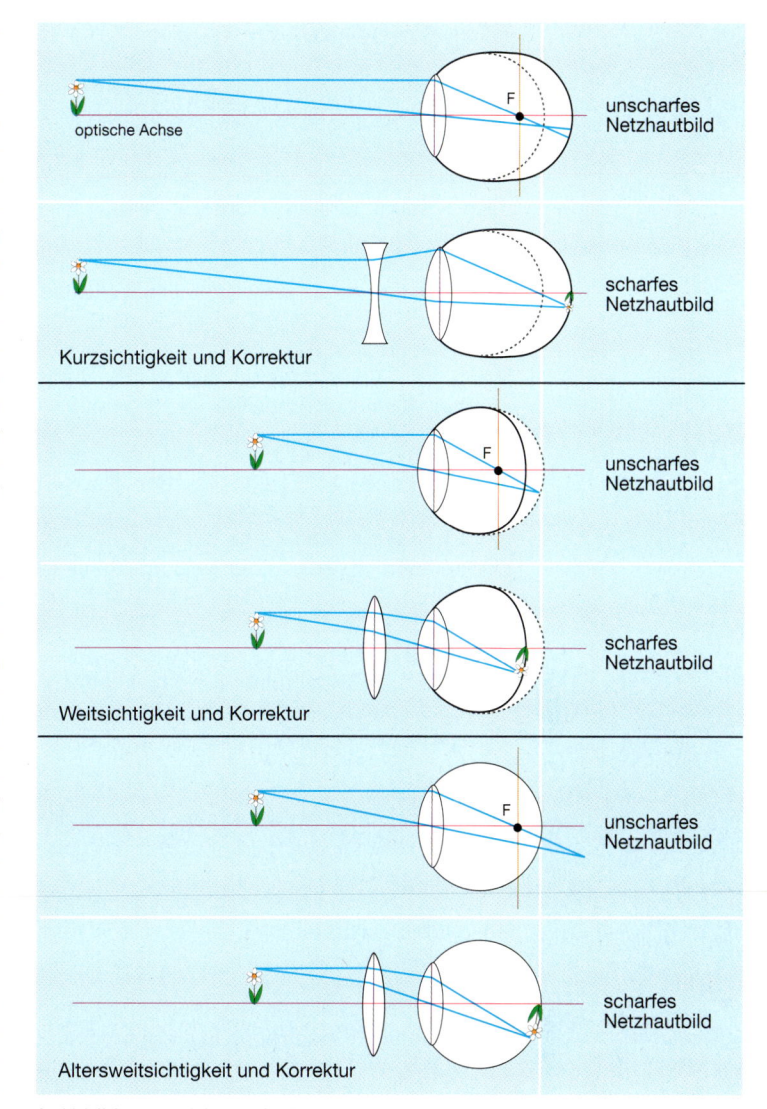

1 Abbildung und Augenfehler

Aufgaben

1. Erkläre, weshalb ein Kurzsichtiger ferne Gegenstände unscharf sieht.
2. Welche Ursache hat Weitsichtigkeit, welche die Altersweitsichtigkeit?
3. Weshalb kann Kurzsichtigkeit in höherem Alter nicht durch Altersweitsichtigkeit ausgeglichen werden?
4. Bei Patienten, die am Grauen Star operiert werden, wird die Augenlinse durch eine Kunststofflinse ersetzt. Weshalb ist dies kein vollwertiger Ersatz?

Altersabhängigkeit der Nahpunktentfernung

Alter (in Jahren)	Nahpunktentfernung (in cm)
10	7
20	10
30	12
40	17
50	44
60	100

Sinne, Nerven und Hormone

Das Farbensehen

Fast keine Werbung ohne *Farben!* Erst durch den gezielten Einsatz von Farben wird ein Werbeplakat wirksam. Kräftiges Rot oder Gelb wecken unsere Aufmerksamkeit. Der Mensch ist in der Lage, tausende von Farbtönen zu unterscheiden. Dies ermöglichen die Zapfen der Netzhaut. Gibt es für jeden Farbton eine bestimmte Zapfensorte? Das ist bei der ungeheuren Anzahl von wahrnehmbaren Farbtönen kaum anzunehmen. Wie ist es aber dann möglich, diese Farbenvielfalt zu erkennen?

Seit dem 18. Jahrhundert weiß man, dass sich Licht von beliebigem Farbton aus den Grundfarben Rot, Grün und Blau zusammenmischen lässt. Man erhält die Grundfarben, indem man ein *Prisma* mit weißem Glühlampenlicht oder Sonnenlicht durchstrahlt und aus dem entstehenden *Farbspektrum* das rote, grüne und blaue Licht ausblendet. Werden alle drei Grundfarben gleichzeitig gesehen, so entsteht weißes Licht. Die weiteren Möglichkeiten zeigt Abbildung 1.

Eine weitere Vielfalt von unterscheidbaren Farbtönen entsteht, wenn die Sättigung der Farben verändert wird, d. h. wenn man den Weiß- oder Schwarzanteil ändert. Auch die Farbtöne beim Farbfernseher entstehen aus den drei Grundfarben mit unterschiedlichem Weiß- und Schwarzanteil.

Bereits 1852 stellte HERMANN VON HELMHOLTZ die Theorie auf, dass auch das Auge mit drei Grundfarben arbeitet und in der Netzhaut drei verschiedene Sorten lichtempfindlicher Zellen vorhanden sein müssen. Inzwischen wurde nachgewiesen, dass es tatsächlich drei *Zapfensorten* gibt, für jede Grundfarbe eine. Die Zapfensorten unterscheiden sich nur im chemischen Aufbau des Sehfarbstoffes voneinander. Jede Zapfensorte wird besonders stark durch das Licht der zugehörigen Grundfarbe erregt. Licht einer anderen Farbe verursacht nur schwache oder keine Erregungen.

Reizt auf die Netzhaut treffendes Licht z. B. die rot empfindlichen und grün empfindlichen Zapfen jeweils ein wenig, so werden durch den Sehnerv entsprechende Signale zum Gehirn geleitet. Hier wird festgestellt, dass zugleich von den rot empfindlichen und von den grün empfindlichen Zapfen Informationen eintreffen. Dies lässt die Farbwahrnehmung gelb entstehen. Der Farbeindruck weiß entsteht, wenn von allen drei Zapfensorten gleich starke Signale ankommen.

1 Farbmischung

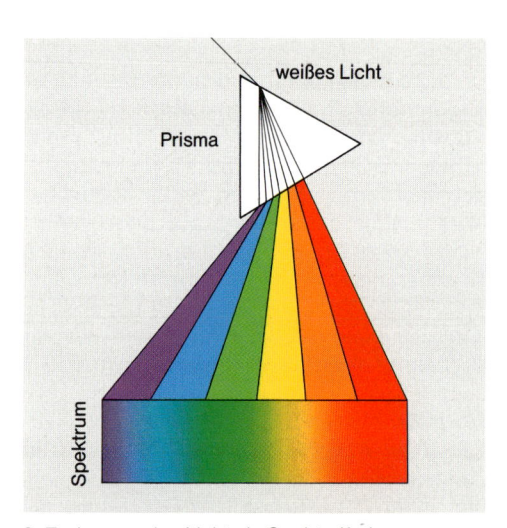

2 Zerlegung des Lichts in Spektralfarben

3 Farbtestbild

Manche Menschen leiden an einer erblichen Störung des Farbsehvermögens. Meist liegt die Ursache darin, dass ein Zapfentyp nicht richtig arbeitet. Sind die Zapfen für eine der Grundfarben Rot oder Grün funktionslos, können die Betroffenen die Farben Rot und Grün nicht voneinander unterscheiden. Man spricht von *Rot-Grün-Blindheit.* Dies kann durch Testbilder festgestellt werden. Ein Rot-Grün-Blinder würde die Zahl im farbigen Testbild nicht erkennen können. Für ihn sind die roten und grünen Flecke weder in der Farbe noch wegen ihrer gleichartigen Helligkeit voneinander unterscheidbar. Die schwarzweiße Abbildung vermittelt Normalsichtigen etwa den Eindruck, den der Rot-Grün-Blinde bei der Betrachtung des Farbbilds hat. In seltenen Fällen kann die Farbwahrnehmung auch völlig ausfallen.

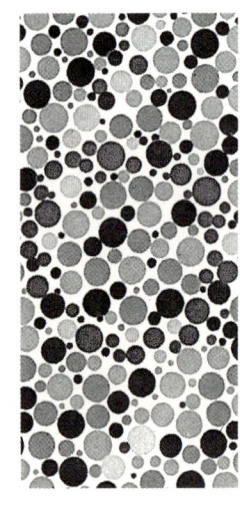

Sehen mit Auge und Gehirn

Betrachtet man einen Filmstreifen, so erkennt man darauf eine Folge von Einzelbildern. Bei der Filmvorführung werden die einzelnen Bilder nacheinander durch das Filmgerät projiziert. Dabei entsteht beim Betrachter der *Eindruck einer kontinuierlichen Bewegung*. Von Einzelbildern ist nichts mehr zu bemerken, es sei denn, die Vorführgeschwindigkeit wird verringert. Werden pro Sekunde weniger als etwa 18 Bilder gezeigt, erkennen wir am Flimmern, dass es sich um eine Einzelbildfolge handelt.

Dass wir einen Film als kontinuierlichen Bewegungsablauf sehen können, liegt an der „Trägheit" der Sehzellen. Werden sie von Licht getroffen, entsteht in ihnen eine *elektrische Erregung*. Diese Erregung verschwindet aber nicht plötzlich, wenn der Lichteinfall ausbleibt, sondern sie klingt innerhalb von $1/18$ Sekunde nach dem Ausbleiben des Lichtreizes ab. Erfolgt innerhalb dieser Abklingzeit ein neuer Lichtreiz, dann überlagern sich abklingende und neue Erregung. Kommt es zu solchen Überlagerungen beim Betrachten aufeinander folgender Bilder eines Films, entsteht in unserem Gehirn der Eindruck einer kontinuierlichen Bewegung.

Das zweiäugige Sehen vergrößert im Vergleich zum einäugigen Sehen das Gesichtsfeld. Außerdem ermöglicht es uns, Gegenstände körperhaft wahrzunehmen, also einen räumlichen Eindruck von ihnen zu bekommen. Dies ist besonders im Nahbereich von großer Bedeutung. Beim Betrachten eines Gegenstandes in Reichweite lässt sich die Ursache für *räumliches Sehen* leicht zeigen. Schließt man abwechselnd ein Auge, sieht man den Gegenstand nacheinander aus zwei verschiedenen Blickrichtungen. Dies ist eine Folge des Augenabstandes. Das Gehirn verarbeitet die Informationen beider Augen und vermittelt einen plastischen Eindruck.
Je weiter ein Gegenstand vom Betrachter entfernt ist, desto weniger unterscheiden sich die Bilder in den beiden Augen voneinander, die Raumwirkung wird schwächer. Dies ist eine Grundlage für das *Einschätzen von Entfernungen*. Je weniger Raumwirkung, desto weiter ist das Objekt entfernt.

Betrachten wir die Abbildung der Frau. Ist sie jung oder alt? Je nachdem, wie man das Bild ansieht, erkennt man eine alte oder junge Frau. Beide zugleich sieht man nicht. Es wird deutlich, dass wir in manchen Fällen nur wahrnehmen, was wir sehen wollen.

1 Was erkennst du in diesem Bild?

In der Randabbildung scheint die Frau im Hintergrund wesentlich größer zu sein als der Mann vorne. Nachmessen zeigt aber, dass beide Figuren gleich groß sind. Diese *optische Täuschung* entsteht durch die räumliche Tiefenwirkung der Abbildung. Die Netzhautbilder von Frau und Mann sind im Auge des Betrachters zwar gleich groß, in unserem Gehirn aber ist die Erfahrung gespeichert, dass in Wirklichkeit in einem solchen Fall die weiter entfernte Person die größere ist.

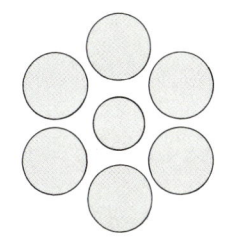

Die beiden inneren, gleich großen Kreise verdeutlichen, dass Flächen nicht unabhängig voneinander, sondern in Bezug zur Umgebung wahrgenommen werden.

Sehen ist also ein Vorgang, bei dem Auge und Gehirn zusammenarbeiten! In den Augen entstehen durch eintreffendes Licht elektrische Signale. Aus ihnen setzt unser Gehirn das Bild zusammen, das wir *wahrnehmen*. Bei der Auswertung dieses Bildes bedient sich das Gehirn unbewusst der Erfahrungen, die im Laufe des Lebens gemacht wurden. Sie sind im Gehirn gespeichert und werden bei der Sehwahrnehmung immer mitverarbeitet.

Sinne, Nerven und Hormone

Praktikum

Sehen

1. Der Blinde Fleck

Halte das Buch mit ausgestreckten Armen vor dich. Schließe das rechte Auge und fixiere mit dem linken den schwarzen Punkt unten auf dieser Seite. Bewege langsam das Buch auf dein Auge zu. Achte dabei auf das schwarze Kreuz, ohne das Auge zu bewegen. Beschreibe und erkläre, was bei diesem Vorgang zu bemerken ist.

2. Bestimmung des Nahpunktes

a) Halte ein Lineal mit der Nullmarke rechts an die Nasenwurzel und schließe das linke Auge. Führe einen Bleistift dem Lineal entlang so weit auf das Auge zu, bis er unscharf erscheint. Ein Mitschüler liest die Entfernung zum Auge ab. Wiederhole diesen Versuch mit dem linken Auge. Notiere die beiden Werte im Heft und vergleiche. Welche Werte wären bei einem Kurzsichtigen zu erwarten?

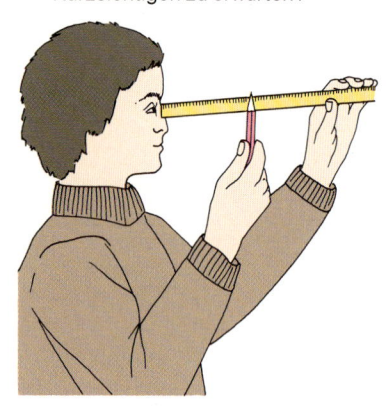

b) In ein Stück Papier wird mit einem spitzen Bleistift eine kleine runde Blendenöffnung von 1–2 mm Durchmesser gestochen. Schließe ein Auge und betrachte mit dem anderen bei sehr guter Beleuchtung diesen Text. Nähere das Buch so weit, bis der Text bei der Naheinstellung des Auges nicht mehr scharf erscheint. Halte jetzt das Papier vor das Auge und betrachte den Text durch die Blendenöffnung. Was fällt dir auf? Ermittle die kleinste Entfernung zwischen Auge und Buchseite, bei der der Text noch scharf zu sehen ist. Vergleiche mit den Werten von Aufgabe 2a).

c) Vergrößere die Blendenöffnung im Papier auf 3–4 mm und wiederhole das Experiment. Welcher Unterschied ist zum vorherigen Versuch feststellbar.

3. Beobachtung der Pupillenreaktion

Ein Mitschüler hält ein Stück Karton etwa 30 Sekunden lang vor sein geschlossenes Auge. Danach nimmt er den Karton vom Auge weg und blickt zum hellen Fenster. Beobachte sofort seine Pupille und erkläre.

4. Nachbild

Lege im gut beleuchteten Raum ein weißes Papier neben das Buch. Betrachte mit einem Auge die nachstehende Abbildung. Halte das andere Auge geschlossen. Konzentriere dich dabei auf den kleinen weißen Punkt im Zentrum. Blicke nach 1 Minute mit dem offenen Auge auf das weiße Papier. Was siehst du? Gibt eine Erklärung für diese Erscheinung.

5. Räumliches Sehen

Ein Mitschüler hält einen Bleistift senkrecht mit der Spitze nach oben in Höhe deiner Augen. Schließe das linke Auge und versuche, mit einem zweiten Bleistift in der rechten Hand mit ausgestrecktem Arm auf die Bleistiftspitze zu tippen. Wie viele Versuche sind nötig?

Wiederhole den Versuch und lasse beide Augen geöffnet. Vergleiche und begründe.

6. Trägheit des Auges

Auf einen 10 cm langen und 4 cm breiten weißen Karton wird auf die Vorderseite eine Blume gezeichnet, auf die Rückseite ein Insekt.
Mit einem Locher wird oben und unten ein Loch ausgestanzt. Ein etwa 10 cm langes Stück Schnur (nicht zu dünn) wird am oberen Loch befestigt, am unteren ein Gummiring. Das Schnurende wird von einem Mitschüler gehalten. Verdrille den Gummiring durch 10-maliges Drehen. Beim Ziehen am Gummiring rotiert die Pappscheibe und der Betrachter schaut abwechselnd auf Vorder- und Rückseite. Was sieht er dabei? Erkläre, wie es zu dieser Erscheinung kommt.

7. Modellversuch zur Fehlsichtigkeit

Ein Glühlämpchen (z. B. eine Taschenlampe mit abgeschraubtem Reflektor) wird in 40 cm Entfernung von einem weißen Karton (10 cm x 10 cm) aufgestellt. Dazwischen hält man eine Sammellinse (z. B. eine Lupe mit möglichst geringer Vergrößerung). Sie wird langsam vom Karton zum Lämpchen bewegt, bis man das Bild des gewendelten Glühfadens auf dem Karton sieht. Linse und Karton sind das Modell eines Auges.

a) Miss den Abstand zwischen Linse und Karton. Verringere den Abstand zwischen Linse und Karton auf die Hälfte. Welcher Art von Fehlsichtigkeit entspricht diese Veränderung? Betrachte die Abbildung und erkläre.

b) Halte vor die „Augenlinse" eine zweite gleiche Linse. Wie verändert sich die Abbildung? Welche Funktion erfüllt die Zusatzlinse?

246

Riechen und Schmecken

Wem ist es nicht schon so ergangen? Man kommt hungrig nach Hause und bereits im Flur duftet es nach der Lieblingsspeise. Da läuft einem das Wasser im Mund zusammen.

Die *Geruchswahrnehmung* löst Empfindungen aus. Der Duft gut zubereiteter Speisen regt den Appetit und die Speichelbildung an. Ranzige oder faule Gerüche bewirken Ekelgefühle oder Brechreiz. Dies schützt den Körper, denn verdorbene Nahrung, deren Genuss schädlich sein könnte, ist meist schon am schlechten Geruch erkennbar.

Geruchsstoffe gelangen mit der eingeatmeten Luft in die Nasenhöhle, die mit einer Schleimhaut ausgekleidet ist. Im oberen Bereich der Nasenhöhle liegen *Riechfelder*. Sie sind zusammen etwa 6 cm² groß und enthalten 20 Millionen *Riechzellen*. Diese liegen eingebettet zwischen *Stütz-* und *Schleimhautzellen*. Die Riechzellen können durch verschiedene Duftstoffe gereizt werden. Derart erregte Zellen schicken dann Signale über den *Riechnerv* ins Gehirn. Manche gefährlichen Stoffe sind allerdings geruchlos. So kann das giftige Auspuffgas Kohlenstoffmonooxid die Riechzellen nicht erregen und wird deshalb nicht wahrgenommen.

Zwar ist der Geruchssinn des Menschen empfindlich, jedoch ist er bei einigen Tierarten noch viel leistungsfähiger. Hunde riechen erheblich besser. Dies liegt vor allem an den deutlich größeren Riechfeldern, die bis zu 230 Millionen Riechzellen enthalten.

Der Mensch kann hauptsächlich vier *Geschmacksqualitäten* unterscheiden: *süß, sauer, salzig* und *bitter*. Jeder Geschmacksqualität ist ein bestimmter Bereich der Zunge zugeordnet. Sie enthält verschiedene Typen von *Geschmackspapillen,* die als warzenförmige Erhebungen auf der Zunge erkennbar sind. Bei jedem Papillentyp sind an der Oberfläche *Geschmacksknospen* verteilt. Sie bestehen aus zusammengelagerten Sinneszellen, die beim Essen durch gelöste Stoffe gereizt werden. Eine Apfelsine kann süßsauer schmecken. Die im Saft gelösten Zucker reizen die Geschmacksknospen an der Zungenspitze, die Fruchtsäuren die Geschmacksknospen am Zungenrand. Dadurch entsteht die Mischempfindung. Der typische Gesamteindruck beim Verzehr einer Speise entsteht durch Reizung der Geschmacksknospen und die gleichzeitige Erregung der Riechsinneszellen durch Duftstoffe.

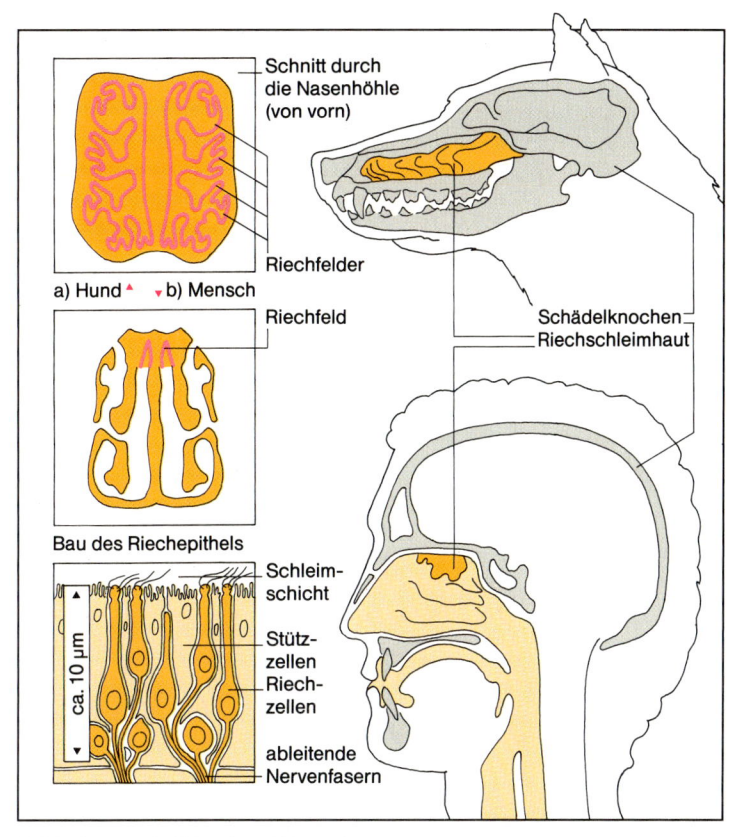

1 Riechorgan bei Hund und Mensch

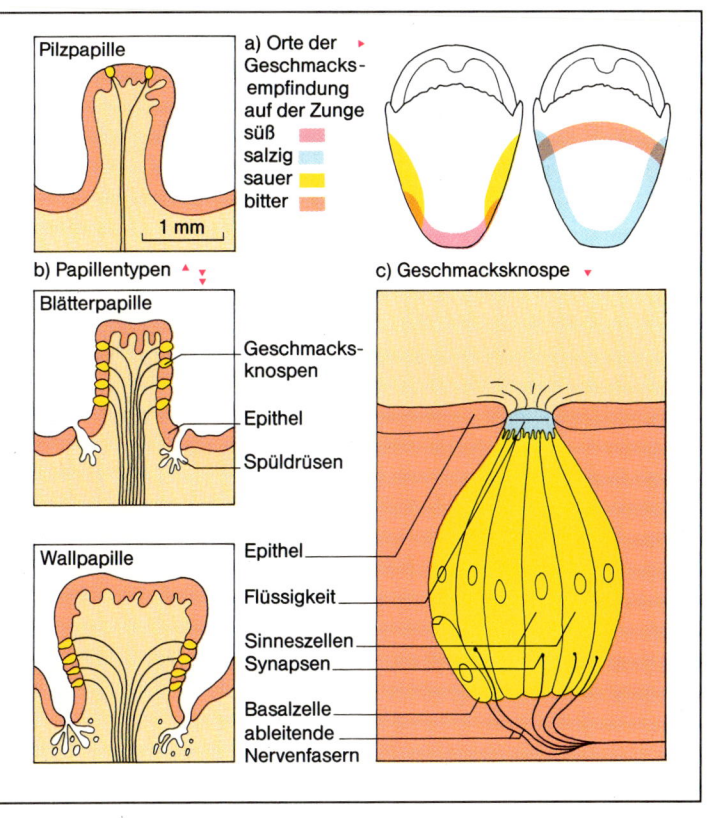

2 Papillentypen und Geschmacksknospen

Sinne, Nerven und Hormone

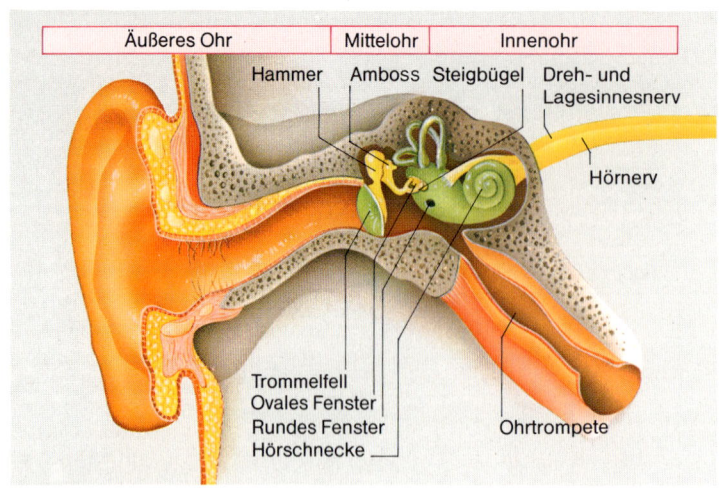

1 Aufbau des Ohres

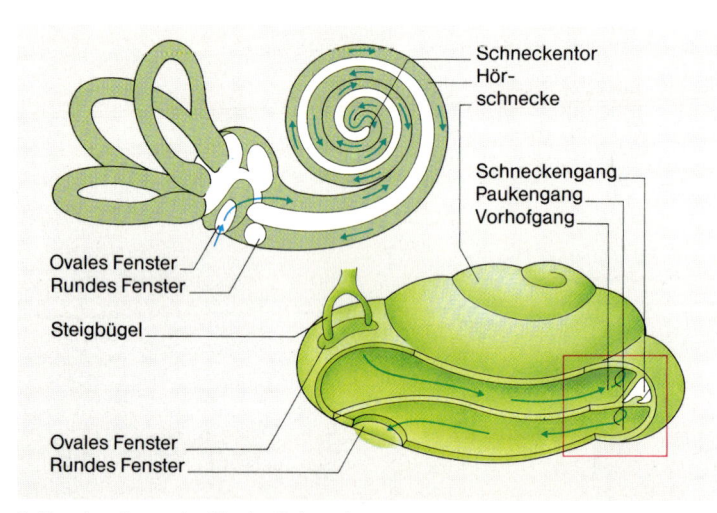

2 Druckwellenverlauf in der Schnecke

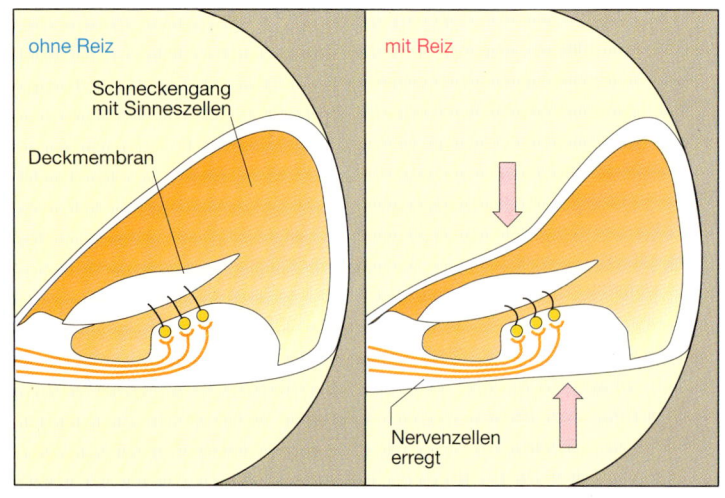

3 Querschnitt durch Schneckengang mit und ohne mechanische Reizung

Das Ohr

Beim Sprechen werden die Stimmbänder in Schwingungen versetzt. Das spürt man, wenn man die Fingerspitzen an den Kehlkopf legt. Die Schwingungen werden an die Luft übertragen. Dabei entstehen Luftdruckschwankungen, die sich als *Schallwellen* ausbreiten.

Gelangen Schallwellen an unser Ohr, so werden sie von der *Ohrmuschel* in den etwa 3 cm langen, gekrümmten *Gehörgang* geleitet. Am Ende des Gehörgangs sitzt das *Trommelfell*. Es ist ein dünnes Häutchen, das den Gehörgang abschließt. Dahinter liegt das *Mittelohr*, ein etwa 4 Millimeter breiter Spaltraum, der durch einen Gang, die *Ohrtrompete*, mit dem Rachenraum in Verbindung steht. Die am Trommelfell ankommenden Schallwellen versetzen es in Schwingungen, die auf drei kleine Gehörknöchelchen *(Hammer, Amboss, Steigbügel)* übertragen werden. Sie leiten die Trommelfellschwingungen zum *Innenohr*. Die Gehörknöchelchen verkleinern die Schwingungsausschläge und verstärken ihren Druck.

Im Innenohr liegt eine aus 2½ Windungen bestehende knöcherne *Hörschnecke*, die von einem Hautschlauch durchzogen ist. Seine membranartige Wand unterteilt das Schneckeninnere in drei Längsgänge. Der mittlere Gang ist der *Schneckengang*. Er enthält etwa 16 000 Sinneszellen, deren Sinneshärchen von einer *Deckmembran* überdeckt werden. Über dem Schneckengang liegt der *Vorhofgang*, darunter der *Paukengang*. An einem Ende des Vorhofganges sitzt das *Ovale Fenster*, am anderen Ende, am *Schneckentor*, hat der Vorhofgang Verbindung mit dem Paukengang. Dieser schließt mit dem *Runden Fenster* zum Mittelohr ab. Alle drei Gänge sind mit einer wässrigen Flüssigkeit, der *Ohrlymphe*, gefüllt.

Wirkt der Steigbügel mit kräftigen Stößen auf das Ovale Fenster ein, wird die Ohrlymphe in Schwingungen versetzt und der Hautschlauch schwingt mit. Die Folge ist ein Verbiegen der Sinneshärchen. Dieser mechanische Reiz erregt die Sinneszellen. Über Nervenzellen, die mit den Sinneszellen in Verbindung stehen und deren ableitende Fasern sich zum *Hörnerv* zusammenlagern, laufen nun Erregungen zum Gehirn. Dort entsteht der Höreindruck.

Aufgabe

① Beschreibe die Schallübertragung im Ohr vom Trommelfell bis zu den Sinneszellen.

Leistungen des Gehörs

Schon WILHELM BUSCH wusste: „Musik wird störend oft empfunden, dieweil sie mit Geräusch verbunden."

Die Voraussetzung dafür, dass wir Musik hören können, ist unter anderem die Fähigkeit, *Tonhöhen* unterscheiden zu können. Physikalisch unterscheiden sie sich durch ihre *Frequenz*, also die Anzahl der Schwingungen in einer Sekunde. Wie erfolgt die Tonunterscheidung durch das Gehör?

Untersuchungen an der Hörschnecke haben gezeigt, dass ein Ton einer bestimmten Frequenz nicht alle Sinneszellen im Schneckengang gleichmäßig erregt. Der Hautschlauch in der Schnecke schwingt nur in einem kleinen Bereich besonders heftig. An anderen Stellen sind die Schwingungsausschläge sehr gering. Wird die Frequenz geändert, so liegt die Stelle größter Erregung an einer anderen Stelle der Schnecke. Töne hoher Frequenz werden im vorderen Teil in der Nähe des Ovalen Fensters aufgenommen. Für niedrigere Frequenzen verschiebt sich der erregte Bereich in Richtung Schneckentor.

Die tiefste hörbare Frequenz liegt bei etwa 16 Hz. Die obere Hörgrenze ist stark altersabhängig. Beim Jugendlichen liegt sie bei 20 kHz. Ein 45-Jähriger hört Töne bis 15 kHz, und beim 65-Jährigen ist die obere Hörgrenze bis auf 5 kHz abgesunken. Beim Sprechen liegen die hauptsächlich benutzten Frequenzen zwischen 250 Hz und 5 kHz.

Im Frequenzbereich zwischen 2 kHz – 5 kHz ist das Ohr am empfindlichsten. Um bei tieferen oder höheren Frequenzen gleiche Lautstärkeempfindungen zu erhalten, muss die Schallstärke größer sein. Die Empfindlichkeit für Unterschiede in der Schallstärke nimmt jedoch mit zunehmender Schallstärke ab. So kann man klar unterscheiden, ob in einem Orchester 2 oder 3 Geigen spielen. Ob es aber 20 oder 21 sind, lässt sich aufgrund der Lautstärkeempfindung nicht mehr feststellen.

Die Position einer Schallquelle können wir auch mit geschlossenen Augen ausmachen. Dieser räumliche Höreindruck wird durch das Hören mit zwei Ohren ermöglicht. Schall einer Schallquelle erregt beide Ohren. Diese Erregungen unterscheiden sich jedoch etwas voneinander. In dem Ohr, das der Schallquelle näher ist, treten die Erregungen geringfügig früher auf und sind etwas stärker. Aus diesen sehr kleinen Unterschieden ermittelt das Gehirn die Lage der Schallquelle.

Aufgabe

1. Welche Teile des Hörorgans zeigt das nebenstehende mikroskopische Bild?

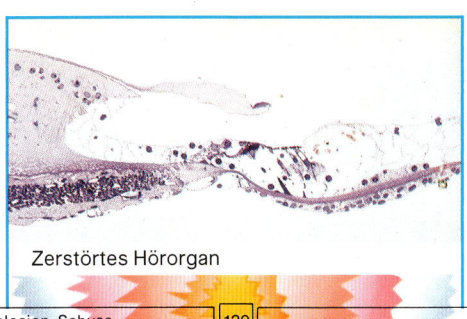

Zerstörtes Hörorgan

	dB	
Explosion, Schuss	130	Schmerzgrenze
Düsenflugzeug	120	
Pfeifen auf den Fingern	110	Schwerhörigkeit durch Schädigung des Innenohres
Motorrad ohne Schalldämpfer	100	
LKW-Geräusche	90	Störung des vegetativen Nervensystems, Veränderung von Puls und Blutdruck, Schlafstörung
laute Stereoanlage	80	
Straßenverkehr	70	
laute Unterhaltung	60	
Radio auf Zimmerlautstärke	50	Beeinträchtigung von Schlaf und geistiger Arbeit, Konzentrationsschwäche
gedämpfte Unterhaltung	40	
Flüstern	30	
Blätterrauschen	20	
Hörgrenze	0	

Heinrich Hertz
(1857 – 1894)
deutscher Physiker

1 Hertz = 1 Hz
1 Hz bedeutet eine Schwingung pro Sekunde

1000 Hz = 1 kHz

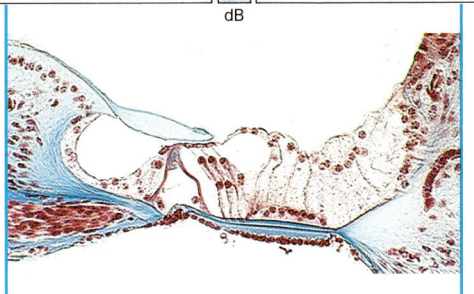

Gesundes Hörorgan

Lärm ist schädlich!

Die Stärke von Schall wird durch den Schalldruckpegel angegeben. Seine Einheit ist *Dezibel* (dB). Hat ein Ton den Schalldruckpegel 0 dB, so kann er gerade noch wahrgenommen werden (Hörschwelle). Einzelne Dezibelwerte lassen sich jedoch nicht einfach zusammenzählen. Wenn z. B. ein bestimmtes Auto einen Geräuschpegel von 70 dB verursacht, so erzeugen zwei dieser Autos nicht 140 dB, sondern „nur" 76 dB. Erst bei zehn dieser Autos steigt der Pegel auf 90 dB.

Ständiger Lärm verursacht beim Menschen auf Dauer seelische und körperliche Störungen. Konzentrationsschwächen, Kreislauf- und Schlafstörungen treten auf. Andauernder hoher Schalldruck — ab 100 dB — zerstört die Hörsinneszellen. Die Folge ist Schwerhörigkeit und Taubheit. Deshalb gilt: Musik nicht mit voller Lautstärke hören, etwa mit dem Walkman, Diskotheken meiden, in denen man sein eigenes Wort nicht mehr versteht. An sehr lauten Arbeitsplätzen muss unbedingt ein Gehörschutz getragen werden! Vor allem im Straßenverkehr sollte man nicht unnötig Lärm erzeugen.

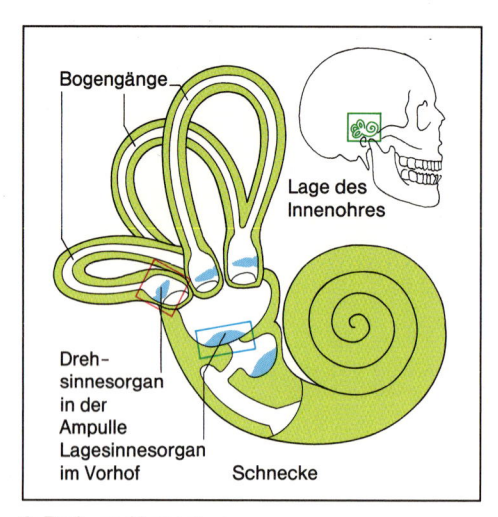

1 Dreh- und Lagesinnesorgane

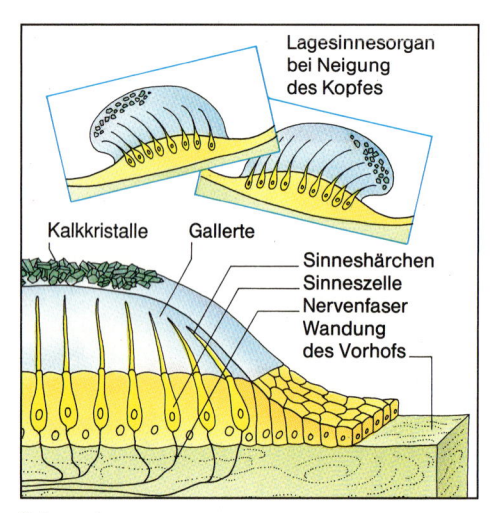

2 Lagesinnesorgan

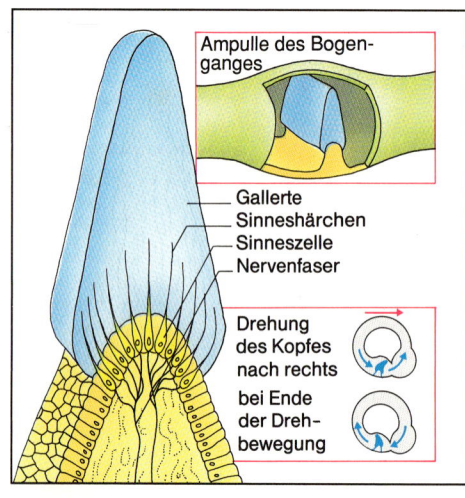

3 Drehsinnesorgan

Lage- und Drehsinn

Beim Achterbahnfahren wird unser Körper gedreht und dabei abwechselnd beschleunigt und gebremst. Dies führt zu Empfindungen, die nicht alltäglich sind. Sie werden durch die *Lagesinnesorgane* und *Drehsinnesorgane* vermittelt, deren Tätigkeit uns meist nicht bewusst wird.

Diese Organe sind Bestandteile des Innenohrs. Am Vorderende jeder Gehörschnecke liegen zwei bläschenförmige Erweiterungen, die *Vorhofsäckchen*. Oberhalb davon verlaufen drei senkrecht zueinander stehende, flüssigkeitsgefüllte *Bogengänge*, die an einem Ende jeweils eine bauchige Ausweitung, eine *Ampulle*, zeigen.

Die beiden Vorhofsäckchen enthalten je ein **Lagesinnesorgan**. Ein solches Organ besteht aus *Sinneszellen* mit *Sinneshärchen*, die in eine *Gallertplatte* ragen. Deren Gewicht ist durch eingelagerte Kalkkristalle erhöht. Bei normaler Kopfhaltung liegt eines der beiden Lagesinnesorgane waagrecht, das andere senkrecht dazu. Bei Neigung des Kopfes werden die Sinneshärchen durch die Gallertplatten verbogen und damit die Sinneszellen erregt. Jede Lageänderung führt zu anderen Erregungen der Sinneszellen. Aus dem Erregungsmuster der Lagesinnesorgane im rechten und linken Innenohr bestimmt das Gehirn die Stellung des Kopfes.

Die Bogengänge sind **Drehsinnesorgane**. In jeder Ampulle ist eine *Gallertkappe*, in die Sinneshärchen der darunter befindlichen Sinneszellen ragen. Wird der Kopf und damit auch das Bogengangsystem gedreht, so bewegt sich zunächst die enthaltene *Lymphflüssigkeit* aufgrund ihrer Trägheit nicht mit. Die Gallertkappe wird gegen die ruhende Lymphe gedrückt und durchgebogen. Die Sinneszellen werden durch die Verbiegung der Sinneshärchen erregt.

Bei anhaltender Drehung, etwa in einem Karussell, wird nach kurzer Zeit die Lymphe auch in Bewegung gesetzt. Beim Abstoppen des Kopfes strömt die Lymphe weiter und biegt die Gallertkappe nach der anderen Seite. Dabei kann ein Schwindelgefühl entstehen und man hat den Eindruck, man drehe sich entgegen der vorherigen Drehrichtung.

Aufgabe

① Vergleiche die Reizstärke der Sinneszellen der beiden Lagesinnesorgane, wenn der Kopf um 45° geneigt ist.

Praktikum

Gehör, Lage- und Drehsinn

1. Richtungshören

a) Die Schüler stellen sich im Kreis auf; in der Kreismitte sind 2 Schüler mit verbundenen Augen. Wenn es still ist, klatscht einer der Umstehenden kurz in die Hände. Die Schüler in der Kreismitte zeigen in die Richtung der Schallquelle. Der Versuch wird 10-mal durchgeführt und dabei protokolliert, wie oft der Ort der Schallquelle richtig ermittelt wurde. Die Versuchsreihe wird wiederholt. Dabei halten sich die Versuchspersonen mit der flachen Hand ein Ohr zu. Vergleiche die Ergebnisse der beiden Versuchsreihen. Erkläre auftretende Unterschiede.

b) Ein Schlauch von 10 – 15 mm Durchmesser und etwa 1,5 m Länge wird genau in seiner Mitte durch einen Strich markiert. Die Enden des Schlauchs werden in die Ohrmuscheln gehalten. Ein Mitschüler klopft mit einem flachen Gegenstand etwa 10 cm neben der Mitte auf den Schlauch. Die Versuchsperson teilt mit, von welcher Seite das Geräusch kommt.

Erkläre das Versuchsergebnis. Notiere einen Ergebnissatz.

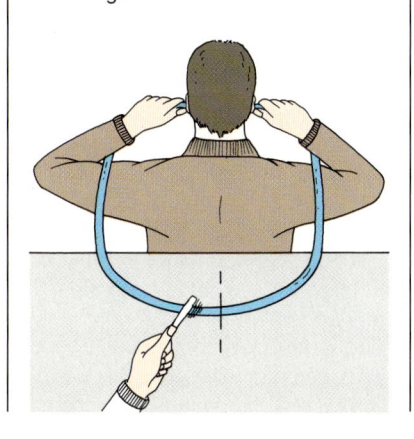

c) Der Versuch b wird mehrfach wiederholt und dabei jedesmal näher an der Schlauchmitte geklopft. Die Versuchsperson muss bei jedem Klopfen angeben, von welcher Seite das Geräusch kommt. Es wird so die kleinste Entfernung von der Schlauchmitte bestimmt, bei der die Versuchsperson gerade noch das Geräusch als von der Seite kommend wahrnimmt. Notiere diesen Wert.

Der Laufweg des Schalls vom Entstehungsort bis zu den beiden Ohren ist unterschiedlich groß. Die Differenz beider Laufstrecken ist doppelt so groß wie die Strecke zwischen Schlauchmitte und Klopfstelle.

Schall breitet sich in Luft etwa mit der Geschwindigkeit $v = 340$ m/s aus. Hierfür gilt die Gleichung: Geschwindigkeit $(v) =$ Weg (s)/Zeit (t). Bestimme daraus den Zeitunterschied t, mit dem der Schall bei der in Versuch 1c ermittelten kleinsten Reizentfernung beide Ohren erreicht. Dies ist der kleinste Zeitunterschied, mit dem der Schall an den Ohren eintreffen muss, damit man Geräusche als von der Seite kommend empfindet.

2. Konzentrationstest

a) Möglichst viele Schüler zählen innerhalb von 30 Sekunden alle p in den nachfolgenden Zeilen. Jeder notiert sein Ergebnis.

b) Der Versuch wird von anderen Schülern wiederholt. Während des Versuchs spielt laute Musik aus einem Kassettenrekorder. Nach 30 Sekunden werden die Ergebnisse festgehalten und mit den Resultaten des ersten Versuchs verglichen.

Erkläre das Ergebnis.

ppppppqqqqppppppqqppqpqpqp
pqpppppppqqqqqppppqpqqqppppp
qpqpqqppqqpppqppqppqpqpqppq
pqqppppqpqqpqppppqqppppqppqp

3. Funktionsmodell eines Bogengangs

Aus kunststoffbeschichtetem Karton wird ein Streifen von 5 cm Länge und 2 cm Breite hergestellt. Etwa 1 cm von einem Ende entfernt wird der Karton gefaltet und mit Klebstreifen an die Innenseite einer runden Wanne geklebt. Sie wird bis über die Oberkante des Pappstreifens mit Wasser gefüllt. Auf die ruhende Wasseroberfläche werden Korkkrümel gestreut und die Wasserwanne auf einen Drehstuhl gestellt.

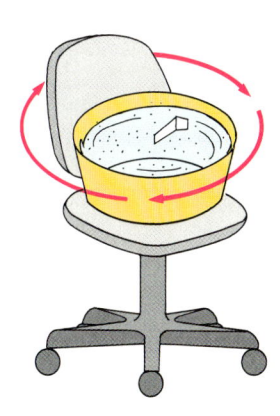

Der Stuhl wird in Uhrzeigerrichtung gedreht. Beobachte den Pappstreifen und die Korkkrümel. Notiere das Beobachtungsergebnis und erkläre. Drehe den Stuhl etwa 30 Sekunden lang gleichmäßig. Was geschieht mit dem Pappstreifen und den Korkkrümeln? Was passiert, wenn die Drehung plötzlich gestoppt wird? Notiere das Ergebnis und erkläre.

4. Drehschwindel

Setze dich auf einen Drehstuhl mit Armlehnen, senke den Kopf auf die Brust und schließe die Augen. Der Stuhl wird von einem Mitschüler einige Male in eine Richtung gedreht und dann plötzlich angehalten. Welche Empfindung entsteht nach dem Abstoppen? Erkläre, wie sie zustande kommt.

5. Der Zeigeversuch

Ein Schüler setzt sich auf einen Drehstuhl mit Armlehnen. Bei diesem Experiment darf die Versuchsperson keine Geräusche wahrnehmen. Beide Ohren werden deshalb mit Watte verschlossen und im Raum muss absolute Ruhe herrschen.

Die Versuchsperson zeigt mit ausgestrecktem Arm auf eine bestimmte Stelle im Raum und schließt die Augen. Die Füße dürfen weder Boden noch Stuhl berühren. Ein Mitschüler dreht den Stuhl langsam eine viertel Umdrehung nach links und stoppt ihn dann plötzlich. Die Versuchsperson hält bei der Drehung die Augen geschlossen und versucht, stets genau auf die vorbestimmte Raumstelle zu zeigen. Der Versuch wird wiederholt und der Stuhl nun nach rechts gedreht. Ein weiterer Mitschüler beobachtet die Armbewegungen. Welche Armbewegungen führt die Person auf dem Drehstuhl aus? Wie lassen sich diese beobachteten Bewegungen erklären?

Sinne, Nerven und Hormone

Die Haut — unser größtes Organ

Weitere Daten zur Haut:
30 000 Wärmepunkte
250 000 Kältepunkte
200 Millionen Schweißdrüsen

Beim Erwachsenen ist die Haut etwa 10 kg schwer, durchschnittlich 6 mm dick und bedeckt eine Fläche von knapp 2 m². Sie ist eine lebenswichtige Hülle, die uns umgibt und eine Fülle unterschiedlicher Aufgaben hat.

Sie verhindert Austrocknung; an stark beanspruchten Stellen ist sie verdickt und schützt damit vor Verletzung; sie hilft bei der Regulation des Wärmehaushalts; bei Sonneneinstrahlung schützt sie durch Pigmentbildung vor gefährlicher UV-Strahlung; und sie schirmt den Körper gegen Schmutz und Krankheitserreger ab. Zugleich ist sie ein vielseitiges *Sinnesorgan*, das auf Wärme und Kälte, Schmerzreize, Druck, Berührung und Vibration anspricht.

Die Haut ist aus drei Schichten aufgebaut. Die **Oberhaut**, meist so dünn wie eine Buchseite, ist oben verhornt. Diese *Hornschicht* besteht aus abgestorbenen Zellen, die von der darunter liegenden *Keimschicht* ständig ersetzt werden. Eine neue Oberhautzelle verhornt nach einiger Zeit und wird nach vier Wochen als tote Zelle abgestoßen. Die untersten Keimschichtzellen enthalten Farbstoffkörnchen und bilden eine schützende *Pigmentschicht*.

Die zweite Hautschicht ist die etwa 1 mm dicke **Lederhaut**. Ein dichtes Netz eingelagerter Bindegewebsfasern macht sie zäh und reißfest. In ihr verlaufen viele Blutkapillaren mit einer Gesamtoberfläche von 7000 m². Das entspricht der Fläche eines Fußballfeldes. Die Hautdurchblutung wird geregelt: Muss der Körper viele überschüssige Wärme loswerden, sind die Kapillaren weit und stark durchblutet. Reicht dies zur Kühlung nicht aus, sondern die *Schweißdrüsen* Schweißtropfen ab, die verdunsten und dabei der Haut Wärme entziehen. *Haare* entwickeln sich aus *Haarzwiebeln*. An jeder entspringt ein *Haarbalg*, in dem ein Haar täglich um etwa 0,5 mm wächst. An jedem Haarbalg sitzt ein kleiner Muskel und eine Talgdrüse, die das Haar fettet.

In der Lederhaut liegen viele verschiedene Sinneskörperchen. Sie enthalten Sinneszellen, die mechanische Reize wie Berührung oder Druck aufnehmen. *Freie Nervenendigungen* werden bei Temperaturänderung gereizt. Durch Temperaturen unter 36 °C werden die Kältepunkte erregt, bei höheren Temperaturen die *Wärmepunkte*. Freie Nervenendigungen dienen der Schmerzempfindung. Sie reichen teilweise bis in die Oberhaut.

Die **Unterhaut** ist die dickste der drei Hautschichten. Durch Fetteinlagerung wirkt sie als Energiespeicher, Isolierschicht und Stoßdämpfer. Sie enthält *Lamellenkörperchen*, die auf Schwingungen ansprechen. Mit der Unterhaut ist die ganze Haut an Muskeln, Organen und Knochen befestigt.

a Hornschicht
b Keimschicht
c Pigmentschicht
d Haar
e Pore
f Tastkörperchen
g Wärmekörperchen
h Lamellenkörperchen
i Kältekörperchen
k Freie Nervenendigungen
l Schweißdrüse
m Talgdrüse
n Arterie und Vene
o Unterhautfettgewebe

1 Aufbau der menschlichen Haut

Aufgaben

① An welchen Körperstellen ist die Haut besonders dick, wo besonders dünn?
② Zu starke Sonnenbestrahlung ist schädlich für die Haut. Welcher Anteil des Sonnenlichts schädigt die Hautzellen?
③ Wie reagiert die Haut auf Abkühlung?

Lexikon

Schädigungen und Erkrankungen der Haut

Akne
Während und nach der Pubertät kommt es besonders bei jungen Menschen zu Hauterkrankungen. Vor allem bei fettreicher Haut bilden Talgdrüsen an den Haarwurzeln zu viel Talg. Zusätzlich sondert die Hornhaut übermäßig viele Hornschuppen ab. Das Talg-Horn-Gemisch verbindet sich am Ausgang der Talgdrüse mit Schmutz und färbt sich dabei schwarz. Man bezeichnet es als *Mitesser*. Wenn der Ausgang der Talgdrüsen verstopft, Bakterien eindringen und sich die Hautstellen entzünden, entstehen eitrige Pickel. Treten viele entzündliche Pickel auf, bezeichnet man die Erkrankung als *Akne*. Aknepickel sollten nicht ausgedrückt, sondern vom Arzt behandelt werden, sonst hinterlassen sie Narben.

Sonnenbrand
Ausgiebiges In-der-Sonne-Liegen, das Sonnenbaden, schadet der Haut. Die ultraviolette Strahlung verursacht Verbrennungen der Zellen der obersten Hautschicht, den *Sonnenbrand*. Großflächiger Sonnenbrand ist äußerst schmerzhaft und mit Fieber, Schüttelfrost und Kopfschmerzen verbunden. Nach einigen Tagen wird die zerstörte Haut in Fetzen abgestoßen. Häufige Sonnenbestrahlung bewirkt auch, dass die Haut frühzeitig faltig wird, weil elastische Fasern der Lederhaut geschädigt werden. Immer häufiger wird die Sonnenstrahlung als Ursache von *Hautkrebs* genannt.

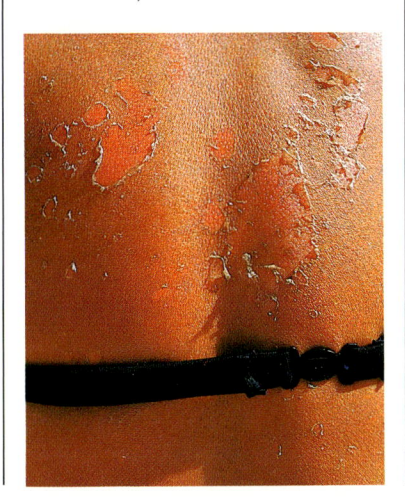

Verbrennungen und Verbrühungen
Kommt es nach Verbrennungen oder Verbrühungen zu Hautrötungen und Hautschwellungen, spricht man von Verbrennungen 1. Grades. Die starke Hautdurchblutung geht nach einiger Zeit von selbst wieder zurück. Bei Verbrennungen 2. Grades bilden sich Brandblasen. Sie können aufbrechen und vereitern. Ihre Heilung dauert lange. Verbrennungen 3. Grades hinterlassen bleibende Schäden in allen Hautschichten. Verkohlt jedoch die Haut, werden die Oberhaut und mehr oder weniger auch die Leder- und Unterhaut zerstört. Es handelt sich um eine Verbrennung 4. Grades. Sind größere Hautpartien betroffen, besteht Lebensgefahr. Abheilen geschädigter Gewebeteile unter Eiterbildung ist sehr langwierig. Bei großflächigen Verletzungen muss eine Hautübertragung von anderen Körperstellen vorgenommen werden.

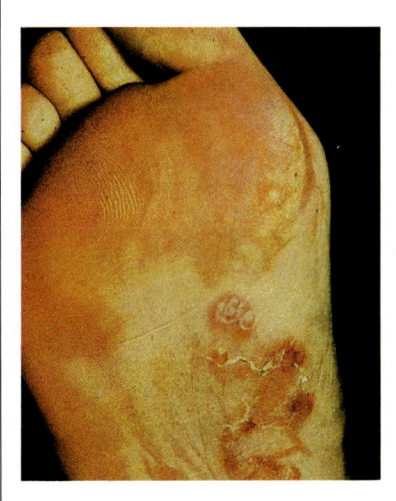

Hautpilzerkrankungen
Pilzerkrankungen können jede Stelle der Haut befallen, bevorzugt jedoch feuchte Hautfalten und Körperstellen. Die erkrankte Haut entzündet sich, juckt und brennt. Sie ist stellenweise eingerissen und löst sich teilweise in größeren Schuppen ab. Erkrankte Stellen nicht aufkratzen, da es sonst zur weiteren Ausbreitung der Pilzerkrankung kommen kann. Luftundurchlässige Kleidung und Schuhe begünstigen die Vermehrung der Pilze. Hautpilzerkrankungen sind sehr hartnäckig. Sie müssen meist über längere Zeit behandelt werden.

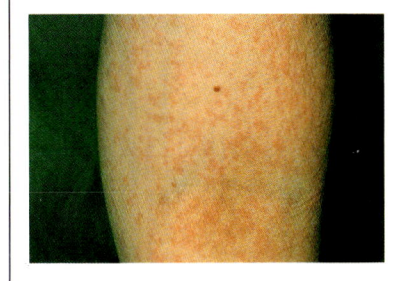

Hautausschläge
Sie treten häufig als äußere Begleiterscheinung von Infektionskrankheiten auf. So bedeckt bei *Scharlach* ein scharlachroter Ausschlag bis auf die Umgebung des Mundes den ganzen Körper. Bei *Masern* erscheint durch kleine rote Flecken der ganze Körper wie gesprenkelt. Ein Ausschlag aus blassroten einzelnen Flecken tritt bei *Röteln* auf. Kleine, stark juckende Bläschen bilden sich bei *Windpocken*.

Hautgeschwülste
Als *Warzen* bezeichnet man verhornte Wucherungen der Oberhaut. Es sind kleine Hautgeschwülste. Plötzlich auftretende und in der Größe sich verändernde Hautgeschwülste müssen sofort vom Arzt untersucht werden. Es könnte sich um Krebsgeschwülste handeln.

Insektenstiche
Insektenstiche sind von Jucken oder schmerzhaften Entzündungen und Schwellungen der Haut begleitet. Bei Bienenstichen bleibt meist der Stachel in der Haut zurück. Er muss vorsichtig entfernt werden. Bei Allergien gegen Insektenstiche muss sofort ein Arzt aufgesucht werden.

Schuppenflechte
Sie ist eine Hautveränderung, an deren Entstehung wahrscheinlich Erbfaktoren neben Umwelteinflüssen beteiligt sind. Sie führen zur Ausbildung roter, stark mit Schuppen bedeckter Hautflecken, bevorzugt an Ellenbogen, Knien, Kopfhaut, Brust und Rücken. Ärztliche Behandlung versucht mit unterschiedlichen Erfolgen, die Hautveränderungen zu beeinflussen.

Sinne, Nerven und Hormone

2 Das Nervensystem

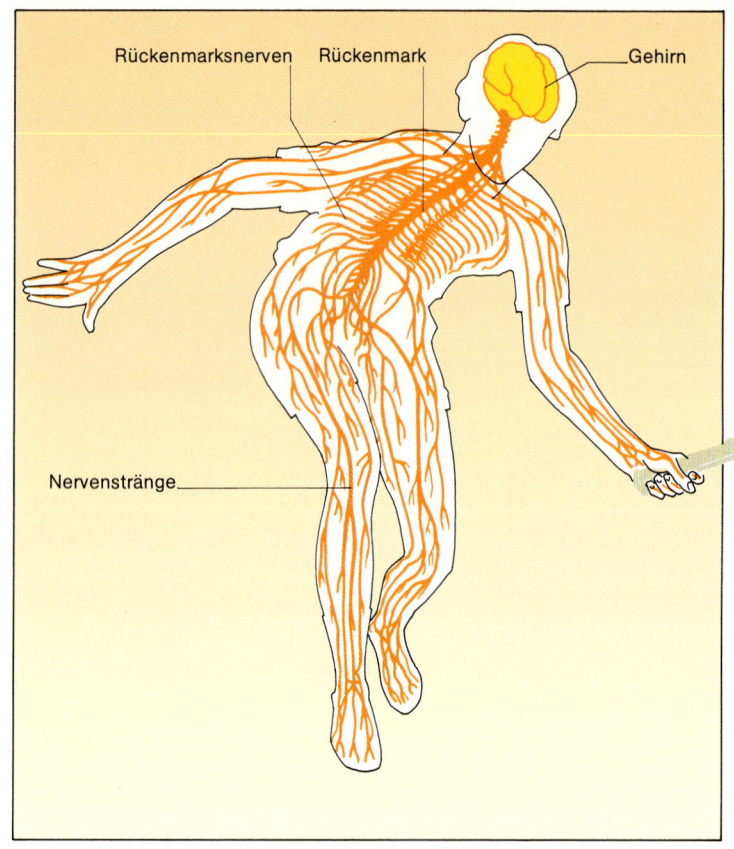

1 Nervensystem des Menschen

Arbeitsweise des Nervensystems

Der Tennisspieler sieht den herannahenden Ball. Er läuft auf ihn zu, holt mit dem Arm weit aus und schlägt den Ball zurück. Der ganze Vorgang dauert nur Sekunden.

Diese schnellen, zielgerichteten Bewegungen werden durch *Nerven* ermöglicht. Alle Nerven sind im Körper zum *Nervensystem* vernetzt. Besonders viele Nerven liegen, dicht gepackt, im *Gehirn* und im *Rückenmark*. Beide zusammen bilden das *Zentralnervensystem* (ZNS). Die Nervenstränge sind mit Kabelbündeln vergleichbar, die viele Einzelkabel enthalten. Die Nerven sind stark verzweigt, sodass alle Körperregionen erreicht werden. Ihr Durchmesser ist nach jeder Verzweigung kleiner. Das kleinste Element ist die *Nervenfaser*.

Über die Sinnesorgane erhält das ZNS fortwährend Informationen aus der Umwelt.

Diese Informationen werden durch *sensible Nerven* in Form elektrischer Signale zum Gehirn geleitet und dort ausgewertet. So erkennt der Tennisspieler den Ball, seine Bewegungsrichtung und Geschwindigkeit. Nun schickt das Gehirn eine Fülle neuer Signale durch *motorische Nerven* zur Muskulatur. Bestimmte Muskeln ziehen sich zusammen — der Körper wird zum Ball bewegt.

Jede Muskelaktivität verändert die Position des Spielers zum Ball. Von den Sinnesorganen erhält das Gehirn laufend *Rückmeldungen* darüber, wie vorangegangene Bewegungen die Körperstellung zum Ball verändert haben. Es vergleicht ständig die augenblickliche Position mit der erforderlichen und ermittelt daraus, welche Muskeln sich als nächste zusammenziehen müssen.

Das Gehirn aktiviert nacheinander verschiedene Muskelgruppen so lange, bis schließlich die gewünschte Stellung des Spielers zum Ball erreicht ist. Man sagt: Die Muskelaktivität wird *geregelt*. Das wesentliche Kennzeichen der Regelung ist die Wirkungskontrolle. Sie wird durch Rückmeldungen möglich. Alle beteiligten Vorgänge sind in einem *Regelkreis* miteinander verknüpft.

Schließt der Tennisspieler beim ersten Anblick des ankommenden Balls die Augen und versucht so, den Ball zu treffen, verfehlt er ihn mit Sicherheit. Hier bleibt die Rückmeldung aus. Nun richtet sich eine Muskelaktivierung nicht mehr nach dem Ergebnis einer vorangegangenen. Einen derartigen Vorgang nennt man *Steuerung*.

Selten treten im Organismus gesteuerte Vorgänge auf. Die meisten Bewegungen und die Tätigkeit der inneren Organe sind geregelte Vorgänge. So hat das Gehirn ständig die Kontrolle über die Organe.

Das Nervensystem ist nicht nur bei sportlicher Betätigung aktiv. Unablässig muss es Informationen empfangen, auswerten und weiterleiten. Selbst beim Schlafen beeinflusst es die Tätigkeit der inneren Organe und regelt beispielsweise Blutkreislauf, Atmung und Verdauung.

Aufgabe

① Beschreibe den Unterschied zwischen Steuerung und Regelung.

Sinne, Nerven und Hormone

Die Nervenzellen — Bau und Funktion

Das Nervensystem enthält etwa 25 Milliarden Nervenzellen. Bei vielen Nervenzellen findet man folgende Grundstrukturen: An einem *Zellkörper* mit Zellkern entspringen viele feinfädige Fortsätze, die sich buschartig verzweigen. Sie heißen *Dendriten* und stehen mit andern Nerven- oder Sinneszellen in Verbindung. Dendriten nehmen Informationen auf und leiten sie zum Zellkörper weiter. Daneben gibt es einen einzelnen, langen Fortsatz, der als *Nervenfaser* bezeichnet wird und Informationen zu Nervenzellen, Muskelfasern oder Drüsen weiterleitet. Die Nervenfaser kann eine Länge bis zu 1 m haben. Im Querschnitt wird erkennbar, dass in ihr ein langer dünner Fortsatz der Nervenzelle, das *Axon,* verläuft. Der Axondurchmesser beträgt etwa 0,01 bis 0,002 mm.

Hüllzellen bilden die *Schwann'sche Scheide* um das Axon. In regelmäßigen Abständen ist sie durch ringartige Einschnürungen unterbrochen. Diese *Schnürringe* sind immer dort, wo zwei Hüllzellen aneinander grenzen. Die Nervenfaser ist an ihrem Ende verzweigt und zeigt kleine Verdickungen, die *Endknöpfchen*. Sie bilden Verbindungsstellen, sog. *Synapsen*, zu anderen Nervenzellen oder Muskelfasern. Die Synapsen an Muskelfasern werden als *motorische Endplatten* bezeichnet. Zwischen einem Endknöpfchen und einer nachfolgenden Zelle besteht immer ein schmaler *synaptischer Spalt*.

Wird eine motorische Nervenzelle an den Dendriten gereizt, so entstehen am Axonhügel *elektrische Impulse.* Dabei handelt es sich um Spannungsschwankungen von etwa 0,1 Volt Stärke und 2 ms Dauer. Diese Impulse springen längs des Axons von Schnürring zu Schnürring bis zu den Endknöpfchen. Die Geschwindigkeit kann bis zu 120 m/s betragen. Die an den Endknöpfchen ankommenden Impulse bewirken dort die Freisetzung eines Übertragerstoffes. Er heißt *Acetylcholin* und ist in kleinen Bläschen gespeichert. Sie geben jetzt ihren Inhalt in den synaptischen Spalt ab. Der Übertragerstoff wandert durch den Spalt und verbindet sich mit den Rezeptoren an der Zellmembran der Muskelfaser. Dies bewirkt, dass sich die Faser zusammenzieht.

Synapsen, die Nervenzellen miteinander koppeln, befinden sich in ungeheurer Anzahl im ZNS. Bis zu 10 000 Synapsen kann es an einer Nervenzelle geben. Sie sitzen, getrennt durch den synaptischen Spalt, an den Dendriten der anderen. Hier eintreffender Übertragerstoff reizt die Nervenzelle. Erreicht dieser Reiz eine Mindeststärke, so entstehen am Axonhügel elektrische Impulse. Die Nervenfaser leitet sie weiter bis zur nächsten Synapse.

Nur Endknöpfchen der Nervenzellen sind in der Lage, Übertragerstoffe abzugeben. Die Informationsübertragung an Synapsen kann deshalb nur in einer Richtung verlaufen. Synapsen arbeiten also wie Ventile. Sie bewirken damit eine gerichtete Weiterleitung von Informationen in einer Nervenzelle — von den Dendriten zu den Endknöpfchen — und damit auch im gesamten Nervensystem.

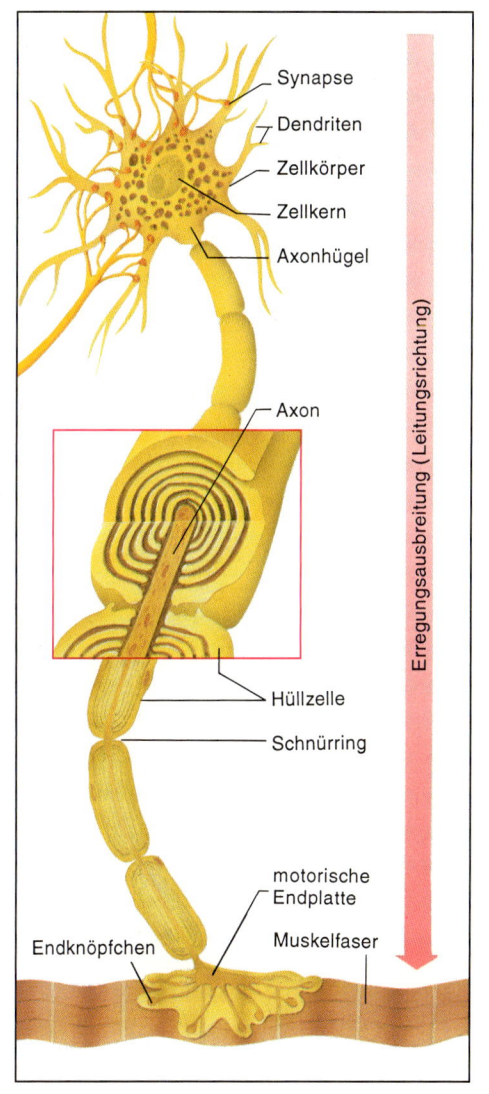

1 Schema einer Nervenzelle

Sinne, Nerven und Hormone

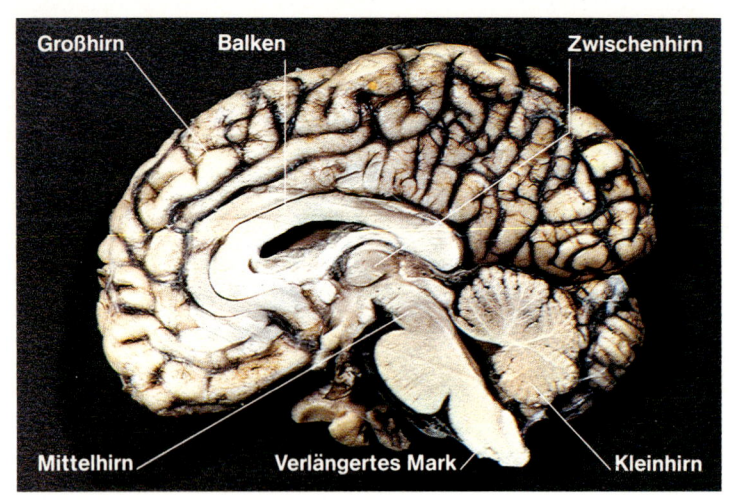

1 Längsschnitt durch das Gehirn

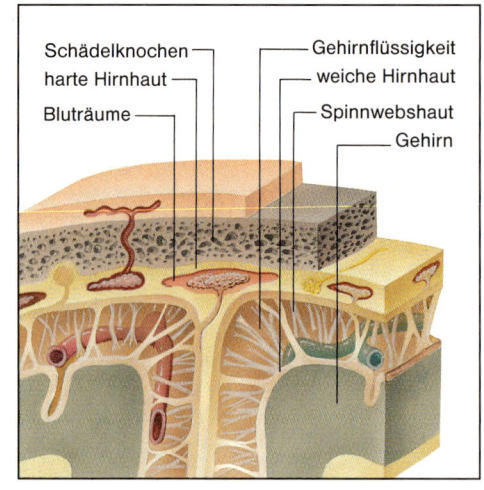

2 Stoßgedämpfte Lagerung des Gehirns

Das Gehirn

Entwicklung des menschlichen Gehirns schematisch, von oben

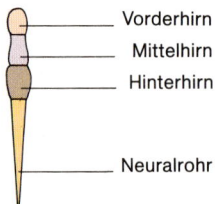

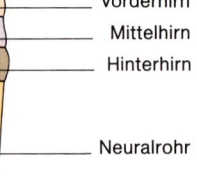

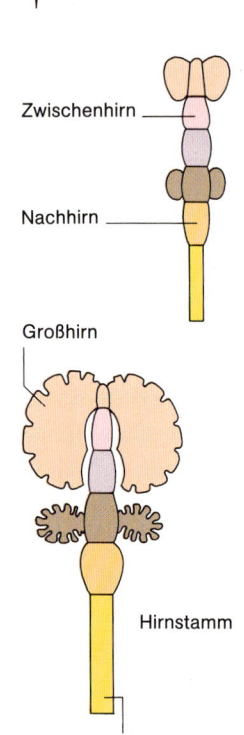

Die Gliederung des menschlichen Gehirns ist an einem Embryo im zweiten Schwangerschaftsmonat besser erkennbar als am Gehirn des Erwachsenen. Die Gehirnanlage besteht zunächst aus drei Hirnbläschen. Die Bläschen des Mittel- und Hinterhirns teilen sich dann nochmals, sodass schließlich fünf Bläschen entstehen. Aus jedem entwickelt sich einer der fünf Gehirnabschnitte.

Das vorderste Bläschen stülpt bei der Weiterentwicklung zwei Seitenbläschen aus, die sich stark vergrößern, Falten bilden und zum *Großhirn* werden. Die Zellkörper der Nervenzellen sind hier auf eine dünne *Rindenschicht* an der Oberfläche verteilt. Im darunter liegenden *Mark* verlaufen überwiegend Nervenfasern. Durch die Faltung entsteht die notwendige große Oberfläche, um die etwa 10 Milliarden Nervenzellen in der Rindenschicht unterzubringen. Aus den anderen Bläschen entwickeln sich *Zwischenhirn, Mittelhirn, Kleinhirn* und *Nachhirn*.

Kurz nach der Geburt nimmt die Anzahl der Nervenzellen im Gehirn nicht mehr zu. Dennoch ist die Gehirnentwicklung noch nicht abgeschlossen. Die Verbindung der Nervenzellen untereinander ist noch unvollständig. Im Verlauf der Kindheit werden viele neue Synapsen gebildet und die Nervenzellen stärker vernetzt. An einer Nervenzelle können bis zu 10 000 Synapsen auftreten. Erst wenn dieser Vorgang abgeschlossen ist, hat das Gehirn seine volle Kapazität erreicht. Das durchschnittliche Gewicht des Gehirns beträgt beim Erwachsenen etwa 1400 g. Es enthält etwa 15 Milliarden Nervenzellen. Die beiden Großhirnhälften, die über einen dicken Nervenstrang, den *Balken,* miteinander verbunden sind, nehmen etwa 80 % des Gehirnvolumens ein und überdecken die anderen Gehirnabschnitte.

Das empfindliche Gehirn ist von Schädelknochen und drei Hautschichten umgeben. Direkt an die Schädelknochen grenzt die *harte Hirnhaut*. An ihr ist mit elastischen Fasern die schwammartige *Spinnwebshaut* verankert. Sie enthält *Gehirnflüssigkeit,* in der das Gehirn schwimmt. Die *weiche Hirnhaut* verbindet Spinnwebshaut und Gehirn. Durch die knöcherne Umhüllung und die schwimmende Lagerung ist das Gehirn gegen Stöße und Schläge mehrfach geschützt.

Die Hirnhäute schützen das Gehirn vor Krankheitserregern. Dennoch können bestimmte Bakterien oder Viren eindringen und *Hirnhautentzündung* verursachen. Die Ausscheidungsprodukte der Bakterien oder von abgestorbenen Zellen sind dann eine Gefahr für die Nervenzellen des Gehirns.

Aufgaben

① Aus welchen Abschnitten besteht das Gehirn?

② Beschreibe und erkläre die Schutzeinrichtungen für das Gehirn gegen mechanische Einwirkungen.

③ Das Gehirn ist einem Computer gleicher Größe in vielem überlegen. Nenne dafür Beispiele und Gründe.

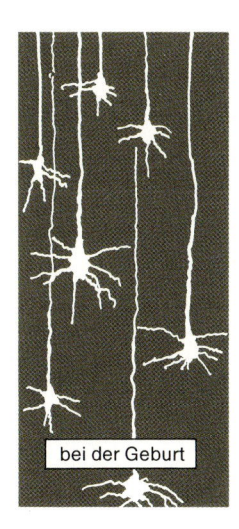

Arbeitsteilung im Gehirn

Der französische Arzt PAUL BROCA (1824 bis 1880) untersuchte das Gehirn eines Verstorbenen, der während seines Lebens das Sprechvermögen verloren hatte. Er stellte fest, dass das Gehirn im Bereich der linken Schläfe auffällig erweicht war. Er nahm deshalb an, dass hier das *Sprachzentrum* liegt. BROCA hatte Recht.

Heute kennt man viele Aufgaben des *Großhirns* und die Forschungsergebnisse zeigen: Es ist das Zentrum unserer Wahrnehmungen, unseres Bewusstseins, Denkens, Fühlens und Handelns. Im Großhirn herrscht Arbeitsteilung zwischen verschiedenen Bezirken, den *Rindenfeldern,* von denen drei Typen unterschieden werden:

1. *Sensorische Felder:* Sie verarbeiten Erregungen, die von den Nerven der Sinnesorgane kommen.
2. *Motorische Felder:* Sie aktivieren Muskeln und regeln willkürliche Bewegungen.
3. *Gedanken-* und *Antriebsfelder:* Sie liegen im vorderen Teil des Gehirns und sind wahrscheinlich die Zentren des Denkens und Erinnerns.

Die sensorischen und motorischen Felder für die rechte Körperseite sind in der linken Großhirnhälfte und umgekehrt. Es gibt aber auch Zentren, die nur in einer Gehirnhälfte vorkommen, wie zum Beispiel das Sprachzentrum.

Das *Zwischenhirn* ist der Bereich, in dem Gefühle, wie Freude, Angst, Wut und Enttäuschung, entstehen. Es filtert den Informationsfluss von den Sinnesorganen zum Großhirn. Unwichtiges wird nicht weitergemeldet. Damit schützt es das Großhirn vor Überlastung. Das Zwischenhirn regelt auch die Körpertemperatur, den Wasserhaushalt und weitere lebenswichtige Körperfunktionen. Es ist — über den *Hypothalamus* — die Verbindungsstelle zwischen dem Nervensystem und dem Hormonsystem.

Das *Mittelhirn* ist eine Umschaltstelle. Erregungen sensibler Nerven werden zum Großhirn geschickt oder auf motorische Nerven umgeleitet. So regelt es unter anderem die Augenbewegungen, die Irismuskulatur und die Ziliarmuskeln.

Der zweitgrößte Gehirnabschnitt ist das *Kleinhirn.* Seine Aufgabe besteht einerseits darin, Bewegungen zu koordinieren und den Körper im Gleichgewicht zu halten. Bewegt man zum Ergreifen eines Gegenstandes Ober- und Unterarm gleichzeitig, stimmt das Kleinhirn beide Teilbewegungen aufeinander ab; der Gegenstand wird zielsicher ergriffen. Ohne die Tätigkeit des Kleinhirns würde der Arm ruckartige Bewegungen ausführen, die meist über das Ziel hinausgingen.

Andererseits hat das Kleinhirn die Aufgabe, automatisierte Bewegungsabläufe zu speichern. Lernt man beispielsweise Tanzen, muss man die einzelnen Schritte sehr bewusst nacheinander ausführen. Hier regelt das Großhirn direkt die Muskulatur. Mit einiger Übung muss man sich nicht mehr auf jeden Schritt konzentrieren. Die Bewegungsfolgen werden jetzt vom Kleinhirn geregelt, das während der Lernphase die zugehörigen Impulsfolgen gespeichert hat.

Die Übergangsstelle zum Rückenmark ist das *Nachhirn*. Wichtige Funktionen sind die Regulation des Blutdrucks, der Atemmuskulatur und Hustenreflexe. Über 12 Paar Gehirnnerven steht es in Verbindung mit Sinnesorganen, Muskulatur und Drüsen im Kopf.

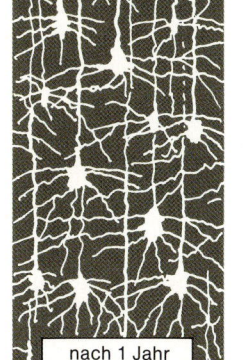

1 Entwicklung von Nervenverknüpfungen (bei der Geburt, nach 3 Monaten, nach 1 Jahr)

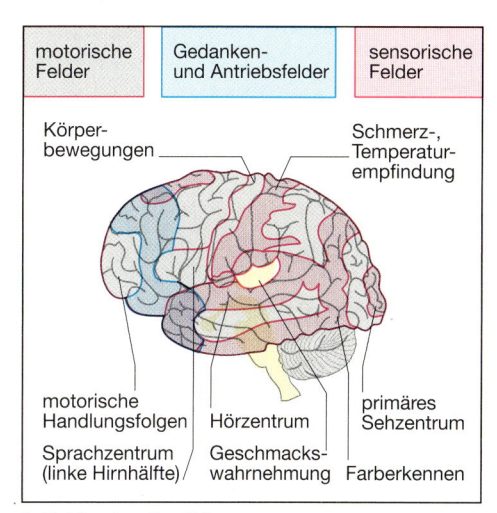

2 Felder des Großhirns

Aufgabe

① Bei Patienten mit Großhirnverletzungen wurde beobachtet, dass sich Funktionsausfälle, z. B. die Lähmung eines Armes, nach einigen Monaten teilweise zurückgebildet haben. Wie ist das erklärbar?

Sinne, Nerven und Hormone

Gedächtnis

Das Gedächtnis ist die Fähigkeit des Gehirns, Informationen speichern zu können und auf Abruf bereitzuhalten. Diese Fähigkeit ist von herausragender Bedeutung, denn ohne sie wäre Erinnern und Lernen nicht möglich. Man würde keine Sprache beherrschen, weil man sich Worte und ihren Sinngehalt nicht merken könnte; Verkehrszeichen wären überflüssig, weil es keine Erinnerung an ihre Bedeutung gäbe, erfolgreiches Arbeiten könnte nicht wiederholt und Misserfolge nicht vermieden werden. Der Mensch könnte ohne Gedächtnis weder als Individuum noch als Art überleben.

Das Gedächtnis arbeitet nicht wie ein elektronischer Speicher, der einmal aufgenommene Informationen dauerhaft enthält. Dies zeigen einfache Erfahrungen, die jeder selbst schon gemacht hat. So kann man sich eine Telefonnummer, die man gerade einmal liest oder hört, nur für kurze Zeit merken. Wenn man sofort den Hörer zur Hand nimmt und wählt, kennt man die Nummer noch. Aber wenige Minuten später hat man sie bereits vergessen. Die Nummer war im *Kurzzeitgedächtnis* gespeichert. Hier können nur sehr wenige Informationen gespeichert werden, die dann für etwa 10 Sekunden verfügbar sind. Danach gehen sie verloren, werden also vergessen oder sie gelangen in das *Langzeitgedächtnis*.

Das Langzeitgedächtnis besteht aus zwei Speicherbereichen: Im mittelfristigen Speicher mit nur mäßigem Speichervermögen verweilen Informationen für Zeiträume von Minuten bis zu einigen Tagen. Der große langfristige Speicher kann Informationen über viele Jahre behalten. Nur weniges aus dem Kurzzeitgedächtnis gelangt in den mittelfristigen Speicher. Von hier fließen Informationen in der Regel nur dann in den langfristigen Speicher, wenn sie innerhalb der Verweilzeit wieder abgerufen werden. D. h., dass neu Erlerntes ständig wiederholt und durch Übung vertieft werden muss. Nur so kann man Gelerntes auf Dauer behalten.

Die Sinnesorgane schicken in jeder Sekunde viel mehr Informationen an das Gehirn, als das Kurzzeitgedächtnis aufnehmen kann. Wir können also nicht alle Informationen verarbeiten und deshalb nicht alles wahrnehmen. Die Auswahl wird im Zwischenhirn getroffen. Dies schützt, zusammen mit dem Mechanismus des Vergessens, das Großhirn vor einer Überflutung mit Informationen und den Langzeitspeicher vor Überlastung.

Aufgaben

① Das durchschnittliche Hirngewicht beim Mann beträgt 1390 g, bei der Frau 1250 g. Die Tabelle gibt das Hirngewicht einiger berühmter Menschen an.

Byron, engl. Dichter	2332 g
Marilyn Monroe, am. Schauspielerin	1440 g
Justus von Liebig, dt. Chemiker	1352 g
Anatole France, franz. Erzähler	992 g

Kann man sagen, dass das Hirngewicht ein Maß für Intelligenz ist?

② „Beim einen Ohr hinein, beim andern hinaus"; „Er hat ein Gedächtnis wie ein Sieb". Überlege dir die biologischen Grundlagen solcher Aussprüche.

1 Informationsspeicher Gedächtnis

Sinne, Nerven und Hormone

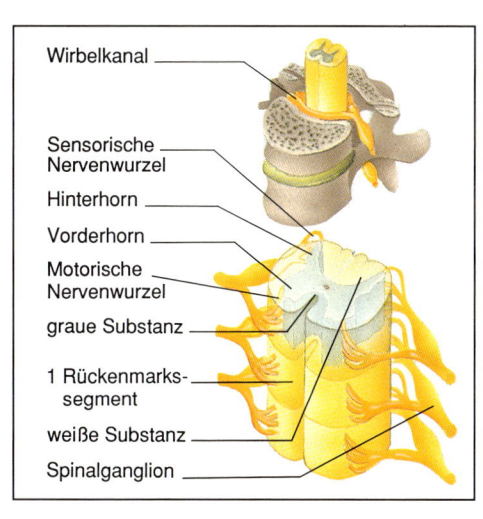

1 Lage und Bau des Rückenmarks

Das Rückenmark

Die Informationsübertragung zwischen Gehirn und Körper erfolgt durch die Gehirnnerven und das *Rückenmark*. Dieses bildet zusammen mit dem Gehirn das *Zentralnervensystem* (ZNS).

Das Rückenmark ist 40–50 cm lang, etwa fingerdick und liegt im *Wirbelkanal* der Wirbelsäule. Im Querschnitt erkennt man mit bloßem Auge zwei gut voneinander unterscheidbare Bereiche. Innen befindet sich die *graue Substanz*. Sie besteht überwiegend aus Zellkörpern von Nervenzellen sowie zu- und ableitenden Nervenfasern. Außen ist die *weiße Substanz*, die vorwiegend aus Nervenfasern besteht.

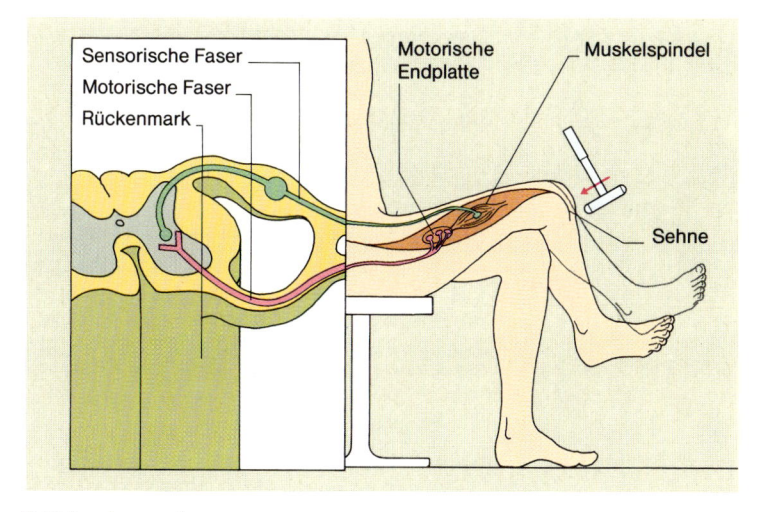

Vom Rückenmark zweigen 31 Paar *Rückenmarksnerven* ab. Es sind Bündel von Nervenfasern. Sie verlassen die Wirbelsäule jeweils zwischen zwei Wirbeln und erreichen mit ihren Verästelungen alle Bereiche des Körpers. Jeder Rückenmarksnerv hat eine *vordere* und eine *hintere Wurzel*. Die vordere Wurzel enthält motorische Nervenzellen. Sie leiten Erregungen zur Muskulatur. Die sensiblen Nervenzellen der hinteren Wurzel leiten Informationen vom Körper ins Rückenmark. Ihre Zellkörper liegen in Nervenknoten, den *Spinalganglien*.

Wird das Rückenmark verletzt, so können Bereiche unterhalb der Verletzungsstelle keine Signale mehr zum Gehirn senden oder vom Gehirn empfangen. Die Folgen sind Lähmungen der Muskulatur und Gefühllosigkeit aller Körperbereiche, die von Rückenmarksnerven unterhalb der Verletzungsstelle versorgt werden *(Querschnittslähmung)*.

Dass das Rückenmark auch selbstständig arbeitet, verdeutlicht ein Versuch: Ein Schüler sitzt auf einem Tisch und lässt ein Bein locker herabhängen. Ein leichter Schlag auf die Kniesehne unterhalb der Kniescheibe bewirkt, dass der Unterschenkel vorschnellt. Diese Reaktion heißt *Kniesehnenreflex*.

Der Schlag auf die Kniesehne bewirkt eine plötzliche Dehnung des Streckmuskels im Oberschenkel. Dieser Reiz wird von Sinnesorganen im Muskel, den *Muskelspindeln*, aufgenommen. Sie senden über sensible Nervenzellen Erregungen ins Rückenmark. In der grauen Substanz werden die Erregungen auf motorische Nervenzellen des Streckmuskels übertragen. Daher zieht er sich zusammen und wirkt so der Dehnung entgegen. Der Weg der Erregung vom Muskel ins Rückenmark und zurück heißt *Reflexbogen*.

Genauso wird der Oberschenkelmuskel gedehnt, wenn man beim Laufen mit einem Fuß hängen bleibt. Der Kniesehnenreflex verhindert meistens einen Sturz *("Stolperreflex")*.

Ein *Reflex* ist eine *nicht beeinflussbare Handlung*. Sie verläuft stets gleich auf einen bestimmten Reiz hin und wird nicht durch den Willen beeinflusst. Weil das Rückenmark und nicht das Gehirn die Umschaltstelle für die Erregungen ist, ist der Leitungsweg und deshalb auch die Reaktionszeit kürzer. Reflexe sind uns zum Teil bewusst *(Husten)* oder laufen unbewusst ab *(Lidschlussreflex)*. In jedem Fall schützen sie den Körper.

2 Kniesehnenreflex

Sinne, Nerven und Hormone

Teile des Nervensystems arbeiten selbstständig

Ein Jogger beginnt zu laufen. Bereits nach kurzer Zeit treten Veränderungen in seinem Körper auf: Der Herzschlag wird schneller, die Atmung beschleunigt und vertieft, die Haut sondert Schweiß ab. Der Körper wird an die stärkere Belastung angepasst. Diese Veränderung veranlasst das *vegetative Nervensystem*. Es ist kaum willentlich beeinflussbar und passt unablässig die Tätigkeit der inneren Organe an die momentanen körperlichen Belastungen an. Selbst im Schlaf ist es aktiv.

Das vegetative Nervensystem besteht aus zwei Teilsystemen: dem *Symphathicus* und dem *Parasympathicus*.

Der Sympathicus besteht aus zwei Nervensträngen, die links und rechts parallel zur Wirbelsäule verlaufen und Verbindung zum Rückenmark haben. Auf der Höhe eines jeden Wirbels ist jeder Strang knotenartig verdickt. Von diesen *Ganglien* ziehen Nerven zu allen Organen.

Der Parasympathicus besteht aus einem Gehirnnervenpaar und einigen Rückenmarksnerven. Die Verzweigungen dieser Nervenstränge erreichen ebenfalls alle inneren Organe, sodass jedes Organ vom Sympathicus und vom Parasympathicus versorgt wird.

Die beiden Teilsysteme des vegetativen Nervensystems wirken als Gegenspieler (Antagonisten):
Der Sympathicus aktiviert alle Organe, deren Tätigkeit die körperliche Leistungsfähigkeit steigert, und hemmt zugleich die anderen Organe. Er ist auf augenblickliche Höchstleistung eingestellt. Seine Aufgabe als *Alarmsystem* des Körpers wird besonders in Schrecksituationen deutlich: Durch plötzlich vermehrte Abgabe von Überträgerstoffen aus seinen Nervenzellen werden Herzschlag und Atmung beschleunigt und gleichzeitig die Aktivität der Verdauungsorgane gehemmt. Der Körper ist z. B. vollständig auf die Auseinandersetzung mit einem Widersacher oder aber auf Flucht eingestellt. War man zuvor hungrig, durstig oder müde, so ist davon in der Alarmsituation nichts mehr bemerkbar. Erst nachdem die Situation ausgestanden ist, stellen sich langsam die alten Verhältnisse wieder ein.

Nun ist der Parasympathicus wieder aktiver. Er wirkt aktivierend auf die Organe, die der Erholung, der Energieeinsparung und dem Körperaufbau dienen und hemmt gleichzeitig alle Organe, die die körperliche Leistungsfähigkeit steigern. So hemmt der Parasympathicus den Herzschlag und regt die Verdauungsorgane an.

Die gemeinsame, jeweils abgestufte Einwirkung von Sympathicus und Parasympathicus auf alle Organe des Körpers sorgt für eine der jeweiligen Situation angemessene Zusammenarbeit.

Aufgabe

① Weshalb kann eine andauernde körperliche Belastung zu Verdauungsstörungen führen?

1 Regelungen des vegetativen Nervensystems

Schlaf ist lebenswichtig

Etwa ein Drittel unseres Lebens verschlafen wir. Schlaf ist ein Zustand, in dem wir von unserer Umwelt nicht oder nur sehr wenig wahrnehmen. Man kann ihn als eine Art Bewusstlosigkeit bezeichnen. Der Schlaf dient der Erholung. Dabei sind Körpertemperatur, Herzschlag- und Atemfrequenz sowie der Blutdruck vermindert.

Bei völligem Schlafentzug treten außergewöhnliche Körperreaktionen auf. Um dies zu untersuchen, blieben bei einem Experiment Personen freiwillig so lange wie irgend möglich wach. Nach 24 Sunden ohne Schlaf waren die ersten Reaktionen bemerkbar. Alle Personen waren sehr leicht erregbar.

1 Ableitung elektrischer Gehirnströme (EEG)

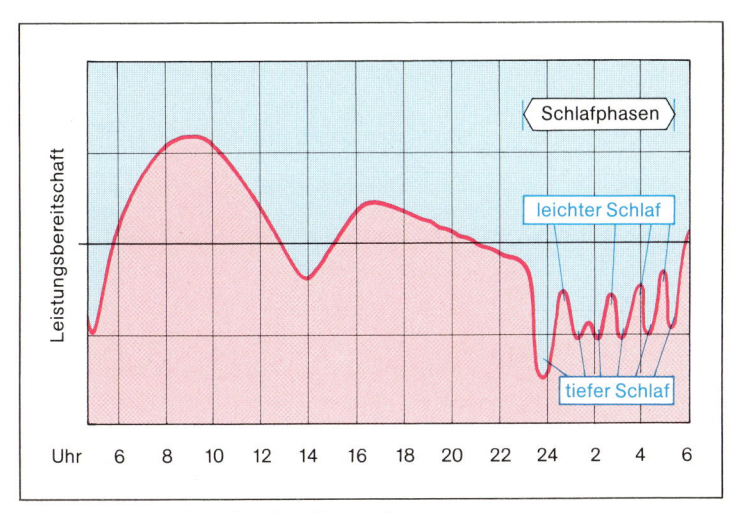

2 Schlaf ist kein gleichförmiger Zustand

Nach noch längerer Wachzeit traten Sinnestäuschungen auf. Z. B. „sah" eine Versuchsperson nach 65 Wachstunden beim Waschen plötzlich Spinnweben an Armen und Gesicht hängen, die sich nicht abwaschen ließen. Eine andere Person beschwerte sich darüber, dass ein zu enger Hut drücke, obwohl sie keinen Hut trug.

Schlafentzug über noch längere Zeit führt zu gesundheitlichen und seelischen Schäden, in Extremfällen sogar zum Tod. Bei einer Verringerung der Schlafzeit auf 5–6 Stunden täglich reagiert nicht jeder Mensch in gleicher Weise. Manche Menschen können über mehrere Wochen mit dieser Schlafdauer auskommen, ohne dass Leistungsvermögen und Wohlbefinden wesentlich beeinträchtigt sind. Andere fühlen sich bereits nach wenigen Tagen sehr unwohl und sind am Rand der Erschöpfung.

Wie ein Mensch darauf reagiert, ist von verschiedenen Faktoren, wie z. B. der körperlichen oder seelischen Verfassung oder aber dem Alter, abhängig. Daneben scheinen auch erbliche Anlagen eine Rolle zu spielen.

Für die meisten Menschen liegt die notwendige Schlafdauer zwischen 7 und 9 Stunden täglich. Neugeborene schlafen in den ersten Lebensmonaten etwa 20 Stunden am Tag. Das tägliche Schlafbedürfnis nimmt dann rasch mit zunehmendem Alter ab und sinkt bis zum 15. Lebensjahr auf etwa 8 bis 9 Stunden. Von da an verringert es sich nur noch sehr langsam.

Beim Schlafen vermindern einige Bereiche des Gehirns ihre Aktivität, andere steigern sie. Die Gehirnaktivität lässt sich durch am Kopf angebrachte Elektroden messen, weil aktive Nervenzellen elektrische Signale produzieren. Zeichnet man diese Signale mit einem Schreiber auf, so erhält man ein *Elektroenzephalogramm* (EEG). Es zeigt das wellenartige Auf und Ab der Hirnströme. Beim Schlafen werden diese Wellen mit zunehmender Schlaftiefe immer langsamer. Im Verlauf einer Nacht treten verschiedene Schlaftiefen mehrmals nacheinander auf. Etwa alle 1 ½ Stunden ist die Schlaftiefe gering. In diesen Schlafphasen wird häufig geträumt. Zugleich werden unter den geschlossenen Augenlidern die Augen heftig bewegt. Daher nennt man diese Schlafphasen, die im EEG leicht erkennbar sind, den *REM-Schlaf* (REM = Rapid Eye Movements).

Sinne, Nerven und Hormone

3 Hormone

Botenstoffe im Körper

Wenn es das erste Mal im Spätherbst kalt wird und überraschend Frost kommt, sind wir gegenüber Kälte besonders empfindlich. Wir frieren oft. Nach 1—2 Wochen ist man besser an die niedrigen Temperaturen angepasst. Der Körper produziert mehr Wärme. Diese Anpassung erfolgt langsam und bleibt über Wochen und Monate erhalten.

Die Steigerung der Wärmeproduktion geht auf die Wirkung eines Stoffes zurück, der vermehrt von der Schilddrüse in den Blutkreislauf abgegeben wird. Dieser *Botenstoff*, *Thyroxin* genannt, veranlasst den Körper, mehr energiereiche Substanzen abzubauen. Damit wird mehr Wärme erzeugt. Die Menge an Thyroxin im Blut ist ein Maß für den Energieumsatz des Körpers im Ruhezustand *(Grundumsatz)*.

Stoffe, die von Drüsen in geringen Mengen direkt in den Blutkreislauf abgegeben werden und Informationen übermitteln, heißen *Hormone*. Mit dem Blutstrom kreisen sie durch den Körper und gelangen zu allen Organen. Doch nur an bestimmten Organen, den *Erfolgsorganen*, befinden sich *Rezeptoren*, zu denen das Hormon passt wie ein Schlüssel zum Schloss. Verbinden sich Hormon und Rezeptor, so entfaltet das Hormon seine spezifische Wirkung. Dazu genügen bereits geringste Hormonmengen.

Die Informationsübertragung durch Hormone erfolgt wesentlich langsamer als durch Nerven. Die Wirkung hält dafür länger an, weil Hormone eine Zeitlang im Blutkreislauf bleiben und nur allmählich abgebaut werden.

Das Hormonsystem besteht aus verschiedenen Drüsen. Die Abbildung zeigt ihre Lage im Körper und nennt einige wichtige Hormone und deren Wirkung im Stoffwechsel. An der Unterseite des Zwischenhirns, dem *Hypothalamus*, sitzt die übergeordnete Zentrale des Hormonsystems, die *Hypophyse* oder *Hirnanhangsdrüse*. Sie ist etwa erbsengroß, wiegt nur $\frac{1}{2}$ Gramm und besitzt zwei Abschnitte, den Vorder- und Hinterlappen. Über den Hypothalamus sind Hormon- und Nervensystem miteinander verknüpft.

1 Hypophyse
2 Schilddrüse
3 Nebennieren
4 Bauchspeicheldrüse
5 Eierstöcke
6 (beim Mann Hoden)

Drüse	Hormon	Wirkung
1	**Hypophysenvorderlappen**	
	Somatotropin	Knochenwachstum, Eiweißsynthese
	Thyreotropin (TSH)	Anregung der Schilddrüse zur Thyroxinausschüttung
	Corticotropin (ACTH)	regt Nebennierenrinde an
	Follikel stimulierendes Hormon (FSH)	Entwicklung von Ei- und Spermazellen; Östrogenbildung
	Luteinisierendes Hormon (LH)	Anregung der Progesteronbildung; Eisprung
	Hinterlappen	
	Adiuretin	Regelung des Wasserhaushalts
	Oxytocin	Auslösen der Wehen
2	*Thyroxin*	Steigerung des Grundumsatzes, Wachstum
3	*Cortisol* (in der Rinde)	Ab- und Umbau von Eiweißen zu Glukose
	Adrenalin (im Mark)	Glykogenabbau, Steigerung des Blutzuckerspiegels
4	*Insulin*	Senkung des Blutzuckerspiegels, Glykogenbildung
	Glukagon	Steigerung des Blutzuckerspiegels, Glykogenabbau
5	*Östrogene*	Ausbildung weiblicher Sexualorgane, Zyklusregelung
	Progesteron	Erhaltung der Schwangerschaft
6	*Testosteron*	Ausbildung männlicher Geschlechtsmerkmale, Muskelzunahme

1 Hormondrüsen des menschlichen Körpers und ihre Aufgaben

Regulation des Grundumsatzes

Unter gleich bleibenden äußeren Bedingungen hält der Körper den Grundumsatz auf konstantem Wert. Diese Regelung wird mithilfe von Hormonen vorgenommen. Eines der beteiligten Hormone ist das *Schilddrüsenhormon Thyroxin*. Seine Menge im Blut ist direkt proportional zum Grundumsatz. Es genügt also, die Thyroxinmenge im Blut zu regeln. Wie geschieht das?

Der Thyroxingehalt wird ständig kontrolliert. Der genaue Mechanismus ist noch nicht bekannt. Auf jeden Fall sind der Hypothalamus und die Hypophyse daran beteiligt. Sinkt die Thyroxinmenge ab, so wird von der Hypophyse ein Hormon, das *Thyreotropin (TSH)*, verstärkt ins Blut abgegeben. Das Erfolgsorgan des TSH ist die Schilddrüse. Sie wird veranlasst, mehr Thyroxin freizusetzen. Dadurch wird der ursprüngliche Zustand wieder hergestellt. Andererseits bewirkt eine ausreichende Menge an Thyroxin im Blut, dass die Bildung von Thyreotropin in der Hypophyse gehemmt wird. Diese Rückwirkung wird *negative Rückkopplung* genannt.

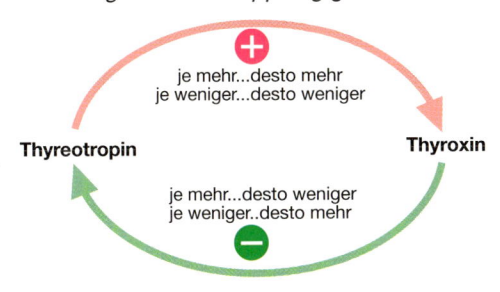

Zwischen vielen Hypophysenhormonen und den von ihnen stimulierten Hormondrüsen im Körper besteht eine solche Wechselbeziehung. Sie ist typisch für Regelungsvorgänge durch Hormone.

Die Regelung unserer Körpertemperatur lässt sich mit der Regelung der Temperatur in einem Klassenraum vergleichen. In beiden Systemen müssen verschiedene Einrichtungen sinnvoll zusammenwirken. Dabei beeinflussen sich die beteiligten Elemente *(Glieder)* gegenseitig. Da es sich bei diesen Vorgängen um Kreisprozesse handelt, spricht man von einem *Regelkreis*.

Aufgabe

① Ordne den Begriffen des technischen Regelkreises die an der Regulation des Grundumsatzes beteiligten Elemente zu (s. Abb. 1 und Kasten).

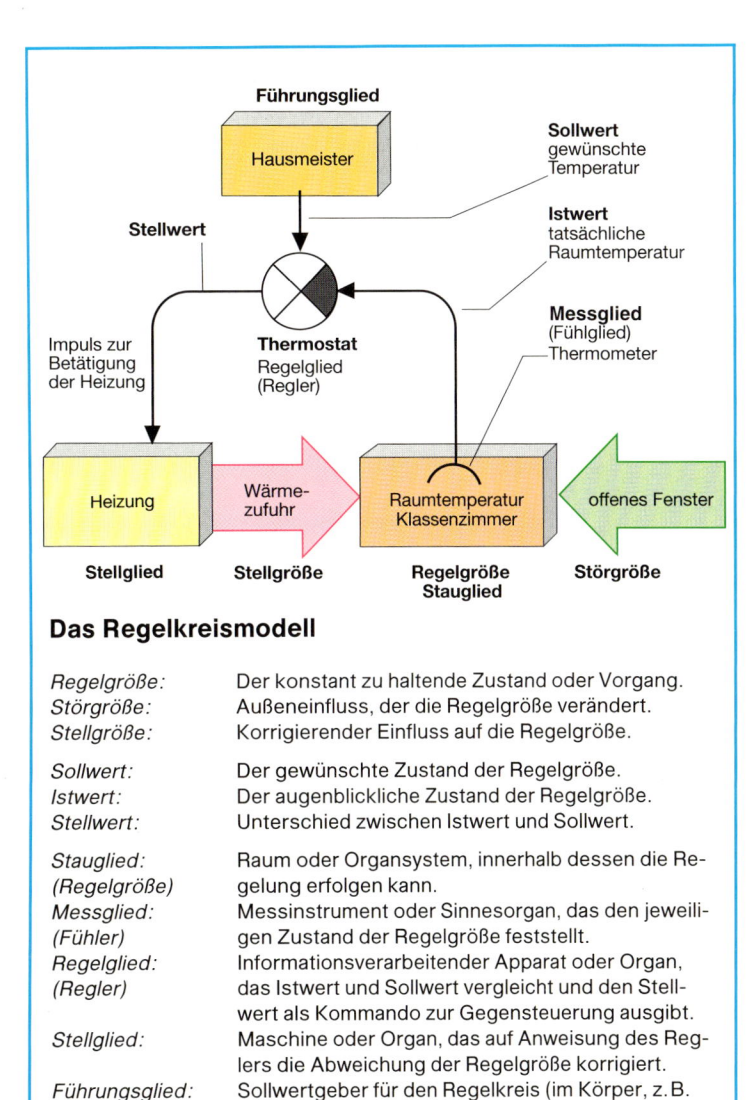

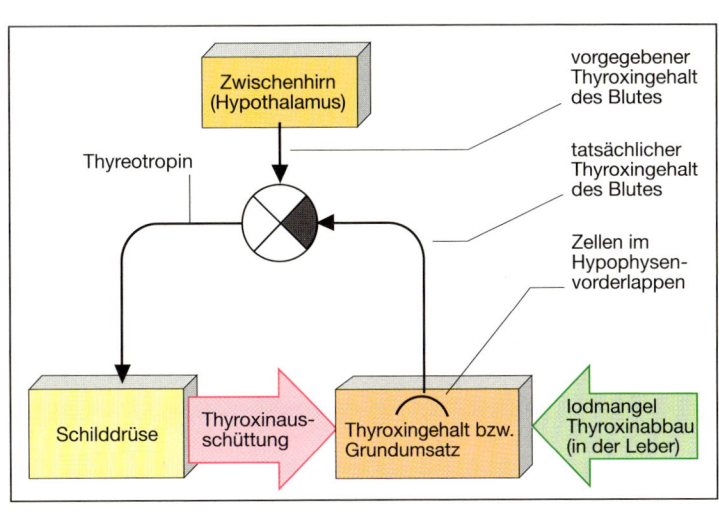

Das Regelkreismodell

Regelgröße: Der konstant zu haltende Zustand oder Vorgang.
Störgröße: Außeneinfluss, der die Regelgröße verändert.
Stellgröße: Korrigierender Einfluss auf die Regelgröße.

Sollwert: Der gewünschte Zustand der Regelgröße.
Istwert: Der augenblickliche Zustand der Regelgröße.
Stellwert: Unterschied zwischen Istwert und Sollwert.

Stauglied: Raum oder Organsystem, innerhalb dessen die Regelung erfolgen kann.
(Regelgröße)
Messglied: Messinstrument oder Sinnesorgan, das den jeweiligen Zustand der Regelgröße feststellt.
(Fühler)
Regelglied: Informationsverarbeitender Apparat oder Organ, das Istwert und Sollwert vergleicht und den Stellwert als Kommando zur Gegensteuerung ausgibt.
(Regler)
Stellglied: Maschine oder Organ, das auf Anweisung des Reglers die Abweichung der Regelgröße korrigiert.
Führungsglied: Sollwertgeber für den Regelkreis (im Körper, z. B. Gehirn oder Erbanlagen).

1 Regelkreis zur Regulation des Grundumsatzes

Sinne, Nerven und Hormone

Der Blutzucker muss stimmen!

Der deutsche Mediziner **Paul Langerhans** (1847–1888) entdeckte 1869 die Inselzellen im Gewebe der Bauchspeicheldrüse.

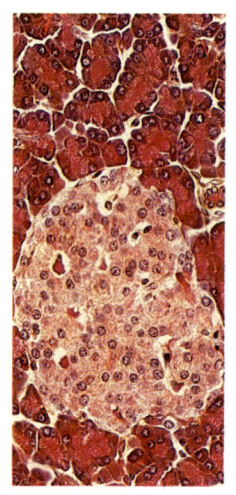

Inselzellen

Große Pause — Pausenbrot. Eine Zwischenmahlzeit nach einigen Stunden Unterricht am Vormittag steigert die bereits absinkende körperliche und geistige Leistungsbereitschaft. Der *Blutzuckerspiegel* wird wieder auf den richtigen Wert angehoben.

Im Blut ist Traubenzucker *(Glukose)* gelöst. Glukose wird mit dem Blutstrom in alle Bereiche des Körpers transportiert und dient der Energieversorgung der Zellen, die nur bei ständiger Zufuhr energiereicher Stoffe leben können. Die Zellen des Zentralnervensystems können nur Glukose verwerten. Sie benötigen davon etwa 75 Gramm täglich, besitzen aber keine Glukosespeicher. Für diese Zellen muss also ständig Glukose verfügbar sein.

Der Glukosegehalt des Blutes (Blutzuckerspiegel) liegt beim gesunden Menschen zwischen 0,6–1,1 Gramm/Liter. In der gesamten Blutmenge sind demnach beim Erwachsenen etwa 6 Gramm Glukose enthalten. Damit könnte der Energiebedarf des Körpers bei leichter körperlicher Arbeit für 30–40 Minuten gedeckt werden. Durch die Aufnahme kohlenhydratreicher Nahrung wird der Blutzuckerspiegel gesteigert.

Obwohl der Energiebedarf des Körpers und die mit der Nahrung zugeführte Zuckermenge ständig schwanken, muss der Blutzuckerspiegel stets innerhalb derselben Grenzen gehalten werden. An dieser Regelung sind vor allem zwei Hormone der *Bauchspeicheldrüse* beteiligt. Sie werden von Zellgruppen produziert, die innerhalb des Gewebes der Bauchspeicheldrüse inselartig verteilt sind *(Langerhans'sche Inseln)*. Insgesamt sind diese nur etwa 2 Gramm schwer.

Nach einer Mahlzeit steigt der Blutzuckerspiegel an, weil im Dünndarm Glukose in den Blutkreislauf aufgenommen wird. Die Inselzellen geben daraufhin das Hormon *Insulin* in den Blutkreislauf ab. Es bewirkt, dass Glukose aus dem Blut in Zellen aufgenommen werden kann. Überschüssige Glukose wird in der Leber und in der Muskulatur in *Glykogen* und *Fett* umgewandelt und steht als gespeicherte Energie zur Verfügung. Dabei sinkt der Blutzuckerspiegel. Fällt er unter den Sollwert, etwa bei sportlicher Aktivität, werden die Speicher angezapft. Die Bauchspeicheldrüse gibt dazu das Hormon *Glukagon* ab. Es ist der Gegenspieler *(Antagonist)* zum Insulin, weil es die Umwandlung von Glykogen in Glukose und deren Abgabe ins Blut einleitet. Der Blutzuckerspiegel steigt dadurch an.

Eine ähnliche Wirkung hat indirekt auch das Hormon *Adrenalin*. Es wird im *Nebennierenmark* gebildet, wirkt aber schneller.

Aufgaben

1. Erstelle ein Regelkreisschema für die Regulation des Blutzuckerspiegels und beschrifte es.
2. Insulin wird auch als Speicherhormon bezeichnet. Weshalb ist diese Benennung sinnvoll?
3. Welche Wirkung hat Fasten auf den Insulin- und Glukagonspiegel im Blut?

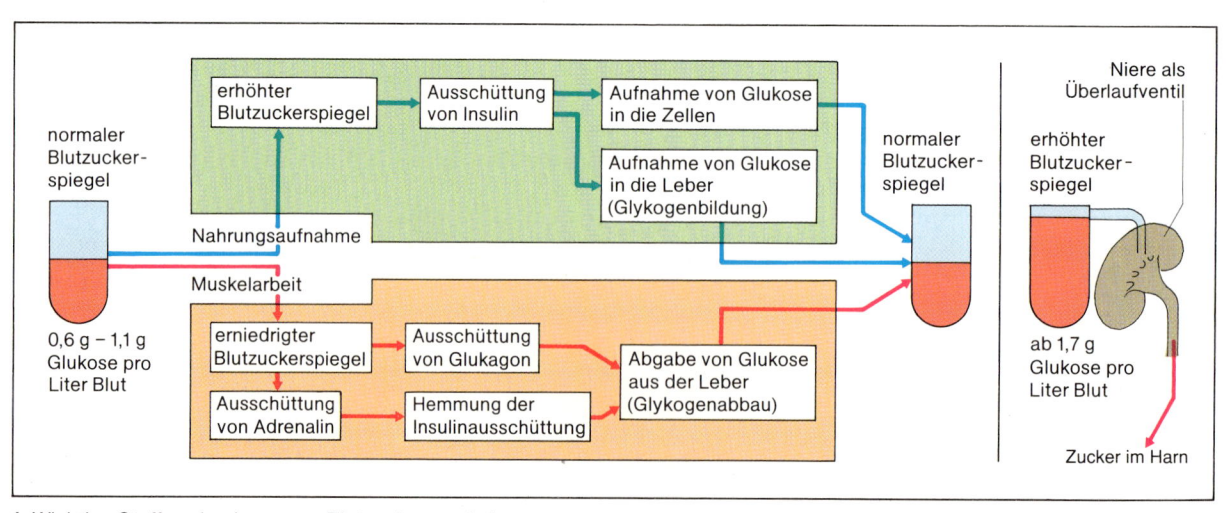

1 Wichtige Stoffwechselwege zur Blutzuckerregulation

Sinne, Nerven und Hormone

Eine alltägliche Geschichte?

„Zunächst dachte ich, es hängt mit dem heißen Sommer zusammen. Von Tag zu Tag verstärkte sich mein Durst, ich musste ständig eine Flasche mit Sprudel oder Saft neben mir haben. Selbst wenn ich täglich mehrere Liter trank — das Durstgefühl blieb. Lästig war auch, dass ich so oft zur Toilette musste. Häufig war ich schnell müde und hatte oft Kopfschmerzen. Und dann immer dieser Hunger, ich konnte immerzu essen. Doch trotz bester Ernährung nahm ich ab. Meinem Hausarzt war bald klar, was los war. Er schloss aus meinen Krankheitserscheinungen, ich müsse auf Zuckerkrankheit, ‚Diabetes mellitus‘, wie er sagte, untersucht werden.

Urin- und Blutuntersuchungen im Krankenhaus wiesen einen zu hohen Blutzuckergehalt nach („200 Zucker"). Zweimal pro Tag erhielt Frank eine I*nsulinspritze*. Ein Ernährungsplan wurde erstellt, der festlegte, welche Nahrungsmittel Frank in bestimmten Mengen und zu vorgeschriebenen Tageszeiten essen durfte. Er wurde so auf seine Zuckerkrankheit *eingestellt*.

Heute ist Frank 20 Jahre alt und hat es gelernt, mit seiner Krankheit zu leben. Er weiß genau, was und wie viel er essen darf. Geht er auf Reisen, sind Insulin, Einmalspritzen, Blutzuckermessgerät und Urinteststreifen immer im Gepäck.

Störungen bei der Blutzuckerregulation

Ob der Blutzuckerspiegel erhöht ist, kann mit *Urinteststäbchen* kontrolliert werden. Das Testfeld des Stäbchens wird in Urin getaucht. An der Farbveränderung kann man feststellen, ob sich Glukose im Urin befindet. Dies ist der Fall, wenn der Blutzuckerspiegel einen Wert von 1,7 Gramm/Liter übersteigt. Die Nieren, die brauchbare Stoffe aus dem Blut zurückgewinnen, können dann die übergroße Glukosemenge nicht mehr zurückhalten. Sie geben Glukose aus dem Blut in den Urin ab.

Der Mensch benötigt täglich etwa 2 Milligramm Insulin

Lässt sich bei mehrfachem Testen Glukose im Urin nachweisen, so besteht der Verdacht, dass die bis heute nicht heilbare Zuckerkrankheit *(Diabetes mellitus)* vorliegt. Hierbei unterscheidet man jedoch grundsätzlich zwischen zwei Formen von Erkrankungen: *Diabetes mellitus Typ I* (10 % – 20 % der Fälle) und *Diabetes mellitus Typ II*.

Der Typ I-Diabetes tritt im Kindes- und Jugendalter auf und ist darauf zurückzuführen, dass die Bauchspeicheldrüse des Betroffenen kein eigenes Insulin mehr bildet. Deutliche Anzeichen dieser Krankheit sind ständiges Hunger- und Durstgefühl, Mattigkeit und sinkendes Körpergewicht. Die Anlage dieses *Jugenddiabetes* wird vermutlich vererbt.

An der anderen Form der Zuckerkrankheit, dem Typ II-Diabetes, erkranken die Menschen meist erst im Alter zwischen 50 und 60 Jahren, weshalb er in der Umgangssprache auch als *Alterszucker* bezeichnet wird. Die meisten dieser Patienten sind übergewichtig. Eine übermäßige, ballaststoffarme Nahrungsaufnahme aber führt mit der Zeit zu einem ständig erhöhten Blutzucker- und Insulinspiegel. Die Behandlung dieses Diabetes besteht also zunächst in einer konsequenten Gewichtsreduktion und einem auf den Patienten abgestimmten *Ernährungsplan*. Im weiteren Verlauf der Behandlung kann es erforderlich werden, dass diese Diabetiker Tabletten einnehmen müssen, die die Insulinproduktion fördern und so den Blutzucker senken.

Für Typ-I Diabetiker ist die Tablettentherapie nicht möglich, sie müssen sich das *Eiweißhormon Insulin* mehrmals täglich spritzen. Auch für sie ist, neben der genauen Insulindosis, die Einhaltung eines *Diätplanes* sehr wichtig. Da gerade bei Jugendlichen der Blutzuckerspiegel stark schwanken kann, z. B. durch unerwartete körperliche Belastungen, besteht die Gefahr der *Unterzuckerung*. Werden Symptome wie Zittern, Herzklopfen, Schweißausbrüche, Schwindel, torkelnder Gang und Kopfschmerzen nicht richtig gedeutet, kann der Kranke bewusstlos werden und, wird er nicht sofort ärztlich versorgt, im schlimmsten Fall sogar sterben.

Aufgaben

① Warum kann Insulin nicht in Tablettenform eingenommen werden?
② Diabetiker sollten ihre Nahrung auf 5 – 7 Mahlzeiten verteilt einnehmen. Warum?
③ Wie kann der Diabetiker dem Unterzucker rasch entgegenwirken?

Sinne, Nerven und Hormone

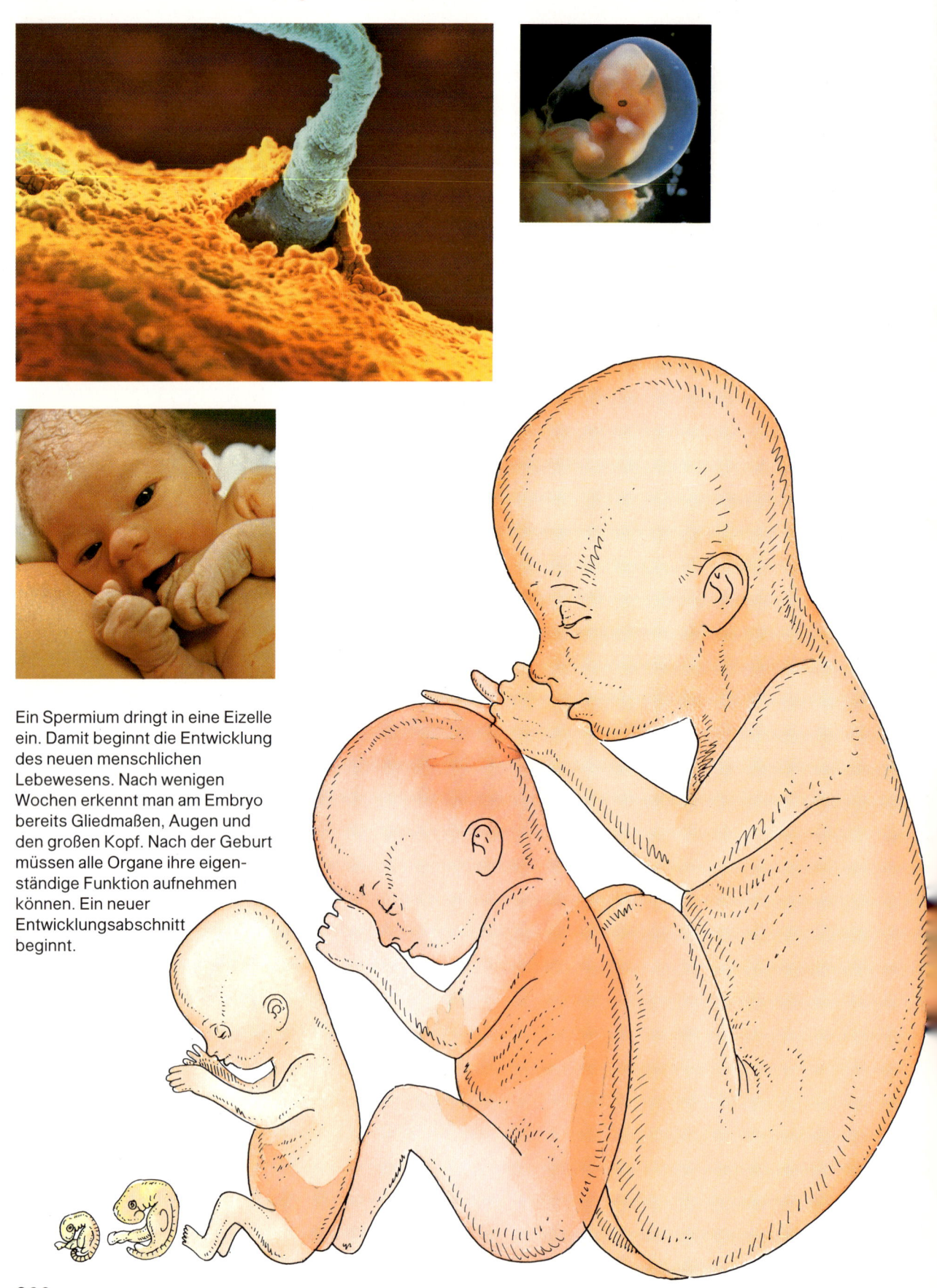

Ein Spermium dringt in eine Eizelle ein. Damit beginnt die Entwicklung des neuen menschlichen Lebewesens. Nach wenigen Wochen erkennt man am Embryo bereits Gliedmaßen, Augen und den großen Kopf. Nach der Geburt müssen alle Organe ihre eigenständige Funktion aufnehmen können. Ein neuer Entwicklungsabschnitt beginnt.

Sexualität, Fortpflanzung und Entwicklung des Menschen

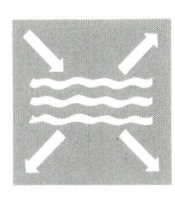

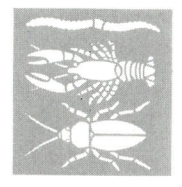

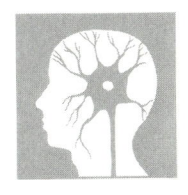

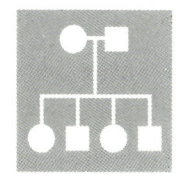

1 Biologische Grundlagen menschlicher Sexualität 268
Willst du mit mir gehen? 268
Hormone bewirken die Pubertät 269
Die Geschlechtsorgane des Mannes 270
Bau und Bildung der Spermien 271
Die Geschlechtsorgane der Frau 272
Bau und Bildung der Eizellen 273
Der weibliche Zyklus 274

2 Zur Sexualität des Menschen 276
Sexualität in einer verantwortungsvollen Partnerschaft 276
Lexikon: Methoden der Empfängnisverhütung 277
Lexikon: Glossar zur Sexualität 278
Projekt: AIDS und Sexualität 280

3 Die Entwicklung des Menschen 282
Die Entwicklung von Embryo und Fetus 282
Schwangerschaft und Geburt 284
Die Lebensabschnitte 285

Kindheit, Pubertät, Erwachsensein, Alter und Tod sind die natürlich aufeinander folgenden Lebensabschnitte, in denen der Mensch lernt, sich mit sich und seiner Umwelt auseinander zu setzen und seinen Platz in der menschlichen Gesellschaft einzunehmen.
Sexualität beim Menschen beinhaltet nicht nur Fortpflanzung und Entwicklung, sondern bedeutet auch das Aufeinandertreffen sehr unterschiedlicher Einstellungen und schwieriger Fragen, die in unserer Gesellschaft teilweise heftig umstritten sind. Da geht es um Empfängnisverhütung und den Schutz des ungeborenen Lebens und Abtreibung, um normales oder abartiges Verhalten und letztlich auch um die derzeit mit rund 2 % jährlich wachsende Weltbevölkerung und die daraus entstehenden Probleme. Bei all diesen Themen kommt es darauf an, dass man lernt, offen und fair miteinander zu reden, Toleranz zu üben und eine verantwortungsvolle Einstellung zur eigenen Sexualität, zum Geschlechtspartner und zu möglichen Konflikten zu erreichen.

1 Biologische Grundlagen menschlicher Sexualität

„In der Schule habe ich schon lange ein Auge auf sie geworfen. Sie hat lange braune Haare und eine Superfigur. Sie heißt Isabelle. Anfänglich hatte ich keinen Mut zu einem Gespräch mit ihr. Viele Jungen haben sie schon angebaggert. Sie lässt sie immer abblitzen, auch wenn es die coolsten Typen sind. Gestern traf ich sie im Schwimmbad. Ich hab sie angesprochen, weil meine Schwester mir gut zugeredet hat. Später haben wir noch ein Eis zusammen gegessen. Hoffentlich mag sie mich auch, weil ich sie total gern habe."

„Endlich habe ich Peter kennen gelernt, in den ich schon lange heimlich verliebt bin. Die meisten Jungen, die ich bisher getroffen habe, sind so aufdringlich gewesen, doch Peter ist eher schüchtern. Und genau das gefällt mir an ihm. Ohne die Hilfe seiner Schwester hätten wir uns nie unterhalten. Das Eisessen war auch noch richtig lustig. Wir haben die ganze Zeit herumgealbert. Ich fände es toll, wenn er mit mir gehen würde."

Willst du mit mir gehen?

So wie Peter und Isabelle geht es vielen Jugendlichen und Erwachsenen. Sie sind zu schüchtern, einem anderen Menschen zu gestehen, dass sie ihn mögen. Es gehört auch eine ganze Menge Mut dazu, einem anderen seine Gefühle zu bekennen. Dabei sollte man sich nicht von gesellschaftlichen Vorstellungen leiten lassen, dass ein Junge zum Beispiel nur durch forderndes und siegessicheres Auftreten ein Mädchen für sich gewinnen kann. Möglicherweise verschreckt er auch das Mädchen mit diesem Verhalten. Und ein Mädchen sollte die Initiative nicht immer nur von dem Jungen erwarten, es kann auch selbst seine Vorliebe für einen Jungen erkennen lassen. Auf jeden Fall aber kann man auch ohne das Aussehen einer Traumfrau oder eines Traummannes einen Partner finden, den man liebt.

Schön ist es, wenn man mit weichen Knien und Herzklopfen das Gefühl spürt, dass man von einem anderen Menschen geliebt wird. Dies versetzt einen Menschen in eine einmalige Hochstimmung. Man möchte den anderen für sich einnehmen und dauernd mit ihm zusammen sein.

In der *Pubertät*, der Reifezeit, entsteht der Wunsch nach Zärtlichkeit zu und von einem Partner. Liebe ist eine Ausdrucksform der menschlichen Sexualität. Sie schenkt den Partnern Wärme, Zärtlichkeit und Geborgenheit. Zur Liebe gehört auch, dass man in der Lage ist, persönliche Beziehungen und Bindungen einzugehen. Jugendliche müssen in der Pubertät erst lernen, Männer und Frauen zu sein. Dies beeinflusst ihr Fühlen, Denken und Handeln.

Sobald Jungen das Interesse an Mädchen entwickeln und umgekehrt, führen jugendliches Schwärmen, erste Annäherungsversuche, erste Verabredungen und die Liebe zu Erfahrungen. Ängste, von dem anderen nicht angenommen zu werden, Probleme, dem Partner eigene Gefühle zu offenbaren und Schwierigkeiten, mit dem anderen Meinungsverschiedenheiten auszutragen, gehören zu dieser Entwicklungsphase. Viele durchlaufen sie vom Verliebtsein bis zur Liebe und dauerhaften Partnerschaft. Man lernt und verfeinert die Spielregeln im Umgang mit dem anderen Geschlecht sein ganzes Leben lang.

Hormone bewirken die Pubertät

Neben den Entwicklungsproblemen im Sexualverhalten finden in der Pubertät tief greifende *körperliche* Veränderungen statt. Bei Mädchen und Jungen beginnt die Ausbildung der Achsel- und Schambehaarung. Die Jungen bilden eine kräftigere Muskulatur aus, die Schultern werden breiter und das Becken bleibt schmal. Ihre Stimme wird tiefer *(Stimmbruch)*, Bartwuchs und Brustbehaarung setzen ein. Bei den Mädchen entwickeln sich die Brüste, das Becken wird breiter, die Schultern bleiben schmal. Diese nach der Pubertät ausgeprägten Merkmale bezeichnet man als *sekundäre Geschlechtsmerkmale*.

Bei Mädchen beginnt die Pubertät im Alter von 10 bis 12 Jahren, bei Jungen etwa zwei Jahre später, mit einem Wachstumsschub. Die Mädchen werden also früher größer als die gleichaltrigen Jungen. Danach ist das Wachstum der Jungen stärker, sodass sie die Mädchen bald eingeholt und mit 14 oder 15 Jahren überholt haben.

Im Körper der pubertierenden Jungen und Mädchen laufen komplizierte Entwicklungsvorgänge ab, die von zahlreichen *Hormonen* geregelt werden. Das Zwischenhirn mit seinem *Sexualzentrum* veranlasst über Hormone die *Hypophyse*, ihrerseits Hormone auszuschütten. Damit beeinflusst sie alle anderen Hormondrüsen: In den Eierstöcken der Mädchen werden weibliche Geschlechtshormone, die *Östrogene* und das *Progesteron* gebildet, in den Hoden der Jungen entstehen vor allem die *Androgene*, die männlichen Geschlechtshormone.

Diese Hormone lassen die Keimdrüsen voll funktionsfähig werden und Keimzellen heranreifen. Sie bewirken außerdem alle anderen körperlichen Veränderungen während der Pubertät.

Beginn und Dauer der Pubertät sind nicht eindeutig festzulegen. So kann sie schon im Alter von 8–10 Jahren beginnen, manchmal aber erst mit 16 Jahren. Dies ist durchaus normal. Nach 4 bis 5 Jahren sind die hormonelle Umstellung und die damit verbundenen körperlichen Veränderungen abgeschlossen. Aus Mädchen sind Frauen geworden, die nun selbst Kinder bekommen können, aus den Jungen zeugungsfähige Männer. Auch das Verhalten der Jugendlichen hat sich stabilisiert. Sie sind nicht mehr so wechselhaft und launisch. Sicherer ist auch der Umgang mit Partnern des anderen Geschlechts geworden. Die seelische Reifung ist ebenfalls ein erhebliches Stück vorangekommen.

Aufgaben

① Vergleiche die Veränderungen bei Mädchen und Jungen während der Pubertät. Nenne Gemeinsamkeiten und Unterschiede.

② Suche in den Bereichen Frisur, Sprache, Kleidung, Musik und Freizeitgestaltung nach Unterschieden zwischen der heutigen Jugend und den jetzigen Erwachsenen. Berichte.

③ Die Wirkungsweise der Geschlechtshormone lässt sich als Regelkreis darstellen. Zeige dies an einem Beispiel aus ▷1.

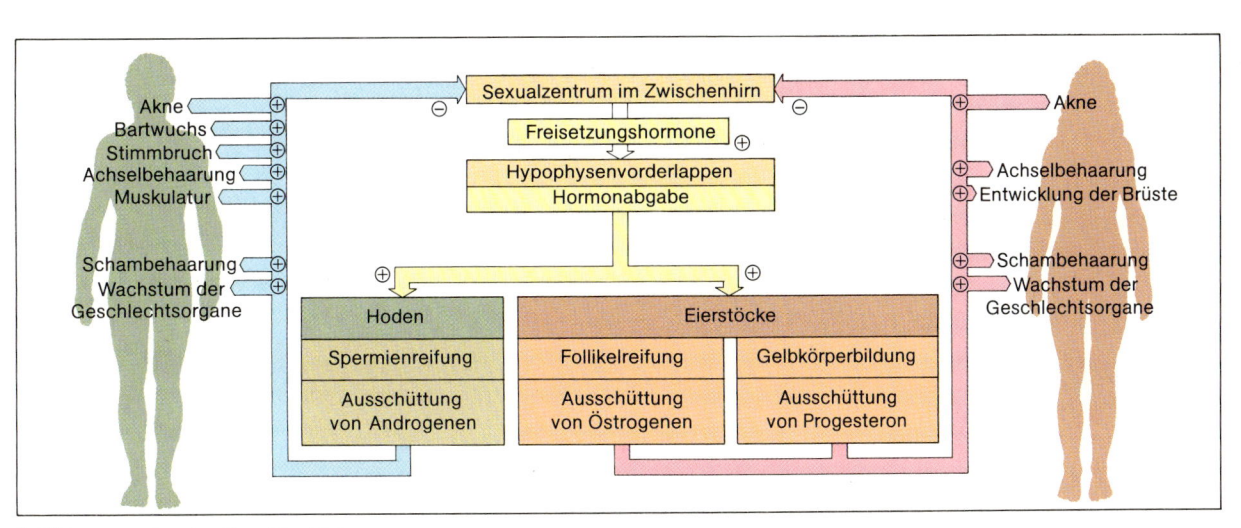

1 Wirkungsweise der Geschlechtshormone

Sexualität, Fortpflanzung und Entwicklung

Die Geschlechtsorgane des Mannes

Schon beim neugeborenen Jungen sind die äußeren Geschlechtsorgane — der *Penis* und der *Hodensack* — zu erkennen. Man bezeichnet sie als die *primären Geschlechtsmerkmale*, im Gegensatz zu den sich erst in der Pubertät ausbildenden sekundären Geschlechtsmerkmalen.

Die Keimdrüsen des Mannes sind die *Hoden*. Sie sind paarig und liegen im Hodensack. In den Hoden entstehen die Keimzellen, die *Spermien*, und die Geschlechtshormone. Die Spermien werden in den *Nebenhoden* gespeichert. Dort beginnt je ein *Spermienleiter*. In diesen geben die *Vorsteherdrüse* und zwei weitere Drüsen Sekrete ab. Spermien und Sekrete bilden das *Sperma*.

Im Bereich der Vorsteherdrüse vereinigen sich die beiden Spermienleiter mit dem Harnleiter aus der Blase zu einem gemeinsamen Ausführgang, der *Harn-Spermien-Röhre*.

Der Penis, auch *Glied* genannt, besteht aus *Schaft* und *Eichel*. Der Schaft enthält *Schwellkörper*, die rasch mit Blut gefüllt werden können, wodurch sich das Glied versteift. Die Harn-Spermien-Röhre führt durch den Schaft zur Eichel und mündet dort. Die Eichel ist sehr empfindlich. Sie wird von der verschiebbaren *Vorhaut* bedeckt und geschützt. Unter der Vorhaut sondern Talgdrüsen fettende Stoffe ab, in denen sich Krankheitserreger gut vermehren können. Deshalb muss das Glied täglich gewaschen werden. Dazu wird die Vorhaut zurückgezogen. Eichel und übriges Glied werden mit warmem Wasser und Seife gewaschen.

Der erste Spermienerguss, die *Pollution*, erfolgt in der Pubertät oft im Schlaf. Dieser natürliche Vorgang zeigt an, dass der Junge geschlechtsreif geworden ist. Durch Reizung des Penis kann ein Spermienerguss auch selbst herbeigeführt werden. Diese *Selbstbefriedigung (Masturbation)* ist ein entwicklungsbedingtes, keineswegs aber gesundheitsschädliches Verhalten.

Bei sexueller Erregung kommt es zur Versteifung des Gliedes, *Erektion* genannt. So kann der Penis bei der körperlichen Vereinigung in die Scheide der Frau eingeführt werden. Dabei werden die Eichel und die Scheidenwand gereizt, es entsteht ein angenehmes Gefühl bei Mann und Frau. Im Höhepunkt der gefühlsmäßigen Erregung, dem *Orgasmus*, wird das Sperma ausgeschleudert. Man nennt dies *Ejakulation*. Der Orgasmus und das liebevolle Beisammensein der Partner verstärken die gegenseitige Zuneigung und Bindung.

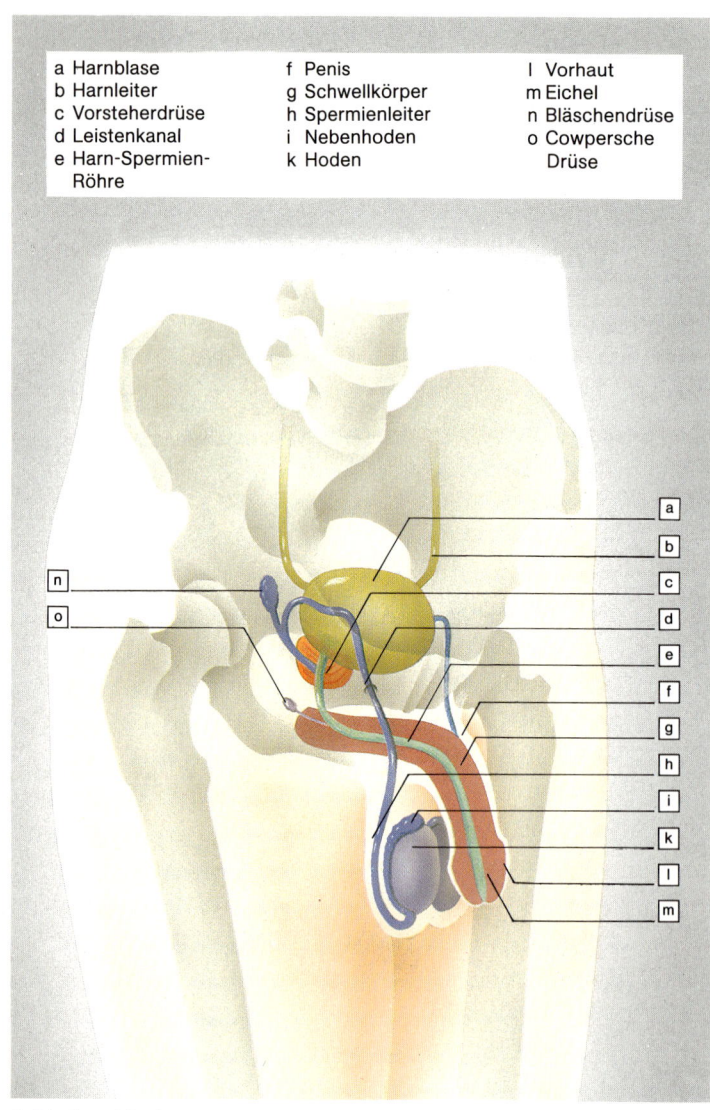

a Harnblase	f Penis	l Vorhaut
b Harnleiter	g Schwellkörper	m Eichel
c Vorsteherdrüse	h Spermienleiter	n Bläschendrüse
d Leistenkanal	i Nebenhoden	o Cowpersche Drüse
e Harn-Spermien-Röhre	k Hoden	

1 Die Geschlechtsorgane des Mannes

Aufgaben

1. Stelle einander gegenüber: Primäre und sekundäre Geschlechtsmerkmale, innere und äußere Geschlechtsorgane des Mannes.
2. Alle weiteren Geschlechtsmerkmale neben den primären und sekundären nennt man tertiäre Geschlechtsmerkmale.
   a) Nenne einige tertiäre Merkmale beim Mann.
   b) Warum sind die tertiären Merkmale nicht eindeutig?

Bau und Bildung der Spermien

Die Spermien gehören mit einer Länge von etwa 0,06 mm zu den kleinsten Zellen des menschlichen Körpers. Sie entstehen im Innengewebe der Hoden aus den *Urspermienzellen* (Spermienmutterzellen). Erst bei Eintritt in die Pubertät beginnen sich diese Zellen zu teilen. Dabei führt jede Urspermienzelle nacheinander zwei Reifeteilungen durch. So entstehen aus jeder Urspermienzelle vier Spermien, deren Gestalt nun ausgeprägt wird.

Im *Kopf* des Spermiums liegt das Erbgut. Das *Mittelstück* liefert die Energie für die Fortbewegung. *Der Schwanzfaden* schlägt wie die Geißel bei einem Einzeller. Er verleiht dem Spermium eine Schwimmgeschwindigkeit von etwa 3 mm pro Minute. Diese Bewegungsfähigkeit brauchen die Spermien, um nach dem Geschlechtsverkehr durch Scheide, Gebärmutter und Eileiter schwimmend die Eizelle erreichen zu können. Das ist eine Wegstrecke von etwa 15 cm, auf dem sie durch zwei Mechanismen geleitet werden. Zum einen schwimmen die Spermien immer gegen die Strömung, die von den schlagenden Wimpern im Eileiter erzeugt wird und die in Richtung Scheide verläuft. Zum anderen orientieren sie sich an dem Konzentrationsgefälle eines Lockstoffes, der von der befruchtungsfähigen Eizelle abgegeben wird.

Ein Milliliter Sperma enthält zwischen 40 und 50 Millionen Spermien. Bei einer Ejakulation werden etwa 3 bis 5 ml Sperma abgegeben. Trotzdem gelangen von dieser riesigen Zahl von Spermien nur einige hundert bis zur Eizelle. Dafür gibt es mehrere Gründe:

— Zahlreiche Spermien sind defekt. Man kennt solche mit zwei und mehr Geißeln, solche ohne Geißel oder mit funktionsuntüchtiger Geißel sowie viele andere Missbildungen.
— Durch das saure Milieu in der Scheide wird die Bewegungsfähigkeit der Spermien gehemmt.
— Im Schleimpfropf am Gebärmuttereingang bleiben viele Spermien stecken.
— Die weißen Blutzellen der Frau vernichten zahlreiche Spermien, da sie für den weiblichen Körper fremde Zellen sind.
— Der Energievorrat vieler Spermien ist aufgebraucht, bevor die Eizelle erreicht ist.
— Die Strömung in den Eileitern schwemmt viele Spermien in die Gebärmutter zurück.

Die im Nebenhoden gespeicherten Spermien bleiben dort in einem inaktiven Zustand etwa vier Wochen lebensfähig. Nach einer Ejakulation sind die Spermien noch bis zu 48 Stunden befruchtungsfähig. Für die ständige Neubildung von Spermien und deren Speicherung ist nach dem heutigen Wissensstand von Bedeutung, dass die Temperatur im Hodensack zwischen 2 °C und 5 °C unter der normalen Körpertemperatur liegt. Untersuchungen haben gezeigt, dass schon bei geringfügig höheren Temperaturen die Spermienbildung unterdrückt wird. Ebenfalls nachgewiesen wurde, dass Raucher und Alkoholiker eine deutlich höhere Zahl defekter Spermien haben oder die Gesamtzahl der Spermien geringer ist.

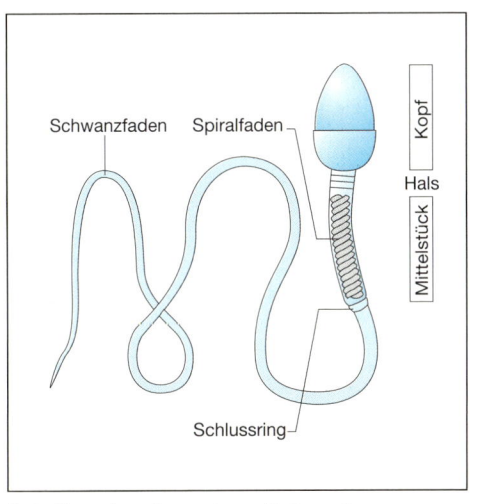

1 Aufbau einer Spermiums (Schema)

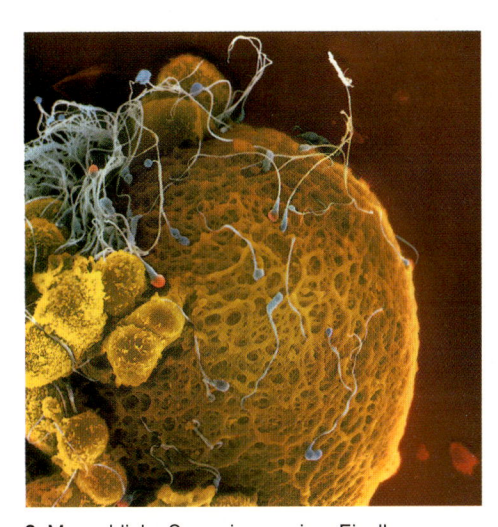

2 Menschliche Spermien an einer Eizelle

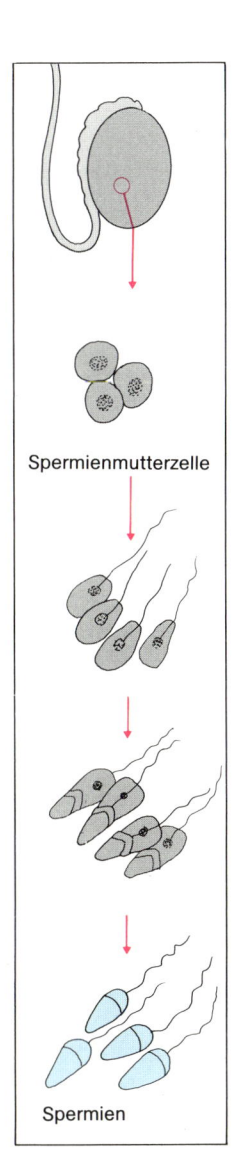

Spermienmutterzelle

Spermien

Spermienentwicklung

Sexualität, Fortpflanzung und Entwicklung

Die Geschlechtsorgane der Frau

Die äußerlich sichtbaren Geschlechtsorgane der Frau bestehen aus verschiedenen Hautfalten, *große* und *kleine Schamlippen* genannt. Es sind Fettpolster, durchsetzt von Bindegewebe und Muskelfasern. Die Schamlippen umschließen schützend den Scheideneingang und die von der *Scheide* getrennte Öffnung der Harnröhre. Im vorderen Bereich zwischen den Schamlippen liegt der *Kitzler* (Klitoris). Er ist ein leicht erregbarer Schwellkörper, der zahlreiche Nervenendigungen enthält und, wie die Eichel des Penis, sehr empfindlich ist. Zwischen Scheide und After liegt der *Damm*, der von der dehnbaren Beckenbodenmuskulatur gebildet wird.

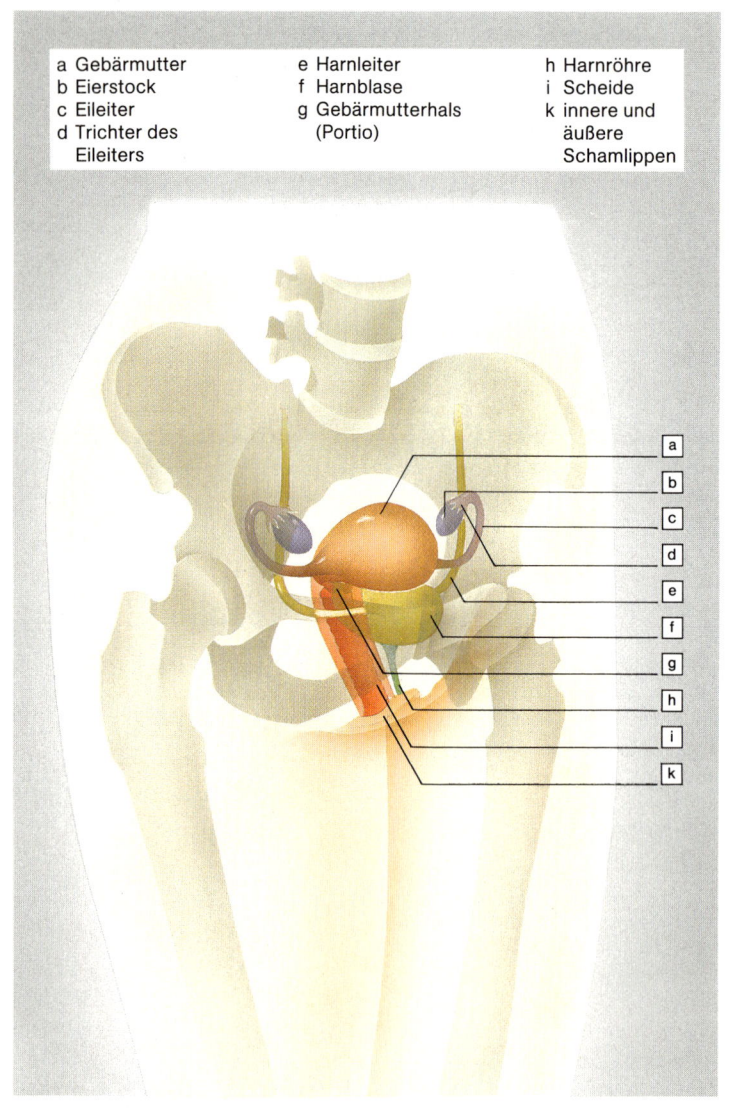

Die Scheide *(Vagina)*, ein 8–11 cm langer schlauchförmiger Hohlmuskel, führt nach innen zur *Gebärmutter*. Die Scheidenwände sind mit einer Schleimhaut ausgekleidet, deren Zellen reich an Glykogen sind. Dieses stärkeähnliche Kohlenhydrat wird von den in der Scheide lebenden Milchsäurebakterien *(Scheidenflora)* in Milchsäure umgewandelt. Dadurch entsteht ein saures Milieu, das Krankheitserreger unschädlich machen kann. Ein zusätzlicher Schutz der inneren Geschlechtsorgane besteht darin, dass sich die elastischen Scheidenwände zusammenziehen, sodass sie aufeinander liegen und nur einen schmalen Spalt freilassen. Zum größten Teil wird der Scheideneingang bis zum ersten Geschlechtsverkehr durch das *Jungfernhäutchen* (Hymen) verschlossen. Diese schützende Hautfalte kann allerdings schon vorher, etwa beim Sport, einreißen. Der Scheide kommen im Wesentlichen zwei Aufgaben zu: Sie nimmt bei der körperlichen Vereinigung von Mann und Frau den Penis und das von ihm abgegebene Sperma auf und sie ist der natürliche Geburtskanal, durch den das Kind bei der Geburt herausgepresst wird. Dies ist möglich, da die Scheidenwand sehr dehnbar ist.

Am oberen Ende der Scheide liegt der *Gebärmutterhals*. Er ist die Übergangsstelle von den äußeren zu den inneren Geschlechtsorganen und damit die Verbindung zwischen Gebärmutter und Scheide. Er wird von einem Schleimpfropf verschlossen. Die Gebärmutter *(Uterus)* ist ein faustgroßer, dehnbarer Hohlmuskel, der von einer Schleimhaut ausgekleidet ist. Während der Schwangerschaft erweitert sich sein Volumen von wenigen Millilitern auf mehrere Liter.

Am oberen, breiten Ende der Gebärmutter münden die beiden *Eileiter* ein. Es sind etwa 15 cm lange, bleistiftstarke Schläuche, die innen mit einer Flimmerschleimhaut ausgekleidet sind. Jeder Eileiter öffnet sich mit fransenbesetzten Trichtern zu je einem *Eierstock* hin. Die Eierstöcke *(Ovarien)* sind die weiblichen Keimdrüsen, die an Bindegewebsbändern in der Bauchhöhle aufgehängt sind. In ihnen reifen die Eizellen heran und sie bilden weibliche Geschlechtshormone.

Aufgabe

① Ordne den weiblichen Geschlechtsorganen Eierstock, Eileiter, Kitzler die jeweils vergleichbaren männlichen zu.

a Gebärmutter
b Eierstock
c Eileiter
d Trichter des Eileiters
e Harnleiter
f Harnblase
g Gebärmutterhals (Portio)
h Harnröhre
i Scheide
k innere und äußere Schamlippen

1 Die Geschlechtsorgane der Frau

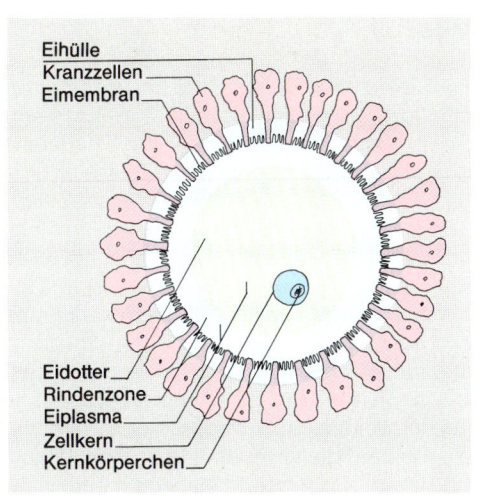

1 Menschliche Eizelle (Schema)

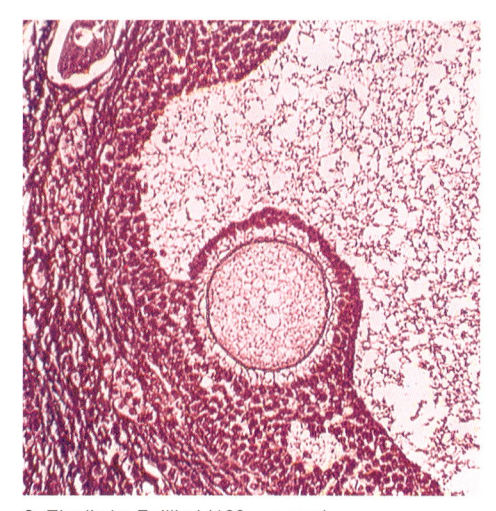

2 Eizelle im Follikel (160 × vergr.)

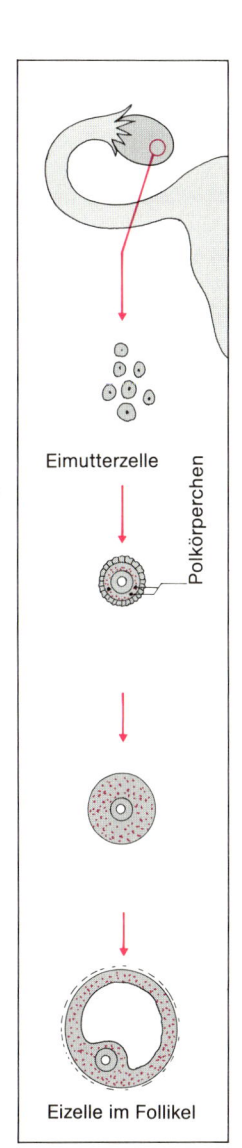

Eizellenbildung

Bau und Bildung der Eizellen

Schon während der dritten Schwangerschaftswoche bilden sich im weiblichen Embryo die ersten Eimutterzellen *(Urkeimzellen)*. Durch vielfache Zellteilungen entstehen daraus einige hunderttausend Eizellen in jedem Eierstock des noch ungeborenen Mädchens. Die Eimutterzellen beginnen sofort mit Reifeteilungen, führen sie jedoch nicht vollständig durch. Bei der Geburt sind etwa 400 000 Eimutterzellen in den beiden Eierstöcken vorhanden, von denen aber nur 400–500 im Laufe des Lebens einer Frau heranreifen. Eine Eimutterzelle setzt ihre Reifeteilung erst unmittelbar nachdem sie den Eierstock verlässt fort.

Das Ei reift innerhalb des Eierstocks in einem flüssigkeitsgefüllten Bläschen, dem *Follikel*. Dieser Follikel kann auf eine Größe von bis zu zwei Zentimetern heranwachsen. Ist das Ei reif, wandert der Follikel an die Oberfläche des Eierstocks, der Follikel platzt auf und das Ei wird mit der Follikelflüssigkeit ausgespült. Diesen Vorgang nennt man *Follikel-* oder *Eisprung* (Ovulation). Die im Eileiter schlagenden Wimpern erzeugen einen zur Gebärmutter gerichteten Flüssigkeitsstrom. Dadurch wird das Ei in den naheliegenden Trichter des Eileiters eingestrudelt. Die im Eierstock zurückbleibenden Follikelreste werden zum *Gelbkörper* umgebaut.

Die reife Eizelle, deren Kern die Erbanlagen enthält, hat einen Durchmesser von etwa 0,2 mm. Sie hat damit ein etwa 250 000-mal größeres Volumen als eine Spermienzelle und enthält viele Nährstoffe. Die Eizelle ist eine der größten Zellen des menschlichen Körpers und mit bloßem Auge bereits sichtbar.

Die Eizelle kann sich, im Gegensatz zu den Spermien, nicht selbst fortbewegen. Die Flimmerhärchen im Eileiter und Kontraktionswellen der Eileitermuskulatur erzeugen einen Flüssigkeitsstrom, der das Ei in Richtung Gebärmutter transportiert.

Die Eizelle ist nach dem Eisprung nur vier bis sechs Stunden lang befruchtungsfähig und befindet sich noch im oberen Teil des Eileiters. Damit eine Befruchtung stattfinden kann, müssen sie die Spermien also innerhalb dieser Zeit dort erreichen. Dabei kann nur ein einziges Spermium mit seinem Kopf in die Eizelle eindringen (s. Abb. 266.1). Danach wird die Hülle der Eizelle für weitere Spermien undurchdringbar. Auch das Mittelstück und der Schwanz des eingedrungenen Spermiums bleiben außerhalb. Der Zellkern im Spermienkopf quillt im Plasma des Eies auf und vereinigt sich mit dem Zellkern der Eizelle. Der so entstandene neue Zellkern enthält nun die Erbanlagen aus dem Spermium des Vaters und aus der Eizelle der Mutter. Diese befruchtete Eizelle nennt man *Zygote*.

Aufgabe

① Nenne Gemeinsamkeiten und Unterschiede in der Entwicklung von Spermium und Eizelle aus ihren jeweiligen Mutterzellen.

Sexualität, Fortpflanzung und Entwicklung

Der weibliche Zyklus

Hormone der Hypophyse
FSH = Follikel stimulierendes Hormon
LH = luteinisierendes Hormon

Hormone des Follikels
Östrogene

Während im Eierstock eine Eizelle heranreift, verändert sich zeitgleich dazu die Gebärmutterschleimhaut. Beide Vorgänge werden durch Hormone geregelt: Follikelwachstum und -reifung werden durch das *Follikel stimulierende Hormon* (FSH) gefördert. Eireifung, Follikelsprung und Gelbkörperbildung stehen unter dem Einfluss des *luteinisierenden Hormons* (LH). FSH und LH werden aus bestimmten Zentren der Hypophyse ausgeschüttet. Daneben bildet auch der reifende Follikel Hormone, die *Östrogene*. Sie bewirken, dass die Gebärmutterschleimhaut innerhalb von etwa zwei Wochen auf die vierfache Dicke heranwächst. Gleichzeitig beeinflussen sie die Menge der FSH- und LH-Ausschüttung in der Hypophyse. Bei einem bestimmten Mengenverhältnis von FSH und LH kommt es zum *Eisprung*. Zum Zeitpunkt des Eisprunges steigt die Körpertemperatur um etwa 0,5°C an.

Hormon des Gelbkörpers
Progesteron

Nach dem Eisprung wandelt sich der entleerte Follikel unter dem Einfluss des LH um. Fettreiche Zellen wachsen in den Bläschenraum ein, der Follikel wird zum Gelbkörper. Dieser bildet nun die Gelbkörperhormone *(Progesterone)*. Sie bewirken, dass die Gebärmutterschleimhaut weiterwächst, Nährstoffe speichert und sich so auf die Einnistung einer befruchteten Eizelle vorbereitet. Die Progesterone hemmen gleichzeitig die LH-Ausschüttung der Hypophyse, sodass kein neuer Follikel heranreifen kann.

Hormon des Mutterkuchens
HCG = Human chorionic gonadotropine

chorion (gr.) = Zottenhaut

Die befruchtete Eizelle teilt sich bereits im Eileiter mehrmals, sodass sich ein aus wenigen Zellen bestehender *Keim* in der Gebärmutterschleimhaut einnistet. Nun wird das *Schwangerschaftshormon* HCG gebildet. Es bewirkt, dass der Gelbkörper erhalten bleibt und mit seinem Progesteron für die Erhaltung und den weiteren Aufbau der Gebärmutterschleimhaut sorgen kann. Außerdem lässt das HCG die Milchdrüsen der Brust anschwellen und bereitet sie so auf die Milchbildung vor.

Ist die Eizelle nicht befruchtet worden, verkümmert der Gelbkörper und die Progesteronbildung geht zurück. In der Gebärmutterschleimhaut reißen feine Äderchen und die obersten Schichten der Schleimhaut werden abgestoßen und mit etwas Blut durch die Scheide abgegeben. Dies nennt man *Menstruation* (Regel- oder Monatsblutung). Die Blutmenge ist gering, sie beträgt nur etwa 50 – 150 ml in 3 bis 5 Tagen.

Weil die Blutung regelmäßig etwa alle 28 Tage auftritt, bezeichnet man diesen Zeitraum als *Zyklus*. Er dauert bei den meisten Frauen 26 – 30 Tage. Kürzere oder längere Zyklen sind gesundheitlich unbedenklich, solange sie regelmäßig bleiben.

Zwischen dem 11. und 14. Lebensjahr bekommen Mädchen normalerweise ihre erste Regelblutung. Sie zeigt an, dass das Mädchen geschlechtsreif geworden ist. Zu Beginn der Pubertät schwanken die Zykluslängen meistens noch stark. Die Regelmäßigkeit der Monatsblutungen stellt sich manchmal erst nach einigen Jahren ein. Aber auch dann können durch Änderung der Lebensweise, Anstrengung, Krankheit oder andere Einflüsse die Eireifung und der Zyklusablauf beschleunigt oder verlangsamt werden. Auch *Menstruationsbeschwerden*, wie Übelkeit, Kopf- und Bauchweh, treten gerade bei Mädchen oder jungen Frauen häufig auf. Bei starken Schmerzen oder wenn sich auch nach Jahren noch keine konstante Zykluslänge eingestellt hat, sollte ein Frauenarzt *(Gynäkologe)* aufgesucht werden.

Während der Menstruation fehlt der Schleimhautpfropf im Gebärmutterhals, sodass Blut und Schleimhautreste abfließen können. Damit fehlt aber auch die Sperre gegen aufsteigende Krankheitserreger, für die das ausfließende Blut mit den Schleimhautzellen ein guter Nährboden ist. Deshalb ist gerade während der Menstruation auf eine besonders gründliche *Hygiene* der äußeren Geschlechtsorgane zu achten: Das ausfließende Blut wird mit saugfähigen *Tampons* oder *Binden* aufgefangen, die regelmäßig gewechselt werden müssen; ferner sollten die äußeren Geschlechtsorgane täglich mehrmals gründlich gewaschen werden.

Durch die hormonelle Regelung reift üblicherweise nur eine Eizelle heran. Es können aber gelegentlich zwei oder mehr Eizellen gleichzeitig heranreifen und beim Follikelsprung frei werden. Werden sie befruchtet, entwickeln sich Mehrlinge, z. B. *zweieiige Zwillinge*.

Weitaus seltener schnürt sich ein Keim in einem frühen Stadium vollständig durch und die beiden Hälften entwickeln sich getrennt weiter. Es entstehen *eineiige Zwillinge* mit identischem Erbgut. Sie sind immer gleichen Geschlechts und gleichen sich auch in vielen anderen Merkmalen.

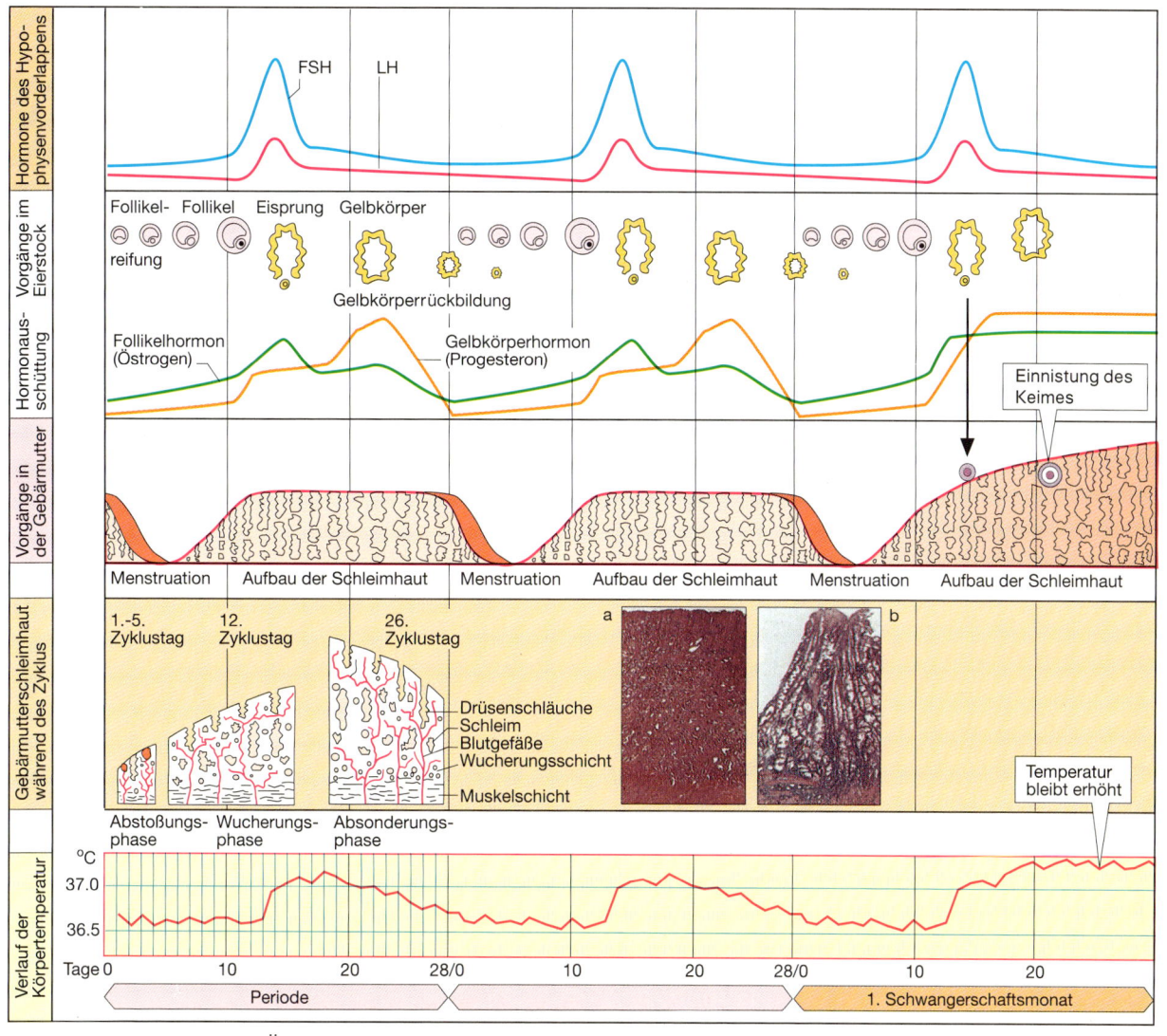

1 Übersicht zu den Vorgängen beim weiblichen Zyklus

Im Alter von etwa 45–50 Jahren werden bei der Frau die Zyklen unregelmäßig und die Regelblutungen hören schließlich ganz auf *(Menopause)*. Das bedeutet, dass keine Eizellen mehr heranreifen und die Frau jetzt keine Kinder mehr bekommen kann. Diese Zeit der hormonellen Umstellung nennt man auch *Wechseljahre*.

Aufgaben

① Weshalb ist während der Menstruation die Gefahr einer Gebärmutterinfektion besonders groß?

② Progesterone und Östrogene beeinflussen die LH- und FSH-Ausschüttung der Hypophyse. Welche Bedeutung hat dies bei einer beginnenden Schwangerschaft?

③ Welche Folgen hätte es für den Zyklus, wenn das FSH bzw. die Progesterone ausfallen würden?

④ Bei regelmäßiger und exakter Messung der Körpertemperatur *(Basaltemperatur)* erhält man einen recht genauen Überblick über den Zyklusverlauf. Kann mit dieser Methode schon vorab angegeben werden, wann ein Eisprung erfolgen wird?

Sexualität, Fortpflanzung und Entwicklung **275**

2 Zur Sexualität des Menschen

Sexualität in einer verwantwortungsvollen Partnerschaft

In der Pubertät beginnen die ersten *Freundschaften* zwischen Jungen und Mädchen. Anders als früher, als Spielen im Vordergrund stand, unterhalten sie sich jetzt mehr, z. B. über ihre Interessen, aber auch über Probleme. Sie versuchen, gegenseitig ihre Gefühle und Wünsche zu verstehen und zu akzeptieren. Gehen ein Junge und ein Mädchen miteinander, steht zunächst das *Bedürfnis nach gegenseitiger Nähe und Zärtlichkeit* im Vordergrund. Später sammelt das Liebespaar auch erste sexuelle Erfahrungen miteinander. Auch dies gehört zur Liebe. Dabei muss sich jeder Partner bei jedem Schritt frei entscheiden und auch nein sagen können. Akzeptanz in der *Partnerschaft* heißt, dass beide auf Wünsche und Bedürfnisse des anderen Rücksicht nehmen. Gelingt dies nicht mehr, sollte man sich trennen, auch wenn es sehr schmerzt. Es ist normal in der Entwicklung eines Jugendlichen, unterschiedliche Freundschaften und die damit einhergehende Freude, aber auch Enttäuschungen zu erfahren und zu erleben.

Bei einem Liebespaar können sich sexuelle Zärtlichkeiten zum gegenseitigen Küssen, Streicheln und Reizen der Geschlechtsorgane *(Petting)* entwickeln und auch das Bedürfnis nach einer körperlichen Vereinigung kann wachsen. Da beim Geschlechtsverkehr *(Koitus)*, auch beim ersten Mal, ein Kind entstehen kann, sollte sich das Paar vorher verantwortungsbewusst auf eine Methode der Empfängnisverhütung verständigen. Angesichts der Gefahr einer HIV-Infektion ist auch die Verwendung eines *Kondoms* wichtig.

Sexuelles Zusammensein führt bei den Partnern zu einer starken seelischen Bindung.

Möchten zwei seelisch und sozial reife Partner, die auch meist durch einen Beruf wirtschaftlich abgesichert sind, zusammen bleiben, heiraten sie *(Ehe)* oder bilden eine feste *eheähnliche Gemeinschaft*, aus der mit der Geburt des ersten Kindes eine *Familie* wird. Das Paar lernt, die Probleme des Alltags zu bewältigen und dem Kind die nötige Geborgenheit und Liebe zu geben, da das die Grundvoraussetzung für das körperliche und seelisch gesunde Heranwachsen des Kindes ist. Durch die Freuden und Leiden beim Aufziehen der Kinder sowie im gegenseitigen Geben und Nehmen in der Partnerschaft entwickelt sich die Liebe des Paares weiter.

Aufgaben

① Welche Bedeutung hat die Liebe für die Partnerschaft?
② Warum sind Zärtlichkeiten und das Miteinander-sprechen-Können für eine dauerhafte Partnerschaft notwendig?
③ Erörtere den Begriff „seelisch und sozial reif".
④ Welche Probleme entstehen in Entwicklungsländern mit hohem Analphabetentum, wenn durch Familienplanung eine Verringerung des Bevölkerungswachstums erreicht werden soll?
⑤ Erstelle nach dem Lexikon auf Seite 277 eine Tabelle, in der die Wirkungsweise und Zuverlässigkeit der Verhütungsmethoden aufgeführt sind.

Lexikon

Methoden der Empfängnisverhütung

Jedes Kind hat ein Recht, erwünscht zu sein, da ungewollte Kinder häufig unter der Ablehnung und nicht selten unter Aggressionen der Eltern leiden müssen. Wenn also ein Paar noch nicht über die nötige seelische und persönliche Reife verfügt, um den Belastungen von Schwangerschaft, Geburt, Kinderpflege und -erziehung gewachsen zu sein oder bei sehr jungen Mädchen oder älteren Frauen gesundheitliche Risiken bei der Schwangerschaft bestehen, sollte auch in sicheren Partnerschaften eine Schwangerschaft verhütet werden.

Das wichtigste und einzige Mittel der *mechanischen Empfängnisverhütung*, das der Mann anwenden kann, ist das **Kondom**. Dieses Verhütungsmittel aus dehnbarem Latexmaterial wird über das versteifte Glied des Mannes gezogen, ehe dieses in die Scheide eingeführt wird. Bei richtiger Anwendung ist das Kondom sicher und verhindert gleichzeitig die Gefahr einer Ansteckung mit HIV und Geschlechtskrankheiten.

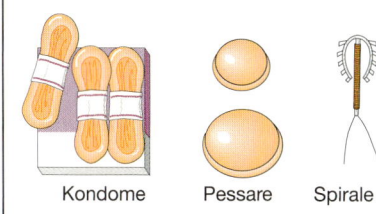

Kondome   Pessare   Spirale

Eines der mechanischen Verhütungsmittel für die Frau ist das **Scheidendiaphragma** oder **Pessar**. Es verschließt den Muttermund und verhindert so, dass Spermien in die Gebärmutter eindringen, im Eileiter aufsteigen und die Eizelle befruchten können. Ein Arzt passt das Scheidendiaphragma an und erklärt die Handhabung.

Meist wird das Scheidendiaphragma kombiniert mit Cremes verwendet, die Spermien abtöten. Eine weitere Möglichkeit für Frauen ist die **Spirale**. Sie wird vom Arzt eingesetzt und regelmäßig kontrolliert. Die Spirale verhindert die Einnistung des Keimes und ist relativ sicher.

Hormonelle Empfängnisverhütung gewährleistet die größte Sicherheit. Die Hormonpräparate enthalten Mischungen von Östrogenen und Progesteron. Werden sie regelmäßig und genau nach Vorschrift eingenommen, blockieren sie die FSH- und LH-Ausschüttung aus der Hypophyse — ähnlich wie bei einer Schwangerschaft. Der Follikel kann nicht reifen und ein Eisprung wird verhindert. Da mit der **Pille** dem Körper der Frau Hormone zugeführt

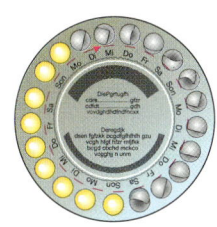

Pille

werden, sollte eine regelmäßige Kontrolluntersuchung durch einen Arzt erfolgen. Die *Minipille* und die *Dreimonatsspritze* enthalten nur Progesteron in unterschiedlicher Dosis. Sie sorgen dafür, dass der Schleimpfropf im Gebärmutterhals undurchlässig bleibt. Die Dreimonatsspritze ist für junge Mädchen weniger geeignet. Sie hemmt zusätzlich den Eisprung.

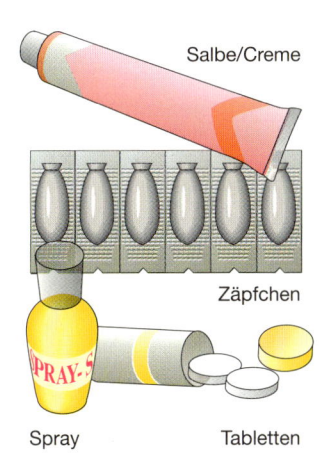

Salbe/Creme
Zäpfchen
Spray   Tabletten

Chemische Verhütungsmittel in Form von **Zäpfchen, Cremes, Tabletten** und **Sprays** müssen eine bestimmte Zeit vor dem Geschlechtsverkehr in die Scheide eingeführt werden, wo sie die Beweglichkeit der Spermien einschränken. Da sie nur bedingt sicher sind, empfiehlt es sich, sie zusammen mit Kondomen oder Pessaren zu verwenden.

Daneben stehen den Paaren auch sogenannte *natürliche Empfängnisverhütungsmethoden* zur Wahl. Eine davon ist die Unterbrechung des Geschlechtsverkehrs und das Zurückziehen des Gliedes vor dem Sperminerguss. Von diesem **Koitus interruptus** ist abzuraten, da vor dem Orgasmus bereits unbemerkt Sperma austreten kann.

Bei der **Knaus-Ogino-Methode** bestimmt die Frau die empfängnisfreien Tage anhand eines *Menstruationskalenders*. Die Berechnungen gehen davon aus, dass die Eizelle nur 6 bis 12 Stunden, die Spermien ungefähr 48 Stunden befruchtungsfähig sind. Danach liegen die Tage, an denen die Eizelle befruchtet werden kann, meist zwischen dem 8. und 19. Tag des Zyklus. Die Tage davor und danach wären ohne Risiko, wenn nicht Stresssituationen, Klimawechsel bei Reisen und andere Faktoren auch einen vorzeitigen Eisprung auslösen könnten.

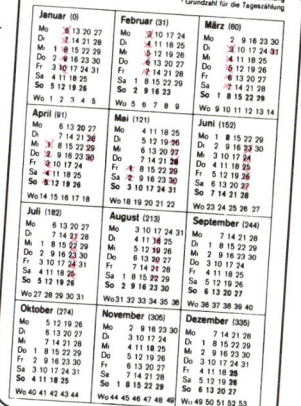

Der Tag des Eisprungs lässt sich nach der **Basaltemperaturmethode** bestimmen. Man misst die Temperatur täglich zur gleichen Zeit vor dem Aufstehen und notiert sie. Sie steigt beim Eisprung um 0,5 °C. So kann die Frau langfristig die fruchtbaren Tage ermitteln.

Nach der **Billings-Methode** beobachtet die Frau den Zustand des Schleimpfropfes im Gebärmutterhals. Zum Zeitpunkt des Eisprungs wird er flüssiger und bildet weißlichen Schleim. Die Billings-Methode ist ebenso unzuverlässig einzustufen wie die Knaus-Ogino-Methode.

Sexualität, Fortpflanzung und Entwicklung

Lexikon

Glossar zur Sexualität

Bisexualität (lat. für *Zweigeschlechtlichkeit*) kann bei Lebewesen zur Ausbildung männlicher und weiblicher Merkmale führen. In der Psychologie versteht man darunter die Fähigkeit eines Menschen, zu Männern und Frauen sexuelles Verhalten zu wünschen und zu haben.

Erogene Zonen: Körperregionen (z.B. Brustwarzen, Geschlechtsorgane, Lippen), die durch Streicheln und Zärtlichkeiten zur sexuellen Erregung führen.

Erotik: Die Kunst der sinnlichen Liebe.

Exhibitionismus: Die vor allem bei Männern auftretende sexuelle Lust durch das Vorzeigen der Geschlechtsorgane vor Kindern oder Frauen. Der Exhibitionist erfreut sich an der verstörten Reaktion von Kindern, Jugendlichen und Frauen.

Extrakorporale Befruchtung: Dieses Verfahren kann bei bestimmten Formen der weiblichen Sterilität angewendet werden, wenn sich ein Paar Kinder wünscht. Dabei gibt man der Frau gezielt Hormone, sodass mehrere Eizellen gleichzeitig heranreifen. Die reifen Eizellen operiert man aus dem Körper der Frau und befruchtet sie in einem Glasgefäß mit den Spermien des Mannes. Der Anfang der Keimesentwicklung findet noch außerhalb des Körpers statt, ehe der sich entwickelnde Keim in die Gebärmutter der Frau eingeführt wird. So können Frauen mit bestimmten Formen der Sterilität doch noch ein Wunschkind gebären.

Familienplanung: Viele Paare wünschen sich Kinder. Für diese benötigen Eltern Zeit, Geduld, Liebe und Verständnis, damit sich die Kinder gesund und fröhlich entwickeln können. Familienplanung heißt dabei, gemeinsam mit dem Partner Verantwortung für das Kind zu tragen. Das kann dazu führen, den Kinderwunsch durch angewandte Empfängnisverhütung aufzuschieben, bis sich eine Partnerbeziehung gefestigt hat oder eine Berufsausbildung beendet ist, die starke Belastungen mit sich bringt. Entscheidet sich das Paar, ein Kind zu wünschen, so kann es die fruchtbaren Tage der Frau mit der Basaltemperaturmethode bestimmen. Sollte die Frau auch nach längerer Zeit nicht schwanger werden, können Ärzte die Zeugungsfähigkeit des Mannes und der Frau untersuchen. Neben körperlichen Schwierigkeiten, bei denen Ärzte teilweise helfen können, können auch seelische Gründe für die Kinderlosigkeit entscheidend sein. Dann besteht noch die Möglichkeit, nach eingehender Beratung ein Kind zu *adoptieren* und als Familie gemeinsam glücklich zu leben.

Geschlechtskrankheiten sind gefährliche Infektionskrankheiten, die vorwiegend durch Geschlechtsverkehr übertragen werden. Die beiden häufigsten sind der *Tripper* und die *Syphilis*. Beide können in frühen Stadien über die Gabe von Antibiotika vom Arzt behandelt werden. Die medikamentöse Behandlung muss bei beiden Partnern erfolgen, da es sonst zur wechselseitigen Wiederansteckung kommt.

Heterosexualität: Sexualität, die auf das andere Geschlecht bezogen ist. Sie gilt in den meisten Kulturen als Norm.

HIV: Bezeichnung für das Virus, das AIDS verursacht. Es kommt im Blut, Sperma und in der Scheidenflüssigkeit in so hoher Konzentration vor, dass sie zur Ansteckung führen kann. Gegen die Übertragung beim Geschlechtsverkehr bietet ein Kondom bei sachgerechter Anwendung einen guten Schutz.

Homosexualität: Neben der Heterosexualität gibt es Männer und Frauen, die nur von Partnern des gleichen Geschlechts körperlich und seelisch angesprochen werden. Liebe und sexuelle Lust erfahren sie nur mit gleichgeschlechtlichen Partnern.

Lesbisch nennt man homosexuelle Beziehungen zwischen Frauen. Der Name geht auf die griechische Dichterin Sappho zurück, die auf der Insel Lesbos Töchter aus vornehmen Familien auf die musisch kulturellen Inhalte ihrer Zeit vorbereitete. Von ihr sind noch Lieder mit homoerotischem Charakter überliefert.

Masochismus: Sexuelle Lust, die mit dem Erleiden von Schmerzen und Demütigungen einhergeht.

Orgasmus: Körperlich-seelischer Höhepunkt der sexuellen Erregung und Lust. Vorher ist die sexuelle Erregung durch zärtliches Berühren der erogenen Zonen so stark angewachsen, dass es bei der Frau zum rhythmischen Zusammenziehen des Scheideneingangs und der Gebärmutter und beim Mann zur Ejakulation kommt. Heute wird durch zu starke Gewichtung des Orgasmus der falsche Eindruck erweckt, dass jedes sexuelle Erlebnis mit einem Orgasmus enden muss, um schön und befriedigend zu sein.

Petting: Reizung erogener Zonen, vor allem der Geschlechtsorgane, mit der Hand oder dem Mund, teilweise bis zum Orgasmus.

Promiskuität nennt man den Geschlechtsverkehr mit häufig wechselnden Partnern. Durch die Promiskuität ohne die Verwendung von Kondomen kann die Ausbreitung von HIV-Infektionen und Geschlechtskrankheiten gefördert werden.

Prostitution: Preisgabe des eigenen Körpers gegen Bezahlung zur Befriedigung sexueller Bedürfnisse anderer. Es gibt weibliche und männliche Prostituierte.

Sadismus: Das Empfinden von sexueller Lust, wenn dem Sexualpartner Schmerzen oder Demütigungen zugefügt werden.

Safer Sex: Sexualpraktiken, welche die Gefahr einer Ansteckung mit HIV herabsetzen sollen. Wichtigster Aspekt: Beim Geschlechtsverkehr mit unbekannten Partnern ein Kondom verwenden.

Schutz ist doch für uns kein alter Hut.

GIB AIDS KEINE CHANCE

Dem Leben zuliebe.

Schwangerschaftsabbruch: Der Schwangerschaftsabbruch ist rechswidrig, weil das Grundgesetz im Artikel 2 den Schutz ungeborenen Lebens gebietet. Straffrei bleibt der Abbruch nach einer intensiven Beratung der Frau mit dem Ziel, das ungeborene Leben zu schützen und die Frau zur Fortsetzung der Schwangerschaft und zum Leben mit dem Kind zu ermutigen. Die Beratung bleibt in den Beratungsstellen für die schwangeren Frauen anonym. Man erörtert die Gründe für den beabsichtigten Abbruch der Schwangerschaft, hilft bei bestehenden Konflikten und Notlagen und gibt erforderliche medizinische, rechtliche und soziale Informationen. Sieht die beratene Frau die Gespräche als abgeschlossen an, erhält sie darüber eine Bescheinigung. Diese legt sie dem Arzt vor, der den Eingriff vornimmt. Schwangerschaftsabbrüche bis zur 12. Woche sind in Deutschland rechtmäßig, wenn ein schwer geschädigtes Kind zur Welt kommen könnte oder das Leben der Frau bei Fortsetzung der Schwangerschaft gefährdet ist. Bei Schwangerschaftsabbrüchen, die nicht von Ärzten vorgenommen werden, treten immer wieder Unfruchtbarkeit und tödlich verlaufende Infektionen auf.

Schwule: Ursprünglich Schimpfwort für männliche Homosexuelle, das heute männliche Homosexuelle zur Kennzeichnung ihrer Art der Sexualität gewählt haben. Man hat gleichgeschlechtliche Beziehungen in vielen gegenwärtigen und historisch zurückliegenden Kulturen nachgewiesen.

Selbstbefriedigung (*Masturbation*): Sexuelle Selbstreizung des Penis bzw. des Kitzlers bis zum Orgasmus.

Sexueller Missbrauch sind sexuelle Handlungen, die Erwachsene an Kindern und Jugendlichen oder Männer an Frauen (seltener Frauen an Männern) gegen deren Willen vornehmen. Die Opfer der sexuellen Handlungen gegenüber Kindern und Jugendlichen sind in erster Linie Mädchen, aber auch Jungen. Der Erwachsene nutzt seine Macht über das Opfer zur eigenen Bedürfnisbefriedigung. Die Verwirrung der Opfer in ihrer Ohnmacht ist meist groß. Sie haben meist umfangreiche Scham- und Schuldgefühle. Diese nutzen die Täter mit Versprechungen und Drohungen, um die Opfer zur Geheimhaltung zu veranlassen. Vertrauensvolle Hilfen können Betroffene bei Beratungsstellen für Kinder, Eltern und Jugendliche, beim Kinderschutzbund oder Familienberatungsstellen der Stadt oder des Kreises erhalten (siehe Telefonbuch oder in der örtlichen Tagespresse).

Sinnesaspekte der Sexualität:
1. Der Identitätsaspekt: Männer und Frauen akzeptieren ihre eigene Körperlichkeit und sexuellen Bedürfnisse, Erlebniswelten und Kräfte. Dies bildet die Basis zur Selbst- und Fremdliebe.
2. Der Beziehungsaspekt: Die Fähigkeit, sich intim und emotional auf einen anderen Menschen einzulassen. Die Geschlechtspartner geben und empfangen Wärme, Geborgenheit, Vertrauen und Verantwortung.
3. Der Lustaspekt: Die Lust wird als wichtige Lebensäußerung verstanden. Hierzu gehört nicht nur der Orgasmus, sondern auch eine zärtliche Berührung, Freude an der Schönheit und an erotischer Spannung.
4. Der Fruchtbarkeitsaspekt: Hierzu gehört die Fähigkeit zur Zeugung neuen Lebens.

Sodomie: Sexueller Kontakt mit Tieren.

Syphilis oder *Lues*: Sie schädigt den ganzen Körper und zieht ohne Behandlung den Tod nach sich. Die Erreger, es handelt sich dabei um spiralförmige Bakterien, dringen beim Geschlechtsverkehr durch winzige Hautverletzungen in den Körper ein. Nach drei Wochen bildet sich an der Infektionsstelle ein kleiner, rötlich verfärbter Knoten. Dieses 1. Stadium verschwindet nach einigen Wochen. Nach zwei bis drei Monaten folgt ein nicht juckender, fleckenartiger Hautausschlag mit winzigen Knötchen. Der Kranke leidet unter Kopfschmerzen, Fieber und Müdigkeit. Spätestens in diesem 2. Stadium, in dem eine Behandlung noch möglich ist, muss man zum Arzt gehen. Im 3. Stadium wird das Nervensystem angegriffen.

Transvestismus: Das Anlegen einer vom anderen Geschlecht getragenen Kleidung und entsprechendes Verhalten.

Tripper oder *Gonorrhoe* ist die häufigste Geschlechtskrankheit. Erreger sind Bakterien, sog. *Gonokokken*. Nach 2 bis 5 Tagen verspürt man Jucken in der Harnröhre und Brennen beim Wasserlassen. Schon bei ersten Verdachtsmomenten sollte man sofort den Arzt aufsuchen. Die weitere Entwicklung der Krankheit und die Spätfolgen zeigt die Abbildung.

Voyeur, der *Spanner*: Ein Mensch, der geschlechtliche Erregung empfindet beim heimlichen Beobachten sexueller Handlungen anderer oder bei sexuell anregenden Situationen (z. B. beim Ausziehen).

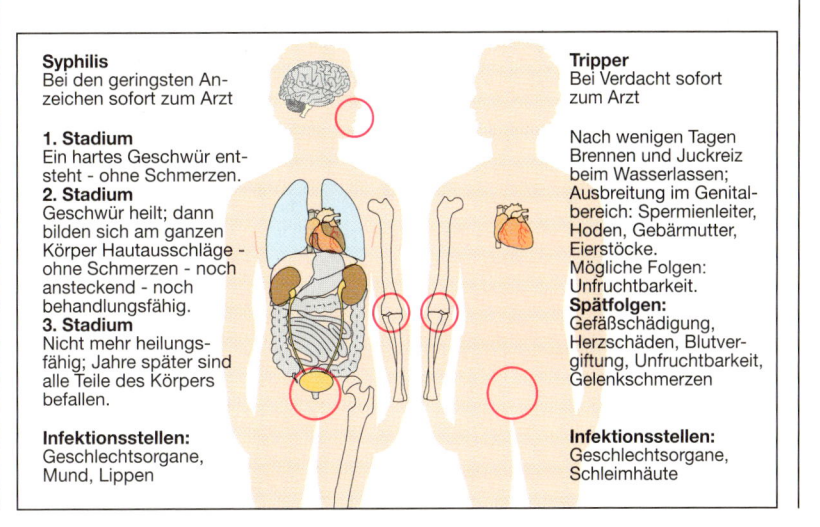

Syphilis
Bei den geringsten Anzeichen sofort zum Arzt

1. Stadium
Ein hartes Geschwür entsteht - ohne Schmerzen.
2. Stadium
Geschwür heilt; dann bilden sich am ganzen Körper Hautausschläge - ohne Schmerzen - noch ansteckend - noch behandlungsfähig.
3. Stadium
Nicht mehr heilungsfähig; Jahre später sind alle Teile des Körpers befallen.

Infektionsstellen:
Geschlechtsorgane, Mund, Lippen

Tripper
Bei Verdacht sofort zum Arzt

Nach wenigen Tagen Brennen und Juckreiz beim Wasserlassen; Ausbreitung im Genitalbereich: Spermienleiter, Hoden, Gebärmutter, Eierstöcke. Mögliche Folgen: Unfruchtbarkeit.
Spätfolgen:
Gefäßschädigung, Herzschäden, Blutvergiftung, Unfruchtbarkeit, Gelenkschmerzen

Infektionsstellen:
Geschlechtsorgane, Schleimhäute

Sexualität, Fortpflanzung und Entwicklung

Projekt: AIDS und Sexualität

Zur Information und Problemwahl:

Um das Thema „Sexualität und AIDS" angemessen angehen zu können, ist die Auseinandersetzung mit folgenden Punkten erforderlich: Infektionskrankheiten, körpereigenes Immunsystem, HIV und AIDS, Sexualität, Freundschaft und Liebe, Ausgrenzung von Randgruppen, Zusammenleben mit Infizierten und Erkrankten, staatliche Maßnahmen, Persönlichkeitsrechte, christlicher Umgang mit Infizierten und Kranken, Leben im Angesicht des Todes.

Möglichkeiten:

Wenn man das Thema AIDS getrennt in mehreren Fächern (Biologie, Politik und Religion) behandelt, kommt es sehr schnell zu einem Interessenverlust und Überschneidungen sind unvermeidbar. Günstiger ist es, wichtige Aspekte des Themas an Projekttagen gebündelt zu behandeln. Wenn möglich, sollten auch ein Arzt und Mitarbeiter von AIDS-Hilfe-Organisationen eingeladen werden.

Anregungen zur Vorbereitung:

Bittet die Biologielehrer, euch über Grundlagen von Infektionskrankheiten und der körpereigenen Immunabwehr zu unterrichten. Informiert euch über die Infektion mit HIV und Übertragungswege, den Krankheitsverlauf von AIDS und den HIV-Antikörpertest.

Sammelt Zeitungsartikel und anderes Material zur Ausgrenzung von HIV-Infizierten und AIDS-Kranken sowie zu staatlichen Maßnahmen im Umgang mit Kranken im Gegensatz zu bestehenden Persönlichkeitsrechten und besprecht dies mit Politiklehrern. Bedenkt, wie ihr diese Themen mit euren Mitschülern diskutieren könnt.

Überlegt mit einem Religionslehrer, wie und mit welchem Material ihr die Problembereiche „christlicher Umgang mit HIV-Infizierten und AIDS-Kranken" und „Leben im Angesicht des Todes" erörtern könnt.

Befragt eure Mitschüler nach deren Vorwissen und eigenen Interessen. Wertet die Antworten aus und bringt sie in Gesprächskreise ein.

Überlegt in der Projektgruppe, wie und mit welchen Schwerpunkten ihr die Themen Freundschaft, Liebe, Partnerschaft, Sexualität im Angesicht von AIDS diskutieren könnt. Sammelt dazu Spielideen, Filme und Fragen.

Vorschläge zur Durchführung:

Sucht Räume außerhalb der Schule, vielleicht in einer Kirchengemeinde, in denen ihr ungestört den Projekttag durchführen könnt. Das am Ende angegebene Programm zeigt den möglichen Ablauf eines Projekttages, der aber auch abweichend gestaltet werden kann. Dazu werden vorher einige Materialien, Methoden und Durchführungsvorschläge vorgestellt.

Videofilme:

Videofilm „Was jeder über AIDS wissen sollte": Er zeigt die Krankengeschichte und die sozialen Probleme eines Patienten, der an AIDS verstarb.

Videofilm „Sex — eine Gebrauchsanweisung für Jugendliche", ein Zeichentrickfilm mit musikalischer Untermalung zum Thema Sexualität.

"Heute morgen die Diagnose. Ich bin positiv - was für ein Wort! Bejahend, vorteilhaft? So als ob ich gut drauf bin, positiv denke? Positiv heißt in meinem Fall etwas ganz anderes. Für die meisten bedeutet es den sicheren Tod. AIDS ...

Als er mich heute morgen ansah, wußte ich: Etwas stimmt da nicht. Er war nicht derselbe Arzt, nicht mehr die verschlossene Autorität im weißen Kittel. Er war verändert, innerlich furchtbar angespannt, das spürte ich intuitiv ... und er sagte: "Ich muß Ihnen etwas sehr Einschneidendes sagen." Hätte er zu diesem Zeitpunkt überhaupt weiterreden müssen? Am Freitag hatte er mich getestet, heute sollte ich das Ergebnis erfahren. Schon das Stakkato in seiner Stimme verriet ihn. "Sie sind positiv", fuhr er fort. Für mich blieb die Zeit stehen. Wir sahen uns in die Augen. "Das ist doch wie im Roman", schoß es mir durch den Kopf. Und es schien mir, als ob Ewigkeiten vergehen würden. Es gibt eine Form der Fassungslosigkeit, bei der man nichts begreift. Minuten, in denen ich gar nichts denken konnte.

Aus der Ferne holte er mich in die Gegenwart zurück: "Wie ist Ihr Wissensstand?" Ich habe Bekannte, die positiv sind. Ich habe Männer, die AIDS hatten, sterben sehen. Ich habe genug gelesen. Wie betroffen mich das alles schon immer gestimmt hatte, das habe ich heute morgen nicht gesagt. So wissenschaftlich, wie seine Frage mich von irgendwoher zurückholte, so sachlich habe ich geantwortet: ...

Aufmerksam hat er mir zugehört. Vielleicht imponierte ihm mein Wissensstand, der höher ist als bei den meisten anderen. Weil schwule Freunde gestorben sind, habe ich mich mit dem Thema schon früh auseinandersetzen müssen. Mit dem Thema? Das alles klingt nun viel zu abstrakt. Dieses "Thema" entscheidet jetzt bei mir über Leben und Tod.

Tod. Er muß ja nicht unweigerlich eintreten, wenn man positiv ist. Wie stark ist eigentlich meine Hoffnung? Eine Stunde Denken und Grübeln. Ich frage mich, was die Scheuklappen sollen, auch wenn sie Hoffnung bedeuten. Viele, vielleicht die meisten sterben. Das Virus lähmt ihre Abwehrkräfte. Positiv zu sein, bedeutet fast immer, zumindest irgendwann, wirklich AIDS zu bekommen. Oft ist das nur eine Frage der Zeit ...

Und mir hilft es nicht, mich in fadenscheinigen Illusionen zu wiegen oder zu glauben, es werde ein Medikament auf den Markt kommen, bevor ich sterbe. Ich rechne mit dem Tod."

aus: Helmut Zander, Der Regenbogen, Tagebuch eines AIDS-Kranken, Droemer Knaur Verlag, München 1988, Seiten 7 – 10

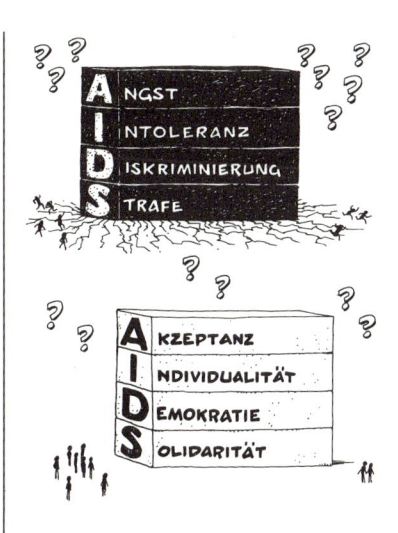

AIDS — Gesellschaftliche Aspekte

Diskussion: „Reaktionen auf einen HIV-infizierten Schüler in der Schule"
Stellt euch vor, ein Mitschüler oder eine Mitschülerin wäre HIV-infiziert und dies würde bekannt.
Beschreibt, welche Reaktionen
— bei jedem von euch
— bei euch in der Klasse
— bei den Eltern der Klasse
— in der Schule und der Schulverwaltung
— bei den Nachbarn
auftreten könnten.

Rollenspiel: „Gesellschaftliche Zwangsmaßnahmen gegenüber HIV-Infizierten"
Zwei Schüler übernehmen die Rolle eines Politikers, der fordert, daß der Staat Zwangstests in der Bevölkerung vornehmen und HIV-Infizierte isolieren lassen sollte.
Die übrige Gruppe bezieht die Gegenposition. Beide Gruppen sammeln 15 Minuten Argumente, ehe die Diskussion beginnt.
Einige Beispiele für das Pro:
— Zwangstests in erster Linie für die Risikogruppen, um die Gesunden dort und in der übrigen Bevölkerung zu schützen, denn jeder hat das Recht auf Unversehrtheit.
— Isolation der Infizierten wie bei anderen hochinfektiösen Krankheiten, z. B. Hepatitis, auch.
Einige Beispiele für das Kontra:
— Zwangstests erwecken nur eine Scheinsicherheit. Letztlich kann jeder nur sich selbst und seinen Partner schützen.
— Zwangstests erfassen nie alle Infizierten, da der Test nur den Zustand von ca. 12 Wochen zurück angibt. Er sagt aber nichts über spätere Infektionen aus.

AIDS — Moralisch-ethische Aspekte

Leben im Angesicht des Todes:
Verlest den Bericht eines AIDS-Kranken, der sein positives Testergebnis erfuhr.
Äußert euch spontan zur Situation des HIV-Infizierten.
Diskutiert anschließend die Thesen und Fragen:
— Jedes Leben führt immer zum Tod.
— Jeder sollte sein Leben zu jedem Zeitpunkt sinnvoll gestalten.
— Was sollte vor einem HIV-Antikörpertest besprochen werden?
— Was sollte man vor der Mitteilung eines Testergebnisses bedenken?

Umgang mit der eigenen Sexualität im Angesicht von AIDS

Blitzlichter zum Film:
Stellt für eine Gruppe von 10 — 15 Schülern Stühle in einem Kreis auf und nehmt Platz. Jeder äußert sich nacheinander zu seinen Gefühlen und Eindrücken zum Film.

Fragekarten zur Sexualität und AIDS:
Die Gruppe setzt sich in einem Stuhlkreis zusammen. In der Mitte liegt ein Stapel von Fragekarten. Jeder nimmt sich nacheinander eine Karte vom Stapel, verliest sie und nimmt dazu Stellung. Möchte man sich zu einer Frage nicht äußern, kann man auch die nächste Karte wählen. Die anderen ergänzen dann ihre Meinungen und es kann sich ein Gruppengespräch zu dem Thema entwickeln.
Nachfolgend einige Fragenbeispiele:
— Kannst du offen mit deinem Partner/deiner Partnerin über Sexualität reden?
— Was bedeutet für dich Liebe und Zärtlichkeit?
— Was bedeutet für dich Partnerschaft?
— Wann und wie kannst du „Halt!" und „Nein!" sagen zu sexuellen Handlungen, die du nicht magst?
— Wie kannst du mit einem neuen Partner über Verhütungsmittel sprechen?
— Wo und wie würdest du Kondome einkaufen?
— Kannst du mit deinem Partner/deiner Partnerin offen über AIDS sprechen?
— Kannst du mit deinem Partner/deiner Partnerin offen über die bisherigen sexuellen Erfahrungen sprechen?
— Die HIV-Infektion kann nur durch eigenverantwortliches Handeln für sich und den Partner vermieden werden. Wodurch?
— Siehst du in AIDS eine Bedrohung für deine Liebe? Rettest du deine Liebe?
— Unter welchen Bedingungen würdest du einen HIV-Antikörper-Test durchführen lassen?

Programm eines Projekttages

8.15 Uhr: Videovorführung „Was jeder über AIDS wissen sollte", Fragen und Diskussion.

8.45 Uhr: 1. Gruppenarbeitsphase (je Gruppe 10 — 15 Schüler):
1. Teilgruppe: AIDS — Gesellschaftliche Aspekte (Reaktion der Gesellschaft auf HIV-Infizierte, Zwangsmaßnahmen gegenüber HIV-Infizierten und AIDS-Kranken)
2. Teilgruppe: AIDS — Moralisch-ethische Aspekte (Umgang mit HIV-Infizierten und AIDS-Kranken, Leben im Angesicht des Todes)

10.15 Uhr: Pause

10.30 Uhr: 2. Gruppenarbeitsphase: Die Gruppen wechseln das Thema.

12.00 Uhr: Gemeinsames Mittagessen

13.00 Uhr: Videovorführung „Sex — eine Gebrauchsanweisung für Jugendliche"

13.30 Uhr: 3. Gruppenarbeitsphase: Umgang mit der eigenen Sexualität im Angesicht von AIDS (Blitzlichter zum Film, Fragekarten männlich-weiblich).

15.30 — 16.00 Uhr: Kritische Reflexion.

Die Diskussion geht weiter

„AIDS betrifft uns und unsere Sexualität doch gar nicht!" Dieser Meinung waren viele Schüler und Schülerinnen unserer Klasse vor dem Projekttag. Doch der Projekttag hat uns eines anderen belehrt. Deswegen wurden auch in der Schule mit Mitschülern noch etliche Gespräche über Sexualität und AIDS geführt, denn Reden hilft schon etwas weiter.

Untere Themen waren beispielsweise:
— Welche Ängste treten auf?
— Könnte es zum Schulausschluß kommen?
— Was kann Wissen über die HIV-Infektion und AIDS erreichen?

Sexualität, Fortpflanzung und Entwicklung

3 Die Entwicklung des Menschen

Die Entwicklung vom Embryo und Fetus

Verschmelzen nach dem Geschlechtsverkehr Eizelle und Spermium, ist ein neuer Mensch gezeugt. Aus der *Zygote* entstehen nun durch fortwährende Teilungen alle Zellen des neuen menschlichen Körpers.

Die ersten Teilungen der Zygote erfolgen schon auf dem Weg zur Gebärmutter. Nach 24 Stunden ist das Zweizellstadium erreicht, aus dem sich durch weitere Teilungen ein 4-, 8-, 16- und 32-zelliger Keim entwickelt. Die Zellen bleiben dicht beieinander und bilden einen Zellhaufen *(Maulbeerkeim, Morula)*, der noch den Durchmesser der ursprünglichen Zygote hat. Im weiteren Verlauf ordnen sich die Zellen zu einer Hohlkugel *(Blasenkeim, Blastula)* an, die sich mit Flüssigkeit füllt. An einer Seite der Hohlkugel bildet sich der *Keimschild*, der von Hüllzellen umgeben wird. Der Blasenkeim erreicht etwa am 7. Tag nach der Befruchtung die Gebärmutter und nistet sich nun in der vorbereiteten Schleimhaut ein.

Nach der Einnistung bilden die Hüllzellen kleine Zotten aus, die wie Wurzeln immer tiefer in die Gebärmutterschleimhaut vordringen. Die Zotten stehen im direkten Kontakt mit Blutgefäßen der Mutter. Kindliches Gewebe und Gebärmutterschleimhaut bilden zusammen den Mutterkuchen *(Plazenta)*. Ab diesem Zeitpunkt beginnt die Ernährung des Keimes über den mütterlichen Blutkreislauf.

Die *Nabelarterien* des Kindes verästeln sich sehr stark und ragen in die zahlreichen Hohlräume der Plazenta, die mit mütterlichem Blut gefüllt sind. Die dünnen Wände der kindlichen Adern trennen das Blut von Mutter und Kind, sodass kein Blutaustausch und keine Durchmischung erfolgen kann. Dies nennt man die *Plazentaschranke*. Durch diese dünne Zellschicht kann jedoch ein kontrollierter Stoffaustausch erfolgen. Sauerstoff und Nährstoffe werden von den Kapillaren des Kindes aufgenommen, Kohlenstoffdioxid und andere Stoffwechselprodukte an das mütterliche Blut abgegeben. Andere Stoffe, z. B. manche Vitamine, müssen aktiv, d. h. durch besondere Transportvorgänge, aufgenommen werden.

Die *Nabelvene* bringt das mit Sauerstoff und Nährstoffen angereicherte Blut in den kindlichen Körper zurück. Rote und weiße Blutzellen sowie Blutplättchen können die Plazentaschranke nicht passieren, wohl aber einige Krankheitserreger und manche der im Blut der Mutter vorhandenen Antikörper. Alkohol, Nikotin, Arzneimittel und andere Drogen werden auch nicht zurückgehalten. Sie hemmen oder gefährden die Entwicklung des Kindes und können zu Missbildungen führen. Aus Untersuchungen weiß man, dass das eingeatmete Nikotin einer Zigarette das Herz des Ungeborenen um etwa 20 Schläge pro Minute schneller schlagen lässt. Kinder von Raucherinnen sind bei der Geburt oft kleiner und anfälliger für Krankheiten. Vor etwa 30 Jahren führte das Schlafmittel *Contergan*, das Schwangeren verschrieben wurde, zu unterschiedlich schweren Missbildungen an Armen und Beinen der betroffenen Kinder.

Der Keimschild entwickelt sich zum *Embryo*, der ungeborenen Leibesfrucht. Er liegt im Fruchtwasser der *Fruchtblase*. Über die *Nabelschnur* ist der Embryo mit der Plazenta verbunden. Innerhalb der ersten 4 Wochen wächst er auf etwa 6 mm heran. Schon jetzt beginnen sich die Grundrisse eines Menschen deutlich abzuzeichnen: der Kopf, der etwa $\frac{1}{3}$ der ganzen Gestalt einnimmt, die Anlagen des Gehirns, das Rückgrat sowie am Körper des Embryos die Arm- und Beinknospen. Auch das Herz arbeitet schon. Am Ende der 8. Woche sind alle inneren Organe angelegt, das Herzbläschen schlägt bereits 65-mal in der Minute, obwohl das Blutgefäßsystem noch unfertig ist. Der Embryo ist jetzt 3–4 cm lang und 10–15 g schwer.

Mit Beginn des 4. Schwangerschaftsmonats endet die Embryonalzeit. Von nun an nennt man das im Mutterleib heranwachsende Kind *Fetus*. Es beginnt die Entwicklungsphase der bereits angelegten, inneren Organe bis zur Funktionstüchtigkeit, die bis zum Ende des 7. Monats andauert. Diesen Zeitraum nennt man auch *Wachstumszeit*. Der Fetus beginnt nun, die Funktionen mancher Organe zu üben: Arme und Beine werden gestreckt und gebeugt, der Kopf bewegt. Früh lernt der Fetus schlucken und trinkt vom *Fruchtwasser*, in dem er schwimmt. An einigen Stellen beginnt die „Verknöcherung" der knorpeligen Skelettanlagen, Haare wachsen, Nägel an Zehen und Fingern entstehen. Die äußeren Geschlechtsorgane sind erkennbar.

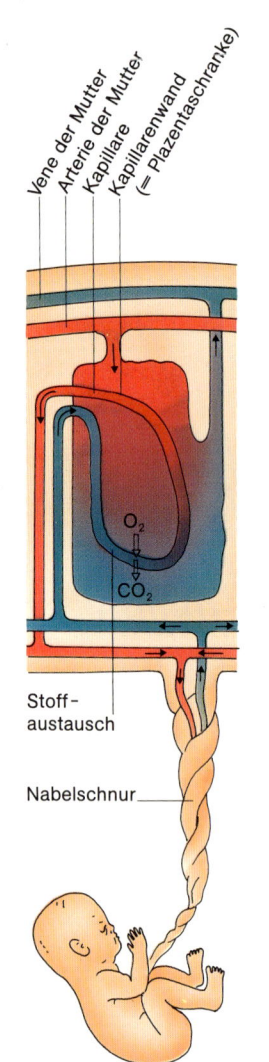

Vene der Mutter
Arterie der Mutter
Kapillare
Kapillarenwand (= Plazentaschranke)

O_2
CO_2

Stoffaustausch

Nabelschnur

Plazentaschranke

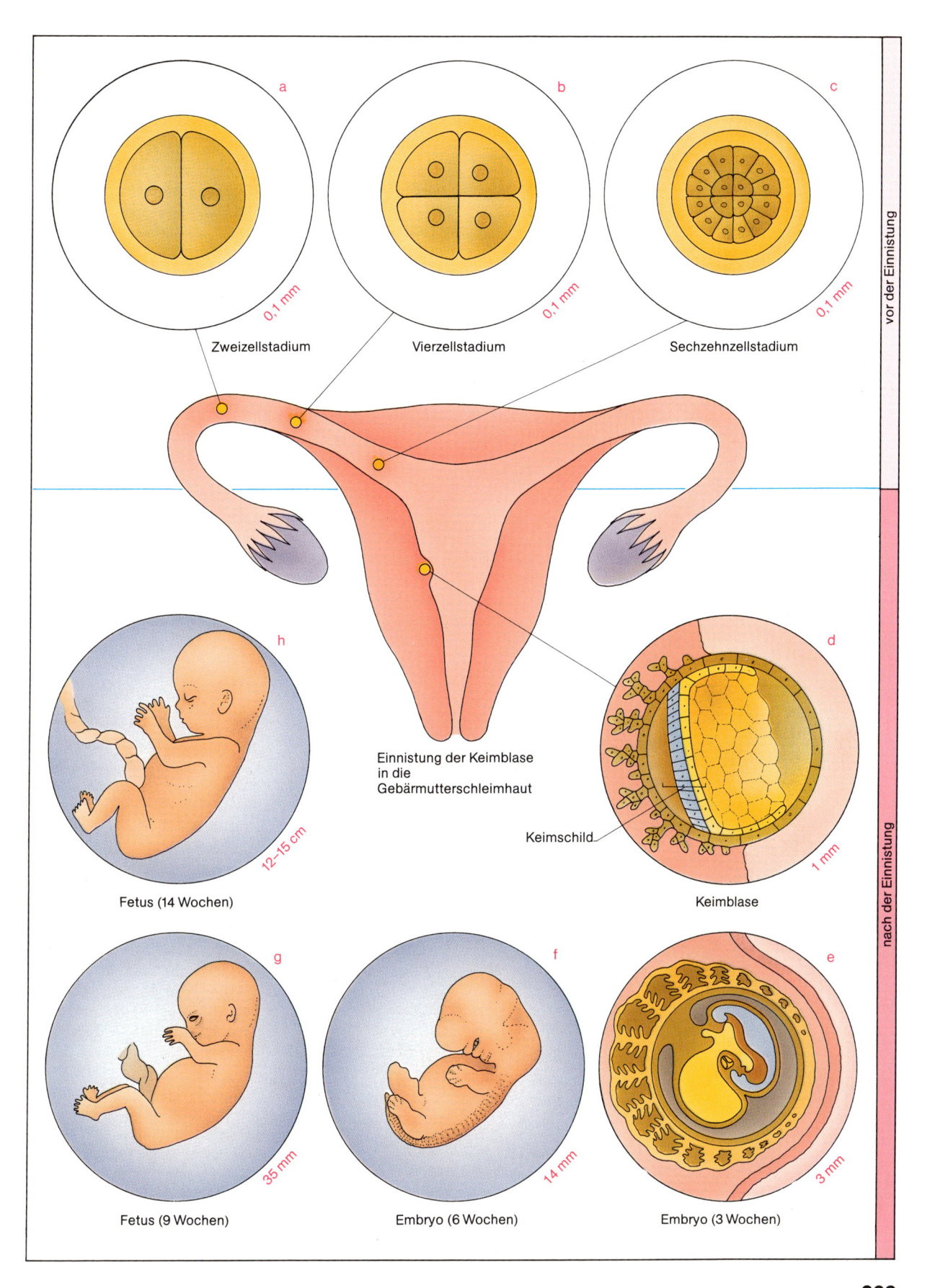

a — Zweizellstadium — 0,1 mm	vor der Einnistung
b — Vierzellstadium — 0,1 mm	
c — Sechzehnzellstadium — 0,1 mm	

Einnistung der Keimblase in die Gebärmutterschleimhaut

d — Keimblase — Keimschild — 1 mm

h — Fetus (14 Wochen) — 12–15 cm

g — Fetus (9 Wochen) — 35 mm

f — Embryo (6 Wochen) — 14 mm

e — Embryo (3 Wochen) — 3 mm

nach der Einnistung

Sexualität, Fortpflanzung und Entwicklung

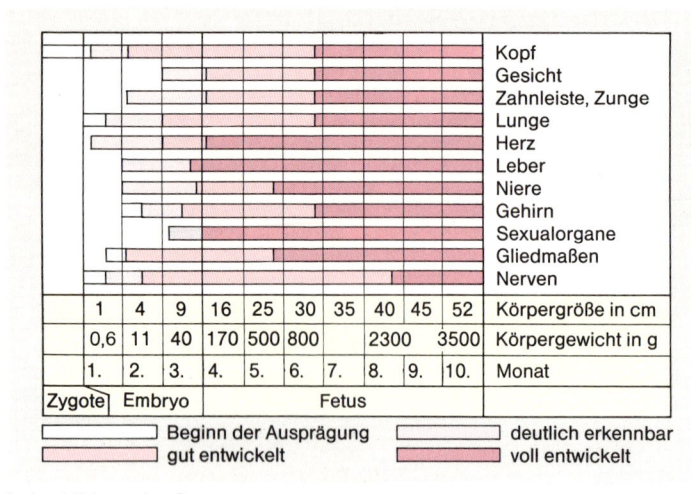

										Kopf
										Gesicht
										Zahnleiste, Zunge
										Lunge
										Herz
										Leber
										Niere
										Gehirn
										Sexualorgane
										Gliedmaßen
										Nerven
1	4	9	16	25	30	35	40	45	52	Körpergröße in cm
0,6	11	40	170	500	800		2300		3500	Körpergewicht in g
1.	2.	3.	4.	5.	6.	7.	8.	9.	10.	Monat
Zygote	Embryo		Fetus							

☐ Beginn der Ausprägung   ☐ deutlich erkennbar
▨ gut entwickelt   ▦ voll entwickelt

1 Ausbildung der Organe

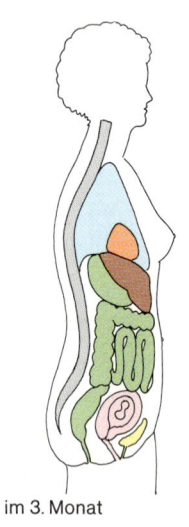

im 3. Monat

2 Eröffnungsphase der Geburt

Labels: Fruchtwasser, Plazenta, Schambein, Harnblase, vorgewölbte Fruchtblase, Wirbelsäule, Nabelschnur, Steißbein, Enddarm, Scheide, Damm

im 9. Monat

Eine Schwangerschaft bedeutet nicht nur körperliche und seelische Veränderungen für die Frau, sondern auch die Übernahme einer großen Verantwortung für sich selbst und das in ihr wachsende Kind. Um die größtmögliche Sicherheit für beide zu gewährleisten, werden heute von den Krankenkassen *Vorsorgeuntersuchungen* angeboten. Blut- und Harnuntersuchungen und Gewichtskontrollen bei der Mutter, Abhören der Herztöne und Ultraschallaufnahmen des Kindes liefern dabei wichtige Informationen darüber, ob die Schwangerschaft normal verläuft. Eine Vorsorgemaßnahme ist die *Rötelnimpfung*. Diese sollten Mädchen bereits vor Beginn der Pubertät durchführen lassen, da der Fetus einer an Röteln erkrankten Schwangeren schwere Organschäden erleiden kann.

Schwangerschaft und Geburt

Mit der Befruchtung der Eizelle beginnt die durchschnittlich 280 Tage oder 40 Wochen dauernde *Schwangerschaft*. Erste Anzeichen dafür sind für die Frau das Ausbleiben der Menstruation und Spannungsgefühle in der Brust. Letztere stammen von den Brustdrüsen, die — bedingt durch das Schwangerschaftshormon HCG — zu wachsen begonnen haben. Da die Schwangerschaftshormone mit dem Urin ausgeschieden werden, kann die Frau selbst schon bald nach Ausbleiben der Menstruation mit Teststäbchen aus der Apotheke einen *Schwangerschaftstest* durchführen. Drei Wochen nach Ausbleiben der Regel kann der Arzt diesen Test mit Sicherheit bestätigen.

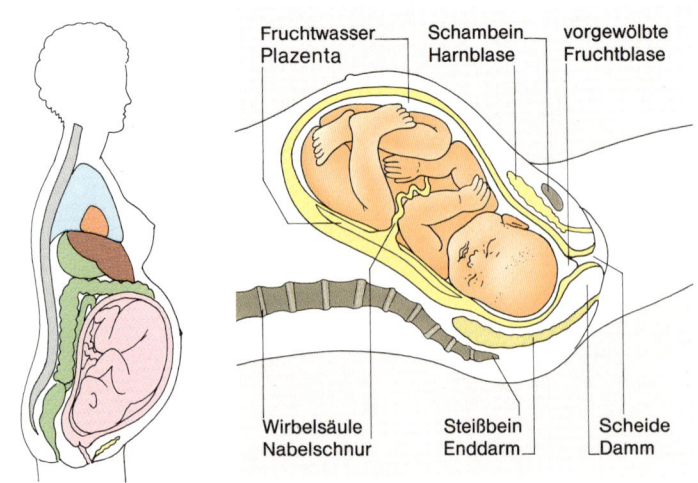

In Kursen üben schwangere Frauen zur Vorbereitung auf die Geburt spezielle Schwangerschaftsgymnastik und Atemtechnik. Der Partner kann bei der *Geburt* durch seine Anwesenheit seelische Unterstützung geben. Die Geburt kündigt sich durch krampfartige Kontraktionen der Gebärmuttermuskulatur, die *Wehen*, an. Anfänglich treten sie in regelmäßigen Abständen von etwa 10—20 Minuten auf, dann werden die Abstände kürzer, die Wehen heftiger, die Geburt beginnt. Durch die Wehen wird das Kind mit dem Kopf voran gegen den Gebärmutterhals gedrückt und dieser dadurch gedehnt *(Eröffnungsphase)*. Dann platzt die Fruchtblase und das Fruchtwasser fließt ab. Kurze, starke und rasch aufeinander folgende *Presswehen* drücken Kopf und Körper durch den natürlichen Geburtsweg, die Scheide, heraus.

Direkt nach der Geburt nehmen die Lungen des Kindes ihre Funktion auf und die Nabelschnur kann durchgetrennt werden. Kurz darauf wird das Kind der Mutter auf den Bauch gelegt. Mutter und Vater sind glücklich, wenn sie ihr Kind streicheln und im Arm halten können. Etwa 30 Minuten nach der Geburt lösen sich Plazenta und Nabelschnur ab und werden als *Nachgeburt* ausgestoßen.

Aufgaben

① Warum sind Alkohol, Nikotin, Drogen und andere Gifte gerade in den ersten drei Monaten der Schwangerschaft besonders gefährlich für das Kind?

② *Frühgeburten* haben erst ab dem 7. Monat eine Überlebenschance. Warum?

③ Warum legt man das Neugeborene auf den Körper der Mutter?

1 Lebensabschnitte des Menschen

Die Lebensabschnitte

Mit der Geburt beginnt für uns der schwierige, fast 20 Jahre dauernde Weg zur Selbstständigkeit. Obwohl das Neugeborene elementare Verhaltensweisen, wie Saugen, Klammern, Weinen und Schreien, beherrscht, ist es doch vollkommen auf die Eltern und deren Fürsorge und Pflege angewiesen. Ohne ihre Hilfe oder die einer anderen festen Bezugsperson könnte der *Säugling* nicht überleben und sich auch nicht normal entwickeln. Greifen, Sitzen, Krabbeln, Stehen und Gehen — für uns ganz automatisch ablaufende Bewegungen — sind die Aufgaben, die in den ersten beiden Lebensjahren zu meistern sind. Diese Entwicklung der Motorik geht einher mit der Ausbildung geistiger Fähigkeiten, wie Sprechen und Verstehen lernen. Bis zum Alter von drei bis vier Jahren werden diese Fähigkeiten geübt, ausgebaut und automatisiert, sodass sich das *Kleinkind* mehr auf den Aufbau sozialer Kontakte mit Gleichaltrigen konzentrieren kann.

Mit der *Einschulung* beginnt der zweite, große Lebensabschnitt eines Kindes. Lesen, Schreiben und Rechnen — die Grundvoraussetzungen für das Zurechtfinden in unserer technisierten Welt — müssen erlernt werden. Das Üben des Gelernten und Ausprobieren von Neuem, der ständige Gedanken- und Erfahrungsaustausch und das Sichauseinandersetzen mit anderen befähigen den heranwachsenden jungen Menschen, eine eigene Persönlichkeit zu entwickeln. Schulabschluss, Berufswahl, Lehre oder Studium bestimmen dann den weiteren Werdegang des *Jugendlichen*.

Als *Erwachsener* ist der Mensch geistig und körperlich voll entwickelt, nun kann er sein Leben selbstverantwortlich gestalten, aber auch Verantwortung für andere übernehmen und z. B. eine Familie gründen.

Die Fähigkeit, Zeit seines Lebens zu lernen, ermöglicht es dem Menschen, bis ins hohe *Alter* hinein geistige Höchstleistungen zu vollbringen. Im Laufe des Lebens durchlaufen wir also verschiedene biologische, kulturelle und soziale Phasen. Geburt und *Tod*, Jugend und Alter gehören unauflöslich zusammen.

Schon seit dem Altertum beschäftigten sich Menschen mit der Frage nach den Gesetzmäßigkeiten der *Vererbung*. Es gelang jedoch lange nicht, klare Vorstellungen vom Ablauf des Vererbungsgeschehens zu entwickeln, obwohl im Bereich der Tier- und Pflanzenzüchtung schon erstaunliche Ergebnisse erzielt wurden. So kannte man vor 200 Jahren schon mehr als tausend verschiedene Rosensorten. Andererseits glaubte man noch in der Mitte des 19. Jahrhunderts, dass ein so seltsam anmutendes Tier wie der Strauß nur aus einer Kreuzung zwischen Sperling und Kamel entstanden sein konnte. Wir wissen heute, dass solche Kreuzungen unmöglich sind. Nur Lebewesen der gleichen Art bringen fruchtbare Nachkommen hervor.

Vererbung und Abstammung

Viele Gesetzmäßigkeiten, nach denen die Eigenschaften der Vorfahren auf die Nachkommen vererbt werden, sind inzwischen erforscht. Auch über die in den Zellen ablaufenden Vorgänge, die für die Weitergabe der *Erbinformationen* von einer Generation zur nächsten verantwortlich sind, weiß man schon sehr viele Einzelheiten.

Die meisten dieser Erkenntnisse hat man an einigen wenigen, besonders geeigneten Pflanzen, Tieren oder Mikroorganismen gewonnen. Es ist notwendig, sich zunächst mit ihnen vertraut zu machen, da der Mensch den gleichen Gesetzen unterliegt. Danach wird leichter verständlich, warum Kinder ihren Eltern bzw. Vorfahren ähnlich sehen oder weshalb Geschwister trotz gleicher Eltern manchmal recht unterschiedliches Aussehen besitzen.

Im letzten Abschnitt dieses Kapitels geht es um das Problem, wie es zur Ausbildung der verschiedenen Menschenrassen kam und wie sich ihre Verteilung auf der Erde erklären lässt. Mit dieser Frage nach der *Abstammung des Menschen* endet das Buch.

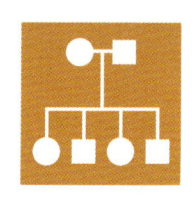

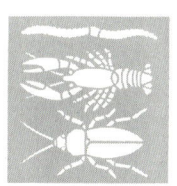

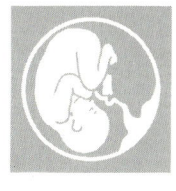

1 **Die mendelschen Regeln 288**
Johann Gregor Mendel entdeckt die Vererbungsregeln 288
Das Kreuzungsschema 290
Die Rückkreuzung 291
Mendels dritte Vererbungsregel 291

2 **Die Kernteilungen — Grundlage der Vererbung 292**
Die Mitose 292
Die Meiose 293
Erbanlagen und Erbsubstanz (DNA) liegen in den Chromosomen 294
Vom Gen zum Merkmal 295

3 **Vererbung beim Menschen 296**
Methoden der Humangenetik 296
Stammbäume lassen Erbgänge erkennen 297
Vererbung der Blutgruppen 298
Zwei Chromosomen bestimmen das Geschlecht 300
Der Erbgang der Bluterkrankheit 301
Trisomie 21 — eine folgenschwere Veränderung im Erbgut 302
Vorsorge bei Erbkrankheiten 303
Erbgut und Umwelt beeinflussen unser Leben 304
Zwillingsforschung 305
Lexikon: Manipulationen am menschlichen Erbgut 306

4 **Die Evolution des Menschen 308**
Die Rassen des Menschen 308
Die Verwandten des Menschen 310
Die Vorfahren des Menschen 312
Wie der Mensch zum Menschen wurde 314
Die kulturelle Evolution 316

1 Die mendelschen Regeln

Mendels Lebenslauf

JOHANN GREGOR MENDEL wurde am 22. Juli 1822 in Heinzendorf an der mährisch-schlesischen Grenze in der heutigen Tschechischen Republik geboren. Seine Eltern waren Kleinbauern. Nach dem Abitur trat MENDEL in das Augustinerkloster zu Brünn ein. 1847 wurde er zum Priester geweiht. Neben der Seelsorge widmete er sich besonders der Botanik und begann im Jahr 1851 ein zweijähriges Studium der Naturwissenschaften in Wien.

Nach seiner Rückkehr nach Brünn lehrte er Naturgeschichte und Physik an der dortigen Oberrealschule. In dieser Zeit (1853—1868) führte er im Garten des Klosters (▷ 1) seine später berühmt gewordenen Experimente mit Erbsenpflanzen durch. Seine Ergebnisse trug er im Jahr 1865 vor dem „Naturforschenden Verein" in Brünn vor. Sie wurden in ihrer Bedeutung nicht verstanden, sondern nur belächelt. Dennoch veröffentlichte MENDEL seine Arbeit 1866 unter dem Titel „Versuche über Pflanzen-Hybriden". Um die Bestätigung eines anerkannten Wissenschaftlers zu erhalten, sandte er seine Ergebnisse an den Schweizer Botaniker VON NÄGELI. Dieser hielt nicht viel von MENDELS „Erbsenzählerei". MENDEL war enttäuscht. Er widmete sich von nun an mehr seinen Aufgaben als Abt des Klosters in Brünn. Hier starb er am 6. Januar 1884.

Ein Jahr vor seinem Tod hatte MENDEL prophezeit: „Mir haben meine wissenschaftlichen Arbeiten viel Befriedigung gebracht und ich bin überzeugt, dass die Welt der Ergebnisse dieser Arbeit anerkennen wird." Im Jahr 1900 war es dann soweit! Die Botaniker HUGO DE VRIES, ERICH VON TSCHERMAK und CARL ERICH CORRENS hatten unabhängig voneinander die gleichen Gesetzmäßigkeiten wie MENDEL gefunden. Jetzt war die Zeit reif für eine wissenschaftliche Vererbungslehre, deren Begründer MENDEL war.

Johann Gregor Mendel (1822—1884)

Als **Sorte** bezeichnet MENDEL die Angehörigen einer Art, die sich in einem (oder mehreren) Merkmalen konstant von den anderen Artangehörigen unterscheiden.

Hybride nennt man Mischlinge, die bei der Kreuzung von zwei Pflanzensorten entstehen. Bei Tieren heißen die Mischlinge Bastarde.

Johann Gregor Mendel entdeckt die Vererbungsregeln

Der Augustinermönch JOHANN GREGOR MENDEL arbeitete bei seiner Suche nach den Gesetzmäßigkeiten der Vererbung vor allem mit einer Pflanzenart, nämlich der *Saaterbse*. Diese Pflanze ist im Mittelmeerraum beheimatet und wird dort von relativ schweren Insekten bestäubt. In Mitteleuropa fehlen diese Insekten. Hier kommt es deshalb zur *Selbstbestäubung,* wobei die Pflanzen in gleicher Weise fruchtbar sind und Samen entwickeln. MENDEL konnte bei seinen Untersuchungen also sicher sein, dass keine unerwünschte Fremdbestäubung erfolgte.

Zu Beginn seiner Arbeit besorgte sich MENDEL in mehreren Samenhandlungen 34 verschiedene Saatgutportionen. Er säte die Erbsen aus und züchtete die Pflanzen zwei Jahre lang im Klostergarten. Dabei stellte er fest, dass auf einigen Beeten ausschließlich gleich aussehende Erbsen wuchsen. Solche Pflanzen, die ohne Ausnahme ein bestimmtes Merkmal über mehrere Generationen beibehalten, heißen *reinrassig* oder *reinerbig*. Diese Sorten schienen MENDEL besonders geeignet, sein Ziel zu erreichen, nämlich ein „allgemeingültiges Gesetz für die Bildung und Entwicklung der Hybriden aufzustellen".

Eine erste, wichtige Voraussetzung für das Gelingen seiner Untersuchungen war, dass MENDEL mit reinen Sorten experimentieren konnte. Darüber hinaus liegt seine besondere Leistung in dem methodischen Ansatz, in dem MENDEL drei grundlegende Ideen vereinigt hat:

1. Er beschränkte sich bei seinen Untersuchungen zunächst auf ein einziges Merkmal. Das heißt, dass er bei einer Versuchsreihe mit Erbsenpflanzen beispielsweise nur auf die *Farbe der Blüten* achtete; zu allen anderen Merkmalen, wie Wuchsform oder Samenfarbe, machte er in diesem Fall keine Aussage.

2. MENDEL überließ seine Kreuzungen nicht dem Zufall, sondern setzte gezielt ganz bestimmte Experimente ein. Seine Versuche konnten deshalb jederzeit wiederholt und die Ergebnisse von anderen Forschern überprüft werden.

3. Schließlich wertete er seine Ergebnisse statistisch aus. Dieser Sachverhalt brachte es mit sich, dass Mendel sehr viele Experi-

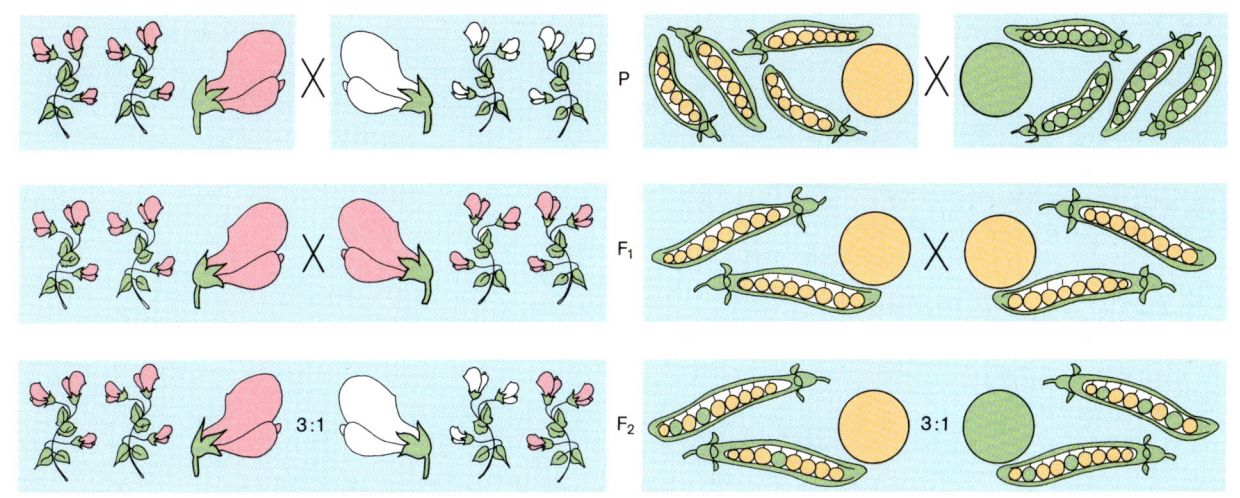

1 Mendels Versuche mit Erbsenpflanzen

Mendels Arbeitstechnik

Alle Staubblätter werden aus einer Erbsenblüte entfernt.

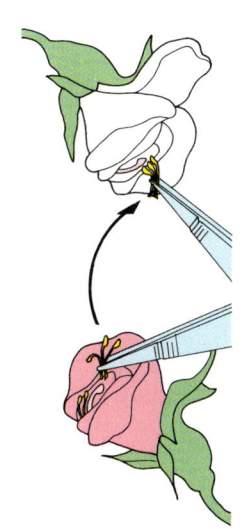

Diese Blüte wird mit Pollen bestäubt, der von einer anderen Erbsensorte stammt.

mente durchführen musste, um möglichst umfangreiches und abgesichertes Zahlenmaterial zu erhalten. Denn die von ihm entdeckten Regeln sind Wahrscheinlichkeitsaussagen, die nur für eine große Zahl von Nachkommen gelten. Welches Merkmal im Einzelfall vererbt wird, lässt sich dabei nicht sicher vorhersagen.

Für seine ersten Experimente wählte MENDEL eine Erbsensorte mit grünen Samen aus und bestäubte sie künstlich mit dem Pollen von gelbsamigen Pflanzen. Diese Elterngeneration, die *Parentalgeneration* (P), erbrachte in ihren Hülsen ausschließlich gelbe Erbsen. Alle Nachkommen in der Tochtergeneration, der ersten *Filialgeneration* (F_1), sahen also gleich *(uniform)* aus.

Man könnte vermuten, dass die Herkunft des Pollens den Ausschlag für die Samenfarbe gibt. Zur Kontrolle führte MENDEL die umgekehrte *(reziproke)* Kreuzung durch: Pollen der grünsamigen Sorte wurde auf die Narbe von gelbsamigen Erbsenpflanzen übertragen. Auch jetzt traten wieder ausschließlich gelbe Samen in der F_1-Generation auf.

In gleicher Weise untersuchte MENDEL sechs weitere Merkmale, zum Beispiel *Samenform* (rund bzw. kantig), *Länge der Sprossabschnitte* (kurz bzw. lang), *Form* und *Farbe der Hülsen*. In allen Fällen stellte sich heraus, dass die Mischlinge der F_1-Generation uniform für das jeweilige Merkmal waren. Beispielsweise ergab die Kreuzung von rot blühenden mit weiß blühenden Erbsenpflanzen stets rote Blüten; kreuzte er Pflanzen mit runden Samen mit solchen, die kantige Samen hatten, so waren die Erbsen in der F_1-Generation immer rund. Diese Ergebnisse werden so zusammengefasst:

1. mendelsche Regel: Kreuzt man zwei Individuen einer Art, die sich in einem Merkmal reinerbig unterscheiden, so sind die Nachkommen in der F_1-Generation in Bezug auf dieses Merkmal untereinander gleich. Das gilt auch bei reziproker Kreuzung *(Uniformitäts-* und *Reziprozitätsregel).*

Die Einheitlichkeit der F_1-Generation führte MENDEL zu der Frage, ob das zweite Merkmal verloren gegangen sei. Er brachte deshalb die gelben F_1-Erbsen zum Keimen, vermehrte diese Pflanzen durch Selbstbestäubung weiter und untersuchte das Aussehen der nächsten Generation (F_2). Von 258 Pflanzen erntete er 8023 Samen, davon waren 6022 gelb und erstaunlicherweise 2001 grün. Das entspricht recht genau einem Verhältnis von gelb:grün wie 3:1. MENDEL kontrollierte dieses Ergebnis bei allen sieben untersuchten Merkmalen. Stets tauchte in der F_2-Generation das zweite Merkmal der Eltern wieder im gleichen Verhältnis auf. MENDEL bezeichnete die in der F_1-Generation unterdrückte Merkmalausbildung als *rezessiv,* die durchschlagende als *dominant.* Die zweite von ihm entdeckte Regel lautet damit:

2. mendelsche Regel: Kreuzt man die Mischlinge der F_1-Generation untereinander, so treten in der F_2-Generation auch die Merkmale der Eltern in einem festen Zahlenverhältnis wieder auf. Beim dominant-rezessiven Erbgang erfolgt die Aufspaltung im Verhältnis 3:1 *(Spaltungsregel).*

Vererbung und Abstammung

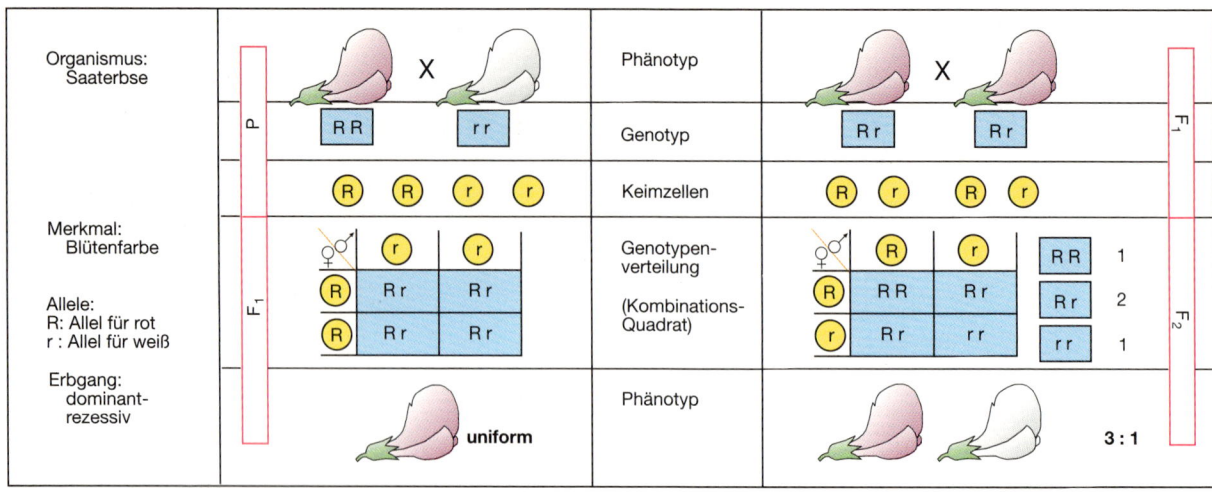

1 Kreuzungsschema zur 1. und 2. mendelschen Regel

R: Allel für rote Blütenfarbe
r: Allel für weiße Blütenfarbe

Das Kreuzungsschema

Zur Erklärung seiner Versuchsergebnisse entwickelte MENDEL eine Modellvorstellung, die auch heute noch gilt. Allerdings werden jetzt zum Teil Begriffe benutzt, die man zu seiner Zeit noch nicht kannte.

Als Beispiel soll die Vererbung des Merkmals „Blütenfarbe" bei der Saaterbse dienen. Die Ursache für dieses beobachtete Merkmal liegt in einer nicht sichtbaren Erbanlage, einem *Gen*. Da es weiße und rote Erbsenblüten gibt, besitzt dieses Gen zwei verschiedene Funktionsformen, zwei *Allele*. Es gibt also das Allel für die Ausbildung der roten Blütenfarbe und das Allel für weiße Blütenfarbe. In einer auf MENDEL zurückgehenden Buchstabensymbolik kennzeichnet man das dominant wirkende Allel durch einen großen, das rezessive durch den gleichen kleinen Buchstaben.

MENDEL hatte in seinem Garten zwei verschiedene Beete mit rot blühenden Erbsenpflanzen. Die einen waren reinerbig und besaßen über Jahre hinweg nur Nachkommen mit roten Blüten. Andererseits hatte die Kreuzung zwischen dieser rot blühenden Sorte und der weiß blühenden in der F_1-Generation ebenfalls rot blühende Erbsenpflanzen ergeben. Diese konnten trotz gleichen Aussehens nicht reinerbig sein, da sie in der nächsten Generation auch weiß blühende Nachkommen hatten. Man bezeichnet diese Pflanzen aus der F_1-Generation als *mischerbig*. Dem gleichen Erscheinungsbild *(Phänotyp)* kann also ein unterschiedliches Erbbild *(Genotyp)* zugrundeliegen.

Dazu müssen mindestens zwei Allele eines Gens vorhanden sein. Dies war auch Mendels genialer Einfall. Folgende Erbbilder sind in einer Körperzelle (*Symbol:* □) denkbar:
RR: reinerbig mit zwei dominanten Allelen
rr: reinerbig mit zwei rezessiven Allelen
Rr: mischerbig mit einem dominanten und einem rezessiven Allel

In den Keimzellen (*Symbol:* ○) wird allerdings immer nur ein Allel eines Gens weitergegeben. Nach der Befruchtung besitzt das sich entwickelnde Lebewesen dann wieder zwei Allele, eines vom Vater und eines von der Mutter. Durch das Aufstellen eines Kreuzungsschemas (▷ 1) ist es möglich, das Ergebnis eines Kreuzungsversuches zu erklären bzw. nährungsweise vorherzusagen.

Aufgaben

① Eine reinerbig gelbsamige Erbsensorte wird mit einer reinerbig grünsamigen gekreuzt.
   a) Erstelle ein Kreuzungsschema für die F_1- und die F_2-Generation.
   b) Nenne die Verhältnisse der Genotypen bzw. Phänotypen.

② Aus der Kreuzung zweier mischerbig rot blühender Erbsen der F_1-Generation erhält man zufällig vier Nachkommen. Welche Phänotypen können sie haben?

③ Bei einer rot blühenden Erbsenpflanze weiß man nicht, ob sie rein- oder mischerbig ist. Beschreibe ein Experiment, das geeignet ist, eine Entscheidung über den Genotyp zu fällen.

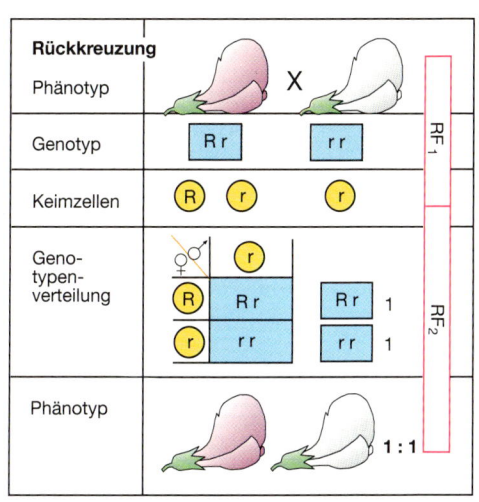

Die Rückkreuzung

Die Kreuzung zwischen einem mischerbigen und einem rezessiv-reinerbigen Lebewesen wird als *Rückkreuzung* bezeichnet. Das zugehörige Kreuzungsschema liefert am Beispiel der Blütenfarbe der Saaterbse folgendes Ergebnis (▷ 1): Die Nachkommen einer mischerbigen rot blühenden Pflanze und einer weiß blühenden spalten sich in beide Merkmale auf, und zwar im Verhältnis 1 : 1.

Aufgabe

① Dieser Kreuzungsansatz wird auch als *Testkreuzung* bezeichnet, da sich damit überprüfen lässt, ob ein Lebewesen, das das dominante Merkmal zeigt, reinerbig oder mischerbig ist. Begründe!

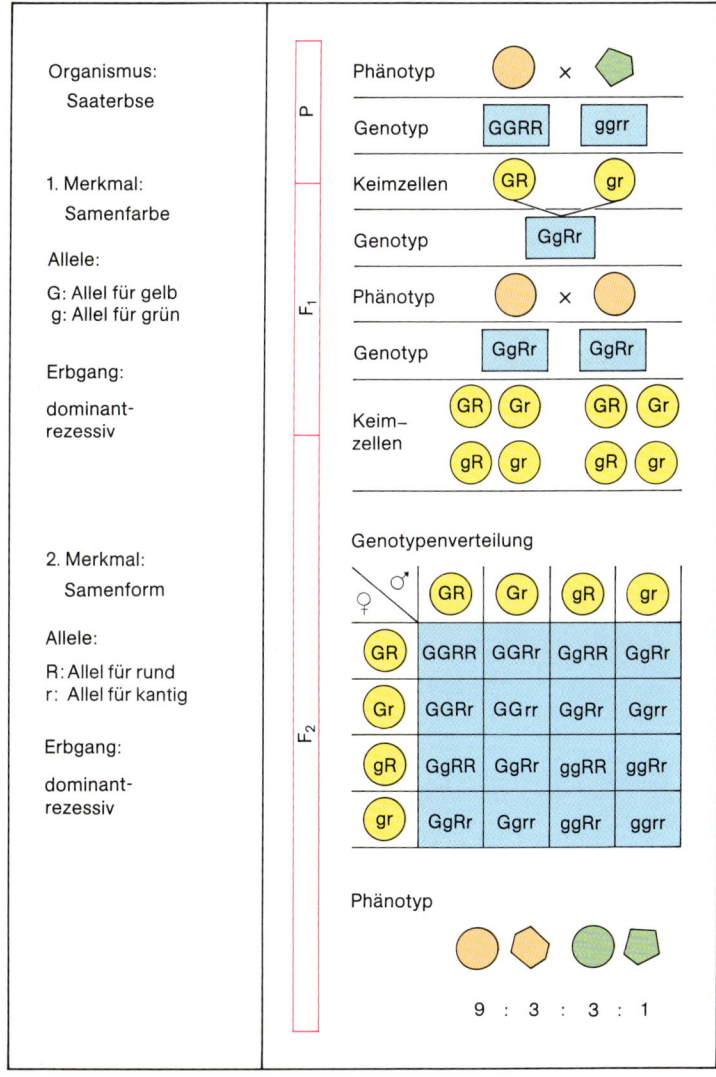

1 Krezungsschema zur Rückkreuzung

Mendels dritte Vererbungsregel

MENDEL führte auch Kreuzungen durch, bei denen er auf zwei Merkmalspaare achtete, z. B. auf *Form* und *Farbe* der Erbsensamen. Seine Ausgangsrassen waren gelbe, runde bzw. grüne, kantige Erbsen. Die F_1-Generation war erwartungsgemäß uniform. Es traten nur gelbe, runde Samen auf, weil die Allele für gelb bzw. rund gegenüber grün bzw. kantig dominant sind.

Bei der Kreuzung von Mischlingen der F_1-Generation untereinander erhielt MENDEL 556 Samen in der F_2-Generation. Davon waren 315 gelb und rund, 101 gelb und kantig. 108 grün und rund sowie 32 grün und kantig. Das entspricht etwa einem Zahlenverhältnis von 9 : 3 : 3 : 1, wie es nach dem zugehörigen Kreuzungsschema zu erwarten ist (s. Abb. 2).

Es fällt auf, dass bei dieser Kreuzung in der F_2-Generation auch Erbsen mit neuen Merkmalskombinationen auftreten, nämlich gelbe, kantige und grüne, runde Erbsen. Das ist nur möglich, wenn die einzelnen Gene unabhängig voneinander sind. Dann können die Allele in neuen Kombinationen zusammentreten. Genau dieses besagt die

3. mendelsche Regel: Kreuzt man zwei Lebewesen einer Art, die sich in mehr als einem Merkmal reinerbig unterscheiden, so werden die einzelnen Gene bei der Keimzellenbildung unabhängig voneinander verteilt. Sie können bei der Befruchtung in neuen Kombinationen zusammentreten *(Unabhängigkeits-* und *Neukombinationsregel).*

2 Kreuzungsschema zur 3. mendelschen Regel

Vererbung und Abstammung

2 Die Kernteilungen — Grundlage der Vererbung

Die Mitose

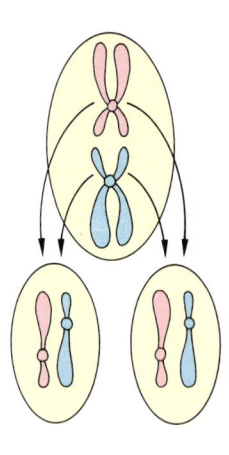

Der Zellkern ist ein wesentlicher Bestandteil von Zellen. Darin lassen sich zu Beginn jeder Zellteilung leicht färbbare Strukturen erkennen, die man als *Chromosomen* bezeichnet. Sie wurden zwar schon im letzten Jahrhundert beobachtet, aber das meiste, was wir heute über sie wissen, wurde erst in den vergangenen drei Jahrzehnten erforscht.

Jedes Chromosom besteht aus zwei Hälften, den *Chromatiden*. Diese liegen eng nebeneinander und sind nur an einer Stelle, dem *Zentromer*, miteinander verbunden. Wenn man die Chromosomen nach einem besonderen Verfahren anfärbt, lassen sich deutlich Querstreifen *(Querbanden)* erkennen. Sie zeigen auf beiden Chromatiden das gleiche Verteilungsmuster. Daraus kann man schließen, dass die zwei Chromatiden eines Chromosoms den gleichen Bau besitzen.

Bei genauer Untersuchung hat man festgestellt, dass jedes Lebewesen in seinen Zellkernen eine gleich bleibende Anzahl von Chromosomen besitzt. In ihren Körperzellen besitzen z. B. die Fruchtfliege 8, die Erbse 14, die Taube 16, der Mensch 46, die Kartoffel 48, der Hund 78 und der Karpfen 104 Chromosomen.

Weiterhin fällt auf, dass sich jeweils zwei Chromosomen in Größe und Form gleichen. Diese beiden Chromosomen nennt man *homolog*. Auch sie besitzen jeweils das gleiche Querbandenmuster.

Aus dieser Individualität der Chromosomen ergibt sich ein grundlegendes Problem: Wie bleibt bei einer Zellteilung diese artspezifische Chromosomenzahl und -form erhalten?

Aus der Betrachtung vieler mikroskopischer Präparate und aus der Lebendbeobachtung sich teilender Zellen weiß man gut über diesen Vorgang Bescheid. Er läuft bei allen Organismen im Wesentlichen gleich ab. Zunächst läuft mit großer Präzision eine Kernteilung, die *Mitose*, ab. Daran schließt sich die mehr zufällige Aufteilung des übrigen Zellplasmas an. Es entstehen zwei neue, jeweils halb so große Zellen.

Der Ablauf der Mitose ist in seinen Einzelheiten nicht leicht zu verstehen. Die wichtigsten Fakten kann man folgendermaßen zusammenfassen: Zu Beginn der Mitose besitzt jedes Chromosom bereits zwei Chromatiden. Durch Längsteilung entstehen daraus zwei Tochterchromosomen mit jeweils nur einem Chromatid. Diese Tochterchromosomen werden in gleicher Anzahl auf zwei gegenüber liegende Seiten der Zelle, die *Zellpole*, verteilt. Damit ist im Kern der beiden Tochterzellen die gleiche Chromosomenzahl vorhanden wie in der Ausgangszelle. Jedes besteht allerdings jetzt nur aus einem Chromatid. Dieses muss vor der nächsten Zellteilung kopiert und somit verdoppelt werden.

Mitotische Zellteilungen sind auch die Grundlage für ungeschlechtliche *(vegetative)* Vermehrung. Alle Nachkommen, die auf ungeschlechtlichem Wege entstehen, besitzen die gleiche Chromosomenausstattung.

Aufgabe

1) Baue aus verschiedenfarbigen Klingeldrahtstücken (ca. 30—50 cm lang) und großen Druckknöpfen mehrere Chromosomenmodelle, wie es in Abbildung 1 dargestellt ist.
   a) Was entspricht den Modellteilen in der Wirklichkeit?
   b) Wie viel Meter Klingeldraht kannst du einschichtig auf eine Stricknadel (30 cm lang, ⌀ 3,0 mm) aufwickeln? Versuche, deine Feststellung auf die Verhältnisse bei der Mitose zu übertragen.
   c) Erläutere den Ablauf der Mitose an deinem Chromosomenmodell.

1 Chromosomenmodell und Schema (vgl. Aufgabe 1)

Die Meiose

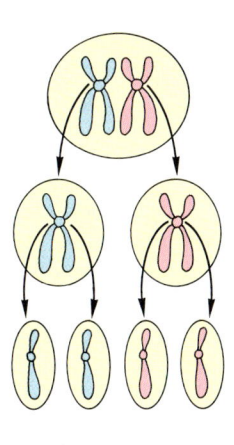

Die Befruchtung einer weiblichen Keimzelle durch eine männliche ist der Beginn eines neuen Lebewesens. Bei dieser *sexuellen* Fortpflanzung verschmilzt der Kern einer Spermienzelle mit dem einer Eizelle. Das Verschmelzungsprodukt der beiden Keimzellen ist die *Zygote*.

Wenn die Zellkerne der Keimzellen bei einem Menschen wie die Körperzellen ebenfalls 46 Chromosomen enthielten, dann müssten in den Zellen der Kinder 92 Chromosomen vorhanden sein, 46 von der Mutter und 46 vom Vater. In der 10. Generation wäre die Zahl auf 23 552 angewachsen. Da die Kinder aber auch nur 46 Chromosomen besitzen, muss spätestens bei der Bildung der Keimzellen die Chromosomenzahl reduziert worden sein.

In den Körperzellen eines Lebewesens befindet sich stets eine konstante Anzahl von Chromosomen, die paarweise homolog sind. Oder anders ausgedrückt: Körperzellen enthalten den doppelten Satz an Chromosomen. Bei der Untersuchung von Keimzellen stellt man dagegen fest, dass sie nur einen einfachen Chromosomensatz besitzen. Von jedem der beiden homologen Chromosomen ist exakt eines vorhanden. Man bezeichnet Zellen, in denen ein einfacher Chromosomensatz vorliegt, als *haploid,* solche mit dem doppelten Satz als *diploid*. Die Frage nach der Verminderung der Chromosomenzahl lässt sich auch folgendermaßen formulieren: Wie entstehen aus diploiden Körperzellen haploide Keimzellen?

Der Vorgang, der den haploiden Chromosomensatz entstehen lässt, heißt *Meiose*. Er ist bei der Reifung der Keimzellen zu beobachten und läuft in zwei aufeinander folgenden Teilungsschritten ab. Diese Abschnitte bezeichnet man als 1. bzw. 2. *Reifeteilung*. In der Randspalte ist der Ablauf der Meiose schematisch dargestellt.

Das Wesentliche daran ist Folgendes: In der 1. Reifeteilung werden zunächst die homologen Chromosomen paarweise angeordnet. Die Paare werden anschließend so voneinander getrennt, dass ganze Chromosomen zu den Zellpolen gezogen werden. Die so entstandenen haploiden Zellen werden in der 2. Reifeteilung, die wie eine Mitose verläuft, nochmals geteilt. Das Ergebnis sind vier Zellen mit einfachem Chromosomensatz.

Die Kerne haploider Keimzellen verschmelzen bei der Befruchtung miteinander. Das so entstehende Lebewesen ist somit wieder diploid. Um sich weiter geschlechtlich fortpflanzen zu können, müssen wieder haploide Keimzellen gebildet werden und so fort.

Nehmen wir beispielsweise einen Organismus mit n = 2 Chromosomen im haploiden Satz. In den diploiden Körperzellen (2n = 4) sind dann je zwei Chromosomen vom Vater und zwei von der Mutter vorhanden. Bei der ersten Reifeteilung werden die homologen Chromosomen gepaart und als ganze Chromosomen auf die neuen Zellen verteilt. Da dies zufällig geschieht, gibt es vier verschiedene Möglichkeiten, wie die Chromosomen in den Keimzellen kombiniert werden können. Abbildung 1 zeigt diese $2^2 = 4$ gleich wahrscheinlichen Verteilungen.

Man kann sich nun leicht überlegen, dass für einen Chromosomensatz mit n = 3 insgesamt $2^3 = 8$ Möglichkeiten der Kombination existieren. Beim Menschen mit seinen n = 23 Chromosomen ergibt sich — konsequent weitergedacht — eine Zahl von 2^{23} = 8 388 608 verschiedene Keimzellen.

Die Wahrscheinlichkeit, dass zwei Kinder eines Elternpaares die gleiche Chromosomenausstattung erhalten, ist damit äußerst gering, zumal Vater und Mutter diese große Zahl verschiedener Keimzellen bilden können. Bei der sexuellen Fortpflanzung kommt es also — im Gegensatz zur vegetativen Vermehrung — zu einer ständigen *Neukombination* des Chromosomensatzes.

1 Die vier Möglichkeiten der Keimzellen bei 2n = 4 Chromosomen

Vererbung und Abstammung

Ergebnisse der Kreuzungsforschung

— Die Gene sind selbstständige Einheiten. Sie werden als Ganzes weitergegeben.

— Die Körperzellen enthalten eine doppelte Genausstattung; jedes Gen liegt in zwei Allelen vor.

— In den Keimzellen ist nur ein Allel von jedem Gen vorhanden.

— Die Gene werden unabhängig voneinander weitergegeben und neu kombiniert.

Ergebnisse der Zellforschung

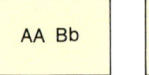

— Die Chromosomen sind selbstständige Einheiten. Sie werden als Ganzes weitergegeben.

— Körperzellen sind diploid, die Chromosomen treten hier paarweise auf.

— Bei der Meiose gelangt jeweils nur eines der homologen Chromosomen in eine Keimzelle.

— Bei der Keimzellenbildung werden väterliche und mütterliche Chromosomen neu kombiniert.

1 Vergleich der Ergebnisse von Kreuzungsforschung und Zellforschung

Bestandteile der Nucleinsäuren:
- Phosphorsäure
- Zucker
- Guanin
- Cytosin
- Adenin
- Thymin

Nucleotide

DNA-Abschnitt (Schema)

DNA-Doppelstrang (räumliches Modell)

2 Aufbau der DNA und räumliches Modell

Erbanlagen und Erbsubstanz (DNA) liegen in den Chromosomen

Vergleicht man die Vorgänge bei der Keimzellenbildung mit den Ergebnissen der Kreuzungsversuche, stellt man verblüffende Ähnlichkeiten fest. Das Kreuzungsschema, nach dem MENDEL die Anlagen kombiniert hat, wird erklärbar aus der Regelmäßigkeit, mit der die Chromosomen weitergegeben werden. Man spricht von der *Chromosomentheorie der Vererbung*. Die Chromosomen sind also die Träger der Erbanlagen.

Wenn die Gene stofflicher Natur sind, dann muss sich die Substanz, die die Erbinformation trägt, in den Chromosomen finden lassen. 1944 hat OSWALD AVERY nachweisen können, dass eine Kernsäure das informationstragende Molekül ist, und zwar die *Desoxyribonucleinsäure* (**DNA**, von engl. **D**eoxyribo**N**ucleic **A**cid).

Die DNA ist ein langes, zweisträngiges Molekül. Es ist mit einer Strickleiter zu vergleichen. Die beiden „Seile" zeigen einen regelmäßigen Wechsel zwischen einem Molekül *Phosphorsäure* und einem Zuckermolekül *(Desoxyribose)*. Vier weitere Bausteine, nämlich *Adenin, Thymin, Cytosin* und *Guanin*, bilden jeweils zu zweien eine „Sprosse" der Leiter. Diese Moleküle werden wegen ihrer chemischen Eigenschaften auch als *Basen* bezeichnet. Dabei stehen sich immer Adenin und Thymin bzw. Cytosin und Guanin gegenüber und halten die Stränge zusammen. Da beide Stränge ganz gleichmäßig um sich selbst gedreht sind, ergibt sich eine *Doppelschraube (Doppelhelix)*.

Vererbung und Abstammung

Vom Gen zum Merkmal

Die Erbinformation ist in der DNA verschlüsselt und zwar stellen die vier Basen die Buchstaben des „genetischen Alphabets" dar. Ihre unterschiedliche Reihenfolge ist für jede einzelne Erbanlage charakteristisch und sie bestimmt, welches Merkmal ausgebildet wird.

Am Beispiel einer rot blühenden Erbsenpflanze soll der Frage nachgegangen werden, wie es zur Ausbildung eines Merkmals kommt. Die Erbanlagen für die Blütenfarbe sind ja selbst nicht rot, aber sie sind für die roten Blüten verantwortlich.

Damit eine Erbsenpflanze rot blühen kann, muss sie in den Zellen ihrer Blüten roten Farbstoff bilden. Das kann sie aber nur, wenn sie auch entsprechendes Werkzeug besitzt, nämlich in Form geeigneter Enzyme. Nur mit deren Hilfe kann der Farbstoff aufgebaut werden. Also muss die rot blühende Pflanze eine Anlage dafür besitzen, diese Werkzeuge, die ganz spezielle Eiweiße sind, herzustellen.

Dieser Vorgang ist nicht einfach zu verstehen. Er lässt sich aber gut damit vergleichen, wie anhand eines Computerprogramms beispielsweise eine Abbildung ausgedruckt wird.

Um das Originalprogramm zu schonen, wird zunächst eine Arbeitskopie hergestellt. Diese Diskette wird in den Rechner eingeführt und hier wird die wesentliche Arbeit geleistet. Die in Maschinensprache geschriebenen Befehle werden in Signale an den Drucker umgesetzt. Diese legen die Reihenfolge fest, in der die Nadeln, z.B. bei einem 24-Nadel-Drucker, bewegt werden sollen. Ist der Drucker aktiviert, so erfolgt der Ausdruck. Erst jetzt wird das im Programm gespeicherte Bild erkennbar.

Die Abbildungen dieser Seite zeigen den entsprechenden Ablauf, der zur Ausbildung eines Merkmals führt. Zunächst wird im Zellkern von der DNA auf chemischem Weg eine einsträngige Kopie der Erbinformation erstellt *(Transkription)*. Dieses *Botenmolekül* wird im Zellplasma an ein Ribosom angelagert. Dort wird mithilfe von *Überträgermolekülen* in einem komplizierten Übersetzungsvorgang die Sprache der Kernsäuren in eine festgelegte Abfolge von Aminosäuren überführt *(Translation)*. Es gibt 20 verschiedene Aminosäuren, die die Bausteine eines Proteins sind. Als fertiges Enzym nimmt dieses Eiweiß seine Arbeit auf und roter Farbstoff wird gebildet. Eine Erbsensorte, die in ihrer DNA die Information für dieses Enzym nicht besitzt, kann daher auch den roten Farbstoff nicht bilden; sie blüht dann vielleicht weiß.

Bei allen Lebewesen ist die Ausbildung eines Merkmals an den Besitz bestimmter Enzyme gebunden. Sie werden stets durch Transkription der DNA in ein Botenmolekül und Translation in das Protein gebildet.

Aufgabe

① Stelle die im Text genannten Begriffe, die zu einem Computerausdruck bzw. zur Merkmalsausprägung führen, in einer Tabelle gegenüber.

Vererbung und Abstammung **295**

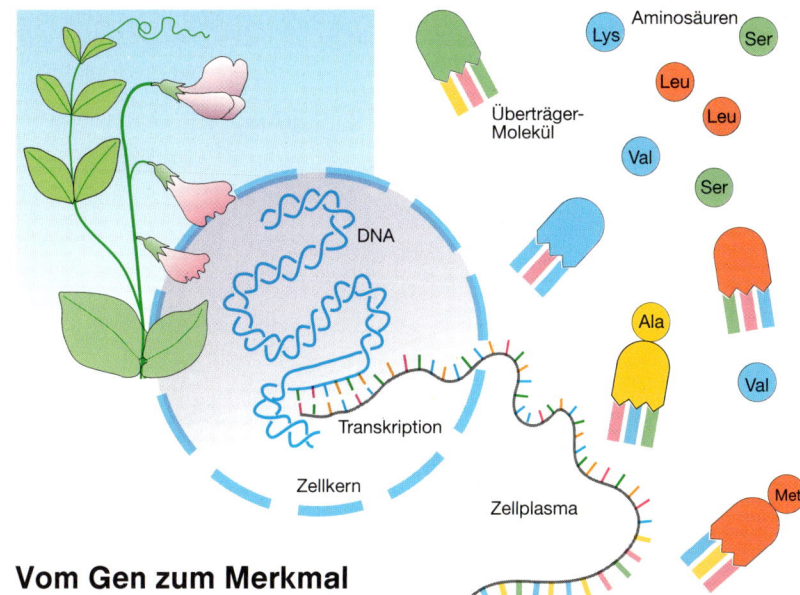

3 Vererbung beim Menschen

1 Kinder verschiedener Hautfarbe

2 Zungenroller und -nichtroller

3 Verschiedene Haarfarben

Stammbaumsymbole

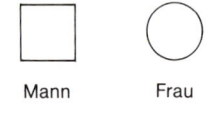

□ Mann ○ Frau

■ ● Merkmalsträger

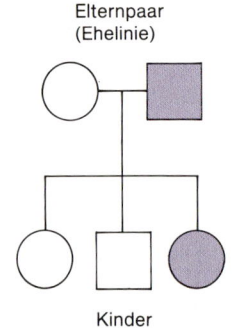

Elternpaar (Ehelinie)

Kinder (Geschwisterlinie)

Methoden der Humangenetik

Menschen unterscheiden sich in einer Vielzahl von Merkmalen. Einige davon, wie Haut- und Haarfarbe oder die Fähigkeit, die Zunge einzurollen, lassen sich leicht beschreiben. Bei anderen, etwa bei Merkmalen des Gesichts oder bei besonderen Begabungen, fällt es schon schwerer, sie exakt zu erfassen. Man schätzt, dass jeder Mensch mehrere zehntausend Gene besitzt.

Trotz solcher Schwierigkeiten weiß man heute schon einiges über die Vererbung beim Menschen. Das hat man allerdings nicht durch Kreuzungsversuche herausbekommen. Zum einen verbieten sie sich für den Menschen schon aus ethischen Gründen. Andererseits wären solche Versuche wenig sinnvoll, denn der Mensch besitzt nur eine geringe Zahl an Nachkommen. Außerdem vergeht eine viel zu lange Zeit, bevor man beispielsweise die F_2-Generation untersuchen könnte.

Deshalb werden in der Humangenetik folgende Verfahren benutzt:
— Bei der *Familienforschung* werden Stammbäume aufgestellt, an denen die Gültigkeit von Erbgesetzen für ein bestimmtes Merkmal untersucht werden kann.
— *Massenstatistische Verfahren* erlauben es, Aussagen über die Häufigkeit, Verteilung und Veränderung eines Merkmals in der Bevölkerung zu machen.
— Die *Zwillingsforschung* untersucht — besonders bei eineiigen Zwillingen — die Bedeutung von Erbgut und Umwelteinflüssen.
— *Mikroskopische* und *biochemische* Untersuchungen lassen Rückschlüsse auf Veränderungen im Erbgut zu.

Häufig wird nicht nur eines dieser Verfahren eingesetzt, sondern mehrere, die sich in ihren Aussagen ergänzen.

Stammbäume lassen Erbgänge erkennen

Statistische Untersuchungen und Stammbaumforschung sind zwei Methoden, die es erlauben, sichere Aussagen über den Erbgang eines bestimmten Merkmals zu machen. Folgende Beispiele verdeutlichen das.

Als *Kurzfingrigkeit* bezeichnet man eine angeborene Verkürzung von einzelnen Knochen der Mittelhand oder der Finger. Manchmal fehlt sogar ein ganzes Fingerglied. Wie statistische Auswertungen zeigen, kommt die Kurzfingrigkeit in Mitteleuropa auf 200 000 Geburten einmal vor. Untersucht man mithilfe von Stammbäumen, so stellt man fest, dass dieses Leiden in einigen Familien gehäuft auftritt. Das ist bei der Seltenheit ein deutlicher Hinweis darauf, dass die Krankheit nicht ansteckend ist und nur durch Vererbung weitergegeben wird.

Abbildung 1 zeigt einen *Familienstammbaum* für Kurzfingrigkeit. Bereits 1905 erkannte man, dass es sich hierbei um eine *Erbkrankheit* handelt. Das Allel für Kurzfingrigkeit ist dominant. Ein Hinweis darauf ist, dass das Leiden in jeder Generation auftritt. Der Stammbaum lässt sich durch ein entsprechendes Schema der Genotypen widerspruchsfrei erklären. Vor allem kann man bei den einheiratenden Personen davon ausgehen, dass sie wegen der Seltenheit der Krankheit erblich nicht damit belastet, also reinerbig gesund sind.

Das Fehlen von Pigmenten in der Haut, den Haaren und der Iris bezeichnet man als *Albinismus*. Die Häufigkeit ist regional recht unterschiedlich, z. B. in der Bundesrepublik Deutschland 1:40 000, bei bestimmten Indianerstämmen 1:200. In Abbildung 2 ist der Stammbaum einer Familie dargestellt, in der Albinismus gehäuft vorkommt. Es handelt sich auch hierbei um einen dominant-rezessiven Erbgang, allerdings ist in diesem Fall das Allel für die Krankheit rezessiv, denn das Leiden tritt nicht in jeder Generation auf.

Aufgabe

① Übertrage den Stammbaum zum Albinismus in dein Heft.
   a) Stelle sinnvolle Allelbezeichnungen auf und gib zu jeder Person die möglichen Genotypen an.
   b) Begründe, weshalb Ehen zwischen nahe verwandten Personen ein genetisches Risiko bergen können.

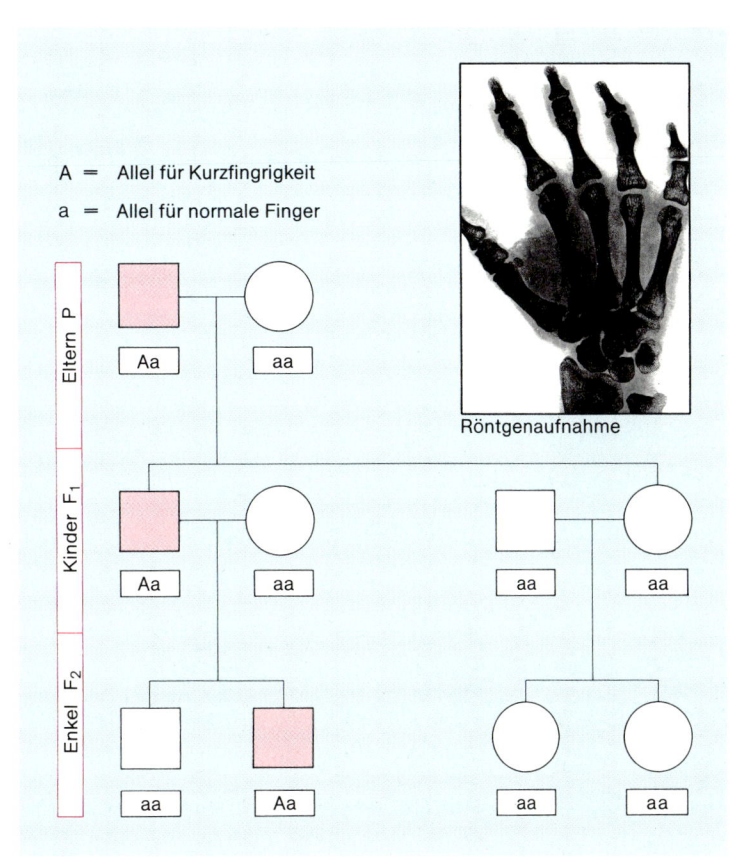

A = Allel für Kurzfingrigkeit
a = Allel für normale Finger

Röntgenaufnahme

1 Erbgang der Kurzfingrigkeit

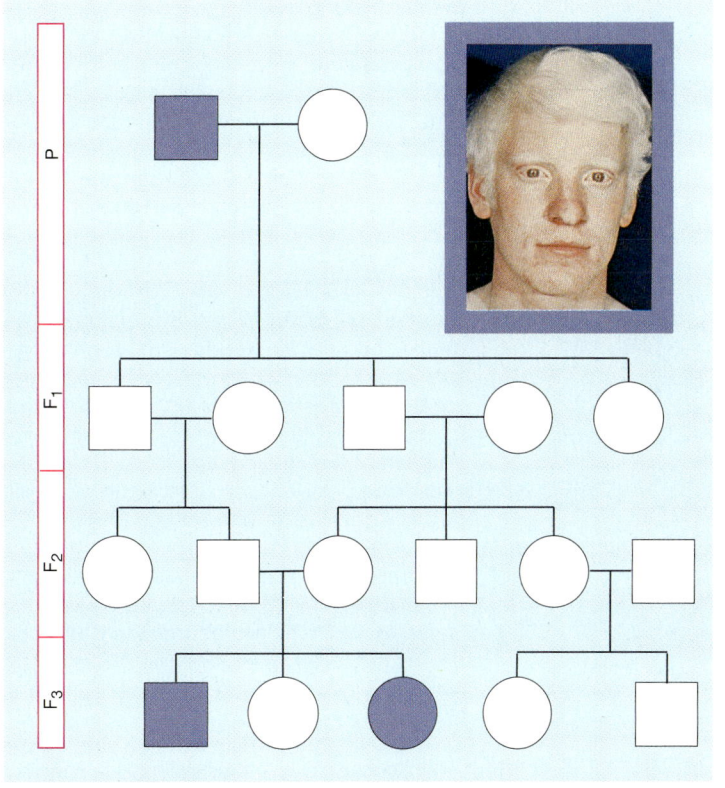

2 Erbgang bei Albinismus

Vererbung und Abstammung

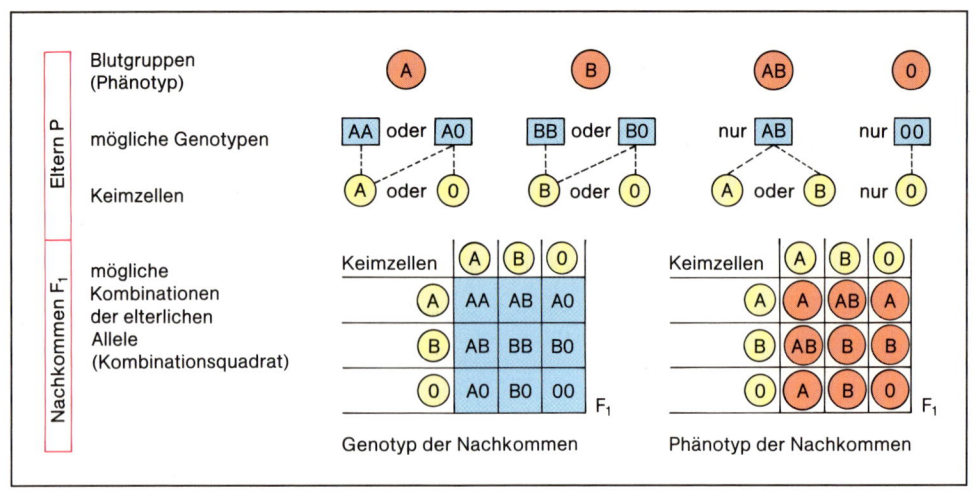

1 Vererbung der Blutgruppen im AB0-System

Vererbung der Blutgruppen

Man kennt beim Menschen mehr als 20 verschiedene *Blutgruppensysteme*. Die Unterschiede beruhen auf über 130 verschiedenen Proteinen der roten Blutzellen. Jeder Mensch besitzt aber eine charakteristische *Blutgruppe,* die er sein ganzes Leben lang unverändert behält.

Die Ausbildung der Blutgruppeneigenschaften wird von Genen gesteuert. Die zugehörigen Erbgänge sind weitgehend bekannt. Aus der Medizin ist nämlich durch die Vielzahl der Blutgruppenbestimmungen ausreichend statistisches Material vorhanden, um die Verteilung der Blutgruppen bei Eltern und ihren Kindern zu untersuchen.

Das AB0-System

Bei der Vererbung dieser Blutgruppen begegnet uns etwas Neues. Das zugehörige Gen liegt nicht in zwei, sondern in drei verschiedenen Allelen vor, die man als A, B und 0 bezeichnet. Durch sie werden die vier Blutgruppen A, B, AB und 0 bestimmt. Diese Bezeichnung des Phänotyps darf man nicht mit den Allelbezeichnungen verwechseln!

In seinen Körperzellen hat jeder Mensch nur zwei dieser Allele. Sind die beiden gleich, so ist der Mensch reinerbig für diese Blutgruppe. Treffen zwei verschiedene Allele aufeinander, so sind A und B beide dominant über das rezessive Allel 0. Da A und B auch gleichzeitig vorkommen können und beide dominant wirken, spricht man in diesem besonderen Fall von *kodominanten Allelen.*

Den sechs möglichen Allelkombinationen entsprechen deshalb vier Blutgruppen mit folgenden Genotypen:
Blutgruppe A — Genotyp AA oder A0
Blutgruppe B — Genotyp BB oder B0
Blutgruppe AB — Genotyp AB
Blutgruppe 0 — Genotyp 00

Aufgaben

① Vervollständige im Heft die folgende Tabelle für alle denkbaren Blutgruppenkombinationen von Mutter und Vater.

② Auf einer Säuglingsstation liegen vier Kinder mit den Blutgruppen A, B, AB und 0. Die Phänotypen der Eltern sind 0/0, A/B, AB/0 und B/B. Kann man die Kinder eindeutig den Elternpaaren zuordnen?

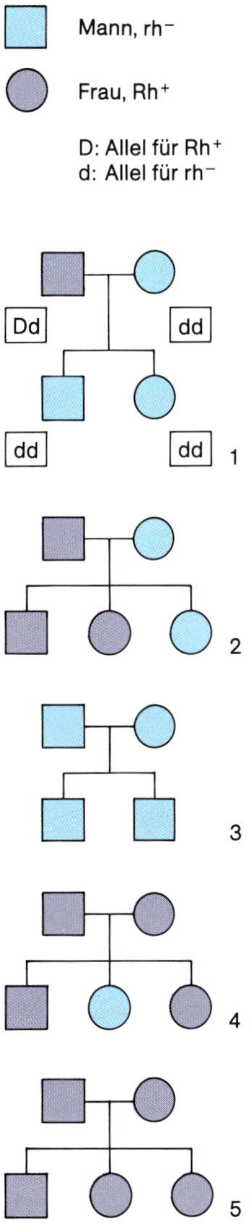

Mann, rh⁻
Frau, Rh⁺

D: Allel für Rh⁺
d: Allel für rh⁻

Dd — dd
dd — dd   **1**

(Familie 2)   **2**
(Familie 3)   **3**
(Familie 4)   **4**
(Familie 5)   **5**

Der Rhesusfaktor

1940 wurde an den roten Blutzellen von Rhesusaffen ein Protein entdeckt, das auch beim Menschen vorkommt. Es erhielt die Bezeichnung *Rhesusfaktor*. Etwa 85 % aller Mitteleuropäer besitzen diesen Faktor. Diese Menschen bezeichnet man als *rhesupositiv* (Rh⁺). Die restlichen 15 % sind *rhesusnegativ* (rh⁻), ihnen fehlt dieses Protein. Der Rhesusfaktor ist unabhängig von anderen Blutgruppenmerkmalen und wird dominant vererbt. Man bezeichnet das dominante Allel mit D, das rezessive entsprechend mit d.

Bei Bluttransfusionen kann eine *Rhesusunverträglichkeit* auftreten. Menschen, die rhesusnegativ sind, bilden *Antikörper* gegen den Rhesusfaktor, wenn sie zum ersten Mal mit Rh⁺-Blut in Berührung kommen. Bei einer zweiten Transfusion mit rhesuspositivem Blut bewirken diese Antikörper dann eine Verklumpung der roten Blutzellen des Spenderblutes.

Auch bei Schwangerschaften besteht die Gefahr einer Rhesusunverträglichkeit. Hat eine rhesusnegative Mutter ein rhesuspositives Kind ausgetragen, so kann während des Geburtsvorganges durch kleine Risse in den Gefäßen der Plazenta Rh⁺-Blut in das Blut der Mutter gelangen. Diese bildet daraufhin Antikörper gegen Rh⁺-Blut, die bei einer zweiten Schwangerschaft durch die Plazentaschranke in den Kreislauf des eventuell wieder rhesuspositiven Kindes gelangen und es schädigen können. Heute kann u.a. durch einen Austausch des kindlichen Blutes kurz nach der Geburt dieser Gefahr begegnet werden.

Aufgaben

1. In der Randspalte sind Familien mit der Verteilung des Rhesusfaktors angeführt.
   a) Gib die zugehörigen Genotypen an.
   b) In welchen Fällen besteht die Gefahr der Rhesusunverträglichkeit?
2. Das erste Kind einer rh⁻-Mutter war rhesusnegativ. Welche Auswirkungen sind für das zweite Kind zu erwarten?
3. Bei einer Vaterschaftsklage kommen zwei Männer in Frage, Vater eines Kindes zu sein. Folgende Blutgruppen wurden bei den Beteiligten festgestellt:
   Mutter: A, rh⁻ — Kind: 0, rh⁻
   Mann 1: A, Rh⁺ — Mann 2: AB, rh⁻
   Lässt sich einer der Männer als möglicher Vater ausschließen? Begründe.

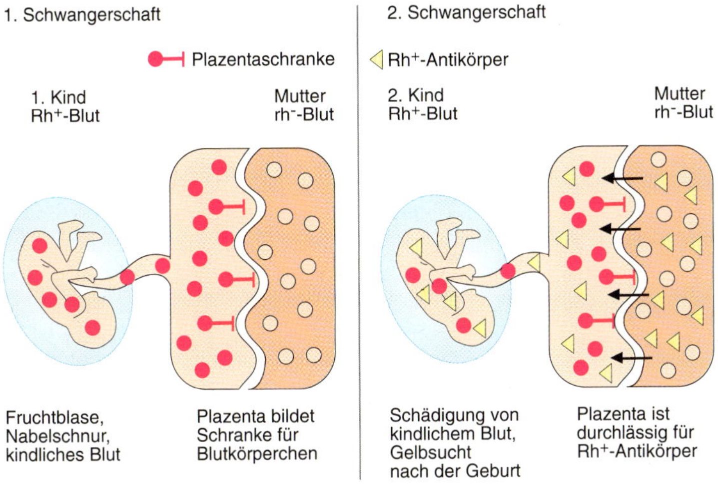

M = Allel für Blutfaktor M
N = Allel für Blutfaktor N

(Stammbaum MN-System: MM × NN → MN, MN, MN → NN, MN, MN, MM)

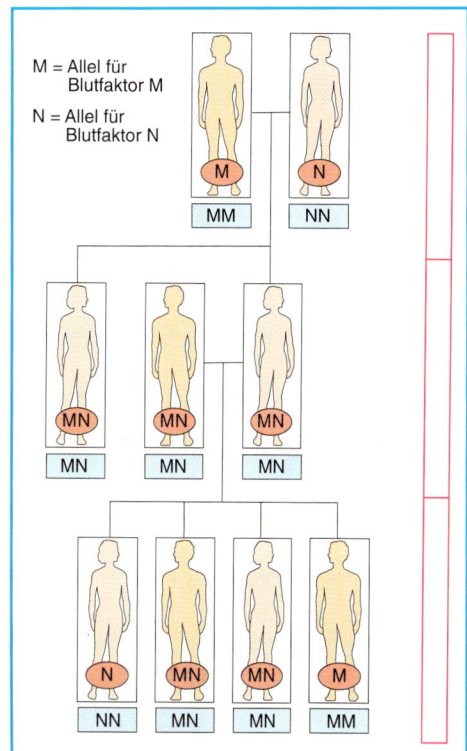

Das MN-System

Das MN-System wurde im Jahr 1927 entdeckt. Es gibt drei Phänotypen, nämlich M, N und MN. Diese Faktoren kommen durch zwei codominant wirkende Allele zustande, die entsprechend mit M bzw. N bezeichnet werden. Der Erbgang ist oben an einem Beispiel dargestellt. Die MN-Faktoren spielen bei *Vaterschaftsausschluss* eine große Rolle, weil vom Phänotyp unmittelbar auf den Genotyp geschlossen werden kann. Das ist beim AB0-System und beim Rhesusfaktor nicht in allen Fällen möglich.

1. Schwangerschaft
● Plazentaschranke
1. Kind Rh⁺-Blut — Mutter rh⁻-Blut
Fruchtblase, Nabelschnur, kindliches Blut — Plazenta bildet Schranke für Blutkörperchen

2. Schwangerschaft
◁ Rh⁺-Antikörper
2. Kind Rh⁺-Blut — Mutter rh⁻-Blut
Schädigung von kindlichem Blut, Gelbsucht nach der Geburt — Plazenta ist durchlässig für Rh⁺-Antikörper

1 Rhesusunverträglichkeit

1 Chromosomen des Menschen (700× vergr.)

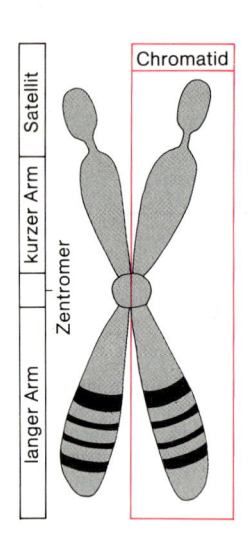

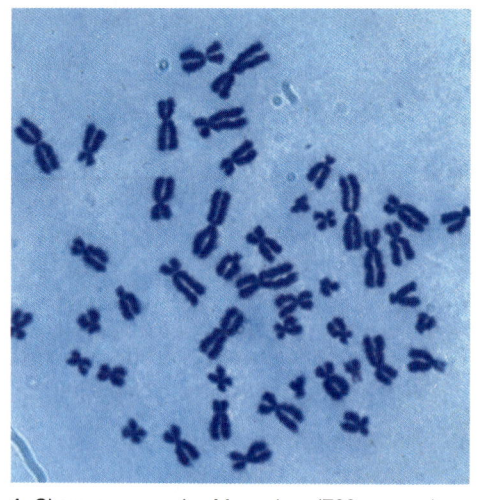

2 Karyogramm

Zwei Chromosomen bestimmen das Geschlecht

In allen Körper- und Keimzellen des Menschen, mit Ausnahme der roten Blutzellen, befindet sich ein Zellkern. Er enthält normalerweise 46 Chromosomen im diploiden Satz, die haploiden Keimzellen besitzen nur 23. Es ist möglich, die Chromosomen der Körperzellen jeweils zu homologen Paaren zu ordnen (*Karyogramm*, ▷ 2).

Dazu bringt man einige Tropfen Blut in eine geeignete Nährlösung, in der die weißen Blutzellen zur Teilung angeregt werden. Mit *Colchizin,* dem Gift der Herbstzeitlosen, lassen sich die Zellteilungen in einem Stadium unterbrechen, in dem die Chromosomen mikroskopisch gut zu erkennen sind. Nach dem Anfärben werden sie unter dem Mikroskop betrachtet und fotografiert. Die einzelnen Chromosomen werden aus dem Foto ausgeschnitten und jeweils paarweise zum Karyogramm geordnet. Man vergleicht
— die absolute Länge eines Chromosoms,
— den *Armindex*, das ist das Längenverhältnis des langen Chromosomenarms zum kurzen,
— das Vorkommen von Einschnürungen am Ende einiger Chromosomen (Satelliten)
— und das Muster der Querbänderung.

Nach ihrer Ähnlichkeit werden die Chromosomen in Gruppen zusammengefasst (Kennbuchstaben A—G) und paarweise durchnummeriert.

Bei dieser Zuordnung stellt sich ein wichtiger Unterschied im Karyogramm von Frau und Mann heraus: Im männlichen Geschlecht findet man ein ungleiches Chromosomenpaar. Das kleinere der beiden, das nur der Mann besitzt, wird als Y-Chromosom bezeichnet. Das größere heißt X-Chromosom. Es kommt beim Mann einfach, bei der Frau jedoch doppelt vor. Jeder Mensch besitzt also ein Paar *Geschlechtschromosomen* und 22 Paare *Körperchromosomen*.

Abbildung 3 zeigt, wie die Geschlechtschromosomen in den Keimzellen von Mann und Frau verteilt sind. Die Frau kann nur Eizellen mit einem X-Chromosom bilden. Beim Mann gibt es zwei verschiedene Spermienzellen: solche mit einem X- und solche mit einem Y-Chromosom. Das Geschlecht des Kindes wird bei der Befruchtung also allein durch die Spermienzelle bestimmt.

3 Vererbung des Geschlechts

Vererbung und Abstammung

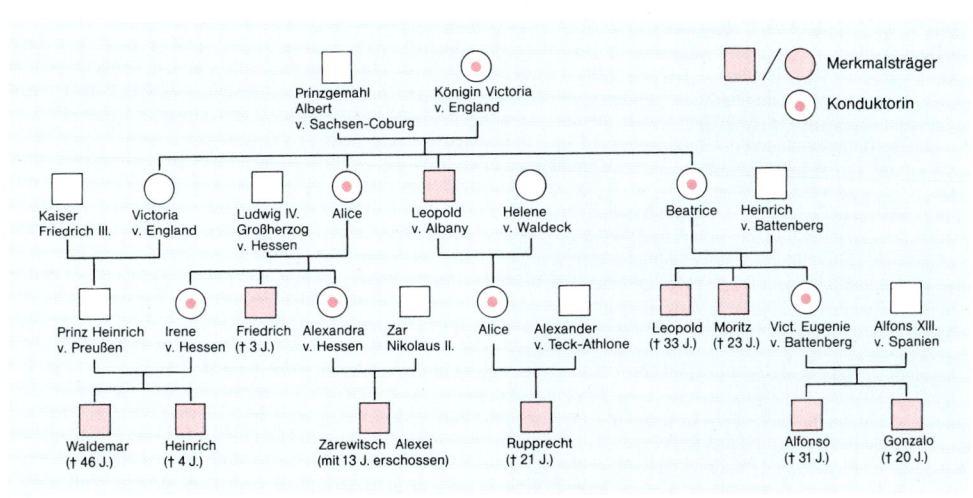

1 Historischer Stammbaum der Bluterkrankheit in europäischen Fürstenhäusern

Der Erbgang der Bluterkrankheit

Bei den meisten Menschen gerinnt aus einer Wunde austretendes Blut in 4 bis 7 Minuten. Ist die Gerinnungszeit auf über 15 Minuten verzögert, so spricht man von *Bluterkrankheit*. Sie ist in europäischen Fürstenhäusern gehäuft anzutreffen. Es fällt auf, dass ausschließlich Männer in diesem Stammbaum Bluter sind. Sollte der Erbgang in irgendeiner Weise mit der Weitergabe der Geschlechtschromosomen zusammenhängen?

Geht man davon aus, dass das Gen, das für die Blutgerinnung verantwortlich ist, auf dem Y-Chromosom liegt, so müsste die Krankheit immer vom Vater auf den Sohn vererbt werden. Der Stammbaum zeigt aber, dass das nicht der Fall ist. Man weiß heute, dass das Gen auf dem X-Chromosom liegt. Das wesentlich kleinere Y-Chromosom besitzt gar kein entsprechendes Gen.

Man muss also drei Fälle unterscheiden:
— X-Chromosomen mit dem Allel A für normale Blutgerinnung,
— X-Chromosomen mit dem Allel a für bluterkrank und
— das hierfür genleere Y-Chromosom.

X-Chromosomen kommen bei beiden Geschlechtern vor. Da ein Mann immer nur ein X-Chromosom besitzt, ist er schon krank, wenn dieses das entsprechende Allel trägt. Eine mischerbige Frau ist gesund; sie kann die Krankheit jedoch auf ihre Söhne übertragen *(Konduktorin)*, selbst wenn der Ehemann gesund ist. Diesen besonderen Erbgang nennt man *geschlechtschromosomengebunden*.

Aufgaben

① Überlege, ob es auch bluterkranke Frauen geben kann. Begründe.

② Lies den folgenden Brief, den Mr. J. Scott am 26. Mai 1777 schrieb, genau durch. Stelle danach den Stammbaum der Familie Scott auf und erkläre den Erbgang. Wie heißt diese Krankheit?

„Es ist ein altes Familienleiden: mein Vater hat genau dieselbe Anomalie; meine Mutter und eine meiner Schwestern konnten alle Farben fehlerfrei sehen, meine andere Schwester und ich in der gleichen Weise unvollkommen. Diese letzte Schwester hatte zwei Söhne, beide betroffen, aber sie hat eine Tochter, die ganz normal ist. Ich habe einen Sohn und eine Tochter, und beide sehen alle Farben ohne Ausnahme; so ging es auch ihrer Mutter. Meiner Mutter Bruder hatte denselben Fehler wie ich, obgleich meine Mutter, wie schon erwähnt, alle Farben gut kannte.

Ich kenne kein Grün in der Welt; eine rosa Farbe und ein blasses Blau sehen gleich aus, ich kann sie nicht unterscheiden. Ein kräftiges Rot und ein kräftiges Grün verwechseln nicht, ich habe sie oft verwechselt; aber Gelb und alle Abstufungen von Blau kenne ich absolut richtig und kann Unterschiede zu einem erheblichen Grad von Feinheit erkennen; ein kräftiges Purpur und ein tiefes Blau verwirren mich.

Ich habe meine Tochter vor einigen Jahren einem vornehmen und würdigen Mann vermählt. Am Tage vor der Hochzeit kam er in einem weinroten Mantel aus bestem Stoff in mein Haus. Ich war sehr gekränkt, daß er (wie ich glaubte) in Schwarz kam. Aber meine Tochter sagte, die Farbe sei sehr vornehm; es seien meine Augen, die mich trögen."

Vererbung und Abstammung

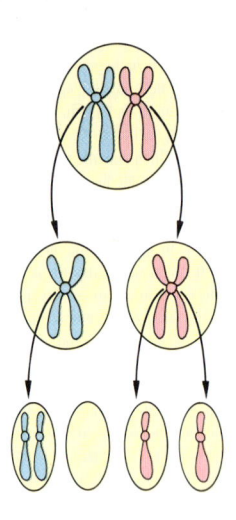

Syndrom
Gruppe von mehreren Krankheitsanzeichen, die gleichzeitig auftreten können.

1 Zehnjähriger Junge mit Down-Syndrom

Trisomie 21 — eine folgenschwere Veränderung im Erbgut

Etwa 2—3 % aller Neugeborenen kommen mit einem nachteilig veränderten Erbgut auf die Welt. Sie leiden an einer *genetisch bedingten Erkrankung*. Das oben abgebildete Kind ist z. B. von einem solchen Leiden betroffen. Dieses wird nach einem englischen Kinderarzt als *Down-Syndrom* bezeichnet. Umgangssprachlich wird es auch *Mongolismus* genannt, da die Betroffenen durch den Verlauf des oberen Augenlides und die Augenstellung ein mongolenhaft aussehen.

Seit 1959 kennt man die Ursache: Im Karyogramm der Betroffenen findet man ein zusätzliches Chromosom, das Chromosom Nr. 21 ist dreifach vorhanden *(Trisomie 21)*. Die Auswirkungen dieses überzähligen Chromosoms beschränken sich nicht auf das Aussehen. Es kommt auch zu einer Fehlentwicklung innerer Organe, zu größerer Anfälligkeit gegen Infektionskrankheiten und zu einer Verminderung der geistigen Fähigkeiten. Durch eine früh einsetzende pädagogische Betreuung können die Auswirkungen abgeschwächt werden. Wegen der häufig auftretenden Herzfehler starben früher viele Betroffene schon im Kindesalter, die Fortschritte der modernen Medizin ermöglichen heute eine höhere Lebenserwartung.

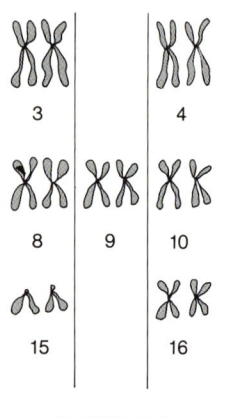

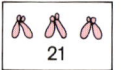

Die Ursache der Trisomie 21 liegt in einem Fehler bei der Meiose. Durch Nichttrennung zweier Chromosomen gelangt bei der ersten oder zweiten Reifeteilung ein zusätzliches Chromosom in eine der Keimzellen, eine andere erhält kein Chromosom 21.

Die Trisomie 21 tritt bei Geburten mit einer Häufigkeit von 1:550 auf. Da die Betroffenen oft nicht das fortpflanzungsfähige Alter erreichen, müsste die Krankheit eigentlich seltener werden. Das ist aber nicht der Fall. Auch in erblich nicht belasteten Familien kann Trisomie 21 spontan auftreten. Dabei sind offenbar Mütter, die im Alter von über fünfunddreißig Jahren ein Kind bekommen, unverhältnismäßig stark betroffen (▷ 2). Man weiß heute, dass auch Fehler bei der Keimzellenbildung des Vaters die Ursache für das Down-Syndrom sein können.

Eigentlich ist zu erwarten, dass jedes Chromosom von einer Nichttrennung und Fehlverteilung während der Meiose betroffen sein kann. Dennoch hat man nur noch die *Trisomie 18* und die *Trisomie 13* bei Neugeborenen festgestellt. Die Organschäden sind in diesen Fällen so groß, dass die Lebenserwartung weit unter einem Jahr liegt. Eine derartige Veränderung der Chromosomenzahl im Zellkern bezeichnet man als *Chromosomensatz-Mutation*.

In anderen Fällen ist nur ein Abschnitt eines Chromosoms von der Fehlverteilung betroffen. Eine solche *Chromosomen-Mutation* ist z. B. die Ursache für das *Katzenschrei-Syndrom*, eine Krankheit, bei der Neugeborene aufgrund einer Veränderung ihres Kehlkopfes wie junge Katzen weinen. Im Karyogramm erkennt man, dass am kurzen Arm des 5. Chromosoms ein Stück fehlt. Viele Mutationen sind allerdings im Mikroskop nicht erkennbar. In diesem Fall ist nur ein Abschnitt der Erbsubstanz (DNA) betroffen. Man spricht von einer *Gen-Mutation*.

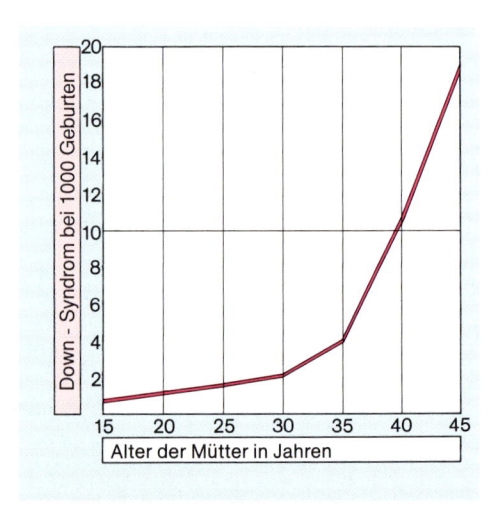

2 Wahrscheinlichkeit der Trisomie 21

Vererbung und Abstammung

Vorsorge bei Erbkrankheiten

Jährlich werden in Deutschland etwa 600 000 Kinder geboren, etwa 35 000 von ihnen besitzen einen erblichen körperlichen oder geistigen Fehler. In ihrer überwiegenden Zahl sind diese Erkrankungen unauffällig. In manchen Fällen, wie bei der Trisomie 21, kann das Auftreten eines Erbleidens zu schweren Belastungen des Kindes und der betroffenen Eltern führen. Auch Angehörige werden in dieses Leid mit einbezogen, weil es Außenstehende gibt, die solche Krankheiten als einen Familienfluch ansehen. Solchen Vorurteilen muss man entgegenwirken, vor allem im Hinblick auf das von einem Erbleiden betroffene Kind, das ja an seinem Zustand völlig unschuldig ist.

Wie kann die Medizin erbkranken Menschen helfen? Ganz deutlich gesagt: Fehler in den Erbanlagen können nicht behoben werden. Man kann möglicherweise den Zustand eines Erbkranken durch medizinische Maßnahmen und entsprechende Betreuung bessern. Vielleicht kann man einen auf Trisomie 21 beruhenden Herzfehler durch eine Operation korrigieren. Erbliche Stoffwechselerkrankungen lassen sich zum Teil durch Medikamente behandeln, so zum Beispiel bei der Bluterkrankheit.

Bei der *Phenylketonurie*, einer Erbkrankheit im Eiweißstoffwechsel, hilft schon eine Diät ab dem Säuglingsalter. Das sieht zwar nach einer „Heilung" aus, aber die Erbkrankheit ist damit nicht beseitigt. Ihre Ursache liegt in den Erbanlagen. Diese werden nach den Gesetzmäßigkeiten der Vererbung an die Nachkommen weitergegeben und können bei ihnen erneut zur Krankheit führen.

Dennoch sind Erbleiden kein unabwendbares Schicksal, wenn man in verantwortungsvoller Weise Vorsorge trifft. Ein Paar, das sich ein Kind wünscht, sollte sorgfältig prüfen, ob in der eigenen Familie schon einmal Erbkrankheiten vorgekommen sind. In solchen Fällen kann ein Arzt über ein mögliches Risiko aufklären. Falls er selbst keine Entscheidung treffen kann, wird er die Ratsuchenden an eine *genetische Familienberatungsstelle* verweisen, die es in vielen Großstädten gibt.

Hat sich ein Paar trotz eines gewissen Risikos für ein Kind entschieden, so sind Untersuchungen des ungeborenen Kindes schon im Mutterleib möglich. Eine inzwischen verbreitete Form dieser *vorgeburtlichen* Diagnose zeigt die Abbildung der Randspalte. Die *Fruchtwasseruntersuchung* wird in der 14. bis 16. Schwangerschaftswoche durchgeführt. Veränderungen im Chromosomensatz und etwa 50 verschiedene Stoffwechselerkrankungen des werdenden Kindes können damit erkannt werden. In begründeten Fällen lässt der Gesetzgeber einen Abbruch der Schwangerschaft zu. Die persönliche Entscheidung darüber kann aber niemandem abgenommen werden.

Ist es nicht humaner, die Zeugung erbkranker Kinder zu vermeiden, als erbgeschädigte Embryonen abzutreiben? Mit solchen und anderen Fragen der Erbgesundheit beschäftigt sich ein ganzer Wissenschaftszweig, die *Eugenik*. In der Zeit des Nationalsozialismus wurde sie dazu missbraucht, die Tötung erbkranker Menschen zu begründen. Insassen von Heilanstalten wurden in Gaskammern umgebracht, um das „Erbgut des deutschen Volkes zu reinigen". Man rechtfertigte dieses Vergehen als Sterbehilfe *(Euthanasie)*.

Heute werden Stimmen laut, die eine gezielte „Züchtung" von Menschen fordern. Die Fortpflanzung soll nur solchen Menschen erlaubt werden, die besonders positives Erbgut besitzen. Diese Vorschläge stehen im Widerspruch zu unseren Vorstellungen von der Würde des Menschen und haben die Eugenik in Verruf gebracht. Die Weitergabe von Erbkrankheiten kann vor allem durch Beratung und Aufklärung der Betroffenen vermieden werden.

Eine ständige Gefahr für das Erbgut liegt auch im spontanen Auftreten von Veränderungen *(Mutationen)*. Sie werden durch verschiedene Faktoren bewirkt. So besitzen einige chemische Stoffe *(Nikotin, Unkrautvernichtungsmittel*, manche *Medikamente)* sowie radioaktive und ultraviolette Strahlung *mutagene*, d. h. erbgutverändernde Wirkung. Solchen mutagenen Faktoren sollte man sich möglichst wenig aussetzen.

Fruchtwasser wird entnommen und zentrifugiert

Ablauf einer Fruchtwasseruntersuchung

Aufgabe

① Eine Frau möchte einen Mann heiraten, in dessen Familie Kurzfingrigkeit auftritt. Welches Risiko besteht für Kinder aus dieser Ehe, wenn
   a) der Mann selbst gesund ist,
   b) der Mann kurzfingrig, aber seine Mutter gesund ist?

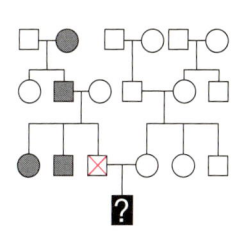

Vererbung und Abstammung **303**

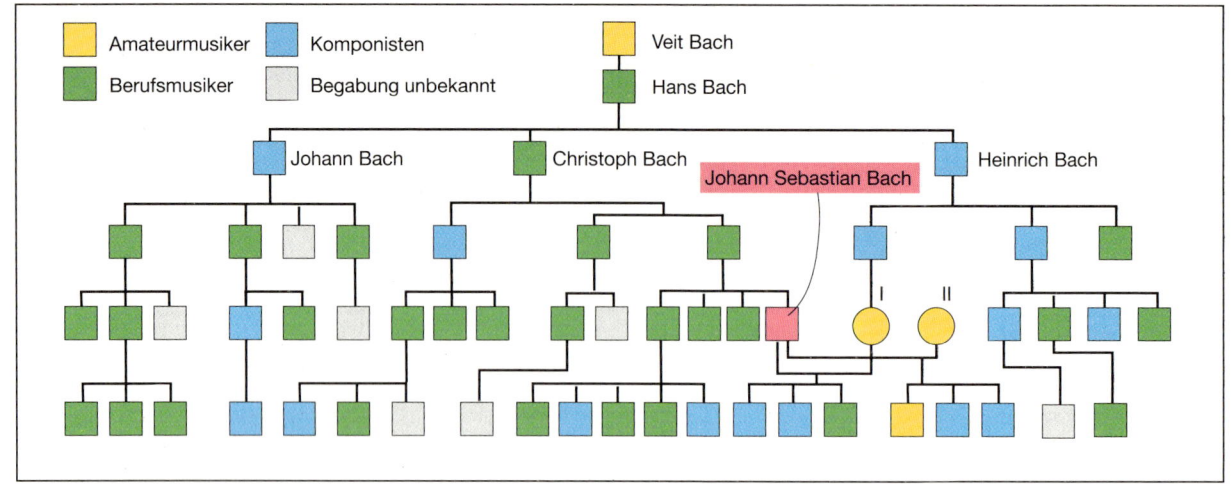

1 Stammbaum der Familie Bach

Vererbung der Hautfarbe

In Ländern, in denen Mischlinge zwischen dunkel- und hellhäutigen Vorfahren leben, lassen sich viele verschiedene Schattierungen der Hautfarbe beobachten. Diese Farbunterschiede sind erbbedingt. Außerdem kann sich die Bräune auch umweltbedingt in Abhängigkeit von der UV-Strahlung ändern. Es ist daher nicht leicht, den Erbgang für die Ausprägung der Hautfarbe zu bestimmen. Auf die Wirkung eines Gens allein lassen sich die Unterschiede nicht zurückführen. Das Schema zeigt, was sich ergibt, wenn man von zwei Paaren „verdunkelnder" bzw. „aufhellender" Allele ausgeht, die sich in ihrer Wirkung wechselseitig beeinflussen. Es sind dann schon neun Genotypen möglich. In Wirklichkeit sind noch mehr Gene an der Färbung der Haut beteiligt.

Man ist heute sicher, dass viele Merkmale des Menschen durch mehrere Gene kontrolliert werden. Dazu gehören Körpergröße, Haar- und Augenfarbe; Lernfähigkeit oder Gedächtnis werden vermutlich von mehreren Erbanlagen mitbestimmt. Erschwert wird die genetische Deutung solcher Persönlichkeitsmerkmale durch Einflüsse der Umwelt.

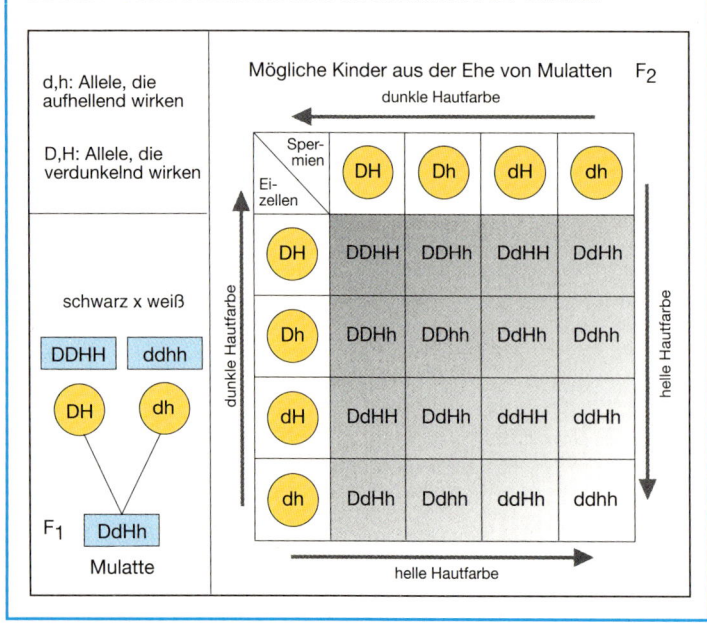

Erbgut und Umwelt beeinflussen unser Leben

Für einzelne Körpermerkmale des Menschen bis hin zu bestimmten Eigenschaften seines Stoffwechsels ist bekannt, nach welchen Gesetzmäßigkeiten sie vererbt werden. Diese Merkmale sind, wie die Blutgruppenzugehörigkeit, in der Regel *umweltstabil*, d. h., sie sind zeitlebens in der gleichen Ausprägung vorhanden, unabhängig von der Umwelt, in der wir gerade leben. Wie verhält es sich aber mit anderen Eigenschaften, z. B. Körpergewicht, Intelligenz oder Musikalität, die sich im Laufe des Lebens verändern?

Wenn man den Stammbaum der Familie Bach betrachtet (▷ 1), ist man geneigt, eine Vererbung der musikalischen Begabung anzunehmen. Familienforschung und Stammbaumanalysen sind auch für andere geistige Fähigkeiten durchgeführt worden. In der Malerfamilie BRUEGHEL lässt sich über mehrere Generationen hinweg künstlerisches Talent nachweisen; CHARLES DARWIN besitzt viele naturwissenschaftlich hochbegabte Verwandte. Allerdings ist die Behauptung, dass in diesen Fällen nicht die Vererbung, sondern die Erziehung und der Umgang im Elternhaus die wesentliche Rolle spielen, kaum zu widerlegen.

Die Frage nach der Vererbung von Begabungen stößt auf viele Hindernisse. Für Musikalität ist, falls sie überhaupt vererbt wird, sicher nicht nur ein einzelnes Gen zuständig. Aber nach welchen Genen muss man suchen? Gibt es die Anlage für absolutes Gehör, für Rhythmus, für Klangvorstellung?

Zwillingsforschung

Um den Einfluss von Umwelt und Erbgut bei der Ausbildung eines Merkmals zu erkennen, müsste man zwei genetisch gleiche Menschen in verschiedener Umgebung aufwachsen lassen, z. B. *eineiige Zwillinge*. Sie sind aus einer einzigen befruchteten Eizelle entstanden und haben die gleiche Kombination von Erbanlagen. Auf 1000 Geburten kommen eineiige Zwillinge, statistisch gesehen, drei- bis viermal vor.

An eineiigen Zwillingen sowie an gemeinsam aufgewachsenen *zweieiigen Zwillingen* wurden verschiedene statistische Erhebungen durchgeführt. Bei den eineiigen Zwillingen wurden zwei Gruppen gebildet: Solche, die möglichst lange gemeinsam erzogen *(gleiche Umwelt)* und solche, die durch Zufall in früher Kindheit getrennt wurden und in verschiedener Umgebung aufwuchsen *(verschiedene Umwelt)*. Da die letztgenannten Fälle äußerst selten sind, darf man die Ergebnisse nicht überbewerten.

Untersuchungen darüber, wie häufig bestimmte Krankheiten bei beiden Zwillingen übereinstimmend auftreten, zeigen, dass die Anfälligkeit bzw. Resistenz nicht ausschließlich genetisch bestimmt ist. Es gibt zwar bei eineiigen Zwillingen höhere Übereinstimmung, aber durch die Erbanlagen wird nur die Bandbreite, die *Reaktionsnorm*, festgelegt, innerhalb der ein Organismus reagiert.

Vergleicht man die übrigen Befunde, so stellt man fest, dass die Körpergröße weitgehend genetisch festgelegt ist. Das Körpergewicht hängt dagegen sehr stark von der Umwelt, also der Ernährung, ab. Beim Vergleich der Intelligenz dürfte der Schluss zulässig sein, dass das, was man mit Intelligenztests messen kann, also logisches Denken oder Zahlenverständnis, zu einem hohen Grad angeboren ist. Damit ist jedoch nichts über die Leistungsfähigkeit allgemein ausgesagt; denn die Umwelt kann diese vorhandenen Anlagen fördern. Hierin liegt der Sinn des Erziehens und des Lernens.

Die Frage, zu welchem Prozentsatz unser Leben durch Gene bzw. durch Faktoren der Umwelt bestimmt ist, lässt sich mit unserem heutigen Wissen nicht beantworten. Sicher sind die bestimmenden Faktoren für jeden Menschen verschieden. Wichtiger, als um Prozentzahlen zu streiten, ist es, mit unseren Fähigkeiten die Verantwortung für unser Leben bewusst zu übernehmen.

1 Eineiige Zwillinge und Schema der Entstehung

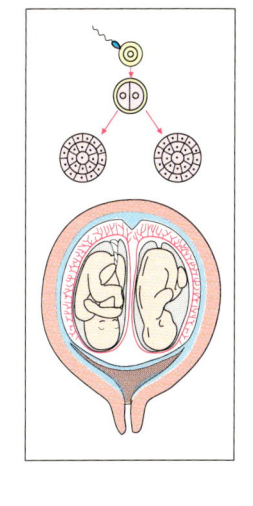

2 Zweieiige Zwillinge und Schema der Entstehung

Krankheit	Übereinstimmung in %	
	Eineiige Zwillinge	Zweieiige Zwillinge (gleiches Geschlecht)
Keuchhusten	96	94
Blinddarmentzündung	29	16
Tuberkulose	69	25
Zuckerkrankheit	84	37
Bronchialasthma	63	38
gleiche Art von Tumoren	59	24
Schlaganfall	36	19

3 Übereinstimmendes Auftreten von Krankheiten bei Zwillingspaaren

Untersuchte Zwillingsgruppe	Durchschnittlicher Unterschied in		
	Körpergröße (cm)	Körpergewicht (kg)	IQ-Punkten
Zweieiige Zwillinge	4,4	4,4	8,5
Eineiige Zwillinge (getrennt aufgewachsen)	1,8	4,5	6,0
Eineiige Zwillinge (gemeinsam aufgewachsen)	1,7	1,9	3,1

4 Mittlere Unterschiede in Größe, Gewicht und Intelligenzquotient (IQ)

Vererbung und Abstammung

Lexikon

Manipulationen am menschlichen Erbgut

Unter *genetischen Manipulationen* kann man im weitesten Sinn jeden Eingriff verstehen, bei dem der vorhandene Zustand des Erbguts oder der normale Ablauf des Vererbungsgeschehens verändert wird. Dieser Eingriff kann an einzelnen Genen, an Keimzellen und deren Kernen oder an sich entwickelnden Embryonen vorgenommen werden. An Beispielen sollen derartige Möglichkeiten vorgestellt werden.

Fall 1:
Das „Retortenbaby"

Der britische LKW-Fahrer GILBERT BROWN und seine Frau LESLEY wünschen sich ein Kind. Doch dieser Wunsch kann nicht in Erfüllung gehen: LESLEYS Eierstöcke sind zwar funktionsfähig, aber die reifen Eizellen können nicht in die Gebärmutter gelangen, weil ihre Eileiter verklebt sind. Der Gynäkologe PATRICK STEPTOE und sein Ärzteteam suchen nach einem Ausweg. Sie entnehmen in einer Operation aus den Eierstöcken von LESLEY reife Eizellen. Außerhalb des Körpers werden sie mit Spermienflüssigkeit von GILBERT zusammengebracht. In einem Glasgefäß *(Retorte)* findet die Befruchtung statt und die ersten Zellteilungen sind nach 38 Stunden unter dem Mikroskop zu erkennen. Nun wird der sich entwickelnde Keim in die Gebärmutter eingeführt. Er nistet sich ein und LESLEY BROWN ist schwanger. Ihre Tochter LOUISE, die durch Kaiserschnitt geboren wird, ist 1978 das erste „Retortenbaby" der Welt.

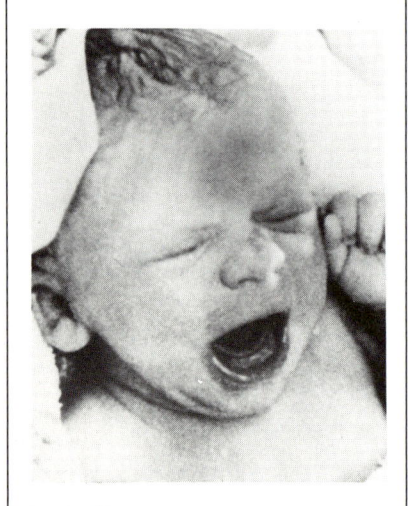

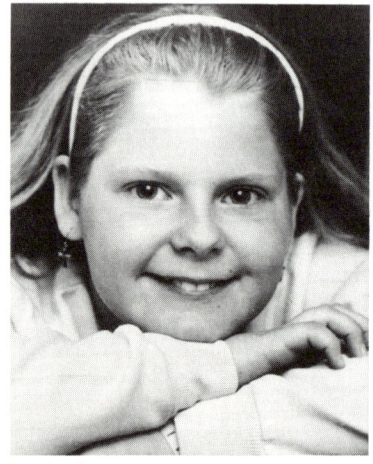

Louise Brown
(Pressefoto vom August 1978)

Louise Brown an ihrem 10. Geburtstag
(Pressefoto vom August 1988)

Fall 2:
Menschliches Insulin aus Bakterien

300 000 zuckerkranke Menschen in der Bundesrepublik Deutschland benötigen täglich *Insulin*. Es wurde in einem aufwendigen Verfahren aus der Bauchspeicheldrüse von Schlachttieren, vor allem von Schweinen, gewonnen. Da sich Schweine- und Rinderinsuline in ihrer chemischen Zusammensetzung doch etwas von menschlichem Insulin unterscheiden, kann es bei Patienten zu Unverträglichkeitsreaktionen kommen. Daher ist die Wissenschaft neue Wege gegangen.

Die Fähigkeit, Insulin herzustellen, beruht auf einem Gen. Es ist gelungen, dieses Gen aus dem Erbgut von Menschen zu isolieren und durch genchirurgische Manipulationen in die Erbsubstanz eines *Coli-Bakteriums* zu überführen. Der daraus gezüchtete Bakterienstamm ist nun in der Lage, menschliches Insulin bzw. dessen Vorstufen herzustellen.

Die „Sprache" der Gene ist bei allen Lebewesen gleich und wird auch von einem Bakterium „verstanden". Durch dieses Verfahren ist es seit 1978 möglich, Insulin in beliebigen Mengen in Bakterienkulturen zu produzieren.

Fall 3:
„Der genetische Fingerabdruck"

Der Brite ALEC JEFFREY entdeckte, dass jeder Mensch unverwechselbare Stücke Erbsubstanz besitzt. Das sind Bereiche auf den Chromosomen, die zwischen den eigentlichen Genen liegen. Diese Abschnitte lassen sich mit einer Gensonde, einem extra dafür hergestellten Molekül, auffinden. Es gelingt, dieses Erbmaterial aufzutrennen und die Bruchstücke der Größe nach zu ordnen. Bei diesem Trennungsverfahren entsteht ein *Bandenmuster*, das wie der Fingerabdruck eines Menschen unverwechselbar ist.

Man kann diesen „genetischen Fingerabdruck" aus einem winzigen Blut-, Speichel- oder Spermafleck, einer Hautabschürfung oder einigen Haaren gewinnen. Im November 1987 wurde in North Wales ein Vergewaltigungstäter auf diese Weise identifiziert. Man schätzt, dass von einer Milliarde Menschen nicht zwei den gleichen „genetischen Fingerabdruck" besitzen.

Aus der Kürze der drei Darstellungen darf aber nicht geschlossen werden, dass die geschilderten Verfahren besonders einfach sind. Sie erfordern einen hohen technischen Aufwand und umfassende Kenntnisse.

Wo liegen die Grenzen?

Die drei Beispiele dieser Seite klingen eigentlich recht positiv. Aber was ist inzwischen aus diesen Anfängen geworden?

Zu Fall 1: Einer Frau musste wegen einer Geschwulst die Gebärmutter entfernt werden. Sie und ihr Mann wünschen sich dennoch ein Kind. Eine Befruchtung außerhalb des Mutterleibes ist — wie bei den BROWNS — möglich. Aber wer trägt das Kind aus?

Es ist denkbar und wird auch praktiziert, den befruchteten Keim von einer „Leihmutter" austragen zu lassen. Die ethischen und juristischen Probleme dieses Vorgehens sind weitreichend. Das Landgericht Freiburg hat in einem ähnlichen Fall einen „Leihmuttervertrag" als sittenwidrig angesehen. Ein derartiger Handel mit menschlichem Leben zu „Preisen eines Mittelklassewagens" widerspreche grundlegenden Anschauungen der Rechtsordnung, heißt es in der Urteilsbegründung. Außerdem: Bei der Befruchtung außerhalb des Körpers werden manchmal mehr Eizellen befruchtet, als anschließend in die Gebärmutter überführt werden. Dadurch bleiben Embryonen „übrig". Darf man damit weiterexperimentieren? Darf man dieses gezeugte Leben einfach vernichten?

Zu Fall 2: Mit der Übertragung von Genen von einem Organismus auf einen anderen beschäftigt sich inzwischen ein ganzer Industriezweig. Bakterien mit besonders „gelungenen" Eigenschaften werden zum Patent angemeldet. Auch hier ergeben sich viele Fragen: Was geschieht, wenn die genetisch veränderten Lebewesen in die Umwelt gelangen? Kann und darf man auch fremde Gene in menschliches Erbgut einschleusen?

Zu Fall 3: Es ist nicht nur möglich, Menschen anhand ihres genetischen Materials zu identifizieren. In zunehmendem Maß gelingt es, einzelne Gene zu analysieren und auf Defekte hin zu untersuchen. Man weiß beispielsweise, dass ein Gen auf dem Chromosom 2 Veränderungen an Blutgefäßen hervorruft und den Herzinfarkt fördert. Ein anderes Gen auf Chromosom 3 begünstigt die Entstehung von Nierenkrebs.

Auch hieraus ergibt sich manches Problem: Darf man zum Beispiel bei einer Fruchtwasseruntersuchung solche Gene analysieren und den werdenden Eltern das Ergebnis mitteilen? Was fängt ein Mensch an, der selbst um Risikofaktoren in seinem Erbgut weiß? Darf ein Arbeitgeber einen Bewerber vor der Einstellung genetisch untersuchen lassen und ihm dann möglicherweise die Anstellung verweigern?

Gentechnik — Was ist das?

Schon in frühgeschichtlicher Zeit machten sich unsere Vorfahren die Stoffwechselleistungen von Kleinstlebewesen, wie Bakterien und Pilzen, zunutze, ohne allerdings zu wissen, wie das im Einzelnen funktioniert: z. B. bei der Herstellung von Käse, Sauerbrot oder auch beim Bierbrauen. Die Nutzung biologischer Prozesse ist also fast so alt wie die Menschheit selbst. Nach und nach haben Wissenschaftler solche alten, auf Zufallsentdeckungen beruhende Verfahren gezielt weiterentwickelt *(Biotechnologie)*.

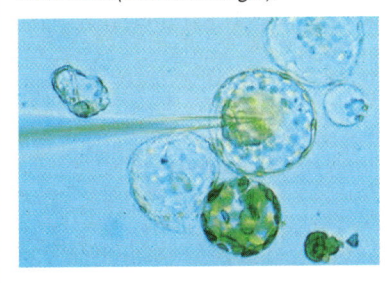

Die *Gentechnologie* geht nun noch einen Schritt weiter. Sie versucht, Lebewesen in ihren Genen so zu verändern, dass sie ganz bestimmte, von den Wissenschaftlern gewünschte Stoffwechselvorgänge zeigen. Voraussetzung dafür waren die Arbeiten von WATSON und CRICK, die es ermöglichten, die Träger bestimmter Erbanlagen, die *Gene*, zu *identifizieren*. Das Zeitalter der Gentechnik begann, als man in der Lage war, Gene auch zu *isolieren* und dann gezielt auf andere Organismen zu übertragen. Heute ist es schon mikrobiologische Routinearbeit, wenn — wie auf unserem Foto — mit hauchdünnen Glasnadeln fremde Gene in einen Zellkern hineingespritzt werden. Unter dem Mikroskop wird sichtbar, dass die mit gelber Farbe markierte DNA-Substanz genau in den Zellkern gelangt ist.

In einer vereinfachten Darstellung soll das Prinzip der Gentechnik erläutert werden. Bei Bakterien, die keinen Zellkern besitzen, benutzt man als Träger für das *Fremdgen* ringförmige DNA-Moleküle, die außerhalb der Bakterien-DNA im Zellplasma schwimmen und die auch durch die Zellmembran hindurchgelangen. Diese Ringe werden mithilfe von Enzymen *aufgeschnitten*, das Fremdgen wird eingesetzt und die *neukombinierte* DNA wird in die Wirtszelle eingeschleust. Das Ergebnis dieser Manipulation ist, dass die betroffene Zelle die Anweisung zur Produktion eines Eiweißes, die ja in dem neuen Gen enthalten ist, in der Tat umsetzt.

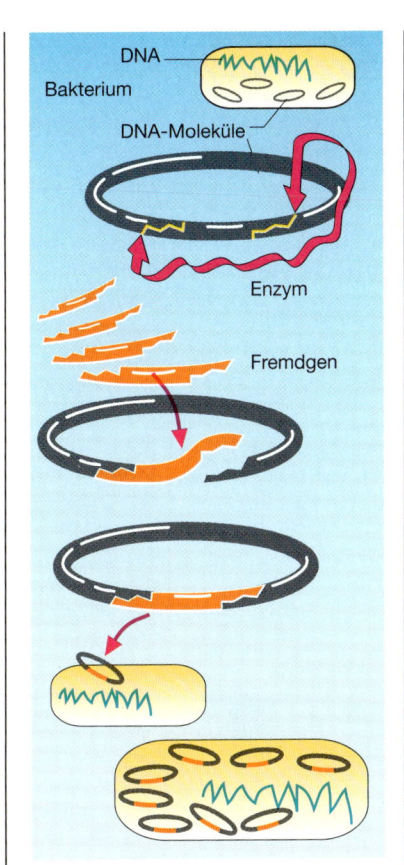

Sie stellt also neben ihren eigenen Produkten auch das von dem Fremdgen codierte Protein her. Damit ist die Gentechnik in der Lage, Eigenschaften auf künstlichem Weg in einem Lebewesen neu zu kombinieren.

Wie geht es nun weiter?

Wissenschaftler, Juristen, Theologen und Politiker versuchen, auf die vielen Fragen, die durch die *Gentechnologie* aufgeworfen werden, verbindliche Antworten zu finden. Eine Kommission, die 1984 in der Bundesrepublik Deutschland eingesetzt wurde, hat Empfehlungen zu ethischen und juristischen Fragen der künstlichen Befruchtung, des Experimentierens mit menschlichen Embryonen und der Genmanipulation erarbeitet. Auf dieser Grundlage wurden dann im Jahre 1990 vom Deutschen Bundestag entsprechende Gesetze verabschiedet.

Viele Fragen warten heute noch auf eine Antwort und ebenso viele werden in den nächsten Jahren neu gestellt werden. Bei der Manipulation des genetischen Materials liegen Nutzen und Gefahren eng beieinander. Die Zukunft muss zeigen, ob der Mensch mit seinem Wissen und seinen Möglichkeiten verantwortungsvoll umzugehen versteht.

Vererbung und Abstammung

4 Die Evolution des Menschen

Die Rassen des Menschen

Ein außerirdischer Betrachter würde die Erdbevölkerung auf den ersten Blick wohl als bunt zusammengewürfelte, sehr unterschiedliche Lebewesen sehen. Die genauere Betrachtung zeigt aber, dass die auf der Erde lebenden Menschen bestimmten Großrassen zugeordnet werden können, die sich jeweils durch charakteristische Merkmale auszeichnen. Man deutet die jeweiligen Rassenmerkmale teilweise als Anpassung an unterschiedliche klimatische Gegebenheiten in den einzelnen Verbreitungsgebieten.

Typisches Merkmal der *Negriden* sind sehr dunkle Haut-, Augen- und Haarfarbe, dichtes, stark gekräuseltes Kopfhaar, geringe Gesichts- und Körperbehaarung, wulstige Lippen und eine breite Nase mit kräftigen, geblähten Nasenflügeln. Negride Menschen haben durch ihre melaninreiche Haut einen sehr wirksamen Schutz vor der allzu intensiven, Krebs erregenden UV-Strahlung in tropischen Gebieten. Ihre gekräuselte Kopfbehaarung wird als Schutz vor zu starker Erwärmung gedeutet.

Angehörige der *europiden Rasse* haben eine helle bis dunkelbraune Haut, eine schmale Nase, dünne Lippen und starke Körperbehaarung. Haar- und Augenfarbe variieren von hell bis dunkel, auch die Körpergröße kann sehr unterschiedlich sein. Das Kopfhaar ist dünn und glatt bis wellig. Die helle Haut der *Europiden* ist als Anpassung an Erfordernisse des Vitaminstoffwechsels erklärbar: In der Haut wird unter dem Einfluss ultravioletter Strahlung Vitamin D aus Vorstufen gebildet. Mangel an Vitamin D führt zu Knochenerweichung, Knorpelschwellung und Rachitis. Die melaninarme Haut der Europiden lässt aber soviel UV-Strahlung durch, dass sie trotz der vergleichweise geringen Strahlung in den gemäßigten Klimazonen genügend Vitamin D bilden kann.

Mongolide sind klein und untersetzt. Ihre Augenregion weist die sogenannte *Mongolenfalte* auf. Die Nasenwurzel ist niedrig, das Gesicht wirkt flach, die Körperbehaarung ist gering. Augen und Haare sind dunkel, das Kopfhaar ist licht und straff. Die Hautfarbe

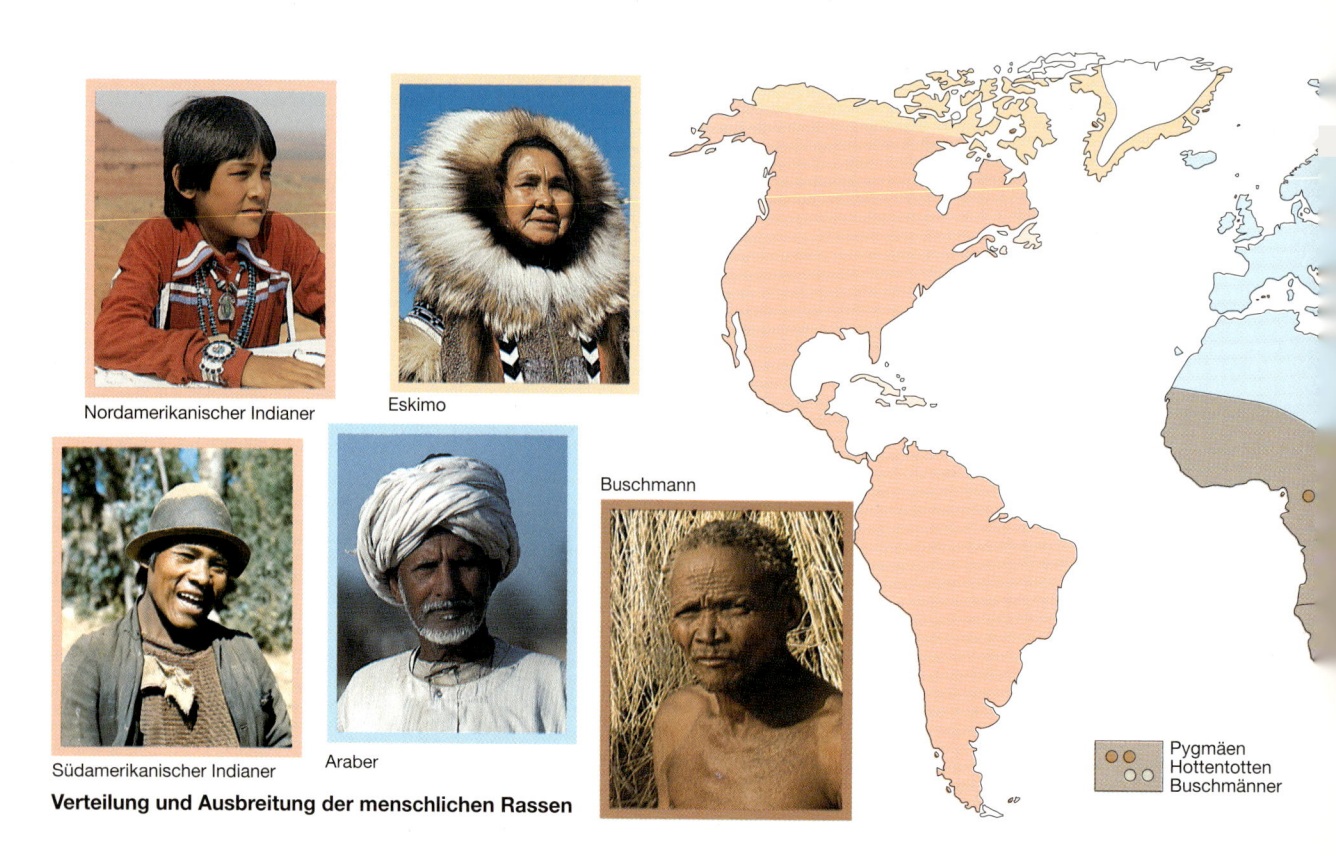

Nordamerikanischer Indianer

Eskimo

Südamerikanischer Indianer

Araber

Buschmann

Pygmäen
Hottentotten
Buschmänner

Verteilung und Ausbreitung der menschlichen Rassen

308 *Vererbung und Abstammung*

kann gelblich, gelb bräunlich oder rötlich braun sein. Mongolide Menschen mit ihren auffällig kurzen Gliedmaßen und ihrem gedrungenen Körper haben, verglichen mit den eher feingliedrigen Negriden, eine relativ geringe Körperoberfläche. Da Körper mit geringer Oberfläche weniger Wärme an die Umwelt abgeben, sind die Mongoliden gut an niedrige Temperaturen angepasst.

Wann sich die heutigen Großrassen gebildet haben, ist nicht ganz sicher. Heute geht die Wissenschaft davon aus, dass vor mindestens 50 000 Jahren die Bildung der verschiedenen Großrassen begann. Das geschah im Verlauf der Ausbreitung des Menschen über die ganze Erde, die vor über 100 000 Jahren von Afrika ausging.

Vor 50 000 Jahren wurde bereits Ostasien und vor etwa 35 000 Jahren Westeuropa besiedelt. Australien wurde schon vor etwa 40 000 Jahren bevölkert, während die Besiedlung des amerikanischen Kontinents erst viel später erfolgte, wahrscheinlich erst vor 12 000 bis 15 000 Jahren. Damals lag die Behringstraße, die Asien und Nordamerika heute trennt, trocken, da zu dieser Zeit infolge der Eiszeit der Meeresspiegel 100 Meter niedriger war.

Weshalb entwickelten sich aber die charakteristischen Rassenmerkmale? Durch die Besiedlung neuer Lebensräume wirkten andere Umweltbedingungen auf den Menschen ein, z. B. völlig andersartige Klimabedingungen. Das führte dazu, dass nach vielen Generationen die Menschen, die von vornherein aufgrund ihrer für die neuen Umweltbedingungen günstigeren Erbeigenschaften besser angepasst waren, besser überleben und sich damit erfolgreicher fortpflanzen konnten. Im Laufe der Zeit konnten sich so charakteristische Eigenschaften für bestimmte Menschengruppen, die *Rassen*, herausbilden. Da normalerweise Mitglieder verschiedener Rassen aufgrund der großen Entfernung zwischen ihren Heimatgebieten keine gemeinsamen Nachkommen zeugen, bleiben die durch Anpassung herausgebildeten Eigenschaften erhalten.

Trotz der Verschiedenartigkeit der Menschenrassen sind alle heute lebenden Menschen auf einen Ursprung zurückzuführen. Die Forschungsergebnisse der Genetik, der Verhaltensforschung, der Sprachforschung und der Fossilienforschung lassen nur diesen Schluss zu. Daraus ergibt sich eine enorm wichtige Schlussfolgerung: Rassismus hat keine biologische Grundlage.

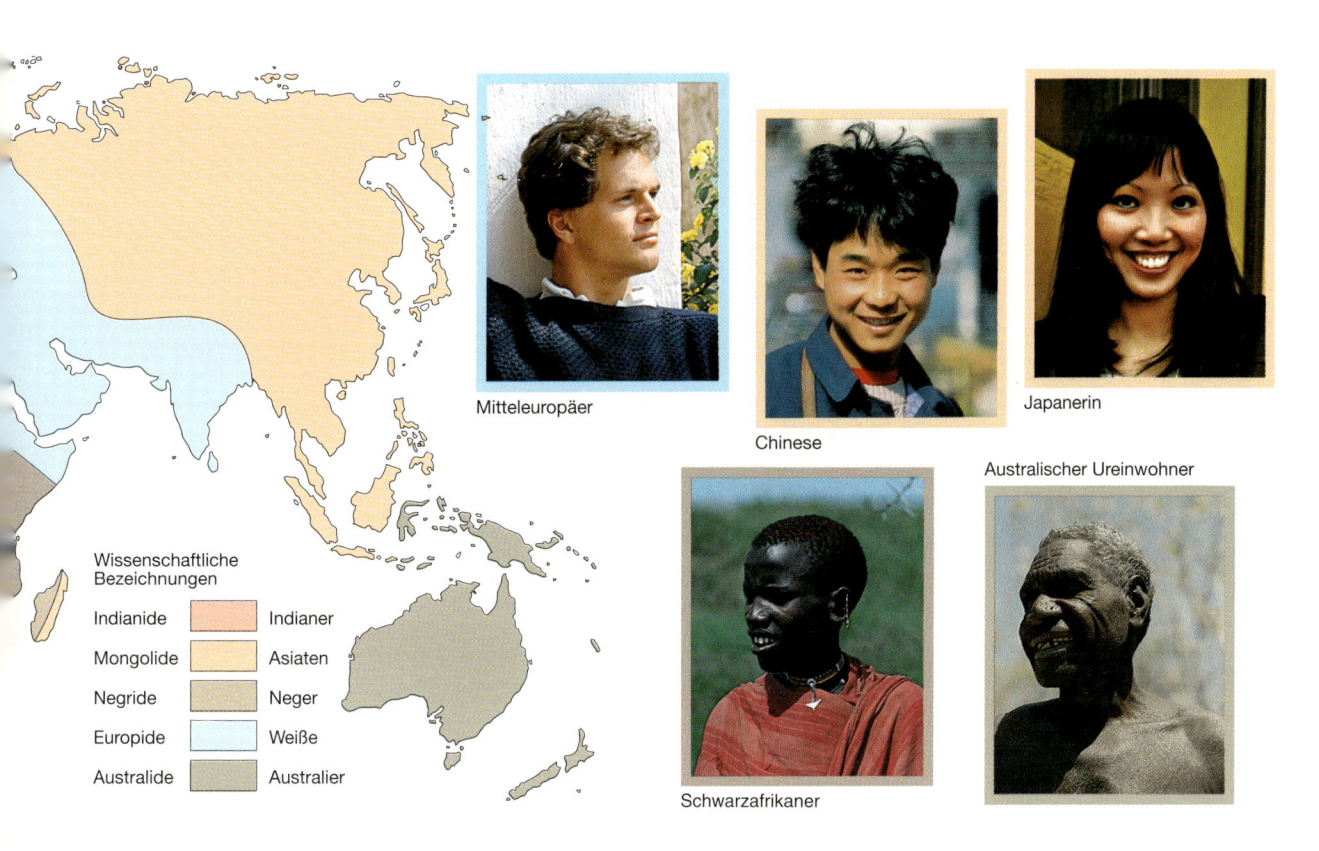

Wissenschaftliche Bezeichnungen

Indianide	Indianer
Mongolide	Asiaten
Negride	Neger
Europide	Weiße
Australide	Australier

Mitteleuropäer

Chinese

Japanerin

Schwarzafrikaner

Australischer Ureinwohner

Vererbung und Abstammung

1 Schimpansen

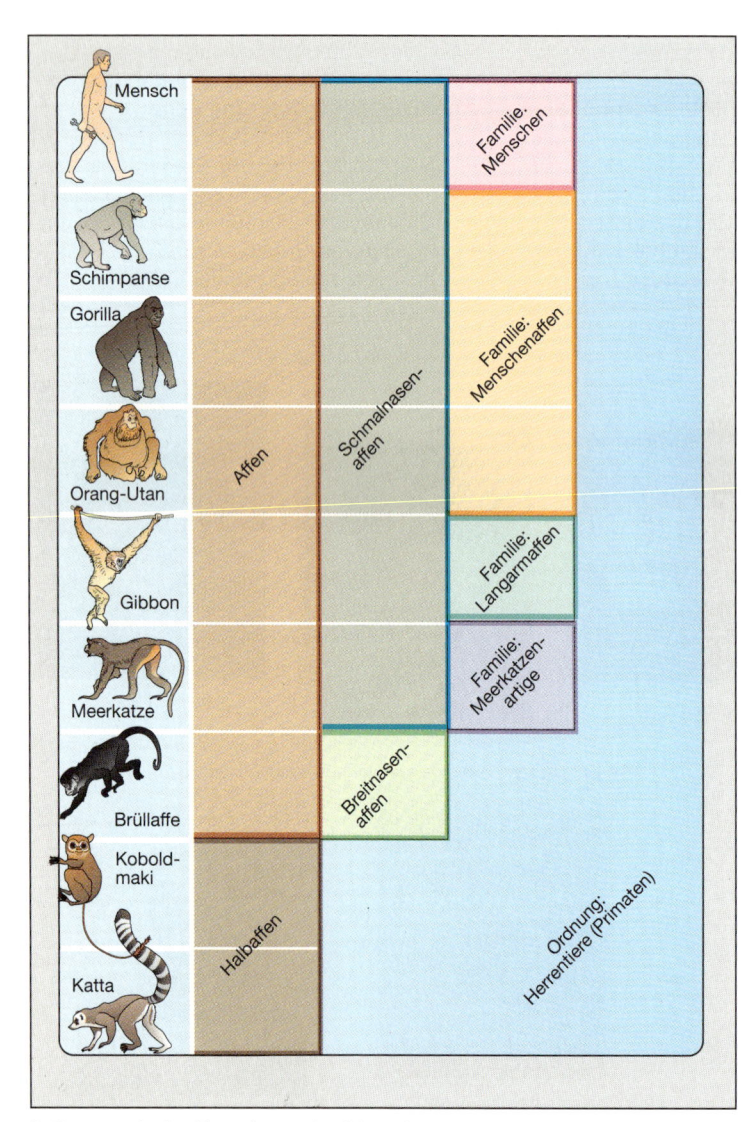

2 Systematische Einordnung des Menschen

Die Verwandten des Menschen

Vergleichende Untersuchungen haben ergeben, dass das Erbgut des Menschen sich von dem des Schimpansen nur zu 1,2 % unterscheidet. Kein anderer Organismus besitzt diesbezüglich mehr Übereinstimmungen. Mensch und Schimpanse sind somit am nächsten miteinander verwandt. In der Zoologischen Systematik werden die Menschen gemeinsam mit den Schimpansen und den übrigen Affen in die Ordnung der Herrentiere *(Primaten)* eingeordnet.

Auf den Gemeinsamkeiten von Schimpanse und Mensch beruht die Schlussfolgerung, dass beide gemeinsame Vorfahren haben. Ein *Vergleich von Mensch und Schimpanse* kann deswegen unser Verständnis von der Abstammung des Menschen erweitern. Trotz der zahlenmäßig geringfügigen Differenz in der Zusammensetzung der Erbsubstanz werden bei diesem Vergleich jedoch deutliche Unterschiede sichtbar.

Das Skelett des Menschen ist an den aufrechten Gang angepasst. Der gewölbeförmige Fuß des Menschen ist in erster Linie ein Gehwerkzeug. Das Gewölbe ermöglicht einen federnden Gang und dämpft so die Erschütterungen bei der Fortbewegung. Die Kniegelenke sind so gebaut, dass sie einen ständigen aufrechten Gang ermöglichen. Die Wirbelsäule ist doppelt-s-förmig gekrümmt und kann Stöße sehr gut abpuffern. Das Hinterhauptsloch liegt in der Mitte der Schädelunterseite, sodass sich der Schädel bei aufrechter Körperhaltung in einer günstigen Schwerpunktlage befindet. Der Brustkorb ist relativ breit, hat dafür eine geringe Tiefe. Dadurch liegt sein Schwerpunkt auf der Körperachse. Das Becken weist einen schüsselförmigen Bau auf, sodass die Eingeweide von ihm getragen werden. Die Arme sind kürzer als die Beine und werden nicht zur Fortbewegung genutzt, sondern sind universell einsetzbare Greifwerkzeuge. Der Unterarm ist um seine Längsachse drehbar. Der Daumen kann jedem Finger der Hand gegenübergestellt werden. Auf diese Weise ist ein *Präzisionsgriff* möglich. Das Hautleistenmuster mit den darunter liegenden Sinneszellen ermöglicht eine sehr feine Dosierung der Kraft, mit der zum Beispiel ein Gegenstand gehalten wird.

Im Affenhaus eines Zoos können wir unsere nächsten Verwandten beobachten. Die Heimat der Waldbewohner ist das tropische Afrika. Schimpansen schwingen oder klettern

Vererbung und Abstammung

in ihrem Lebensraum geschickt von Ast zu Ast, manchmal springen sie auch. Am Boden gehen sie meist auf allen Vieren, wobei sie die längeren Arme mit den Fingerknöcheln abstützen (*Knöchelgang).* Relativ selten erheben sie sich zum aufrechten, zweibeinigen Gehen *(Bipedie),* wenn sie beispielsweise Früchte mit den Händen an einen anderen Ort bringen.

Beim Klettern stellen die Schimpansen nicht nur den Daumen den anderen Fingern, sondern auch die große Zehe den anderen Zehen gegenüber. So können sie mit Händen und Füßen Äste umgreifen (*Greifhand* und *Greiffuß*). Dadurch sind Schimpansen an das Leben in Bäumen, auf denen sie Nahrung (Früchte, Blätter) suchen und Schutz finden, angepasst. Kleinere Gegenstände werden von Schimpansen, wie von Menschen, zwischen Daumen und Zeige- und Mittelfinger gefasst. Im Unterschied zum Menschen halten Schimpansen den Gegenstand dabei nur seitlich am Daumen, nicht mit der Daumenkuppe. Die Hände eignen sich auch zum einfachen Werkzeuggebrauch. So angeln wild lebende Schimpansen mittels eines passenden Halmes Termiten, die ihren Speisezettel bereichern.

Beim Knöchelgang auf dem Boden hängt der Kopf des Schimpansen an der schräg gerichteten Wirbelsäule und wird von der kräftigen Nackenmuskulatur gehalten. Das Hinterhauptsloch liegt weit hinten am Schädel. Die bogenförmige Wirbelsäule des Schimpansen geht geradlinig in das längliche Becken über. Der Brustkorb ist tief und die Schulterblätter sind weit nach hinten verlagert. Durch diese Lage können die Arme im Schultergelenk in alle Richtungen bewegt werden. Beim Laufen auf zwei Beinen ist der Schwerpunkt nach hinten verlagert. Knie- und Hüftgelenk bleiben abgeknickt.

Auffällig am Schädel sind die vorspringende Schnauze und die *Überaugenwülste.* Am Unterkiefer und den Schläfen findet man Ansatzstellen für die kräftige Kaumuskulatur. Im Gebiss ragen die großen und spitzen Eckzähne heraus, wobei jeweils im gegenüber liegenden Kiefer eine Zahnlücke vorhanden ist. Die Eckzähne sind gefährliche Waffen.

Das Gehirn des Schimpansen ist mit einem Volumen von etwa 450 cm^3 im Vergleich zu anderen Säugetieren gleicher Größe groß und weit entwickelt. Für das Leben in Bäumen kann es in Zusammenarbeit mit den Augen Entfernungen gut schätzen und komplizierte Bewegungen steuern. Auch für das komplexe Sozialverhalten der Schimpansen ist ihr hoch entwickeltes Gehirn eine Voraussetzung. Schimpansen leben in Gruppen, in denen sich alle Mitglieder persönlich kennen und in denen es eine Rangordnung gibt. Der Verständigung dienen differenzierte Laute und Gebärden, während der Mensch eine abstrakte Wortsprache mit einer Grammatik entwickelt hat. Die Verhaltensprogramme von Schimpanse und Mensch setzen sich aus angeborenen und einem sehr großen Teil erlernter Elemente zusammen. Das zeigt die lange Kinder- und Jugendzeit, in der viele Verhaltensweisen erlernt werden. Diese Phase dauert beim Menschen deutlich länger als beim Schimpansen.

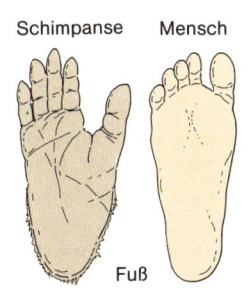

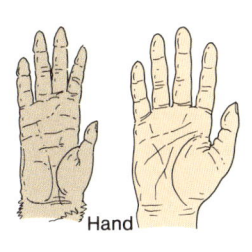

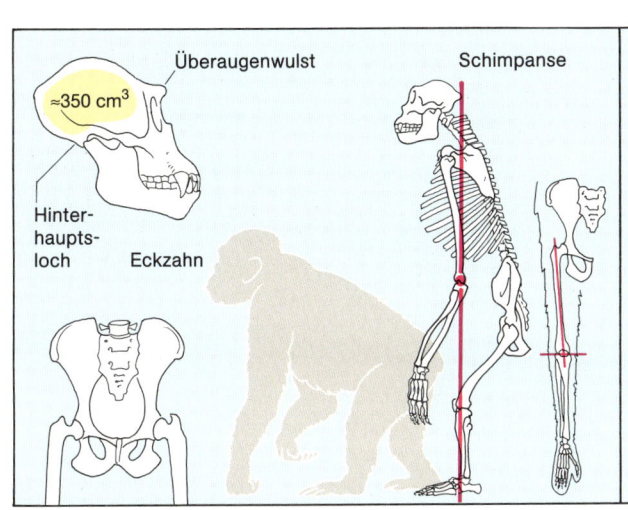

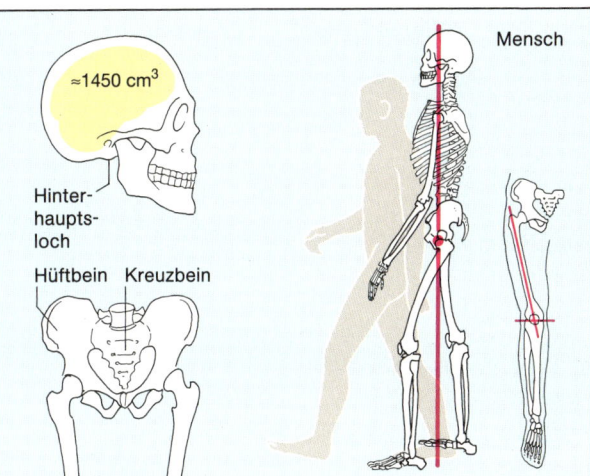

1 Vergleich von Skelettmerkmalen bei Schimpanse und Mensch

Vererbung und Abstammung **311**

Die Vorfahren des Menschen

Fossilfunde unserer Vorfahren

Einen der bedeutendsten Funde zur Stammesgeschichte des Menschen machte der Amerikaner DONALD JOHANSON. Er entdeckte mit seinem Assistenten im Jahre 1974 im Wüstengebiet des Afar-Dreiecks im südlichen Äthiopien einen Schädel und in nächster Nähe weitere Knochen, die alle von demselben Skelett stammen. Die Forscher erkannten, dass ihnen ein bedeutender Fund gelungen war. Das Alter der Knochen und der Bau des Skeletts ließen vermuten, dass dieses Lebewesen wahrscheinlich zu unseren ältesten Vorfahren gehörte. Die Forscher tauften ihren Fund, eine zierliche junge Dame, nach einem Beatles-Song *Lucy*. Sie wird heute der Art *Australopithecus afarensis* zugeordnet. Mit einer Beschreibung der Knochenfunde gibt sich ein Wissenschaftler aber nicht zufrieden. Er stellt weitere Fragen:
— Wie sah Lucy aus?
— Ging sie aufrecht?
— Wovon ernährte sie sich?
— Zu welchen Leistungen war sie fähig?
— Benutzte sie Werkzeuge?

Bei der *Rekonstruktion* eines fossilen Lebewesens bringt man die gefundenen Skelettteile zunächst in die richtige Lage zueinander. Fehlende Knochen werden durch nachgebildete Teile aus plastischem Material ergänzt. Aus Lage und Größe der Muskelansatzstellen auf dem Knochen kann die Muskulatur rekonstruiert werden. Binde- und Fettgewebe werden ergänzt, die vermutliche Farbe der Haut und die Art der Behaarung hinzugefügt. Je mehr Funde es von einer Art gibt, desto weniger Fehler enthält die Rekonstruktion. Weiter Untersuchungen ergänzen das Bild: Die Messung des Schädelvolumens gibt Hinweise auf die Gehirngröße, das Gebiss lässt Rückschlüsse auf die Ernährung zu, Baumerkmale des Beckens und Kniegelenks sowie die Lage des Hinterhauptsloches sind Indizien für die Art der Fortbewegung. Gibt es außerdem Bearbeitungsspuren an Knochen oder Funde von Werkzeugen oder Waffen, sind genauere Rückschlüsse auf die Leistungen unserer Vorfahren möglich. Für Lucy ergab die Untersuchung, dass sie den ersten Schritt zur Menschwerdung vollzogen hatte: Sie ging aufrecht und hatte ein etwas größeres Gehirnvolumen als der heute lebende Schimpanse.

Neben Lucy wurden vor 1974 und auch danach viele weitere Fossilien gefunden, die unseren Vorfahren zugeordnet werden können; einige sind älter als Lucy, viele jünger. Durch sorgfältigen Vergleich der unterschiedlich alten Fossilfunde kann man die Entwicklung teilweise nachvollziehen, die den Menschwerdungsprozess auszeichnete. So vergrößerte sich z.B. das Gehirn innerhalb von 3,5 Mio. Jahren von ca. 400 cm³ auf fast 1500 cm³ im Durchschnitt. Der Gesichtsschädel wurde flacher, die vorspringende Schnauze trat zurück. Mit *Homo habilis*, dem „geschickten" Menschen, lebte vor ca. 2 Mio. Jahren einer der Vorfahren der Gattung Mensch. Er benutzte nachweislich einfache Werkzeuge aus Stein.

	Australopithecus-Arten	Homo habilis	Homo erectus	Homo sapiens neanderthalensis	Homo sapiens sapiens
Schädel					
Gehirnvolumen	400 - 600 cm³	600 - 800 cm³	800 - 1200 cm³	1500 - 1700 cm³	≈1450 cm³
Zeitraum des Vorkommens	3,5 Mio bis ≈1,5 Mio Jahre	ca 2,5 Mio bis ≈1,2 Mio Jahre	2 Mio bis ≈150 000 Jahre	ca 200 000 bis ca 30 000 Jahre	ca 150 000 bis heute Jahre

1 Größenzunahme des Hirnschädels

Der Stammbaum des Menschen

Aufgrund der Fossilfunde kann man eine zeitliche Abfolge für das Auftreten und Verschwinden der verschiedenen Vorfahren des Menschen konstruieren. Der so entstehende Stammbaum für die Stammesgeschichte des Menschen veranschaulicht, dass die Entwicklung zum heutigen Menschen nicht geradlinig war, sondern Seitenzweige existierten, deren Vertreter irgendwann ausstarben. Andererseits bildeten sich immer wieder neue Zweige, deren Vertreter bisher nicht bekannte Merkmale besaßen. Am vorläufigen Ende des Stammbaumes stehen der heutige Mensch und die heute lebenden Menschenaffen. Die gemeinsamen Vorfahren von beiden lebten vor ca. 5 bis 7 Mio. Jahren, bevor der Stammbaum sich dann verzweigte.

Am Beginn der Entwicklung der Menschenartigen stehen verschiedene Arten der Gattung *Australopithecus*. Sie entstanden in Ostafrika. Über Afrika hinaus verbreiteten sie sich nicht. Alle *Australopithecinen* starben später wieder aus. Werkzeuggebrauch konnte für sie bisher nicht nachgewiesen werden. Als die Australopithecinen noch existierten, entwickelten sich gleichzeitig die ersten Menschen. Über den ältesten Vertreter, den *Homo habilis*, ist bis auf den Werkzeuggebrauch nur wenig bekannt. Wenig später entwickelten sich Menschen mit deutlich größerem Gehirn, die das Feuer und eine bestimmte Art von Faustkeilen nutzten. Dieser *Homo erectus* entstand ebenfalls in Ostafrika und verbreitete sich später über große Teile Europas und Asien, wie Fossilfunde zeigen. Vor etwa 200 000 Jahren verschwand Homo erectus.

Wahrscheinlich entstanden aus bestimmten Formen des Homo erectus wiederum in Afrika die ersten Vertreter des *Homo sapiens*. Wenig später schon wanderte er aus Afrika aus und besiedelte den Vorderen Orient sowie Mittel- und Westeuropa. Diese Form des Homo sapiens ist vielen als *Neandertaler* bekannt. Skelettteile eines Vertreters von *Homo sapiens neanderthalensis* wurden 1856 im Neandertal bei Düsseldorf gefunden. Neandertaler waren kräftig gebaute, etwa 1,60 Meter große Menschen, deren Gehirngröße etwas über der des Jetztmenschen lag. Ihr Schädel unterscheidet sich zu dem des heutigen Menschen durch seine fliehende Stirn, die ausgeprägten Überaugenwülste und das nicht vorspringende Kinn. Die Neandertaler Europas und Asiens waren vermutlich optimal an die Lebensbedingungen der Eiszeit angepasst. Sie waren Jäger und stellten den Großtieren der Eiszeittundra nach. Vor ca. 32 000 Jahren verschwanden sie jedoch ziemlich plötzlich.

Bereits vor mindestens 40 000 Jahren tauchten in Mitteleuropa die ersten Vertreter des heutigen Menschen, des *Homo sapiens sapiens*, auf. Er entwickelte sich vor ca. 100 000 bis 150 000 Jahren ebenfalls in Ostafrika, das er vor 100 000 bis 70 000 Jahren verließ, um die ganze Erde zu besiedeln. Er ist größer und schlanker als der Neandertaler, Überaugenwülste fehlen weitgehend, die Stirn ist nicht mehr fliehend, das Kinn ist vorspringend. In allen bekannten Merkmalen war Homo sapiens sapiens bereits damals mit dem heutigen Menschen identisch.

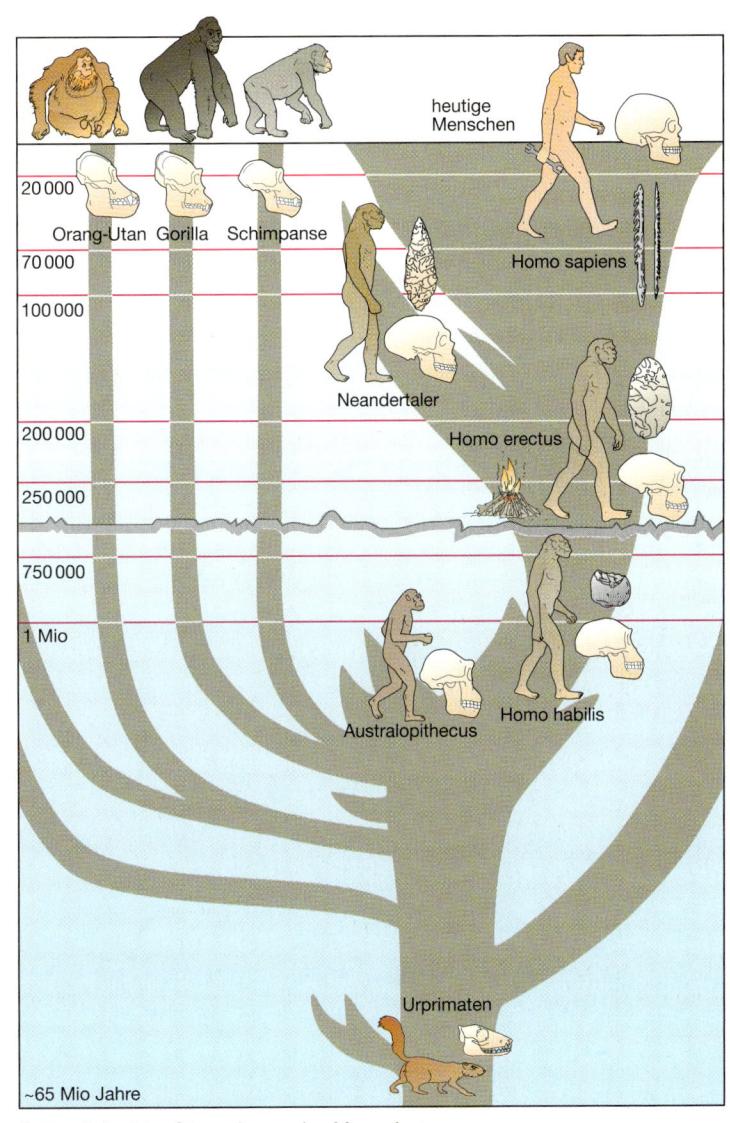

1 Vereinfachter Stammbaum des Menschen

Vererbung und Abstammung **313**

Wie der Mensch zum Menschen wurde

Beim Vergleich der Evolution des Menschen mit anderen Evolutionsprozessen wird deutlich, dass die Entwicklung zum Menschen mit einer vergleichsweise rasanten Geschwindigkeit abgelaufen ist. Innerhalb weniger Millionen Jahre entwickelte sich aus affenähnlichen Vorfahren der Mensch. Die heute lebende Menschenart, der *Homo sapiens sapiens*, gibt es sogar erst seit höchstens 150 000 Jahren. Die ersten Säugetiere entstanden dagegen bereits vor ca. 225 Millionen Jahren.

Ein besseres Verständnis dieser schnellen Entwicklung zum Menschen bringt die Beantwortung folgender Fragen:

— Was hat die enorme Größenzunahme des Gehirns bewirkt?
— Warum ist Ostafrika die Wiege der Menschheit?
— Was hat unsere Vorfahren dazu veranlasst, Afrika zu verlassen?

Einige Annahmen (*Hypothesen*) stützen sich mehr auf Überlegungen zum Werkzeuggebrauch und Sozialverhalten des Menschen, andere mehr auf ökologische Zusammenhänge.

Die Zunahme des Hirnvolumens wird mit der Wechselwirkung verschiedener Faktoren erklärt. Der aufrechte Gang ermöglichte den Gebrauch der Hände. Das förderte einerseits die Entwicklung des Werkzeuggebrauchs, andererseits auch die Höherentwicklung des Sozialverhaltens. So ist zum Beispiel das Handausstrecken eine freundschaftliche, besänftigende Geste.

Komplexeres Sozialverhalten und differenzierter Werkzeuggebrauch förderten im Laufe der Zeit die Entwicklung größerer Gehirne. Diese wurden dadurch noch leistungsfähiger, was nun umgekehrt positive Auswirkungen auf den Werkzeuggebrauch und das Sozialverhalten hatte. Das förderte wieder die Entwicklung größerer Gehirne usw. Die Zunahme der Gehirngröße bewirkte, dass sich menschliche Gesellschaften mit einer geordneten und komplizierten Sozialstruktur entwickelten, in denen Arbeitsteilung praktiziert wurde (*Jagen* und *Sammeln*). Die Weiterentwicklung von Kooperation und Arbeitsteilung sowie die Entwicklung einer abstrakten Wortsprache förderte die Fähigkeit unserer Vorfahren, Großtiere zu jagen. Die Sprache war außerdem eine Voraussetzung dafür, dass sich die menschliche Kultur so entwickeln konnte, wie wir sie heute kennen.

Andererseits könnten *ökologische Bedingungen* in Ostafrika die Voraussetzung für den Menschwerdungsprozess und für die damit verbundene Vergrößerung des Gehirns gewesen sein. So können die Großtierherden Ostafrikas (Gnus, Zebras, ...) ideale Lebensbedingungen für unsere Vorfahren geboten haben, da immer hinreichend tote Tiere als Nahrungsgrundlage vorhanden waren. Dabei mussten unsere Vorfahren mit anderen Aasfressern konkurrieren. In der Luft kreisende Geier zeigten an, wo Nahrung zu finden war. Es kam also darauf an, möglichst

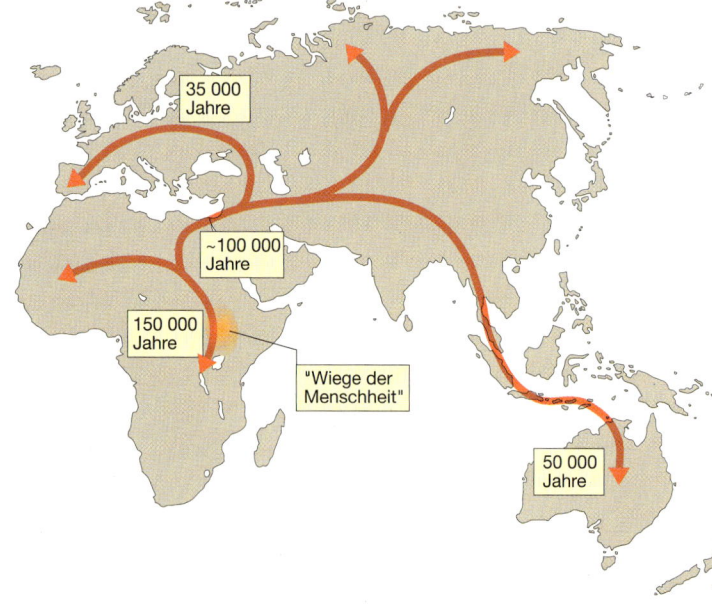

1 Modell zur Menschwerdung (oben) und Ausbreitung des Menschen

314 *Vererbung und Abstammung*

schnell am Aas zu sein. Die Fortbewegung auf zwei Beinen verschaffte einen besseren Überblick und war Energie sparend. Bei der Nahrungssuche waren ausdauernde Läufer im Vorteil. Durch Schwitzen können Menschen im Gegensatz zu vielen anderen Tieren Wärme abführen, sodass der Körper bei Dauerbelastung nicht überhitzt wird. Das könnte ein Grund dafür gewesen sein, dass unsere Vorfahren wahrscheinlich schon vor über 3 Mio. Jahren das ursprünglich vorhandene Fell weitgehend zurückgebildet haben. Ein nackter Körper führt die Wärme noch besser ab.

Unsere Vorfahren verzehrten nicht nur das Fleisch, sondern auch das phosphatreiche Knochenmark der Beute. Eiweiß und Phosphat sind wichtige Stoffe für die Gehirnentwicklung. Diejenigen Vorfahren, die zum ersten Mal mithilfe von primitiven Steinwerkzeugen in der Lage waren, die Haut des Tieres zu öffnen und es zu zerlegen, erwarben damit weitere Überlebensvorteile. Sie konnten so leichter frische Tiere verwerten, deren Haut noch sehr widerstandsfähig ist. Dadurch verminderte sich die Gefahr der Vergiftung durch Leichengifte, die für Geier keine Gefahr darstellen. Zum anderen konnten mithilfe von Werkzeugen auch Großtiere als Nahrungsgrundlage verwertet werden, da sie nun zerlegt und abtransportiert werden konnten. In der weiteren Entwicklung hat sich später die Jagd als wirkungsvollere Art des Nahrungserwerbs herausgebildet, was unsere Vorfahren vielleicht ortsunabhängiger machte.

Eine Verschlechterung der Lebensbedingungen in Afrika könnte der Grund für die Auswanderungswellen aus diesem Kontinent gewesen sein. Das zeitweise Vordringen der für den Menschen lebensbedrohlichen Tsetse-Fliege nach Ostafrika wird als möglicher Grund dafür diskutiert (Tsetse-Fliegen übertragen die Schlafkrankheit!). In Europa und Asien fanden die Auswanderer in der damaligen Eiszeit-Tundra ebenfalls Großtierherden vor, sodass die Nahrungsgrundlage ähnlich der in Afrika war. Homo erectus war wahrscheinlich bereits in der Lage, Großtiere zu jagen.

Von den später erscheinenden Neandertalern weiß man dieses sicher. Sie waren spezialisierte Eiszeitjäger, die der Konkurrenz durch den vor 40 000 Jahren nach Europa vordringenden, flexibleren Jetztmenschen nicht gewachsen waren. Die Neandertaler starben schließlich aus, als die Nahrung knapper wurde, da sich infolge einer langsamen Klimaumstellung die Lebensbedingungen für viele Eiszeittiere drastisch verschlechterten. Ein weiterer Grund für die Unterlegenheit der Neandertaler könnte gewesen sein, dass sie möglicherweise nicht so gut wie der heutige Mensch in der Lage waren, eine abstrakte Wortsprache zu entwickeln. Man schließt das aus der höheren Lage des Kehlkopfes beim Neandertaler. Eine tiefere Anordnung des Kehlkopfapparates sorgt für einen hinreichend großen Resonanzraum, wie er für eine differenzierte Lautbildung erforderlich ist. Wenn diese Annahme zutrifft, war der damals auftauchende moderne Homo sapiens dem Neandertaler infolge seiner besseren Kommunikationsfähigkeit überlegen.

1 Mögliches Lebensbild unserer Vorfahren (Rekonstruktion)

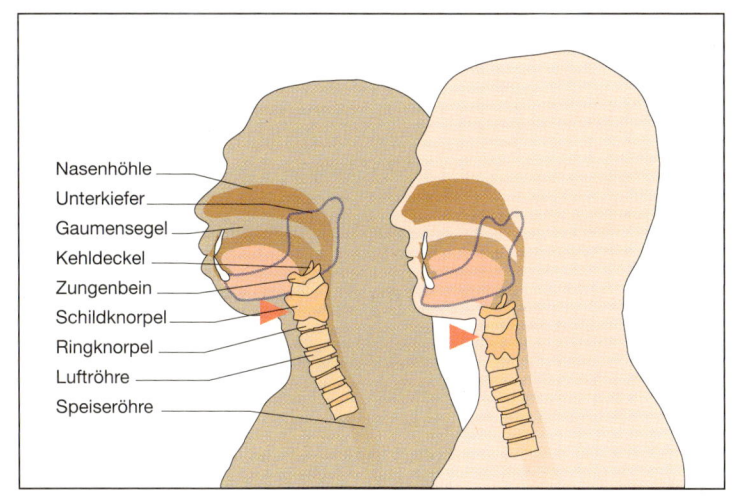

2 Bisherige Modellvorstellung der Kehlkopflagen Neandertaler/Jetztmensch

Vererbung und Abstammung

Die kulturelle Evolution

Die Eigenart des Menschen beruht vor allem auf seinem hoch entwickelten Gehirn, das ihm nicht nur den Gebrauch und die Herstellung von Werkzeugen ermöglicht, sondern auch die Grundlage für seine abstrakte *Symbolsprache* bildet. Nur der Mensch hat in seinem Großhirn leistungsfähige motorische und sensorische Sprachzentren. Kein anderes Lebewesen kann Gegenstände, Verhaltensweisen, Gefühle, Zukunftspläne und Erfahrungen mit einer abstrakten Symbolsprache beschreiben und seinen Artgenossen mitteilen. Die Sprache ermöglichte unseren Vorfahren ein gemeinsames Vorgehen bei der Nahrungsbeschaffung, bei der Abwehr von Gegnern, bei der Schaffung von Unterkünften und bei der Einlagerung von Vorräten.

Aus Bildzeichen entwickelten sich beispielsweise in Ägypten und in China Bilderschriften. Die Buchstaben unseres Alphabets leiten sich von ägyptisch-phönizischen Bildzeichen ab. Mithilfe der *Schrift* können Informationen dauerhaft gespeichert werden. So entsteht rasch eine Fülle von Kenntnissen und Fähigkeiten, deren Gesamtheit wir als *Kulturgut* bezeichnen. *Kulturelle Evolution* umfasst alle Entwicklungsvorgänge, die zur Ausbildung des Kulturguts führen.

Ein wichtiger Schritt in der Entwicklung des Menschen war die Nutzung des *Feuers*. Feuer wärmt, es ermöglicht die Besiedlung kalter Klimazonen, es dient zum Kochen und Braten, es schützt vor wilden Tieren. Die planvolle Nutzung des Feuers unterscheidet den Menschen von den Tieren, für die Feuer eine Bedrohung darstellt.

Vor ca. 10 000 Jahren wurden aus umherziehenden Sammlern und Jägern *sesshafte* Ackerbauern und Viehzüchter. Der Anbau von Nutzpflanzen wurde planmäßig betrieben. Schon im 6. Jahrtausend v. Chr. wurden in Kleinasien erste Bewässerungsanlagen angelegt. *Stadtstaaten* entstanden. Eine fortschreitende Arbeitsteilung führte zur Herausbildung sozialer Unterschiede.

Schon früh entwickelten sich auch weitreichende *Handelsbeziehungen*. Doch nicht nur Waren verschiedenster Art, auch neue Techniken und Ideen verbreiteten sich entlang der Handelswege rasch. Immer differenziertere *Werkzeuge* und *Waffen*, zunächst aus Bronze, später aus Eisen, traten an die Stelle der einfachen Steinwerkzeuge.

Technische Fertigkeiten wurden für das Überleben der Menschen wichtiger als die körperliche Leistungsfähigkeit. Der Mensch war nun nicht mehr nur Objekt der Evolution, er beeinflusste seine Evolutionsbedingungen selbst. Bei der *Tier-* und *Pflanzenzucht* trat er durch die bewusste Auswahl von für ihn vorteilhaften Merkmalen an die Stelle der natürlichen Zuchtwahl.

Die kulturelle Evolution verläuft viel schneller als die biologische Evolution. Besonders beschleunigt wurde sie durch die Erfindung des Buchdrucks von Johannes Gutenberg im 15. Jahrhundert und durch die rasante Entwicklung der *Mikroelektronik* in den letzten Jahrzehnten.

An die enorme Geschwindigkeit, mit der die kulturelle Evolution abläuft, kann sich der Mensch oft nur schwer anpassen. *Zivilisationskrankheiten* und schwerwiegende *psychische Störungen* können die Folge sein.

Waren unsere Vorfahren, wie andere Lebewesen auch, der Wirkung von *Selektionsfaktoren* (z. B. Klimabedingungen, Krankheitserreger) ausgesetzt, so ist der moderne Mensch in der Lage, die Einwirkung solcher Selektionsfaktoren abzumildern.

Eine Vielzahl von Antibiotika unterstützt das Immunsystem bei der Abwehr bakterieller Infektionen. Hörgeräte und Brillen kompensieren die mangelnde Leistungsfähigkeit der eigenen Sinne. Geeignete Kleidung und moderne technische Hilfsmittel ermöglichen das Überleben selbst unter ungünstigen klimatischen Bedingungen.

Durch den planmäßigen Anbau und die Züchtung von Nutzpflanzen ist der Mensch der Notwendigkeit enthoben, mit anderen Lebewesen um die tägliche Nahrung zu konkurrieren. Bei der herkömmlichen Züchtung konnte der Mensch nur Eigenschaften herauszüchten, die die Natur in den Lebewesen angelegt hatte. Die *Gentechnik* ermöglicht dem Menschen, in bestimmte Lebewesen neue Erbeigenschaften zu übertragen.

Der Mensch hat heute zwar die Fähigkeit, neue Aufsehen erregende Techniken zu entwickeln, es kommt aber auch darauf an, die Folgen solcher Neuentwicklungen rechtzeitig zu erkennen und darauf zu reagieren. Da dieses immer schwieriger wird, liegt hier eine der Zukunftsaufgaben des Menschen.

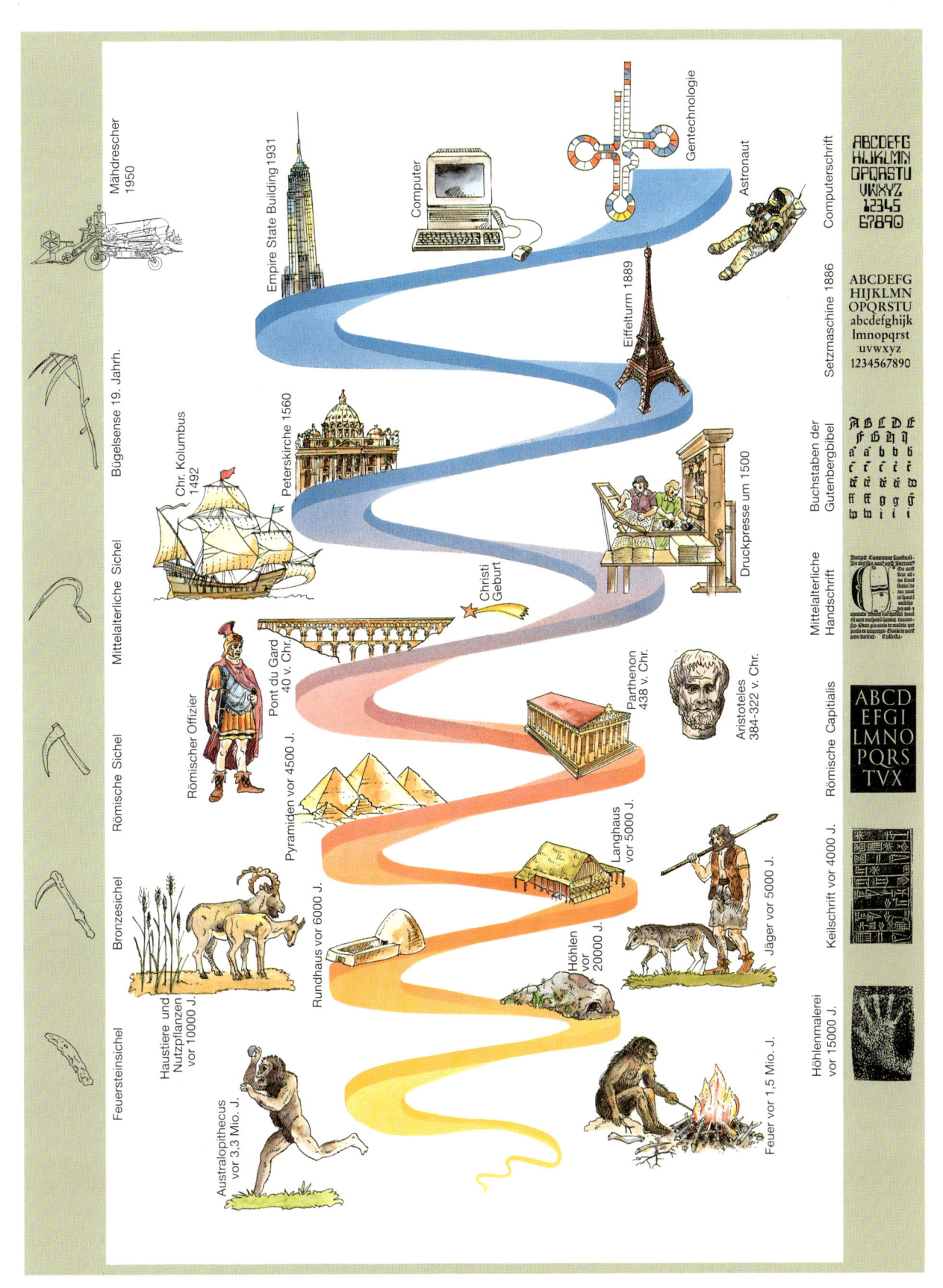

1 Zeittafel mit Entwicklung von Werkzeugen und Schrift

Vererbung und Abstammung 317

Register

Aasfresser 314
AB0-System 298
Abfall 94
Abfallgesetz 94
Abfallvermeidung 94, 95
Abgas-Untersuchung 92
Abhängigkeit 234, 236
Abstammungslehre 3
Abwasser 72, 81–84, 89
Abwassereinleitung 82
Abwasserfahne 76, 79
Abwasserpilz 79
Abwehr, humorale 217
Abwehr, unspezifische 216
Abwehr, zelluläre 217
Abwehrreaktion 216
Acetylcholin 255
Achselbehaarung 269
Ackerland 89
Ackerrittersporn 17, 98
Ackerschachtelhalm 126, 140
Ackerschnecke 13, 15
Ackerwildkräuter 98
Adenin 294
Aderhaut 240
Aderlass 155
Adlerfarn 26, 124
Admiral 166
Adrenalin 264
Aflatoxin 134, 231
After 152, 160, 196
Afterfuß 176
Agar-Agar 117
Agrarlandschaft 101
AIDS 220, 221, 278, 280, 281
Akkommodation 242
Akne 253
Aktinfilament 199
Alarmsystem 260
Albinismus 297
Alge 30, 63, 114, 116, 117, 140
Algenblüte 63, 72, 84
Algenkolonie 114
Alginat 117
Alkaloid 25
Alkohol 234, 235
Alkohol-Hepatitis 234
Alkoholiker, Anonyme 234
Alkoholkonzentration 234
Alkoholvergiftung 234
Allel 297–299
Allel, kodominantes 298
Allelkombination 298
Allergen 224
Allergie 213, 224, 225, 253
Alter 285
Alterdiabetes 265
Altersweitsichtigkeit 243
Altwasserarm 80
Amboss 248
Ameise 164, 175
Ameisenjungfer 164
Ameisenlöwe 164
Ameisenstaat 39
Aminosäure 184, 195, 295

Aminosäure, essenzielle 185
Ammenbiene 171
Amöbe 112, 139
Ampulle 250
Amsel 15, 90
Amylase 192, 193, 195
Amylaselösung 191
Androgen 269
Anopheles 227
Anpassung 90, 309
Antagonismus 199, 260, 264
Antenne 143, 158
Antennenform 158
Antheridien 123, 125
Antibiotikum 134, 213, 222
Antigen 205, 216
Antigen-Antikörper-Reaktion 205, 217
Antikörper 205, 216, 217, 299
Antriebsfeld 257
Aorta 201
Apollofalter 166
Arbeiterin 39, 157, 170, 171
Arbeitsteilung 115, 170, 257
Archegonien 123, 125
Armindex 300
Artenarmut 98, 99
Artenkenntnis 14
Artenschutz 106, 107
Artenverarmung 90
Arterie 200
Arterienverengung 230
Arteriosklerose 230
Äschenregion 81
Assel 177
Astalge 78
Asthma 92, 225
Atembewegung 207
Atemloch 148
Atemöffnung 178
Atemrohr 65
Atemvolumen 207
Atmosphäre 44, 50
Atmung 44, 65
Atmung, innere 121
Atmungssystem 160
Auenwald 81
Aufgabenteilung 39
Auge 240–246
Augenfehler 243
Augenfleck, roter 113
Augengeißelträger 113, 139
Augenhaut, Harte 240
Augenlid 240
Augenlinse 240
Augenträgheit 246
Augentrost 129
Auskiesung 97
Ausscheidungsorgan 153, 160
Außenkiemen 65
Außenskelett 143, 156, 176
Außenverdauung 168, 179
Australide 308, 309
Australopithecus 312, 313

Australopithecus afarensis 312
autotroph 44, 113, 138
AVERY, OSWALD 294
Avitaminose 186
Axon 255
Axonhügel 255
Azidothymidin 221

Bach 55
Bachflohkrebs 78
Bachplanarie 155
Baggersee 97
Bakterienkolonie 213
Bakterienkultur 119
Bakterienwachstum 118
Bakterienzelle 118
Bakteriologie 212
Bakterium 118, 119, 212, 215
Bakterium, aerobes 82
Bakterium, anaerobes 82
Bakterium, Blaugrünes 138
Bakterium, Echtes 138
Balken 256
Ballaststoffe 184, 196
Ballungsraum 86, 89
Balztanz 181
Bandenmuster 306
Bandwurm 142, 155
Bär, Brauner 167
Barbenregion 81
Bärenklau 16
Bärlapp 126, 140
Bartflechte 30
Bartmoos 122
Bartwuchs 269
Basaltemperatur 275
Basaltemperaturmethode 277
Bastteil 23
Baubiene 171
Bauchfuß 162
Bauchgefäß 153
Bauchmark 142, 153, 161
Bauchpilz 133
Bauchsammler 175
Bauchspeicheldrüse 194, 195, 264
Baum 22, 141
Baumalge 117
Baumfarn 126
Baummarder 34
Baumschicht 32
Baustoffe 182, 185
Bazillus 212
Becherling, Orangeroter 133
Becherzelle 194
Bedecktsamer 23, 141
Befruchtung 123
Befruchtung, extrakorporale 278
Begrünung 96
BEHRING, EMIL VON 218, 222
Beinsammler 175
Belebtschlammflocken 83
Belegzelle 192

Benzpyren 231, 232
Beobachtungsdokument 47
Beobachtungsstock 172
Berberitze 136
Bergehalde 96
Beriberi 186
Berlese-Apparat 42
Beschaffungskriminalität 237
Besenheide 107
Bestandsaufnahme 16
Bestäubung 128
Bestimmungsbuch 10, 11, 47, 60, 150
Bestimmungsschlüssel 151
Betriebsstoffwechsel 185
Bettwanze 164
Beutefang 179
Bevölkerungsdichte 89
Beziehungsaspekt 279
B-Gedächtniszelle 216, 217
Biene 164, 170
Bienenjahr 174
Bienenkompass 173
Bienenstaat 170
Bienenstachel 171
Bienentanz 172, 173
Bildpunkt 241
Bilharziose 155
Billings-Methode 277
Binde 274
Binnengewässer 85
Binse 56, 58
Bioindikator 93
Biomasse 45, 80
Biotechnologie 307
Biotop 36, 40, 69, 73, 101, 106
Biotopkartierung 106
Biotopschutz 106, 107
Biotopvernetzung 106
Biozönose 40, 71
Bipedie 310
Birke 24
Birkenpilz 28
Birkhahn 73
Bisexualität 278
Biuret-Probe 190
Bläschen, pulsierendes 110, 112
Blasenflechte 93
Blasenkeim 282
Blasentang 117
Blasenwurm 227
Blastula 282
Blatt 127
Blätterpilz 28, 130
Blattflechte 30, 93
Blatthornkäfer 13, 169
Blattkäfer 168
Blattlaus 15, 39, 164
Blattminierer 37
Blaualge 62, 117, 138
Bläuling 15
Blausucht 75
Blende 111
Blinddarm 196

Blumentier 147
Blumenwiese 107
Blut 202–205
Blutalkohol 234
Blutausstrich 202
Blüte 127, 141
Blutegel 142, 155
Blütenpflanze 128, 129, 141
Bluterkrankheit 204, 301
Blutgefäß 200
Blutgefäßsystem 200
Blutgerinnung 202
Blutgruppe 205, 298
Blutgruppenkombination 298
Blutgruppenmerkmal 299
Blutgruppensystem 298
Blutgruppenvererbung 298, 299
Bluthochdruck 230
Blutkreislauf 200
Blutkreislauf, geschlossener 153
Blutkreislauf, offener 143, 148, 160, 176
Blutkreislaufsystem 160
Blutplasma 202
Blutplättchen 202, 204
Blutserum 202
Blutweiderich 56, 59
Blutzelle, rote 202
Blutzelle, weiße 202, 216
Blutzucker 264, 265
Blutzuckerregulation 264, 265
Blutzuckerspiegel 264
Bockkäfer 35, 168
Bodenbeschaffenheit 33
Bodenorganismen 42, 43, 89
Bodenschicht 32
Bodenuntersuchung 103
Bodenversauerung 49, 96
Bogengang 250, 251
Borke 23
Borkenkäfer 40, 41
Borkenkäferfalle 41
Borstenbündel 155
BOSCH, HIERONYMUS 137
Botenmolekül 295
Botenstoff 262
Bowman'sche Kapsel 208
Brache 89
Brachfläche 17
Brachsenregion 81
Brackwasserzone 81
Brandpilz 29
Brandrodung 52
Braunalge 117, 140
Braunkohletagebau 97
Brechkraft 242, 243
Breitwegerich 90
Brennnessel 17
Brennpunkt 242
Brennweite 242
Brille 243
BROCA, PAUL 257
Bronchien 206
Bronchiolen 206
BROWN, LOUISE 306

Bruchwaldgürtel 56
BRUEGHEL 304
Brunnenlebermoos 27, 140
Brustabschnitt 156
Brustatmung 206, 207
Brüste 269
Brustfell 207
Brustlymphgang 203
Brutfürsorge 169, 175
Brutkammer 39
Brutpflege 170, 171, 180
Brutzelle 171, 174
Buchdruck 316
Bucheckern 22
Buchenfarn 124
Bundesnaturschutzgesetz 58
Buntspecht 41
Buschmann 308, 309
Butterkrebs 176
Bypass-Operation 230

Camembert 134
Cercarien 155
Champignon 28, 131
Chitin 130, 156, 176
Chitinborsten 152
Chitinlinse 158
Chitinpanzer 143
Chlamydomonas 114, 140
Chlorophyll 120, 128
Choroplast 113, 116
Cholera 222
Chromatid 292
Chromosom 292–294, 300
Chromosomenmodell 292
Chromosomensatz 293
Chromosomensatz-Mutation 302
Chromosomentheorie 294
Closterium 117
Colchizin 300
Colibakterium 222, 306
Contergan 282
Creme 277
CRICK, FRANCIS 307
Cyanobakterium 117
Cytosin 294

Damm 272
Darmflora 213
Darmrohr 178
Darmtang, Flacher 117
Darmzotten 194
DARWIN, CHARLES 154, 304
Dauerspore 116, 138
Dauerstress 230
Deckflügel 159
Deckmembran 248
Deckschuppe 23
Delta-Rhein 81
Dendriten 255
Deponie, ungeordnete 94
Depotfett 185
Desmococcus 93
Desoxyribonucleinsäure (DNA) 294, 295, 302, 307
Desoxyribose 294

Destruent 42, 44, 68, 69, 73
Dezibel 249
Diabetes mellitus 265
Diabetiker 265
Diagnose 215
Diagnose, vorgeburtliche 303
Dialyse 209
Diarrhoe 222
Diastole 201
Dickdarm 196, 197
Dickdarmbakterien 196
Dickdarmschleimhaut 196
Digoxin 236
Dioptrie 242
Dioxin 94
Diphtherie 218, 222
diploid 293
DNA 294, 295, 302, 307
dominant 289
Doppelhelix 294
Doppelschraube 294
Dosis 236
Down-Syndrom 302
Drahtwurm 43, 169, 226
Drehschwindel 251
Drehsinn 251
Drehsinnesorgan 250
Dreifelderwirtschaft 89
Dreimonatsspritze 277
Dreiwege-Katalysator 92
Drittverbraucher 70
Droge 229, 234, 236
Drohn 157, 170, 174
Drohnenschlacht 174
Drüsenzelle 146
Duftstoffe 184
Düngung 17
Dünndarm 194, 197
Durchblutungsstörung 232

Edelholz 53
Edelschimmel 134
Egel 155
Ehe 276
Ei 39
Eichel 270
Eichelhäher 34
Eicheln 24
Eichen-Hainbuchen-Mischwald 24
Eichenfarn 124
Eichengallwespe 37
Eichenwickler 37
Eichenwidderbock 35
Eierschwamm 132
Eierstock 269, 272
Eileiter 272
Eimutterzelle 273
Einfachzucker 184, 195
Eingeweidemuskulatur 198
Eingeweidesack 148
Einkeimblättrige 141
Einschlaglupe 47
Einsiedlerkrebs 177
Einstiegsdroge 236
Eintagsfliegenlarve 78, 80
Einwegverpackung 95

Einzeller 110, 111, 114
Einzeller mit Zellkern 139
Einzeller, kernlose 138
Einzeller, pflanzliche 139
Einzeller, tierische 139
Eisprung 273, 274
Eiszeitjäger 315
Eiter 202
Eiweiß 184
Eiweißhormon 265
Eiweißnachweis 190
Eiweißverdauung 191, 193
Eizelle 27, 115
EIKMANN 186
Ejakulation 270
Ektoderm 146
Ekzem 224, 225
Elektroenzephalogramm (EEG) 261
Elektrokardiogramm (EKG) 230
Elektronenmikroskop 118
Embryo 282
Emission 49, 51, 89
Empfängnisverhütung, chemische 277
Empfängnisverhütung, hormonelle 277
Empfängnisverhütung, mechanische 277
Empfängnisverhütung, natürliche 277
Emulgieren 194
Enchyträe 43
Enddarm 160
Endknopf 255
Endplatte, motorische 255
Endverbraucher 40, 45
Energie 45, 182, 184, 185
Energiebedarf 188
Energieentwertung 45
Energiegehalt 185
Energielieferant 185
Engerling 13
Entoderm 146
Entsalzung 75
Entsorgung 94
Entwässerung 98
Entwicklungsphase 268
Entziehungskur 237
Entzug 234
Enzym 192–195, 197, 204, 295
Epidemie 214
Epidermis 136
Erbanlage 118, 294
Erbgang 301
Erbgut 304, 306, 307
Erbinformation 287, 295
Erbkrankheit 297, 303
Erbsubstanz 294
Erdhummel 15
Erdspross 26
Erdstern 133
Erektion 270
Erepsin 195
Erfolgsorgan 262

Erholungsraum 51
Erle 56
Ernährungsgewohnheit 182
Ernährungsspezialist 128, 129
Eröffnungsphase 284
Erosion 51, 53
Erotik 278
Erregung, elektrische 245
Ersatzlebensraum 96, 97
Ersatzzelle 146
Erstbesiedelung 122
Erstkontakt 224
Erstverbraucher 40, 45, 70
Erwachsener 285
Erythrozyten 202
Erzeuger 40, 44, 45, 68, 70, 71
Escherichia coli 222
essenziell 184
Esssucht 188
Eudorina 114
Eugenik 303
Euglena 113
Eule 167
Europide 308, 309
Euthanasie 303
Eutrophierung 72, 84
Evolution, kulturelle 316, 317
Exhibitionismus 278

Facettenauge 158
Fächertracheen 178
Fadenalge 63
Fadengeflecht 27
Fadenwurm 43, 227
Faktor, körperlicher 228
Faktor, psychischer 228
Faktoren der belebten Umwelt 10, 18
Faktoren der unbelebten Umwelt 10, 18
Familie 276
Familenberatung, genetische 303
Familienforschung 296
Familienplanung 278
Familienstammbaum 297
Fangmaske 64
Fangspirale 179
Farbenblindheit 244
Farbensehen 244
Farbspektrum 244
Farbtestbild 244
Farn 26, 124, 140
Farnabruck, fossiler 126
Farnpflanze 140
Fassadenbegrünung 106
Fastfood 188
Faulbaum 24
Faulgas 72
Fäulnisbakterien 119
Fäulnisbewohner 28, 134
Faulschlamm 73, 82
Faulturm 83
Faustkeil 313
Federstahlpinzette 46, 60
Fehling'sche Probe 190

Fehlsichtigkeit 246
Feld, motorisches 257
Feld, sensorisches 257
Feldflur 98, 99
Feldgrille 164, 165
Feldmaus 13, 15
Feldwespe 175
Felsenalge 117
Fenster, Ovales 248
Fenster, Rundes 248
Ferneinstellung 242
Fernglas 47
Fett 184, 264
Fetthenne 127
Fettleber 234
Fettnachweis 191
Fettsäure 184
Fetus 282
Feuchtegrad 103
Feuchtlufttier 152
Feuer 313, 316
Feueralge 63
F_1-Generation 289, 291
F_2-Generation 289, 291
Fibrin 204
Fibrinnetz 204
Fibrinogen 202, 204
Fichte 24
Fichtenborkenkäfer 40
Fichtenrüssler 168
Fichtenspargel, Gewöhnlicher 128
Fieber 216
Fieberblättchen 26, 124
Filialgeneration 289
Filterstaub 94
Filtersystem 94
Filtrierer 147
Filzlaus 226
Fingerabruck, genetischer 306
Finne 227
Fisch 77, 143
Flachdachbegrünung 106
Flachmoor 73
Flachwurzler 32
Flaschenstäubling 133
Flechte 29, 30, 93, 139
Flechtenvegetation 93
Fleck, Blinder 240, 246
Fleck, Gelber 240
Fleckfieber 226
Fledermaus 91
Fledermauskasten 91
Fleischbeschau 227
FLEMING, ALEXANDER 213
Fliegenpilz 28
Fließgeschwindigkeit 80
Fließgewässer 55, 82
Flimmerhaarzelle 232
Flimmerhärchen 206
Florfliege 164, 165
Flügel 156, 157, 159
Flügelader 159
Flügelbewegung, direkte 159
Flügelbewegung, indirekte 159

Flügelschuppe 166
Fluggeschwindigkeit 159
Fluginsekt 158
Flurbereinigung 98
Flussnapfschnecke 78
Follikelsprung 273
Forellenregion 81
Forstschädling 38
Fortpflanzung, geschlechtliche 110, 114
Fortpflanzung, sexuelle 293
Fortpflanzung, ungeschlechtliche 110, 114
Fortpflanzungszelle 115
Fossilfund 312
Fotosynthese 18, 30, 44, 45, 50, 116, 120, 121
Fransen-Erdstern 133
Fraßbild 37
Fraßgang 35
Fraßspur 46, 47
Frauenhaarmoos 27, 123
Freilandarbeit 10
Frequenz 249
Fresszelle 216
Freundschaft 276
FRISCH, KARL VON 172
Froschlöffel 56
Fruchbarkeitsaspekt 279
Fruchtblase 282
Fruchtblatt 127
Fruchtkörper 130
Fruchtschuppe 23
Fruchtwasser 282
Fruchtwasseruntersuchung 303, 307
Frühblüher 33
Frühgeburt 284
Frühjahrstrieb 126
Fuchs, Kleiner 162
Fühler 157, 158, 263
Fühlerbetrillern 172
Fühlerpaar 148
Fühlersprache 38
Führungsglied 263
Fungizid 89
Fuß 148, 156
Fußscheibe 146
Futterdienst 171
Futtersaftdrüse 171

Galle 37, 194
Gallenblase 194
Gallensaft 194
Gallensäure 194
Gallerthülle 114
Gallertkappe 250
Gallertplatte 250
Gallwespe 37
Gang, aufrechter 310, 314
Ganglion 153, 161, 260
Garten 106
Gärung 135
Gärungsbakterien 83
Gasaustausch 207
Gebärmutter 272
Geburt 284, 285

Geburtshilfe 137
Gedächtnis 258
Gedächtniszelle 218
Gedankenfeld 257
Gefahrensymbol 190
Gefäß, Malpighi'sches 160
Gegenspielerprinzip 199
Gehäuse 148
Gehäuseschnecke 149, 151
Gehbeinpaar, gegliedertes 176
Gehirn 239, 254, 256, 257
Gehirnflüssigkeit 256
Gehirnvolumen 311, 312
Gehör 249
Gehörgang 248
Gehörknöchelchen 248
Gehörsinn 251
Geißelkugel-Grünalge 114
Geißeln 118
Geißelsäckchen 113
Geißeltierchen 139
Gelbkörper 273
Gelbkörperhormon 274
Gelbrandkäfer 60, 65, 168
Gelée royale 174
Gemeinschaft, eheähnliche 276
Gen 290, 295, 306
Gen-Mutation 302
Generationswechsel 123, 125, 142
Genotyp 290, 297, 298
Gentechnologie 307, 316
Geradflügler 164
Gerinnungsstoff 204
Geruchsstoff 247
Geruchswahrnehmung 247
Geschlechtschromosom 300
geschlechtschromosomengebunden 301
Geschlechtshormon 269, 270
Geschlechtskrankheit 277—279
Geschlechtsmerkmal, primäres 270
Geschlechtsmerkmal, sekundäres 269
Geschlechtsorgan 270, 272
Geschlechtstier 39
Geschlechtsverkehr 276
Geschlechtszelle 114, 123
Geschmacksknospen 247
Geschmackspapillen 247
Geschmacksstoffe 184
Gesundheit 228, 229
Gesundheitsamt 221
Gesundheitsvorsorgeuntersuchung 229
getrenntgeschlechtig-einhäusig 22
Gewässer 54
Gewässergüte 76—78
Gewässergütekarte 76, 77
Gewässergüteklasse 76—79
Gewässerschutz 85
Gewässerverschmutzung 85

Gewässerzone 72
Gewebswucherung 231
Gewerbemüll 94
Gewinde 150
Gewölle 46
Giersch 105
Giftdrüse 178
Giftpilz 132
Giftstachel 171, 181
Ginkgo 141
Glashaar 122
Glaskörper 240
Gleichgewicht, biologisches 40, 41, 71
Glied 263, 270
Gliederfüßer 145, 181
Gliederwurm 155
Glockennetz 180
Glomerulus 208
Glossar 278, 279
Glühwürmchen 169
Glukagon 264
Glukose 264
Glukose-Teststäbchen 265
Glykogen 264
Glyzerin 184
Goldlaufkäfer 168
Gonium 114
Gonokokken 279
Gonorrhoe 279
Graureiher 66, 67
Greiffuß 319
Greifhand 310
Greifwerkzeug 310
Greifzange 176
Grille 164
Grippe 214, 215
Grippevirus 215, 216
Großfeuerungsverordnung 92
Großhirn 256, 257
Großkern 139
Großlebensraum 53
Großlibelle 164, 165
Großrasse 308
Grünalge 62, 63, 114, 116, 117, 140, 147
Grundbauplan 164
Grundnährstoff 185
Grundumsatz 185, 262, 263
Grundwasser 50, 55
Grundwasserspiegel 97
Grundwasservorrat 74
Grüner Punkt 95
Guanin 294
Gürtel 152, 153
Gürtelalge, Geschwänzte 63
Gürtelpuppe 162, 166
GUTENBERG, JOHANNES 316
Gynäkologe 274

Haarbalg 252
Haargefäß 153, 200
Haarzwiebel 252
Habichtspilz 132
Hahnenfuß, Kriechender 17
Hainbuche 24

Hainschnirkelschnecke 105
Hakenlarve 227
Halbschmarotzer 129
Hallimasch 28, 132
Hammer 248
Hämoglobin 202, 232
haploid 293
Harn 209
Harn-Spermien-Röhre 270
Harnbildung 209
Harnsäure 209
Harnstoff 209
HARVEY, WILLIAM 200
Haschisch 236
Haube 123
Haubenmeise 34
Haubentaucher 66, 67
Hauptbronchien 206
Hauptwirt 155
Hauptzelle 192
Hausmüll 94
Hausschwamm 133
Haut 252, 253
Hautatmung 65
Hautausschlag 253
Hauterkrankungen 253
Hautfarbe 304
Hautflügler 164
Hautgeschwulst 253
Hautkrebs 231
Hautmuskelschlauch 142, 152
Hautpilzerkrankung 253
Hauttest 224
Häutung 163, 176
Heber 159
Hecke 100—103
Hefe 135
Hefekultur 135
Hefepilz 135
Heide 107
Heidschnucke 107
Heilimpfung 218, 223
Heilserum 222
HELMHOLTZ, HERMANN VON 244
Herbarium 11, 12
Herbizid 89, 98
Herbstzeitlose 16
Herrentier 310
HERTZ, HEINRICH 249
Herz 200, 201
Herz-Kreislauf-Erkrankung 229, 230
Herzbeutel 201
Herzinfarkt 230
Herzkranzgefäß 201, 230
Herzmuskel 200
Herzmuskulatur 198, 199
Herzscheidewand 201
Herzschlag 201
Heterosexualität 278
heterotroph 44, 113, 138, 139
Heuaufguss 111
Heuschnupfen 224
Heuschrecke 164
Heuwiese 17
Hexapoden 156

Hilfsspirale 179
Himbeerzunge 222
HInterflügel 157
Hinterhauptsloch 310
Hinterleib 156, 178
Hinterleibsring 176
Hirnanhangsdrüse 262
Hirnbläschen 256
Hirnhaut, harte 256
Hirnhaut, weiche 256
Hirnhautentzündung 181, 226, 256
Hirnvolumen 314
Hirschkäfer 13
Hirschzunge 26, 124
Hirtentäschelkraut 90
Histamin 225
HIV 220, 277, 278
HIV-Antikörper-Test 220, 280
Hochmoor 73
Hochzeitsflug 174
Hoden 169
Hodensack 270
Höhlenbrüter 34
Hohlmuskel 201
Hohlraum 146
Hohltaube 34
Holz 22
Holzbock 181, 226
Holzkeule, Geweihförmige 133
Homo erectus 312, 313, 315
Homo habilis 312, 313
Homo sapiens 313
Homo sapiens neanderthalensis 312, 313
Homo sapiens sapiens 312, 314
homolog 292
Homosexualität 278, 279
Honig 170
Honigbiene 15, 156, 157, 159, 170
Honiggras 13
Honigtau 39
Hörgrenze 249
Hormon 162, 195, 239, 262—265, 269, 274
Hormon, Follikel stimulierendes (FSH) 274
Hormon, luteinisierendes (LH) 274
Hormondrüse 262, 263, 269
Hormonsystem 262
Hornalge 63
Hornblatt, Gemeines 56, 59
Hörnerv 248
Hornhaut 240
Hornisse 164, 165, 175
Hornkraut 59
Hornschicht 252
Hörschnecke 248, 249
Hörschwelle 249
Hottentotte 308, 309
Hüfte 156
Hühnerhirse-Gruppe 17
Hüllblatt 123

Human Immunodeficiency Virus (HIV) 220, 277, 278
Humanbiologie 3
Humangenetik 296—307
Hummel 164, 175
Hummer 177
Humus 42, 122
Hundebandwurm 227
Hundefloh 226
Hüpferling 62
Hut 130
Hutpilz 131, 132, 139
Hybride 288
Hygiene 215, 274
Hymen 272
Hyphen 28, 130, 134
Hypophyse 262, 263, 269, 274
Hypothalamus 257, 262, 263
Hypothese 314

Identitätsaspekt 279
Igel 15
Imago 37, 162, 163, 226
Immission 51
immun 222
Immunabwehr 217
Immunisierung, aktive 218, 219
Immunisierung, passive 218, 219
Immunreaktion 216
Immunschwäche 84
Immunsystem 220, 221, 224
Impfbuch 219
Impflücke 218
Impfung 215
Indianide 308, 309
Industrialisierung 89
Industriemüll 84
Infektion 212, 215
Infektionskrankheit 186, 212, 222, 223
Inhalieren 232
Inkubationszeit 214, 222
Innenkiemen 65
Innenohr 248
Insekt 37, 143, 160, 161, 164
Insekt, soziales 174
Insektenbekämpfungsmittel 89
Insektenstaat 170
Insektenstich 253
Insektizid 41, 89
Insulin 119, 264, 265, 306
Intensivierung der Landwirtschaft 98, 99
Iodmangel 186
Iris 240
isolierungspflichtig 222
Istwert 263

Jagen 314
Jahresring 23
JENNER, EDWARD 218
Joch 116, 117
Jochalge 117
Jogurt 119

Johanson, Donald 312
Jugenddiabetes 265
Jugendlicher 285
Jungfernhäutchen 272

Käfer 159, 164, 168, 169
Kahmhaut 111
Kaliumiodid-Lösung 190
Kalk 149
Kältepunkt 252
Kambium 23
Kammer 201
Kapillare 203
Kapillargefäß 200
Kapillarnetz 206
Kaposisarkom 220
Karbon 126
Kartierung 58
Karyogramm 300, 302
karzinogen 231
Käse 119, 134
Katalysator 51
Katarrh 215
Kathepsin 193
Katzenschrei-Syndrom 302
Kaulbarsch-Flunderregion 81
Kefir 119
Kehlkopf 315
Keim 274
Keimblatt 22
Keimhyphe 137
Keimschicht 252
Keimschild 282
Keimzelle 290
Keimzellengeneration 123, 125
Kelchblatt 127
Kellerassel 177
Kerbtier 156
Kernholz 23
Kernzone 100, 101
Keschernetz 14
Kiefer 22
Kieferbein 176
Kieferklaue 178, 179
Kieferntriebwickler 37
Kieferschere 181
Kiefertaster 178
Kiemen 65, 143, 176
Kiemenbüschel 176
Kieselalge 62, 63, 116, 139
Kilojoule 184
Kinderkrankheit 219
Kinderlähmung 218, 223
Kissenmoos 122
Kitzler 272
Klammerbein 226
Klappertopf 129
Kläranlage 83, 94
Klasse 164
Klatschmohn 98
Kleiderlaus 226
Kleinhirn 256, 257
Kleinkern 139
Kleinkind 285
Kleinkrebs 62, 177
Kleinlebensraum 102

Kleinlibelle 61, 164
Kleinsäugerschädel 46
Kleinstlebewesen 69
Klimaeinfluss 100
Klimmstrauch 25
Klitoris 272
Knaus-Ogino-Methode 277
Kniesehnenreflex 259
Knöchelgang 310, 311
Knochenmark 202, 204
Knöllchenbakterium 128
Knollenblätterpilz 28, 132
Knospung 146
Koch, Robert 222
Köcher 78
Köcherfliege 164, 165
Köcherfliegenlarve 78
Kohlenhydrate 184, 185
Kohlenhydratverdauung 191
Kohlenstoff 44
Kohlenstoffdioxid 44, 50, 69, 120, 121
Kohlenstoffmonooxid 92, 232
Kohlweißling, Großer 166
Koitus 276
Koitus interruptus 277
Kokon 153, 166, 167
Kolbenbärlapp 126
Kolbenwasserkäfer 168
Kolonie 147, 213
Kombinationsquadrat 290
Kommunikationsfähigkeit 315
Kompass 103
Kompensationspunkt 121
Komplexauge 143, 158
Kompostierung 95
Kondensat 233
Kondensor 111
Kondom 277, 278
Konduktor 301
Königin 39, 170, 174
Königslibelle 64
Konkurrenzvermeidung 36, 66
Konsument 40, 44, 70
Kopf 148, 156
Kopfbruststück 176, 178
Kopffüßer 142
Kopfflappen 152
Kopflaus 226
Koralle 147
Koralle, Goldgelbe 133
Korallenpilz 133
Korallenpolyp 147
Kork 23
Kornrade 98
Körperchromosom 300
Körperhohlvene 201
Körperkreislauf 200
Körperzelle 115, 290
Kortison 217
Kot 196
Krabbenspinne 13
Kraftwerk 92
Kragengeißelzelle 147
Kranich 73
Krätzmilbe, Gemeine 181

Kraushaaralge 63, 140
Kräuter 141
Krautschicht 32
Krebskrankheit 229, 231
Krebse 143, 176, 177
Krebsvorsorge 231
Kreuzspinne 105, 178, 179
Kreuzung 288
Kreuzung, reziproke 289
Kreuzungsforschung 294
Kreuzungsschema 290, 291
Kriechsohle 148
Kriechtier 143
Kristallkegel 158
Kronblatt 127
Krone 22
Kronenschicht 32
Kropf 186
Krustenflechte 30, 93
Kuchenflechte, Staubartige 93
Küchenkräuter 105
Kugelalge 115
Kuhpocken 218
Kulturfolger 90, 122
Kulturgut 316
Kulturlandschaft 16, 89, 98, 99
Kulturpflanze 89
Kultursubstrat 131
Kurzfingrigkeit 297
Kurzflügler 169
Kurzschwanzkrebs 177
Kurzsichtigkeit 243
Kurzzeitgedächtnis 258
Kutikula 153

Lagesinn 251
Lagesinnesorgan 250
Laichkraut, Krauses 56
Lamellen 27, 130
Lamellenkörperchen 252
Lamellenpilz 28, 130, 132
Landschaftsplan 106
Landschaftsverbrauch 106
Landschnecke 151
Landsteiner, Karl 205
Langerhans, Paul 264
Langerhans'sche Inseln 264
Langschwanzkrebs 177
Längsmuskelschicht 152
Längsteilung 113
Langtrieb 23
Langzeitgedächtnis 258
Lärche 24
Lärchenröhrling 28
Lärm 249
Larve 35, 162, 163, 174
Larvengang 41
Laubbaum 22
Laubblatt 22
Laubblättchen 27
Laubheuschrecke 15, 163
Laubmoos 27, 140
Laubschnecke 43
Laubstreu 42, 43
Laufkäfer 168
Läusekraut 129

Lebensabschnitt 285
Lebenserwartung 188
Lebensgemeinschaft 3, 11, 15, 18
Lebensraum 11, 18, 36, 84, 104
Lebenswelt, soziale 228
Leber 194, 234
Leberblümchen, Dreilappiges 25
Leberegel 142
Lebermoos 27, 140
Leberzirrhose 234
Lederhaut 252
Leeuwenhoek, Antonie van 118, 135
Legeröhre 35
Legestachel 163
Leihmutter 307
Leistenpilz 132
Leitfisch 81
Leitungsbahn 23, 58
Lerchensporn, Hohler 25
lesbisch 278
Letalität 222
Leuchtkäfer, Großer 169
Leukozyten 202
Libelle 159, 164
Licht 33, 68, 103
Lichtmikroskop 111
Lichtsinneszelle 153, 158, 241
Lidschlussreflex 259
Liebe 268
Liebespfeil 149
Linsenband 242
Löwenzahn 16, 90
LSD 236
Lucy 312
Lues 279
Luftalge 93
Luftatmung 65
Luftkanal 58
Luftmyzel 134
Luftröhre 206
Luftschadstoffe 48, 49
Lugol'sche Lösung 190
Lunge 206, 207
Lungenarterie 201
Lungenatmung 65
Lungenbläschen 207
Lungenentzündung 215, 220
Lungenfell 207
Lungenflügel 206
Lungenkreislauf 200
Lungenvene 201
Lupine 128
Lurch 143
Lustaspekt 279
Lymphe 203
Lymphflüssigkeit 250
Lymphknoten 203
Lymphsystem 195, 203

Mäander 81
Made 164
Magen 160, 192, 193, 197
Magen-Darm-Raum 146

Magengeschwür 193
Magenschleimhaut 192, 193
Magenstraße 193
Magersucht 188
Mahd 16
Maikäfer 13, 159
Maitrieb 23
Maiwurm 169
Makrophage 216
Malaria 227
MALPIGHI, MARCELLO 160
Malve, Wilde 105
Malzzucker 192
Mangelernährung 186
Mantel 148
Mantelzone 100, 101
Marienkäfer 169
Mark 208, 256
Märzblümchen 25
Masern 223, 253
Masochismus 278
Massenvermehrung 41, 118
Mastdarm 196, 197
Masturbation 270, 279
Mastzelle 224
Mauerdrehzahnmoos 122
Mauerbiene, Zweifarbige 175
Mauerpfeffer 90, 105, 107, 127
Mauerraute 26, 124
Maulbeerkeim 282
Medikament 303
Medikamentenmissbrauch 236
Meduse 142
Meer 84
Meeresalge 117
Meersalat 140
Mehltaupilz 29
Mehrling 274
Mehrwegflasche 95
Meiose 293
Melanin 308
meldepflichtig 222
MENDEL, JOHANN GREGOR 288–291
Menopause 275
Mensch 310, 313
Menschenfloh 226
Menschwerdungsprozess 314
Menstruation 274
Menstruationskalender 277
Menstruationsbeschwerden 274
Merkmalsträger 296
Messglied 263
Metamorphose 143, 162, 164
Metastasen 231
Micrasterias 117
Mikrobiologie 212
Mikrofon 47
Mikroklima 101
Mikroskopieren 111
Mikrovilli 194
Milbe 43, 181
Milch 119
Milchsäurebakterien 119

Milchsäuregärung 119
Minamata-Krankheit 71
Mineraldünger 89
Mineralstoffe 69, 120, 184, 186, 187
Mineralstoffkreislauf 17
Minierer 37
Minimum-Maximum-Thermometer 47
Minipille 277
Miracidien 155
mischerbig 290
Mischwald 32, 89
Missbrauch, sexueller 279
Mistel 129
Mistkäfer 13, 43
Mistkäfer, Gemeiner 169
Mitesser 253
Mitose 292
Mitteldarm 160
Mitteldarmdrüse 148
Mittelhirn 156, 257
Mittellauf 80
Mittelohr 248
Mittelschicht 14
MN-System 299
Monatsblutung 274
Mongolide 308, 309
Mongolismus 302
Monokultur 41, 88
Moor 73
Moorkieselalge 63
Moos 27, 122
Moosblättchen 27
Moospflanze 140
Moosrasen 140
Moosschicht 32
Morula 282
Mosaik-Grünalge 114
Moschusbock 168
Mücke 164
Mudde 73
Mulatte 304
Müll 89
Müllsortierung 94, 95
Müllverbrennungsanlage 94
Müllvermeidung 94, 95
Mumps 223
Mund 160, 192, 197
Mundöffnung 146, 152
Mundsaum 150
Mundtentakel 147
Mundwerkzeuge 157, 160
Muschel 142
Muskel 198, 199
Muskelfaser 198
Muskelfaserbündel 198
Muskelfibrille 199
Muskelhaut 198
Muskelkontraktion 199
Muskelprotein 199
Muskelschicht 193
Muskelspindel 259
Muskeltrichine 227
Muskulatur, glatte 198, 199
Muskulatur, quergestreifte 198

mutagen 303
Mutation 302, 303
Mutterkorn 137, 139
Mutterkuchen 282
Mykorrhiza 28, 128
Mykorrhizapilz 29
Myosinfilament 199
Myzel 28, 130, 139

Nabel 150
Nabelarterie 282
Nabelschnur 282
Nabelvene 282
Nachbild 246
Nachfüllpackung 95
Nachgeburt 284
Nachhirn 256, 257
Nachschieber 162
Nachschwarm 174
nachtaktiv 13
Nachtfalter 35, 167
Nachtkerze, Gemeine 91
Nacktsamer 23, 141
Nacktschnecke 13, 151
Nadelbaum 127
Nadelholz 141
Nagetier 13
Naheinstellung 242
Nahpunkt 246
Nährboden 213
Nährsaftdrüse 171
Nährschicht 68
nährstoffarm 69
Nährstoffaufnahme 195
Nährstoffe 183, 184, 192
Nahrung 184–189
Nahrungsbeziehung 15, 38, 40, 41, 70, 98
Nahrungsbläschen 110, 112
Nahrungsebene 45, 68
Nahrungskette 40, 41, 70, 71, 84, 98
Nahrungsmittel 184
Nahrungsmittelallergie 224
Nahrungsnetz 15, 40, 41, 70, 98
Nahrungspyramide 45, 71, 84
Nahrungsspezialist 98, 160
Nährwert 185
Nährwerttabelle 185
Naturlandschaft 86, 98, 99
Naturschutz 87, 166
Naturschutzbeauftragter 19
Naturschutzbehörde 106
Natursteinmauer 105
Neandertaler 313, 315
Nebenhoden 270
Nebennierenmark 264
Nebenwirkung 236
Nebenzelle 192
Negride 308, 309
Nephron 208
Nerv 254
Nerv, motorischer 254
Nerv, sensibler 254
Nervenendigung, freie 252
Nervenfaser 254, 255

Nervensystem 160, 161, 254, 255
Nervensystem, Vegetatives 260
Nervenzelle 239, 255
Nesselfaden 146
Nesseltier 142, 145, 147
Nesselzelle 146
Nesthügel 38
Netzbau 179
Netzblaualge 63
Netzflügler 164
Netzhaut 240, 241
Neutzhautbild 243
Neugeborenes 285
Neukombinationsregel 291
Neurodermitis 225
Nichthutpilz 132, 133
Niederrhein 81
Niere 208, 209
Niere, künstliche 208
Nierenbecken 208
Nierenkapsel 208
Nierenkörperchen 208
Nierenpyramide 208
Nierentierchen 79
Nikotin 232, 303
Nische, ökologische 36, 66, 67, 80, 101
Nisse 226
Nitrat 75
Nitrit 75
Nitrosamine 75
Nonne 35
Nordsee 84
Normalpinzette 46
Nussfrucht 22
Nutzpflanzenzüchtung 136
Nutzwald 88
Nymphe 64

Oberflächenvergrößerung 194
Oberflächenwasser 74
Oberhaut 252
Oberkiefer 157
Oberlauf 80
Oberlippe 157
Oberschicht 14
Oberschlundganglion 161
Oberwasser 69
Objektiv 111
Objektivrevolver 111
Objekttisch 111
Objektträger 111
Ohr 248, 249
Ohrenqualle 147
Ohrlymphe 248
Ohrmuschel 248
Ohrtrompete 248
Ohrwurm 43, 159
Ökologie 3
Ökosystem 18, 40, 53, 66, 67, 71
Okular 111
Ölkäfer 169
Onanie 279

Opium 236
opportunistisch 220
Ordensband, Rotes 167
Ordnung 164
Organell 112, 113
Organtransplantation 217
Orgasmus 270, 278
Östrogen 269, 274, 277
Ovarien 272
Ovulation 273
Ozon 48, 49

Paarkernmyzel 130
Paarungsrad 64
Paederus 169
Pandemie 214, 220
Pankreas 195
Pantoffeltierchen 110, 111, 139
Pappelblattkäfer 168
PARACELSUS 236
Paramecium 110
Parasit 129, 136, 139, 142, 155, 226, 227
Parasitismus 128
Parasympathicus 260
Pärchenegel 155
Parentalgeneration 289
Partner 268
Partnerschaft 268, 276
PASTEUR, LOUIS 119, 135, 223
Pasteurisieren 119
Paukengang 248
Penicillin 134, 213, 222
Penicillium 134
Penicillium notatum 213
Penis 270
Pepsin 193
Pepsinlösung 191
Pepsinogen 193
Peristaltik 193
Pessar 277
Pest 210, 223
Pestwurz 127
Petting 276, 278
Pfeilkraut 56
Pfifferling 28, 132
Pflanze, Insekten fressende 129
Pflanze, symbiontische 128
Pflanzenaufnahme 11
Pflanzenbestand 10
Pflanzenbestimmung 10
Pflanzengesellschaft 17, 56
Pflanzenreich 140, 141
Pflanzenschutz, integrierter 101
Pflanzenschutzmittel 89
Pflanzenzucht 316
Pflanzloch 103
Pflanzplan 103
Pflaumenbaumflechte 93
Pförtner 193
Phänotyp 290, 299
Phenylketonurie 303
Pheromon 158, 170
Phosphorkreislauf 44

Phosphorsäure 294
pH-Wert 102, 103
Pigmentschicht 240, 252
Pigmentzelle 241
Pille 277
Pilz 28–30, 109, 130–137, 139
Pilzbekämpfungsmittel 89
Pilzbrut 131
Pilzfaden 30
Pilzhyphe 128
Pilzparasit 136
Pinselschimmel 134, 139
Pionierpflanze 30, 122
Pipette 111
Plankton, pflanzliches 62
Plankton, tierisches 62
Planktonnetz 69
Planktonorganismen 62
Plasmabrücke 115
Plasmakörper 112
Plasmazelle 217
Plasmodium 139, 227
Plattwurm 142, 155
Plazenta 282
Plazentaschranke 282, 299
Pocken 218, 223
Poliovirus 223
Pollen 224
Pollenflugkalender 224
Pollenflugvorhersage 224
Pollenhöschen 171
Pollution 270
Polyp 142, 146
Porling 133
Portio 272
Präparat, mikroskopisches 111
Präzisionsgriff 310
Presswehen 284
Primärharn 209
Primärschäden 49
Primate 310
Prisma 244
Probefläche 31
Problembewältigung 228
Produzent 40, 44, 68, 70
Progesteron 269, 274, 277
Promille 234
Promiskuität 278
Prophylaxe 215, 227, 236
Prostitution 278
Protein 184, 185
Proteinmangel 186
Protokollregeln 46
Pseudokrupp 92
Pubertät 268, 269
Punktauge 178
Pupille 240
Pupillenreaktion 246
Puppe 37, 143
Puppenräuber 35
Puppenruhe 60, 162
Purpurseerose 147
Pustelpilz, Zinnoberroter 133
Putzbiene 171
Pygmäe 308, 309

Qualle 142
Quelle 55
Querbande 292
Querbänderung 300
Querbrückenmechanismus 199
Querschnittslähmung 259
Querschnittsskizze 10
Querteilung 110
Quetschpräparat 131

Rädertierchen 62, 142
Radnetz 179
Radula 148, 149
Ragwurz 128
Rahmenfaden 179
Randtentakel 147
Raspelzunge 148
Rasse 288, 308, 309
Rassenmerkmal 308, 309
Rassismus 309
Rasterkartierung 106
Rattenfloh 223, 226
Rattenschwanzlarve 79
Rauchen 232, 233
Raucherbein 232
Raucherhusten 232
Rauchgasreinigung 94
Raupe 35, 162
Rauschmittel 236
Reaktionsnorm 305
Recycling 85, 94, 95
Reflex 259
Reflexbogen 259
Regelblutung 274
Regelglied 263
Regelgröße 263
Regelkreis 254, 269
Regelkreis, technischer 263
Regelkreismodell 263
Regeln, mendelsche 288, 289, 291
Regelstrecke 263
Regen, saurer 48, 49
Regeneration 154
Regenwald, tropischer 52, 53
Regenwurm 15, 152–155
Regler 263
Regulation 263
Reifeteilung 293, 302
Reifezeit 268
Reiherente 67
reinerbig 288, 297
Reinigungsstufe, biologische 83
Reinigungsstufe, chemische 83
Reinigungsstufe, mechanische 83
reinrassig 288
Rekultivierung 97
REM-Schlaf 261
Reservestoffe 22, 118, 185
Resistenz 213, 216
Resorption 195, 209
Resozialisierung 237
Retina 240

Retortenbaby 306
Rezept 236
Rezeptor 262
rezessiv 289, 297
Reziprozitätsregel 289
Rhein 77, 80, 81
Rhesusfaktor 205, 209
rhesusnegativ 299
rhesuspositiv 299
Rhesusunverträglichkeit 299
Richtungshören 251
Riechen 247
Riechfeld 247
Riechhaar 158
Riechnerv 247
Riechzelle 247
Riesenfresszelle 216
Riesenholzwespe 35
Riesenschlupfwespe 35
Rinde 23, 208
Rindenschicht 256
Rinderbandwurm 226, 227
Ringelwurm 142, 145, 152, 155
Ringgefäß 153
Ringmuskelschicht 152
Rippenfell 207
Risikofaktor 229
Ritterwanze 164, 165
Robinie 91
Roggen 137
Rohrdommel, Große 66, 67
Röhre, Eustachische 248
Röhrenherz 160
Röhrenpilz 130, 132
Röhrentracheen 178
Röhrichtgürtel 56
Rohrkolben, Breitblättriger 56, 59
Röhrling 28
Rohrsänger 66
Rohseide 167
Rollassel 177
Rollegel 79
Roquefort 134
Rosskäfer 169
Rosskastanie 91
Rostpilz 29, 136
Rot-Grün-Blindheit 244
Rotalge 117, 140
Rotbuche 22, 50
Rote Liste 98, 101, 106
Röteln 223, 253, 284
Rothirsch 34
Rottanne 24
Rückengefäß 153
Rückenherz 148, 176
Rückenmark 254, 259
Rückenmarksnerv 259
Rückenschwimmer 61, 164
Rückfallfieber 226
Rückkopplung, negative 263
Rückkreuzung 291
Rückziehmuskel 148
Ruhestadium 112
Rundtanz 172, 173
Rüsselkäfer 168

Saaterbse 288, 290
Sadismus 278
Saftkugler 43
Salmonellose 222
Salzsäure 193
Samenpflanze 127
Sammelbiene 171
Sammellinse 242
Sammlerin 39
Sandwespe 175
Saprophyten 28, 29, 134
Satellit 300
Sauerklee 25
Sauermilch 119
Sauerstoff 44, 50, 69, 120, 121, 135
Sauerstoffbedarf, biologischer 76
Sauerstoffgehalt 69, 78, 79
Sauerstoffkonzentration 79
Sauerstoffsättigung 69, 80
Säugetier 143
Säugling 285
Saugrohr 160
Saugrüssel 160
Saugwurm 155
Saumzelle 194
Saumzone 100, 101
Schachtelhalm 126, 140
Schadensvorhersage 101
Schädlingsbekämpfung, biologische 38
Schädlingsbekämpfung, natürliche 101
Schadstoffanreicherung 49, 71, 84
Schadstoffbelastung 49, 84, 92, 230
Schadstoffeintrag 84
Schadstoffgrenze 92
Schaft 270
Schallstärke 249
Schallwelle 248
Schaltzelle 241
Schambehaarung 269
Schamlippen, große 272
Schamlippen, kleine 272
Scharlach 222
Schattenblatt 33
Schattenpflanze 25, 33
Schattenseite 101
Scheide 272
Scheide, Schwann'sche 255
Scheidendiaphragma 277
Scheidenflora 272
Scheidenmilieu 271
Scheinfüßchen 112
Schenkel 156
Schenkelring 156
Schiene 156
Schildchen 164
Schilddrüse 186
Schilddrüsenhormon 263
Schilf 58
Schilfrohr 56
Schimmelgift 134
Schimmelkäse 134

Schimmelpilz 134, 139, 213
Schimpanse 310
Schistosoma 155
Schlaf 261
Schlafphase 261
Schlämmanalyse 11
Schlammflocken 83
Schlammröhrenwurm 79
Schlangenmoos 126
Schlauchpilz 133, 139
Schlauchwurm 142, 155
Schlehenhecke 100
Schleier 125
Schleimhautzelle 247
Schleimhülle 118
Schluckimpfung 218, 223
Schluckreflex 192
Schlupfwespe 164
Schmarotzerpflanze 129
Schmecken 247
Schmerzempfindung 252
Schmetterling 162, 164, 166, 167
Schmetterlingstramete 133
Schmutzpantoffeltierchen 79
Schnabelkerfe 164
Schnake 164
Schnecke 142, 148—151
Schneckengang 248
Schneckengehäuse 150
Schneckentor 248
Schneeball, Gemeiner 25
Schnellkäfer, Mausgrauer 169
Schnorchelatmung 65
Schnurfüßer 43
Schnürring 255
Schraubenalge 63, 116
Schrecktracht 167
Schrift 316
Schrillkante 163
Schrilleiste 163
Schulp 142
Schuppenflechte 253
Schutzimpfung 218, 222, 223
Schwalbenschwanz 162, 166
Schwamm 142, 147
Schwangerschaft 284, 299
Schwangerschaftsabbruch 279
Schwangerschaftsshormon HCG 274
Schwangerschaftstest 284
Schwänzeltanz 172, 173
Schwanzfächer 176
Schwanzfaden 271
Schwärmer 27, 123, 125, 140, 167
Schwärmsporen 116
Schwarmtraube 174
Schwarzerle 24
Schwarzrost 136
Schwarzspecht 34
Schwebesternchen 62
Schwebfliege 15
Schwebteilchen 83
Schwefelbakterium 79
Schwefeldioxid 48, 49, 92

Schwefelkreislauf 44
Schwefelsäure 49
Schweißdrüse 252
Schwellkörper 270
Schwermetalle 28, 84, 94
Schwimmblatt 57
Schwimmblattgürtel 56, 57
Schwimmfrucht 57
Schwimmkäfer 168
Schwindsucht 212
Schwingkölbchen 159
schwul 279
See 54
Seeampfer, Blutroter 117
Seehundsterben 84
Seeringelwurm 155
Seerose 56—59
Seeufer 56, 59
Segelklappe 201
Seggen 56
Segment 142, 152, 154
Sehen 242—246
Sehen, räumliches 245, 246
Sehfehler 243
Sehne 198
Sehnerv 241
Sehwahrnehmung 245
Seide 129
Seidenraupenzucht 167
Seidenspinner 158, 167
Seitenherz 153
Sekundärinfektion 215
Sekundärschäden 49
Selbstbefriedigung 270, 279
Selbstbild, positives 228
Selbstreinigung 82, 83
Selektionsfaktor 316
Senker 129, 159
Sensibilisierung 225
sesshaft 314
Sex, Safer 278
Sexualität 267, 276, 278, 279
Sexualzentrum 269
Sichttiefe 69
Siebenpunkt 169
Silberfischchen 164
Sinnesaspekt 279
Sinneshärchen 157, 250
Sinnesorgan 158, 238, 252, 258
Sinneszelle 148
Skelettmuskulatur 198
Skorpion 181
Smaragdeidechse 107
Smog 92
Smogalarm 92
Sodomie 279
Sollwert 263
Sommerspore 136
Sommerstaat 175
Sommerstagnation 69
Sommertrieb 126
Sommerwurz, Kleine 129
Sondermüll 85, 94, 95
Sonnenblatt 33
Sonnenbrand 253

Sonnenlicht 120
Sonnenlichtenergie 45
Sonnenscheibe 173
Sonnenseite 101
Sonnentau, Rundblättriger 129
Sozialverhalten 311, 314
Spalt, synaptischer 255
Spaltfuß 176
Spaltöffnung 58, 120
Spaltungsregel 289
Spanner 167, 229
Speicheldrüse 148
Speicherhormon 264
Speiseröhre 192
Sperber 35
Sperma 270, 271
Spermatasche 174
Spermien 270
Spermienbildung 271
Spermienerguss 270
Spermienkopf 271
Spermienleiter 270
Spermienzelle 115
Sperrmüll 94
Spiegel 163
Spinalganglion 259
Spindel 150
Spindeljochalge 117
Spinndrüse 179
Spinne 178—181
Spinnentier 13, 143, 181
Spinner 167
Spinnfaden 179
Spinnwarze 178, 179
Spinnwebshaut 256
Spirale 277
Spore 26, 27, 118, 123, 125, 130, 134, 140
Sporenbild 131
Sporengeneration 123, 125
Sporenkapsel 26, 123—125
Sporenpflanze 124, 126, 127
Sporentierchen 139
Sporenträger 27, 134
Sprachzentrum 257, 316
Spray 277
Spreuschuppen 26
Springkraut, Großblütiges 25
Springschwanz 43, 164, 165
Sprossung 135
Sprossmyzel 135
Sprosspflanze 141
Sprungschicht 69
Spulwurm 142, 155
Spurenelemente 186
Stäbchen 240, 241
Stabwanze 61
Stachel 156, 157
Stachelbeerspanner 167
Stachelhäuter 143, 145
Stachelpilz 132
Stagnation 68
Stamm 22
Stammbaum 297, 301, 304, 313
Stammschicht 32

Register **325**

Ständerpilz 139
Ständerzelle 130, 131
Standortfaktor 127
Stängel 27, 127
Star, Grauer 243
Star, Grüner 243
Stärke 120
Stärkeverdauung 193
Stativ 111
Staubblatt 127
Stauglied 263
Staunässe 96
Stech-Saugrüssel 181
Stechmücke 60, 164
Stechrüssel 164
Steckbrief 12, 13
Steigbügel 248
Steinfliegenlarve 78, 80
Steinkohlebergbau 96
Steinkoralle 147
Steinläufer 43
Steinmarder 91
Steinpilz 28, 132
Steinwerkzeug 315
Stellglied 263
Stellgröße 263
Stellwert 263
STEPTOE, PATRICK 306
steril 126
Sterilisieren 119
Sterilität 223
Sternmoos 140
Steuerung 254
Stickstoffoxid 48, 49, 92
Stickstoff 44
Stiel 130
Stieleiche 24
Stigma 160, 161
Stilettapparat 146
Stimmbruch 269
Stinkdrüse 181
Stockbiene 170, 171
Stockente 66, 67
Stockwerke der Wiese 14
Stockwerke des Waldes 32, 33, 36
Stoffaustausch 203
Stoffkreislauf 44, 70
Stofftransport 120
Stoffwechselorgan, zentrales 194
Stolperreflex 259
Störgröße 263
Strandkrabbe 177
Strauch 25, 102, 141
Strauchflechte 30, 93
Strauchschicht 32
Streifenfarn 105, 124
Stress 229
Streuobstwiese 107
Streuschicht 43
Strickleiternervensystem 142, 143, 153, 161, 178
Strom 55
Strömung 80
Strömungsgeschwindigkeit 80

Strudelwurm 142, 155
Strudelwurm, Schwarzer 78
Stubenfliege 159
Stummelfuß 155
Stürzpuppe 162
Stützschicht 146
Substanz, graue 259
Substanz, organische 82
Substanz, waschaktive 85
Substanz, weiße 259
Sucht 232, 234
Sudan-III-Lösung 191
Sukzession 73
Sumpfdeckelschnecke 61
Sumpfschwertlilie 59
Süßgras 13, 16
Süßwasserpolyp 146
Symbiose 28, 30, 56, 109, 128, 147
Symbolsprache 316
Sympathicus 260
Symptom 214
Synapse 255, 256
Syndrom 220, 302
Syphilis 278, 279
Systematik 3, 14
Systole 201

Tablette 277
Tagfalter 166
Taggreif 35
Tagpfauenauge 166
Tampon 274
Tang 117
Tanzscheibe 173
Tanzsprache 172, 173
Tarantel 180
Taschenklappen 200, 201
Taschenkrebs 177
Taubnessel, Weiße 127
Tauchblattgürtel 56, 57
Tausendblatt 56, 57
Tausenfüßer 143
Technische Anleitung zur Reinhaltung der Luft (TA Luft) 92
Teich 54, 60, 61
Teichhuhn 66, 67
Teichmolch 61
Teichmuschel 61
Teichrohrsänger 67
Teichrose 56, 57, 59
Tellerschnecke, Flache 61
Temperatur 33
Temperaturschichtung 68
Tenside 85
Tentakel 146
Testkreuzung 291
Tetanus 222
Teufelszwirn 129
T-Gedächtniszelle 217
T-Helferzelle 220
Therapie 214, 215
Thermogramm 233
Thrombin 204
Thrombose 204
Thrombozyten 202, 204

Thymin 294
Thyreotropin (TSH) 263
Thyroxin 262, 263
Tiefenwasser 69
Tieflandfluss 80
Tiefwurzler 32
Tier, wirbelloses 145
Tierbestimmung 10, 11
Tierreich 142, 143
Tierstamm 142, 143
Tierzucht 316
Tintenfischpilz 133
T-Killerzelle 217
Tochterkolonie 39
Tochterkugel 115
Tochterzelle 112
Tod 285
Tollwut 223
Tonhöhe 249
Torf 73
Torfmoos 73, 140
Totengräber 35
Totenkopfschwärmer 167
Tracheen 143, 161
Tracheenäste 64
Tracheenkiemen 64
Tracheenkiemenatmung 64, 65
Tracheenkiemenblättchen 65
Tracheensystem 160, 161
Trachtbiene 171
Tränenflüssigkeit 240
Transfusion 205, 299
Transkription 295
Translation 295
Transvestismus 279
Traubenzucker 120, 121, 190
Treibhauseffekt 53
Trichine 142, 155, 227
Trichocysten 110
Triebrad 111
Trinkwasser 74, 85
Trinkwasseraufbereitung 74
Trinkwassergewinnung 74, 75
Trinkwasserverordnung 75
Tripper 278, 279
Trisomie 21 302
Trockensteinmauer 104—107
Trommelfell 248
Tropenkrankheit 227
Tröpfcheninfektion 212, 214, 222
Trypsin 195
Tsetse-Fliege 315
Tuberkulose 212
Tubifex 79
Tubus 111
TULLA, JOHANN GOTTFRIED 81
Tumor 231
Tumorzelle 231
Tümpel 54
Tüpfelfarn 124
Tupfrüssel 160
Türkentaube 91
Typhus 222
T-Zelle 216

Überaugenwulst 311, 313
Übergewicht 188, 230
Übersichtsskizze 58, 103
Überträgermolekül 295
Ufer 56, 57
Uferfiltrat 74
Uferpflanze 58
Ultraschallaufnahme 284
Umverpackung 95
Umwelt 229, 304
Umweltbedingung 35, 66
Umweltbundesamt 95
Umweltengel 95
Umweltfaktor 50, 57
Umweltfaktor, abiotischer 69
Umweltgefährdung 88, 89
Umweltschutz 87
Unabhängigkeitsregel 291
Uniformitätsregel 289
Unkrautbekämpfungsmittel 89
Unterabteilung 141
Unterhaut 252
Unterkiefer 157
Unterlauf 81
Unterlippe 157
Unterschicht 14
Unterschlundganglion 161
Unterzuckerung 265
Urin 209
Urinsekt 164
Urkeimzelle 273
Urspermienzelle 271
Urwald 53, 88
Uterus 272
UV-Strahlung 231

Vagina 272
Vakuole 116
Vaterschaftsausschluss 299
Vegetationsaufnahme 31
Vegetationskalender 47
Veilchenperlmutterfalter 14
Vene 200
Veranlagung 228
Verbraucher 40, 44, 71
Verbraucherverhalten 95
Verbrennung 84, 253
Verbrühung 253
Verdauung 190—197
Verdauungssaft 194
Verdauungssystem 160
Verdunstungsschutz 127
Vererbung 286
Vererungslehre 3, 288
Verfüllung 94
Verklappung 84
Vermehrung, ungeschlechtliche 110, 114, 116, 146
Vermehrung, vegetative 292
Vermehrungszyklus 221
Verödung 76
Verpuppung 162, 174
Verstädterung 90
Verstopfung 196
Verwandlung, unvollständige 163, 164, 166

Verwandlung, vollständige 162
Verwertung, thermische 95
Vielzeller 147
Virus 84, 214, 215
Virusinfektion 220, 223
Vitamine 184, 186, 187
Vitaminmangel 186
Vitaminnachweis 191
Vogel 143
Vogelknöterich 90
Vogelspinne, Gemeine 180
Vollschmarotzer 129
Vollwerternährung 188, 189
Vollzirkulation 69
Volvox 115
Vorderdarm 160
Vorderflügel 157
Vorfluter 83
Vorhaut 170
Vorhof 201
Vorhofgang 248
Vorhofsäckchen 250
Vorkeim 26, 125
Vorklärbecken 83
Vorsorgeuntersuchung 284
Vorsteherdrüse 270
Voyeur 279

Wabe 171
Wacholderbusch 107
Wachs 170
Wachsdrüse 171
Wachsschicht 127
Wachstumsschicht 23
Wachstumsschub 269
Wachstumszeit 282
Wachtelweizen 129
Wächterin 39
Waffe 316
Waldameise, Kleine Rote 38
Waldbürstenmoos 140
Waldchampignon 132
Walderhaltung 51
Waldkauz 35
Waldkiefer 23
Waldmeister 25
Waldpflanzen 24, 25
Waldrebe 25
Waldsterben 48, 49
Waldtiere 34
Waldverjüngung 34
Wallhecke 101
Wanderfalter 166
Wanderschmetterling 167
Wanze 164
Wärmepunkt 252

Wärmeregulation 203
Warte 179
Warze 253
Wasser 121
Wasserassel 79
Wasserdampf 55
Wasserfloh 177
Wasserfrosch 61
Wassergehalt 33
Wasserhaltefähigkeit 11
Wasserhärte 85
Wasserhaushalt 50
Wasserkäfer 168
Wasserknöterich 56
Wasserläufer 60, 164
Wasserpest 56–59
Wasserschutzgebiet 75
Wasserschwertlilie 56, 59
Wasserskorpion 60
Wasserspeicher 50
Wasserspinne 65, 180
Wassertemperatur 68, 69
Wasseruntersuchung 69
Wasserverbrauch 74, 85
Wasserversorgung 33
Wasservogel 66, 67
Wasserwanze 60, 61
Wasserwerk 75
WATSON, JAMES 307
Wattenmeer 84
Weberknecht 181
Wechseljahre 275
Wechseltierchen 112
Wedel 26, 140
Wegameise 15
Wegrandaktion 19
Wegwerferzeugnis 95
Wehen 284
Wehrbiene 171
Weichkörper 148
Weichtier 13, 142, 145, 148
Weide 56
Weideviehhalter 39
Weiher 54
Weinbergschnecke 148, 149
Weiselzelle 174
Weißbuche 24
Weißdornhecke 100
Weißmoos 122
Weitsichtigkeit 243
Weltgesundheitsorganisation (WHO) 218
Wendehals 107
Wenigborster 155
Werkzeuggebrauch 313, 314, 316
Wertigkeit, biologische 185

Wertstoff 94
Wespe 15, 164, 175
Wespenspinne 15
Wiese 10, 17
Wiesenpflanze 15
Wiesensalbei 12
Wiesenschnake 43, 165
Wildblume 19
Wildkräuter 105
Wimpern 110
Wimpertierchen 79, 110, 139
Windpocken 253
Windschutzwirkung 101
Winterspore 136
Winterstarre 148
Wintertraube 174
Wirbelkanal 259
Wirbeltier 143, 160, 161
Wirtswechsel 136
Wirtszelle 214, 215, 217
Wohlbefinden 228
Wolfsmilchschwärmer 167
Wolfsspinne 180
Wollgras 73
Wortsprache 311
Wortsprache, abstrakte 314
Wühlmaus 13
Wundschorf 204
Wundstarrkrampf 222
Wundverschluss 204
Wurm 152–155
Wurmfarn 26, 124, 125
Wurmfortsatz 196
Wurmkot 154
Wurzel 22, 127
Wurzel, hintere 259
Wurzel, vordere 259
Wurzelfüßer 139
Wurzelknöllchen 128
Wurzelschicht 14
Wurzelstockwerk 32

X-Chromosom 300, 301

Y-Chromosom 300, 301
YERSIN, ALEXANDER 223

Zackenrädchen 63
Zahnfleischbluten 186
Zäpfchen 277
Zapfen 23, 141, 240, 241, 244
Zapfenblüte 23
Zapfenschuppen 23
Zauneidechse 105
Zecke 181, 226
Zehrschicht 68
Zeigerlebewesen 76, 78

Zeigerorganismen 77
Zeigerpflanze 17
Zeittafel 317
Zellatmung 121
Zellforschung 294
Zellhaut 110, 113
Zellkern 112, 113, 116, 202
Zellkolonie 114
Zellkörper 255
Zellmembran 118, 135
Zellmund 110
Zellplasma 116, 118
Zellpol 292
Zellteilung 110, 112, 113, 116
Zellwand 114, 116, 118, 135
Zentralnervensystem (ZNS) 254, 259
Zentromer 292
Zersetzer 42, 44, 68
Zersiedlung 89
Zerstreuungslinse 242
Ziegenpeter 223
Zigarette 232
Zikade 164
Ziliarmuskel 240, 242
Zimbelkraut 105
Zirkulation 68
Zivilisationskrankheit 228, 229, 231, 316
Zone, erogene 278
Zonulafaser 240
Zuchtchampignon 131
Züchtung 316
Zuckerkrankheit 265
Zuckertest 265
Zuckmückenlarve 79
Zweifachzucker 184
Zweifelderwirtschaft 89
Zweiflügler 164
Zweigalge 116
Zweikeimblättrige 141
Zweitkontakt 225
Zweitverbraucher 40, 45, 70
Zwerchfellatmung 206, 207
Zwerchfellmuskulatur 206
Zwillinge, eineiige 274, 305
Zwillinge, zweieiige 274, 305
Zwillingsforschung 296, 305
Zwischenhirn 256, 257
Zwischenrippenmuskulatur 206
Zwischenwirt 136, 155
Zwitter 141, 149, 153
Zwölffingerdarm 193, 194
Zygote 116, 273, 282, 293
Zyklus 274, 275
Zytostatika 231

Register **327**

Bildnachweis

Fotos: 3.1 Mauritius (Kugler), Stuttgart — 3.2 Uwe Muuß, Altenholz — 3.3 Silvestris (Müller), Kastl — 8.1 Okapia (C. Grzimek), Frankfurt — 8.2 ZEFA (Hackenberg), Düsseldorf — 8.3 Silvestris (Skibbe) — 9.1 Anthony (Ettelt), München — 9.2 Joachim Wygasch, Paderborn — 9.3 Helga Lade, Frankfurt — 10.1 Konrad Kunsch, Freiberg — 12.1 Dieter Schmidtke, Schorndorf — 12.3 H. Reinhard, Heiligkreuzsteinach — 13.1, 4 Greiner & Meyer (H. Schrempp), Braunschweig — 13.2 Hans Reinhard — 13.3 Toni Angermayer (H. Pfletschinger), Holzkirchen — 13.5 Anthony (Maier) — 17.2 Heinrich Hofmeister, Hildesheim — 19.1, 20.1-4 H. Reinhard — 20.5 T. Angermayer (H. Pfletschinger) — 22.1 H. Reinhard — 23.1 Eckart Pott, Stuttgart — 24.1-6 H. Reinhard — 25.1, 2, 6 E. Pott — 25.3-5, 7, 26.1-3 H. Reinhard — 27.1 Helmut Länge, Stuttgart — 27.3 H. Reinhard — 28.1 Okapia (H. Reinhard) — 30.1 H. Reinhard — 30.3 T. Angermayer — 30.4 T. Angermayer (H. Pfletschinger) — 34.1 T. Angermayer (H. Reinhard) — 34.2 Greiner & Meyer — 34.3 T. Angermayer (R. Schmidt) — 34.4 Manfred Danegger, Überlingen — 34.5 H. Reinhard — 34.6 Okapia (R. Höfels) — 35.1 Okapia (W. Layer) — 35.2 Okapia (D. Nill) — 35.3-6 T. Angermayer (H. Pfletschinger) — 35.7 Okapia (R. Müller-Rees) — 35.8 Okapia (J. A. L. Cooke) — 37.1 a/b Umweltbild (R. Ulrich), Frankfurt — 37.2 T. Angermayer — 37.3 a/b T. Angermayer (H. Pfletschinger) — 38.1 E. Pott — 39.1, 2 T. Angermayer (H. Pfletschinger) — 41.1 Okapia (Pforr) — 41.2 Anthony (Kratz) — 41.3 E. Pott — 42.1 D. Schmidtke — 46.1 Mauritius (SDP) — 48.1 Realfoto (Altemüller), Weil der Stadt — 48.2, 4, 7 Bernhard Wagner, Breisach — 48.3 Silvestris (J. Kuchelbauer) — 48.5, 6 Ingrid Kottke, Eberhard-Karls-Universität, Tübingen — 51.1 Mauritius (Cupek) — 51.2 Greiner & Meyer (Greib) — 52.1 T. Angermayer (G. Ziesler) — 52.2 Focus (H. Silvestris), Hamburg — 52.3, 4 Focus (M. K. Nichols) — 52.5 Okapia (M. Wendler) — 54.1,2 H. Reinhard — 54.3, 4 E. Pott — 57.1a T. Angermayer — 59.1-3, 5, 6 H. Reinhard — 59.4 E. Pott — 60.1, 2, 4, 5 T. Angermayer (H. Pfletschinger) — 60.3, 6, 61.1 E. Pott — 61.2, 3, 8 T. Angermayer (H. Pfletschinger) — 61.4, 7 H. Reinhard — 61.5 Okapia (A. Hartl) — 61.6 Okapia (F. Sauer) — 62.1 E. Pott — 62.2 F. Sauer — 62.3 Rainer Mehnert, Weil der Stadt — 63.1, 3, 5 E. Pott — 63.2, 7 F. Sauer — 63.4, 6, 8 Nature + Science (Aribert Jung), Vaduz (FL) — 64.1b T. Angermayer (H. Pfletschinger) — 73.1 T. Angermayer — 73.2 H. Reinhard — 73.3, 4 E. Pott — 78.1, 4 T. Angermayer (H. Pfletschinger) — 78.7 Rainer Bergfeld, Freiburg — 79.1 T. Angermayer (H. Pfletschinger) — 79.3 D. Schmidtke — 79.5 F. Sauer — 79.6 EAWAG, Schweiz — 79.8 E. Pott — 82.1 Wolfgang Wiemers, Stuttgart — 83.2 J. Wygasch — 85.1, 3 Bildarchiv Sammer, Neuenkirchen — 85.2 H. Reinhard — 86.1 Mauritius — 86.2-4, 88.1 H. Reinhard — 88.2 Deutsche Luftbild, Hamburg — 88.3 Bavaria (M. Frank), Gauting — 88.4 Mauritius (Nacivet) — 90.1 Silvestris (N. Schwirtz) — 90.2 Bildarchiv Sammer — 91.1, 2, 4, 5 H. Reinhard — 91.3 E. Pott — 91.6 Bildarchiv Sammer — 92.Rd. Associated Press, Hamburg — 93.1-5 Hans Oberhollenzer, Tübingen — 96.1 Gesamtverband der Deutschen Steinkohlebergbaus, Essen — 97.1, 2 Rheinbraun AG, Köln — 97.3 dpa, Frankfurt — 98.1 Roland Wolf, Herrenberg — 98.2, 3 H. Reinhard — 100.1 E. Pott — 102.1 Okapia (H. Reinhard) — 102.2 Manfred Bergau, Bohmte — 103.1 D. Schmidtke — 104.1 H. Reinhard — 104.2 Rald Niederberger, Bockenheim — 104.4, 105.1-3 Paul Rodach, Sachsenheim — 107.1-3, 6, 8, 9 H. Reinhard — 107.4 E. Pott — 107.5, 7 Bildarchiv Sammer — 108.1 Focus (Science Photo Library, L. Caro) — 108.2 Okapia (P. Parks) — 108.3 E. Pott — 108.4 Ewald Kajan, Duisburg — 110.1 Günther Wichert, Dinslaken — 112.1 J. Wygasch — 113.1a Nature + Science (A. Jung) — 114.2, 3, 115.1 J. Wygasch — 117.1 Roland Herdtfelder, Reutlingen — 117.2 Okapia (N. Lange) — 117.3 J. Wygasch — 117.4, 6 Georg Quedens, Norddorf/Amrun — 117.5 Okapia (Naturbild AG, Schacke) — 117.7 Okapia (E. Pott) — 118.1 H. Frank — 119.1 Ralph Grimmel, Stuttgart — 122.1 H. Reinhard — 122.2 Okapia (B. Singler) — 122.3 Sigurd Fröhner, Nossen — 123.1a Otto Ronnefeld — 123.1b H. Länge — 124.1 Manfred Ruckszio, Taunusstein — 124.2 Okapia (Greulich) — 124.3 Okapia (NAS, R. Planck) — 124.4 Okapia (C. Martin) — 124.5 Okapia (H. Reinhard) — 124.6 Okapia (Laßwitz) — 125.1a H. Reinhard — 125.1b H. Länge — 126.1 Hans-Dieter Frey, Rottenburg — 126.2 Jacana, Paris — 126.3 H. Länge — 126.4a Okapia (Schacke) — 126.4b Okapia (Schwind) — 127.1 Theo Homolka, Böblingen — 127.2 Okapia (Schacke) — 127.3 E. Pott — 128.1 Bruce Coleman (K. Taylor), Uxbridge — 128.2 Okapia (K. Taylor) — 128.3 Okapia (H. P. Oetelshofen) — 128.4 ZEFA (Kratz) — 129.1 H. Reinhard — 129.2 Okapia (H. Reinhard) — 129.3 Jacana (Lieutier) — 129.4 Lichtbildarchiv Keil, Neckargemünd — 129.5 Okapia (Laßwitz) — 129.6 Bruce Coleman (K. Taylor) — 130.1a H. Reinhard — 131.1 H. Länge — 131.3 Hans Oberhollenzer, Tübingen — 132.1, 5 H. Reinhard — 132.2 O. Ronnefeld — 132.3, 6 Achim Bollmann, Stuttgart — 132.4 Silvestris — 133.1 Silvestris (U. Gross) — 133.2 Peter Dobbitsch, Gummingen — 133.3 H. Oberhollenzer — 133.4-6, 8, 9 E. Kajan — 133.7 Gerhard Fuchs, Flein — 134.1 Okapia (H. P. Fröhlich) — 134.2 Klett-Archiv (Steindl) — 134.3 Osvaldo Barattucci, Stuttgart — 135.1 Okapia (M. P. Kage) — 136.2 H. Oberhollenzer — 141.3 Bildarchiv Sammer — 144.1 Jacana (Labat, Ferrero) — 144.2 T. Angermayer (H. Pfletschinger) — 144.3 Bruce Coleman (K. Taylor) — 144.4 Silvestris (Rohdich) — 146.1 H. R. Haefelfinger — 147.1 Helmut Schneider, Spraitbach — 147.2 Okapia (B. Schellhammer) — 147.3 Okapia (C. Roessler) — 147.4 Jacana (Danrigal) — 148.1 Greiner & Meyer (Greiner) — 149.1-3, 5 T. Angermayer (H. Pfletschinger) — 149.4 R. Herdtfelder — 152.1 Greiner & Meyer — 153.2 T. Angermayer (H. Pfletschinger) — 154.1, 2 H. Länge — 154.3 D. Schmidtke — 155.1 Okapia (Lond. Sc. Films, OSF) — 155.2 T. Angermayer (H. Pfletschinger) — 155.3 Zoologisches Institut der Universität Kiel (W. Böckeler) — 155.4 Raimund Cramm, Langenhagen — 155.5. Rudolf König, Kiel — 156.1 H. Länge — 158.1a, 159.1 T. Angermayer (H. Pfletschinger) — 159.2 Johannes Lieder, Ludwigsburg — 162.1 Greiner & Meyer (Kurz) — 163.1 Jacana (Lorne) — 165.1-3, 8, 9 T. Angermayer (H. Pfletschinger) — 165.4, 6, 7, 166.1-3, 5 H. Reinhard — 166.4, 167.1, 2, 4 T. Angermayer (H. Pfletschinger) — 167.3, 6 H. Reinhard — 167.5 Okapia (Willner) — 168.1-3 T. Angermayer (H. Pfletschinger) — 168.4 Okapia (Hagemann) — 168.5 H. Reinhard — 168.6 Bruce Coleman (S. Trevor) — 169.1-3, 5 T. Angermayer (H. Pfletschinger) — 169.4 Silvestris (Kotzke) — 169.6 Okapia (Sharpe) — 170.1 Greiner & Meyer (Schrempp) — 170.2, 171.1-3, 171.Rd. T. Angermayer (H. Pfletschinger) — 172.1 Life-Serie „Wunder der Natur, Tiere und ihr Verhalten" (Nina Leen), Time-Life-Books Inc. — 172.2, 174.1, 2 T. Angermayer (H. Pfletschinger) — 175.1 Okapia (Zwickl) — 175.2 H. Reinhard — 175.3 T. Angermayer (H. Pfletschinger) — 175.4 R. Staub — 176.1 H. Reinhard — 177.1 T. Angermayer (S. Köster) — 177.2 Jacana (Dubois) — 177.3, 4 E. Pott — 177.5 Bruce Coleman (K. Taylor) — 177.6 Jacana (A. Carrara) — 178.1 T. Angermayer (H. Pfletschinger) — 178.3, 179.3 H. Mehlhorn, Düsseldorf — 180.1, 3 T. Angermayer (H. Pfletschinger) — 180.2 F. Sauer — 181.1 Silvestris (Müller) — 181.2 IFA-Bilderdienst (R. Maier), München — 181.3 T. Angermayer (H. Pfletschinger) — 181.4 Bruce Coleman (K. Taylor) — 181.5 Xeniel Dia (Prof. Franck), Neuhausen — 182.1 Silvestris (A. N. T.) — 182.2 Rolf Meyer, Ratingen — 182.3 Silvestris (J. Lehr) — 187.1 dpa — 188.1 StockFood, München — 188.3 Focus (C. Steele) — 189.1-4 R. Niederberger — 192.2 E. Pott — 194.1c Fraunhofer Institut, Karlsruhe — 196.1 Bonnier Alba (Lenart Nilsson), Stockholm — 198.1a Bildarchiv f. Medizin, München — 199.4 Lichtbildarchiv Keil — 199.5 J. Lieder — 205.Rd. Ullstein Bilderdienst, Berlin — 206.2 Centre National des Recherches Iconographique, Paris — 208.3 Jürgen Beck, Göggingen — 210.1 Mauritius (Schmidt-Luchs) — 210.2 Okapia (L. Mulvehill, PR Science) — 210.3, 5 Focus (Science Photo Library) — 210.4 Silvestris (R. Scholz) — 212.1 Archiv für Kunst und Geschichte, Berlin — 213.1 Fa. E. Merck, Darmstadt — 213.Rd. Deutsches Museum, München — 215.1a H. Frank — 216.Rd. Bonnier Alba (L. Nilsson) — 218.Rd.1 dpa — 218.Rd.2 Ullstein Bilderdienst — 218.Rd.3 Medina, Hamburg — 221.2 Silvestris (Ma. Weinzierl) — 222.2, 223.2 Focus (Science Photo Library) — 223.3 Okapia (Lowell Georgia, Science Source) — 224.1 Manfred Ruppel, Frankfurt — 225.2 Okapia (J. P. Müller) — 226.1 Kurt Hirschel, Kornwestheim — 226.2, 3 H. Länge — 226.4 F. Sauer — 226.5 Silvestris (F. Hecker) — 227.2 Focus (Science Photo Library) — 227.3 Jacana (Chaumeton) — 227.4 J. Lieder — 228.1 Mauritius (Superstock) — 229.1 Uwe Neumann, Stuttgart — 229.2a, 3a Mauritius (Hubatka) — 229.2b Bavaria (T. Turner) — 229.3b Mauritius (Witzgall) — 231.2 Siemens AG, München — 233.1 B. Brill — 233.5 Lukas Einsele — 235.3 Mauritius (Manus) — 235.4 L. Einsele — 237.1 Landeskriminalamt Stuttgart — 237.3 L. Einsele — 238.1 JVB-Report, Kappelrodeck — 238.2 Focus (Science Photo Library) — 238.3 Okapia (D. Brass, Science Source) — 240.1 L. Nilsson in „Unser Körper neu gesehen", Herder Verlag, Freiburg — 241.1 J. Lieder — 242.1 K. Grindler — 249.1, 2 J. Lieder — 253.1, 3 Helga Lade (roebild, Lude), Frankfurt — 253.2 Rudolf Assmann, Gladenbach — 256.1 ORIA/SERMAP, Paris — 261.1 Picture Press, Stern 7/81 (Hinz), Hamburg — 264.Rd. J. Zbären — 265.1 Mauritius (Johannes) — 266.1-3 Mosaik Verlag (L. Nilsson), München — 268.1, 2 Bavaria (J. Clarke) — 271.2 Mosaik Verlag (L. Nilsson) — 273.2 Greiner & Meyer (Ahrens) — 275. 1 a/b J. Lieder — 276.1 Bavaria (FPG) — 278.1 Mauritius (Superstock) — 279.1 Bundeszentrale für gesundheitl. Aufklärung, Köln — 280.1 Esther Thylmann, Stuttgart — 285.1-7 Norbert Schäfer Pictures, Düsseldorf — 286.1 Focus — 286.2 H. Reinhard — 286.3 Helga Lade (roebild, Lude) — 286.4 T. Angermayer (R. Harlberger) — 288.1 Franz Weiling, Bonn — 288.Rd. Deutsches Museum — 296.1 Helga Lade (roebild, Lude) — 296.2, 3 O. Barattucci — 297.1a G. Thieme Verlag, Stuttgart — 300.1 FWU, Gründwald — 302.1 Horst Zimmermann, Hannover — 305.1, 2 Klaus Loth, Burbach — 306.1 dpa — 306.2 dpa/epa — 306.3, 307.1 Bayer AG, Leverkusen — 308.1 Mauritius (Weyer) — 308.2 Mauritius (Crader) — 308.3 Silvestris (Lindenburger) — 308.4 Fotoarchiv (Hollenbach), Essen — 308.5 Bavaria (Ric) — 309.1 Silvestris (Kerscher) — 309.2 Mauritius (D. Weber) — 309.3 Achim Sperber, Hamburg — 309.4 Silvestris (GDT-Tierfoto, Brandl) — 309.5 Mauritius (Fritz) — 310.1 Okapia (NAS, G. Holton) — 315.1 A. Mondadori Verlag „Geheimnisse der Urzeit", München

Grafiken: Prof. Jürgen Wirth, Fachhochschule Darmstadt (Fachbereich Gestaltung) außer 12.2, 65.Rd., 69.1, 2, 70.1, 2, 77.1-3, 102.3, 103.3, 104.3, 105.4, 130.2 188.2 Klaus Joas, Remshalden; 234.Rd. Jürgen Schreiber, Frankfurt; 245.1 Christa Winkler, Stuttgart; 94.1, 281.1 Harald Klotzbücher, Fellbach